Direito Financeiro

Coleção Sinopses para Concursos 37

Coordenação Leonardo Garcia

Danilo Vieira Vilela

Direito Financeiro

7ª Edição

Revista, atualizada e ampliada

2025

EDITORA JusPODIVM

www.editorajuspodivm.com.br

EDITORA *Jus*PODIVM
www.editorajuspodivm.com.br

Rua Canuto Saraiva, 131 – Mooca – CEP: 03113-010 – São Paulo – São Paulo
Tel: (11) 3582.5757
• Contato: https://www.editorajuspodivm.com.br/central-de-relacionamento

Copyright: Edições *Jus*PODIVM

Diagramação: Equipe *Jus*PODIVM

Capa: Ana Caquetti

V699s Vilela, Danilo Vieira
Sinopses para Concursos - v.37 - Direito Financeiro / Danilo Vieira Vilela – 7.ed., rev., atual. e ampl. - São Paulo: Editora JusPodivm, 2025.
528 p.

ISBN: 978-85-442-5806-4.

1. Direito Financeiro. 2. Direito Econômico. I. Vilela, Danilo Vieira. II. Título.

CDD 341.38

BIBLIOTECÁRIA RESPONSÁVEL

Ana Carolina Ribeiro Mois – CRB7 – RJ 007348/0

Coleção Sinopses para Concursos

A *Coleção Sinopses para Concursos* tem por finalidade a preparação para concursos públicos de modo prático, sistematizado e objetivo.

Foram separadas as principais matérias constantes nos editais e chamados professores especializados em preparação de concursos a fim de elaborarem, de forma didática, o material necessário para a aprovação em concursos.

Diferentemente de outras sinopses/resumos, preocupamo-nos em apresentar ao leitor o entendimento do STF e do STJ sobre os principais pontos, além de abordar temas tratados em manuais e livros mais densos. Assim, ao mesmo tempo que o leitor encontrará um livro sistematizado e objetivo, também terá acesso a temas atuais e entendimentos jurisprudenciais.

Dentro da metodologia que entendemos ser a mais apropriada para a preparação nas provas, demos destaques (em outra cor) às palavras-chaves, de modo a facilitar não somente a visualização, mas, sobretudo, a compreensão do que é mais importante dentro de cada matéria.

Quadros sinóticos, tabelas comparativas, esquemas e gráficos são uma constante da coleção, aumentando a compreensão e a memorização do leitor.

Contemplamos também questões das principais organizadoras de concursos do país, como forma de mostrar ao leitor como o assunto foi cobrado em provas. Atualmente, essa "casadinha" é fundamental: conhecimento sistematizado da matéria e como foi a sua abordagem nos concursos.

Esperamos que goste de mais esta inovação que a Editora Juspodivm apresenta.

Nosso objetivo é sempre o mesmo: otimizar o estudo para que você consiga a aprovação desejada.

Bons estudos!

Leonardo Garcia

leonardo@leonardogarcia.com.br

www.leonardogarcia.com.br

Nota do Autor à 7ª edição

O Direito Financeiro segue conquistando, cada vez mais, espaços na formação dos bacharéis em Direito, já se caracterizando como disciplina obrigatória nos exames da Ordem dos Advogados do Brasil, bem como nos cursos de graduação em Direito. Por outro lado, a sociedade como um todo, vem, cada vez mais, reconhecendo a importância tanto de uma arrecadação eficiente, quanto de que os gastos públicos sejam pautados pela transparência e pelo espírito democrático.

Nesse sentido, dois temas estiveram intensamente presentes no noticiário nacional durante o ano de 2024: a reforma tributária, que foge ao alcance deste livro, e os embates entre os três poderes em relação aos gastos públicos resultantes das chamadas "emendas PIX".

Justamente em relação a este último aspecto é que trazemos as principais novidades da 7ª edição desta sinopse. Se desde a edição de 2023 já abordamos o chamado "orçamento secreto", para 2025 incluímos, em mais de um trecho do livro, as novas disposições legislativas e entendimentos do Supremo Tribunal Federal acerca das emendas parlamentares.

Assim, foi incluído um novo tópico para tratar da Lei Complementar nº 210, de 25 de novembro de 2024, que dispõe sobre a proposição e a execução de emendas parlamentares na lei orçamentária anual. Considerando o espaço de tempo mínimo entre a entrada em vigor de tal norma e o fechamento desta edição, ainda não há julgados ou questões de concursos a serem incluídas, cuidando, o novo tópico, tão somente da análise da legislação.

Em outro trecho do livro, logo após a análise do "orçamento secreto", inserimos uma análise das últimas decisões referentes às "emendas PIX", uma vez que nada mais são que uma forma de continuar aquela mesma prática rechaçada pelo STF ao julgar as emendas do relator, no ano de 2022.

Fora esses aspectos, o ano de 2024 não trouxe muitas novidades legislativas ao Direito Financeiro, exceto pela LC 206, que alterou dispositivo da Lei de Responsabilidade Fiscal. Assim, não obstante as atualizações legislativas já destacadas, a nova edição traz inúmeros novos quadros incorporando novos entendimentos jurisprudenciais, não apenas do Supremo Tribunal Federal e do Superior Tribunal de Justiça, mas também do Tribunal de Contas da União, característica única desta sinopse dentre os demais livros dessa mesma natureza.

No mais, incontáveis novos quadros foram acrescidos a esta edição, apontando entendimentos de bancas examinadoras em concursos realizados nas mais variadas localidades e para diversos cargos, sejam eles de nível municipal, estadual, distrital ou federal.

Além disso, alterações e correções de praxe foram realizadas, sempre com o intuito de oferecer ao leitor – desde aquele que se prepara para os mais complexos concursos do país, até para os iniciantes na disciplina – um material ao mesmo tempo aprofundado, atual e didático.

Aproveito para agradecer ao prof. Leonardo Garcia e à equipe editorial da Juspodivm pela parceria de sempre e, em especial, aos leitores e leitoras que seguem confiando em nosso trabalho.

Aquele abraço e boa leitura!

Danilo Vieira Vilela

Dezembro de 2024

dvvilela@hotmail.com

@dvvilela

Guia de leitura da Coleção

A Coleção foi elaborada com a metodologia que entendemos ser a mais apropriada para a preparação de concursos.

Nesse contexto, a Coleção contempla:

- **DOUTRINA OTIMIZADA PARA CONCURSOS**

Além de cada autor abordar, de maneira sistematizada, os assuntos triviais sobre cada matéria, são contemplados temas atuais, de suma importância para uma boa preparação para as provas.

> Muitos dos conceitos do nosso Direito Administrativo foram concebidos ainda no período do **Estado Liberal.** Outra parte desse ramo jurídico foi concebida durante o **Estado Social.** A concepção democrática, hoje pretendida, exige a acomodação dos conceitos e normas tradicionais ao novo paradigma constitucional (**Estado Democrático de Direito**), impondo uma *"outra qualidade de Estado"*.
>
> Perceber essa mutação no direito administrativo é um diferencial que auxilia no estudo da matéria e no desenvolvimento do jurista, sendo importante para a compreensão de algumas questões objetivas, além de essencial para questões suscitadas em provas subjetivas e orais, pelas melhores bancas.

- **ENTENDIMENTOS DO STF E STJ SOBRE OS PRINCIPAIS PONTOS**

> Segundo precedente do STF, é compatível com o princípio da impessoalidade, dispositivo de constituição Estadual que vede ao Estado e aos Municípios atribuir nome de pessoa viva a avenida, praça, rua, logradouro, ponte, reservatório de água, viaduto, praça de esporte, biblioteca, hospital, maternidade, edifício público, auditórios, cidades e salas de aula (STF, ADI 307/CE, rel. Min. Eros Grau, 13.2.2008).

- **PALAVRAS-CHAVES EM OUTRA COR**

As palavras mais importantes (palavras-chaves) são colocadas em outra cor para que o leitor consiga visualizá-las e memorizá-las mais facilmente.

Cargo é o local criado por lei dentro do serviço público que possui atribuições, nomenclatura e remuneração próprias.

O cargo público, por sua vez, subdivide-se em **cargo eletivo** e em **comissão.**

- **QUADROS, TABELAS COMPARATIVAS, ESQUEMAS E DESENHOS**

Com esta técnica, o leitor sintetiza e memoriza mais facilmente os principais assuntos tratados no livro.

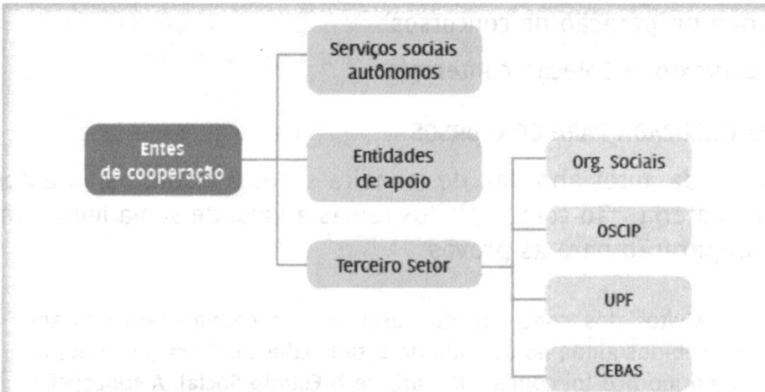

- **QUESTÕES DE CONCURSOS NO DECORRER DO TEXTO**

Por meio da seção *"Como esse assunto foi cobrado em concurso?"* é apresentado ao leitor como as principais organizadoras de concurso do país cobram o assunto nas provas.

▸ **Como esse assunto foi cobrado em concurso**

No concurso para provimento do cargo de Procurador do Estado do Ceará 2008, foi considerada incorreta a seguinte assertiva. *Ao criar uma autarquia, a administração pública apenas transfere a ela a execução de determinado serviço público, permanecendo com a titularidade desse serviço.*

Sumário

Capítulo 1

Atividade Financeira do Estado e Direito Financeiro

1. ATIVIDADE FINANCEIRA DO ESTADO. CONCEITO E OBJETO. DIREITO FINANCEIRO

O Estado é constituído por quatro elementos: povo, território, soberania (ou governo) e finalidade, sendo esta última caracterizada como a obtenção do bem comum de seu povo situado em seu território. Assim, o Estado desenvolve uma série de atividades administrativas com o escopo de garantir a satisfação de sua finalidade (ex. serviços públicos como saúde e educação e poder de polícia). Contudo, para que possa desenvolver tais atividades (**atividade-fim**), o Estado necessita recursos financeiros, daí a imprescindibilidade da atividade financeira (**atividade-meio**) de natureza instrumental que, nas clássicas palavras de Aliomar Baleeiro consiste **"em obter, criar, gerir e despender o dinheiro indispensável às necessidades, cuja satisfação o Estado assumiu ou cometeu àqueloutras pessoas de direito público"** (1998, p. 4).

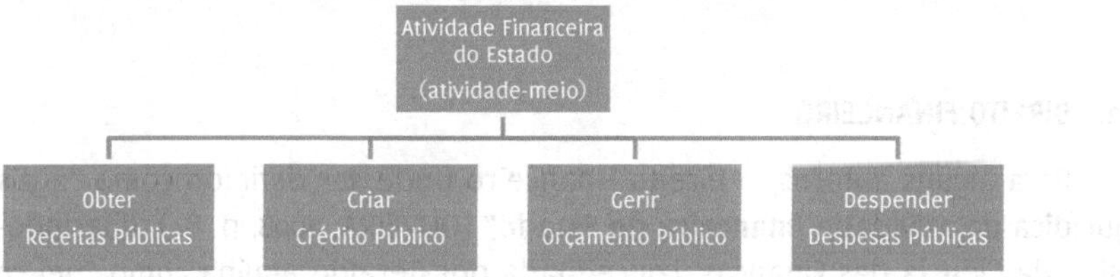

A doutrina (MACIEL, 2013, p. 1215) destaca a existência de três formas pelas quais o governo interfere na economia por meio da tributação e despesas. São elas:

- Função alocativa: a forma como o uso dos recursos está dividida entre público e privado e qual o *mix* de bens públicos ofertados (ou setores do gasto);
- Função distributiva: a interferência do governo na renda e na riqueza dos indivíduos para assegurar que essa distribuição chegue ao que a sociedade entenda como justa;
- Função estabilizadora: como usar o orçamento para assegurar um nível apropriado de emprego, estabilidade dos preços e crescimento econômico.

▸ **Como esse assunto foi cobrado em concurso?**

No Concurso da FGV para Analista de Planejamento e Orçamento da SMF/RJ em 2023, foi considerado CERTO o seguinte enunciado: "As funções clássicas do Estado - alocativa, distributiva e estabilizadora - são cumpridas a partir de um conjunto de medidas pelas quais o Governo arrecada receitas e executa despesas. Essas medidas refletem a política fiscal do governo, que deve ser adequada e permanentemente avaliada. O controle e acompanhamento das dívidas líquida e bruta constituem parâmetros de resultado da política fiscal e se relacionam a análises fiscais de estoque".

▸ **Como esse assunto foi cobrado em concurso?**

No Concurso da FGV para Analista de Planejamento e Orçamento da SMF/RJ em 2023, foi considerado CERTO o seguinte enunciado: "As ações e programas governamentais podem ser associados a cada uma das chamadas funções clássicas do Estado, que são interconectadas e complementares. É correto afirmar que o Estado está desempenhando sua função alocativa quando intervém na regulação de setores estratégicos, como energia e telecomunicações, para garantir o acesso a esses serviços".

▸ **Como esse assunto foi cobrado em concurso?**

No Concurso do CESPE/CEBRASPE para Analista Judiciário do TJ/PA em 2020, foi considerado CERTO o seguinte enunciado que apresenta a definição para cada uma das funções econômicas desempenhadas pelo Estado em sua atuação nas finanças públicas: "Alocativa: promove ajustamentos na alocação de recursos; distributiva: realiza ajustamentos na distribuição de renda; estabilizadora: mantém a estabilidade econômica".

2. DIREITO FINANCEIRO

Para alguns autores, o Direito Financeiro pode ser definido como **"a disciplina jurídica da atividade financeira do Estado"** (OLIVEIRA, 2008, p. 84), diferindo-se, assim, da Ciência das Finanças, conceituada por Geraldo Ataliba como "um conjunto enciclopédico de conhecimentos e meditações sociológicos, políticos, econômicos, administrativos, psicológicos, etc., que servem de instrumentação política para o legislador" (1969, p. 50).

Também não se pode confundir o Direito Financeiro com o Direito Tributário já que este último regula apenas uma parte da atividade financeira do Estado, qual seja, a obtenção de receitas tributárias, ou seja, aquelas derivadas dos tributos.

Como a atividade financeira do Estado visa manter a sua atividade administrativa, o modelo de Estado adotado é que irá definir o volume das finanças públicas. Assim, em um Estado liberal a atividade financeira é bastante reduzida ou neutra, eis que não há a necessidade de atuar para a consecução de necessidades públicas, como saúde e educação.

Já em um Estado intervencionista, modelo adotado no Brasil pela Constituição da República de 1988, a atividade financeira do Estado conta com um caráter redistributivo exigindo, assim, uma atuação extrafiscal do Estado, de forma a regular e modificar o contexto social e econômico, o que se dá, por exemplo, ao se permitir a cobrança de Impostos sobre a Propriedade Predial e Territorial Urbana (IPTU) e Imposto Territorial Rural (ITR) progressivo sobre propriedades que descumpram sua função social, ou ainda, majorando o Imposto de Importação de modo a desestimular as importações.

3. FINANÇAS PÚBLICAS NA CONSTITUIÇÃO DE 1988. COMPETÊNCIA LEGISLATIVA

Competência legislativa nada mais é que "a aptidão dada pela Constituição para que os entes políticos possam editar normas primárias de acordo com o procedimento legislativo previsto" (LEITE, 2015, p. 41). Segundo a Constituição da República de 1988, compete à União, aos Estados e ao Distrito Federal legislar **concorrentemente** sobre direito financeiro e sobre orçamento, dentre outras matérias (art. 24, I).

Assim, no **"condomínio legislativo"** fixado pela Constituição, cabe à União estabelecer normas gerais sobre tais temas (art. 24, §1º, da CRFB), entendendo-se como tais, "normas não exaustivas, leis-quadro, princípios amplos, que traçam um plano, sem descer a pormenores" (MENDES; COELHO; BRANCO, 2009, p. 871). Essa competência da União não exclui a competência dos Estados de estabelecer normas de caráter suplementar, conforme suas especificidades, de forma a suprir lacunas (art. 24, §2º, da CRFB).

> ▸ **Qual o entendimento atual do STF sobre o assunto?**
> "Lei estadual não pode assegurar autonomia orçamentária e financeira à Perícia Oficial de Natureza Criminal criada na estrutura da Polícia Civil correspondente". (ADI 4.354/DF, rel. Min. Dias Toffoli, j. 07.11.2024; ARE 1.454.560 AgR/MA, rel. Min. André Mendonça, j. 07.11.2024; ADI 7.627/RS, rel. Min. Cármen Lúcia, j. 07.11.2024. STF, Info 1158).

> ▸ **Qual o entendimento atual do STF sobre o assunto?**
> "São formalmente inconstitucionais - pois violam a competência da União para legislar sobre direito civil e processual civil (CF/1988, art. 22, I), bem como sobre normas gerais de direito financeiro (CF/1988, art. 24, I) - normas estaduais que tratam da disponibilização, ao Poder Executivo, dos depósitos judiciais relativos a valores de tributos estaduais, inclusive seus acessórios, independentemente de qualquer formalidade". (ADI 2.647/PR, rel. Min. Nunes Marques, j. 8.10.2024. STF Info 1155).

> ▸ **Qual o entendimento atual do STF sobre o assunto?**
> "É inconstitucional - por violar a competência da União para estabelecer normas gerais sobre direito financeiro e orçamentário (CF/1988, art. 24, I, II e §§ 1º a 4º) e por afrontar o princípio do equilíbrio fiscal

(CF/1988, art. 169) - lei distrital que, ao tratar do cálculo do limite da despesa total com pessoal para o exercício financeiro, estabelece regime contrário ao fixado na Lei de Responsabilidade Fiscal (LRF)". (ADI 5.598/DF, relatora Ministra Rosa Weber, julgamento virtual finalizado em 24.3.2023, STF Info 1088)

▸ **Qual o entendimento atual do STF sobre o assunto?**

"É inconstitucional lei estadual que proíbe a cobrança de juros, multas e parcelas vencidas de contratos de financiamento". (ADI 6938/PB, rel. Min. Cármen Lúcia, j. 22.11.2021, Info 1038).

▸ **Qual o entendimento atual do STF sobre o assunto?**

"É inconstitucional lei estadual que inclui o pagamento de pessoal inativo nas despesas consideradas como de manutenção e desenvolvimento do ensino. O legislador estadual, ao fazê-lo, usurpa a competência privativa da União para legislar sobre diretrizes e bases da educação nacional. [...] Ademais, segundo entendimento do Supremo Tribunal Federal (STF), o pagamento de inativos, ainda que eventualmente possa ser considerado gasto com educação, não pode ser contabilizado para fins do percentual de investimento exigido pelo art. 212 da CF, pois os inativos, por estarem afastados de suas atividades, não contribuem para a manutenção nem para o desenvolvimento do ensino". (ADI 6049/GO, rel. Min. Ricardo Lewandowski, j. 20.8.2021, Info 1026).

▸ **Qual o entendimento atual do STF sobre o assunto?**

"É inconstitucional norma estadual que autoriza a suspensão, pelo prazo de 120 dias, do cumprimento de obrigações financeiras referentes a empréstimos realizados e empréstimos consignados". (ADI 6495/RJ, rel. Min. Ricardo Lewandowski, j. 20.11.2020, Info 1000).

▸ **Qual o entendimento atual do STF sobre o assunto?**

"Se é certo, de um lado, que, nas hipóteses referidas no art. 24 da Constituição, a União Federal não dispõe de poderes ilimitados que lhe permitam transpor o âmbito das normas gerais para, assim, invadir, de modo inconstitucional, a esfera de competência normativa dos Estados-membros, não é menos exato, de outro, que o Estado-membro, em existindo normas gerais veiculadas em leis nacionais [...] não pode ultrapassar os limites da competência meramente suplementar, pois se tal ocorrer, o diploma legislativo estadual incidirá, diretamente, no vício da inconstitucionalidade. A edição, por determinado Estado-membro, de lei que contrarie, frontalmente, critérios mínimos legitimamente veiculados, em sede de normas gerais, pela União Federal ofende, de modo direto, o texto da Carta Política" (STF, ADI 2.903/PB, Rel. Min. Celso de Mello, Pleno, j. 01.12.2005, p. DJE 19.09.2008).

Observe-se, contudo, que, caso a União não edite a norma geral, os Estados exercerão a competência legislativa plena (art. 24, §3º da CRFB) até que sobrevenha a norma federal de caráter geral, o que resultará na suspensão da eficácia da lei estadual, naquilo que lhe for contrária (art. 24, §4º da CRFB). Ou seja, a lei federal superveniente não revoga e tampouco derroga a lei estadual naquilo que com ela for contraditória; esta apenas perderá sua aplicabilidade por ficar com a eficácia suspensa. Dessa forma, caso a lei federal venha a ser revogada, deixando um vazio de normas gerais, a lei estadual recobrará sua eficácia, passando outra vez a incidir plenamente (SILVA, 2009, p. 281).

Em relação à competência para legislar sobre orçamento merece destaque a lei 4.320/1964 editada pela União, com conteúdo geral. Por outro lado, há que se destacar que o Congresso Nacional, além de editar normas de caráter geral (leis nacionais), também tem competência para criar as normas federais, aplicáveis exclusivamente à União.

Já no que diz respeito aos Municípios, apesar de não estarem contemplados no *caput* do art. 24 da CRFB, também legislam em matéria de direito financeiro, já que o art. 30 da mesma Constituição atribui-lhes a competência para "legislar sobre assuntos de interesse local" (inciso I) – competência implícita, e "suplementar a legislação federal e a estadual no que couber" (inciso II). Apesar disso, a maioria da doutrina entende que os Municípios não possuem competência concorrente com a União, Estados e Distrito Federal, já que não é possível a edição de legislação suplementar municipal com conteúdo de normas gerais.

Contudo, muito cuidado em provas, pois o CESPE já considerou correta a possibilidade de os municípios legislarem sobre normas de direito financeiro concorrentemente com a União, o que, segundo Harrison Leite é possível levando-se em conta uma interpretação sistemática do texto constitucional, ainda que numa interpretação literal do art. 24 não seja identificável tal competência (2015, p. 44-45).

▸ Como esse assunto foi cobrado em concurso?

No Concurso da Cespe para Analista Fazendário Municipal da SEFIN Fortaleza/CE em 2023, foi considerado CERTO o seguinte enunciado: "O federalismo fiscal é a parte do acordo federativo que atribui para cada ente da Federação a competência para arrecadar determinado tipo de tributo, assim como atribui a cada ente a responsabilidade relativa à alocação dos recursos públicos e à prestação de bens e serviços públicos para a sociedade".

▸ Como esse assunto foi cobrado em concurso?

No Concurso do CESPE para Procurador Federal em 2010, foi considerado ERRADO o seguinte enunciado: "Os municípios **não** podem legislar sobre normas de direito financeiro concorrentemente com a União".

> **Qual o entendimento atual do STF sobre o assunto?**
>
> "Lei federal 9.755/1998. Autorização para que o TCU crie sítio eletrônico denominado Contas Públicas para a divulgação de dados tributários e financeiros dos entes federados. [...] O sítio eletrônico gerenciado pelo TCU tem o escopo de reunir as informações tributárias e financeiras dos diversos entes da federação em um único portal, a fim de facilitar o acesso dessas informações pelo público. Os documentos elencados no art. 1º da legislação já são de publicação obrigatória nos veículos oficiais de imprensa dos diversos entes federados. A norma não cria nenhum ônus novo aos entes federativos na seara das finanças públicas, bem como não há em seu texto nenhum tipo de penalidade por descumprimento semelhante àquelas relativas às hipóteses de intervenção federal ou estadual previstas na CF, ou, ainda, às sanções estabelecidas na Lei de Responsabilidade Fiscal. Ausência de inconstitucionalidade formal por ofensa ao art. 163, I, da CF, o qual exige a edição de lei complementar para a regulação de matéria de finanças públicas. **Trata-se de norma geral voltada à publicidade das contas públicas, inserindo-se na esfera de abrangência do direito financeiro, sobre o qual compete à União legislar concorrentemente, nos temos do 24, I, da CF**" (ADI 2.198, Rel. Min. Dias Toffoli, j. 11.04.2013, p. DJE 19.08.2013).

> **Qual o entendimento atual do STF sobre o assunto?**
>
> "A iniciativa de leis que versem sobre matéria tributária é concorrente entre o chefe do Poder Executivo e os membros do Legislativo. **A circunstância de as leis que versem sobre matéria tributária poderem repercutir no orçamento do ente federado não conduz à conclusão de que sua iniciativa é privativa do chefe do Executivo**" (RE 590.697 ED, Rel. Min. Ricardo Lewandowski, j. 23.08.2011, 2ªT, p. DJE 06.09.2011).

> **Qual o entendimento atual do STF sobre o assunto?**
>
> "**Lei que institui incentivo fiscal para as empresas que contratarem apenados e egressos. Matéria de índole tributária e não orçamentária**" (ADI 3.512, Rel. Min. Eros Grau, j. 15.02.2006, p. DJ 23.06.2006).

> **Qual o entendimento atual do STF sobre o assunto?**
>
> "A CB contemplou a técnica da competência legislativa concorrente entre a União, os Estados-membros e o Distrito Federal, cabendo à União estabelecer normas gerais e aos Estados-membros especificá-las. **É inconstitucional lei estadual que amplia definição estabelecida por texto federal, em matéria de competência concorrente**" (ADI 1.245, Rel. Min. Eros Grau, j. 06.04.2005, p. DJ 26.08.2005).

4. FONTES DO DIREITO FINANCEIRO

A **Constituição da República de 1988** é a principal fonte do Direito Financeiro. Assim, não obstante prever um capítulo específico relacionado às finanças públicas dentro do Título VI, referente à tributação e ao orçamento (arts. 163 a 169), o tema é objeto de artigos esparsos, a saber:

- Arts. 21, 23 e 30 → discriminação da despesa pública;
- Art. 31 → fiscalização dos municípios;
- Art. 52 → controle financeiro exercido pelo Senado Federal;
- Arts. 70 a 75 → fiscalização contábil, financeira e orçamentária;
- Art. 99 → orçamento do Poder Judiciário;
- Art. 100 e arts. 33 e 78 do ADCT → precatórios judiciais;
- Art. 127 → orçamento do Ministério Público;
- Art. 130, §2º → orçamento da Defensoria Pública;
- Arts. 157 a 162 → repartição das receitas tributárias;
- Art. 76 do ADCT → Desvinculação de Receitas da União, dos Estados, do Distrito Federal e dos Municípios (conforme EC 93, de 08.09.2016).

Por outro lado, a **lei complementar** também apresenta suma importância enquanto fonte do Direito Financeiro. Assim próprio texto constitucional em seu art. 165, §9º estabelece caber à lei complementar:

I. Dispor sobre o exercício financeiro, a vigência, os prazos, a elaboração e a organização do plano plurianual, da lei de diretrizes orçamentárias e da lei orçamentária anual;

II. Estabelecer normas de gestão financeira e patrimonial da administração direta e indireta bem como condições para a instituição e funcionamento de fundos;

III. Dispor sobre critérios para a execução equitativa, além de procedimentos que serão adotados quando houver impedimentos legais e técnicos, cumprimento de restos a pagar e limitação das programações de caráter obrigatório, para a realização do disposto nos §§ 11 e 12 do art. 166 (**conforme redação dada pela EC nº 100, de 2019**).

> **▸ Como esse assunto foi cobrado em concurso?**
>
> No Concurso da FGV para Analista de Planejamento e Orçamento da SMF/RJ em 2023, este assunto foi cobrado da seguinte forma: "A lei complementar tem papel de destaque no Direito Financeiro, uma vez que diversas matérias desse ramo do Direito devem ser exclusivamente por ela regulamentadas. Dentre as opções abaixo, à luz da Constituição da República de 1988, exige lei complementar para sua edição a lei que: a) institui o plano plurianual; b) institui as diretrizes orçamentárias; c) Institui o orçamento anual; d) abre créditos adicionais suplementares; e) estabelece condições para a instituição e o funcionamento de fundos". O gabarito oficial considerou correta a alternativa "e".

▸ **Importante**

CRFB/88 Art. 163. Lei complementar disporá sobre:

I. finanças públicas;

II. dívida pública externa e interna, incluída a das autarquias, fundações e demais entidades controladas pelo Poder Público;

III. concessão de garantias pelas entidades públicas;

IV. emissão e resgate de títulos da dívida pública;

V. fiscalização financeira da administração pública direta e indireta;

VI. operações de câmbio realizadas por órgãos e entidades da União, dos Estados, do Distrito Federal e dos Municípios;

VII. compatibilização das funções das instituições oficiais de crédito da União, resguardadas as características e condições operacionais plenas das voltadas ao desenvolvimento regional.

VIII. sustentabilidade da dívida, especificando (EC 109/2021):

a) Indicadores de sua apuração;

b) Níveis de compatibilidade dos resultados fiscais com a trajetória da dívida;

c) Trajetória de convergência do montante da dívida com os limites definidos em legislação;

d) Medidas de ajuste, suspensões e vedações;

e) Planejamento de alienação de ativos com vistas à redução do montante da dívida.

Parágrafo único. A lei complementar de que trata o inciso VIII do caput deste artigo pode autorizar a aplicação das vedações previstas no art. 167-A desta Constituição.

▸ **Como esse assunto foi cobrado em concurso?**

No Concurso da FGV para Analista de Planejamento e Orçamento da SMF/RJ em 2023, foi considerado CERTO o seguinte enunciado: "Uma comissão permanente da Câmara dos Deputados recebeu, para análise, projeto de lei complementar cujo objeto era o delineamento de medidas direcionadas à sustentabilidade da dívida pública. Um ponto que gerou muito debate entre os parlamentares dizia respeito à alienação de ativos com o objetivo de reduzir o montante da dívida. Ao fim das discussões, concluiu-se, corretamente, que a referida proposição legislativa, à luz da Constituição da República de 1988, deve estabelecer o planejamento para a alienação, de modo a assegurar a sua correlação com a redução da dívida".

Há que se destacar que a lei complementar prevista pelo art. 165, §9º, da CRFB/88, de forma a disciplinar sobre normas gerais de Direito Financeiro, até o presente não foi aprovada. Contudo, a **lei 4.320/1964**, originariamente uma lei ordinária aprovada durante a vigência da Constituição de 1946, foi **recepcionada pela Constituição da República de 1988 com *status* de lei complementar**, só podendo ser alterada ou revogada por outra lei complementar.

> **▸ Qual o entendimento atual do STF sobre o assunto?**
>
> "A exigência de prévia lei complementar estabelecendo condições gerais para a instituição de fundos, como exige o art. 165, §9º, II, da Constituição, está suprida com a Lei nº 4.320, de 17.03.64, **recepcionada pela Constituição com status de lei complementar** [...]" (STF, ADI-MC 1.726/DF, Rel. Min. Maurício Corrêa, Pleno, j. 16.09.1998, p. 30.04.2004).

> **▸ Como esse assunto foi cobrado em concurso?**
>
> No Concurso do TRF da 3ª Região para Juiz Federal em 2022, foi considerado CERTO o seguinte enunciado: "A Constituição Federal atribui à União competência para legislar sobre finanças públicas mediante lei complementar e estabelece que as metas anuais dos Estados e Municípios sejam consistentes com os objetivos da política econômica nacional e não violem o federalismo fiscal dentro de uma federação cooperativa, sem reduzir em geral a política econômica dos outros entes federados".

Há ainda a **Lei Complementar n. 101/2000**, que estabelece normas de finanças públicas voltadas para a responsabilidade na gestão fiscal, conhecida como Lei de Responsabilidade Fiscal (LRF). Assim como a lei 4.320/64, a LC 101/2000 é obrigatória para todos os entes federados, caracterizando-se, assim, como uma lei nacional. Por outro lado, a LRF não revogou a lei 4.320/64, apesar de a primeira ser aplicada em caso de conflitos entre ambas, o que se dá em razão do princípio da cronologia (art. 2º, §1º, do Decreto-lei 4.657/42-LINDB).

> **▸ Como esse assunto foi cobrado em concurso?**
>
> No Concurso da FADCT para Procurador Municipal da Prefeitura de Ivatuba/PR em 2023, foi considerado ERRADO o seguinte enunciado: "A competência para definir os limites de despesa com pessoal ativo e inativo dos entes federados será por meio de lei ordinária".

> **▸ Como esse assunto foi cobrado em concurso?**
>
> No Concurso da Fumarc para Analista Administrativo da AL/MG em 2023, foi considerado CERTO o seguinte enunciado: "A Lei Complementar nº 101/2000, denominada Lei de Responsabilidade Fiscal (LRF), representou um marco para a Administração Pública, uma vez que estabelece normas de finanças públicas voltadas para a responsabilidade na gestão fiscal, visando uma gestão responsável, eficiente, eficaz e, sobretudo, transparente em benefício da sociedade. Quanto ao âmbito de incidência das normas previstas na LRF, é CORRETO afirmar que elas abrangem e obrigam a Administração direta, fundos, autarquias, fundações e empresas controladas dependentes."

> **▸ Como esse assunto foi cobrado em concurso?**
>
> No Concurso da Cespe para Perito Criminal da PO de AL em 2023, foi considerado ERRADO o seguinte enunciado: "A Lei de Responsabilidade Fiscal contém tipos penais específicos para as infrações dos seus dispositivos".

▸ **Como esse assunto foi cobrado em concurso?**

No Concurso da AMEOSC para Contador da Câmara de Belmonte/SC em 2021, foi considerado CERTO o seguinte enunciado: "Com relação à Lei Complementar nº 101, de 04 de maio de 2000, é CORRETO afirmar que a mesma é conhecida como Lei de Responsabilidade Fiscal".

Nos casos em que o texto constitucional não exige a edição de lei complementar, ou outro ato legislativo (como decretos legislativos ou resoluções), a disciplina legislativa dar-se-á através de leis ordinárias. Em matéria de Direito Financeiro isso ocorrerá em inúmeras hipóteses, tais como: autorização de transposição, remanejamento ou transferência de recursos de uma categoria de programação para outra ou de um órgão para outro (art. 167, VI, da CR/88); autorização da utilização de recursos dos orçamentos fiscal e da seguridade social para suprir necessidade ou cobrir déficit de empresas, fundações e fundos (art. 167, VIII, da CR/88) e autorização da instituição de fundos de qualquer natureza (art. 167, IX, da CR/88), dentre outros.

▸ **Como esse assunto foi cobrado em concurso?**

No Concurso do MPF para Procurador da República em 2015, esse tema foi cobrado em questão discursiva com o seguinte enunciado: "A Lei nº 4.320 de 17.03.1964 preconiza normas gerais de Direito Financeiro para elaboração e controle do orçamento e balanço da União, dos Estados, dos Municípios e do Distrito Federal. Nesse compasso, o que são normas gerais? (4 pontos). Exemplificar (4 pontos). Exaure esta Lei nº 4.320/64 todo o campo de atuação da Lei Complementar referida na Constituição Federal? (2 pontos). (Máximo de 20 linhas).

Já as **leis delegadas** (art. 68 da CR/88) não representam fonte relevante do Direito Financeiro, já que não podem versar sobre matéria reservada a lei complementar nem sobre planos plurianuais, diretrizes orçamentárias e orçamentos (RAMOS FILHO, 2017, p. 123).

▸ **Importante**

Art. 68, §1º da CR/88: "Não serão objeto de delegação os atos de competência exclusiva do Congresso Nacional, os de competência privativa da Câmara dos Deputados ou do Senado Federal, a matéria reservada à lei complementar, nem a legislação sobre: [...] III – **planos plurianuais, diretrizes orçamentárias e orçamentos**".

Observação: há que se destacar que o artigo mencionado não proibiu expressamente a delegação da legislação sobre créditos adicionais.

Da mesma forma, as **Medidas Provisórias** não podem ser consideradas fontes relevantes do Direito Financeiro já que o art. 62, §1º, I, d, da CR/88 expressamente proíbe que tais fontes sejam utilizadas para matérias relativas a planos plurianuais, diretrizes orçamentárias, orçamento e créditos adicionais e suplementares.

Assim, a utilização das Medidas Provisórias nessa disciplina restringe-se apenas à abertura de créditos extraordinários, conforme previsão contida no art. 167, §3º da CR/88: "A abertura de crédito extraordinário somente será admitida para atender a despesas imprevisíveis e urgentes, como as decorrentes de guerra, comoção interna ou calamidade pública, observado o disposto no artigo 62".

Por fim há que se ressaltar a importância das **Resoluções do Senado** em matéria de Direito Financeiro. Nesse sentido, conforme previsto no art. 52, V a IX, da Constituição da República de 1988, cabe às Resoluções do Senado, dentre outros aspectos, autorizar operações financeiras externas de interesse dos entes federativos e fixar-lhes limites globais para o montante da dívida consolidada.

Harisson Leite divide as fontes do Direito Financeiro em fontes principais e fontes secundárias. Dentre as primeiras elenca a Constituição Federal, as Leis Complementares e Ordinárias, as Medidas Provisórias e a respectiva Jurisprudência sobre o uso das MPs. Já entre as fontes secundárias o autor aponta os Decretos, os Atos Normativos, as Decisões Administrativas e decisões judiciais, relacionadas à judicialização das políticas públicas (2015, p. 25-41).

> **▸ Como esse assunto foi cobrado em concurso?**
>
> No Concurso da CESPE para Analista de Controle Externo do TCE/MG em 2018, foi considerado CERTO o seguinte enunciado: "Ao apreciar a legalidade do orçamento público, um auditor de contas identificou leis delegadas, decisões judiciais, medidas provisórias e resoluções do Senado Federal que versavam sobre orçamento público. Nessa situação hipotética, o auditor deve **observar os limites fixados em resoluções do Senado Federal e considerar a jurisprudência orçamentária**".

> **▸ Como esse assunto foi cobrado em concurso?**
>
> No Concurso da FMP para Procurador do Estado do Acre em 2017, foi considerado ERRADO o seguinte enunciado: "O projeto de lei orçamentária anual, uma vez aprovado pela Assembleia Legislativa, é soberano perante qualquer outro diploma que trate do orçamento".

5. PRINCÍPIOS DO DIREITO FINANCEIRO

O que faz do Direito financeiro um ramo autônomo é a presença de princípios jurídicos específicos, não aplicáveis a outros ramos do Direito (HARADA, 2017, p. 17). Assim, em matérias como orçamentos e despesas públicas é comum a doutrina apontar princípios próprios do Direito Financeiro, conforme será destacado. Outrossim, há quem entenda haver princípios aplicáveis à disciplina como um todo.

Nesse sentido, para Marcelo Braghini (2016, p. 48-66) podem ser apontados como princípios gerais do Direito Financeiro:

- Princípio da legalidade;
- Princípio da economicidade; e
- Princípio da transparência.

6. A LEI Nº 13.655/2018 (LINDB) E O DIREITO FINANCEIRO

Em 25.04.2018 foi publicada a lei nº 13.655 (regulamentada pelo Decreto nº 9.830, de 10.06.2019), que incluiu na Lei de Introdução às Normas do Direito Brasileiro (LINDB), disposições sobre segurança jurídica e eficiência na criação e na aplicação do Direito Público, cujo teor já vem gerando importantes repercussões no Direito Financeiro, sobretudo no que diz respeito à função controladora. Assim, foram incluídos onze novos artigos à LINDB (um deles – art. 25 foi vetado) que já trata, dentre outros, de direito intertemporal e Direito Internacional Privado.

O primeiro dispositivo acrescido estabelece que "nas esferas administrativa, controladora e judicial, não se decidirá com base em valores jurídicos abstratos sem que sejam consideradas as consequências práticas da decisão".

Em relação ao art. 20 da LINDB vale destacar o voto proferido pelo Ministro Bruno Dantas, do TCU, no qual, para exemplificar a importância de se levar em conta as consequências concretas de uma decisão jurídica, e a responsabilidade do julgador, aponta os graves danos decorrentes da sanção de declaração de inidoneidade que se estenda por trinta ou mais anos, para uma grande empresa de construção, que provavelmente seria parte em outros grandes contratos com a Administração Pública. Destaca o Ministro: "Ora, alijar as grandes empreiteiras da participação nessas obras é praticamente decretar sua derrocada econômica, em prejuízo para milhares de empregos e em reflexo danoso para a economia como um todo". (TCU, Acórdão 2702/2018, Plenário, Rel. Min. Bruno Dantas). Diante das consequências de eventual sanção dessa modalidade, que podem ser extremamente nocivas à economia nacional, o Ministro alertou para a necessidade de se optar pela aplicação de outras medidas, como aquelas extraídas da lei nº 8.429/92 (Improbidade Administrativa, com redação alterada pela lei nº 14.230/2021), parte penal da lei nº 8.666/93 (revogados pela lei nº 14.133/21), lei nº 12.529/11 (Defesa da Concorrência), crimes praticados contra a Administração Pública no Código Penal, lei nº 12.846/2013 (Lei Anticorrupção), dentre outras, evitando-se o comprometimento do interesse público e a geração de prejuízos ao desenvolvimento econômico do país e o bem estar social.

> **Qual o entendimento atual do TCU sobre o assunto?**
>
> "Para fins de aplicação da sanção de declaração de inidoneidade (art. 46 da Lei 8.443/1992), é cabível o sobrestamento da apreciação da responsabilidade de empresa celebrante de acordo de leniência abrangendo os mesmos fatos em apuração no TCU, até que haja manifestação dos órgãos públicos signatários do acordo quanto ao cumprimento ou descumprimento das obrigações pactuadas, ainda que nenhuma informação contida no ajuste tenha sido utilizada pelo TCU em sua atividade fiscalizatória. Em consequência do sobrestamento, deve ser suspensa a prescrição da pretensão punitiva do Tribunal (art. 7º, inciso V, da Resolução TCU 344/2022)". Acórdão 234/2023 Plenário (Representação, Relator Ministro Vital do Rêgo)

▸ **Qual o entendimento atual do TCU sobre o assunto?**

"A declaração de inidoneidade imposta pelo TCU a determinada empresa (art. 46 da Lei 8.443/1992) pode ser estendida a outra de propriedade dos mesmos sócios quando restar demonstrado ter sido esta constituída com o propósito de burlar a sanção, ainda que a constituição da segunda empresa tenha ocorrido antes da aplicação da penalidade à primeira. Acórdão 1890/2022 Plenário (Pedido de Reexame, Relator Ministro Antonio Anastasia) (TCU, Boletim de Jurisprudência 415)

Essa preocupação com as consequências práticas da decisão deverá restar evidenciada na motivação que, segundo o parágrafo único do art. 20 da LINDB, "demonstrará a necessidade e a adequação da medida imposta ou da invalidação de ato, contrato, ajuste, processo ou norma administrativa, inclusive em face das possíveis alternativas".

Mesmo constando no parágrafo único do art. 20, a motivação foi novamente abordada no artigo seguinte, evidenciando-se a relevância que assume no mundo jurídico. Irene Nohara entende que a motivação é a explicação dos motivos do ato administrativo, correspondendo "a um discurso destinado a justificar a edição do ato administrativo e se relaciona com o elemento forma do ato administrativo, uma vez que se trata de uma formalidade" (2019, p. 200).

▸ **Importante**

LINDB, art. 21. A decisão que, nas esferas administrativa, **controladora** ou judicial, decretar a invalidação de ato, contrato, ajuste, processo ou norma administrativa, deverá indicar de modo expresso suas **consequências jurídicas e administrativas.**

Outro aspecto abordado pelas disposições incluídas na LINDB pela lei nº13.655/18, diz respeito à interpretação das normas sobre gestão pública, em que "serão considerados os obstáculos e as dificuldades reais do gestor e as exigências das políticas públicas a seu cargo, sem prejuízo dos direitos dos administrados (art. 22, *caput*, da LINDB). Assim, positivou-se a Ideia de que o direito deve acompanhar as mudanças da realidade, aspecto extremamente relevante em um país continental e tão heterogêneo como o Brasil.

▸ **Qual o entendimento atual do TCU sobre o assunto?**

"Na aplicação de sanções, o TCU deve considerar os obstáculos e as dificuldades reais enfrentadas pelo gestor, bem como ponderar se as circunstâncias do caso concreto limitaram ou condicionaram a ação do agente [...]". Acórdão 60/2020 Plenário (Pedido de Reexame, Relator Ministra Ana Arraes) (TCU, Boletim de Jurisprudência 295)

▸ **Importante**

Por se tratar de alteração incluída no texto constitucional pela EC 109/2021, vale chamar a atenção para o §16 do art. 37 da CRFB/88, segundo o qual "Os órgãos e entidades da administração pública, individual ou conjuntamente, devem realizar **avaliação das políticas públicas**, inclusive com divulgação do objeto a ser avaliado e dos resultados alcançados, na forma da lei".

Como consequência óbvia da tomada em consideração da realidade vivida pelo gestor no momento de aplicação da norma, o §1º do mesmo art. 22 fixou que "em decisão sobre regularidade de conduta ou validade de ato, contrato, ajuste, processo ou norma administrativa, serão consideradas as circunstâncias práticas que houverem imposto, limitado ou condicionado a ação do agente".

No mesmo sentido, "na aplicação de sanções, serão consideradas a natureza e a gravidade da infração cometida, os danos que dela provierem para a administração pública, as circunstâncias agravantes ou atenuantes e os antecedentes do agente" (art. 22, §2º, da LINDB), exigindo-se que as sanções aplicadas ao agente sejam levadas em consideração na dosimetria das demais sanções de mesma natureza e relativas ao mesmo fato (art. 22, §3º, da LINDB), evidenciando-se, dessa forma, a incidência da proporcionalidade na aplicação de sanções.

▸ **Qual o entendimento atual do TCU sobre o assunto?**

Em caráter excepcional, havendo circunstâncias atenuantes e inexistindo quaisquer indícios de prejuízo ao erário ou de locupletamento, pode o TCU rejeitar as razões de justificativa do responsável, sem, contudo, aplicar-lhe a multa do art. 58 da Lei 8.443/1992, com base na interpretação do art. 22, § 2º, do Decreto-lei 4.657/1942 (LINDB). Este dispositivo não se aplica apenas à dosimetria da pena, podendo, em situações-limite, servir de fundamento para relevar a aplicação da sanção pelo Tribunal. Acórdão 2887/2024 Primeira Câmara (Recurso de Reconsideração, Relator Ministro Jorge Oliveira) (TCU, Boletim de Jurisprudência 490).

▸ **Qual o entendimento atual do TCU sobre o assunto?**

"É cabível realizar a detração do período efetivamente cumprido da sanção de inidoneidade aplicada pela CGU (arts. 87, inciso IV, e 88 da Lei 8.666/1993) no cumprimento da pena de inidoneidade aplicada pelo TCU (art. 46 da Lei 8.443/1992) em razão dos mesmos fatos, com base no art. 22, § 3º, do Decreto-lei 4.657/1942 (LINDB), pois constituem penalidades de igual natureza, ainda que a sanção aplicada pela Controladoria abranja apenas as licitações na Administração Pública Federal e a do Tribunal alcance também as licitações municipais e estaduais custeadas com recursos federais". Acórdão 2216/2023 Plenário (Pedido de Reexame, Relator Ministro Antonio Anastasia) (TCU, Boletim de Jurisprudência 472).

▸ **Qual o entendimento atual do TCU sobre o assunto?**

"O TCU pode, com fundamento no art. 22, § 3º, do Decreto-lei 4.657/1942 (LINDB), deixar de aplicar a multa prevista no art. 58, inciso II, da Lei 8.443/1992 caso o responsável tenha sofrido, pelos mesmos fatos em apreciação, a penalidade de suspensão prevista na Lei 8.112/1990". Acórdão 10307/2023 Primeira Câmara (Representação, Relator Ministro Jhonatan de Jesus) (TCU, Boletim de Jurisprudência 464).

▸ **Qual o entendimento atual do TCU sobre o assunto?**

"É cabível realizar a detração do período efetivamente cumprido da sanção de inidoneidade aplicada pela CGU (art. 87, inciso IV, da Lei 8.666/1993) no cumprimento da pena de inidoneidade aplicada pelo TCU (art. 46 da Lei 8.443/1992) em razão dos mesmos fatos, com base no art. 22, § 3º, do Decreto-lei 4.657/1942 (LINDB), pois constituem penalidades de igual natureza". Acórdão 977/2023 Plenário (Representação, Relator Ministro Benjamin Zymler) (TCU, Boletim de Jurisprudência 448).

A seguir, o art. 23 tratou das consequências de nova interpretação da norma jurídica, fixando que "A decisão administrativa, controladora ou judicial que estabelecer interpretação ou orientação nova sobre norma de conteúdo indeterminado, impondo novo dever ou novo condicionamento de direito, deverá prever regime de transição quando indispensável para que o novo dever ou condicionamento de direito seja cumprido de modo proporcional, equânime e eficiente e sem prejuízo aos interesses gerais".

Com isso, busca-se a segurança jurídica. Assim, "se a Administração ou o Judiciário estiverem dando interpretação a determinada questão jurídica e resolverem alterá-la, impondo orientação diversa, de que decorra 'novo dever' ou 'novo condicionamento de direito', deve haver a previsão de regime de transição" (OLIVEIRA, 2019, p. 932). No mais, "o indivíduo não pode ser colhido por incertezas. Se ele tem a garantia de que seu comportamento guarda compatibilidade com a norma jurídica e com as decisões reiteradas dos órgãos administrativos e judiciais, não pode ter surpresa com mudança de orientação" (OLIVEIRA, 2019, p. 932). Dessa forma, o art. 23 estabelece, na verdade, uma espécie de **modulação dos efeitos** da decisão administrativa, controladora ou judicial.

O artigo seguinte, considerando a morosidade das decisões, busca proteger o administrado, de forma a determinar a preservação das situações já consolidadas. Assim: "a revisão, nas esferas administrativa, controladora e judicial, quanto à validade de ato, contrato, ajuste, processo ou norma administrativa cuja produção já se houver completado levará em conta as **orientações gerais** da época, sendo vedado que, com base em mudança posterior de orientação geral, se declarem inválidas situações plenamente constituídas" (art. 24 da LINDB).

▸ **Qual o entendimento atual do STJ sobre o assunto?**

"Nas hipóteses em que não haja exercício do controle de legalidade por Tribunal de Contas, o prazo decadencial quinquenal previsto no art. 54 da Lei n. 9.784/1999 transcorre a partir da edição do ato pela Administração. (AgInt no AREsp 1.761.417-RS, Rel. Min. Manoel Erhardt (Desembargador convocado do TRF da 5ª Região), Primeira Turma, j. 20/06/2022, Info 750)

▸ Qual o entendimento atual do TCU sobre o assunto?

"Não pode o TCU aplicar nova interpretação da legislação se for mais gravosa ao responsável do que a jurisprudência do Tribunal vigente à época dos fatos em análise, em razão do disposto no art. 2º, parágrafo único, inciso XIII, da Lei 9.784/1999, subsidiariamente aplicável aos processos de controle externo, e no art. 24 do Decreto-lei 4.657/1942 (Lindb)". Acórdão 4719/2020 Primeira Câmara (Recurso de Reconsideração, Relator Ministro Vital do Rêgo) (TCU, Boletim de Jurisprudência 307).

A fim de esclarecer o novo dispositivo, seu parágrafo único conceitua orientações gerais como "as interpretações e especificações contidas em atos públicos de caráter geral ou em jurisprudência judicial ou administrativa majoritária, e ainda as adotadas por prática administrativa reiterada e de amplo conhecimento público".

Visando a concretização de um modelo de administração pública dialógica, o art. 26, ao tratar da convalidação ou saneamento do ato, previu a possibilidade da realização de consulta pública. Assim: "para eliminar irregularidade, incerteza jurídica ou situação contenciosa na aplicação do direito público, inclusive no caso de expedição de licença, a autoridade administrativa poderá, após oitiva do órgão jurídico e, quando for o caso, após realização de consulta pública, e presentes razões de relevante interesse geral, celebrar **compromisso** com os interessados, observada a legislação aplicável, o qual só produzirá efeitos a partir de sua publicação oficial".

Em relação ao compromisso mencionado no *caput* do art. 26, o §1º do mesmo dispositivo esclarece que: a) buscará solução jurídica proporcional, equânime, eficiente e compatível com os interesses gerais; b) não poderá conferir desoneração permanente de dever ou condicionamento de direito reconhecidos por orientação geral; c) deverá prever com clareza as obrigações das partes, o prazo para seu cumprimento e as sanções aplicáveis em caso de descumprimento.

O art. 27, por sua vez, tratou da possibilidade de que a decisão do processo, nas esferas administrativa, controladora ou judicial, imponha compensação por benefícios indevidos ou prejuízos anormais ou injustos resultantes do processo ou da conduta dos envolvidos, exigindo-se que a tal decisão seja devidamente motivada, ouvidas previamente as partes sobre seu cabimento, sua forma e, se for o caso, seu valor. No mais, estabeleceu-se que "para prevenir ou regular a compensação, poderá ser celebrado compromisso processual entre os envolvidos" (art. 27, §2º, da LINDB).

Já o art. 28, ao cuidar da responsabilidade do agente, determina que "o agente público responderá pessoalmente por suas decisões ou opiniões técnicas em caso de dolo ou erro grosseiro". Sobre esse artigo merecem atenção especial as recentes decisões do TCU a seguir transcritas:

▸ **Qual o entendimento atual do TCU sobre o assunto?**

Para fins de responsabilização perante o TCU, a decisão do gestor que desconsidera, sem a devida motivação, as recomendações constantes do parecer da consultoria jurídica acerca do processo licitatório configura erro grosseiro (art. 28 do Decreto-lei 4.657/1942 – LINDB) Acórdão 2503/2024 Segunda Câmara (Pedido de Reexame, Relator Ministro Aroldo Cedraz) (TCU, Boletim de Jurisprudência 490).

▸ **Qual o entendimento atual do TCU sobre o assunto?**

"Incorre no erro grosseiro a que alude o art. 28 do Decreto-lei 4.657/1942 (LINDB), entendido como grave inobservância do dever de cuidado e zelo com a coisa pública, o gestor que falha nas circunstâncias em que não falharia aquele que emprega nível de diligência normal no desempenho de suas funções, considerados os obstáculos e as dificuldades reais apresentados à época da prática do ato impugnado. Acórdão 11674/2023 Primeira Câmara (Tomada de Contas Especial, Relator Ministro Jhonatan de Jesus) (TCU, Boletim de Jurisprudência 471).

▸ **Qual o entendimento atual do TCU sobre o assunto?**

"O descumprimento da previsão legal de demonstrar a regular aplicação de recursos federais recebidos por meio de transferência voluntária constitui grave inobservância do dever de cuidado no trato com a coisa pública, revelando a existência de culpa grave, uma vez que se distancia do que seria esperado de um administrador minimamente diligente, o que caracteriza erro grosseiro a que alude o art. 28 do Decreto-lei 4.657/1942 (LINDB)". Acórdão 9007/2023 Segunda Câmara (Tomada de Contas Especial, Relator Ministro-Substituto Marcos Bemquerer) (TCU, Boletim de Jurisprudência 464).

▸ **Qual o entendimento atual do TCU sobre o assunto?**

"A regra prevista no art. 28 do Decreto-lei 4.657/1942 (LINDB), que estabelece que o agente público só responderá pessoalmente por suas decisões ou opiniões técnicas em caso de dolo ou erro grosseiro, não se aplica à responsabilidade financeira por dano ao erário. O dever de indenizar prejuízos aos cofres públicos permanece sujeito à comprovação de dolo ou culpa, sem qualquer gradação, tendo em vista o tratamento constitucional dado à matéria" (art. 37, § 6º, da Constituição Federal). Acórdão 1740/2023 Plenário (Recurso de Reconsideração, Relator Ministro Walton Alencar Rodrigues) (TCU, Boletim de Jurisprudência 462).

▸ **Qual o entendimento atual do TCU sobre o assunto?**

"A não comprovação da boa e regular aplicação de recursos federais em face da omissão no dever de prestar contas, além de obrigar o gestor omisso a restituir os valores aos cofres públicos por presunção de dano, constitui grave inobservância do dever de cuidado no trato com a coisa pública, revelando a existência de culpa grave, passível de aplicação de penalidade, uma vez que se distancia do que seria esperado de um administrador minimamente diligente, o que caracteriza erro grosseiro a que alude o art. 28 do Decreto-lei 4.657/1942 (LINDB), incluído pela Lei 13.655/2018". Acórdão 6463/2023 Segunda Câmara (Tomada de Contas Especial, Relator Ministro-Substituto Marcos Bemquerer) (TCU, Boletim de Jurisprudência 457).

▸ **Qual o entendimento atual do TCU sobre o assunto?**

"Para fins do exercício do poder sancionatório do TCU, pode ser tipificada como erro grosseiro (art. 28 do Decreto-lei 4.657/1942 - LINDB) a elaboração do orçamento estimado da licitação sem o dimensionamento adequado dos quantitativos e com base em pesquisa de mercado exclusivamente junto a potenciais fornecedores, sem considerar contratações similares realizadas pela Administração Pública, propiciando a ocorrência de substancial sobrepreço no orçamento do certame". Acórdão 3569/2023 Segunda Câmara (Representação, Relator Ministro-Substituto Marcos Bemquerer) (TCU, Boletim de Jurisprudência 449).

▸ **Qual o entendimento atual do TCU sobre o assunto?**

"A antecipação de pagamentos, em descompasso com a execução do objeto, sem previsão no edital e sem as devidas garantias ao resguardo do interesse da Administração Pública, constitui irregularidade grave, suficiente para julgar irregulares as contas e ensejar, por configurar erro grosseiro (art. 28 do Decreto-lei 4.657/1942 – LINDB), aplicação de sanção aos responsáveis". Acórdão 3328/2023 Segunda Câmara (Tomada de Contas Especial, Relator Ministro-Substituto Marcos Bemquerer) (TCU, Boletim de Jurisprudência 447).

A discussão sobre o alcance da expressão "erro grosseiro" foi bastante acentuada no Supremo Tribunal Federal, em 2020, quando do julgamento de medidas cautelares em ações diretas de inconstitucionalidade nas quais era discutida a responsabilização de agentes públicos pela prática de atos relacionados às medidas de enfrentamento da pandemia do novo coronavírus e aos efeitos econômicos e sociais delas decorrentes, ocasião em que conferiu-se interpretação conforme à Constituição ao art. 2º da Medida Provisória 966/2020, segundo o qual, para efeitos dessa MP, é considerado erro grosseiro "o erro manifesto, evidente e inescusável praticado com culpa grave, caracterizado por ação ou omissão com elevado grau de negligência, imprudência ou imperícia" (ADIs 6421, 6422,6424, 6425, 6427, 6428 e 6431).

Naquele julgamento, o STF entendeu que na caracterização de erro grosseiro, deve-se levar em consideração a observância, pelas autoridades: "(i) de *standards*, normas e critérios científicos e técnicos, tal como estabelecidos por organizações e entidades internacional e nacionalmente reconhecidas; bem como (ii) dos princípios constitucionais da precaução e da prevenção".

No mesmo sentido, também foi conferida interpretação conforme ao art. 1º da mesma Medida Provisória, cujo texto estabelece a possibilidade de responsabilização nas esferas cível e administrativa dos agentes públicos apenas nos casos em que agirem ou se omitirem com dolo ou erro grosseiro pela prática de atos relacionados, direta ou indiretamente, com as medidas de: I – enfrentamento da emergência de saúde pública decorrente da pandemia da covid-19; e II – combate aos efeitos econômicos e sociais decorrentes da pandemia da covid-19". Nesse ponto, ficou explicitado que para fins desse dispositivo, "a autoridade à qual compete a decisão deve exigir que a opinião técnica trate expressamente: (i) das normas e critérios científicos e técnicos aplicáveis à matéria, tal como estabelecidos por organizações e entidades reconhecidas nacional e internacionalmente; (ii) da observância dos princípios constitucionais da precaução e da prevenção".

Ainda nesse julgamento, o Supremo Tribunal Federal firmou importantes teses sobre o chamado "erro grosseiro", conforme quadro infra:

> **▸ Qual o entendimento atual do STF sobre o assunto?**
>
> Foram firmadas as seguintes teses: "1. Configura erro grosseiro o ato administrativo que ensejar violação ao direito à vida, à saúde, ao meio ambiente equilibrado ou impactos adversos à economia, por inobservância: (i) de normas e critérios científicos e técnicos; ou (ii) dos princípios constitucionais da precaução e da prevenção. 2. A autoridade a quem compete decidir deve exigir que as opiniões técnicas em que baseará sua decisão tratem expressamente: (i) das normas e critérios científicos e técnicos aplicáveis à matéria, tal como estabelecidos por organizações e entidades internacional e nacionalmente reconhecidas; e (ii) da observância dos princípios constitucionais da precaução e da prevenção, sob pena de se tornarem corresponsáveis por eventuais violações a direitos". [...] ADIs 6421, 6422, 6424, 6425, 6427, 6428 e 6431 MC/DF, rel. Min. Roberto Barroso, julgamento em 20 e 21.5.2020. (STF, Informativo 978)

A consulta pública, já mencionada no art. 26, voltou a ser tratada no art. 29, estabelecendo-se que "em qualquer órgão ou Poder, a edição de atos normativos por autoridade administrativa, salvo os de mera organização interna, poderá ser precedida de consulta pública para manifestação de interessados, preferencialmente por meio eletrônico, a qual será considerada na decisão". Nesses casos, a convocação conterá a minuta do ato normativo e fixará o prazo e demais condições da consulta pública observadas as normas legais e regulamentares específicas, se houver (art. 29, §1º, da LINDB).

Por fim, o art. 30 preocupou-se, mais uma vez, com a segurança jurídica na atuação das autoridades públicas, estabelecendo que estas "devem atuar para aumentar a segurança jurídica na aplicação das normas, inclusive por meio de regulamentos, súmulas administrativas e respostas a consultas" (*caput*), os quais terão caráter vinculante em relação ao órgão ou entidade a que se destinam, até ulterior revisão (parágrafo único).

Capítulo 2

Orçamento Público

1. ORIGEM E CONCEITO

No Estado absoluto, o Rei era o detentor da soberania. Assim, tido como um representante de Deus na Terra, o monarca era o proprietário de todo o patrimônio existente em suas terras, não se sujeitando a qualquer tipo de controle por parte dos seus súditos. Com o advento da democracia e a transformação dos súditos em cidadãos, a soberania transfere-se para o povo e a finalidade do Estado passa a ser a concretização de interesses coletivos. Dessa forma, o governante, seja ele um monarca ou um representante eleito, tem seu poder limitado, dentre outros, pela atuação do Poder Legislativo e do Poder Executivo.

Disso resulta a necessidade de se submeter aos representantes do povo a forma e os mecanismos através dos quais os tributos serão arrecadados e gastos, surgindo, dessa forma, a necessidade de se submeter uma proposta de orçamento ao Legislativo. Assim Valdecir Pascoal (2015, p. 17) aponta como marcos históricos dessa limitação:

- Na Inglaterra: Carta Magna de 1215, através da qual o povo se opõe à cobrança arbitrária de impostos, impondo ao Governo de João "Sem Terra" a autorização do Parlamento para a instituição de tributos;
- Nos EUA: em 1765 os colonos do Estado da Virgínia, através de Assembleia Nacional, estabelecem a necessidade de autorização do Parlamento para a criação de impostos;
- Na França: a Declaração de Direitos de 1789 efetiva a ideia de orçamento em seu art. 15º, ao estabelecer que "a sociedade tem o direito de pedir contas a todo agente público pela sua administração";
- No Brasil: a insatisfação da colônia em relação às cobranças de impostos gera revoltas populares, dentre as quais a Inconfidência Mineira, de 1789. Entretanto, o orçamento só seria previsto em 1824, com a primeira constituição brasileira, efetivando-se em 1830, com a primeira lei orçamentária do país.

Nessa esteira, o orçamento surge como um mero instrumento de previsão das receitas e fixação das despesas para um determinado período. Era, dessa forma, um "documento eminentemente contábil e financeiro, pois não se preocupava com o planejamento governamental nem com as efetivas necessidades da população. Era um orçamento estático" (PASCOAL, 2015, p. 17-18).

Entretanto, o conceito clássico de orçamento foi, progressivamente, incorporando aspectos dinâmicos das receitas e dos gastos públicos, sendo conceituado por Aliomar Baleeiro, como "o ato pelo qual o Poder Legislativo prevê e autoriza ao Poder Executivo, por certo período e em pormenor, as despesas destinadas ao funcionamento dos serviços públicos e outros fins adotados pela política econômica ou geral do país, assim como a arrecadação das receitas já criadas em lei" (1998, p. 411).

Já para Régis Fernandes de Oliveira e Estevão Hovarth o orçamento é a "lei periódica que contém previsão de receitas e fixação de despesas, programando a **vida econômica** e financeira do Estado, de cumprimento obrigatório, vinculativa do comportamento do agente público" (2003, p. 120). Nesse mesmo sentido, o art. 2º da lei 4.320/64 estabelece que a lei orçamentária conterá a discriminação da receita e despesa de forma a evidenciar a **política econômico-financeira e o programa de trabalho do Governo** [...]".

ATENÇÃO: apesar de a doutrina apontar o orçamento como um instrumento de previsão de receitas e despesas, a Emenda Constitucional nº 100/2019 inseriu o § 10 no art. 165 da CRFB/88, estabelecendo que **"A administração tem o dever de executar as programações orçamentárias, adotando os meios e as medidas necessários, com o propósito de garantir a efetiva entrega de bens e serviços à sociedade".**

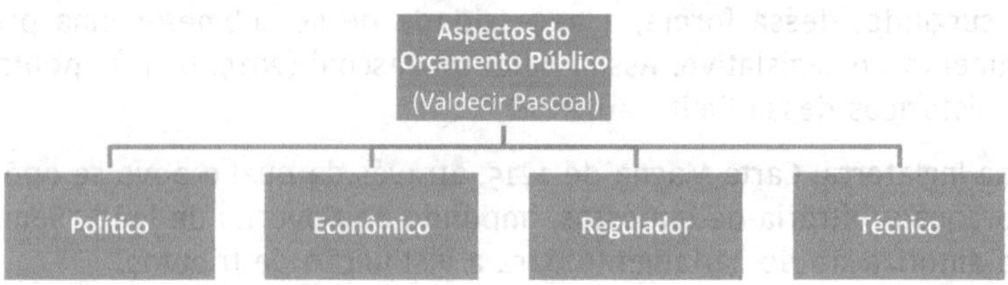

> **Como esse assunto foi cobrado em concurso?**
>
> No Concurso do CESPE para Analista Judiciário do TRE/PE em 2017, foi considerado CERTO o seguinte enunciado: "O orçamento público é instrumento de transparência da gestão fiscal".

> **Como esse assunto foi cobrado em concurso?**
>
> No Concurso da AOCP para Assistente Legislativo da Câmara de Maringá/PR em 2017, esse tema foi cobrado da seguinte forma: "Assinale a alternativa que corresponde às funções fiscais do Orçamento Público:
>
> a) alocativa, distributiva e financeira; b) reflexiva, estabilizadora e de segurança; c) interesse público, reguladora e financeira; d) alocativa, distributiva e estabilizadora; e) legalidade, moralidade e impessoalidade". Segundo o gabarito oficial, foi considerada correta a alternativa "b".

2. PRINCÍPIOS ORÇAMENTÁRIOS

Na clássica definição de Celso Antônio Bandeira de Mello, princípio deve ser compreendido como "mandamento nuclear de um sistema, verdadeiro alicerce dele, disposição fundamental que se irradia sobre diferentes normas compondo-lhes o espírito e servindo de critério para sua exata compreensão e inteligência exatamente por definir a lógica e a racionalidade do sistema normativo, no que lhe confere a tônica e lhe dá sentido harmônico" (2013, p.974-975). Ainda a respeito dos princípios, conclui o administrativista: "é o conhecimento dos princípios que preside a intelecção das diferentes partes componentes do todo unitário que há por nome sistema jurídico positivo" (2013, p.975).

O Governo Federal elaborou um Manual Técnico de Orçamento (MTO), o qual, a respeito dos princípios orçamentários, estabelece que "visam estabelecer regras básicas, a fim de conferir racionalidade, eficiência e transparência aos processos de elaboração, execução e controle do orçamento público. Válidos para todos os Poderes e para todos os entes federativos – União, Estados, Distrito Federal e Municípios -, são estabelecidos e disciplinados tanto por normas constitucionais e infraconstitucionais quanto pela doutrina" (BRASIL, 2017, p. 14).

> **▸ Como esse assunto foi cobrado em concurso?**
>
> No Concurso da AMEOSC para Contador da Câmara de Belmonte/SC em 2021, este tema foi cobrado da seguinte forma: "Constituem Princípios Orçamentários TODOS os relacionados abaixo, com a EXCEÇÃO do: a) Princípio do Registro pelo Valor Original; b) Princípio da Unidade; c) Princípio da Universalidade; d) Princípio da Exclusividade". Segundo gabarito oficial foi considerada CERTA a alternativa "a".

2.1. Princípio da Legalidade ou reserva legal

O princípio da legalidade, inerente ao Estado Democrático de Direito, impõe a exigência de que as finanças públicas sejam disciplinadas mediante lei em sentido formal, como é o caso da aprovação dos orçamentos (art. 165, da CR/88) e da autorização de créditos suplementares e especiais.

> **▸ Importante**
>
> CR/88, Art. 165. Leis de iniciativa do Poder Executivo estabelecerão:
>
> I - o plano plurianual;
>
> II - as diretrizes orçamentárias;
>
> III - os orçamentos anuais.

> **▸ Como esse assunto foi cobrado em concurso?**
>
> No Concurso do CESPE para Juiz Federal da 2ª Região em 2012, foi considerado CERTO o seguinte enunciado: "O plano plurianual, as diretrizes orçamentárias e os orçamentos anuais integram o sistema orçamentário, sendo que as leis que versem sobre esses temas serão de iniciativa do Poder Executivo".

> ▸ **Como esse assunto foi cobrado em concurso?**
>
> No Concurso do CESPE para Juiz Federal da 2ª Região em 2011, foi considerado CERTO o seguinte enunciado: "Pertence ao Poder Executivo a iniciativa das leis que estabeleçam o plano plurianual, as diretrizes orçamentárias e os orçamentos anuais".

Assim, o único instrumento que não a lei, apto a disciplinar a realização de gastos é a Medida Provisória na forma estabelecida pelo art. 167, §3º da CR/88. Por essa razão, o disposto no art. 107 da lei 4.320/64, que prevê que os orçamentos de autarquias e empresas estatais podem ser aprovados por Decreto do Poder Executivo, não foi recepcionado pela Constituição da República de 1988.

> ▸ **Importante**
>
> Lei 4.320/64, art. 107, *caput* → **Não recepcionado pela CR/88**: As entidades autárquicas ou paraestatais, inclusive de previdência social ou investidas de delegação para arrecadação de contribuições parafiscais da União, dos Estados, dos Municípios e do Distrito Federal, terão seus orçamentos aprovados por Decreto do Poder Executivo, salvo se disposição legal expressa determinar que o sejam pelo Poder Legislativo.

> ▸ **Qual o entendimento atual do STF sobre o assunto?**
>
> "É inconstitucional – por violar os princípios da legalidade, da segurança jurídica, da não surpresa dos contribuintes e da isonomia – a interpretação do artigo 1º da Lei 14.117/2021 no sentido de condicionar os efeitos da suspensão de exigibilidade dos parcelamentos de dívidas no âmbito do Programa de Modernização da Gestão e de Responsabilidade Fiscal do Futebol Brasileiro (PROFUT) ao término da vigência do Decreto Legislativo 6/2020". (ADI 7015/DF, rel. Min. Gilmar Mendes, j. 2.12.2022)

> ▸ **Como esse assunto foi cobrado em concurso?**
>
> No Concurso do CESPE para Juiz Federal da 2ª Região em 2012, foi considerado ERRADO o seguinte enunciado: "Segundo o princípio da legalidade, a lei orçamentária anual não poderá conter dispositivos estranhos à previsão da receita e à fixação das despesas, incluindo-se nessa proibição a autorização para a abertura de crédito suplementar".

2.2. Princípio da Unidade ou Totalidade

O princípio da unidade, previsto expressamente no art. 2º da lei 4.320/64, estabelece que o orçamento deve ser uno, devendo cada ente federativo elaborar apenas um único orçamento. Busca, dessa forma, evitar múltiplos orçamentos no âmbito de uma mesma pessoa jurídica facilitando, assim, o controle da atividade financeira estatal.

O texto constitucional de 1988, em seu art. 165, §5º determina que a lei orçamentária anual comportará três suborçamentos: o orçamento fiscal, o orçamento de investimentos e o orçamento da seguridade social. Contudo, segundo entendimento doutrinário e jurisprudencial, essa divisão não significa ofensa ao princípio da unidade já que o princípio não se preocupa com a unidade formal ou documental, mas sim com a unidade de orientação política (unidade substancial). "Tais leis, dito de outro modo, devem obrigatoriamente seguir a mesma diretriz, convergindo para o mesmo ponto, sendo inadmissível que uma lei contrarie a outra" (RAMOS FILHO, 2017, p. 466).

> **▸ Atenção!**
> "De acordo com Giacomoni, do princípio da unidade, deriva o princípio da totalidade que afirma que apesar da LOA ser única ela é composta por 3 (três) orçamentos: fiscal, seguridade social ou investimentos das estatais" (PACELLI, 2024, p. 92).

> **▸ Importante**
> Lei 4.320/64, art. 2º, *caput*. A Lei de Orçamento conterá a discriminação da receita e despesa de forma a evidenciar a política econômico-financeira e o programa de trabalho do Governo, obedecidos os **princípios de unidade, universalidade e anualidade.**

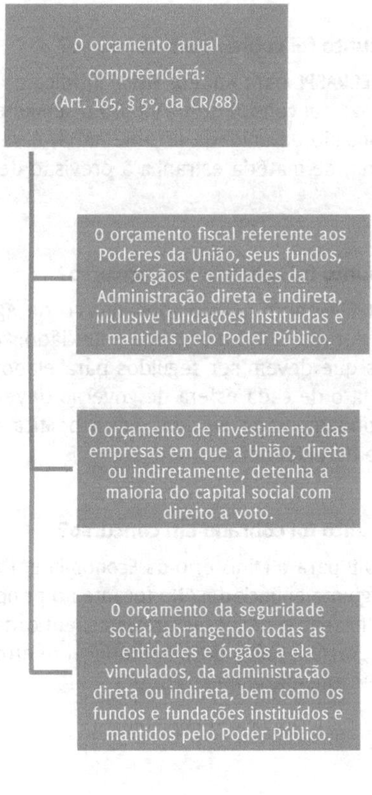

▸ **Como esse assunto foi cobrado em concurso?**

No Concurso do Cebraspe para Procurador da PGE/RN em 2024, foi considerado ERRADO o seguinte enunciado: "A lei de diretrizes orçamentárias (LDO) compreenderá o orçamento fiscal e o orçamento de investimento das empresas em que os entes federados, direta ou indiretamente, detenham a maioria do capital social com direito a voto".

▸ **Como esse assunto foi cobrado em concurso?**

No Concurso do Instituto Consulplan para Procurador do Município da Prefeitura de Nova Friburgo/RJ em 2023, foi considerado ERRADO o seguinte enunciado: "O Plano Plurianual compreenderá o orçamento da seguridade social, abrangendo todas as entidades e órgãos a ela vinculados, da administração direta ou indireta, bem como os fundos e fundações instituídos e mantidos pelo Poder Público".

▸ **Como esse assunto foi cobrado em concurso?**

No Concurso do TRF da 4ª Região para Juiz Federal em 2022, foi considerado ERRADO o seguinte enunciado: "O princípio da unidade consiste na exigência de elaboração de um único documento orçamentário, sem discriminação dos órgãos abrangidos".

▸ **Como esse assunto foi cobrado em concurso?**

No Concurso da CEBRASPE para Auditor Fiscal Jurídico da Receita Estadual da SEFAZ/CE em 2021, foi considerado ERRADO o seguinte enunciado: "De acordo com o princípio da unidade orçamentária, é vedada a inclusão, na lei orçamentária, de matéria estranha à previsão de receita e à fixação de despesa".

▸ **Como esse assunto foi cobrado em concurso?**

No Concurso do IPEFAE para Controlador Interno de Águas da Prata/SP em 2021, foi considerado CERTO o seguinte enunciado: "Considerando os princípios básicos que devem ser seguidos para elaboração e controle do orçamento, o fato de cada esfera de governo dever possuir apenas um orçamento, fundamentado em uma única política orçamentária de corre do princípio da unidade".

▸ **Como esse assunto foi cobrado em concurso?**

No Concurso do IDIB para o Ministério da Economia em 2021, foi considerado ERRADO o seguinte enunciado: "No tocante ao princípio da unidade, todas as receitas fixadas e despesas previstas, em cada exercício financeiro, devem integrar um único documento legal dentro de cada esfera federativa: a Lei Orçamentária Anual (LOA)".

2.3. Princípio da Universalidade

Assim como os princípios da unidade e da anualidade, o princípio da universalidade também conta com previsão expressa no art. 2º da lei 4.320/64, sendo referido de forma mais clara no art. 6º da mencionada lei.

> **Importante**
>
> Lei 4.320/64, art. 6º, *caput*. Todas as receitas e despesas constarão da Lei de Orçamento pelos seus totais, vedadas quaisquer deduções.

Há que se ter muito cuidado para não se confundir o princípio da universalidade com o da unidade, já que o fundamento constitucional de ambos se encontra no §5º do art. 165. Assim, segundo Harrison Leite "enquanto o princípio da unidade se refere à unidade de programação ou de coerência, ainda que não necessariamente documental, o princípio da universalidade está ligado à ideia de o orçamento conter todas as receitas e todas as despesas da Administração" (2015, p. 75).

Segundo José Afonso da Silva (2005, p. 744), esse princípio compreende o "princípio do orçamento global", de forma que deve estar contemplado no orçamento, além das receitas e despesas, o programa orçamentário de cada órgão, com a projeção do plano de ação que o Governo pretende adotar na realização das despesas.

> **Como esse assunto foi cobrado em concurso?**
>
> No Concurso da Cespe para Procurador Municipal da PGM Natal/RN em 2023, foi considerado CERTO o seguinte enunciado: "Pelo princípio orçamentário da universalidade, o orçamento público compreenderá todas as receitas, incluídas as de operações de crédito autorizadas em lei, salvo as realizadas por antecipação de receita".

> **Como esse assunto foi cobrado em concurso?**
>
> No Concurso da Cespe para Advogado da União/AGU em 2023, foi considerado CERTO o seguinte enunciado: "O orçamento deverá prever todas as receitas e despesas pelo seu valor bruto, sem deduções ou exclusões, a fim de oferecer ao Poder Legislativo uma exata demonstração das despesas nele autorizadas. Isso decorre do princípio orçamentário da universalidade".

> **Como esse assunto foi cobrado em concurso?**
>
> No Concurso do TRF da 3ª Região para Juiz Federal em 2022, foi considerado CERTO o seguinte enunciado: "O princípio da universalidade determina que todas as receitas e todas as despesas estejam previstas no orçamento, sendo indispensável para o controle parlamentar".

> **Como esse assunto foi cobrado em concurso?**
>
> No Concurso do TRF da 4ª Região para Juiz Federal em 2022, foi considerado ERRADO o seguinte enunciado: "O princípio da universalidade traduz a exigência de inclusão de todas as receitas e despesas públicas no orçamento anual, exceto os investimentos das empresas em que a União, direta ou indiretamente, detenha a maioria do capital social com direito a voto".

> **Como esse assunto foi cobrado em concurso?**
>
> No Concurso do IDIB para o Ministério da Economia em 2021, foi considerado ERRADO o seguinte enunciado: "No tocante ao princípio orçamentário da totalidade, previsto, de forma expressa, pelo caput do art. 2º da Lei nº 4.320/1964, determina-se a existência de orçamentos múltiplos e paralelos dentro da mesma pessoa política".

> **Como esse assunto foi cobrado em concurso?**
>
> No Concurso do IDIB para o Ministério da Economia em 2021, foi considerado ERRADO o seguinte enunciado: "No tocante ao princípio da universalidade, a Lei Orçamentária Anual de cada ente federado deverá conter todas as receitas e parcela das despesas de todos os poderes, órgãos, entidades, fundos e fundações instituídas e mantidas pelo Poder Público".

2.4. Princípio do Orçamento-Bruto

Segundo esse princípio, também extraído do *caput* do art. 6º da lei 4.320/64, todas as receitas e despesas constarão da Lei de Orçamento pelos seus totais, vedadas quaisquer deduções. Dessa forma, os entes que repassam partes dos tributos arrecadados para outros entes federativos, deverão fazer com que conste, na lei orçamentária, a totalidade do valor arrecadado, e não o valor líquido resultante após o repasse. Por outro lado, o valor repartido deverá contar apenas na parte das despesas.

> **Importante**
>
> Lei 4.320/64, art. 6º, §1º. As cotas de receitas que uma entidade pública deva transferir a outra incluir-se-ão, como despesa, no orçamento da entidade obrigada a transferência e, como receita, no orçamento da que as deva receber.

Ricardo Damasceno de Almeida e Marcelo Jucá Lisboa chamam a atenção para a necessidade de não se confundir o princípio do orçamento bruto com o da Discriminação. Segundo os autores, "o princípio da **discriminação (ou especialização ou especificação)** determina que as receitas e despesas devam ser especificadas, demonstrando a origem e a aplicação dos recursos. Já o princípio do

orçamento bruto impede a inclusão apenas dos montantes líquidos e determina e inclusão de receitas e despesas pelos seus totais, não importando se o saldo líquido será positivo ou negativo" (2017, p. 95).

> ▸ **Como esse assunto foi cobrado em concurso?**
>
> No Concurso da VUNESP para Procurador Municipal da Prefeitura de Várzea Paulista/SP em 2022, foi considerado CERTO o seguinte enunciado: "Quando a Lei nº 4.320/64 impõe no art. 3º que "A Lei do Orçamento compreenderá todas as receitas, inclusive as operações de crédito autorizadas em lei" e no art. 6º que "Todas as receitas e despesas constarão da Lei do Orçamento pelos seus totais, vedadas quaisquer deduções", está consagrando, respectivamente, os princípios orçamentários da universalidade e do orçamento bruto".

2.5. Princípio da Anualidade ou da Periodicidade orçamentária

Ao contrário da grande maioria das leis, as leis orçamentárias contam com vigência temporária, em razão de se tratar de normas que estabelecem **previsões**, sujeitas, por sua vez, às oscilações das despesas e das receitas. Dessa forma, quanto menor o prazo de suas vigências, maiores serão as possibilidades de se mostrarem adequadas à realidade e, mais frequente serão submetidas à análise do Poder Legislativo. Por isso o orçamento deverá ter periodicidade anual (orçamento ânuo), correspondendo, atualmente, ao ano calendário, nos moldes do que prevê a lei 4.320/64: "O exercício financeiro coincidirá com o ano civil" (art. 34).

Também decorre desse princípio a necessidade de que os créditos adicionais tenham, como regra, vigência apenas no exercício financeiro em que foram abertos. "Assim, pelo princípio da anualidade orçamentária, as previsões das receitas e despesas públicas devem referir-se, sempre, a um período **limitado** de tempo" (RAMOS FILHO, 2017, p. 464).

Observe-se que a coexistência do Plano Plurianual (com vigor de 4 anos) com a Lei Orçamentária Anual não afasta o princípio da anualidade ou periodicidade orçamentária já que aquela reflete, tão somente, programas que serão executados por meio da Lei Orçamentária Anual.

> ▸ **Importante**
>
> Art. 48 da CR/88. Cabe ao Congresso Nacional, com a sanção do Presidente da República, não exigida esta para o especificado nos art. 49, 51 e 52, dispor sobre todas as matérias de competência da União, especialmente sobre:
>
> [...]
>
> II. o plano plurianual, diretrizes orçamentárias, **orçamento anual**, operações de crédito, dívida pública e emissões de curso forçado.
>
> Art. 165 da CR/88. Leis de inciativa do Poder Executivo estabelecerão:

> [...]
> **III. os orçamentos anuais.**
> Art. 167 da CR/88. São vedados:
> I. o início de programas ou projetos não incluídos na **lei orçamentária anual.**
> §1º Nenhum investimento cuja execução ultrapasse **um exercício financeiro** poderá ser iniciado sem prévia inclusão no plano plurianual, ou sem lei que autorize a inclusão, sob pena de crime de responsabilidade.

O princípio da anualidade supõe, dessa forma, o período de tempo de um ano, o que, nem sempre coincidiu com o ano civil. Assim, no Brasil essa prática de coincidência só foi incorporada em 1934, sendo, mais tarde, reproduzida pela lei 4.320/64. Contudo, nem todos os países seguem esse parâmetro. Por exemplo, na Alemanha o exercício financeiro dá-se de 1º de abril a 31 de março ao passo que nos EUA é de 1º de junho a 30 de julho (ALMEIDA; LISBOA, 2017, p. 166).

Destaque-se que o princípio da anualidade ou periodicidade orçamentária não se confunde com o princípio da anualidade tributária, não mais em vigor no sistema constitucional tributário brasileiro, segundo o qual "havia a necessidade de a lei tributária ser aprovada pela lei orçamentária, além de votada pelos integrantes do Poder Legislativo" (SABBAG, 2015, p. 93).

Atualmente entende-se que "mesmo após a aprovação do orçamento, os tributos podem ser majorados ou criados, de modo que a ausência da previsão da sua receita no orçamento não impede a sua cobrança no exercício seguinte. Dessa forma, para um tributo ser cobrado, basta observar os princípios tributários na sua criação e cobrança, e não os princípios orçamentários" (LEITE, 2015, p. 74).

> **▸ Importante**
> STF, súmula n. 66. "É legítima a cobrança do tributo que houver sido aumentado após o orçamento, mas antes do início do respectivo exercício financeiro".

> **▸ Como esse assunto foi cobrado em concurso?**
> No Concurso do TRF da 4ª Região para Juiz Federal em 2022, foi considerado CERTO o seguinte enunciado: "Nenhum investimento cuja execução ultrapasse um exercício financeiro poderá ser iniciado sem prévia inclusão no plano plurianual ou sem lei que autorize a inclusão, sob pena de crime de responsabilidade".

> **▸ Como esse assunto foi cobrado em concurso?**
> No Concurso do TRF da 4ª Região para Juiz Federal em 2022, foi considerado ERRADO o seguinte enunciado: "O princípio da anualidade delimita a periodicidade da lei orçamentária para o exercício financeiro, que poderá não coincidir com o ano civil".

> ▸ **Como esse assunto foi cobrado em concurso?**
>
> No Concurso do IDIB para o Ministério da Economia em 2021, foi considerado ERRADO o seguinte enunciado: "No tocante ao princípio da periodicidade, segundo o art. 34 da Lei nº 4.320/1964, o exercício financeiro orçamentário (período de tempo ao qual a previsão das receitas e a fixação de despesas registradas na LOA irão se referir) não coincidirá com o ano civil".

2.6. Princípio da Anterioridade ou da Precedência orçamentária

Segundo esse princípio, o orçamento deve ser aprovado antes do início do exercício financeiro a que servirá, o que, nem sempre é observado na prática já que, por diversas vezes, aconteceu de a Lei Orçamentária Anual ser promulgada e publicada já no exercício financeiro a que servirá.

Não há que se confundir o princípio da anterioridade ou da precedência orçamentária com o princípio da anterioridade tributária o qual veda à União, aos Estados, ao Distrito Federal e aos Municípios cobrar tributos no mesmo exercício financeiro em que haja sido publicada a lei que os instituiu ou aumentou, vedando a aplicação da lei instituidora ou majoradora do tributo sobre fatos ocorridos no mesmo exercício financeiro em que entrou em vigor de forma a permitir que o contribuinte programe, ano a ano, suas atividades econômicas, não sendo pego de surpresa, durante o exercício financeiro, com novas incidências fiscais (CARRAZZA, 2012, p. 210).

> ▸ **Importante**
>
> Art. 35, §2º, III, do ADCT. O projeto de lei orçamentária da União será encaminhado até quatro meses antes do encerramento do exercício financeiro e devolvido para sanção até o encerramento da sessão legislativa.

> ▸ **Qual o entendimento atual do TCU sobre o assunto?**
>
> "Mudanças nas aplicações mínimas em ações e serviços públicos exigidas pela Constituição Federal decorrentes de alterações do texto constitucional não retroagem, salvo quando houver expressa cláusula de vigência em sentido diverso, devendo ser aplicadas somente a partir do orçamento seguinte, em observância aos **princípios da razoabilidade, da segurança jurídica, da anterioridade, do planejamento e do equilíbrio**". Acórdão 2338/2023 Plenário (Consulta, Relator Ministro Augusto Nardes) (TCU, Boletim de Jurisprudência 475).

2.7. Princípio da Exclusividade

Com base nesse princípio, o orçamento não poderá conter dispositivo estranho à previsão de receita e à fixação de despesa, salvo exceções previstas no próprio texto constitucional e no art. 7º da lei 4.320/64. Busca-se, dessa forma, evitar a existência de "contrabando legislativo" ou das chamadas caudas orçamentárias ou rabilongos orçamentários (cavaleiros orçamentais no Direito de Portugal).

> **▸ Como esse assunto foi cobrado em concurso?**
>
> No Concurso do CESPE para Juiz Federal da 5ª Região em 2012, foi considerado ERRADO o seguinte enunciado: "A CF não possui vedação expressa às chamadas caudas orçamentárias".

Assim, sobretudo em razão da tradicional extensão das leis orçamentárias, o legislador entendeu vedar expressamente a inserção de assuntos estranhos aos orçamentos. Observe-se que mesmo as exceções se relacionam ao tema orçamentário. São elas: a) a abertura de crédito suplementar, quais seja, aqueles que destinam mais recursos para a realização de despesas já previstas na LOA, mas de forma insuficiente; e b) a realização de operações de créditos (empréstimos públicos).

Em verdade, apesar de esse tema ser tradicionalmente abordado no âmbito do Direito Financeiro, há que se destacar que, em razão da LC 95/98, deve-se entender como aplicável em todo o direito. Assim, ao disciplinar a elaboração, redação, alteração e a consolidação das leis, mencionada norma estabelece que "excetuadas as codificações, cada lei tratará de um único objeto" (art. 7º, I) e "a lei não conterá matéria estranha a seu objeto ou a este não vinculada por afinidade, pertinência ou conexão" (art. 7º, II).

> **▸ Importante**
>
> Art. 165, §8º. A lei orçamentária anual não conterá dispositivo estranho à previsão da receita e à fixação da despesa, não se incluindo na proibição a autorização para abertura de **créditos suplementares** e contratação de **operações de crédito** ainda que por antecipação de receita, nos termos da lei.

> **▸ Como esse assunto foi cobrado em concurso?**
>
> No Concurso da ADM&TEC para Procurador do Município de Palmeira dos Índios/AL em 2024, foi considerado CERTO o seguinte enunciado: "A Lei Orçamentária Anual não conterá dispositivo estranho à previsão da receita e à fixação da despesa, não se incluindo na proibição a autorização para abertura de créditos suplementares e contratação de operações de crédito, ainda que por antecipação de receita, nos termos da lei".

> **▸ Como esse assunto foi cobrado em concurso?**
>
> No Concurso do Instituto Consulplan para Procurador do Município da Prefeitura de Nova Friburgo/RJ em 2023, foi considerado ERRADO o seguinte enunciado: "A lei orçamentária anual não conterá dispositivo estranho à previsão da receita e à fixação da despesa, vedada a autorização para abertura de créditos suplementares e contratação de operações de crédito".

▸ Como esse assunto foi cobrado em concurso?

No Concurso da Fundatec para Procurador Municipal da Prefeitura de Uruguaina/RS em 2023, foi considerado CERTO o seguinte enunciado: "No Direito Financeiro não se permite que seja inserido, no corpo da Lei Orçamentária Anual, qualquer dispositivo estranho à previsão de receitas públicas, despesas públicas, operações de créditos e aberturas de créditos adicionais quando necessárias, o que corresponde ao princípio da exclusividade".

▸ Como esse assunto foi cobrado em concurso?

No Concurso da Cespe para Procurador do MP do TCE/RJ em 2023, foi considerado ERRADO o seguinte enunciado: "A previsão de instituição de determinado tributo na lei orçamentária anual não conflita com o princípio da exclusividade".

▸ Como esse assunto foi cobrado em concurso?

No Concurso do TRF da 3ª Região para Juiz Federal em 2022, foi considerado ERRADO o seguinte enunciado: "O princípio da exclusividade exige que a lei orçamentária contenha apenas matéria de receitas e despesas, não permitindo exceções como a autorização para abertura de créditos suplementares e contratações de operações de crédito".

▸ Como esse assunto foi cobrado em concurso?

No Concurso da FCC para Defensor Público da DPE/BA em 2021, foi considerado CERTO o seguinte enunciado: "No que diz respeito ao orçamento público, o princípio da exclusividade diz respeito à lei orçamentária anual não conter dispositivo estranho à previsão da receita e à fixação da despesa".

▸ Qual o entendimento atual do STF sobre o assunto?

"Lei Estadual (RR) 503/2005, art. 55: alegação de contrariedade ao art. 165, §8º, da CF: improcedência. O dispositivo impugnado, que permite a contratação de operações de crédito por antecipação da receita, é compatível com a ressalva do §8º, do art. 165 da Constituição" (STF, ADI 3.652/RR, Rel. Min. Sepúlveda Pertence, Pleno, j. 19.12.2006, p. 16.03.2007).

▸ Como esse assunto foi cobrado em concurso?

No Concurso da FGV para Técnico de Nível Superior da Prefeitura de Salvador/BA em 2017, esse tema foi cobrado da seguinte forma: "O Art. 165, § 8°, da CRFB/88 estabelece que: "A lei orçamentária não conterá dispositivo estranho à previsão da receita e à fixação da despesa, não se incluindo na proibição a autorização para abertura de créditos suplementares e contratação de operações de crédito, ainda que por antecipação de receita, nos termos da lei". Assinale a opção que indica o princípio orçamentário descrito no texto acima: a) princípio da não afetação de receitas; b) princípio da equidade regional; c) princípio da exclusividade orçamentária; d) princípio do orçamento participativo; e) princípio da seletividade. Segundo o gabarito oficial, foi considerada correta a alternativa "c".

2.8. Princípio da Especialização, Especificação ou Discriminação

Esse princípio estabelece que a lei orçamentária não consignará dotações globais (orçamento genérico) destinadas a atender indiferentemente a despesas de pessoal, material, serviços de terceiros, transferências ou quaisquer outras. Dessa forma, as receitas e despesas "devem ser autorizadas em parcelas discriminadas e não englobadas, ou seja, as receitas e despesas devem ser classificadas com um nível tal de detalhamento que facilite a análise por parte de todos" (ALMEIDA; LISBOA, 2017, p. 92).

Assim, ante a impossibilidade de dotações globais, a Lei de Orçamento deverá prever uma discriminação da despesa, por unidade administrativa (Art. 13 da lei 4.320/64) ou, no mínimo, por elementos, entendendo-se estes como "o desdobramento da despesa com pessoal, material, serviços, obras e outros meios de que se serve a administração pública para a consecução dos seus fins" (Art. 15 da lei 4.320/64).

Dessa forma, a autorização do Poder Legislativo para as receitas e despesas deverá se dar não de forma genérica ou em bloco (global), mas de modo preciso e detalhado, conferindo, em decorrência, clareza e compreensão ao orçamento público, o que, dentre outras vantagens, contribui para melhor fiscalização do emprego das verbas públicas (RAMOS FILHO, 2017, p. 462).

▸ Como esse assunto foi cobrado em concurso?

No Concurso do CESPE para Juiz Federal da 1ª Região em 2015, foi considerado CERTO o seguinte enunciado: "Na elaboração de lei orçamentária, é proibida a concessão de créditos sem limite de valor estabelecido".

A necessidade de se discriminar as despesas nas leis orçamentárias comporta duas exceções. Ou seja, casos em que é possível a dotação global (o que não significa dotação ilimitada). São eles:

a) Programas especiais de trabalho, também chamados de investimentos em regime de execução especial, quais sejam, aqueles que, em razão de sua singularidade, não podem ser detalhados, ou melhor, "aqueles que por sua natureza, não possam cumprir-se subordinadamente às normas gerais de execução da despesa" (art. 20, parágrafo único, da lei 4.320/64); e

b) Reserva de contingência, destinada ao atendimento de passivos contingentes e outros riscos e eventos fiscais imprevistos, ou seja, verbas destinadas a despesas imprevistas e aquelas decorrentes de emergências (art. 5º, III, *b*, da LC 101/2000).

▸ Como esse assunto foi cobrado em concurso?

No Concurso da Vunesp para Procurador da PGE/SP em 2024, foi considerado CERTO o seguinte enunciado: "A denominada Reserva de Contingência, de acordo com a disciplina estabelecida na Lei de Responsabilidade Fiscal, corresponde ao montante destinado a fazer frente a passivos contingentes e outros riscos e eventos fiscais imprevistos, definido com base na receita corrente líquida, na forma estabelecida na Lei de Diretrizes Orçamentárias, essa última que contempla também o Anexo de Riscos Fiscais".

▸ Importante

Art. 5º da lei 4.320/64. A Lei de Orçamento não **consignará dotações globais** destinadas a atender indiferentemente a despesas de pessoal, material, serviços de terceiros, transferências ou quaisquer outras, ressalvado o disposto no art. 20 e seu parágrafo único.

Art. 5º, §4º da LC 101/2000. É vedado consignar na lei orçamentária crédito com finalidade imprecisa ou com dotação ilimitada.

▸ Como esse assunto foi cobrado em concurso?

No Concurso do TRF da 3ª Região para Juiz Federal em 2022, foi considerado ERRADO o seguinte enunciado: "O princípio da especialização exige que as receitas apareçam de maneira discriminada, de forma que as origens dos recursos sejam detalhadas para concessões genéricas de despesas".

▸ Como esse assunto foi cobrado em concurso?

No Concurso da Vunesp para Procurador do Estado da PGE/SP em 2018, foi considerado CERTO o seguinte enunciado: "Entre os princípios que informam o orçamento público, insere-se o da discriminação ou especificação que, em essência, veda a fixação de dotações genéricas ou inespecíficas, o que não impede, contudo, que a Lei Orçamentária anual contenha **reserva de contingência para fazer frente a passivos contingentes e outros riscos fiscais imprevistos, em montante fixado pela Lei de Diretrizes Orçamentárias, estabelecido em percentual da receita corrente líquida**".

▸ Como esse assunto foi cobrado em concurso?

No Concurso da Vunesp para Procurador do Estado da PGE/SP em 2018, foi considerado ERRADO o seguinte enunciado: "Entre os princípios que informam o orçamento público, insere-se o da discriminação ou especificação que, em essência, veda a fixação de dotações genéricas ou inespecíficas, o que não impede, contudo, que a Lei Orçamentária anual contenha **dotações sem valor nominal, quando suportadas por receita de operações de crédito, contraídas junto a instituição financeira internacional ou organismo multilateral, referenciadas à cotação de moeda estrangeira**".

2.9. Princípio da Não Afetação ou Não Vinculação da Receita

O princípio da não afetação ou da não vinculação da receita tem como pressuposto a ideia de que não pode ser criado **imposto** cuja receita seja vinculada a um fim específico, previamente estabelecido em lei. Dessa forma, os recursos públicos não podem ser destinados a gastos previamente determinados, evitando-se, assim, o engessamento das verbas públicas.

Há que se atentar para o fato de que a norma fala em **"impostos"**, e não em "tributos", circunstância que se adequa ao conceito de imposto previsto pelo Código Tributário Nacional, qual seja, "o tributo cuja obrigação tem por fato gerador uma situação independente de qualquer atividade estatal específica, relativa ao contribuinte" (art. 16). Assim, a proibição constitucional não alcança as demais espécies tributárias, mas, tão somente os impostos.

> **▸ Qual o entendimento atual do STF sobre o assunto?**
>
> "São inconstitucionais as normas que estabelecem vinculação de parcelas das receitas tributárias a órgãos, fundos ou despesas, por desrespeitarem a vedação contida no art. 167, IV, da Constituição Federal". (STF, ADI 553/RJ, Rel. Min. Cármen Lúcia, Plenário, j. 13.06.2018, Info 906).

> **▸ Qual o entendimento atual do STF sobre o assunto?**
>
> "Ação direta de inconstitucionalidade. Custas judiciais e emolumentos extrajudiciais. Natureza tributária (taxa). Destinação parcial dos recursos oriundos da arrecadação desses valores a instituições privadas. Inadmissibilidade. Vinculação desses mesmos recursos ao custeio de atividades diversas daquelas cujo exercício justificou a instituição das espécies tributárias em referência. Descaracterização da função constitucional da taxa. [...] (STF, ADI 1.378-5/ES, Rel. Min. Celso de Mello, Pleno, j. 30.11.1995, p. 30.05.1997).

> **▸ Como esse assunto foi cobrado em concurso?**
>
> No Concurso do CESPE para Juiz Federal da 1ª Região em 2015, foi considerado ERRADO o seguinte enunciado: "Na definição de fontes de financiamento das despesas públicas, é proibida a vinculação a órgão, fundo ou despesa de receita derivada de taxa, empréstimo compulsório e contribuição de melhoria".

O objetivo do princípio é garantir "uma margem de manobra relativamente ampla (discricionariedade) ao Poder Executivo na aplicação dos recursos públicos", evitando-se, assim, uma ingerência tal do Poder Legislativo que possa representar uma violação ao princípio da separação de poderes (BRAGHINI, 2016, p.126).

> **▸ Importante**
>
> Art. 167, da CR/88. São vedados:
>
> [...]

IV. a vinculação de receita de impostos a órgão, fundo ou despesa, ressalvadas a repartição do produto da arrecadação dos impostos a que se referem os arts. 158 e 159, a destinação de recursos para as ações e serviços públicos de saúde, para manutenção e desenvolvimento do ensino e para realização de atividades da administração tributária, como determinado, respectivamente, pelos arts. 198, § 2º, 212 e 37, XXII, e a prestação de garantias às operações de crédito por antecipação de receita, previstas no art. 165, § 8º, bem como o disposto no § 4º deste artigo; (Redação dada pela Emenda Constitucional nº 42, de 19.12.2003)

XIV. a criação de fundo público, quando seus objetivos puderem ser alcançados mediante a vinculação de receitas orçamentárias específicas ou mediante a execução direta por programação orçamentária e financeira de órgão ou entidade da administração pública. (Incluído pela EC 109/2021).

▸ **Qual o entendimento atual do STF sobre o assunto?**

"A receita de impostos compõe a reserva necessária para fazer frente a toda e qualquer despesa *uti universi*, não havendo que se presumir que a majoração do IOF tenha ocorrido necessariamente para repor a perda dos valores anteriormente arrecadados por meio da CPMF" (STF, RE-Agr 800.282/SP, Rel. Min. Roberto Barroso, 1ª Turma, j. 10.02.2015, p. 06.03.2015).

▸ **Como esse assunto foi cobrado em concurso?**

No Concurso da FGV para Analista de Planejamento e Orçamento da SMF/RJ em 2023, foi considerado ERRADO o seguinte enunciado: "É vedada a vinculação de receita de impostos para a realização de atividades da administração tributária".

▸ **Como esse assunto foi cobrado em concurso?**

No Concurso da Cespe para Procurador Federal/AGU em 2023, foi considerado CERTO o seguinte enunciado: "Entre os princípios orçamentários que regem a atividade financeira do Estado, inclui-se a vedação da vinculação da receita de impostos a órgãos, fundos ou despesas. Entretanto, é expressamente permitida a destinação de recursos dessa natureza para ações e serviços públicos de saúde; manutenção e desenvolvimento do ensino; prestação de garantias às operações de crédito por antecipação de receita; e realização de atividades da administração tributária".

▸ **Como esse assunto foi cobrado em concurso?**

No Concurso da FCC para Auditor Público Externo do TCE/RS em 2018, foi considerado ERRADO o seguinte enunciado: "Em um ente público estadual a vinculação de 3% da receita oriunda do Imposto sobre a Propriedade de Veículos Automotores para a conservação das rodovias pode ser determinada pela Lei Orçamentária Anual".

No entender de Regis Fernandes de Oliveira, "o salutar princípio significa que não pode haver mutilação das verbas públicas. O Estado deve ter disponibilidade da massa de dinheiro arrecadado, destinando-o a quem quiser, dentro dos parâmetros que ele próprio elege como objetivos preferenciais. Não se pode colocar o Estado dentro de uma camisa de força, minguando seus recursos, para que os objetivos traçados não fiquem ou não venham a ser frustrados. Deve haver disponibilidade para agir" (2008, p. 337).

Da mesma forma que ocorre com a maioria dos princípios aqui abordados, o princípio da não afetação também comporta exceções, permitindo-se a vinculação de receitas conforme quadro infra:

Casos em que se admite a vinculação de receitas	
Situação	**Fundamento constitucional**
Repartição constitucional de impostos	Arts. 158 e 159
Destinação de recursos para manutenção e desenvolvimento do ensino	Arts. 212 e 212-A
Prestação de garantias às operações de crédito por antecipação de receita	Art. 165, §8º
Destinação de recursos para ações e serviços públicos de saúde	Art. 198, §2º
Destinação de recursos para a realização de atividades da administração tributária	Art. 37, XXII
Garantia, contragarantia à União e pagamento de débitos para com esta	Art. 167, §4º (EC 109/2021)
Vinculação pelos Estados e DF, de até 0,5% de sua receita tributária líquida a programa de apoio à inclusão e promoção social	Art. 204, parágrafo único
Vinculação pelos Estados e DF, de até 0,5% de sua receita tributária líquida a fundo estadual de fomento à cultura, para o financiamento de programas e projetos culturais	Art. 216, §6º

▸ **Importante**

Em 2022, em virtude da calamidade pública provocado pela pandemia da COVID-19, a EC 119 alterou o ADCT para determinar a impossibilidade de responsabilização dos Estados, do Distrito Federal, dos Municípios e dos agentes públicos desses entes federados pelo descumprimento, nos exercícios financeiros de 2020 e 2021, do disposto no caput do art. 212 da Constituição Federal.

▸ **Qual o entendimento atual do STF sobre o assunto?**

"É compatível com a Constituição Federal controle judicial a tornar obrigatória a observância, tendo em conta recursos orçamentários destinados à saúde, dos percentuais mínimos previstos no artigo 77 do Ato das Disposições Constitucionais Transitórias, considerado período anterior à edição da Lei Complementar nº 141/2012." (RE 858075/RJ, rel. Min. Marco Aurélio, j. 14.5.2021, Info 1017)

▸ **Qual o entendimento atual do STJ sobre o assunto?**

"O Estado-membro que desrespeita o mínimo constitucional que deve ser aplicado na saúde, realocando recurso em programa diverso, deve devolvê-lo à sua área de origem em sua totalidade". (REsp 1.752.162/RJ, Rel. Min. Herman Benjamin, Segunda Turma, j. 13/04/2021, Info 692)

▸ **Como esse assunto foi cobrado em concurso?**

No Concurso da FADCT para Procurador Municipal da Prefeitura de Ivatuba/PR em 2023, foi considerado ERRADO o seguinte enunciado: "Os entes, em regra, não possuem obrigação de efetivar gastos mínimos com educação e saúde".

▸ **Como esse assunto foi cobrado em concurso?**

No Concurso da Cespe para Procurador do MP do TCE/RJ em 2023, foi considerado ERRADO o seguinte enunciado: "É permitido aos estados vincular parte da receita tributária líquida a programas de apoio à inclusão e de promoção social, compreendida a destinação desses recursos ao pagamento de despesas com pessoal e encargos sociais".

▸ **Como esse assunto foi cobrado em concurso?**

No Concurso da FGV para Auditor Técnico de Controle Externo do TCE/AM em 2021, foi considerado CERTO o seguinte enunciado: "Estabelecidos e disciplinados por normas constitucionais, infraconstitucionais e pela doutrina, os princípios orçamentários visam a estabelecer diretrizes norteadoras básicas para o processo orçamentário. Nesse contexto, a destinação de recursos para atividades da administração tributária constitui uma exceção ao princípio da não afetação de receitas".

▸ **Como esse assunto foi cobrado em concurso?**

No Concurso da VUNESP para Advogado da Prefeitura de São Roque/SP em 2020, foi considerado ERRADO o seguinte enunciado: "A Constituição exige lei complementar para a vinculação de receitas a órgão específico". Na mesma questão também foi considerado ERRADO o seguinte enunciado: "As receitas decorrentes da arrecadação de contribuições sociais têm a sua aplicação necessariamente vinculada ao objeto de sua criação".

Considerando o fato de que a previsão do princípio da não vinculação é de natureza constitucional, as exceções também devem contar com *status* constitucional, conforme destacado no quadro supra. Da mesma forma, a disciplina da **Desvinculação de Receitas da União (DRU)**, também se deu mediante previsão constitucional.

Inicialmente prevista como "Fundo Nacional de Emergência" (Emenda de Revisão n. 1/93), após sucessivas disciplinas (EC 27/2000, EC 42/2003, EC 56/2007, EC 59/2009, EC 68/2011 e EC 126/2022) a DRU teve, em 2022, sua última prorrogação, conforme redação dada pela EC 126 de 21 de dezembro de 2022 que desvinculou de órgão, fundo ou despesa, até 31 de dezembro de 2024, 30% (trinta por cento) da arrecadação da União relativa às contribuições sociais, sem prejuízo do pagamento das despesas do Regime Geral de Previdência Social, às contribuições de intervenção no domínio econômico e às taxas, já instituídas ou que vierem a ser criadas até a referida data (ADCT, art. 76 com redação dada pela EC 126/2022).

▸ Qual o entendimento atual do STF sobre o assunto?

"A repartição de receitas prevista no art. 157, II, da Constituição Federal não se estende aos recursos provenientes de receitas de contribuições sociais desafetadas por meio do instituto da Desvinculação de Receitas da União (DRU) na forma do art. 76 do Ato das Disposições Constitucionais Transitórias (ADCT)". (ADPF 523/DF, rel. Min. Rosa Weber, j. 6.2.2021, Info 1004)

▸ Como esse assunto foi cobrado em concurso?

No Concurso da FCC para Procurador Municipal da Prefeitura de Teresina/PI em 2022, foi considerado ERRADO o seguinte enunciado: "O artigo 76 do ato das disposições constitucionais transitórias, da Constituição vigente, determina que são desvinculados de órgão, fundo ou despesa, até 31 de dezembro de 2025, 20% da arrecadação da União relativa às contribuições sociais, incluindo, nessa desvinculação, as contribuições sociais do salário educação e as receitas das contribuições sociais destinadas ao custeio da seguridade social".

▸ Importante – Desvinculação das Receitas de Estados e Municípios (DREM)

Art. 76-A, do ADCT (EC 93/2016). São desvinculados de órgão, fundo ou despesa, até 31 de dezembro de 2023, 30% (trinta por cento) das receitas dos Estados e do Distrito Federal relativas a impostos, taxas e multas, já instituídos ou que vierem a ser criados até a referida data, seus adicionais e respectivos acréscimos legais, e outras receitas correntes.

Parágrafo único. Excetuam-se da desvinculação de que trata o caput:

I – recursos destinados ao financiamento das ações e serviços públicos de saúde e à manutenção e desenvolvimento do ensino de que tratam, respectivamente, os incisos II e III do § 2º do art. 198 e o art. 212 da Constituição Federal;

II – receitas que pertencem aos Municípios decorrentes de transferências previstas na Constituição Federal;

III – receitas de contribuições previdenciárias e de assistência à saúde dos servidores;

IV – demais transferências obrigatórias e voluntárias entre entes da Federação com destinação especificada em lei;

V – fundos instituídos pelo Poder Judiciário, pelos Tribunais de Contas, pelo Ministério Público, pelas Defensorias Públicas e pelas Procuradorias-Gerais dos Estados e do Distrito Federal.

> **▸ Como esse assunto foi cobrado em concurso?**
>
> No Concurso da FCC para Procurador do Estado da PGE/GO em 2024, foi considerado CERTO o seguinte enunciado: "O mecanismo estabelecido pela Constituição Federal para a desvinculação de órgão, fundo ou despesa, até 31 de dezembro de 2032, das receitas relativas a impostos, taxas ou multas, excetua de sua aplicação as transferências obrigatórias e voluntárias entre entes da Federação com destinação especificada em lei".

> **▸ Como esse assunto foi cobrado em concurso?**
>
> No Concurso da FCC para Procurador do Estado da PGE/AM em 2022, foi considerado CERTO o seguinte enunciado: "O mecanismo de Desvinculação das Receitas de Estados e Municípios, denominado DREM, na forma disciplinada pela Emenda Constitucional n° 93/2016, observados o percentual, o prazo e as exceções estabelecidos constitucionalmente, aplica-se a receitas vinculadas a órgãos ou fundos, incluindo os provenientes de taxas e multas".

2.10. Princípio da Proibição do Estorno de Verbas

Esse princípio veda a realocação dos recursos orçamentários de uma categoria de programação para outra ou de um órgão para outro, sem a prévia autorização do Poder Legislativo. Assim, sendo o orçamento aprovado em forma de lei, eventuais alterações somente poderiam produzir efeitos mediante nova manifestação legislativa.

Cumpre destacar que tradicionalmente as constituições anteriores a 1988 traziam de maneira expressa a vedação ao estorno de verbas (ex. art. 64, §1º, "a", da CR/67), disso surgindo o princípio. Contudo, em 1988 o legislador constituinte originário optou por substituir a expressão "estorno de verbas" por "transposição, remanejamento ou a transferência", conferindo-lhe maior alcance.

> **▸ Importante**
>
> Art. 167, da CR/88. São vedados:
>
> > [...]
> >
> > VI. a transposição, o remanejamento ou a transferência de recursos de uma categoria de programação para outra ou de um órgão para outro, sem prévia autorização legislativa;
> >
> > VIII. a utilização, sem autorização legislativa específica, de recursos dos orçamentos fiscal e da seguridade social para suprir necessidade ou cobrir déficit de empresas, fundações e fundos, inclusive dos mencionados no art. 165, §5º.

> **▸ Como esse assunto foi cobrado em concurso?**
>
> No Concurso do Instituto Consulplan para Procurador do Município de Miracema/RJ em 2024, foi considerado ERRADO o seguinte enunciado: "Para haver um equilíbrio das despesas correntes e receitas correntes

poderá haver a transposição, o remanejamento ou a transferência de recursos de uma categoria de programação para outra ou de um órgão para outro".

▸ **Como esse assunto foi cobrado em concurso?**

No Concurso da FGV para Analista de Planejamento e Orçamento da SMF/RJ em 2023, foi considerado ERRADO o seguinte enunciado: "Não se admite qualquer transferência de recursos de uma categoria de programação para outra por meio de Decreto".

▸ **Como esse assunto foi cobrado em concurso?**

No Concurso da Cespe para Procurador do MP do TCE/RJ em 2023, foi considerado ERRADO o seguinte enunciado: "É inconstitucional autorização legislativa específica para a utilização de recursos dos orçamentos fiscal e da seguridade social para suprir necessidade ou cobrir déficit de empresas".

▸ **Como esse assunto foi cobrado em concurso?**

No Concurso da CESPE/CEBRASPE para Procurador do Estado da Paraíba em 2021, foi considerado ERRADO o seguinte enunciado: "De acordo com as normas de direito financeiro previstas na Constituição Federal de 1988, é possível a utilização, sem autorização legislativa, de recursos do orçamento fiscal que sejam necessários para cobrir o déficit de empresas estatais prestadoras de serviço público".

ATENÇÃO: A Emenda Constitucional n. 85 de 2015 trouxe uma **exceção ao princípio da proibição do estorno de verbas** ao acrescentar o §5º no art. 167 da CR/88, segundo o qual **"A transposição, o remanejamento ou a transferência de recursos de uma categoria de programação para outra poderão ser admitidos, no âmbito das atividades de ciência, tecnologia e inovação**, com o objetivo de viabilizar os resultados de projetos restritos a essas funções, mediante **ato do Poder Executivo, sem necessidade da prévia autorização legislativa** prevista no inciso VI deste artigo".

Por outro lado, o inciso XI do art. 167 da CR/88 determina ser terminantemente vedada a utilização dos recursos provenientes das contribuições sociais de que trata o art. 195, I "a" e II (do empregador e do empregado), para a realização de despesas distintas do pagamento de benefícios do regime geral de previdência social de que trata o art. 201. Nesse caso, segundo Valdecir Pascoal, "a vedação não comporta exceção, ou seja, nenhuma lei, ordinária ou complementar, poderia autorizar o uso desses recursos para outro fim" (2015, p. 33).

▸ **Como esse assunto foi cobrado em concurso?**

No Concurso da FGV para Juiz Federal do TRF 1 em 2023, foi considerado CERTO o seguinte enunciado: "No Brasil, pode-se falar na existência de uma "Constituição Orçamentária", isto é, um conjunto de princípios e regras presentes em nossa atual Constituição Federal versando sobre os mais diversos aspectos do orçamento público. Acerca dessa temática, dentre as opções abaixo, a única que configura exceção às proibições constitucionais em matéria orçamentária é a transposição de recursos de uma categoria de programação para outra, no âmbito das atividades de ciência, tecnologia e inovação, com o fim de viabilizar os resultados de projetos restritos a essas funções, mediante ato do Poder Executivo, sem prévia autorização legislativa".

▸ **Como esse assunto foi cobrado em concurso?**

No Concurso da CESPE/CEBRASPE para Procurador do Estado da Paraíba em 2021, foi considerado CERTO o seguinte enunciado: "De acordo com as normas de direito financeiro previstas na Constituição Federal de 1988, é possível a transposição, sem prévia autorização legislativa, de recursos de uma categoria de programação para outra, no âmbito das atividades de ciência e tecnologia, desde que o objetivo seja viabilizar os resultados de projetos dessas funções".

▸ **Como esse assunto foi cobrado em concurso?**

No Concurso da FCC para Procurador do Estado da PGE/AP em 2018, esse tema foi cobrado da seguinte forma: "Considere a seguinte situação hipotética. Solicita-se da Procuradoria Especializada parecer quanto à legalidade e constitucionalidade de um Projeto de Lei Orçamentária Anual com a seguinte disposição: Art. X. As transferências de recursos orçamentários, exceto daqueles no âmbito das atividades de ciência, tecnologia e inovação, de uma entidade para outra somente poderão ocorrer sem autorização legislativa até o limite de 5%". Tal dispositivo: a) viola o art. 167, caput da CF/88, por prever percentual superior a 1%; b) cumpre o art. 41, I da lei nº 4.320/1964, constituindo autorização prévia para crédito adicional suplementar; c) viola o art. 167, IV da CF/1988, conhecido como não vinculação; d) cumpre o art. 41, III da lei nº 4.320/1964, constituindo autorização prévia para crédito adicional extraordinário; e) viola o art. 167, VI da CF/1988, conhecido como princípio da vedação ao estorno. Segundo o gabarito oficial, foi considerada correta a alternativa "e".

▸ **Como esse assunto foi cobrado em concurso?**

No Concurso do CESPE para Juiz Federal da 1ª Região em 2015, foi considerado ERRADO o seguinte enunciado: "Para a realização de despesas distintas do pagamento de benefícios do RGPS, é proibida a utilização de recursos arrecadados a título de contribuição social sobre o lucro líquido das empresas".

A doutrina vem apresentando as diferenças entre tais expressões a partir do trabalho de José de Ribamar Caldas Furtado, Conselheiro do Tribunal de Contas do Estado do Maranhão, em trabalho publicado na Revista do TCU (2005, p. 31):

a) **Remanejamentos** são realocações na organização de um ente público, com destinação de recursos de um órgão para outro. Podem ocorrer, por exemplo, em uma reforma administrativa. A extinção de um órgão pode levar a Administração a decidir pelas realocações das atividades, inclusive dos respectivos programas de trabalho, recursos físicos e orçamentários, para outros órgãos, sejam da administração direta, sejam da administração indireta. Nesse caso, não cabe a abertura de crédito adicional especial para cobertura de novas despesas, uma vez que as atividades já existem, inclusive os respectivos recursos não financeiros. Entretanto, se houver a necessidade da criação de um cargo novo, a Administração deverá providenciar a abertura de um crédito adicional para atender a essa despesa;

b) **Transposições** são realocações no âmbito dos programas de trabalho, dentro do mesmo órgão. Pode acontecer que a administração da entidade governamental resolva não construir a estrada vicinal, já programada e incluída no orçamento, cujo projeto original se pretende que seja ampliado. Nesse caso, basta que a lei autorize a realocação dos recursos orçamentários do primeiro para o segundo projeto;

c) **Transferências** são realocações de recursos entre as categorias econômicas de despesas, dentro do mesmo órgão e do mesmo programa de trabalho. Ou seja, repriorizações dos gastos a serem efetuados. Pode ocorrer que a administração do ente governamental tenha que decidir entre realocar recursos para a manutenção de uma maternidade ou adquirir um novo computador para o setor administrativo dessa maternidade, que funciona relativamente bem, ainda que utilizando computadores antigos. A opção por recursos para a manutenção da maternidade se efetivará através de uma transferência, que não se deve confundir com anulações, parciais ou totais, de dotações para abrir crédito adicional especial. Nas transferências, as atividades envolvidas continuam em franca execução; nos créditos adicionais especiais ocorre a implantação de uma atividade nova.

2.11. Princípio do Equilíbrio Orçamentário

O equilíbrio orçamentário, apesar de não constar expressamente do texto constitucional, é um corolário da Lei de Responsabilidade Fiscal (LC 101/2000), segundo o qual as despesas previstas nas leis orçamentárias não podem ser superiores às respectivas receitas.

> ▸ **Importante**
>
> Art. 167, da CR/88. São vedados:
>
> [...]

III. a realização de operações de créditos que excedam o montante das despesas de capital, ressalvadas as autorizadas mediante créditos suplementares ou especiais com finalidade precisa, aprovados pelo Poder Legislativo por maioria absoluta – **regra de ouro**.

Atenção: Art. 167, §6º Para fins da apuração ao término do exercício financeiro do cumprimento do limite de que trata o inciso III do caput deste artigo, as receitas das operações de crédito efetuadas no contexto da gestão da dívida pública mobiliária federal somente serão consideradas no exercício financeiro em que for realizada a respectiva despesa. (EC 109/2021)

▸ Como esse assunto foi cobrado em concurso?

No Concurso da ADM&TEC para Procurador do Município de Palmeira dos Índios/AL em 2024, foi considerado CERTO o seguinte enunciado: "É vedada a realização de operações de créditos que excedam o montante das despesas de capital, ressalvadas as autorizadas mediante créditos suplementares ou especiais com finalidade precisa, aprovados pelo Poder Legislativo por maioria absoluta".

Assim, tradicionalmente o equilíbrio orçamentário é apresentado como característica essencial do orçamento de forma que deva haver igualdade entre as receitas e as despesas (aspecto contábil). Contudo, a crise de 1929, da qual resulta uma maior intervenção do Estado na ordem econômica, conduziu a uma nova forma de se interpretar tal princípio de forma que hoje "o equilíbrio não está mais jungido à premissa de que só pode haver gasto na proporção da receita, mas que pode haver gasto até maior do que a receita, desde que os empréstimos realizados e os investimentos feitos permitam haver capacidade de pagamento da dívida, sua amortização ou seus juros, dentro de uma realidade particular de cada Estado" (LEITE, 2015, p. 73), caracterizando, assim, o aspecto econômico do princípio de forma a se permitir, "em certas conjunturas, um orçamento deficitário ou desequilibrado em que o gasto público, também financiado por operações de crédito, será um instrumento de combate à recessão e à depressão econômica" (PASCOAL, 2015, p. 34).

▸ Importante

Art. 52 da CR/88. Compete privativamente ao Senado Federal:

[...]

VI. fixar, por proposta do Presidente da República, limites globais para o montante da dívida consolidada da União, dos Estados, do Distrito Federal e dos Municípios;

VII. dispor sobre limites globais e condições para as operações de crédito externo e interno da União, dos Estados, do Distrito Federal e dos Municípios, de suas autarquias e demais entidades controladas pelo Poder Público federal;

IX. estabelecer limites globais e condições para o montante da dívida mobiliária dos Estados, do Distrito Federal e dos Municípios.

Art. 195, §5ºda CR/88. Nenhum benefício ou serviço da seguridade social poderá ser criado, majorado ou estendido sem a correspondente fonte de custeio social.

Contemplando o princípio do equilíbrio orçamentário, em 2022, a **Emenda Constitucional nº 128** incluiu um novo parágrafo ao art. 167 da CRFB/88, segundo o qual leis federais não podem impor despesas sem previsão de fontes orçamentárias e financeiras ou transferência dos recursos necessários para a prestação do respectivo serviço público (incluindo despesas de pessoal e seus encargos) à União, aos Estados, ao Distrito Federal e aos Municípios. Como únicas despesas ressalvadas, o dispositivo apontou aquelas decorrentes da fixação do salário mínimo e as obrigações assumidas espontaneamente pelos entes federados.

▸ Como esse assunto foi cobrado em concurso?

No Concurso da Cespe para Procurador do Estado da PGE/RR em 2023, foi considerado ERRADO o seguinte enunciado: "É inconstitucional, por parte de estados e dos municípios, a fixação de limites de endividamento público abaixo daqueles nacionalmente estabelecidos, considerada a competência exclusiva do Senado Federal para a fixação desses patamares".

▸ Como esse assunto foi cobrado em concurso?

No Concurso da VUNESP para Procurador Municipal da Prefeitura de Presidente Prudente/SP em 2022, foi considerado ERRADO o seguinte enunciado: "Não há previsão constitucional para o estabelecimento pelo Poder Legislativo de limites para o endividamento público em âmbito federal, mas apenas em âmbito estadual e municipal".

▸ Como esse assunto foi cobrado em concurso?

No Concurso do TRF da 3ª Região para Juiz Federal em 2022, foi considerado ERRADO o seguinte enunciado: "O princípio do equilíbrio como regra de ouro das finanças públicas significa que a despesa autorizada em cada exercício não pode ser superior ao total de receitas estimadas, não se admitindo como exceção o endividamento para investimento".

▸ Como esse assunto foi cobrado em concurso?

No Concurso da FCC para Procurador Municipal da Prefeitura de Teresina/PI em 2022, foi considerado ERRADO o seguinte enunciado: "De acordo com a Constituição Federal, compete ao Senado Federal estabelecer limites globais e condições para o montante da dívida mobiliária dos órgãos da Administração direta da União, não se aplicando tal regra às entidades da Administração indireta e aos demais entes da federação".

▸ Como esse assunto foi cobrado em concurso?

No Concurso da CEBRASPE para Auditor Fiscal Jurídico da Receita Estadual da SEFAZ/CE em 2021, foi considerado ERRADO o seguinte enunciado: "Ao final do primeiro bimestre de exercício de 2021, constatou-se que as receitas efetivamente arrecadadas por determinado ente subnacional haviam sido inferiores às projetadas na lei orçamentária anual (LOA) e que não será atingida a meta de resultado primário definida na lei de diretrizes orçamentárias (LDO). Em 2020 e 2021, o estado de calamidade pública foi reconhecido tanto pelo Congresso Nacional como pelas assembleias legislativas estaduais. Os Poderes Legislativo, Executivo e Judiciário, bem como o Ministério Público, deverão, cada um em ato próprio, nos trinta dias subsequentes, limitar os empenhos e as movimentações financeiras nos montantes necessários para a obtenção do **reequilíbrio orçamentário**, conforme estabelecido na LDO e na LRF".

2.12. Princípio da Programação ou Planejamento

O princípio da programação relaciona-se à aplicação racional dos recursos, de forma que o orçamento deve ter forma e conteúdo de programação. Assim, "o orçamento deve relacionar os programas de trabalho do Governo enfatizando as metas e os objetivos a serem alcançados", daí decorrendo que os planos e programas nacionais, regionais e setoriais previstos na Constituição deverão ser elaborados em conformidade com o Plano Plurianual (PASCOAL, 2015, p. 34). Nessa esteira a Portaria n. 42, de 14 de abril de 1999, do Ministério do Orçamento e Gestão estabelece que Programa é "o instrumento de organização da ação governamental visando à concretização dos objetivos pretendidos, sendo mensurado por indicadores estabelecidos no plano plurianual".

▸ Importante

Art. 18 do Decreto-lei 200/67. Toda atividade deverá ajustar-se à programação governamental e ao orçamento-programa e os compromissos financeiros só poderão ser assumidos em consonância com a programação financeira de desembolso.

▸ Como esse assunto foi cobrado em concurso?

No Concurso do TRF da 4ª Região para Juiz Federal em 2022, foi considerado ERRADO o seguinte enunciado: "Os planos e programas nacionais devem ser elaborados em consonância com o plano plurianual aprovado pelo Poder Legislativo, o que não é exigível dos planos e programas regionais e setoriais, que comportam certa flexibilização".

2.13. Princípio da Unidade de Tesouraria (ou Unidade de Caixa)

Esse princípio, pouco abordado pela doutrina, é apresentado por Harrison Leite como a necessidade de que todo recurso carreado ao erário, de caráter originário ou derivado, ordinário ou extraordinário, de natureza orçamentária ou extraorçamentária, geral ou vinculado, seja alocado em uma única conta, a fim de facilitar a gerência dos mesmos visando-se, com isso, a uma maior organicidade das contas públicas. Assim, "há uma Conta Única do Tesouro, mantida junto ao Banco Central do Brasil e operacionalizada por intermédio do Banco do

Brasil, cuja finalidade é confrontar, de forma unificada, os totais de receitas e despesas, a fim de apurar o equilíbrio das contas" (2015, p. 86-87).

> **Importante**
>
> Art. 56 da lei 4.320/64. O acolhimento de todas as receitas far-se-á em estrita observância ao princípio de unidade de tesouraria, vedada qualquer fragmentação para criação de caixas especiais.
>
> Art. 164, §3º da CR/88. As disponibilidades de caixa da União serão depositadas no banco central; as dos Estados, do Distrito Federal, dos Municípios e dos órgãos ou entidades do Poder Público e das empresas por ele controladas, em instituições financeiras oficiais, ressalvados os casos previstos em lei.

> **Qual o entendimento atual do STF sobre o assunto?**
>
> "O depósito de salário ou de remuneração de servidor público em instituição financeira privada não afronta o artigo 164, §3º, da Constituição Federal, pois não se enquadra no conceito de disponibilidade de caixa" (STF, Ag-Reg no AI 837.677/MA, Rel. Min. Rosa Weber, 1ª Turma, j. 03.04.2012, p. 08.05.2012).

> **Como esse assunto foi cobrado em concurso?**
>
> No Concurso da Cespe para Procurador da Fazenda Nacional AGU em 2023, foi considerado CERTO o seguinte enunciado: "Os depósitos judiciais e extrajudiciais de valores referentes a tributos administrados pela PGFN serão repassados para a Conta Única do Tesouro Nacional, independentemente de qualquer formalidade, no mesmo prazo fixado para o recolhimento dos tributos".

2.14. Princípio da Transparência ou Publicidade

O princípio da publicidade está expressamente previsto no art. 37 da Constituição da República de 1988, de forma a garantir a credibilidade das ações públicas por meio da transparência, afinal de contas é pela publicidade que os cidadãos têm conhecimento das ações dos administradores no trato da coisa pública. Assim, a obediência ao princípio da publicidade tem duas facetas complementares: "(1) o direito de os administrados terem acesso a informações de interesse particular ou coletivo; e (2) o dever de a Administração Pública dar publicidade de atos e contratos administrativos" (NOHARA, 2015, p. 14).

A Emenda Constitucional nº 108, de 26 de agosto de 2020, inseriu o art. 163-A à Constituição, incorporando norma claramente voltada à concretização do princípio da transparência ou da publicidade.

▸ **Importante**

Art. 163-A, da CR/88 (EC 108/2020). A União, os Estados, o Distrito Federal e os Municípios disponibilizarão suas informações e dados contábeis, orçamentários e fiscais, conforme periodicidade, formato e sistema estabelecidos pelo órgão central de contabilidade da União, de forma a garantir a rastreabilidade, a comparabilidade e a **publicidade** dos dados coletados, os quais deverão ser divulgados em meio eletrônico de amplo acesso público.

No mais, além desse dispositivo inserido pela Emenda Constitucional nº 108/2020, o princípio da publicidade no Direito Financeiro também pode ser extraído da interpretação de outras normas, com destaque para o art. 162 da própria CRFB/88 e o art. 49 da Lei de Responsabilidade Fiscal (LC 101/2000):

▸ **Importante**

Art. 162, da CR/88. A União, os Estados, o Distrito Federal e os Municípios divulgarão, até o último dia do mês subsequente ao da arrecadação, os montantes de cada um dos tributos arrecadados, os recursos recebidos, os valores de origem tributária entregues e a entregar e a expressão numérica dos critérios de rateio.

Parágrafo único. Os dados divulgados pela União serão discriminados por Estado e por Município; os dos Estados, por Município.

Art. 49, da LRF (LC 101/2000). As contas apresentadas pelo Chefe do Poder Executivo ficarão disponíveis durante todo o exercício, no respectivo Poder Legislativo e no órgão técnico responsável pela sua elaboração, para consulta e apreciação pelos cidadãos e instituições da sociedade.

▸ **Como esse assunto foi cobrado em concurso?**

No Concurso do SELECON para Procurador da Prefeitura de Água Boa/MT em 2024, foi considerado CERTO o seguinte enunciado: "Determinado Município está atento às regras da Lei de Responsabilidade Fiscal e, por isso, cumpre os princípios do combate à corrupção, da transparência, do controle e do equilíbrio fiscal".

Da mesma forma é possível vislumbrar a presença do princípio da publicidade ou transparência em outros dispositivos constitucionais, tais como no art. 31, §3º, segundo o qual "as contas dos Municípios ficarão, durante 60 dias, anualmente, à disposição de qualquer contribuinte, para exame e apreciação, o qual poderá questionar-lhes a legitimidade, nos temos da lei"; no art. 72, §4º, ao estabelecer que "qualquer cidadão, partido político, associação ou sindicato é parte legítima para, na forma da lei, denunciar irregularidades ou ilegalidades perante o Tribunal de Contas da União"; e ainda no art. 165, §3º, que exige do Poder Executivo a publicação de relatório resumido da execução orçamentária em até 30 dias após o encerramento de cada bimestre.

Também na Lei de Responsabilidade Fiscal o princípio é encontrado em outros artigos. Assim, após as leis complementares 131/2009 e 156/2016, o art. 48 passou a ter a seguinte redação:

> Art. 48. São **instrumentos de transparência da gestão fiscal**, aos quais será dada ampla divulgação, inclusive em meios eletrônicos de acesso público: **os planos, orçamentos e leis de diretrizes orçamentárias, as prestações de contas e o respectivo parecer prévio; o Relatório Resumido da Execução Orçamentária e o Relatório de Gestão Fiscal**; e as versões simplificadas desses documentos.
>
> Parágrafo único. A transparência será assegurada também mediante:
>
> I - Incentivo à participação popular e realização de audiências públicas, durante os processos de elaboração e discussão dos planos, lei de diretrizes orçamentárias e orçamentos;
>
> II - liberação ao pleno conhecimento e acompanhamento da sociedade, em tempo real, de informações pormenorizadas sobre a execução orçamentária e financeira, em meios eletrônicos de acesso público;
>
> III - adoção de sistema integrado de administração financeira e controle, que atenda a padrão mínimo de qualidade estabelecido pelo Poder Executivo da União e ao disposto no art. 48-A.
>
> Art. 48-A. Para os fins a que se refere o inciso II do parágrafo único do art. 48, **os entes da Federação disponibilizarão a qualquer pessoa física ou jurídica o acesso a informações** referentes a:
>
> I - quanto à despesa: todos os atos praticados pelas unidades gestoras no decorrer da execução da despesa, no momento de sua realização, com a disponibilização mínima dos dados referentes ao número do correspondente processo, ao bem fornecido ou ao serviço prestado, à pessoa física ou jurídica beneficiária do pagamento e, quando for o caso, ao procedimento licitatório realizado;
>
> II - quanto à receita: o lançamento e o recebimento de toda a receita das unidades gestoras, inclusive referente a recursos extraordinários.

▸ Qual o entendimento atual do STF sobre o assunto?

"O Decreto presidencial 10.540/2020, que estabelece prazo para que os entes federados promovam adequação necessária para a integração ao sistema de publicidade de dados, estabelecido pela Lei Complementar 156/2016, com padrão mínimo de transparência e qualidade, não ofende os princípios da legalidade, da separação dos Poderes, da reserva de lei complementar, da publicidade, da eficiência e da impessoalidade". (ADPF 763/DF, rel. Min. André Mendonça, j. 28.10.2022)

▸ Qual o entendimento atual do TCU sobre o assunto?

"A integralização de imóveis em cotas de fundos de investimento imobiliário (FII) é espécie sui generis de transação, que não requer nem dotação e execução orçamentária, nem previsão e reconhecimento de receita orçamentária, devendo -se, entretanto, observar: (i) a obrigatoriedade de constar da Lei Orçamentária Anual quando houver eventual aporte de recursos financeiros; e (ii) o registro da receita orçamentária pelo menos no recebimento dos rendimentos pagos pelo fundo e na realização ou vencimento das cotas de participação pertencentes à União.

A transparência desse tipo de transação deve ser assegurada mediante registro em contas patrimoniais específicas e disponibilização de informações nos balanços da União. Acórdão 1771/2022 Plenário (Consulta, Relator Ministro Jorge Oliveira) (TCU, Boletim de Jurisprudência 413)

▸ **Como esse assunto foi cobrado em concurso?**

No Concurso da Cespe para Analista Fazendário Municipal da SEFIN Fortaleza/CE em 2023, foi considerado CERTO o seguinte enunciado: "A programação orçamentária permite que o cidadão acompanhe a alocação e execução dos gastos realizados com recursos públicos".

▸ **Como esse assunto foi cobrado em concurso?**

No Concurso da Cespe para Analista Fazendário Municipal da SEFIN Fortaleza/CE em 2023, foi considerado ERRADO o seguinte enunciado: "Haja vista a complexidade das estruturas político-sociais de um país, o controle do gasto público deve restringir-se ao controle institucional, sem a participação social".

3. ESPÉCIES DE ORÇAMENTOS

Tradicionalmente o orçamento era tratado com uma mera peça contábil, sem qualquer vinculação a objetivos ou metas, sendo, por esse motivo, chamado de **orçamento tradicional ou orçamento por objeto**. James Giacomoni, referência da doutrina no estudo das espécies de orçamentos, afirma que nessa modalidade de orçamento "as despesas são autorizadas segundo o objeto (natureza) do gasto: salários, combustíveis, suprimentos de escritório, serviços prestados por terceiros, equipamentos etc." (2017, p. 172). Ainda segundo o autor, essa é a forma de orçamento mais utilizada em razão das facilidades que proporciona tanto aos participantes do processo de elaboração, quanto aos controladores. No mais, apesar de conviver com outras classificações, o objeto (ou elemento, no modelo brasileiro) é necessário ao controle analítico dos gastos e, também, à apuração de custos (GIACOMONI, 2017, p. 172).

Outra espécie apresentada pela doutrina é o orçamento executivo, qual seja, aquele cuja elaboração se dá pelo Poder Executivo, o que passou a ocorrer, nos EUA, com a Lei de Orçamento e Contabilidade (*Budget and Accounting Act*) de 1921. Até então o orçamento era elaborado pelo Legislativo (GIACOMONI, 2017, p. 172).

Também dos EUA decorre o surgimento do chamado **orçamento de desempenho** (*performance budget*), espécie de orçamento que "apenas estima e autoriza as despesas pelos produtos finais a obter ou tarefas a realizar, com ênfase limitada no resultado, sem vinculação a um programa ou planejamento governamental central das ações do governo" (LEITE, 2015, p.68). Não há que se falar, portanto, em vinculação entre planejamento e orçamento.

Modernamente países da América Latina, dentre outros, têm se pautado pela ideia de **Orçamento-programa**, conjunto de disposições e conceitos técnicos sistematizados originalmente, em 1959, pela Organização das Nações Unidas (ONU). Pode ser considerada uma evolução dos modelos orçamentários anteriores e caracteriza-se pela vinculação ao planejamento estatal, de forma a privilegiar o alcance de resultados previamente definidos em um plano de governo.

O **orçamento-programa é o modelo adotado no Brasil pela lei 4.320/64** tendo, segundo James Giacomoni (2017, p. 174), os seguintes elementos essenciais:

a) Os **objetivos e propósitos** perseguidos pela instituição e para cuja consecução são utilizados os recursos orçamentários;

b) Os **programas**, isto é, os instrumentos de integração dos esforços governamentais no sentido da concretização dos objetivos;

c) Os **custos** dos programas medidos por meio da identificação dos meios ou insumos (pessoal, material, equipamentos, serviços, etc.) necessários para a obtenção dos resultados; e

d) **Medidas de desempenho** com a finalidade de medir as realizações (produto final) e os esforços despendidos na execução dos programas.

Principais diferenças entre o orçamento tradicional e o orçamento-programa (GIACOMONI, 2017, p. 178)	
Orçamento tradicional	**Orçamento-programa**
1. O processo orçamentário é dissociado dos processos de planejamento e programação	1. O orçamento é o elo entre o planejamento e as funções executivas da organização
2. A alocação de recursos visa à aquisição de meios	2. A alocação de recursos visa à consecução de objetivos e metas
3. As decisões orçamentárias são tomadas tendo em vista as necessidades das unidades organizacionais	3. As decisões orçamentárias são tomadas com base em avaliações e análises técnicas das alternativas possíveis
4. Na elaboração do orçamento são consideradas as necessidades financeiras das unidades organizacionais	4. Na elaboração do orçamento são considerados todos os custos dos programas, inclusive os que extrapolam o exercício
5. A estrutura do orçamento dá ênfase aos aspectos contábeis de gestão;	5. A estrutura do orçamento está voltada para os aspectos administrativos e de planejamento
6. Principais critérios classificatórios: unidades administrativas e elementos	6. Principal critério de classificação: funcional-programático
7. Inexistem sistemas de acompanhamento e medição do trabalho, assim como dos resultados	7. Utilização sistemática de indicadores de medição do trabalho e dos resultados
8. O controle visa avaliar a honestidade dos agentes governamentais e a legalidade no cumprimento do orçamento	8. O controle visa avaliar a eficiência, a eficácia e a efetividade das ações governamentais

> **Importante**
>
> Destaque-se que a ideia de **planejamento** tem ganhado cada vez mais destaque no Direito Financeiro brasileiro. Nesse sentido, a EC 108/2020 inseriu o parágrafo único ao art. 193 da CRFB/88 para estabelecer que: "O Estado exercerá a função de planejamento das políticas sociais, assegurada, na forma da lei, a participação da sociedade nos processos de formulação, de monitoramento e de avaliação dessas políticas".

> **Como esse assunto foi cobrado em concurso?**
>
> No Concurso da Cespe para Analista Fazendário Municipal da SEFIN Fortaleza/CE em 2023, foi considerado CERTO o seguinte enunciado: "Nas últimas décadas, o planejamento no Brasil tem se orientado pela busca do crescimento econômico e da redução de desigualdades sociais".

Harrison Leite chama a atenção para o fato de que o orçamento-programa pode ser elaborado mediante a utilização de uma técnica denominada **base zero ou por estratégia**, a qual consiste "num método em que todo recurso solicitado é criticamente analisado a fim de que, quando da elaboração da proposta orçamentária, haja um real questionamento dos recursos nas respectivas áreas, sem qualquer compromisso com um montante inicial de dotação". Dessa forma, "cada órgão que solicita recurso deve justificar os seus gastos sem utilizar o montante do exercício anterior como parâmetro para valor inicial mínimo" (2015, p. 68).

Régis Fernandes de Oliveira, por outro lado, classifica de outra forma os orçamentos. Assim, para o autor, as espécies orçamentárias podem ser apontadas analisando-se seu conteúdo, ou seja, sobre aquilo que dispõe o projeto de lei. Dessa forma, existem os tipos (plano plurianual, diretrizes orçamentárias e orçamento anual) e as espécies (orçamento fiscal, o de investimento e o de seguridade social) (2008, p. 304).

Assim, o orçamento fiscal, contém o que se arrecada e o que se gasta, caracterizando-se como mera peça financeira de receita e despesa, sem qualquer tipo de incursão sobre os interesses em jogo, devendo conter, conforme preconizado pelo art. 165, I, §5º da CRFB/88, toda a arrecadação "referente aos Poderes da União, seus fundos, órgãos e entidades da administração direta e indireta, inclusive fundações instituídas e mantidas pelo Poder Público" (OLIVEIRA, 2008, p. 304).

Por outro lado, o orçamento de investimento deverá abranger "o orçamento de investimento das empresas em que a União, direta ou indiretamente, detenha a maioria do capital social com direito a voto" (art. 165, II, §5º da CRFB/88). Já o orçamento da seguridade social abrange "todas as entidades e órgãos a ela vinculados, da administração direta ou indireta, bem como os fundos e fundações instituídos e mantidos pelo Poder Público" (art. 165, III, §5º da CRFB/88).

> **Como esse assunto foi cobrado em concurso?**
>
> No Concurso da FGV para Técnico de Gestão Administrativa da AL/MA em 2023, foi considerado CERTO o seguinte enunciado: "O orçamento de investimento relaciona-se às empresas nas quais a União, direta ou indiretamente, detém a maioria do capital social com direito a voto".

> **Como esse assunto foi cobrado em concurso?**
>
> No Concurso da FGV para Técnico de Gestão Administrativa da AL/MA em 2023, foi considerado ERRADO o seguinte enunciado: "O orçamento fiscal diz respeito aos Poderes da União, seus fundos, órgãos e entidades da administração direta e indireta, excluídas as fundações instituídas e mantidas pelo Poder Público".

> **Como esse assunto foi cobrado em concurso?**
>
> No Concurso da FGV para Técnico de Gestão Administrativa da AL/MA em 2023, foi considerado ERRADO o seguinte enunciado: "O orçamento da seguridade social abrange as entidades e órgãos a ela vinculados, da administração direta ou indireta, excluídos os fundos e fundações instituídos e mantidos pelo Poder Público".

4. NATUREZA JURÍDICA

Historicamente alguns autores, como Léon Duguit, chegaram a classificar o orçamento como um mero ato administrativo (em relação às despesas) e lei em sentido material (em relação à arrecadação de tributos). Outros, por sua vez, como Gaston Jèze, classificaram-no como um ato condição, qual seja, um ato administrativo necessário à realização dos gastos e à obtenção das receitas.

Contudo, no direito brasileiro atual, o orçamento é, majoritariamente, apontado como lei em sentido formal, já que não cria direitos subjetivos e tampouco modifica leis financeiras ou tributárias, mas prevê receitas públicas e autoriza os gastos.

Justamente pelo fato de apenas autorizar, mas não impor os gastos públicos é que o orçamento é considerado apenas autorizativo (e não impositivo). Dessa forma, "os gestores só podem realizar as despesas que estejam previstas no orçamento, mas a efetivação das despesas não é obrigatória só pelo fato de estarem projetadas no orçamento" (PASCOAL, 2015, p. 19). Assim, Valdecir Pascoal aponta o orçamento como sendo uma lei temporária (vigência limitada), especial (de conteúdo determinado e processo legislativo peculiar) e ordinária (aprovada por maioria simples) (2015, p. 19-20).

> **Qual o entendimento atual do STF sobre o assunto?**
>
> "Orçamento. **A previsão de despesa, em lei orçamentária, não gera direito subjetivo a ser assegurado por via judicial.** Carência de ação. Recurso conhecido e provido" (STF, RE 75.908/PR, Rel. Min. Osvaldo Trigueiro, 1ª Turma, j. 08.06.1973, p. 10.08.1973).

> **Como esse assunto foi cobrado em concurso?**
>
> No Concurso do TRF da 4ª Região para Juiz Federal em 2022, foi considerado CERTO o seguinte enunciado: "A previsão da despesa na lei orçamentária não gera, automaticamente, direito subjetivo à sua efetiva realização".

Apesar do caráter meramente autorizativo, há que se destacar a presença de despesas impositivas, como aquelas relacionadas a transferências constitucionais (CRFB/88, arts. 157 a 162), gastos com educação (CRFB/88, arts. 212 e 212-A) e saúde (CRFB/88, art. 198, §2º e LC 141/2012) e gastos com pessoal. As normas que estabelecem essa modalidade de despesas são apresentadas por Harrison Leite como normas pré-orçamentárias, já que nasceram antes do orçamento, vinculando o Executivo ao seu cumprimento (2015, p. 55).

> **▸ Como esse assunto foi cobrado em concurso?**
>
> No Concurso do CESPE para Juiz Federal da 1ª Região em 2013, foi considerado ERRADO o seguinte enunciado: "O Poder Executivo federal pode, para fins de cumprimento de metas fiscais, limitar, mediante decreto de contingenciamento, a execução de despesas decorrentes de **obrigação constitucional**, dado o caráter meramente autorizativo da lei orçamentária anual".

Em relação à despesa impositiva com a educação, há que se destacar a edição da Emenda Constitucional nº 108, de 26 de agosto de 2020, que tornou permanente o **Fundo de Manutenção e Desenvolvimento da Educação Básica e de Valorização dos Profissionais da Educação (FUNDEB)**. Trata-se de um fundo especial, de natureza contábil e de âmbito estadual que entrou em vigor em 2007 e estava com o término previsto para a 2020, contando com recursos, majoritariamente, oriundos de impostos e transferências dos Estados, Distrito Federal e Municípios, caracterizando-se como uma das principais fontes de financiamento da Educação no país.

> **▸ Importante**
>
> CRFB/88, Art. 212-A. Os Estados, o Distrito Federal e os Municípios destinarão parte dos recursos a que se refere o caput do art. 212 desta Constituição à manutenção e ao desenvolvimento do ensino na educação básica e à remuneração condigna de seus profissionais, respeitadas as seguintes disposições:
>
> I- a distribuição dos recursos e da responsabilidade entre o Distrito Federal, os Estados e seus Municípios é assegurada mediante a instituição, no âmbito de cada Estado e do Distrito Federal, de um Fundo de Manutenção e Desenvolvimento da Educação Básica e da Valorização dos Profissionais da Educação (Fundeb), de natureza contábil;
>
> [...]

A EC 108/2020, além de tornar o FUNDEB permanente, elevou de 10% (dez por cento) para 23% (vinte e três por cento) (CRFB/88, art. 212-A, V) a participação da União, a ser implementada de maneira progressiva, até 2026 (Art. 60 do ADCT, com redação dada pela EC 108/2020).

"Os valores alocados pelo governo federal continuarão a ser distribuídos para os entes federativos que não alcançarem o valor anual mínimo aplicado por aluno na educação. Da mesma forma, o fundo continuará recebendo o equivalente a

20% (vinte por cento) dos impostos municipais e estaduais e das transferências constitucionais de parte dos tributos federais" (CÂMARA DOS DEPUTADOS, 2020). No mais, há que se destacar que cada ente federativo deverá utilizar os recursos do Fundeb para aquelas áreas que lhes são prioritárias: educação infantil e ensino fundamental para os municípios e ensino fundamental e médio para os estados.

A EC 108/2020 também fixou um **modelo híbrido de distribuição dos recursos da União** a forma pela qual será distribuída a complementação a ser realizada pela União:

a) **10% (dez por cento)** no âmbito de cada Estado e do Distrito Federal, sempre que o valor anual por aluno (VAAF) não alcançar o mínimo definido nacionalmente, seguindo o modelo anterior à EC 108/2020;

b) **10,5% (dez inteiros e cinco décimos por cento)**, "no mínimo, em cada rede pública de ensino municipal, estadual ou distrital, que não atingirem o valor anual por aluno definido nacionalmente, com metade desse montante destinado à educação infantil. 15% ficam para investimentos, com possibilidade de destinação desses recursos a escolas comunitárias, confessionais ou filantrópicas, em caso de falta de vagas na rede pública" (AMARAL, 2020);

c) **2,5% (dois inteiros e cinco décimos por cento)** nas redes públicas que, cumpridas condicionalidades de melhoria de gestão previstas em lei, alcançarem evolução de indicadores a serem definidos, de atendimento e melhoria da aprendizagem com redução das desigualdades, nos termos do sistema nacional de avaliação da educação básica (CRFB/88, art. 212-A, V, c).

Com foco na melhoria da infraestrutura das escolas, a EC 108/2020 estabeleceu ainda que, dentro da complementação federal, 15% (quinze por cento) dos recursos sejam destinados a despesas de capital.

> ▸ **Importante**
>
> A transferência da complementação da União ao Fundeb é de competência do **Fundo Nacional de Desenvolvimento da Educação (FNDE)**, autarquia federal, vinculada ao Ministério da Educação, instituída pela lei nº 5.537/1968 e alterada pelo Decreto-Lei nº 872/1969.

> ▸ **Qual o entendimento atual do STF sobre o assunto?**
>
> "É inconstitucional lei estadual que autoriza o cômputo de gastos previdenciários como despesas com manutenção e desenvolvimento do ensino." (ADI 6.412/PE, relator Ministro Roberto Barroso, julgamento virtual finalizado em 1º.9.2023, STF Info 1106)

> ▸ **Qual o entendimento atual do STF sobre o assunto?**
>
> "1. É inconstitucional o emprego de verbas do FUNDEF/FUNDEB para pagamento de honorários advocatícios contratuais. 2. É possível utilização dos juros de mora inseridos na condenação relativa a repasses de

verba do FUNDEF, para pagamento dos honorários contratuais." (RE 1.428.399/PE, relatora Ministra Presidente, julgamento finalizado no Plenário Virtual em 16.6.2023, STF Info 1099)

▸ **Qual o entendimento atual do STF sobre o assunto?**

"O caráter extraordinário dos valores de complementação do FUNDEB pagos pela União aos estados e aos municípios, por força de condenação judicial, justifica o afastamento da subvinculação prevista nos arts. 60, XII, do ADCT196 e 22 da Lei 11.949/2007. (ADPF 528/DF, rel. Min. Alexandre de Moraes, j. 18.3.2022, Info 1047)

▸ **Qual o entendimento atual do STF sobre o assunto?**

"É constitucional a norma federal que prevê a forma de atualização do piso nacional do magistério da educação básica". (ADI 4848/DF, rel. Min. Roberto Barroso, j. 27.2.2021, Info 1007)

▸ **Qual o entendimento atual do STJ sobre o assunto?**

"O reconhecimento da inconstitucionalidade do pagamento de honorários advocatícios contratuais com recursos alocados no FUNDEF/FUNDEB não exclui a possibilidade de adimplemento de tal verba com base no montante correspondente aos juros de mora incidentes sobre o valor do precatório devido pela União" (AgInt no REsp 1.874.550-RN, Rel. Min. Gurgel de Faria, Primeira Turma, j. 25/10/2022, Info 755)

▸ **Qual o entendimento atual do STJ sobre o assunto?**

"Nas demandas envolvendo valores relacionados ao FUNDEF/FUNDEB, é possível a utilização dos juros moratórios dos precatórios para pagamento dos honorários contratuais, ante a natureza autônoma dos juros em relação à verba principal". (AREsp 1.369.724-AL, Rel. Min. Gurgel de Faria, Primeira Turma, j. 02/08/2022, Info 743)

▸ **Qual o entendimento atual do STJ sobre o assunto?**

"Os juros de mora incidentes sobre o valor do precatório devido pela União em ações propostas em favor dos Estados e dos Municípios relativos às verbas destinadas ao FUNDEF/FUNDEB podem ser utilizados para pagamento de honorários advocatícios contratuais". (AgInt no REsp 1.880.972-AL, Rel. Min. Og Fernandes, Segunda Turma, j. 19/04/2022, Info 735)

Mesmo tendo entrado em vigor na data de sua publicação (26 de agosto de 2020), a Emenda Constitucional nº 108 só produziu efeitos financeiros a partir de 1º de janeiro de 2020.

▸ **Como esse assunto foi cobrado em concurso?**

No Concurso do Cespe/Cebraspe para Procurador do Município de Camaçari/BA em 2024, foi considerado CERTO o seguinte enunciado: "Os recursos municipais repassados ao FUNDEB devem ser adicionados à base de cálculo da despesa orçamentária do Poder Legislativo municipal".

▸ **Como esse assunto foi cobrado em concurso?**

No Concurso da Cespe para Analista Fazendário Municipal da SEFIN Fortaleza/CE em 2023, foi considerado ERRADO o seguinte enunciado: "O município deve contabilizar, na lei orçamentária, os valores líquidos por ele recebidos, o que exclui, naturalmente, as deduções do Fundo de Manutenção e Desenvolvimento da Educação Básica e Valorização dos Profissionais da Educação (FUNDEB) e do Programa de Formação do Patrimônio dos Servidores Públicos (PASEP)".

5. ORÇAMENTO IMPOSITIVO – EMENDAS INDIVIDUAIS E DE BANCADA

Apesar do caráter apenas autorizativo das leis orçamentárias, tanto a LDO de 2014 (Lei 12.919/13, art. 52), quanto de 2015 (Lei 13.080/15, art. 56), trouxeram disposições de natureza impositiva, impondo a execução orçamentária e financeira da programação de despesas incluídas no orçamento por meio de emendas parlamentares individuais. Contudo, sendo a LDO uma lei de vigência temporária, "não havia a certeza de que tais enunciados seriam reproduzidos nas leis referentes aos exercícios financeiros subsequentes" (RAMOS FILHO, 2017, p. 492).

Em 2015 foi editada a Emenda Constitucional n. 86, que, ao incluir dez novos parágrafos ao art. 166 da Constituição da República, estabeleceu, de maneira definitiva, a impositividade de algumas despesas fixadas no orçamento. Apesar disso, cumpre destacar que os novos parágrafos não tornaram todo o orçamento impositivo, mas tão somente parte das despesas incluídas nos orçamentos por emendas individuais dos deputados federais e senadores.

▸ **Qual o entendimento atual do STF sobre o assunto?**

"São inconstitucionais emendas parlamentares estaduais de caráter impositivo em lei orçamentária anteriores à vigência das ECs 86/2015 e 100/2019. Não cabe à Constituição estadual instituir a figura das programações orçamentárias impositivas fora das hipóteses previstas no regramento nacional". (ADI 6308/RR, rel. Min. Roberto Barroso, j. 3.6.2022, Info 1057).

▸ **Qual o entendimento atual do STF sobre o assunto?**

"É inconstitucional norma estadual que tenha criado impositividade da lei orçamentária antes do advento das Emendas Constitucionais (ECs) 86/2015 e 100/2019". (ADPF 789/MA, rel. Min. Roberto Barroso, j. 20.8.2021, Info 1026).

▸ **Como esse assunto foi cobrado em concurso?**

No Concurso da AMEOSC para Contador da Câmara de Belmonte/SC em 2021, foi considerado CERTO o seguinte enunciado: "Considerando-se a informação dada a seguir, relativa ao Orçamento Público, sobre o qual se afirma que: a autoridade responsável por sua execução não tem opção, ou seja, tem que cumprir o que foi, ou vier a ser determinado pela Casa Legislativa. Neste contexto, estamos nos referindo ao modelo de orçamento conhecido como impositivo".

Do texto aprovado depreende-se a obrigatoriedade de que **2% (dois por cento) da Receita Corrente Líquida (LCR) da União, realizada no exercício anterior (equivalente a R$ 21,3 bilhões em 2023) seja destinado às Emendas Individuais dos parlamentares na LOA, sendo, pelo menos metade disso, destinado a ações e serviços de saúde** (CRFB/88, art. 166, §9º). Deste limite, 1,55% caberá às emendas dos Deputados e 0,45% às dos Senadores (CRFB/88, art. 166, §9º-A), sendo obrigatória a execução orçamentária e financeira destas programações oriundas de emendas individuais.

Cumpre observar que tais valores serão computados para fins de cumprimento do inciso I do §2º do art. 198 que fixa o limite constitucional de despesas com ações e serviços públicos de saúde, não podendo, por sua vez, financiar despesas de pessoal ou encargos sociais.

▸ **ATENÇÃO!**

Inicialmente o texto do §9º do art. 166 da CRFB/88 estabelecia o percentual de 1,2% da receita corrente líquida para as emendas individuais ao projeto de lei orçamentária. Contudo, a Emenda Constitucional nº126, de 21 de dezembro de 2022, alterou esse montante para 2%.

▸ **Qual o entendimento atual do STF sobre o assunto?**

"Presentes os requisitos do *"fumus boni iuris"* e do *"periculum in mora"*, cabível a concessão de medida cautelar para afastar a aplicação de norma estadual que estabeleça limites para aprovação de emendas parlamentares impositivas em patamar diferente do imposto pelo art. 166 da Constituição Federal". (ADI 4541/BA, rel. Min. Cármen Lúcia, j. 16.4.2021, Info 1013)

▸ **Como esse assunto foi cobrado em concurso?**

No Concurso da Fundep para Promotor de Justiça do MP/MG em 2023, foi considerado ERRADO o seguinte enunciado: "As emendas individuais ao projeto de lei orçamentária serão aprovadas no limite de 2% (dois por cento) da receita corrente líquida do exercício anterior ao do encaminhamento do projeto, devendo a totalidade desse percentual ser destinada a ações e serviços públicos de saúde".

Diante disso é possível afirmar que os gastos decorrentes de emendas individuais parlamentares deixaram de ser considerados como "transferências voluntárias" da União a Estados e Municípios e passaram a ser **despesas obrigatórias.** (RAMOS FILHO, 2017. p. 494).

Em 2019, a EC 100 voltou a alterar as disposições dos arts. 165 e 166 da Constituição Federal, de forma a também tornar obrigatória a execução da programação orçamentária das bancadas estaduais no Orçamento da União (art. 166, §12). Assim, as **emendas de bancada** passaram a ser de execução obrigatória, correspondendo ao montante de até 1% (um por cento) da receita corrente líquida realizada no exercício anterior (art. 166, §12, da CRFB/88). Excepcionalmente, como regra de transição ficou estabelecido que no ano de 2020 esse montante seria de 0,8% da receita corrente líquida (art. 2º da EC 100/2019).

> **IMPORTANTE – Nova Redação do §17 do art. 166 da CRFB/88 (EC 126/2022)**
>
> Os restos a pagar provenientes das programações orçamentárias previstas nos §§ 11 e 12 deste artigo poderão ser consideradas para fins de cumprimento da execução financeira até o limite de 1% (um por cento) da receita corrente líquida do exercício anterior ao do encaminhamento do projeto de lei orçamentária, para as programações das emendas individuais, e até 0,5% (cinco décimos por cento), para as programações das emendas de iniciativa de bancada de parlamentares de Estado ou do Distrito Federal.

Ademais, a alteração constitucional determinou que no caso de as programações referentes às emendas de bancada versarem sobre o início de investimentos com duração de mais de um exercício financeiro ou cuja execução já tenha sido iniciada, deverão ser objeto de emenda pela mesma bancada estadual, a cada exercício financeiro, até a conclusão da obra ou do empreendimento (§20 do art. 166).

Contudo, tanto as emendas individuais quanto as de bancada, ambas impositivas, não serão de execução obrigatória nos casos de impedimento de ordem técnica, conforme preceitua o §13 do mesmo art. 166 da CRFB/88.

No mais, para que sejam cumpridas tanto as disposições do §11, quanto do §12 do art. 166, supramencionadas, os órgãos de execução deverão observar, nos termos da LDO, cronograma para análise e verificação de eventuais impedimentos das programações e demais procedimentos necessários à viabilização da execução dos respectivos montantes (art. 166, §14).

Além disso, a EC 100/2019 estabeleceu que quando a transferência obrigatória da União para a execução da programação prevista nos dois casos de orçamento impositivo for destinada a Estados, ao DF e a municípios, independerá da adimplência do ente federativo destinatário e não integrará a base de cálculo da receita corrente líquida para fins de aplicação dos limites de despesa de pessoal de que trata o caput do art. 169 da CRFB/88.

Mencionada Emenda Constitucional também tratou dos restos a pagar, estabelecendo que "os restos a pagar provenientes das programações orçamentárias previstas nos §§ 11 e 12 poderão ser considerados para fins de cumprimento da execução financeira até o limite de 0,6% da receita corrente líquida realizada no exercício anterior, para as programações das emendas individuais, e até o limite de 0,5%, para as programações das emendas de iniciativa de bancada de parlamentares de Estado ou do DF.

Para seu cumprimento, a EC 100/2019, alterando o texto conferido pela EC 86/2015 determina que, sendo verificado que a estimativa da receita e da despesa poderá resultar no não cumprimento da meta de resultado fiscal estabelecida na lei de diretrizes orçamentárias, os montantes destinados às emendas individuais e de bancada poderão ser reduzidos em até a mesma proporção da limitação incidente sobre o conjunto das demais despesas discricionárias (art. 166, § 18).

Por fim, a nova redação do art. 166 estabeleceu um critério para que sejam consideradas equitativas a execução das programações de caráter obrigatório. Assim, o serão, caso observem critérios objetivos e imparciais e que atendam de forma igualitária e impessoal às emendas apresentadas, independentemente da autoria, observado o disposto no §9º-A, incluído pela EC 126/2022 (art. 166, §19).

Ainda em 2019 foi aprovada a **Emenda Constitucional nº 105**, acrescentando o art. 166-A à Constituição Federal de forma a autorizar a transferência de recursos federais a Estados, ao Distrito Federal e a Municípios mediante emendas ao projeto de lei orçamentária anual. Assim, as emendas individuais impositivas apresentadas ao projeto de LOA, poderão alocar recursos aos entes federativos por meio tanto de **transferência especial** quanto de **transferência com finalidade definida.**

Independente da natureza da transferência disciplinada pela EC 105/2019, os Estados, Distrito Federal e Municípios não poderão utilizar seus recursos para o pagamento de despesas com pessoal e encargos sociais relativos a ativos e inativos, e com pensionistas, e nem de encargos referentes ao serviço da dívida. No mais, tais recursos não integrarão a receita do ente federativo para fins de repartição e para o cálculo dos limites da despesa com pessoal ativo e inativo (CRFB, art. 166, §16) e de endividamento.

▸ **Importante**

CRFB/88, art. 166, §16. "Quando a transferência obrigatória da União para a execução da programação prevista nos §§ 11 e 12 deste artigo for destinada a Estados, ao Distrito Federal e a Municípios, independerá da adimplência do ente federativo destinatário e não integrará a base de cálculo da receita corrente líquida para fins de aplicação dos limites de despesa de pessoal de que trata o caput do art. 169".

▸ **Como esse assunto foi cobrado em concurso?**

No Concurso da Fundep para Promotor de Justiça do MP/MG em 2023, foi considerado ERRADO o seguinte enunciado: "Em casos excepcionais, devidamente motivados pelo gestor público, é possível a aplicação dos recursos provenientes das emendas parlamentares individuais para o pagamento de despesas com pessoal e encargos sociais relativas aos ativos e inativos, bem como pensionistas".

▸ **Como esse assunto foi cobrado em concurso?**

No Concurso da Fundep para Promotor de Justiça do MP/MG em 2023, foi considerado ERRADO o seguinte enunciado: "Os recursos transferidos aos Estados e Municípios por meio das emendas individuais impositivas integrarão a receita dos respectivos Entes para fins de endividamento, repartição e para o cálculo dos limites da despesa com pessoal ativo e inativo".

▸ **Como esse assunto foi cobrado em concurso?**

No Concurso da Fundep para Promotor de Justiça do MP/MG em 2023, foi considerado CERTO o seguinte enunciado: "Os recursos advindos das emendas individuais impositivas serão alocados por meio de transferência especial, sendo que o montante será repassado diretamente ao ente federado beneficiado, independentemente de celebração de convênio ou de instrumento congênere; ou, então, por meio de transferência com finalidade definida, sendo que os recursos serão vinculados à programação estabelecida na emenda".

▸ **Como esse assunto foi cobrado em concurso?**

No Concurso da Cespe para Procurador do MP do TCE/RJ em 2023, foi considerado ERRADO o seguinte enunciado: "Em atenção ao princípio da autonomia dos entes federados, é válida a previsão, nas Constituições estaduais, de limites para aprovação de emendas parlamentares impositivas em patamar diferente daquele imposto pela CF no tocante ao orçamento federal".

▸ **Como esse assunto foi cobrado em concurso?**

No Concurso da Cespe para Procurador do MP do TCE/RJ em 2023, foi considerado ERRADO o seguinte enunciado: "As emendas individuais impositivas apresentadas ao projeto de lei orçamentária anual poderão alocar recursos aos estados somente por meio de transferência com finalidade definida, considerado o princípio da publicidade, que deve nortear a elaboração do orçamento".

No caso da **transferência especial**, conforme previsão do §2º do art. 1º da EC 105/2019, os recursos serão repassados diretamente ao ente federado beneficiado, independentemente de celebração de convênio ou instrumento congênere; pertencerão ao ente federado no ato da efetiva transferência financeira; e serão aplicados em programações finalísticas das áreas de competência do Poder Executivo do ente beneficiado, desde que pelo menos 70% (setenta por cento) sejam aplicadas em despesas de capital.

▸ **Importante**

Segundo o art. 12 da lei nº 4.320/64, são despesas de capital: investimentos, inversões financeiras e transferências de capital.

▸ **Como esse assunto foi cobrado em concurso?**

No Concurso da FCC para Procurador do Estado da PGE/GO em 2024, foi considerado CERTO o seguinte enunciado: "De acordo com a disciplina estabelecida na Constituição Federal para as denominadas emendas individuais impositivas apresentadas ao projeto de Lei Orçamentária Anual, tem-se que a alocação e a transferência de tais recursos do Orçamento da União para aplicação por Estados e Municípios podem se dar por transferência especial, que prescinde da celebração de convênio ou instrumento congênere, para aplicação em programações finalísticas das áreas de competência do Poder Executivo do ente federado beneficiado, sendo, necessariamente, 70% do montante aplicado em despesas de capital".

▸ **Como esse assunto foi cobrado em concurso?**

No Concurso da Vunesp para Procurador da PGE/SP em 2024, foi considerado CERTO o seguinte enunciado: "Tratando-se de programação orçamentária decorrente de dotação introduzida na Lei Orçamentária Anual do Estado por emenda parlamentar individual impositiva, ou seja, aprovada no limite de 2% (dois por cento) da receita corrente líquida do exercício anterior ao encaminhamento do projeto, é correto afirmar que poderá ser destinada a ações executadas por Municípios, inclusive na forma de transferência especial, que, observadas as regras constitucionais, independe da celebração de convênio ou instrumento congênere".

▸ **Como esse assunto foi cobrado em concurso?**

No 39º Exame de Ordem da FGV em 2023 foi cobrado da seguinte forma: "O deputado federal José, por meio das emendas individuais impositivas constitucionalmente previstas que a ele competem, deseja destinar recursos para o Município Alfa. Contudo, deseja fazê-lo por meio de repasses diretos ao referido Município, independentemente de celebração de convênio ou de instrumento congênere. Assinale a opção que indica o instrumento constitucional que ele deve adotar: a) Transferência especial; b) Transferência com finalidade definida; c) Transferência individual; d) Transferência extraordinária". Segundo o gabarito oficial, foi considerada correta a alternativa "a".

▸ **Como esse assunto foi cobrado em concurso?**

No Concurso da FGV para Analista de Planejamento e Orçamento da SMF/RJ em 2023, foi considerado CERTO o seguinte enunciado: "Um ente público municipal recebeu recursos decorrentes de uma emenda individual impositiva apresentada ao projeto de lei orçamentária da União. A modalidade da emenda foi transferência especial, na qual o ente deve observar que os recursos: não integrarão a receita do ente beneficiado para o cálculo dos limites de endividamento".

▸ **Como esse assunto foi cobrado em concurso?**

No Concurso da FGV para Analista de Planejamento e Orçamento da SMF/RJ em 2023, foi considerado CERTO o seguinte enunciado: "Um ente municipal foi notificado de que o Município foi contemplado com uma emenda parlamentar inserida no orçamento da União, obtida por um deputado federal com base eleitoral na região. Os recursos relativos à emenda serão alocados ao Município por meio de uma transferência especial. Para executar os referidos recursos, o ente municipal, resguardadas disposições e vedações legais específicas, deve alocar pelo menos 70% dos recursos em despesas de capital".

▸ **Como esse assunto foi cobrado em concurso?**

No Concurso da FCC para Procurador do Estado da PGE/AM em 2022, foi considerado CERTO o seguinte enunciado: "Considere que, no decorrer do processo de votação do Orçamento da União, tenha sido incluída emenda individual parlamentar de caráter impositivo, destinando o montante correspondente a ações de assistência social no Estado do Amazonas. Após a aprovação do Orçamento, a transferência financeira dos referidos recursos ao Estado pode ser feita diretamente, independentemente de celebração de convênio, mediante transferência especial, com aplicação de ao menos 70% em despesas de capital, vedada aplicação no pagamento de encargos do serviço da dívida".

Ainda em relação às transferências especiais, a EC 105/2019 também previu que o ente federado beneficiado poderá firmar contratos de cooperação técnica para fins de subsidiar o acompanhamento da execução orçamentária na aplicação dos recursos.

Por outro lado, no caso da **transferência com finalidade definida**, os recursos serão vinculados à programação estabelecida na emenda parlamentar e aplicados nas áreas de competência constitucional da União (EC 105/2019, art. 1º, §4º).

▸ **Como esse assunto foi cobrado em concurso?**

No 39º Exame de Ordem unificado da FGV em 2023, este tema foi cobrado da seguinte forma: "O deputado federal José, por meio das emendas individuais impositivas constitucionalmente previstas que a ele competem, deseja destinar recursos para o Município Alfa. Contudo, deseja fazê-lo por meio de repasses diretos ao referido Município, independentemente de celebração de convênio ou de instrumento congênere.

Assinale a opção que indica o instrumento constitucional que ele deve adotar: a) Transferência especial; b) Transferência com finalidade definida; c) Transferência individual; d) Transferência extraordinária". O gabarito oficial considerou correta a alternativa "a".

Assim, tendo entrado em vigor em 1º de janeiro de 2020, para sua efetivação, a EC 105/2019 necessitou de duas Portarias Interministeriais: 43 e 252. A primeira delas (Portaria Interministerial 43/2020), tendo como finalidade garantir a efetiva entrega à sociedade dos bens e serviços decorrentes de emendas individuais, independentemente de sua autoria, dispõe sobre procedimentos e prazos para a operacionalização das emendas parlamentares individuais de execução obrigatória, bem como procedimentos e prazos para superação de impedimentos de ordem técnica para sua efetivação. Nesse sentido, o art. 2º da Portaria Interministerial 43/2020 traz uma série de conceitos que auxiliarão, didaticamente, a compreensão do procedimento, prazos, impedimentos e execução nela disciplinado.

Por outro lado, em 19 de junho de 2020 foi editada a Portaria Interministerial nº 252, estabelecendo, para o exercício de 2020, normas de execução orçamentária e financeira da transferência especial a Estados, Distrito Federal e Municípios, conforme previsão do art. 166-A, da CRFB/88, inserida no texto constitucional por meio da supramencionada EC 105/2019.

▸ **Como esse assunto foi cobrado em concurso?**

No Concurso da FGV para Analista de Planejamento e Orçamento da SMF/RJ em 2023, foi considerado CERTO o seguinte enunciado: "Com as recentes alterações no arcabouço normativo relativo ao processo orçamentário no Brasil, pode-se considerar que, quanto à execução do conteúdo, temos um orçamento público do tipo híbrido. Esse enquadramento se dá em decorrência da necessidade de execução impositiva de emendas parlamentares em paralelo a outras parcelas autorizativas."

5.1. Lei Complementar nº 210, de 25 de novembro de 2024 (Emendas parlamentares ao orçamento)

As Emendas Parlamentares se tornaram um dos pontos mais polêmicos da relação entre o Legislativo e o Executivo brasileiros nos últimos anos, sobretudo, em razão do chamado "orçamento secreto" e das "emendas PIX", práticas que representaram um significativo dispêndio de recursos públicos do orçamento, sem a devida transparência, rastreabilidade e de eficiência contestada.

Assim, após intensos diálogos entre os três Poderes, o Congresso Nacional aprovou e o Presidente da República sancionou, aos 25 de novembro de 2024, a Lei Complementar nº 210, que dispõe sobre a proposição e a execução de emendas parlamentares na lei orçamentária anual e entrou em vigor na data de sua publicação.

Portanto, o objeto da lei é a proposição e a execução das emendas parlamentares à despesa, no âmbito da LOA da União. Assim, o regramento da LC 210/24 é imperativo para as leis orçamentárias previstas na CRFB/88, bem como para a interpretação e aplicação dos demais instrumentos normativos sobre a temática. Nesse sentido, a nova lei tratou tanto das emendas individuais quanto das de bancada e de comissões permanentes.

Emendas de bancada → somente poderão destinar recursos a projetos e ações estruturantes para a unidade da Federação representada pela bancada, vedada a individualização de ações e de projetos para atender a demandas ou a indicações de cada membro da bancada (art. 2º, *caput*).

Em relação aos projetos e as ações estruturantes, é vedada a designação genérica de programação que possa resultar na execução de projetos de investimentos de obras por múltiplos entes ou entidade, ressalvados os projetos para região metropolitana ou região integrada de desenvolvimento, cujas emendas deverão identificar de forma precisa o seu objeto. Por outro lado, a lei permitiu a destinação de recursos para outra unidade da Federação, desde que se trate de projetos de amplitude nacional.

São considerados projetos de investimentos estruturantes aqueles definidos na LDO ou que constem no registro centralizado de projeto de investimentos organizado pela União, o qual contém, por Estado ou Distrito Federal, pelo menos, análises de viabilidade, estimativas de custos e informações sobre a execução física e financeira. Em relação a esse registro, a LC 210/24 determinou ainda que, para a sua promoção, compete à respectiva bancada estadual enviar ao Poder Executivo as informações de custo, objeto e a localização geográfica dos projetos e das ações (art. 2º, §8º).

Quanto às demais ações e equipamentos públicos prioritários para a unidade da Federação representada pela bancada, a LC 210 prevê que deverão observar o seguinte: I-) é vedada a apresentação de emendas cuja programação possa resultar, na execução, em transferências voluntárias, convênios ou similares para mais de um ente federativo ou entidade privada, ressalvadas as transferências para os fundos municipais de saúde; II-) é admitida a destinação de recursos para outra unidade da Federação, desde que se trate da matriz da entidade e que ela tenha sede em Estado diverso do Estado da bancada onde será realizada a aquisição de equipamentos ou a realização dos serviços.

Ainda ao versar sobre as emendas de bancada, a LC 210/24 (art. 2º, §3º) listou uma série de áreas de políticas públicas nas quais as ações serão consideradas prioritárias, a saber: educação; saneamento; habitação; saúde; adaptação às mudanças climáticas; transporte; infraestrutura hídrica; infraestrutura para desenvolvimento regional; infraestrutura e desenvolvimento urbano; segurança pública; turismo; esporte; agropecuária e pesca, ciência, tecnologia e inovação; comunicações; prevenção, mitigação, preparação, resposta e recuperação de desastres; defesa; direitos humanos, mulheres e igualdade racial; cultura; assistência social e outras políticas públicas, a serem definidas na LDO do respectivo exercício.

Nos casos em que a programação da emenda de bancada seja divisível, não pode cada parte independente ser inferior a 10% do valor da emenda, salvo para atendimento a ações e serviços públicos de saúde. Para tanto, a LC 210/24 considera como parte independente: I-) a compra de equipamentos e material permanente por um mesmo ente federativo; II-) a compra de equipamentos e material permanente, desde que possa ser executada na mesma ação orçamentária; e III-) as despesas com custeio, desde que possam ser executadas na mesma ação orçamentária (art. 2º, §5º).

Visando garantir a transparência na distribuição dos recursos da emendas de bancada, a LC/210 determinou que os órgãos e unidades executoras de políticas públicas publicarão em portarias dos respectivos órgãos, até **30 de setembro** do exercício anterior ao que se refere a LOA: I-) os projetos de investimento, por Estado ou pelo Distrito Federal, com as estimativas de custos e informações sobre a execução física e financeira; II-) os critérios e as orientações para a execução dos projetos e das ações prioritárias, que deverão ser observadas em todas as programações discricionárias do Poder Executivo (art. 2º, §6º).

Cada **bancada estadual** poderá apresentar e aprovar até oito emendas, vedando-se a individualização de emenda ou de programação para atender a demanda ou a indicação de cada membro da bancada (art. 3º, *caput* e §1º). Neste caso, as indicações serão de responsabilidade da bancada, mediante registro em ata, e deverão ser encaminhadas aos órgãos executores e publicadas pela Comissão Mista de Planos, Orçamentos Públicos e Fiscalização (CMO) (CRFB/88, art. 166, §1º).

Finalizando as disposições sobre a emendas de bancada estadual, a LC 210/24 estabelece que, em conformidade com o disposto no §20 do art. 166 da CRFB/88, não serão computadas no limite de oito emendas, aquelas, até o máximo de três emendas, que se destinem à continuidade de obras já iniciadas, até sua conclusão, desde que tenham objeto certo e determinado e constem do registro centralizado de projeto de investimentos organizado pela União.

> **Atenção!**
>
> CRFB/88, art. 166, §20. As programações de que trata o §12 deste artigo, quando versarem sobre o início de investimentos com duração de mais de um exercício financeiro ou cuja execução já tenha sido iniciada, deverão ser objeto de emenda pela mesma bancada estadual, a cada exercício, até a conclusão da obra ou empreendimento.

Emendas de Comissão → somente poderão apresentar emendas as comissões permanentes da Câmara dos Deputados, do Senado Federal e do Congresso Nacional, observadas suas competências regimentais, para ações orçamentárias de interesse nacional ou regional (LC 210/24, art. 4º), sendo, no mínimo, 50% para ações e serviços públicos de saúde (art. 4º, §4º).

As emendas de Comissão deverão identificar de forma precisa o seu objeto, sendo proibida a designação genérica de programação que possa contemplar ações orçamentárias distintas.

A LC 210/24 repetiu para as Emendas de Comissão, a mesma data das Emendas de Bancada, qual seja, 30 de setembro do exercício anterior ao que se refere a LOA, para que os órgãos e unidades executoras de políticas públicas publiquem em portarias dos respectivos órgãos, os critérios e as orientações para a execução das programações de interesse nacional ou regional, que deverão ser observadas em todas as programações discricionárias do Poder Executivo, disposição inaplicável à LOA de 2024.

O rito para as indicações das comissões serão: I-) após a publicação da LOA, cada comissão receberá as propostas de indicação dos líderes partidários, ouvida a respectiva bancada partidária, as quais deverão ser deliberadas em até 15 dias; II-) aprovadas as indicações pelas comissões, seus presidentes as farão constar de atas, que serão publicadas e encaminhadas aos órgãos executores em até cinco dias (art. 5º).

Emendas individuais → todas as modalidades de emendas individuais ao projeto de lei orçamentária (transferência especial ou transferência com finalidade definida) estão sujeitas à disciplina da LC 210/24. Entretanto, o legislador disciplinou, de maneira mais detalhada, a primeira modalidade delas, que são conhecidas como "emendas PIX", quais sejam, aquelas cujos recursos serão repassados diretamente ao ente federado beneficiado, independentemente de celebração de convênio ou de instrumento congênere. Fixou-se, ainda, que as transferências especiais destinadas aos entes federativos em situação de calamidade ou de emergência reconhecida pelo Poder Executivo federal terão prioridade para execução.

Assim, as emendas individuais impositivas na modalidade transferência especial, o autor da emenda deverá informar o objeto e o valor da transferência no momento da indicação do ente beneficiado, com **destinação preferencial para obras inacabadas de sua autoria**. Os recursos da União repassados por meio de transferências especiais ficarão sujeitos à apreciação do Tribunal de Contas da União.

O beneficiário das emendas individuais impositivas na modalidade transferência especial deverá indicar no sistema Transferegov.br, ou em outro que vier a substituí-lo, a agência bancária e a conta corrente específica em que serão depositados os recursos, para que seja realizado o depósito e possibilitada a movimentação do conjunto dos recursos. Ainda neste caso, o Poder Executivo do ente beneficiário de tais transferências deverá comunicar ao respectivo Poder Legislativo, ao Tribunal de Contas da União e aos tribunais de contas estaduais ou municipais, no prazo de trinta dias, o valor do recurso recebido, o respectivo plano de trabalho e o cronograma de execução, do que dará ampla publicidade (art. 8º).

Um dos avanços mais importantes da LC 210/24 consta de seu art. 10, que traz as **hipóteses taxativas de impedimentos de ordem técnica para execução de emendas parlamentares**, cuja identificação e formalização cabe à área técnica de cada órgão ou ente executor, sob pena de responsabilidade. São elas:

> I - incompatibilidade do objeto da despesa com finalidade ou atributos da ação orçamentária e respectivo subtítulo, bem como dos demais classificadores da despesa;
>
> II - óbices cujo prazo para superação inviabilize o empenho no exercício financeiro ou no prazo previsto na legislação aplicável;
>
> **III - ausência de projeto de engenharia aprovado pelo órgão setorial responsável pela programação, nos casos em que for necessário;**
>
> **IV - ausência de licença ambiental prévia, nos casos em que for necessária;**

Atenção!

LC 210/24, art. 10, §3º Nos casos previstos nos incisos III e IV do caput deste artigo, será realizado o empenho das programações, e a licença ambiental e o projeto de engenharia deverão ser providenciados no prazo para resolução da cláusula suspensiva.

> V - não comprovação, por parte dos Estados, do Distrito Federal ou dos Municípios que fiquem a cargo do empreendimento após sua conclusão, da capacidade de aportar recursos para seu custeio, operação e manutenção;
>
> VI - não comprovação da suficiência dos recursos orçamentários e financeiros para conclusão do empreendimento ou de etapa útil com funcionalidade que permita o imediato usufruto dos benefícios pela sociedade;
>
> VII - incompatibilidade com a política pública aprovada no âmbito do órgão setorial responsável pela programação;
>
> VIII - incompatibilidade do objeto proposto com o programa do órgão ou ente executor;
>
> IX - ausência de pertinência temática entre o objeto proposto e a finalidade institucional da entidade beneficiária;
>
> X - não apresentação de proposta ou plano de trabalho ou apresentação fora dos prazos previstos;
>
> XI - não realização de complementação ou de ajustes solicitados em proposta ou plano de trabalho, bem como realização de complementação ou de ajustes fora dos prazos previstos;
>
> XII - desistência da proposta pelo proponente;
>
> XIII - reprovação da proposta ou plano de trabalho;
>
> XIV - insuficiência do valor priorizado para a execução orçamentária da proposta ou plano de trabalho;
>
> XV - não indicação de instituição financeira e da conta específica para recebimento e movimentação de recursos de transferências especiais pelo

ente federado beneficiário no sistema Transferegov.br ou em outro que vier a substituí-lo;

XVI - omissão ou erro na indicação de beneficiário pelo autor da emenda impositiva individual ou de bancada estadual;

XVII - inscrição no Cadastro Nacional da Pessoa Jurídica (CNPJ) não correspondente à do beneficiário;

XVIII - incompatibilidade do beneficiário com o subtítulo da programação orçamentária da emenda;

XIX - inobservância da aplicação mínima obrigatória de 70% (setenta por cento) em despesas de capital nas transferências especiais, por autor;

XX - atendimento do objeto da programação orçamentária com recursos inferiores ao valor da dotação aprovada para o exercício financeiro, observado que o impedimento incidirá sobre os saldos remanescentes;

XXI - impossibilidade de atendimento do objeto da programação orçamentária aprovada, ou de uma etapa útil do projeto, em decorrência de insuficiência de dotação orçamentária disponível;

XXII - não observância da legislação aplicável ou incompatibilidade das despesas com a política pública setorial e com os critérios técnicos que a consubstanciam;

XXIII - incompatibilidade, devidamente justificada, com o disposto no art. 37 da Constituição Federal;

XXIV - alocação de recursos em programação de natureza não discricionária;

XXV - ausência de indicação, pelo autor da emenda, do objeto a ser executado, no caso das transferências especiais;

XXVI - indicação, no caso de transferências especiais, de objeto com valor inferior ao montante mínimo para celebração de convênios e de contrato de repasses previsto no regulamento específico do tema; e

XXVII - outras hipóteses previstas na lei de diretrizes orçamentárias.

No caso de ser formalizada a identificação de algum desses impedimentos de ordem técnica, caberá ao órgão ou ente executor da emenda analisá-lo e determinar diligências com vistas a assegurar a execução da emenda parlamentar mediante a regularização do impedimento, sempre que possível.

Fixação de limites para as emendas parlamentares → considerando os princípios da separação de poderes e a responsabilidade fiscal, a LC 210/24 fixou regras para a delimitação dos limites para o crescimento das emendas parlamentares.

O limite fixado no art. 11 da LC 210/24 compreende todas as emendas parlamentares nos projetos de LOA em despesas primárias, ressalvadas as que sejam relacionadas com a correção de erros ou omissões ou, ainda, aquelas previstas no §5º do art. 11 da LC 210.

Atenção!

LC 210/24, art. 11, §5º O disposto neste artigo não é aplicável às emendas parlamentares de modificação de que trata o inciso II do §3º do art. 166 da Constituição Federal, desde que elas, cumulativamente:

I- incidam sobre despesas não identificadas nos termos do §2º deste artigo;

II- sejam de interesse nacional e não contenham localização específica na programação orçamentária, exceto na hipótese de programação com localização especificada constante do projeto de LOA;

III- não contenham destinatário específico, exceto na hipótese de programação com destinação especificada constante do projeto de lei orçamentária anual.

Para efeitos do limite previsto na LC 210/24, as emendas parlamentares em despesas discricionárias serão discriminadas na LOA com identificadores próprios, nos termos da LDO, vedada a realização de emendas em despesas discricionárias do Poder Executivo, ressalvadas aquelas relacionadas com a correção de erros ou omissões; ou com os dispositivos do texto do projeto de lei e as disposições do §5º do art. 11 da LC 210 (supramencionado).

▸ **Limites fixados pela LC 210/24**

a) Exercício de 2025 → 2% da receita corrente líquida para emendas individuais e 1% para emendas de bancada adicionado o valor de R$ 11.500.000,00 (onze bilhões e quinhentos milhões de reais) para as emendas não impositivas (art. 11, §3º).

b) A partir do ano de 2026:

I. ao limite do exercício imediatamente anterior para as emendas individuais e de bancada, atualizado pela correção do limite de despesa primária previsto no novo arcabouço fiscal (LC 200/23); e

II. ao limite do exercício imediatamente anterior para as emendas não impositivas, atualizado pela variação acumulada do IPCA, publicado pelo IBGE, considerados os valores apurados no período de 12 meses encerrado em junho do exercício anterior àquele ao qual se refere a LOA.

A LC 210/24 possibilita o contingenciamento de dotações de emendas parlamentares até a mesma proporção aplicada às demais despesas discricionárias, com vistas a atender ao disposto nas normas fiscais vigentes, observando-se, necessariamente, as prioridades elencadas pelo Poder Legislativo.

Por fim, a LC 210 /24 veda a imposição de regra, restrição ou impedimento às emendas parlamentares que não sejam aplicáveis às programações orçamentárias discricionárias do Poder Executivo (art. 14).

6. ORÇAMENTO PARTICIPATIVO

A transparência fiscal é um dos pilares da Lei de Responsabilidade Fiscal, manifestando-se, dentre outros aspectos, através da cidadania fiscal cuja característica essencial é o incentivo à "participação popular nas discussões de elaboração das peças orçamentárias e no acompanhamento da execução orçamentária, através da audiência pública" afinal de contas, conforme assevera Marcus Abraham: "dentro do atual contexto de globalização, de avanço tecnológico e de amplo acesso às informações, as sociedades contemporâneas e os seus cidadãos exigem cada vez mais transparência nas atividades realizadas pelos governantes, obrigando o administrador público a adotar gestões mais democráticas e participativas, inclusive nas finanças públicas" (2017b, p. 245).

Tomando-se a transparência e a cidadania fiscal como pressupostos é que é possível se falar em orçamento participativo, caracterizado por uma participação direta e efetiva das comunidades na elaboração da proposta orçamentária do Governo, buscando-se com isso "atender às efetivas necessidades da população que, muitas vezes, não se sente representada pelos parlamentares eleitos" (PASCOAL, 2015, p. 24).

Há que se observar, contudo, que o "orçamento participativo", mesmo apresentando-se como importante instrumento de conscientização da participação do cidadão no processo de elaboração dos orçamentos, não vincula a administração pública. Ou seja, por mais que seja salutar ouvir a população, a iniciativa formal das leis orçamentárias continua sendo privativa do Chefe do Poder Executivo.

Marcus Abraham aponta, de maneira resumida, quais seriam as propostas da transparência fiscal e do ativo exercício da cidadania fiscal (2017b, p. 250):

- Ser um instrumento de fortalecimento permanente do Estado democrático;
- Contribuir para robustecer os mecanismos de transformação social por meio da educação;
- Difundir informações que possibilitem a construção da consciência cidadã;
- Ampliar a participação popular na gestão democrática do Estado;
- Contribuir para aperfeiçoar a ética na Administração Pública e na sociedade;
- Harmonizar a relação Estado-cidadão;
- Desenvolver a consciência crítica da sociedade para o exercício do controle social;
- Aumentar a eficiência, a eficácia e a transparência do Estado;
- Aumentar a responsabilidade fiscal;
- Obter o equilíbrio fiscal;
- Combater a corrupção;
- Promover a reflexão sobre nossas práticas sociais;
- Melhorar o perfil do homem público;
- Atenuar as desigualdades sociais.

> ▸ **Importante**
>
> LRF, art. 48. São instrumentos de transparência da gestão fiscal, aos quais será dada ampla divulgação, inclusive em meios eletrônicos de acesso público: os planos, orçamentos e leis de diretrizes orçamentárias; as prestações de contas e o respectivo parecer prévio; o Relatório Resumido da Execução Orçamentária e o Relatório de Gestão Fiscal; e as versões simplificadas desses documentos.
>
> §1º A transparência será assegurada também mediante:
>
> I – **incentivo à participação popular e realização de audiências públicas**, durante os processos de elaboração e discussão dos planos, lei de diretrizes orçamentárias e orçamentos;
>
> II – liberação ao pleno conhecimento e acompanhamento da sociedade, em tempo real, de informações pormenorizadas sobre a execução orçamentária e financeira, em meios eletrônicos de acesso público.
>
> [...]

> ▸ **Importante**
>
> CRFB/88, art. 29. O Município reger-se-á por lei orgânica, votada em dois turnos, com interstício mínimo de dez dias, e aprovada por dois terços dos membros da Câmara Municipal, que a promulgará, atendidos os princípios estabelecidos nesta Constituição, na Constituição do respectivo Estado e os seguintes preceitos:
>
> [...]
>
> XII – **cooperação das associações representativas no planejamento municipal.**
>
> Art. 44 do Estatuto da Cidade (Lei 10.257/2001). No âmbito municipal, a gestão orçamentária participativa de que trata a alínea f do inciso III do art. 4º desta Lei incluirá a realização de debates, audiências e consultas públicas sobre as propostas do plano plurianual, da lei de diretrizes orçamentárias e do orçamento anual, como condição obrigatória para sua aprovação pela Câmara Municipal.

> ▸ **Como esse assunto foi cobrado em concurso?**
>
> No Concurso da Cespe para Analista Fazendário Municipal da SEFIN Fortaleza/CE em 2023, foi considerado ERRADO o seguinte enunciado: "Para efeito da LRF, consideram-se instrumentos de transparência os relatórios resumidos da execução orçamentária, publicados pelo Poder Executivo em até 45 dias após o encerramento de cada bimestre".

7. EMENDAS DO RELATOR (RP9) OU "ORÇAMENTO SECRETO"

No ano de 2021 a imprensa conferiu bastante destaque àquilo que ficou conhecido como "orçamento secreto", qual seja um sistema de distribuição de verbas públicas através de emendas parlamentares, com o objetivo de obter apoio político no Legislativo.

Contra essa prática foram propostas quatro Arguições de Descumprimento de Preceito Fundamental: ADPF 850 (Cidadania), ADPF 851 (Partido Socialista Brasileiro – PSB), ADPF 854 (Partido Socialismo e Liberdade – Psol) e ADPF 1.014 (Partido Verde) com o objetivo de declarar a inconstitucionalidade da reiterada prática do Poder Público em promover o desvirtuamento das chamadas "emendas do relator" (RP 9), destinando-lhes vultosas quantias do orçamento federal em violação ao regime constitucional das emendas parlamentares ao orçamento (Art. 166, CF) e aos preceitos fundamentais da legalidade, da publicidade, da moralidade e da impessoalidade da Administração Pública (art. 37, *caput*).

Nessa forma de se destinar as verbas do orçamento, cada parlamentar poderia destinar, livremente, às suas bases eleitorais, a fração obtida junto ao Relator-Geral do orçamento, mediante a introdução de despesas públicas na Lei Orçamentária Anual por meio das emendas do relator, o que permitiria ao Poder Executivo cooptar o apoio político parlamentar (Disponível em: https://dizerodireitodotnet.files.wordpress.com/2022/02/info-1042-stf.pdf. Acesso em 28 mar. 2022).

A relatora das mencionadas ADPFs foi a Ministra Rosa Weber que, em 05 de novembro de 2021 suspendeu liminarmente a execução das emendas de relator, encaminhando o caso ao plenário do STF. Em sua decisão, há que se destacar fundamentos no sentido de que "a regra geral num Estado Republicano é a da total transparência no acesso a documentos públicos, sendo o sigilo a exceção". Ademais, "as verbas indenizatórias para exercício da atividade parlamentar têm natureza pública, não havendo razões de segurança ou de intimidade que justifiquem genericamente seu caráter sigiloso".

Em 10 de novembro do mesmo ano, o Plenário do STF referendou a medida cautelar concedida pela Ministra Rosa Weber.

> **▸ Qual o entendimento do STF sobre o assunto?**
>
> "O modelo de elaboração e execução das despesas oriundas de emendas do relator-geral do orçamento viola o princípio republicano e os postulados informadores do regime de transparência no uso dos recursos financeiros do Estado" (ADPF 850, 851 e 854, Rel. Min. Rosa Weber, j. 10.11.2021).

Segundo o prof. Márcio André Lopes Cavalcante, "esse modelo de emendas do relator-geral do orçamento faz com que se crie uma categoria cuja autoria material não corresponde àquela declarada na peça formal", uma vez que "o relator-geral do orçamento figura apenas formalmente como autor da programação orçamentária classificada sob o indicativo RP 9". Nesse caso, "quem detém, de fato, o poder de decidir quais serão o objeto e o destino dos valores previstos nessa categoria orçamentária são apenas os Deputados e Senadores autorizados, por meio de acordos informais, a realizarem as indicações dos órgãos e entidades a serem contemplados com as dotações previstas naquela categoria de programação". (Disponível em: https://dizerodireitodotnet.files.wordpress.com/2022/02/info-1042-stf.pdf. Acesso em 28 mar. 2022).

Em decorrência da liminar concedida nas ADPFs supramencionadas, os Presidentes de ambas as Casas do Congresso Nacional alteraram o procedimento até então adotado, passando a disponibilizar o acesso público às informações referentes às "emendas do relator" (Ato Conjunto nº 01/2021 e Resolução nº 02/2021 CN).

Por sua vez, o Poder Executivo Federal editou o Decreto nº 10.888 de 9 de dezembro de 2021 dispondo sobre a publicidade e a transparência das comunicações realizadas entre os órgãos, fundos e entidades do Poder Executivo Federal e o relator-geral do projeto de lei orçamentária anual sobre a execução de recursos decorrentes de emendas".

▸ **Importante**

Decreto nº 10.888/2021

Art. 1º A **publicidade e a transparência** das comunicações realizadas entre os órgãos, fundos e entidades do Poder Executivo federal, integrantes dos Orçamentos Fiscal e da Seguridade Social da União, sobre a gestão orçamentária das dotações decorrentes de **emendas de relator-geral do projeto de lei orçamentária anual, classificadas com identificador de resultado primário 9 - "RP 9"**, observarão os procedimentos estabelecidos neste Decreto.

Art. 2º As solicitações que justificaram as emendas do relator-geral do projeto de lei orçamentária anual encaminhadas ao Poder Executivo federal serão recebidas pelo Ministério competente para tratar o tema da programação incluída ou modificada na lei orçamentária anual.

§ 1º As informações de que trata o caput não vinculam a execução das programações.

§ 2º As informações de que trata o caput deverão ser:

I - organizadas de acordo com as programações orçamentárias correspondentes; e

II - **divulgadas nos sítios eletrônicos de livre acesso dos respectivos Ministérios**, na forma do disposto no art. 8º da Lei nº 12.527, de 18 de novembro de 2011.

§ 3º As informações recebidas pelos Ministérios na forma do caput deverão ser registradas no campo descritivo do programa na Plataforma +Brasil, prevista no Decreto nº 10.035, de 1º de outubro de 2019.

§ 4º Excepcionalmente, para as transferências de recursos não operacionalizadas na Plataforma +Brasil, o registro das informações recebidas na forma do caput deverá ser efetuado em sistema próprio do órgão repassador dos recursos, observadas as disposições deste Decreto e as demais normas aplicáveis.

§ 5º **O Ministério da Economia divulgará, em seu sítio eletrônico, a lista dos endereços dos sítios eletrônicos dos Ministérios que conterão as informações de que trata o caput.**

§ 6º Será assegurado, na forma e nos limites estabelecidos na Lei nº 12.527, de 2011, **amplo acesso público aos documentos e aos dados referentes às solicitações de distribuição das emendas de relator-geral do projeto de lei orçamentária anual classificadas com identificador "RP 9" e sua respectiva execução.**

[...]

Como consequência, os Presidentes da Câmara e do Senado requereram ao Supremo Tribunal Federal a revogação da ordem de suspensão provisória da execução das verbas orçamentárias decorrentes de tais emendas, argumentando haver risco de prejuízo à continuidade da prestação de serviços essenciais à coletividade e à execução de políticas públicas.

Em 6 de dezembro de 2021 a Ministra Rosa Weber atendeu ao pedido, liberando a execução das emendas do relator contidas no orçamento de 2021, decisão confirmada pelo Plenário em 16 de dezembro de 2021, afastando a suspensão anteriormente determinada e autorizando a execução das despesas classificadas sob o indicador RP 9, com observância, no que couber, das regras do Ato Conjunto das Mesas da Câmara dos Deputados e do Senado Federal nº 1, de 2021, e da Resolução nº 2/2021-CN.

> ▸ **Qual o entendimento do STF sobre o assunto?**
>
> "A nova disciplina jurídica da execução das emendas do relator (Ato Conjunto nº 1/2021, Resolução nº 2/2021-CN e Decreto presidencial nº 10.888/2021) torna mais transparente e seguro o uso das verbas federais, viabilizando a retomada dos programas de governo e dos serviços de utilidade pública cujo financiamento estava suspenso, sem prejuízo da continuidade da adoção de todas as providências necessárias à ampla publicização dos documentos embasadores da distribuição de recursos das emendas do Relator-Geral (RP-9) no período correspondente aos exercícios de 2020 e de 2021" (ADPF 850, 851 e 854, Rel. Min. Rosa Weber, p. 23.02.2022).

No Plenário, o julgamento das ADPFs sobre o chamado "Orçamento Secreto", foi retomado em 15 de dezembro de 2022, ocasião em que, ao proferir seu voto, a Ministra Rosa Weber afirmou que tal prática deforma o equilíbrio financeiro entre a União, os estados e os municípios e prejudica a distribuição racional e técnica de recursos, com risco de paralisação de serviços. No mais, também desequilibra o processo democrático, pois beneficia eleitoralmente determinados candidatos (Disponível em: www.jota.info/stf/do-supremo/stf-ao-vivo-orcamento-secreto-sessao-do-dia-15-12-2022-15122022. Acesso em 19 dez. 2022).

No dia seguinte (16/12/2022), outros Ministros votaram. Quatro deles (Edson Fachin, Luís Roberto Barroso, Luiz Fux e Cármen Lúcia) acompanharam integralmente o voto da relatora, sendo, portanto, contrários à continuidade do "orçamento secreto", ao entenderem que as emendas do relator devem ser usadas apenas para a correção de erros e omissões dos projetos de leis orçamentárias.

Por outro lado, Alexandre de Moraes se posicionou de forma intermediária, entendendo que as emendas do relator poderiam continuar existindo, mas deveriam se submeter ao procedimento das emendas individuais (RP6). Ademais, a distribuição dos recursos deveria se dar de forma transparente e proporcional.

Já André Mendonça, Nunes Marques e Dias Toffoli divergiram da relatora. Por sua vez, o primeiro defendeu a criação de normas que fixem critérios de rateio entre as duas casas legislativas, assim como critérios que garantam a transparências e o controle na distribuição dos recursos. Nunes Marques votou pelo não conhecimento das ADPFs, uma vez que, segundo ele, trata-se de assunto do Congresso Nacional, não sendo possível a intervenção do Poder Judiciário, sob o risco de se ferir a separação dos poderes. Contudo, caso fosse vencido nesse ponto, o voto de Nunes Marques se aproximaria do entendimento de André Mendonça. Por fim, Dias Toffoli votou pela manutenção das emendas do relator, exigindo, porém, a estipulação de regras para sua execução, além de limitar o conjunto de transferências discricionárias a cada município.

Entretanto, ainda durante o julgamento das ADPFs no STF, o Congresso Nacional aprovou um Projeto de Resolução (PRN 3/2022) que amplia a transparência da sistemática de apresentação das emendas de Relator-Geral, estabelecendo critérios de proporcionalidade e impessoalidade na aprovação e execução dessas emendas. Assim, ao invés de a decisão sobre o repasse das emendas RP9 ficar com o próprio relator, sem critérios objetivos, pela proposta aprovada, as indicações do Relator-Geral deveriam observar a seguinte proporção:

I. até 5% oriundas de indicações conjuntas do Relator-Geral e do Presidente da CMO (Comissão Mista de Orçamento);

II. até 7,5% oriundas de indicações da Comissão Diretora da Câmara dos Deputados, formalizadas pelo respectivo Presidente Relator-Geral;

III. até 23,33% oriundas de indicações cadastradas pelos senadores, obedecendo a proporcionalidade partidária e cabendo ao líder do partido a formalização ao Relator-Geral; e

IV. até 56,66% oriundas de indicações cadastradas pelos deputados, obedecendo a proporcionalidade partidária e cabendo ao líder do partido a formalização do Relator-Geral.

Retomada a votação em 19 de dezembro de 2022, o Ministro Ricardo Lewandowski apontou que os atos editados pelo Congresso até aquele momento – incluindo a Resolução recém aprovada – não conseguiriam resolver, de forma adequada, questões importantes como a identificação de quem pediu e quem se beneficiou dos recursos, além de medidas de rastreabilidade do dinheiro. Nesse sentido, também acompanhou a relatora Ministra Rosa Weber.

Por fim votou o Ministro Gilmar Mendes, cujo entendimento foi no sentido de outros votos minoritários, ao afirmar que as emendas do relator da forma como vinham sendo adotadas não poderiam, por si só, ser consideradas inconstitucionais. No entanto, há a necessidade de se garantir maior transparência, publicidade, acesso público e rastreabilidade a tais gastos.

Nesse sentido, por 6 votos a 5, o Supremo Tribunal Federal declarou a inconstitucionalidade da prática denominada pela imprensa de "orçamento secreto". Considerando tratar-se de uma decisão histórica e de extrema repercussão no contexto jurídico e político nacional, segue sua parcial transcrição:

▸ **Qual o entendimento atual do STF sobre o assunto?**

"No mérito, por maioria, julgou procedentes os pedidos [...] para declarar incompatíveis com a ordem constitucional brasileira as práticas orçamentárias viabilizadoras do chamado 'esquema do orçamento secreto', consistentes no uso indevido das emendas do Relator-Geral do orçamento para efeito de inclusão de novas despesas públicas ou programações no projeto de LOA da União; declarar a inconstitucionalidade material do art. 4º do Ato Conjunto das Mesas da Câmara dos Deputados e do Senado Federal nº 1/2021 e do inteiro teor da Resolução Congresso Nacional nº 2/2021, conferir interpretação conforme as Leis Orçamentárias Anuais de 2021 e 2022 [...], vedando a utilização das despesas classificadas sob o indicador orçamentário RP9 para o propósito de atender às solicitações de despesas e indicações de beneficiários, realizadas por Deputados Federais e Senadores da República, relatores da Comissão Mista de Orçamento e quaisquer usuários externos não vinculados aos órgãos da Administração Pública Federal, independentemente de tal requisição ter sido formulada pelos sistemas formais ou por vias informais e ainda, cabendo aos Ministros de Estado, titulares das pastas beneficiadas com recursos consignados sob a rubrica RP9, orientarem a execução desses montantes em conformidade com os cronogramas e projetos existentes nas respectivas áreas, afastado o caráter vinculante das indicações formuladas pelo Relator-Geral do orçamento, nos moldes do art. 2º, §1º do Decreto 10.888/2021. Por fim, determinar a todas as unidades orçamentárias e órgãos da Administração Pública em geral, que realizaram empenho, liquidação e pagamento de despesas classificadas sob o indicador orçamentário RP9, nos exercícios financeiros de 2020 a 2022, a publicação dos dados referentes aos serviços, obras e compras realizadas com tais verbas públicas, assim como a identificação dos respectivos solicitadores e beneficiários, de modo acessível, claro e fidedigno, no prazo de 90 dias [...] (ADPFs 850, 851, 854 e 1.014, Rel. Min. Rosa Weber. J. 19.12.2022).

▸ **Qual o entendimento atual do STF sobre o assunto?**

"É vedada a utilização das **emendas do relator-geral** do orçamento com a finalidade de criar novas despesas ou de ampliar as programações previstas no projeto de lei orçamentária anual, uma vez que elas se destinam, exclusivamente, a corrigir erros e omissões (CF/1988, art. 166, § 3º, III, alínea "a"). (ADPF 850/DF, relatora Ministra Rosa Weber, julgamento finalizado em 19.12.2022 ADPF 851/DF, relatora Ministra Rosa Weber, julgamento finalizado em 19.12.2022 ADPF 854/DF, relatora Ministra Rosa Weber, julgamento finalizado em 19.12.2022 ADPF 1.014/DF, relatora Ministra Rosa Weber, julgamento finalizado em 19.12.2022, STF, Info 1080)

▸ **Qual o entendimento atual do TCU sobre o assunto?**

"A declaração de inconstitucionalidade, pelo STF na ADPF 854, das emendas de relator-geral do orçamento (RP-9) – mecanismo popularmente designado "orçamento secreto" – não conduz, por si só, à nulidade dos contratos custeados com recursos oriundos daquelas emendas, devendo ser avaliada em cada caso concreto a ocorrência de outras eventuais irregularidades aptas a ensejar determinação para anulação". (Acórdão 2272/2023 Plenário (Pedido de Reexame, Relator Ministro Jorge Oliveira) (TCU, Boletim de Jurisprudência 473)

▸ **Como esse assunto foi cobrado em concurso?**

No Concurso da Cespe para Perito Criminal da PO de AL em 2023, foi considerado CERTO o seguinte enunciado: "Viola o princípio da transparência da gestão dos recursos públicos o regime de execução de despesas públicas decorrentes de emendas do relator-geral do projeto de lei orçamentária anual, que impede a identificação do autor da emenda e do beneficiário da despesa decorrente da emenda".

7.1. Emendas PIX

Apesar da decisão do Supremo Tribunal Federal, em 2022, relacionada ao chamado "orçamento secreto" (ADPFs 850, 851, 854 e 1.014), é possível afirmar que a prática não foi interrompida. Assim, nos anos de 2023 e 2024 o Congresso Nacional e a imprensa passaram a se utilizar da expressão "Emendas PIX" em referência aos recursos oriundos de emendas individuais impositivas (RP6) na modalidade de transferência especial direta para Estados, Distrito Federal ou Municípios, quais sejam, aquelas das quais não se exige a celebração de convênio ou instrumento congênere para os repasses. Além do mais, não obstante o incremento da alocação de recursos para essa modalidade de emendas, em desfavor da responsabilidade fiscal, foi possível perceber, da mesma forma, um acréscimo substancial no que diz respeito às emendas de bancada, igualmente impositivas.

Frente a um quadro de total falta de transparência e impossibilidade de identificação precisa da destinação dos recursos, tal como ocorria com o chamado "orçamento secreto", em 16 de agosto de 2024 o Plenário do Supremo Tribunal Federal confirmou a decisão do Ministro Flávio Dino em novas ADIs, suspendendo tais emendas até que fossem criadas medidas de transparência e rastreabilidade, mantendo-as, contudo, em casos de recursos destinados a obras em andamento ou situações de calamidade pública.

CRFB/88, art. 166-A. As emendas individuais impositivas apresentadas ao projeto de lei orçamentária anual poderão alocar recursos a Estados, ao Distrito Federal e a Municípios por meio de:

I- **transferência especial ["Emendas PIX"]**; ou

II - transferência com finalidade definida.

[...]

§2º Na transferência especial a que se refere o inciso I do caput deste artigo, os recursos:

I- serão repassados diretamente ao ente federado beneficiado, independentemente de celebração de convênio ou de instrumento congênere.

[...]

Gráfico 1 - Emendas parlamentares no orçamento da União: valores pagos mais restos a pagar pagos – R$ bilhões de 2024

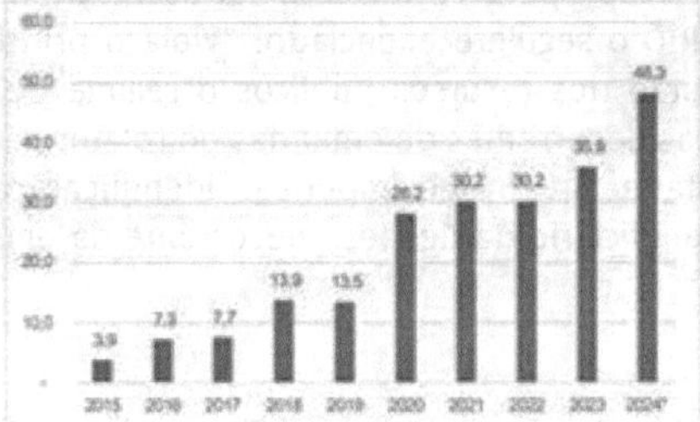

Fonte: Painel do Orçamento da União

Nota: Deflator – IPCA. (*) Valor de 2024 estimado pelo 3º Relatório Bimestral de Receitas e Despesas Primárias (SOF/STN)

▸ **Qual o entendimento atual do STF sobre o assunto?**

"Encontram-se presentes os requisitos para a concessão da medida cautelar, pois: (i) há plausibilidade jurídica no que se refere à alegada inexistência dos instrumentos de planejamento e inadequação de mecanismos de controle das transferências especiais ("emendas Pix"); e (ii) há perigo da demora na prestação jurisdicional, consubstanciado no risco de dano ao erário e à ordem constitucional, caso a realização das **"emendas Pix"** continue sem ferramentas e procedimentos que assegurem a transparência e a rastreabilidade dos dados" (CF/1988, art. 163-A). (ADI 7.688 MC-Ref/DF, rel. Min. Flávio Dino, j. 16.08.2024 (sexta-feira); ADI 7.695 MC-Ref/DF, rel. Min. Flávio Dino, j. 16.08.2024; ADI 7.697 MC-Ref/DF, rel. Min. Flávio Dino, j. 16.08.2024. STF, Info 1146).

Nos meses que se seguiram à suspensão das "emendas PIX" diversas foram as tentativas de celebração de um acordo entre os Poderes Legislativo, Executivo e Judiciário pautadas por muita pressão política, o que culminaria com a sanção, em 25 de novembro de 2025 da Lei Complementar nº 210, com entrada em vigor na data de sua publicação, dispondo sobre a proposição e a execução de emendas parlamentares na lei orçamentária anual, além de outras providências, abrindo-se, assim, espaço para que o Supremo Tribunal Federal liberasse o pagamento das emendas parlamentares de 2024, condicionando tal liberação a determinados critérios, sobretudo os elencados na própria lei, de forma a garantir a transparência e a rastreabilidade de tais emendas.

Assim, o Ministro Flávio Dino determinou que seja indicado o autor e o beneficiário final dos recursos no Portal da Transparência além de que haja uma separação entre o relator do orçamento e o autor da emendas. Ademais, a aferição da transparência, por parte do Executivo, deve ocorrer antes da transferência dos recursos, situação que deverá ser analisada caso a caso (Cordeiro; Velloso, 2024).

Especificamente em relação às emendas de comissão, o Ministro apontou como necessária a identificação nominal do parlamentar ou instituição que a sugerir ou ainda indicação de emenda à bancada, a fim de que todo o processo orçamentário seja devidamente documentado. Quanto às emendas PIX, o Ministro exigiu que, a partir de 2025, a liberação seja feita com a devida apresentação de um plano de trabalho prévio e em contas específicas, conforme previsão contida na LC 210/24 (Cordeiro; Velloso, 2024).

▸ Qual o entendimento atual do STF sobre o assunto?

"Com a publicação da LC nº 210/2024, constato que não remanesce obstáculo à retomada da execução das 'emendas individuais' (incluindo as 'emendas PIX') referentes aos anos de 2024 e anteriores, desde que não haja nenhum impedimento legal ou técnico e todos os registros estejam no Portal da Transparência e no *Transfergov.br*. Excepcionalmente, tendo em vista a proximidade do final do exercício financeiro, fixo o prazo de 60 dias corridos para que seja sanado o requisito quanto aos planos de trabalhos – que não será, neste momento, impeditivo quanto às emendas previstas no orçamento de 2024. Não havendo, contudo, a providência determinada, proceder-se-á a nova suspensão e apuração da responsabilidade civil e criminal. **Para as 'emendas de individuais' (incluindo as 'emendas PIX') relativas ao exercício de 2025 e seguintes, devem ser observadas as disposições da LC nº 210/2024,** conforme itens acima expostos, inclusive quanto à apresentação e à aprovação prévias dos planos de trabalho, no âmbito do Poder Executivo Federal" (ADPF 854, Rel. Min. Flávio Dino, 02.12.2024). Disponível em: https://noticias-stf-wp-prd.s3.sa-east-1.amazonaws.com/wp-content/uploads/wpallimport/uploads/2024/12/02145405/ADPF-854-DECISAO-INTERLOCUTORIA-.pdf. Acesso em: 13 dez. 2024.

Em razão do descumprimento da ADPF 854/22, o Ministro passou a exigir algumas medidas para garantir transparência e rastreabilidade na execução do orçamento público. Já o Plenário "determinou que órgãos da administração pública em geral publicassem dados de serviços, obras e compras realizadas com as emendas parlamentares referentes aos anos de 2020 a 2022" (Cordeiro; Velloso, 2024).

Além de todo o exposto, o Ministro relator ainda estabeleceu critérios para o teto de crescimento das emendas parlamentares, buscando garantir uma compatibilidade e equivalência entre os poderes, disposições estas, semelhantes, mas não idênticas àquelas previstas no art. 11 da LC 210/24.

▸ **Qual o entendimento atual do STF sobre o assunto?**

"À vista do exposto e do diálogo entre os Poderes – já citado e até ulterior pronunciamento de mérito deste STF na ADI 7697, deve ser considerado como **teto de crescimento das emendas parlamentares o mesmo das despesas discricionárias do Executivo, ou o limite de crescimento do teto da LC nº. 200/2023 (novo arcabouço fiscal), ou a Receita Corrente Líquida (RCL), O QUE FOR MENOR**. Assim haverá uma compatibilidade com a equivalência entre os Poderes, **contendo o agigantamento das despesas determinadas pelo Poder Legislativo** e mantendo-as em consonância com o que se verifica no âmbito do Poder Executivo. Se é certo que este não é maior do que aquele, por outro lado é incabível, em termos constitucionais, a continuidade, sem limites, da expansão dos gastos impostos por emendas parlamentares. Os parâmetros de controle constitucional residem nos princípios e regras relativos à separação de Poderes e à responsabilidade fiscal, exame definitivo que será efetuado quando do julgamento da ADI 7697" (ADPF 854, Rel. Min. Flávio Dino, 02.12.2024). Disponível em: https://noticias-stf-wp-prd.s3.sa-east-1.amazonaws.com/wp-content/uploads/wpallimport/uploads/2024/12/02145405/ADPF-854-DECISAO-INTERLOCUTORIA-.pdf. Acesso em: 13 dez. 2024.

8. LEIS ORÇAMENTÁRIAS: ESPÉCIES E TRAMITAÇÃO LEGISLATIVA

Conforme já apontado, a Constituição da República, em seu art. 165 aponta como leis orçamentárias: o Plano Plurianual (PPA), a Lei das Diretrizes Orçamentárias (LDO) e a Lei Orçamentária Anual (LOA), subdividida em orçamento fiscal, orçamento de investimentos e orçamento da seguridade social, todas elas de iniciativa privativa do Poder Executivo e, no âmbito federal, apreciadas pelo Congresso Nacional na forma de seu Regimento Comum, (Resolução n.1/1970) e nos termos da Resolução n.1/2006.

▸ **Importante**

Conforme §16 do art. 165 da CRFB/88, inserido via Emenda Constitucional nº 109/2021, todas as três espécies de leis orçamentárias (PPA, LDO e LOA) deverão observar, no que couber, os **resultados do monitoramento e da avaliação das políticas públicas**, conforme previsão inserida no §16 do art. 37 da Constituição, também pela EC 109/2021.

▸ **Como esse assunto foi cobrado em concurso?**

No Concurso do SELECON para Procurador da Prefeitura de Água Boa/MT em 2024, foi considerado CERTO o seguinte enunciado: "A Lei Orçamentária Anual dos municípios possui, como iniciativa de seu projeto de lei, a entrega realizada pela Chefia do Executivo Municipal".

▸ **Como esse assunto foi cobrado em concurso?**

No 40º Exame de Ordem da FGV em 2024 foi considerado CERTO o seguinte enunciado: "O Presidente da República se quedou inerte quanto à elaboração e ao envio do projeto de Lei Orçamentária Anual (LOA) da União para aprovação do Congresso Nacional no prazo estabelecido pela CRFB/88. O Presidente do Congresso Nacional, então, assumiu a responsabilidade de elaboração de um novo projeto de LOA e de envio para tramitação e aprovação de ambas as Casas do Congresso Nacional. Nesse caso, é correto afirmar que caso aprovada, a referida LOA será inconstitucional por vício de iniciativa, já que é de competência privativa do Presidente da República sua elaboração e seu envio ao Congresso Nacional, não podendo o Presidente do Congresso Nacional realizar tal elaboração nem mesmo em caráter excepcional".

▸ **Como esse assunto foi cobrado em concurso?**

No Concurso do TRF da 4ª Região para Juiz Federal em 2022, foi considerado CERTO o seguinte enunciado: "As três espécies de leis orçamentárias são de iniciativa do Poder Executivo: Lei do Plano Plurianual (PPA), Lei das Diretrizes Orçamentárias (LDO) e Lei Orçamentária Anual (LOA).".

8.1. Plano Plurianual

O Plano plurianual deverá estabelecer, de forma regionalizada, as diretrizes, objetivos e metas da administração pública federal para as despesas de capital e outras delas decorrentes e para as relativas aos programas de duração continuada (CRFB, art. 165, §1º).

▸ **Qual o entendimento atual do TCU sobre o assunto?**

"Os investimentos das **sociedades de propósito específico** em que a União, direta ou indiretamente, detenha a maioria do capital social com direito a voto devem constar **no plano plurianual e na lei orçamentária anual**" (arts. 165, § 5º, inciso II, e 167, incisos I e II e § 1º, da Constituição Federal e art. 7º, § 2º, inciso III, da Lei 8.666/1993). Acórdão 75/2022 Plenário (Auditoria, Relator Ministro-Substituto Weder de Oliveira) (TCU, Boletim de Jurisprudência 386).

▸ Qual o entendimento atual do STJ sobre o assunto?

"É possível juridicamente a ação popular contra lei de efeitos concretos, como sói ser a que prevê dispêndios realizáveis com o dinheiro público, ainda que uma das causas de pedir seja a inconstitucionalidade da norma por contravenção ao art. 36 do ADCT e 165, 9º, da Constituição Federal de 1988" (STJ, REsp 501.854/SC, Rel. Min. Luiz Fux, 1ª Turma, j. 04.11.2003, p. 24.11.2003).

▸ Como esse assunto foi cobrado em concurso?

No Concurso do Instituto Consulplan para Procurador do Município da Prefeitura de Nova Friburgo/RJ em 2023, foi considerado CERTO o seguinte enunciado: "A lei que instituir o plano plurianual estabelecerá, de forma regionalizada, as diretrizes, objetivos e metas da administração pública federal para as despesas de capital e outras delas decorrentes e para as relativas aos programas de duração continuada".

▸ Como esse assunto foi cobrado em concurso?

No Concurso da ADM&TEC para Procurador do Município de Palmeira dos Índios/AL em 2024, foi considerado CERTO o seguinte enunciado: "A lei que instituir o Plano Plurianual estabelecerá, de forma regionalizada, as diretrizes, objetivos e metas da administração pública federal para as despesas de capital e outras delas decorrentes e para as relativas aos programas de duração continuada".

▸ Como esse assunto foi cobrado em concurso?

No Concurso da FGV para Analista Processual da PGM Niterói/RJ em 2023, foi considerado CERTO o seguinte enunciado: "Leis de iniciativa do Poder Executivo da União estabelecerão o Plano Plurianual, as diretrizes orçamentárias e os orçamentos anuais. Em relação ao Plano Plurianual, é correto afirmar que a lei que o instituir estabelecerá, de forma regionalizada, as diretrizes, objetivos e metas da administração pública federal para as despesas de capital".

▸ Como esse assunto foi cobrado em concurso?

No Concurso da FGV para Analista de Planejamento e Orçamento da SMF/RJ em 2023, foi considerado CERTO o seguinte enunciado: "O Plano Plurianual (PPA) previsto no Art. 165 da Constituição da República de 1988 está inserido em um contexto de evolução dos modelos de planejamento e orçamento público, tendo em vista as reconfigurações no papel do Estado. Em relação ao Orçamento Plurianual de investimentos (OPI) e ao PPA, que o sucedeu, é correto afirmar que, na legislação que os instituiu, ambos deveriam ser aprovados após análise do Poder Legislativo".

> ▸ **Como esse assunto foi cobrado em concurso?**
>
> No Concurso do TRF da 4ª Região para Juiz Federal em 2022, foi considerado CERTO o seguinte enunciado: "O Plano Plurianual estabelece, de forma regionalizada, diretrizes, objetivos e metas da administração pública federal para as despesas de capital e outras delas decorrentes e para as relativas aos programas de duração continuada, mas a efetiva realização das despesas dependerá da lei orçamentária".

Segundo o §9º do art. 165 da CRFB/88, cabe à lei complementar "dispor sobre o exercício financeiro, a vigência, os prazos, a elaboração e a organização do plano plurianual, da lei de diretrizes orçamentárias e da lei orçamentária anual". Contudo, tal norma não foi editada. Assim, doutrina e jurisprudência concluem que o Plano Plurianual terá vigência de **quatro anos**, considerando a previsão do art. 35, §2º do ADCT: "Até a entrada em vigor da lei complementar a que se refere o art. 165, §9º, I e II, serão obedecidas as seguintes normas: I. o projeto do plano plurianual, para vigência **até o final do primeiro exercício financeiro do mandato presidencial subsequente**, será encaminhado **até quatro meses antes do encerramento do primeiro exercício financeiro e devolvido para sanção até o encerramento do primeiro período da sessão legislativa**".

Observe-se que a norma não menciona expressamente os quatro anos, mas determina "vigência até o final do primeiro exercício financeiro do mandato presidencial subsequente". Como o mandato presidencial é de quatro anos (art. 82 a CRFB/88, com redação dada pela EC 16/97), o PPA terá a mesma duração. Em razão disso, a doutrina entende que "na hipótese de ser alterada, mediante emenda constitucional, a duração do mandato presidencial, restará alterado, por conseguinte, o período de vigência do PPA" (RAMOS FILHO, 2017, p. 476).

No caso de Estados, Municípios e do Distrito Federal, a disciplina dos prazos será dada pelas respectivas Constituições Estaduais e Leis Orgânicas Municipais, considerando-se a ausência da lei complementar prevista pela CRFB/88.

> ▸ **Como esse assunto foi cobrado em concurso?**
>
> No Concurso da Cespe para Analista Fazendário Municipal da SEFIN Fortaleza/CE em 2023, foi considerado CERTO o seguinte enunciado: "O PPA norteia a elaboração da lei de diretrizes orçamentárias (LDO) e da lei orçamentária anual (LOA) e garante a continuidade de ações de um governo para o governo seguinte".

> ▸ **Como esse assunto foi cobrado em concurso?**
>
> No Concurso do IDIB para o Ministério da Economia em 2021, foi considerado ERRADO o seguinte enunciado: "Toda ação do Governo está estruturada em programas orientados para a realização dos objetivos estratégicos definidos no PPA para o período de cinco anos, intercalado em dois mandatos presidenciais".

> **▸ Como esse assunto foi cobrado em concurso?**
>
> No Concurso da Vunesp para Agente de Fiscalização do TCE/SP em 2017, foi considerado ERRADO o seguinte enunciado: "O projeto de lei do Plano Plurianual deve viger no mesmo prazo do mandato do Chefe do Poder Executivo, devendo ser encaminhado até fevereiro do primeiro ano do respectivo mandato, com prazo final de aprovação até o mês de abril do mesmo ano".

> **▸ Como esse assunto foi cobrado em concurso?**
>
> No Concurso da FAUEL para Advogado da Câmara de Maria Helena/PR em 2017, foi considerado ERRADO o seguinte enunciado: "A lei que instituir as **Diretrizes Orçamentárias (LDO)** estabelecerá as diretrizes, objetivos e metas da administração pública, pelo período de quatro anos, para as despesas de capital e outras delas decorrentes e para as relativas aos programas de duração continuada".

Buscando uma continuidade dos investimentos e da política orçamentária, o §4º do art. 165 da CRFB prevê que os **planos e programas nacionais, regionais e setoriais** previstos na Constituição serão elaborados em consonância com o PPA e apreciados pelo Congresso Nacional. Da mesma forma, "nenhum investimento cuja execução ultrapasse um exercício financeiro poderá ser iniciado sem prévia inclusão no plano plurianual, ou sem lei que autorize, sob pena de crime de responsabilidade" (Art. 167, §1º, da CRFB/88).

> **▸ Como esse assunto foi cobrado em concurso?**
>
> No Concurso da ADM&TEC para Procurador do Município de Palmeira dos Índios/AL em 2024, foi considerado CERTO o seguinte enunciado: "De acordo com a CF/88, nenhum investimento cuja execução ultrapasse um exercício financeiro poderá ser iniciado sem prévia inclusão no plano plurianual, ou sem lei que autorize a inclusão, sob pena de crime de responsabilidade".

> **▸ Como esse assunto foi cobrado em concurso?**
>
> No Concurso da FGV para Analista de Planejamento e Orçamento da SMF/RJ em 2023, foi considerado CERTO o seguinte enunciado: "No processo de elaboração da proposta orçamentária de cada exercício, é imprescindível a definição dos programas, que consistem em instrumentos de organização da ação governamental visando à concretização dos objetivos pretendidos. Nos termos da Portaria Ministerial n°42, 14/04/1999. esses programas devem ter seus objetivos mensurados por indicadores estabelecidos no PPA."

> **▸ Como esse assunto foi cobrado em concurso?**
>
> No Concurso do IDIB para o Ministério da Economia em 2021, foi considerado CERTO o seguinte enunciado: "Dentre outros fins, como

planejamento estratégico de médio prazo, o PPA deve oferecer elementos para que os controles interno e externo possam relacionar a execução física e financeira com os resultados da atuação do governo".

▸ Como esse assunto foi cobrado em concurso?

No Concurso do CESPE/ CEBRASPE para Auditor de Finanças e Controle de Arrecadação da Fazenda Estadual da SEFAZ/AL em 2020, foi considerado ERRADO o seguinte enunciado: "Nenhum investimento poderá ser iniciado sem prévia inclusão no plano plurianual ou sem lei que autorize sua inclusão, sob pena de crime de responsabilidade".

A Lei de Responsabilidade Fiscal, como lei complementar, procurou conferir a disciplina constitucional estabelecida pelo §9º do art. 165. Assim, na Seção I do Capítulo II, o art. 3º da LRF estabelecia, em seu §2º, que o PPA seria encaminhado ao Poder Legislativo até o dia trinta de abril do primeiro ano do mandato do Chefe do Poder Executivo e que seria devolvido para sanção até o encerramento do primeiro período da sessão legislativa (art. 3º, *caput*). Contudo, todo o art. 3º foi vetado tendo como principal argumento a exiguidade dos prazos. Dessa forma, aplicam-se atualmente, conforme destacado, os prazos previstos no art. 35, §2º do ADCT.

O veto presidencial (Mensagem 627, de 4 de maio de 2000) alcançou também o §1º do art. 3º da LRF que previa a elaboração de um "Anexo de Política Fiscal" que também deveria integrar o PPA. Contudo, o veto a tal dispositivo não gera nenhum tipo de prejuízo, já que a LDO continua prevendo um Anexo de Metas Fiscais.

▸ Como esse assunto foi cobrado em concurso?

No 38º Exame de Ordem da FGV em 2023 foi considerado CERTO o seguinte enunciado: "O Presidente da República está elaborando projeto de lei que estabelece, de forma regionalizada, as diretrizes, objetivos e metas da Administração Pública federal para as despesas de capital e outras delas decorrentes e para as relativas aos programas de duração continuada. Diante desse cenário, trata-se de projeto de lei que institui o Plano Plurianual, a ser veiculado por meio de lei ordinária".

▸ Como esse assunto foi cobrado em concurso?

No Concurso do IPEFAE para Controlador Interno de Águas da Prata/SP em 2021, foi considerado CERTO o seguinte enunciado: "São objetivos do PPA: definir com clareza as metas e prioridades do governo, bem como os resultados esperados; organizar, em programas, as ações que resultem em incremento de bens ou serviços que atendam demandas da sociedade; estabelecer a necessária relação entre as ações a serem desenvolvidas e a orientação estratégica de governo".

8.2. Lei de Diretrizes Orçamentárias (LDO)

Se, por um lado, o PPA busca estabelecer um plano estratégico, de longo prazo para a consecução e implantação do plano de governo, "a Lei de Diretrizes Orçamentárias está focada nas ações de médio prazo, ou seja, tudo aquilo que seja imprescindível para o exercício subsequente, de forma a viabilizar o projeto operacional do orçamento" (BRAGHINI, 2016, p. 145). Assim, a LDO acaba por representar o elo entre o Plano Plurianual e a Lei Orçamentária Anual.

A LDO é uma inovação da Constituição de 1988 que, no art. 165, §1º aponta seus principais objetivos, a saber:

- Fixar as metas e prioridades da administração pública federal, incluindo as despesas de capital para o exercício financeiro subsequente;
- Orientar a elaboração da lei orçamentária anual;
- Dispor sobre as alterações na legislação tributária;
- Estabelecer a política de aplicação das agências financeiras oficiais de fomento.

> **Importante:**
>
> Conforme a nova redação da LRF, conferida pela LC 200/23, a Lei de Diretrizes Orçamentárias não poderá dispor sobre a exclusão de quaisquer despesas primárias da apuração da meta de resultado primário dos orçamentos fiscal e da seguridade social.

> **Importante**
>
> Nova redação do §2º do art. 165 da CRFB/88, conforme Emenda Constitucional nº 109, de 2021: "A lei de diretrizes orçamentárias compreenderá as metas e prioridades das administração pública federal, estabelecerá as diretrizes de política fiscal e respectivas metas, em consonância com trajetória sustentável da dívida pública, orientará a elaboração da lei orçamentária anual, disporá sobre as alterações na legislação tributária e estabelecerá a política de aplicação das agências financeiras oficiais de fomento".

> **Como esse assunto foi cobrado em concurso?**
>
> No Concurso da Cespe para Analista Fazendário Municipal da SEFIN Fortaleza/CE em 2023, foi considerado ERRADO o seguinte enunciado: "A Lei de Diretrizes Orçamentárias (LDO) é um instrumento que autoriza a realização de despesas públicas, uma vez que discrimina tanto os dispêndios a serem incorridos como as suas fontes de recursos".

> **Como esse assunto foi cobrado em concurso?**
>
> No Concurso do CESPE para Procurador do Estado da PGE/RO em 2022, foram considerados CERTOS todos os seguintes itens:" A lei de diretri-

zes orçamentárias: I. compreenderá as metas e prioridades da administração pública federal; II. estabelecerá as diretrizes de política fiscal e respectivas metas, em consonância com trajetória sustentável da dívida pública; III. orientará a elaboração da lei orçamentária anual; IV. disporá sobre as alterações na legislação tributária; V. estabelecerá a política de aplicação das agências financeiras oficiais de fomento".

▸ **Como esse assunto foi cobrado em concurso?**

No Concurso da VUNESP para Advogado da Prefeitura de São Roque/SP em 2020, foi considerado ERRADO o seguinte enunciado: "O plano plurianual compreenderá as metas e prioridades da administração pública, incluindo as despesas de capital para o exercício financeiro subsequente e disporá sobre as alterações na legislação tributária".

▸ **Como esse assunto foi cobrado em concurso?**

No Concurso do CESPE/CEBRASPE para Analista Judiciário do TJ/PA em 2020, foi considerado CERTO o seguinte enunciado: "Considerada uma inovação no sistema orçamentário brasileiro, a LDO orienta a elaboração da LOA e prevê a definição de metas e prioridades, mudanças na legislação de tributos, políticas de fomento das agências financeiras oficiais e formas de utilização da reserva de contingência".

Além disso, ainda é possível extrair do texto constitucional a necessidade de que a LDO fixe prazos para envio e limites das propostas orçamentárias dos poderes (art. 99, §1º), do Ministério Público (art. 127, §3º) e das Defensorias Públicas da União e do Distrito Federal (art. 134, §3º) e dos Estados (art. 134, §2º).

▸ **Como esse assunto foi cobrado em concurso?**

No Concurso da Cespe para Analista Fazendário Municipal da SEFIN Fortaleza/CE em 2023, foi considerado CERTO o seguinte enunciado: "Compete à LDO fixar limites para os orçamentos do Poder Legislativo, do Poder Judiciário e do Ministério Público, assim como dispor sobre gastos com pessoal e política fiscal".

▸ **Como esse assunto foi cobrado em concurso?**

No Concurso do IDIB para o Ministério da Economia em 2021, foi considerado CERTO o seguinte enunciado: "A respeito da LDO, é correto afirmar que deverá dispor sobre os prazos e os limites das propostas orçamentárias dos três poderes, do Ministério Público e da Defensoria Pública da União".

Do mesmo modo, o art. 169, §1º da CRFB/88 determina a imprescindibilidade de autorização específica na LDO (ressalvadas as empresas estatais), para a "concessão de qualquer vantagem ou aumento de remuneração, a criação de cargos, empregos e funções ou alteração de estrutura de carreiras, bem como a admissão ou contratação de pessoal, a qualquer título, pelos órgãos e entidades da administração direta ou indireta, inclusive fundações instituídas e mantidas pelo poder público".

Assim como ocorre com o PPA, a disciplina dos prazos da LDO também se encontra no Art. 35, §2º do ADCT, ante a ausência de fixação de quaisquer outros prazos específicos na LRF. Assim, "o projeto de lei de diretrizes orçamentárias será encaminhado até oito meses e meio antes do encerramento do exercício financeiro e devolvido para sanção até o encerramento do primeiro período da sessão legislativa". Ou seja, o Executivo deverá encaminhar o projeto até 15 de abril de cada ano e o Legislativo devolvê-lo até 17 de julho.

Na Lei de Responsabilidade Fiscal a LDO foi regulamentada no art. 4º, de forma a "reforçar o papel das leis orçamentárias como instrumento de planejamento global, aproximando as atividades de programação e execução dos gastos públicos ao estabelecer metas fiscais e dispor sobre mecanismos para seu acompanhamento periódico" (ABRAHAM, 2017b, p. 108).

Nesse sentido, a LRF (art. 4º) determinou que a LDO também disporá sobre:

a) o equilíbrio entre receitas e despesas;

b) critérios e forma de limitação de empenho;

c) normas relativas ao controle de custos e à avaliação dos resultados dos programas financiados com recursos dos orçamentos;

d) demais condições e exigências para transferências de recursos a entidades públicas e privadas.

> **▸ Como esse assunto foi cobrado em concurso?**
>
> No Concurso do Instituto Consulplan para Procurador da Prefeitura de Pouso Alegre/MG em 2024, foi considerado CERTO o seguinte enunciado: "A Lei De Diretrizes Orçamentárias atenderá o disposto no § 2º do Art. 165 da Constituição e às normas relativas ao controle de custos e à avaliação dos resultados dos programas financiados com recursos dos orçamentos, bem como demais condições e exigências para transferências de recursos a entidades públicas e privadas".

> **▸ Como esse assunto foi cobrado em concurso?**
>
> No Concurso do Cebraspe para Procurador da PGE/RN em 2024, foi considerado CERTO o seguinte enunciado: "A lei de diretrizes orçamentárias (LDO) deve dispor acerca de normas relativas ao controle de custos e à avaliação dos resultados dos programas financiados com recursos dos orçamentos".

> **▸ Como esse assunto foi cobrado em concurso?**
>
> No Concurso da FGV para Auditor Técnico de Controle Externo do TCE/AM em 2021, foi considerado CERTO o seguinte enunciado: "De acordo com a Lei de Responsabilidade Fiscal (Lei Complementar nº 101/2000), a

Lei de Diretrizes Orçamentárias disporá, dentre outras matérias, sobre normas relativas ao controle de custos e à avaliação dos resultados dos programas financiados com recursos dos orçamentos".

▸ Como esse assunto foi cobrado em concurso?

No Concurso da OMNI para Procurador Jurídico da Prefeitura de Salesópolis/SP em 2021, foi considerado CERTO o seguinte enunciado: "De acordo com a Lei Complementar 101/2000, em seu artigo 4º, a Lei de Diretrizes Orçamentárias atenderá o disposto, no § 2º do art. 165 da Constituição e disporá também sobre normas relativas ao controle de custos e à avaliação dos resultados dos programas financiados com recursos dos orçamentos".

Além dessas funções, Carlos Alberto de Moraes Ramos Filho destaca outras tantas que se encontram dispersas por todo o plexo normativo da LRF (2017, p. 483-484). Dessa forma, segundo o autor, a LDO também deverá:

- orientar a elaboração da lei orçamentária anual (art. 5º, *caput*);
- estabelecer a forma de utilização e o montante da reserva de contingência que constará da LOA e que se destina ao atendimento de passivos contingentes e outros riscos e eventos fiscais imprevistos (art. 5º, inciso III, alínea *b*);
- definir o índice de variação de preços, o qual servirá como limite para a atualização monetária do principal da dívida mobiliária refinanciada (art. 5º, §3º), sendo vedada, por conseguinte, a aplicação de qualquer outro índice (ressalvada a existência de norma prevista em legislação específica);

▸ Como esse assunto foi cobrado em concurso?

No Concurso da SELECON para Analista Legislativo da Câmara de Cuiabá/MT em 2021, este tema foi cobrado da seguinte forma: "De acordo com a Lei de Responsabilidade Fiscal, a atualização monetária do principal da dívida mobiliária refinanciada não poderá superar, consoante previsão da Lei de Diretrizes Orçamentárias, a variação do índice de: a) preços; b) inflação; c) juros; d) Moeda". Segundo o gabarito oficial, foi considerada correta a alternativa "a".

- no caso específico da União, dispor acerca da demonstração trimestral referente ao impacto e ao custo fiscal das operações realizadas pelo Banco Central do Brasil (art. 7º, §2º);

▸ Como esse assunto foi cobrado em concurso?

No Concurso da Vunesp para Auditor de Controle Externo do TCM/SP em 2023, foi considerado ERRADO o seguinte enunciado: "Para efeito da lei orçamentária anual o impacto da receita e o custo fiscal das operações realizadas pelo Banco Central do Brasil serão demonstrados semestralmente, nos termos em que dispuser a lei de diretrizes orçamentárias da União".

- estabelecer parâmetros para a programação financeira e o cronograma mensal de desembolso do Poder Executivo (art. 8º, *caput*);
- indicar as despesas que não serão objeto de limitação de empenho, respeitados os limites para aquelas, definidos na LRF (art. 9º, §2º *in fine*);

▸ Importante

Nova redação do §2º do art. 9º da LRF, conforme LC 177/2021: "Não serão objeto de limitação as despesas que constituam obrigações constitucionais e legais do ente, inclusive aquelas destinadas ao pagamento do serviço da dívida, **as relativas à inovação e ao desenvolvimento científico e tecnológico custeadas por fundo criado para tal finalidade** e as ressalvadas pela lei de diretrizes orçamentárias"

- dispor sobre a concessão ou a ampliação de incentivo ou benefício de natureza tributária da qual decorra renúncia de receita (art. 14, *caput*);
- definir o valor da despesa considerada irrelevante, a qual não precisará cumprir as determinações do art. 16 (art. 16, §3º);
- definir os percentuais referentes a despesa total com pessoal de cada órgão se diferente dos estabelecidos no art. 20 (art. 20, §5º);
- dispor acerca dos casos em que poderá ser contratada hora extra, mesmo ocorrendo o excesso de 95% (noventa e cinco por cento) do limite com despesa de pessoal (art. 22, parágrafo único, inciso V);
- dispor sobre a inclusão de novos projetos na LOA e em créditos adicionais (art. 45);
- estabelecer condições para o Município custear despesas de outros entes públicos (art. 62).

▸ Como esse assunto foi cobrado em concurso?

No Concurso da FCC para Procurador do Estado da PGE/AP em 2018, foi considerado ERRADO o seguinte enunciado: Segundo a LRF, "a LDO deve ser acompanhada das medidas de compensação ao aumento de despesas obrigatórias de caráter continuado". Ainda nessa questão também foi considerado ERRADO o seguinte enunciado: Segundo a LRF, "a LDO deve incluir demonstrativo do montante das disponibilidades de caixa em trinta e um de dezembro".

Da mesma forma, a Lei de Responsabilidade Fiscal determinou a elaboração de dois anexos à LDO, quais sejam: o Anexo de Metas Fiscais e o Anexo de Riscos Fiscais, além de estabelecer que "a mensagem que encaminhar o projeto da União apresentará, em anexo específico, os objetivos das políticas monetária, creditícia e cambial, bem como os parâmetros e as projeções para seus principais agregados e variáveis, e ainda as metas de inflação, para o exercício subsequente" (art. 4º, §4º).

▸ Como esse assunto foi cobrado em concurso?

No Concurso da Vunesp para Auditor de Controle Externo do TCM/SP em 2023, foi considerado ERRADO o seguinte enunciado: "A mensagem que encaminhar o projeto da União apresentará, em anexo específico, os objetivos das políticas monetária, creditícia, securitária e cambial, bem como os parâmetros e as projeções para seus principais agregados e variáveis, e ainda as metas de inflação semestral e para o exercício em curso e do subsequente."

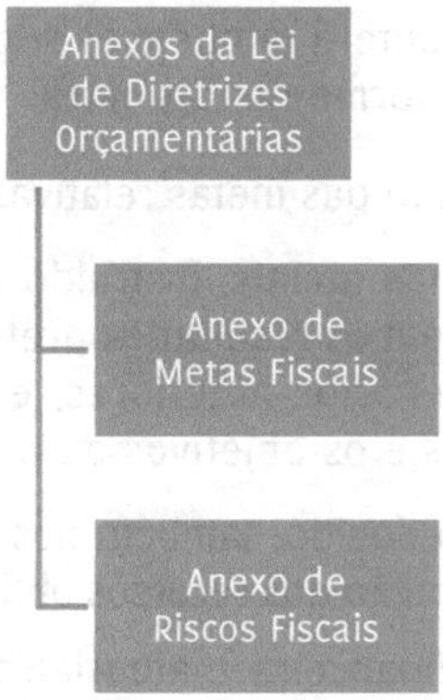

No Anexo de Metas Fiscais, documento que deverá abranger os três Poderes e os órgãos da Administração Direta dos poderes e demais entidades da Administração Indireta, serão estabelecidas metas anuais, em valores correntes e constantes, relativas a receitas, despesas, resultados nominal e primário e montante da dívida pública, para o exercício a que se referirem e para os dois seguintes.

As Metas Fiscais são conceituadas como "os resultados a serem alcançados para variáveis fiscais visando atingir os objetivos desejados pelo ente da Federação quanto à trajetória de endividamento no médio prazo. Pelo princípio da gestão fiscal responsável, as metas representam a conexão entre o planejamento, a elaboração e a execução do orçamento. Esses parâmetros indicam os rumos da condução da política fiscal para os próximos exercícios e servem de indicadores para a promoção da limitação de empenho e de movimentação financeira" (BRASIL, 2014, p. 48).

▸ Como esse assunto foi cobrado em concurso?

No Concurso do Instituto Consulplan para Procurador do Município da Prefeitura de Nova Friburgo/RJ em 2023, foi considerado CERTO o seguinte enunciado: "Integrará o projeto de Lei de Diretrizes Orçamentárias, o Anexo de Metas Fiscais, em que serão estabelecidas metas anuais, em valores correntes e constantes, relativas a receitas, despesas, resultados nominal e primário; o, o montante da dívida pública, para o exercício a que se referirem e para os dois seguintes".

Como esse assunto foi cobrado em concurso?

No Concurso da Vunesp para Auditor de Controle Externo do TCM/SP em 2023, foi considerado CERTO o seguinte enunciado: "Integrará o projeto de lei de diretrizes orçamentárias Anexo de Metas Fiscais, em que serão estabelecidas metas anuais, em valores correntes e constantes, relativas a receitas, despesas, resultados nominal e primário e montante da dívida pública, para o exercício a que se referirem e para os dois seguintes".

O Anexo de Metas Fiscais conterá também as seguintes informações, apresentadas em demonstrativos, conforme quadro infra:

a) avaliação do cumprimento das metas relativas ao ano anterior;

b) demonstrativo das metas anuais, instruído com memória e metodologia de cálculo que justifiquem os resultados pretendidos, comparando-as com as fixadas nos três exercícios anteriores, e evidenciando a consistência delas com as premissas e os objetivos da política econômica nacional;

c) evolução do patrimônio líquido, também nos últimos três exercícios, destacando a origem e a aplicação dos recursos obtidos com a alienação de ativos;

d) avaliação da situação financeira e atuarial: 1.) dos regimes geral de previdência social e próprio dos servidores públicos e do Fundo de Amparo ao Trabalhador; 2.) dos demais fundos públicos e programas estatais de natureza atuarial;

e) demonstrativo da estimativa e compensação da renúncia de receita e da margem de expansão das despesas obrigatórias de caráter continuado;

f) quadro demonstrativo do cálculo da meta do resultado primário de que trata o §1º do art. 4º da LRF, que evidencie os principais agregados de receitas e despesas, os resultados, comparando-os com os valores programados para o exercício em curso e os realizados nos dois exercícios anteriores, e as estimativas para o exercício a que se refere a LDO e para os subsequentes (Incluído pela LC 200/23).

Importante

Conforme nova redação da LRF, conferida pela LC 200/23, no caso da União, o Anexo de Metas Fiscais do projeto de LDO conterá, também:

I – as metas anuais para o exercício a que se referir e para os 3 (três) seguintes, com o objetivo de garantir sustentabilidade à trajetória da dívida pública;

II – o marco fiscal de médio prazo, com projeções para os principais agregados fiscais que compõem os cenários de referência, distinguindo-se as despesas primárias das financeiras e as obrigatórias daquelas discricionárias;

III – o efeito esperado e a compatibilidade, no período de 10 (dez) anos, do cumprimento das metas de resultado primário sobre a trajetória de convergência da dívida pública, evidenciando o nível de resultados fiscais consistentes com a estabilização da Dívida Bruta do Governo Geral (DBGG) em relação ao Produto Interno Bruto (PIB);

IV - os intervalos de tolerância para verificação do cumprimento das metas anuais de resultado primário, convertido em valores correntes, de menos 0,25 p.p. (vinte e cinco centésimos ponto percentual) e de mais 0,25 p.p. (vinte e cinco centésimos ponto percentual) do PIB previsto no respectivo projeto de lei de diretrizes orçamentárias;

V - os limites e os parâmetros orçamentários dos Poderes e órgãos autônomos compatíveis com as disposições estabelecidas na lei complementar prevista no inciso VIII do caput do art. 163 da Constituição Federal e no art. 6º da Emenda Constitucional nº 126, de 21 de dezembro de 2022;

VI - a estimativa do impacto fiscal, quando couber, das recomendações resultantes da avaliação das políticas públicas previstas no § 16 do art. 37 da Constituição Federal.

Observação: Os Estados, o Distrito Federal e os Municípios poderão adotar, total ou parcialmente, estas disposições.

Ademais, a LDO não poderá dispor sobre a exclusão de quaisquer despesas primárias da apuração da meta de resultado primário dos orçamentos fiscal e da seguridade social.

▸ Como esse assunto foi cobrado em concurso?

No Concurso do Instituto Consulplan para Promotor do MP/SC em 2024, foi considerado CERTO o seguinte enunciado: "De acordo com a Lei Complementar nº 101/2000, o Projeto de Lei Orçamentária Anual será acompanhado do demonstrativo regionalizado, bem como das medidas de compensação a renúncias de receita e ao aumento de despesas obrigatórias de caráter continuado".

▸ Como esse assunto foi cobrado em concurso?

No Concurso do Cespe para Procurador do Município da PGM de São Paulo/SP em 2023, foi considerado CERTO o seguinte enunciado: "De acordo com a lei de responsabilidade fiscal, o projeto de lei orçamentária anual deverá ser acompanhado de medidas de compensação a renúncias de receita e ao aumento de despesas obrigatórias de caráter continuado".

▸ Como esse assunto foi cobrado em concurso?

No Concurso do IDHTEC para Procurador da Câmara de Itapissuma/PE em 2024, foi considerado CERTO o seguinte enunciado: "O projeto de lei de diretrizes orçamentárias deve conter Anexo de Metas Fiscais. De acordo com o que estabelece a Lei de Responsabilidade Fiscal, este Anexo conterá a avaliação da situação financeira e atuarial dos regimes geral de previdência social e próprio dos servidores públicos e do Fundo de Amparo ao Trabalhador e dos demais fundos públicos e programas estatais de natureza atuarial".

▸ Como esse assunto foi cobrado em concurso?

No Concurso do IDHTEC para Procurador da Câmara de Itapissuma/PE em 2024, foi considerado CERTO o seguinte enunciado: "O projeto de lei de diretrizes orçamentárias deve conter Anexo de Metas Fiscais. De acordo com o que estabelece a Lei de Responsabilidade Fiscal, este Anexo conterá o demonstrativo das metas anuais, instruído com memória e metodologia de cálculo que justifiquem os resultados pretendidos, comparando-as com as fixadas nos três exercícios anteriores, e evidenciando a consistência delas com as premissas e os objetivos da política econômica nacional".

▸ Como esse assunto foi cobrado em concurso?

No Concurso da Cespe para Procurador do Município da PGM/SP em 2023, foi considerado CERTO o seguinte enunciado: "De acordo com a lei de responsabilidade fiscal, o projeto de lei orçamentária anual deverá ser acompanhado de medidas de compensação a renúncias de receita e ao aumento de despesas obrigatórias de caráter continuado".

Síntese dos demonstrativos do Anexo de Metas Fiscais da Lei de Diretrizes Orçamentárias		
Demonstrativo 1	Metas Anuais	Metas anuais, em valores correntes e constantes, relativos a receitas, despesas, resultado nominal e primário e montante da dívida pública, para o exercício a que se referirem e para os dois seguintes. Será acompanhando da análise dos principais dados apresentados assim como de eventuais variações abruptas e outras que mereçam destaque. Deverá mencionar, ainda, parâmetros como o crescimento do PIB, o índice de inflação anual (IPCA), relatórios de mercado divulgados pelo BACEN e pelo IPEA, Pesquisa Mensal de Comércio (IBGE), Pesquisa Industrial Mensal Produção Física/Regional (IBGE) e Variação no valor das transferências constitucionais recebidas, quando esse for relevante em relação ao total das receitas auferidas pelo ente.
Demonstrativo 2	Avaliação do Cumprimento das Metas Fiscais do Exercício Anterior	Tem por finalidade estabelecer uma comparação entre as metas fixadas e o resultado obtido no exercício orçamentário anterior ao que se refere a LDO, incluindo análise dos fatores determinantes para o alcance ou não dos valores estabelecidos como metas. Fatores como o cenário macroeconômico, o desempenho das empresas estatais, as taxas de câmbio e de inflação devem ser motivo de explanação a respeito dos resultados obtidos.
Demonstrativo 3	Metas Fiscais Atuais Comparadas com as Metas Fiscais Fixadas nos Três Exercícios Anteriores	Instruído com memória e metodologia de cálculo que justifiquem os resultados pretendidos, comparando-as com as fixadas nos três exercícios anteriores, e evidenciando a consistência delas com as premissas e os objetivos da Política Econômica Nacional. Deve vir acompanhado de análise de itens que representam parâmetros básicos para se chegar aos valores apresentados como metas, tais como taxa de juros, indicadores de atividade econômica e objetivos da política fiscal do ente da federação. Deve ainda ser instruído com a memória e metodologia de cálculo, objetivando demonstrar como tais valores foram obtidos.

Síntese dos demonstrativos do Anexo de Metas Fiscais da Lei de Diretrizes Orçamentárias		
Demonstrativo 4	Evolução do Patrimônio Líquido	Deve trazer em conjunto uma análise dos valores apresentados, esclarecendo os motivos das variações do Patrimônio Líquido do ente da Federação como, por exemplo, fatos que venham a causar desequilíbrio entre as variações ativas e passivas e outras que contribuam para o aumento ou diminuição da situação líquida patrimonial.
Demonstrativo 5	Origem e Aplicação dos Recursos Obtidos com a Alienação de Ativos	Deve estar acompanhado de análise dos valores apresentados, de forma a dar maior clareza possível à visualização da situação descrita, dando destaque a eventuais variações atípicas e tendências de queda ou crescimento dos valores de um exercício orçamentário para outro. Destaque-se o teor do art. 44 da LRF, segundo o qual é vedada a aplicação de receita de capital derivada da alienação de bens e direitos que integram o patrimônio público para o financiamento de despesa corrente, salvo se destinada por lei a regimes de previdência social, geral e próprio dos servidores públicos.
Demonstrativo 6	Avaliação da Situação Financeira e Atuarial do RPPS	Terá como base os Demonstrativos das Receitas e Despesas Previdenciárias do Regime Próprio dos Servidores Públicos publicados no Relatório Resumido de Execução Orçamentária do último bimestre dos três anos anteriores ao da edição da LDO. Os demonstrativos também deverão estar acompanhados de análise descritiva dos parâmetros utilizados na avaliação atuarial e de valores que possuam maior relevância para o entendimento da situação financeira e atuarial do RPPS.
Demonstrativo 7	Estimativa e Compensação da Renúncia de Receita	A renúncia compreende incentivos fiscais, anistia, remissão, subsídio, crédito presumido, concessão de isenção em caráter não geral, alteração de alíquota ou modificação de base de cálculo que implique redução discriminada de tributos ou contribuições, e outros benefícios que correspondam a tratamento diferenciado. Ela pode se destinar a um setor comercial ou industrial, programa de governo, ou ainda, a um beneficiário individual (pessoa física ou jurídica). Este demonstrativo deverá indicar qual ou quais condições serão utilizadas para cada Renúncia de Receita. Para que a LRF seja observada, é necessário que o valor da compensação, prevista no demonstrativo, seja suficiente para cobrir o valor da renúncia fiscal respectiva.
Demonstrativo 8	Margem de Expansão das Despesas Obrigatórias de Caráter Continuado	**Despesa Obrigatória de Caráter Continuado (DOCC) é a Despesa Corrente derivada de Lei, Medida Provisória ou Ato Normativo que fixe para o ente a obrigação de sua execução por um período superior a 2 anos.** Os atos que criarem ou aumentarem as DOCC deverão ser instruídos com a estimativa de impacto orçamentário-financeiro no exercício em que deva entrar em vigor e nos dois subsequentes, e demonstrar a origem dos recursos para seu custeio. Também deverá haver a comprovação de que a despesa criada ou aumentada não afetará as metas de resultados fiscais e seus efeitos financeiros nos períodos seguintes devem ser compensados pelo aumento permanente de receita ou pela redução permanente de despesas. As DOCC não serão executadas antes da implementação de tais medidas.

▸ **Como esse assunto foi cobrado em concurso?**

No Concurso da FCC para Procurador do Estado da PGE/GO em 2024, foi considerado CERTO o seguinte enunciado: "Considere que o Estado tenha procedido à desestatização de uma sociedade de economia mista e pretenda aplicar o produto da alienação das ações da companhia em investimentos em diversos setores e, também, para a cobertura do déficit do regime próprio de previdência de seus servidores e o pagamento do décimo terceiro salário de servidores ativos e dos inativos. Considerando a disciplina prevista na Constituição Federal e na Lei de Responsabilidade Fiscal, tem-se que não será juridicamente viável a utilização das referidas receitas de capital no custeio de despesas de pessoal, porém é possível a destinação à cobertura do déficit previdenciário, se prevista em lei".

▸ **Como esse assunto foi cobrado em concurso?**

No Concurso do IDHTEC para Procurador da Câmara de Itapissuma/PE em 2024, foi considerado CERTO o seguinte enunciado: "O projeto de lei de diretrizes orçamentárias deve conter Anexo de Metas Fiscais. De acordo com o que estabelece a Lei de Responsabilidade Fiscal, este Anexo conterá o demonstrativo das metas anuais, instruído com memória e metodologia de cálculo que justifiquem os resultados pretendidos, comparando-as com as fixadas nos três exercícios anteriores, e evidenciando a consistência delas com as premissas e os objetivos da política econômica nacional".

▸ **Como esse assunto foi cobrado em concurso?**

No Concurso do Instituto Consulplan para Procurador da Câmara de Belo Horizonte/MG em 2024, foi considerado CERTO o seguinte enunciado: "Considera-se obrigatória de caráter continuado a despesa corrente derivada de lei, medida provisória ou ato administrativo normativo que fixem para o ente a obrigação legal de sua execução por um período superior a dois exercícios".

▸ **Como esse assunto foi cobrado em concurso?**

No Concurso do Instituto Consulplan para Procurador da Câmara de Belo Horizonte/MG em 2024, foi considerado ERRADO o seguinte enunciado: "Atos que aumentem, reduzam ou criem despesas deverão ser instruídos com estimativas dos impactos orçamentário-financeiros, no exercício em que deve entrar em vigor e nos dois subsequentes".

▸ **Como esse assunto foi cobrado em concurso?**

No Concurso da UFPR para Analista Legislativo da Câmara de Curitiba/PR em 2020, foi considerado ERRADO o seguinte enunciado: "Considera-se obrigatória de caráter continuado a despesa corrente derivada de lei, medida provisória ou ato administrativo normativo que fixe para o ente a obrigação legal de sua execução por um período superior a três exercícios".

▸ **Como esse assunto foi cobrado em concurso?**

No Concurso da UFPR para Analista Legislativo da Câmara de Curitiba/PR em 2020, foi considerado ERRADO o seguinte enunciado: "Os atos que criarem ou aumentarem despesa obrigatória de caráter continuado deverão ser instruídos com a estimativa do impacto orçamentário-financeiro no exercício em que deva entrar em vigor e nos três subsequentes, e demonstrar a origem dos recursos para seu custeio".

▸ **Importante**

Segundo o art. 5º, II, da Lei 10.028/2000, constitui **infração administrativa** contra as leis de finanças públicas, propor lei de diretrizes orçamentárias anual que não contenha as metas fiscais na forma da lei.

▸ **Como esse assunto foi cobrado em concurso?**

No Concurso da Vunesp para Procurador do Estado da PGE/SP em 2018, foi considerado CERTO o seguinte enunciado: "A Lei de Responsabilidade Fiscal (Lei Complementar nº 101, de 2000) detalha os requisitos e as condições para geração de despesa pública, introduzindo tratamento específico para as denominadas 'despesas obrigatórias de caráter continuado' **que ensejam a obrigação legal de execução para o ente por um período superior a dois exercícios e cujos atos de criação condicionam-se à comprovação de não comprometimento das metas de resultados fiscais, salvo para aquelas destinadas ao serviço da dívida ou revisão geral anual dos servidores".**

▸ **Como esse assunto foi cobrado em concurso?**

No Concurso da Vunesp para Procurador do Estado da PGE/SP em 2018, foi considerado CERTO o seguinte enunciado: "Considere que o Estado necessite auferir receitas extraordinárias a fim de compensar a frustração da receita orçamentária estimada com a arrecadação de impostos. Nesse sentido, adotou, como alternativa, a alienação de imóveis e de ações representativas do controle acionário detido em sociedade de economia mista. De acordo com as disposições constitucionais e leis aplicáveis **o produto obtido com tais alienações somente poderá ser aplicado em despesas de capital, admitindo-se a aplicação em despesas correntes apenas se houver destinação por lei aos regimes de previdência social, geral ou próprio, dos servidores públicos".**

Por outro lado, o art. 3º, §4º, da LRF determina ainda que a LDO conterá Anexo de Riscos Fiscais, "onde serão avaliados os passivos contingentes e outros riscos capazes de afetar as contas públicas, informando as providências a serem tomadas, caso se concretizem."

Com base nisso, o Manual de Demonstrativos Fiscais conceitua riscos fiscais como "a possibilidade da ocorrência de eventos que venham a impactar negativamente as contas públicas, eventos estes resultantes da realização de ações previstas no programa de trabalho para o exercício ou decorrentes das metas de resultados, correspondendo, assim, aos riscos provenientes das obrigações financeiras do governo" (BRASIL, 2014, p. 31). O mesmo Manual aponta como exemplos de riscos orçamentários (p. 34-35):

a) Frustração na arrecadação devido a fatos não previstos à época da elaboração da peça orçamentária;

b) Restituição de tributos realizados a maior que a prevista nas deduções da receita orçamentária;

c) Discrepância entre as projeções de nível de atividade econômica, taxa de inflação e taxa de câmbio quando da elaboração do orçamento e os valores efetivamente observados durante a execução orçamentária, afetando o montante de recursos arrecadados;

d) Discrepância entre as projeções, quando da elaboração do orçamento, de taxas de juros e taxa de câmbio incidente sobre títulos vincendos e os valores efetivamente observados durante a execução orçamentária, resultando em aumento do serviço da dívida pública;

e) Ocorrência de epidemias, enchentes, abalos sísmicos, guerras e outras situações de calamidade pública que não possam ser planejadas e que demandem do Estado ações emergenciais, com consequente aumento de despesas.

Há que se destacar que riscos que se repetem continuamente deixarão de ser tratados como riscos fiscais, devendo ser abordados no âmbito do planejamento, ou seja, devem ser incluídos como ações na LDO e na LOA, tal como ocorre com catástrofes naturais recorrentes, como secas ou inundações, epidemias, como a dengue (BRASIL, 2014, p. 31).

Da mesma forma, as obrigações oriundas de precatórios não podem ser classificadas como riscos fiscais, devendo ser alocadas no orçamento, conforme se depreende da leitura do §1º do art. 100 da CRFB/88: "É obrigatória a inclusão, no orçamento das entidades de direito público, de verba necessária ao pagamento de seus débitos oriundos de sentenças transitadas em julgado, constantes de precatórios judiciários, apresentados até 1º de julho, fazendo-se o pagamento até o final do exercício seguinte, quando terão seus valores atualizados monetariamente".

▸ **Como esse assunto foi cobrado em concurso?**

No Concurso do Instituto Consulplan para Procurador do Município da Prefeitura de Nova Friburgo/RJ em 2023, foi considerado CERTO o seguinte enunciado: "A Lei de Diretrizes Orçamentárias conterá Anexo de Riscos Fiscais, onde serão avaliados os passivos contingentes e outros riscos capazes de afetas as contas públicas, informando as providências a serem tomadas caso se concretizem".

▸ **Como esse assunto foi cobrado em concurso?**

No Concurso da VUNESP para Procurador Municipal da Prefeitura de Várzea Paulista/SP em 2022, foi considerado CERTO o seguinte enunciado: "O Anexo de Riscos Fiscais, onde serão avaliados os passivos contingentes e outros riscos capazes de afetar as contas públicas, informando as providências a serem tomadas, caso se concretizem, é de estar contido na Lei de Diretrizes Orçamentárias".

▸ **Como esse assunto foi cobrado em concurso?**

No Concurso da FCC para Procurador Municipal da Prefeitura de Teresina/PI em 2022, foi considerado ERRADO o seguinte enunciado: "É obrigatória a inclusão, no orçamento das entidades de direito público, de verba necessária ao pagamento de seus débitos, oriundos de decisões administrativas irrecorríveis e de sentenças judiciais, constantes de precatórios judiciários apresentados até 31 de dezembro, fazendo-se o pagamento até o final do exercício seguinte, sem correção monetária dos valores".

▸ **Como esse assunto foi cobrado em concurso?**

No Concurso da FUNDEP para Procurador do Município de Barão de Cocais/MG em 2020, foi considerado CERTO o seguinte enunciado: "[...] a Lei de Diretrizes Orçamentárias (LDO) compreenderá as metas e prioridades da administração pública federal, incluindo as despesas de capital para o exercício financeiro subsequente".

O Manual de Demonstrativos Fiscais ainda dá destaque à **contingência passiva**, conceito pouco explorado pela doutrina, apontando-a como "uma possível obrigação presente cuja existência será confirmada somente pela ocorrência de um ou mais eventos futuros que não estão totalmente sob o controle da entidade; ou é uma obrigação presente que surge em decorrência de eventos passados, mas que não é reconhecida ou porque é improvável que a entidade tenha de liquidá-la; ou porque o valor da obrigação não pode ser estimado com suficiente segurança". Como exemplos de passivos contingentes podem ser mencionados, dentre outros (BRASIL, 2015, p. 35):

a) Demandas judiciais contra a atividade reguladora do Estado, com impacto na despesa pública: em sua maior parte, controvérsias sobre indexação e controles de preços praticados durante planos de estabilização e soluções propostas para sua compensação, bem como questionamentos de ordem tributária e previdenciária;

b) Demandas judiciais contra empresas estatais dependentes;

c) Demandas judiciais contra a administração do Ente, tais como privatizações, liquidação ou extinção de órgãos ou de empresas, e reajustes salariais não concedidos em desrespeito à lei;

d) Demandas trabalhistas contra o ente federativo e órgãos da sua administração indireta;

e) Dívidas em processo de reconhecimento pelo Ente e sob sua responsabilidade;

f) Avais e garantias concedidas pelo Ente a entidades públicas, tais como empresas e bancos estatais, a entidades privadas e a fundos de pensão, além de outros riscos.

Merece destaque o fato de que o Prefeito Municipal que propuser Lei de Diretrizes Orçamentárias (LDO) sem os riscos fiscais, ficará sujeito à perda do mandato. O mesmo pode ser dito em relação ao Prefeito que encaminhar à Câmara Municipal projeto de LOA não contendo reserva de contingência na forma da LDO, destinada ao atendimento de passivos contingentes e outros riscos e eventos fiscais imprevistos (BRASIL, 2015, p. 36).

> **Importante**
>
> Decreto-lei 201/67, art. 1º. São crimes de responsabilidade dos Prefeitos Municipais, sujeitos ao julgamento do Poder Judiciário, independentemente do pronunciamento da Câmara de Vereadores:
>
> [...]
>
> V. ordenar ou efetuar despesas não autorizadas por lei, ou realizá-las em desacordo com as normas financeiras pertinentes;
>
> [...]
>
> VII. deixar de prestar contas, no devido tempo, ao órgão competente, da aplicação de recursos, empréstimos, subvenções ou auxílios internos ou externos, recebidos a qualquer título;
>
> [...]

Por outro lado, há que se destacar que a gestão de riscos fiscais vai muito além da mera elaboração do Anexo de Riscos Fiscais, devendo abranger seis funções, quais sejam (BRASIL, 2015, p. 38):

a) Identificação do tipo de risco e da exposição ao risco;

b) Mensuração ou quantificação dessa exposição;

c) Estimativa do grau de tolerância das contas públicas ao comportamento frente ao risco;

d) Decisão estratégica sobre as opções para enfrentar o risco;

e) Implementação de condutas de mitigação do risco e de mecanismos de controle para prevenir perdas decorrentes do risco;

f) Monitoramento contínuo da exposição ao longo do tempo, preferencialmente através de sistemas institucionalizados (controle interno).

Ao cuidar da Lei de Diretrizes Orçamentárias, a LRF prevê ainda, no §4º do art. 4º que "a **mensagem** que encaminhar o projeto da união apresentará, em anexo específico, os objetivos das políticas monetária, creditícia e cambial, bem como os parâmetros e as projeções para seus principais agregados e variáveis, e ainda as metas de inflação, para o exercício subsequente". Dessa forma, entende-se que além do Anexo de Metas Fiscais e do Anexo de Riscos Fiscais, a LDO da União contará com um anexo extra.

A política monetária, relaciona-se diretamente à forma pela qual as autoridades monetárias atuam no sentido de controlar a liquidez do sistema econômico, o que se dá através do controle da quantidade de moeda em circulação, do crédito e das taxas de juros.

Por outro lado, esclarece Marcus Abraham que "os objetivos das políticas monetária, creditícia e cambial são, respectivamente, o alcance, pelo Banco Central do Brasil, da meta de inflação fixada pelo Conselho Monetário Nacional (CMN); a manutenção das condições prudenciais e regulamentares para que a expansão do mercado de crédito ocorra em ambiente que preserve a estabilidade do sistema financeiro nacional; e a preservação do regime de taxa de câmbio flutuante" (2017b, p. 118).

ATENÇÃO: A Emenda Constitucional 102, de 26 de setembro de 2019 alterou, dentre outros, o art. 165 da Constituição Federal, incluindo novas disposições acerca da Lei de Diretrizes Orçamentárias, conforme quadro infra:

▸ Importante

CRFB/88, art. 165, § 11. O disposto no § 10 deste artigo, nos termos da lei de diretrizes orçamentárias:

I – subordina-se ao cumprimento de dispositivos constitucionais e legais que estabeleçam metas fiscais ou limites de despesas e não impede o cancelamento necessário à abertura de créditos adicionais;

II – **não se aplica nos casos de impedimentos de ordem técnica devidamente justificados;**

III – aplica-se exclusivamente às despesas primárias discricionárias.

§ 12. Integrará a lei de diretrizes orçamentárias, para o exercício a que se refere e, pelo menos, para os 2 (dois) exercícios subsequentes, **anexo com previsão de agregados fiscais e a proporção dos recursos para investimentos que serão alocados na lei orçamentária anual para a continuidade daqueles em andamento.**

§ 13. O disposto no inciso III do § 9º e nos §§ 10, 11 e 12 deste artigo aplica-se exclusivamente aos orçamentos fiscal e da seguridade social da União.

▸ Como esse assunto foi cobrado em concurso?

No Concurso do Cespe/Cebraspe para Procurador do Município de Camaçari/BA em 2024, foi considerado ERRADO o seguinte enunciado: "A administração tem o dever de executar as programações orçamentárias para garantir a entrega de bens e serviços à sociedade, delas excluídas as despesas primárias discricionárias".

> **▸ Como esse assunto foi cobrado em concurso?**
>
> No Concurso da FGV para Técnico de Gestão Administrativa da AL/MA em 2023, foi considerado CERTO o seguinte enunciado: "A Lei de Diretrizes Orçamentárias ajuda na transparência das contas públicas ao permitir que todo cidadão acompanhe e fiscalize a correta aplicação dos recursos públicos".

8.3. Lei Orçamentária Anual (LOA)

A Lei Orçamentária Anual (LOA) conterá a discriminação da receita e despesa de forma a evidenciar a política econômico-financeira e o programa de trabalho do Governo, obedecidos os princípios de unidade, universalidade e anualidade (art. 2º da lei 4.320/64). Dessa forma, tem como objetivo permitir a concretização do Plano Plurianual, assim como da Lei de Diretrizes Orçamentárias, contando com elevado nível de concreção. Segundo disposição constitucional (art. 165 §5º), a LOA englobará:

a) O orçamento fiscal referente aos Poderes da União, seus fundos, órgãos e entidades da administração direta e indireta, inclusive fundações instituídas e mantidas pelo Poder Público;

b) O orçamento de investimento das empresas em que a União, direta ou indiretamente, detenha a maioria do capital social com direito a voto;

c) O orçamento da seguridade social, abrangendo todas as entidades e órgãos a ela vinculados, da administração direta ou indireta, bem como os fundos e fundações instituídos e mantidos pelo Poder Público.

> **▸ Qual o entendimento atual do STF sobre o assunto?**
>
> "É inconstitucional – por limitar o poder de iniciativa do chefe do Poder Executivo (CF/1988, art. 61, § 1º, II, "b" c/c o art. 165, III) – lei estadual que obriga a inclusão, na lei orçamentária anual, das escolhas manifestadas pela população, em consulta direta, no que diz respeito à destinação de parcela voltada a investimentos de interesses regional e municipal". (ADI 2.037/RS, relator Ministro Nunes Marques, julgamento virtual finalizado em 29.9.2023, STF Info 1112)

> **▸ Como esse assunto foi cobrado em concurso?**
>
> No Concurso do CESPE para Promotor de Justiça do MPE/TO em 2022, foi considerado CERTO o seguinte enunciado: "A lei orçamentária anual compreenderá o orçamento fiscal referente aos Poderes da União, seus fundos, órgãos e entidades da administração direta e indireta, inclusive fundações instituídas e mantidas pelo poder público".

> ▸ **Como esse assunto foi cobrado em concurso?**
>
> No Concurso do IPEFAE para Controlador Interno de Águas da Prata/SP em 2021, foi considerado CERTO o seguinte enunciado: "Para que o poder público possa desempenhar suas funções com critério, é necessário que haja um planejamento orçamentário consistente, que estabeleça com clareza as prioridades da gestão. Considerando os modelos orçamentários para a gestão do dinheiro público, compreende à lei orçamentária anual o orçamento da seguridade social, abrangendo todas as entidades e órgãos a ela vinculados, da administração direta ou indireta, bem como os fundos e fundações instituídos e mantidos pelo Poder Público".

O orçamento fiscal e o orçamento de investimentos, compatibilizados com o plano plurianual, terão entre suas funções a de reduzir desigualdades inter-regionais, segundo critério populacional (art. 165, §7º, da CRFB/88).

> ▸ **Importante**
>
> Valdecir Paschoal chama a atenção para uma prática constante na elaboração da Lei Orçamentária Anual. Segundo o autor, em relação às empresas públicas e sociedades de economia mista, apenas as receitas e despesas das estatais dependentes (aquelas que para seu funcionamento dependem da transferência de recursos do Tesouro) devem estar relacionadas no Orçamento Fiscal. Assim, este não contemplará as receitas e despesas operacionais (correntes) das empresas estatais independentes. Por outro lado, destaca ainda o autor, em relação às **estatais independentes,** as despesas com investimentos devem estar assinaladas na LOA, especificamente no Orçamento de Investimento. Já em relação às estatais dependentes, como seus investimentos já estão relacionados integralmente no Orçamento Fiscal, não é necessária a sua especificação no orçamento de investimento (2015, p. 50).

▸ **Como esse assunto foi cobrado em concurso?**

No Concurso do Cebraspe para Procurador da Prefeitura de Cachoeiro do Itapemirim/ES em 2024, foi considerado CERTO o seguinte enunciado: "Uma empresa será considerada estatal dependente caso ela seja controlada pelo Estado e receba do ente controlador recursos financeiros para pagamento de despesas com pessoal ou de custeio em geral ou de capital, excluídos, no último caso, os recursos provenientes de aumento de participação acionária".

▸ **Como esse assunto foi cobrado em concurso?**

No Concurso da FAU para Procurador do Município de Enéas Marques/PR em 2024, foi considerado CERTO o seguinte enunciado: "A sociedade cuja maioria do capital social com direito a voto pertença, direta ou indiretamente, a ente da Federação, o qual forneça recursos financeiros para custeio geral, é chamada pela Lei de Responsabilidade Fiscal de empresa dependente".

▸ **Como esse assunto foi cobrado em concurso?**

No Concurso da CESPE/CEBRASPE para Procurador do Estado da Paraíba em 2021, foi considerado CERTO o seguinte enunciado: "De acordo com a Lei de Responsabilidade Fiscal, será considerada empresa estatal dependente a empresa controlada por ente da Federação, se receber do controlador recursos financeiros para o pagamento de despesas com pessoal, de custeio, em geral, ou de capital, excluídos, no último caso, os recursos provenientes de aumento de participação acionária".

▸ **Como esse assunto foi cobrado em concurso?**

No Concurso da CESPE/CEBRASPE para Procurador do Estado da Paraíba em 2021, foi considerado ERRADO o seguinte enunciado: "De acordo com a Lei de Responsabilidade Fiscal, será considerada empresa estatal dependente a empresa cuja maioria do capital social com direito a voto pertença, direta ou indiretamente, a ente da Federação, se receber recursos orçamentários para custear as despesas de capital, ainda que decorrentes de aumento de participação acionária".

Em relação a investimentos, é importante se atentar para a nova obrigação atribuída à União, incluída pela EC 102, de 26 de setembro de 2019: "A União organizará e manterá **registro centralizado de projetos de investimento** contendo, por Estado ou Distrito Federal, pelo menos, análises de viabilidade, estimativas de custos e informações sobre a execução física e financeira" (art. 165, §15, da CRFB/88).

▸ **Como esse assunto foi cobrado em concurso?**

No Concurso da ADM&TEC para Procurador do Município de Palmeira dos Índios/AL em 2024, foi considerado CERTO o seguinte enunciado: "A União organizará e manterá registro centralizado de projetos de investimento contendo, por Estado ou Distrito Federal, pelo menos, análises de viabilidade, estimativas de custos e informações sobre a execução física e financeira".

▸ Como esse assunto foi cobrado em concurso?

No Concurso da Vunesp para Agente de Fiscalização do TCE/SP em 2017, foi considerado ERRADO o seguinte enunciado: "O projeto de lei orçamentária anual poderá consignar dotação para investimento com execução superior a um exercício financeiro que não esteja previsto no plano plurianual, desde que sua relevância ou interesse sejam demonstrados pelo chefe do Poder Executivo, com a indicação das receitas que financiarão".

▸ Como esse assunto foi cobrado em concurso?

No Concurso da UECE para Advogado da FUNECE em 2017, foi considerado ERRADO o seguinte enunciado: "A lei orçamentária anual compreenderá o orçamento de investimento das empresas em que a União, direta ou indiretamente, detenha **qualquer parcela** do capital social com direito a voto".

Por outro lado, a proposta de orçamento da seguridade social deverá ser elaborada "de forma integrada pelos órgãos responsáveis pela saúde, previdência social e assistência social, tendo em vista as metas e prioridades estabelecidas na Lei de Diretrizes Orçamentárias, assegurada a cada área a gestão de seus recursos" (art. 195, §2º, CF). Ou seja, apesar de a execução ser descentralizada, a elaboração do orçamento da seguridade social deve se dar de forma integrada.

Frise-se, ainda, que conforme disposição do §1º do art. 195 da CRFB/88, as receitas dos Estados, do Distrito Federal e dos Municípios destinadas à seguridade social constarão dos respectivos orçamentos, não integrando o orçamento da União.

▸ Como esse assunto foi cobrado em concurso?

No Concurso da UECE para Advogado da FUNECE em 2017, foi considerado CERTO o seguinte enunciado: "A lei orçamentária anual compreenderá o orçamento da seguridade social, abrangendo todas as entidades e órgãos a ela vinculados, da administração direta e indireta, bem como os fundos e fundações instituídos pelo Poder Público".

A LOA é uma lei anual referente à execução do orçamento para o exercício seguinte, contando com a estimativa de receita e a autorização de despesas. Ou seja, enquanto o Plano Plurianual e a Lei de Diretrizes Orçamentárias planejam, a LOA executa o orçamento, caracterizando-se como o documento mais importante para a realização da atividade financeira do Estado, afinal de contas, é nela que se tem a "previsão de todas as receitas públicas e a fixação de todas as despesas públicas, para os três Poderes, seus órgãos, fundos e entidades da administração direta e indireta, inclusive as fundações públicas, e também todas as **despesas relativas à dívida pública**, mobiliária ou contratual, e as receitas que as atenderão" (ABRAHAM, 2017b, p. 119).

> **▸ Como esse assunto foi cobrado em concurso?**
>
> No Concurso do CESPE para Promotor de Justiça do MPE/TO em 2022, foi considerado ERRADO o seguinte enunciado: "A lei orçamentária anual não poderá conter previsões de despesas para exercícios seguintes.".

> **▸ Como esse assunto foi cobrado em concurso?**
>
> No Concurso da CESPE/CEBRASPE para Promotor de Justiça Substituto de Santa Catarina em 2021, foi considerado ERRADO o seguinte enunciado: "A lei orçamentária anual dispensa o lançamento de despesas relativas à dívida pública contraída em exercícios anteriores".

> **▸ Como esse assunto foi cobrado em concurso?**
>
> No Concurso do CESPE/CEBRASPE para Auditor Fiscal da SEFAZ/DF em 2020, foi considerado ERRADO o seguinte enunciado: "Os valores objeto da previsão de arrecadação de receitas constante da lei orçamentária anual pertencem ao respectivo exercício financeiro".

Segundo o art. 2º da lei 4.320/64, integrarão a Lei de Orçamento:

I. Sumário geral da receita por fontes e da despesa por funções do Governo;

II. Quadro demonstrativo da Receita e Despesa segundo as categorias Econômicas;

III. Quadro discriminativo da receita por fontes e respectiva legislação;

IV. Quadro das dotações por órgãos do Governo e da Administração.

No mais, acompanharão a Lei de Orçamento:

I. Quadros demonstrativos da receita e planos de aplicação dos fundos especiais;

II. Quadros demonstrativos da despesa;

III. Quadro demonstrativo do programa anual de trabalho do Governo, em termos de realização de obras e de prestação de serviços.

Além dessas disposições contidas na lei 4.320/64, merece destaque também o disposto no art. 184, §4º da CRFB/88, segundo o qual "o orçamento fixará anualmente o volume de títulos da dívida agrária, assim como o montante de recursos para atender ao programa de reforma agrária no exercício".

Assim como o PPA e a LDO, a Lei Orçamentária Anual foi detalhada na Lei de Responsabilidade Fiscal que, em seu artigo 5º, inicia por determinar a necessária compatibilidade da LOA com as demais, concretizando a ideia do planejamento orçamentário. Além disso, deverá conter, em anexo, demonstrativo da compatibilidade da programação dos orçamentos com os objetivos e metas constantes do Anexo de Metas Fiscais da LDO (LRF, art. 5º, I). Da mesma forma, a LOA deverá ser acompanhada do demonstrativo regionalizado do efeito, sobre as receitas e despesas, decorrente de isenções, anistias, remissões, subsídios e benefícios de natureza financeira, tributária e creditícia conforme previsto no §6º do art. 165 da CRFB/88 (LRF, art. 5º, I).

> **▸ Como esse assunto foi cobrado em concurso?**
> No Concurso do Cebraspe para Procurador da Prefeitura de Cachoeiro do Itapemirim/ES em 2024, foi considerado ERRADO o seguinte enunciado: "A lei de orçamentos deve compreender todas as receitas, inclusive as de operações de crédito por antecipação da receita".

> **▸ Como esse assunto foi cobrado em concurso?**
> No Concurso do Cebraspe para Procurador da PGE/RN em 2024, foi considerado ERRADO o seguinte enunciado: "A lei que instituir o plano plurianual (PPA) deverá ser acompanhada de demonstrativo regionalizado do efeito sobre as receitas e despesas decorrente de isenções, anistias, remissões, subsídios e benefícios de natureza financeira, tributária e creditícia".

> **▸ Como esse assunto foi cobrado em concurso?**
> No Concurso da Cespe para Procurador Municipal da PGM Natal/RN em 2023, foi considerado ERRADO o seguinte enunciado: "O projeto da LOA não deve ser acompanhado de demonstrativo regionalizado do efeito, sobre as receitas e despesas, de isenções, anistias, remissões, subsídios e benefícios de natureza financeira, tributária e creditícia, pois tal demonstrativo deve fazer parte do projeto da lei de diretrizes orçamentárias".

> **▸ Como esse assunto foi cobrado em concurso?**
> No Concurso do CESPE para Promotor de Justiça do MPE/TO em 2022, foi considerado ERRADO o seguinte enunciado: "Faculta-se ao Poder Executivo fazer acompanhar o projeto de lei orçamentária de demonstrativo regionalizado do efeito, sobre as receitas e despesas, decorrente de isenções, anistias, remissões, subsídios e benefícios de natureza financeira, tributária e creditícia".

> **▸ Como esse assunto foi cobrado em concurso?**
> No Concurso da OMNI para Procurador Jurídico da Prefeitura de Salesópolis/SP em 2021, foi considerado CERTO o seguinte enunciado: "O artigo 5º, da Lei Complementar 101/2000, aponta que o projeto de lei orçamentária

anual, elaborado de forma compatível com o plano plurianual, com a lei de diretrizes orçamentárias e com as normas desta Lei Complementar conterá, em anexo demonstrativo da compatibilidade da programação dos orçamentos com os objetivos e metas constantes do documento de que trata o § 1º do art. 4º".

▸ Como esse assunto foi cobrado em concurso?

No Concurso da OMNI para Procurador Jurídico da Prefeitura de Salesópolis/SP em 2021, foi considerado ERRADO o seguinte enunciado: "O artigo 5º, da Lei Complementar 101/2000, aponta que o projeto de lei orçamentária anual, elaborado de forma compatível com o plano plurianual, com a lei de diretrizes orçamentárias e com as normas desta Lei Complementar conterá, em anexo reserva de contingência, cuja forma de utilização e montante, definido com base na receita corrente líquida, serão estabelecidos, na lei de diretrizes orçamentárias".

O inciso III do art. 5º da LRF, por sua vez, prevê a necessidade de que a LOA contenha reserva de contingência, cuja forma de utilização e montante, definido com base na receita corrente líquida, serão estabelecidos na LDO, destinando-se ao atendimento de passivos contingentes e outros riscos e eventos fiscais imprevistos.

Assim, a reserva de contingência será constituída sob a forma de dotação global, "não especificamente destinada a determinado órgão, unidade orçamentária, programa ou categoria econômica, sendo destinada ao atendimento de passivos contingentes e outros riscos e eventos ficais imprevistos" (BRASIL, 2015, p. 129). Caracteriza-se, dessa forma, como uma exceção ao princípio da especificação.

▸ Como esse assunto foi cobrado em concurso?

No Concurso da FCC para Procurador do Estado da PGE/GO em 2024, foi considerado CERTO o seguinte enunciado: "Considere que, no curso do exercício orçamentário, tenha se materializado um evento consignado no Anexo de Riscos Fiscais que acompanha a Lei de Diretrizes Orçamentárias (LDO), ensejando a necessidade de realização de despesa que não contou com previsão orçamentária específica na Lei Orçamentária Anual. Diante da situação narrada, afigura-se cabível a utilização da reserva de contingência prevista na Lei Orçamentária Anual como um percentual da receita corrente líquida na forma estabelecida na LDO".

▸ Como esse assunto foi cobrado em concurso?

No Concurso da FCC para Procurador do Estado da PGE/AM em 2022, foi considerado CERTO o seguinte enunciado: "Suponha que, no decorrer do exercício, tenha se materializado um evento classificado na Lei de Diretrizes Orçamentárias como um passivo contingente devidamente elencado em seu Anexo de Riscos Fiscais, sendo necessário, assim, realizar despesa não prevista na Lei Orçamentária Anual (LOA). De acordo com a disciplina estabelecida na Constituição Federal de 1988, na Lei de Responsabilidade

> Fiscal e na Lei nº 4.320/1964, referida despesa pode ser suportada com a reserva de contingência prevista na LOA, que corresponde a um percentual da receita corrente líquida destinado a tais situações".

Da mesma forma, o refinanciamento da dívida pública (LRF, art. 5º, §2º) constará separadamente na lei orçamentária e nas de crédito adicional, evidenciando-se, dessa forma, o princípio da transparência. Ainda em relação à dívida, a LRF estabelece que a atualização monetária do principal da dívida mobiliária refinanciada não poderá superar a variação do índice de preços previsto na LDO, ou em legislação específica (art. 5º, §3º).

> ▸ **Como esse assunto foi cobrado em concurso?**
>
> No Concurso do Cebraspe para Procurador da PGE/RN em 2024, foi considerado ERRADO o seguinte enunciado: "O refinanciamento da dívida pública constará separadamente na lei de diretrizes orçamentárias (LDO)".

> ▸ **Como esse assunto foi cobrado em concurso?**
>
> No Concurso do TRF da 4ª Região para Juiz Federal em 2022, foi considerado CERTO o seguinte enunciado: "De acordo com a Lei Complementar Federal nº 101/2000 (Lei de Responsabilidade Fiscal) o refinanciamento da dívida pública deve constar separadamente na lei orçamentária e nas de crédito adicional".

Marcus Abraham esclarece que a dívida pública "constitui o somatório das obrigações do Estado perante todos os seus credores referentes aos empréstimos públicos contraídos no mercado interno ou externo, seja através dos contratos diretos com instituições financeiras ou demais credores, seja pela emissão de títulos, para financiar as despesas públicas não cobertas pelas receitas públicas ordinárias, especialmente as tributárias" (2017b, p. 121).

Por outro lado, a chamada dívida pública consolidada "engloba as obrigações relativas aos empréstimos de longo prazo, juntamente com todas as demais obrigações estatais, tais como as obrigações previdenciárias, com o pagamento de salários, aquisição de móveis ou imóveis, pagamento de fornecedores e prestadores de serviços, precatórios, etc." (ABRAHAM, 2017b, p. 121).

> ▸ **Como esse assunto foi cobrado em concurso?**
>
> No Concurso do CESPE para Juiz Federal da 1ª Região em 2013, foi considerado CERTO o seguinte enunciado: "A lei orçamentária anual de um estado da Federação deve, obrigatoriamente, indicar todas as despesas referentes à sua dívida pública, mobiliária ou contratual".

O §4º do art. 5º da LRF estabelece a vedação a que seja consignado na lei orçamentária crédito com finalidade imprecisa ou com dotação ilimitada, concretizando a disposição contida no art. 167, VII da CRFB/88 que veda a concessão ou utilização de créditos ilimitados.

> **Como esse assunto foi cobrado em concurso?**
>
> No Concurso do Cebraspe para Procurador da PGE/RN em 2024, foi considerado ERRADO o seguinte enunciado: "A lei orçamentária anual (LOA) não poderá conter crédito com finalidade imprecisa ou com dotação ilimitada nem previsões de despesas para exercícios seguintes".

O art. 167, §1º, da Constituição da República, determina que "nenhum investimento cuja execução ultrapasse um exercício financeiro poderá ser iniciado sem prévia inclusão no plano plurianual, ou sem lei que autorize a inclusão, sob pena de crime de responsabilidade", disposição parcialmente reproduzida no §5º do art. 5º da LRF, com a diferença de que, enquanto na CRFB a vedação incide sobre o início do investimento, a LRF foi mais longe, vedando a inserção de tal despesa também na Lei Orçamentária Anual.

> **Como esse assunto foi cobrado em concurso?**
>
> No Concurso da Vunesp para Agente de Fiscalização do TCE/SP em 2017, foi considerado ERRADO o seguinte enunciado: "O projeto de lei orçamentária anual poderá consignar dotação para investimento com execução superior a um exercício financeiro que não esteja previsto no plano plurianual, desde que sua relevância ou interesse sejam demonstrados pelo chefe do Poder Executivo, com a indicação das receitas que financiarão".

Por fim, o §6º do art. 5º da LRF determina que serão incluídas na lei orçamentária, caracterizando-se como despesas da União, as do Banco Central do Brasil relativas a pessoal e encargos sociais, custeio administrativo, inclusive os destinados a benefícios e assistência aos servidores e a investimentos, uma vez que, segundo a lei 4.595/64, cuida-se de uma autarquia federal, com personalidade jurídica e patrimônio próprios, competindo-lhe cumprir e fazer cumprir as disposições que lhe são atribuídas pela legislação em vigor e as normas expedidas pelo Conselho Monetário Nacional.

> **Como esse assunto foi cobrado em concurso?**
>
> No Concurso da Vunesp para Auditor de Controle Externo do TCM/SP em 2023, foi considerado ERRADO o seguinte enunciado: "Integrarão as despesas da União, e serão incluídas na lei orçamentária, as do Banco Central do Brasil e Banco Nacional de Desenvolvimento Econômico e Social relativas a pessoal e encargos sociais, custeio administrativo, inclusive os destinados a benefícios e assistência aos servidores, vedadas despesas de investimentos.".

Observe-se que o art. 5º da LRF contava ainda com um §7º que, por sua vez, foi vetado pela Mensagem Presidencial 627/2000. O texto vetado dispunha no seguinte sentido: "O projeto de lei orçamentária anual será encaminhado ao Poder Legislativo até o dia quinze de agosto de cada ano".

Contudo, conforme as exposições do veto, a Presidência da República entendeu que a Constituição Federal, no art. 35 do Ato das Disposições Constitucionais Transitórias já teria estabelecido, para a União, os respectivos prazos para o envio dos projetos de leis orçamentárias, cabendo aos demais entes federativos estabelecerem suas normas próprias sobre o assunto.

Assim, referido dispositivo estabelece que:

I. O projeto do plano plurianual, para vigência até o final do primeiro exercício financeiro do mandato presidencial subsequente, será encaminhado até quatro meses antes do encerramento do primeiro exercício financeiro e devolvido para sanção até o encerramento da sessão legislativa;

II. O projeto de lei de diretrizes orçamentárias será encaminhado até oito meses e meio antes do encerramento do exercício financeiro e devolvido para sanção até o encerramento do primeiro período da sessão legislativa;

III. O projeto de lei orçamentária da União será encaminhado até quatro meses antes do encerramento do exercício financeiro e devolvido para sanção até o encerramento da sessão legislativa.

Projeto de lei	Prazo para que o Executivo encaminhe ao Legislativo	Prazo para que o Legislativo devolva ao Executivo
PPA	Até 4 meses antes do encerramento do primeiro exercício financeiro do mandato (31 de agosto)	Até o encerramento do segundo período da sessão legislativa (22 de dezembro)
LDO	Até 8 meses e meio antes do encerramento do exercício financeiro (15 de abril)	Até o final do 1º período legislativo (17 de julho)
LOA	Até 4 meses antes do encerramento do exercício financeiro (31 de agosto)	Até o encerramento da sessão legislativa (22 de dezembro)

▸ Como esse assunto foi cobrado em concurso?

No 41º Exame de Ordem da FGV em 2024 foi considerado CERTO o seguinte enunciado: "O prefeito do Município Alfa, em determinado exercício financeiro, na primeira semana do seu mandato, convocou todos os seus secretários, assessores e consultores para definir a política financeira da sua gestão. Na reunião, ele questionou alguns aspectos do orçamento público municipal. Diante desse cenário, considerando que a Lei Orgânica Municipal reproduz as mesmas normas do Direito Financeiro da Constituição Federal de 1988, inclusive quanto aos prazos, ele deverá usar, no primeiro ano do mandato, a Lei Orçamentária Anual (LOA), cuja proposta foi elaborada pelo prefeito antecessor e por este encaminhada à Câmara de Vereadores que a aprovou".

▸ **Como esse assunto foi cobrado em concurso?**

No Concurso da FGV para Analista de Planejamento e Orçamento da SMF/RJ em 2023, foi considerado CERTO o seguinte enunciado: "No âmbito dos entes públicos municipais, a elaboração da Lei Orçamentária Anual (LOA) pode seguir prazos diferentes do previsto nas disposições constitucionais, conforme legislação municipal".

▸ **Como esse assunto foi cobrado em concurso?**

No Concurso da SELECON para Controlador Interno da Câmara de Cuiabá/MT em 2021, foi considerado CERTO o seguinte enunciado: "A Lei de Orçamento Anual (LOA) deverá ter sua proposta encaminhada do Executivo ao Legislativo, quatro meses antes do término do exercício financeiro e, indicativamente, compreenderá o orçamento fiscal dos Poderes Executivo, Legislativo e Judiciário, o orçamento de investimentos das empresas em que o estado detenha maioria do capital social com direito a voto e o orçamento de seguridade social".

▸ **Como esse assunto foi cobrado em concurso?**

No Concurso da SELECON para Controlador Interno da Câmara de Cuiabá/MT em 2021, foi considerado ERRADO o seguinte enunciado: "A Lei de Orçamento Anual (LOA) deverá ter sua proposta encaminhada do Executivo ao Legislativo, quatro meses antes do término do exercício financeiro e, indicativamente, compreenderá a avaliação de cumprimentos de metas do ano anterior, o equilíbrio entre as receitas e despesas e a evolução do patrimônio líquido nos últimos três exercícios, destacando a origem e as aplicações dos recursos obtidos com a alienação de ativos".

▸ **Como esse assunto foi cobrado em concurso?**

No Concurso da SELECON para Analista Legislativo de Cuiabá/MT em 2021, foi considerado CERTO o seguinte enunciado: "Nos termos da Constituição Federal, o orçamento anual deve ser votado pelo Congresso Nacional e depende dos parâmetros que devem ser fixados por outros instrumentos normativos. Um deles consiste na Lei de Diretrizes Orçamentárias que estabelece para o governo seu planejamento operacional".

▸ **Como esse assunto foi cobrado em concurso?**

No Concurso da SELECON para Controlador Interno da Câmara de Cuiabá/MT em 2021, foi considerado CERTO o seguinte enunciado: "O Plano Plurianual (PPA) é o mais alto documento da hierarquia no sistema de planejamento de qualquer órgão público, sendo correto afirmar que sua vigência é de quatro anos e se inicia no 2º ano do mandato, estendendo-se até o final do 1º ano do mandato subsequente".

A Emenda Constitucional 102, de 26 de setembro de 2019 alterou, dentre outros, o art. 165 da Constituição Federal, incluindo novas disposições acerca da Lei Orçamentária Anual, conforme quadro infra:

> **▸ Importante**
>
> CRFB/88, Art. 165, § 14. A lei orçamentária anual **poderá conter previsões de despesas para exercícios seguintes, com a especificação dos investimentos plurianuais e daqueles em andamento.**

> **▸ Como esse assunto foi cobrado em concurso?**
>
> No Concurso da Vunesp para Procurador Municipal de Sertãozinho/SP em 2023, foi considerado CERTO o seguinte enunciado: "A Lei Orçamentária Anual (LOA) poderá conter previsões de despesas para exercícios seguintes, com a especificação dos investimentos plurianuais e daqueles em andamento".

> **▸ Como esse assunto foi cobrado em concurso?**
>
> No Concurso da FGV para Analista de Planejamento e Orçamento da SMF/RJ em 2023, foi considerado CERTO o seguinte enunciado: "As disposições legais relativas ao orçamento anual dos entes públicos estabelecem que, para fins de execução orçamentária, o exercício financeiro deve coincidir com o calendário civil. Mais recentemente a LRF reforçou a necessidade de compatibilidade da Lei Orçamentária Anual (LOA) com o PPA, atendendo ao princípio do planejamento. Nesse contexto, a LOA de um dado exercício pode conter previsões de despesas para exercícios seguintes, especificando investimentos plurianuais e em andamento."

ATENÇÃO: Do mesmo modo, a Emenda Constitucional nº 113/2021 inseriu novas disposições no art. 107 do ADCT aplicáveis à Lei Orçamentária Anual, a saber:

> **▸ Importante**
>
> CRFB/88, ADCT, art. 107. "§ 12. Para fins da elaboração do **projeto de lei orçamentária anual**, o Poder Executivo considerará o valor realizado até junho do índice previsto no inciso II do § 1º deste artigo, relativo ao ano de encaminhamento do projeto, e o valor estimado até dezembro desse mesmo ano.
>
> § 13. A estimativa do índice a que se refere o § 12 deste artigo, juntamente com os demais parâmetros macroeconômicos, serão elaborados mensalmente pelo Poder Executivo e enviados à comissão mista de que trata o § 1º do art. 166 da Constituição Federal.
>
> § 14. O resultado da diferença aferida entre as projeções referidas nos §§ 12 e 13 deste artigo e a efetiva apuração do índice previsto no inciso II do § 1º deste artigo será calculado pelo Poder Executivo, para fins de definição da base de cálculo dos respectivos limites do exercício seguinte, a qual será comunicada aos demais Poderes por ocasião da elaboração do projeto de lei orçamentária."

> ▸ **Qual o entendimento atual do STF sobre o assunto?**
> "Encontram-se presentes os requisitos para a concessão da medida cautelar, pois: (i) há plausibilidade jurídica no que se refere ao direito alegado pelo requerente, tendo em vista que se encontra em consonância com a jurisprudência firmada por esta Corte quanto ao modelo de reprodução obrigatória, o qual enseja a necessidade de observância ao princípio da simetria que rege a organização dos entes estaduais (CF/1988, art. 25, caput); e (ii) há perigo da demora na prestação jurisdicional, decorrente da necessária adequação do Projeto de Lei Orçamentária Anual (LOA) local à nova redação da Constituição estadual e sua expressiva repercussão no âmbito da saúde pública". (ADI 7.493 MC-Ref/MT, rel. Min. Dias Toffoli, j. 20.02.2024, STF Info 1124)

8.4. Controle abstrato de constitucionalidade das leis orçamentárias

Durante algum tempo, o Supremo Tribunal federal entendeu que as leis orçamentárias, por contarem com natureza concreta, não poderiam ser objeto de controle abstrato de constitucionalidade (ADIs 1.640, 2.057, 2.100 e 2.484), o que somente seria cabível contra ato dotado de abstração, generalidade e impessoalidade.

Em 2003, na ADI 2.925 esse entendimento começou a ser alterado. Naquela ocasião ao analisar o descumprimento da norma constitucional referente à destinação da CIDE, o STF entendeu que naquele caso específico a norma contaria com densidade normativa suficiente para que fosse objeto de controle abstrato de constitucionalidade.

Todavia, em 2008 (ADIs 4.048 e 4.049), o posicionamento do STF sofreu significativa mudança, passando a **admitir a possibilidade do controle abstrato de constitucionalidade das leis orçamentárias.**

> ▸ **Qual o entendimento atual do STF sobre o assunto?**
> "Controle abstrato de constitucionalidade de normas orçamentárias. **Revisão de jurisprudência.** O STF deve exercer sua função precípua de fiscalização da constitucionalidade das leis e dos atos normativos quando houver um tema ou uma controvérsia constitucional suscitada em abstrato, independente do caráter geral ou específico, concreto ou abstrato de seu objeto. **Possibilidade de submissão das normas orçamentárias ao controle abstrato de constitucionalidade**" (STF, ADI-MC4.048/DF, Rel. Min. Gilmar Mendes, j. 14.05.2008, p. 21.08.2008).

> ▸ **Qual o entendimento atual do STF sobre o assunto?**
> "A lei não precisa de densidade normativa para se expor ao controle abstrato de constitucionalidade, devido a que se trata de ato de aplicação primária da Constituição" (STF, ADI-MC 4.049/DF, Rel. Min. Carlos Britto, j. 05.11.2008, p. 07.05.2009).

> ▸ **Como esse assunto foi cobrado em concurso?**
>
> No Concurso da FAUEL para Advogado da Prefeitura de São José/PR em 2017, foi considerado CERTO o seguinte enunciado: "Conforme jurisprudência do Supremo Tribunal Federal, as leis orçamentárias **podem** ser objeto de controle abstrato de constitucionalidade".

9. CICLO ORÇAMENTÁRIO

Ciclo orçamentário, nas palavras de Harrison Leite, "consiste numa série de fatos orçamentários que se sucedem, iniciando-se com a necessidade de determinado recurso, plenamente justificada, até a sua correta aplicação e posterior fiscalização. Logo, é um conjunto de etapas que não se adstringem a um exercício financeiro, visto que os fenômenos orçamentários não se exaurem com a sua ocorrência, deixando reflexos que serão objeto de análise por parte dos setores competentes" (2015, p. 96-97).

Assim, a expressão ciclo evidencia o caráter de **repetição periódica** das mesmas atividades dentro de seus respectivos prazos.

Ricardo Damasceno de Almeida e Marcelo Jucá Lisboa apresentam o ciclo orçamentário tradicionalmente dividido em quatro fases: a) elaboração e apresentação; b) autorização legislativa; c) programação e execução; d) avaliação e controle (2017, p. 149).

Considerando as alterações introduzidas na Constituição, os mesmos autores desdobram o ciclo orçamentário em oito fases: 1) formulação do planejamento plurianual, pelo Executivo; 2) apreciação e adequação do plano, pelo Legislativo; 3) proposição de metas e prioridades para a administração e da política de alocação de recursos pelo Executivo; 4) apreciação e adequação da LDO, pelo Legislativo; 5) elaboração da proposta de orçamento, pelo Executivo; 6) apreciação, adequação e autorização legislativa; 7) execução dos orçamentos aprovados; 8) avaliação da execução e julgamento das contas (ALMEIDA; LISBOA, 2017, p. 149).

Didaticamente optamos por dividir o ciclo orçamentário em três fases:

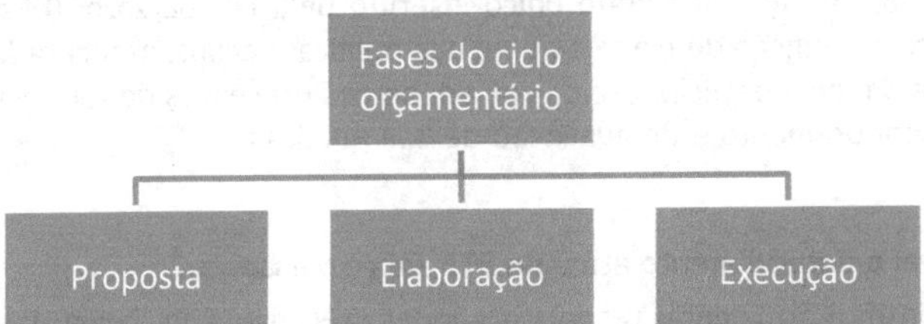

> **Como esse assunto foi cobrado em concurso?**
>
> No Concurso da FGV para Analista de Planejamento e Orçamento da SMF/RJ em 2023, foi considerado CERTO o seguinte enunciado: "O ciclo orçamentário tem etapas e prazos que devem ser respeitados para a regularidade do processo de execução orçamentária no exercício financeiro. No caso da lei orçamentária relativa ao primeiro ano de mandato no âmbito municipal, à luz da legislação, é exigido que reflita as prioridades e necessidades locais, mediante apreciação do Poder Legislativo."

9.1. Proposta orçamentária

A iniciativa em relação às leis orçamentárias é **privativa do Poder Executivo, CRFB/88, art. 165, I, II e III**, caracterizando-se, ainda, como uma competência indelegável, uma vez que a elaboração do orçamento faz parte da função de planejamento, típica do Executivo.

Omitindo-se diante dessa competência, o Chefe do Poder Executivo poderá responder por crime de responsabilidade, conforme expressa disposição constitucional (art. 85, VI) e ainda de acordo com previsão específica na lei 1.079/50 (Presidente e Governador) e no Decreto-lei 201/67 (Prefeito).

> **Importante**
>
> CRFB/88, Art. 84. Compete privativamente ao Presidente da República
> XXIII – enviar ao Congresso Nacional o plano plurianual, o projeto de lei de diretrizes orçamentárias e as propostas de orçamento previstas nesta Constituição.
>
> CRFB/88, Art. 61, §1º. São de iniciativa privativa do Presidente da República as leis que:
>
> II – disponham sobre:
>
> b) organização administrativa e judiciária, matéria tributária e orçamentária, serviços públicos e pessoal da administração dos Territórios.

> **Importante**
>
> CRFB/88, art. 193, parágrafo único inserido pela EC 108/2020: O Estado exercerá a função de planejamento das políticas sociais, assegurada, na forma da lei, a participação da sociedade nos processos de formulação, de monitoramento e de avaliação dessas políticas.

> **Qual o entendimento atual do STF sobre o assunto?**
>
> "A Constituição Federal reserva ao Poder Executivo a iniciativa das leis que estabelecem o plano plurianual, as diretrizes orçamentárias e os orçamentos anuais, o que, em respeito à separação dos Poderes, consubstancia norma de observância obrigatória pelos demais entes federados.

A inserção, nos textos constitucionais estaduais, dessas matérias, cuja veiculação por lei se submete à iniciativa privativa do chefe do Poder Executivo, subtrai deste último a possibilidade de manifestação". (STF, ADI 5897/SC, Rel. Min. Luiz Fux, Plenário, j. 24.04.2019, Info 938).

▸ **Como esse assunto foi cobrado em concurso?**

No Concurso do IPEFAE para Controlador Interno de Águas da Prata/SP em 2021, foi considerado ERRADO o seguinte enunciado: "Cabe ao poder Legislativo a elaboração do Projeto de Lei do Plano Plurianual que será aprovado pelo Poder Executivo".

▸ **Como esse assunto foi cobrado em concurso?**

No Concurso da FAUEL para Advogado da Câmara de Maria Helena/PR em 2017, foi considerado ERRADO o seguinte enunciado: "A Lei de Diretrizes Orçamentárias (LDO) e a Lei Orçamentária Anual (LOA) é de reserva de iniciativa do Poder Executivo, cabendo, todavia, ao Poder Legislativo, a reserva de iniciativa do Plano Plurianual".

▸ **Como esse assunto foi cobrado em concurso?**

No Concurso da FGV para Técnico de Nível Superior da Prefeitura de Salvador/BA em 2017, foi considerado CERTO o seguinte enunciado: "O plano plurianual, as diretrizes orçamentárias e os orçamentos anuais serão estabelecidos por meio de leis de iniciativa do Poder Executivo".

Para a elaboração da proposta orçamentária, cada Unidade Gestora (órgão investido na faculdade de gerir recursos orçamentários) elaborará a sua demanda individual, que será, a seguir, consolidada em um único projeto que será submetido ao Poder Legislativo. Para tanto, compete ao Poder Executivo de cada ente disponibilizar aos demais Poderes e ao Ministério Público, no mínimo 30 dias antes do prazo final para o encaminhamento de suas propostas orçamentárias, os estudos e as estimativas das receitas para o exercício subsequente, inclusive da corrente líquida e as respectivas memórias de cálculo (LRF, art. 12, §3º).

▸ **Qual o entendimento atual do STF sobre o assunto?**

"É inconstitucional a limitação de despesas da folha complementar do Ministério Público Estadual do Estado do Ceará em percentual da despesa anual da folha normal de pagamento, sem a devida participação efetiva do órgão financeiramente autônomo no ato de estipulação em conjunto dessa limitação na Lei de Diretrizes Orçamentárias." (ADI 7073/CE, rel. Min. André Mendonça, j. 23.9.2022, Info 1069)

> **▸ Como esse assunto foi cobrado em concurso?**
> No Concurso da UFPR para Analista Legislativo da Câmara de Curitiba/PR em 2020, foi considerado ERRADO o seguinte enunciado: "O Poder Executivo de cada ente colocará à disposição dos demais Poderes e do Ministério Público, no mínimo sessenta dias antes do prazo final para encaminhamento de suas propostas orçamentárias, os estudos e as estimativas das receitas para o exercício subsequente e as respectivas memórias de cálculo".

Destaque-se que o art. 99 da CRFB/88 assegura ao Poder Judiciário a **autonomia administrativa e financeira**, o que abrange a competência dos tribunais para a elaboração de suas propostas orçamentárias dentro dos limites estipulados conjuntamente com os demais Poderes na lei de diretrizes orçamentárias (CRFB/88, art. 99, §1º), sob pena de inconstitucionalidade.

Assim, o encaminhamento da proposta, ouvidos os tribunais interessados compete (CRFB/88, art. 99, §2º):

I. No âmbito da União, aos Presidentes do Supremo Tribunal Federal e dos Tribunais Superiores, com a aprovação dos respectivos tribunais;

II. No âmbito dos Estados e no do Distrito Federal e Territórios, aos Presidentes dos Tribunais de Justiça, com a aprovação dos respectivos tribunais.

Disposição semelhante alcança o Ministério Público, conforme disciplinado nos §§ 2º ao 6º do art. 127, da CRFB/88. Assim, "o Ministério Público elaborará sua proposta orçamentária dentro dos limites estabelecidos na lei de diretrizes orçamentárias".

> **▸ Qual o entendimento atual do STF sobre o assunto?**
> "Não obstante a autonomia institucional que foi conferida ao Ministério Público pela Carta Política, permanece na esfera exclusiva do Poder Executivo a competência para instaurar o processo de formação das leis orçamentárias em geral. A Constituição autoriza, apenas, a elaboração, na fase pré-legislativa, de sua proposta orçamentária, dentro dos limites estabelecidos na lei de diretrizes" (STF, ADI-MC 514/DF, Rel. Min. Celso de Mello, Pleno, j. 01.07. 1991, p. 18.03.1994).

> **▸ Como esse assunto foi cobrado em concurso?**
> No Concurso da FGV para Consultor Legislativo Especial da AL/MA em 2023, foi considerado CERTO o seguinte enunciado: "O Presidente do Tribunal de Justiça do Estado Alfa foi informado por sua assessoria que já era o momento de serem adotadas as providências relacionadas ao orçamento do ano vindouro, uma vez que o denominado "ciclo orçamentário", que abrange o conjunto de medidas que culminarão com a elaboração da lei orçamentária anual do próximo exercício financeiro, estava prestes a se iniciar. Em relação às medidas relacionadas ao

referido "ciclo orçamentário", a assessoria respondeu corretamente que o Tribunal de Justiça deve estipular, juntamente com os demais Poderes, na lei de diretrizes orçamentárias, os limites de sua proposta orçamentária."

▸ **Como esse assunto foi cobrado em concurso?**

No Concurso da FGV para Promotor de Justiça do MPE/GO em 2022, foi considerado CERTO o seguinte enunciado: "O Ministério Público deve apurar, de forma segregada para aplicação do limite de despesa com pessoal, a integralidade das despesas com pessoal dos respectivos servidores inativos e pensionistas, mesmo que o custeio dessas despesas esteja a cargo do Tesouro Estadual".

Além do Poder Judiciário e do Ministério Público, às Defensorias Públicas Estaduais também é assegurada a **autonomia funcional e administrativa**, assim como a iniciativa de sua proposta orçamentária dentro dos limites estabelecidos na LDO e subordinando-se ao disposto no art. 99, §2º da Constituição (CRFB/88, art. 134, §2º, incluído pela EC 45/2004). Essa autonomia foi, mais tarde, com o advento da Emenda Constitucional nº 74, de 2013, estendida às Defensorias Públicas da União e do Distrito Federal.

▸ **Qual o entendimento atual do STF sobre o assunto?**

"A EC 45/04 outorgou expressamente autonomia funcional e administrativa às defensorias públicas estaduais, além da iniciativa para a propositura de seus orçamentos (art. 134, §2º): donde, ser inconstitucional a norma local que estabelece a vinculação da Defensoria Pública a Secretaria de Estado. A norma de autonomia inscrita no art. 134, §2º, da Constituição Federal pela EC 54/04 é de eficácia plena e aplicabilidade imediata, dado ser a Defensoria Pública um instrumento de efetivação dos direitos humanos. [...]" (STF, ADI 3.569-0/PE, Rel. Min. Sepúveda Pertence, Pleno, J. 02.04. 2007, p. 11.05.2007).

▸ **Qual o entendimento atual do STF sobre o assunto?**

"Nos termos do art. 134, §2º, da CF, não é dado ao chefe do Poder Executivo estadual, de forma unilateral, reduzir a proposta orçamentária da Defensoria Pública quando essa é compatível com a LDO. Caberia ao governador do Estado incorporar a PLOA a proposta nos exatos termos definidos pela Defensoria, podendo, contudo, pleitear à Assembleia Legislativa a redução pretendida, visto ser o Poder Legislativo a seara adequada para o debate de possíveis alterações no PLOA. A inserção da Defensoria Pública em capítulo destinado à proposta orçamentária do Poder Executivo, juntamente com as Secretarias de Estado, constitui desrespeito à autonomia administrativa da instituição, além de ingerência indevida no estabelecimento de sua programação administrativa e financeira" (STF, ADPF 307 MC-REF, Rel. Min. Dias Toffoli, j. 19.12. 2013, p. 27.03.2014).

ATENÇÃO: as leis de diretrizes orçamentárias elaboradas em 2016 (lei 13.408, art. 26) e 2017 (13.473, art. 24) incluíram novas exigências em relação aos Poderes Legislativo e Judiciário, o Ministério Público da União e a Defensoria da União. Assim, seus órgãos deverão encaminhar à Secretaria de Orçamento Federal do Ministério do Planejamento, Desenvolvimento e Gestão, por meio do Sistema Integrado de Planejamento e Orçamento - SIOP, até 15 de agosto do respectivo ano, suas propostas orçamentárias para fins de consolidação do Projeto de Lei Orçamentária.

Observe-se que tais disposições **não alcançam o Supremo Tribunal Federal, o Conselho Nacional de Justiça, o Ministério Público Federal e o Conselho Nacional do Ministério Público.**

Além disso, as propostas orçamentárias dos órgãos do Poder Judiciário e do Ministério Público da União, deverão ser objeto de parecer do Conselho Nacional de Justiça e do Conselho Nacional do Ministério Público, de que tratam os arts. 103-B e 130-A da Constituição Federal, respectivamente, a ser encaminhado à Comissão Mista a que se refere o §1º do art. 166 da CRFB/88, até 28 de setembro do respectivo ano, com cópia para a Secretaria de Orçamento Federal do Ministério do Planejamento, Desenvolvimento e Gestão.

Tais dispositivos, constantes das leis de diretrizes orçamentárias evidenciam que, também ao Poder Legislativo compete elaborar sua proposta orçamentária, a ser encaminhada ao Executivo, ainda que não exista disposição constitucional expressa nesse sentido.

> ▸ **Como esse assunto foi cobrado em concurso?**
>
> No Concurso do CESPE para Juiz Federal da 5ª Região em 2012, foi considerado CERTO o seguinte enunciado: "A prerrogativa da autonomia financeira dos poderes visa impedir o Poder Executivo de causar, em desfavor do Poder Judiciário, do Poder Legislativo e do MP, um estado de subordinação financeira capaz de comprometer, pela gestão arbitrária do orçamento, a independência político-jurídica dessas instituições".

Em todos esses casos (Judiciário, Ministério Público, Defensorias e Poder Legislativo) caso as propostas orçamentárias não sejam encaminhadas dentro dos prazos estabelecidos na LDO, o Poder Executivo considerará, para fins de consolidação da proposta orçamentária anual, os valores aprovados na **lei orçamentária vigente ajustados conforme limites previstos na própria LDO.**

Por outro lado, caso tais propostas sejam apresentadas, mas em desacordo com os limites estipulados na LDO, o Poder Executivo procederá aos ajustes necessários de forma a consolidar a proposta orçamentária a ser encaminhada ao Poder Legislativo, sendo esta a única situação em que será possível que o Executivo modifique os valores constantes nas propostas do Ministério Público, da Defensoria Pública, e dos Poderes Judiciário e Legislativo.

A proposta orçamentária a ser encaminhada pelo Poder Executivo ao Legislativo será composta da seguinte forma (art. 22 da lei 4.320/64):

I. Mensagem, que conterá: exposição circunstanciada da situação econômico-financeira, documentada com demonstração da dívida fundada e flutuante, saldos de créditos especiais, restos a pagar e outros compromissos financeiros exigíveis; exposição e justificação da política econômico-financeira do Governo, justificação da receita e despesa, particularmente no tocante ao orçamento de capital;

II. Projeto de lei orçamentária;

III. Tabelas explicativas (anexos);

IV. Especificação dos programas especiais de trabalho custeados por dotações globais, em termos de metas visadas decompostas em estimativa do custo das obras a realizar e dos serviços a prestar, acompanhadas de justificação econômica, financeira, social e administrativa.

Observação: constará da proposta orçamentária, para cada unidade administrativa, descrição sucinta de suas principais finalidades, com indicação da respectiva legislação (Lei 4.320/64, art. 22, parágrafo único).

9.2. Elaboração orçamentária

Essa segunda fase do ciclo orçamentário inicia-se com a apreciação, pelo Poder Legislativo, da proposta consolidada o que, no caso da União, dá-se mediante análise conjunta das duas Casas do Congresso Nacional, mas com apuração dos votos em separado, conforme previsão do Regimento do Congresso Nacional (Resolução n. 01/1970 e Resolução 01/2006).

Destaque-se que no âmbito federal a Constituição (art. 166, §1º) previu a criação de uma Comissão mista de Senadores e Deputados com competência para:

a) Examinar e emitir parecer sobre os projetos referidos neste artigo (inclusive créditos adicionais) e sobre as contas apresentadas anualmente pelo Presidente da República;

b) Examinar e emitir parecer sobre os planos e programas nacionais, regionais e setoriais previstos nesta Constituição e exercer o acompanhamento e fiscalização orçamentária;

c) Emitir parecer sobre as emendas às leis orçamentárias apresentadas na Comissão mista.

> **▸ Qual o entendimento atual do STF sobre o assunto?**
>
> "O relatório da Comissão Mista de Planos, Orçamentos Públicos e Fiscalização (CMO) do Congresso Nacional, mercê de ostentar confessadamente motivação ideologicamente enviesada, não vincula, per si, a apreciação pelas Casas Legislativas do parlamento Federal" (STF, ADI 5.468, Rel. Min. Luiz Fux, j. 30.06. 2016, p. 02.08.2017).

▸ **Como esse assunto foi cobrado em concurso?**

No Concurso da FCC para Procurador Municipal da Prefeitura de Teresina/PI em 2022, foi considerado ERRADO o seguinte enunciado: "Os projetos de lei relativos ao plano plurianual, às diretrizes orçamentárias, ao orçamento anual e aos créditos adicionais serão apreciados pela Câmara dos Deputados e aprovados por maioria de dois terços dos deputados federais, sem necessidade de aprovação pelo Senado Federal".

Segundo previsão da Resolução n. 01/2006 do Congresso Nacional, a Comissão Mista Permanente prevista no art. 166 da CRFB/88 é denominada Comissão Mista de Planos, Orçamentos Públicos e Fiscalização (CMO), sendo composta por 40 (quarenta) membros titulares, sendo 30 (trinta) deputados e 10 (dez) senadores.

A mesma Resolução n. 01/2006, que dispõe sobre a Comissão Mista Permanente bem como a tramitação das leis orçamentárias, estabelece ainda que, para o exercício de sua competência, a CMO poderá (art. 3º):

I. Determinar ao Tribunal de Contas da União a realização de fiscalizações, inspeções e auditorias, bem como requisitar informações sobre a fiscalização contábil, financeira, orçamentária, operacional e patrimonial e sobre resultados de fiscalizações, auditorias e inspeções realizadas;

II. Requerer informações e documentos aos órgãos e entidades federais;

III. Realizar audiências públicas com representantes e órgãos e entidades públicas e da sociedade civil;

IV. Realizar inspeções e diligências em órgãos da administração pública federal, das administrações estadual e municipal e em entidades privadas que recebam recursos ou administrem bens da União.

▸ **Importante**

Art. 4º da Resolução n. 01/2006 do Congresso Nacional: "A CMO realizará **audiências públicas** para o debate e o aprimoramento dos projetos de lei orçamentária anual, de lei de diretrizes orçamentárias e de lei do plano plurianual e para o acompanhamento e a fiscalização da execução orçamentária e financeira".

Para seu melhor funcionamento, serão constituídos quatro comitês permanentes no âmbito da CMO: 1.) Comitê de Avaliação, Fiscalização e Controle da Execução Orçamentária; 2.) Comitê de Avaliação da Receita; 3.) Comitê de Avaliação das Informações sobre Obras e Serviços com Índices de Irregularidades Graves; e 4.) Comitê de Exame da Admissibilidade de Emendas, com competências disciplinadas pela própria Resolução n. 01/2006-CN.

Assim, exercida a iniciativa vinculada do Poder Executivo sobre as leis orçamentárias, antes de o projeto ser submetido ao Poder Legislativo, será examinado pela Comissão Mista Permanente a qual caberá emitir parecer. É nesse momento de análise pela Comissão que os congressistas poderão apresentar emendas aos projetos de leis orçamentárias.

Ou seja, diferentemente do que ocorria na ordem constitucional anterior, **atualmente é possível ao legislador apresentar projeto de lei com o escopo de alterar o projeto orçamentário apresentado pelo Poder Executivo**, o que, segundo Harrison Leite representa "uma maior participação democrática nos gastos públicos, conferindo-lhes maior legitimidade, diferentemente do passado, em que o Legislativo não podia fazer qualquer emenda nesse sentido", evidenciando-se, assim, ainda segundo o autor, "uma forte razão para a natureza de lei em sentido material do orçamento" (2015, p. 101).

Tanto em relação ao Anexo de Metas e Prioridades da Lei de Diretrizes Orçamentárias (art. 87 da Resolução n. 01/2006-CN) quanto ao projeto de lei do plano plurianual, ou ao projeto que o revise (art. 97 da Resolução n. 01/2006-CN) poderão ser apresentadas emendas de Comissão e de Bancada Estadual observados os seguintes limites:

I. Até 5 (cinco) emendas, para as Comissões Permanentes do Senado Federal ou da Câmara dos Deputados;

II. Até 5 (cinco) emendas, para as Bancadas Estaduais do Congresso Nacional.

Por outro lado, quanto à LDO cada parlamentar poderá apresentar até 5 (cinco) emendas (art. 88 da Resolução n. 01/2006-CN) ao passo que no caso do PPA, cada parlamentar poderá apresentar até 10 (dez) emendas (art. 98 da Resolução n. 01/2006-CN).

> **Importante!**
> Com a entrada em vigor da Lei Complementar nº 210/2024, espera-se a reformulação das Resoluções que cuidam das emendas parlamentares, devidamente disciplinadas pela nova lei.

Em relação à Lei Orçamentária Anual, são admitidos dois tipos de emendas ao projeto: emendas à receita e emenda à despesa.

Emendas à receita, são as que têm por finalidade alteração da estimativa de receita, inclusive as que propõem redução dessa estimativa em decorrência da aprovação de projeto de lei (art. 31 da Resolução n. 01/2006-CN).

As emendas de renúncia de receita, além de indicarem os recursos compensatórios necessários, provenientes de anulação de despesas ou de acréscimo de outra receita, deverão satisfazer às seguintes condições (art. 32 da Resolução n. 01/2006-CN):

I. Terem recebido, previamente ao exame da compatibilidade e da adequação orçamentária e financeira, parecer favorável de mérito, na Casa de origem, pelas Comissões Permanentes;

II. Estejam, até o prazo final para a apresentação das emendas, instruídas com a estimativa da renúncia de receita delas decorrentes, oriundas do Poder Executivo ou de órgão técnico especializado em matéria orçamentária do Poder Legislativo.

Já as emendas à despesa são classificadas como de remanejamento, de apropriação ou de cancelamento:

- **Emenda de remanejamento** → "é a que propõe acréscimo ou inclusão de dotações e, simultaneamente, como fonte exclusiva de recursos, a anulação equivalente de dotações constantes do projeto, exceto as da reserva de Contingência" (art. 38 da Resolução n. 01/2006-CN);
- **Emenda de apropriação** → "é a que propõe acréscimo ou inclusão de dotações e, simultaneamente, como fonte de recursos, a anulação equivalente de: I. recursos integrantes da Reserva de Recursos (art. 56 da Resolução n. 01/2006-CN); II. outras dotações, definidas no parecer preliminar" (art. 39 da Resolução n. 01/2006-CN);
- **Emenda de cancelamento** → "é a que propõe, exclusivamente, a redução de dotações constantes do projeto" (art. 40 da Resolução n. 01/2006-CN).

Em suma, os parlamentares não são livres para apresentar qualquer tipo de emenda, submetendo-se a restrições de ordem tanto material quanto formal. Assim, o art. 166, §§ 3º e 4º, da CRFB/88, estabeleceu que as emendas ao projeto de lei do orçamento anual ou aos projetos que o modifiquem somente podem ser aprovadas caso:

I. Sejam compatíveis com o plano plurianual e com a lei de diretrizes orçamentárias;

II. Indiquem os recursos necessários, admitidos apenas os provenientes de anulação de despesa, excluídas as que incidam sobre:

a) Dotações para pessoal e seus encargos;

b) Serviço da dívida;

c) Transferências tributárias para Estados, Municípios e Distrito Federal; ou

III. Sejam relacionadas:

a) Com a correção de erros ou omissões; ou

b) Com os dispositivos do texto do projeto de lei.

> **▸ Como esse assunto foi cobrado em concurso?**
>
> No Concurso da FGV para Analista de Planejamento e Orçamento da SMF/RJ em 2023, foi considerado CERTO o seguinte enunciado: "Um deputado estadual apresentou, junto à Comissão de Orçamento da Assembleia Legislativa e dentro do prazo adequado, emenda ao projeto de lei orçamentária anual (Ploa) do Estado Alfa que acarretava aumento de despesa. O deputado estava ciente de que tal emenda somente poderia ser aprovada caso indicasse os recursos necessários a custear esses novos gastos, os quais deveriam ser provenientes de anulação de outras dotações. A dotação que pode ser objeto de anulação para fins de custeio do aumento previsto nessa emenda parlamentar é a anulação de despesa que recaia sobre dotação referente a obras de infraestrutura."

▸ Como esse assunto foi cobrado em concurso?

No Concurso da FGV para Procurador do Município da PGM Niterói/RJ em 2023, foi considerado CERTO o seguinte enunciado: "Uma deputada federal resolveu apresentar uma emenda ao projeto de lei do orçamento anual da União. Sobre essa emenda, é correto afirmar que deve ser apresentada na Comissão Mista Permanente de Planos, Orçamentos Públicos e Fiscalização (CMO) do Congresso Nacional e somente pode ser aprovada se indicar os recursos necessários, admitidos apenas aqueles provenientes da anulação de despesas".

▸ Como esse assunto foi cobrado em concurso?

No Concurso do TRF da 4ª Região para Juiz Federal em 2022, foi considerado CERTO o seguinte enunciado: "As propostas de leis orçamentárias sujeitam-se a regime especial de tramitação no Poder Legislativo".

▸ Como esse assunto foi cobrado em concurso?

No Concurso do CESPE/CEBRASPE para Analista Judiciário do TJ/PA em 2020, foi considerado CERTO o seguinte enunciado: "No processo orçamentário, após o envio do projeto de lei orçamentária ao Poder Legislativo, os parlamentares podem apresentar emendas que alterem o texto inicial. Nesse contexto, para atendimento das demandas, são admitidas emendas que, entre outros requisitos legais, sejam compatíveis com a lei de diretrizes orçamentárias (LDO)".

▸ Como esse assunto foi cobrado em concurso?

No Concurso do CESPE para Promotor de Justiça do MPE/PI em 2019, esse tema foi cobrado da seguinte forma: "Durante a tramitação de um projeto de lei orçamentária no Congresso Nacional, foi decidida a inclusão, por emenda, de determinada dotação, para o que foi reduzida, em mesmo valor, outra dotação. Nesse caso, de acordo com a determinação constitucional, pode ter sido reduzida dotação para: a) pessoal; b) encargos sobre as despesas com pessoal; c) amortização da dívida; d) transferências tributárias constitucionais para estados; e) investimentos". Segundo o gabarito oficial, foi considerada correta a alternativa "e".

A exigência de que a emenda indique os recursos necessários compatibiliza-se ainda com a previsão do art. 63 da CRFB que veda o aumento de despesa prevista nos projetos de iniciativa exclusiva do Presidente da República, salvo os casos de anulação de despesa supramencionados.

▸ Qual o entendimento atual do STF sobre o assunto?

"As normas constitucionais de processo legislativo não impossibilitam, em regra, a modificação, por meio de emendas parlamentares, dos projetos de lei enviados pelo chefe do Poder Executivo no exercício de sua iniciativa privativa. Essa atribuição do Poder Legislativo esbarra, porém, em duas limitações: a) a impossibilidade de o parlamento veicular matérias diferentes das versadas no projeto de lei, de modo a desfigurá-lo; e b) a impossibilidade de as emendas parlamentares aos projetos de lei de iniciativa do Presidente da República, ressalvado o disposto no §3º e no §4º do art. 166, implicarem aumento de despesa pública (inciso I do art. 63 da CF)" (STF, ADI 2.583, Rel. Min. Cármen Lúcia, j. 1º.08. 2011, p. 26.08.2011).

▸ **Como esse assunto foi cobrado em concurso?**

No Concurso da FADCT para Procurador Municipal da Prefeitura de Ivatuba/PR em 2023, foi considerado ERRADO o seguinte enunciado: "Em regra, é permissível que a receita indicada nos projetos elaborados pelo Poder Executivo e enviados ao Legislativo sofra alterações no curso da votação e discussão orçamentária".

▸ **Como esse assunto foi cobrado em concurso?**

No Concurso do Cespe/Cebraspe para Procurador do Município de Camaçari/BA em 2024, foi considerado CERTO o seguinte enunciado: "O projeto de lei orçamentária anual é de iniciativa exclusiva do chefe do Poder Executivo e, em regra, é vedado ao parlamento emendá-lo para aumentar a despesa prevista".

▸ **Como esse assunto foi cobrado em concurso?**

No Concurso da FGV para Promotor de Justiça do MPE/GO em 2022, foi considerado CERTO o seguinte enunciado: "O governador do Estado-membro Alfa apresentou o projeto de lei orçamentária anual. Por ocasião de sua análise no âmbito da comissão permanente com competência na matéria, foi apresentada emenda parlamentar que ampliava a dotação direcionada a um programa específico de assistência social. Para tanto, foram indicados, como recursos a serem utilizados para cobrir a referida dotação, aqueles decorrentes da anulação parcial de despesas com as transferências voluntárias que seriam realizadas a municípios situados no Estado-membro Alfa e o programa de construção de residências populares".

▸ **Como esse assunto foi cobrado em concurso?**

No Concurso do CESPE/CEBRASPE para Auditor Fiscal da SEFAZ/DF em 2020, foi considerado CERTO o seguinte enunciado: "Emenda parlamentar ao projeto de lei orçamentária destinada a reforçar a dotação para os serviços da dívida correspondentes a determinada operação de crédito deve ser rejeitada por inconstitucionalidade se apresentar como fonte de recursos a anulação das despesas com serviços da dívida correspondentes a outra operação de crédito".

Destaque-se que o Presidente da República poderá enviar mensagem ao Congresso Nacional para propor modificação nos projetos de lei de PPA, LDO e LOA enquanto não iniciada a votação, na Comissão mista, da parte cuja alteração é proposta (art. 166, §5º, da CRFB/88). Além disso, os pedidos para correção da programação orçamentária constante do projeto, originários de órgãos do Poder Executivo, somente serão examinados pelos Relatores se solicitados pelo Ministro de Estado da área correspondente, com a comprovação da ocorrência de erro ou omissão de ordem técnica ou legal, e encaminhados pelo Ministro do Planejamento, Orçamento e Gestão ao Presidente (art. 28, parágrafo único, da Resolução n. 01/2006-CN).

Apesar de ser de iniciativa privativa do Poder Executivo, no caso de não apresentação do projeto de lei orçamentária, o Poder Judiciário não conta com instrumentos para obrigá-lo a agir. Assim, a solução ante a omissão do Executivo, advém do disposto no art. 32 da lei 4.320/64, segundo o qual "se não receber a proposta orçamentária no prazo fixado nas Constituições ou nas Leis Orgânicas dos Municípios, o Poder Legislativo considerará como proposta a Lei Orçamentária vigente".

> ▸ **Como esse assunto foi cobrado em concurso?**
>
> No Concurso da VUNESP para Advogado do Crbio/1ª Região em 2017, esse tema foi cobrado da seguinte forma: "Caso o Poder Legislativo não receba a proposta orçamentária no prazo fixado nas Constituições ou nas Leis Orgânicas dos Municípios, deverá: a) elaborar o projeto de lei orçamentária; b) considerar como proposta a lei do orçamento vigente; c) determinar que o Poder Executivo o faça no prazo de 30 dias; d) encaminhar reclamação ao Supremo Tribunal Federal; e) decretar intervenção". Segundo o gabarito oficial, foi considerada correta a alternativa "b".

Por outro lado, a omissão do Presidente da República poderá ser punida como **crime de responsabilidade** (art. 85, VI, da CRFB/88, c/c art. 10 da lei 1.079/50).

Assim, "caso o projeto de lei orçamentária não seja aprovado até 31 de dezembro, subsiste a lei anterior, fazendo as adaptações necessárias mediante autorização legislativa, apesar de esta solução ser divergente na doutrina" que, segundo Ricardo Damasceno de Almeida e Marcelo Jucá Lisboa (2016, p. 160), apresentam três posições:

a) A lei anterior deve ser mantida, fazendo-se as devidas adaptações, sendo que eventuais autorizações deverão depender do Poder Legislativo;

b) A lei anterior deve ser mantida com liberação de 1/12 mensalmente, até a aprovação de uma nova lei;

c) Promulgação do projeto pelo chefe do executivo sem qualquer alteração.

Já no caso de não aprovação da Lei de Diretrizes Orçamentárias até 17 de junho, **não haverá o encerramento do primeiro período da sessão legislativa.**

> **Importante**
>
> CRFB/88, art. 57, §2º. A sessão legislativa não será interrompida sem a aprovação do projeto de lei de diretrizes orçamentárias.

> **Como esse assunto foi cobrado em concurso?**
>
> No Concurso da Cespe para Analista Judiciário do TJ/ES em 2023, foi considerado CERTO o seguinte enunciado: "Até que ocorra a aprovação do projeto de lei de diretrizes orçamentárias, a sessão legislativa não será interrompida".

> **Como esse assunto foi cobrado em concurso?**
>
> No Concurso da VUNESP para Advogado do Crbio/1ª Região em 2017, esse tema foi cobrado da seguinte forma: "Caso o Poder Legislativo não receba a proposta orçamentária no prazo fixado nas Constituições ou nas Leis Orgânicas dos Municípios, deverá: a) elaborar o projeto de lei orçamentária; b) considerar como proposta a lei do orçamento vigente; c) determinar que o Poder Executivo o faça no prazo de 30 dias; d) encaminhar reclamação ao Supremo Tribunal Federal; e) decretar intervenção". Segundo o gabarito oficial, foi considerada correta a alternativa "b".

Se, por um lado, não é possível a rejeição do projeto de Lei de Diretrizes Orçamentárias, o mesmo não há que se falar em relação à Lei Orçamentária Anual, que **poderá ser rejeitada pelo Congresso Nacional**, situação que levará à aplicação do §8º do art. 166 da CRFB/88, segundo o qual "os recursos que, em decorrência de veto, emenda ou rejeição do projeto de lei orçamentária anual, ficarem sem despesas correspondentes poderão ser utilizados, conforme o caso, mediante créditos especiais ou suplementares, com prévia e específica autorização legislativa".

> **Como esse assunto foi cobrado em concurso?**
>
> No Concurso da ADM&TEC para Procurador do Município de Palmeira dos Índios/AL em 2024, foi considerado ERRADO o seguinte enunciado: "Os recursos que, em decorrência de veto, emenda ou rejeição do projeto de lei orçamentária anual, ficarem sem despesas correspondentes não poderão ser utilizados mediante créditos especiais ou suplementares, ainda que com prévia e específica autorização legislativa".

Considerando os problemas decorrentes de eventual rejeição da LOA, José Afonso da Silva destaca que tal "só deve ser praticada em situação extrema de proposta distorcida, incongruente e impossível de ser consertada por via de emendas, dadas as limitações para estas" (2005. p. 748).

Carlos Alberto de Moraes Ramos Filho entende que na hipótese de rejeição do projeto de LOA (total ou parcial), "a solução para contornar o problema da ausência de lei orçamentária seria o Poder Executivo prorrogar o orçamento do exercício financeiro recém-encerrado e solicitar autorização legislativa para abertura de crédito suplementares especiais, conforme o caso (2017, p. 540).

> **▸ Como esse assunto foi cobrado em concurso?**
> No Concurso do CESPE para Juiz Federal da 5ª Região em 2012, foi considerado ERRADO o seguinte enunciado: "O Poder Legislativo não pode rejeitar o projeto de lei orçamentária".

No âmbito da União, apesar de não contar com expressa provisão constitucional, a solução encontrada pelo legislador nos últimos anos vem sendo permitir que, enquanto não aprovada a LOA pelo Poder Legislativo, o Poder Executivo realize execução provisória de 1/12 **do projeto de lei orçamentária que está em tramitação no Congresso Nacional**, o que representam os chamados "duodécimos".

> **▸ Como esse assunto foi cobrado em concurso?**
> No Concurso da FCC para Procurador do Estado da PGE/AP em 2018, foi considerado CERTO o seguinte enunciado: "Considere hipoteticamente que a Assembleia Legislativa do Estado do Amapá, em sua última sessão no ano, tem como único item da pauta o Projeto de Lei Orçamentária Anual. Iniciada a sessão, o relatório da Comissão é debatido, votado e o projeto é rejeitado. Concluída a sessão, a Assembleia entra em recesso parlamentar. Nessa situação: **LDO pode prever a execução do projeto não aprovado, à razão de um doze avos por mês, para atendimento de certas despesas, tais como débitos de precatórios".**

Após o recebimento de parecer favorável da CMO, os projetos de PPA, LDO e LOA serão enviados ao Plenário das duas Casas do Congresso Nacional para apreciação, na forma do Regimento Comum, em **sessão conjunta**. Aprovado o projeto, será encaminhado para a sanção do Poder Executivo, na forma do art. 66, *caput*, da CRFB/88.

Harrison Leite chama atenção para a confusão, por vezes existente, entre sessão conjunta e sessão unicameral: "Na sessão conjunta do Congresso Nacional, os parlamentares se reúnem no mesmo espaço para apreciarem juntos os projetos, porém, havendo a fase de votação, a maioria deve ser alcançada tanto no âmbito dos Senadores, quanto no âmbito dos Deputados Federais. Assim, a discussão é conjunta, mas a votação é separada (bicameral). Na sessão unicameral tem-se a votação como um todo, considerando-se o voto o deputado igual ao do senador. Cada parlamentar tem direito a um voto e a apuração é feita considerando que há uma única votação" (2015, p. 103).

Há que se destacar que, decorrido o prazo de 15 (quinze) dias, o silêncio do Presidente da República importará sanção tácita ao projeto (Art. 66, §3º, da CRFB/88). Por outro lado, se o Presidente da República considerar o projeto, no todo ou em parte, inconstitucional ou contrário ao interesse público, poderá vetá-lo total ou parcialmente, no prazo de 15 (quinze) dias úteis, contados da data do recebimento, e comunicará, dentro de 48 (quarenta e oito) horas, ao Presidente do Senado Federal os motivos do veto (Art. 66, §1º, da CRFB/88).

Eventual veto será apreciado em sessão conjunta, dentro de trinta dias a contar de seu recebimento, só podendo ser rejeitado pelo voto da maioria absoluta dos Deputados e Senadores. Não sendo mantido o veto, o projeto será enviado ao Presidente da República, para promulgação.

Após a promulgação, a lei orçamentária deverá ser publicada gerando os efeitos do art. 3º da Lei de Introdução às normas do Direito Brasileiro (Decreto-lei 4.657/1942), segundo o qual "ninguém se escusa de cumprir a lei, alegando que não a conhece".

> **Como esse assunto foi cobrado em concurso?**
>
> No Concurso da ADM&TEC para Procurador do Município de Palmeira dos Índios/AL em 2024, foi considerado CERTO o seguinte enunciado: "Os projetos de lei relativos ao plano plurianual, às diretrizes orçamentárias, ao orçamento anual e aos créditos adicionais serão apreciados pelas duas Casas do Congresso Nacional, na forma do regimento comum".

> **Como esse assunto foi cobrado em concurso?**
>
> No 41º Exame de Ordem da FGV em 2024 foi considerado CERTO o seguinte enunciado: "O Presidente da República deve enviar, todo ano, o Projeto da Lei de Diretrizes Orçamentárias (PLDO) da União ao Congresso Nacional para ser apreciado e votado. Como projeto de lei orçamentária que é, possui especificidades em seu regime de tramitação. A CRFB/88 estabelece que o PLDO, ao chegar ao Poder Legislativo, deve ser encaminhado ao(à) Comissão Mista de Planos, Orçamentos Públicos e Fiscalização – CMO, para examinar e emitir parecer sobre o PLDO".

9.3. Execução orçamentária

A partir da sua publicação, a Lei Orçamentária Anual entra em vigor e passa a ser executada a partir de 1º de janeiro, autorizando o Poder Executivo a gastar os recursos nela aprovados.

Assim, a execução orçamentária materializará aquilo que foi previsto na LOA de cada ente federativo, desde a arrecadação das receitas até a realização das despesas. Para tanto, o art. 8º da Lei de Responsabilidade Fiscal prevê a Programação Financeira, conceituada por Marcus Abraham como "um conjunto de atividades com o objetivo de ajustar o ritmo de execução do orçamento ao fluxo provável de recursos financeiros". Assim, "logo após a sanção presidencial à Lei Orçamentária aprovada pelo Congresso Nacional, o Poder Executivo mediante *decreto* estabelece em até trinta dias a **programação financeira** e o **cronograma de desembolso** mensal por órgãos, observadas as metas de resultados fiscais dispostas na Lei de Diretrizes Orçamentárias" (2017b, p. 126).

▸ **Como esse assunto foi cobrado em concurso?**

No Concurso do Instituto Consulplan para Procurador da Prefeitura de Pouso Alegre/MG em 2024, foi considerado CERTO o seguinte enunciado: "A Lei de Responsabilidade Fiscal tem por escopo prevenir riscos ao equilíbrio econômico-orçamentário dos entes federativos. Por conseguinte, as condições legalmente fixadas para o desembolso de recursos públicos devem ser preenchidas ainda durante a fase de planejamento da ação estatal e não apenas na iminência da concretização do gasto, quando ausente tempo hábil para a correção de eventuais desvios".

Nesse sentido, os recursos legalmente vinculados a finalidade específica serão utilizados exclusivamente para atender ao objeto de sua vinculação, ainda que em exercício diverso daquele em que ocorrer o ingresso (art. 8º, parágrafo único, da LRF).

Além disso, segundo disposição do art. 165, §3º da CRFB/88, e com o objetivo de permitir maior transparência na execução orçamentária, o Poder Executivo publicará, até trinta dias após o encerramento de cada bimestre, relatório resumido da execução orçamentária (RREO) que, segundo disciplina conferida pelo art. 52 da LRF, será composto de:

I. balanço orçamentário, que especificará por categoria econômica, as:

a) receitas por fonte, informando as realizadas e a realizar, bem como a previsão atualizada;

b) despesas por grupo de natureza, discriminando a dotação para o exercício, a despesa liquidada e o saldo.

II. demonstrativo da execução das:

a) receitas, por categoria econômica e fonte, especificando a previsão inicial, a previsão atualizada para o exercício, a receita realizada no bimestre, a realizada no exercício e a previsão a realizar;

b) despesas, por categoria econômica e grupo de natureza da despesa, discriminando dotação inicial, dotação para o exercício, despesas empenhada e liquidada, no bimestre e no exercício;

c) despesas, por função e subfunção.

> ▸ **Importante**
>
> LRF, art. 52, §1º OS valores referentes ao refinanciamento da dívida mobiliária constarão destacadamente nas receitas de operações de crédito e nas despesas com amortização da dívida.
>
> §2º O descumprimento do prazo previsto neste artigo sujeita o ente às sanções previstas no §2º do art. 51.

> ▸ **Como esse assunto foi cobrado em concurso?**
>
> No Concurso do TRE/PE para Analista Judiciário em 2017, foi considerado ERRADO o seguinte enunciado: "O balanço orçamentário deve conter as receitas por grupo de natureza e as despesas por fonte".

Ainda segundo a LRF (Art. 53), o Relatório Resumido de Execução Orçamentária será acompanhado de demonstrativos relacionados a:

I. apuração da receita corrente líquida (RCL), sua evolução, assim como a previsão de seu empenho até o final do exercício;

II. receitas e despesas previdenciárias a que se refere o inciso IV do art. 50 da LRF;

III. resultados nominal e primário;

IV. despesas com juros;

V. restos a pagar, detalhando, por Poder e órgão, os valores inscritos, os pagamentos realizados e o montante a pagar.

O RREO será elaborado e publicado pelo Poder Executivo da União, dos Estados, do Distrito Federal e dos Municípios, de forma a abranger os órgãos da Administração Direta e entidades da Administração indireta de todos os poderes. Sua disciplina foi conferida pelo Manual de Demonstrativos Fiscais elaborado pela Secretaria do Tesouro Nacional que determina, a necessidade de que o RREO contemple os seguintes demonstrativos (BRASIL, 2014, p. 119-120):

- Balanço Orçamentário;
- Demonstrativo da Execução das Despesas por Função/Subfunção;
- Demonstrativo da Receita Corrente Líquida;
- Demonstrativo das Receitas e Despesas Previdenciárias;
- Demonstrativo do Resultado Nominal;
- Demonstrativo do Resultado Primário;
- Demonstrativo dos Restos a Pagar por Poder e Órgão;
- Demonstrativo das Receitas e Despesas com Manutenção e Desenvolvimento do Ensino;

- Demonstrativos das Receitas e Despesas com Ações e Serviços Públicos de Saúde;
- Demonstrativo Simplificado do Relatório Resumido da Execução Orçamentária.

Além destes demonstrativos, também deverão ser elaborados e publicados até trinta dias após o encerramento do último bimestre, os seguintes:

- Demonstrativo das Receitas de Operações de Crédito e Despesas de Capital;
- Demonstrativo da Projeção Atuarial do Regime de Previdência;
- Demonstrativo da Receita de Alienação de Ativos e Aplicação dos Recursos; e
- Demonstrativo das Parcerias Público-Privadas.

Além do RREO, a LRF estabelece também a necessidade de se emitir o Relatório de Gestão Fiscal (RGF), importante instrumento de transparência fiscal, "através do qual se permite realizar o controle, o monitoramento e a publicidade do cumprimento, por parte dos entes federativos, dos limites estabelecidos na LRF, quais sejam, aqueles definidos em percentuais da Receita Corrente Líquida (RCL) a respeito das despesas com pessoal, dívida consolidada líquida, concessão de garantias e contratação de operações de crédito". (ABRAHAM, 2017b, p. 264). O Relatório de Gestão Fiscal deverá conter:

I. Comparativo com os limites da LRF dos seguintes montantes:
   a) Despesa total com pessoal, distinguindo a com inativos e pensionistas;
   b) Dívidas consolidada e mobiliária;
   c) Concessão de garantias;
   d) Operações de crédito, inclusive por antecipação de receita.

II. Indicação das medidas corretivas adotadas ou a adotar, se ultrapassado qualquer dos limites.

> **▸ Como esse assunto foi cobrado em concurso?**
>
> No Concurso da FGV para Auditor de Controle Externo do TCE/ES em 2023, foi considerado CERTO o seguinte enunciado: "Diversos mecanismos contribuem para o acompanhamento e controle da dívida pública. O Relatório de Gestão Fiscal (RGF) traz como anexo o Demonstrativo da Dívida Consolidada Líquida (DCL), que apresenta informações para a transparência das obrigações contraídas pelos entes federados. Uma referência importante usada nesse anexo é a Receita Corrente Líquida (RCL). Uma informação apresentada no demonstrativo da DCL de um Estado da Federação que exige a emissão de alerta por parte do tribunal de contas refere-se ao cenário em que a dívida consolidada líquida, no período de referência, ultrapassa 90% do limite máximo."

▸ **Como esse assunto foi cobrado em concurso?**

No Concurso da FGV para Auditor de Controle Externo do TCE/ES em 2023, foi considerado CERTO o seguinte enunciado: "Um dos instrumentos definidos na Lei de Responsabilidade Fiscal (LRF) para dar visibilidade e possibilitar o acompanhamento da gestão fiscal de todos os entes públicos foi o Relatório de Gestão Fiscal (RGF), cuja estrutura possibilita verificar o montante das disponibilidades de caixa no encerramento do exercício."

Para o último quadrimestre, a LRF traz especificações em relação aos demonstrativos, na forma do art. 55, III.

A respeito da execução orçamentária, há que se destacar a previsão do art. 9º da LRF, segundo o qual "se verificado, ao final de um bimestre, que a realização da receita poderá não comportar o cumprimento das metas de **resultado primário ou nominal** estabelecidas no Anexo de Metas Fiscais, os Poderes e o Ministério Público promoverão, **por ato próprio** e nos montantes necessários, nos trinta dias subsequentes, limitação de empenho e movimentação financeira, segundo critérios fixados pela lei de diretrizes orçamentárias".

▸ **Importante**

Em 2022, também como consequência direta da pandemia da COVID-19, foi aprovada a Lei Complementar nº 195 que, dentre outras disposições, inseriu o art. 65-A na Lei de Responsabilidade Fiscal (LC 101/2000), segundo o qual: **"Não serão contabilizadas na meta de resultado primário,** para efeito do disposto no art. 9º desta Lei Complementar, as transferências federais aos demais entes da Federação, devidamente identificadas, para enfrentamento das consequências sociais e econômicas no setor cultural decorrentes de calamidades públicas ou pandemias, desde que sejam autorizadas em acréscimo aos valores inicialmente previstos pelo Congresso Nacional na lei orçamentária anual".

▸ **Como esse assunto foi cobrado em concurso?**

No Concurso da Cespe para Procurador do Estado da PGE/RR em 2023, foi considerado ERRADO o seguinte enunciado: "O Poder Executivo, na condição de quem estabelece a programação financeira e o cronograma de execução mensal do orçamento, pode, unilateralmente, caso seja verificado que a realização da receita, ao final de um bimestre, não atenderá às metas de resultado primário estabelecida na LDO, promover limitação de empenho e de movimentação financeira do próprio Poder Executivo e, até mesmo, do Poder Legislativo e do Poder Judiciário, se estes não o fizerem por ato próprio no prazo legal".

▸ **Como esse assunto foi cobrado em concurso?**

No Concurso do CESPE para Promotor de Justiça do MPE/PI em 2019, foi considerado CERTO o seguinte enunciado: "Durante a execução orçamentária, caso o Poder Executivo verifique, ao final de determinado bimestre, que a realização da receita poderá não comportar o cumprimento da meta de resultado primário estabelecida no anexo de metas fiscais, ele deverá, à luz da Lei de Responsabilidade Fiscal, promover, por ato próprio, nos montantes necessários, limitação de empenho e movimentação financeira".

▸ **Como esse assunto foi cobrado em concurso?**

No Concurso do CESPE para Promotor de Justiça do MPE/PI em 2019, foi considerado ERRADO o seguinte enunciado: "Durante a execução orçamentária, caso o Poder Executivo verifique, ao final de determinado bimestre, que a realização da receita poderá não comportar o cumprimento da meta de resultado primário estabelecida no anexo de metas fiscais, ele deverá, à luz da Lei de Responsabilidade Fiscal, decretar o contingenciamento de dotações orçamentárias das transferências voluntárias".

Ou seja, para que não haja despesa incompatível com a receita, a LRF estabelece a necessidade de limitação de empenho o que, contudo, não poderá alcançar as despesas que constituam obrigações constitucionais e legais do ente, inclusive aquelas destinadas ao pagamento do serviço da dívida, **as relativas à inovação e ao desenvolvimento científico e tecnológico custeadas por fundo criado para tal finalidade** e as ressalvadas pela lei de diretrizes orçamentárias (art. 9º, §2º, da LRF). Havendo o restabelecimento da receita prevista, ainda que parcial, a recomposição das dotações cujos empenhos foram limitados dar-se-á de forma proporcional às reduções efetivadas (art. 9º, §2º, da LRF – nova redação LC 177/2021).

Já o repasse dos recursos aos demais órgãos e poderes, será conforme a disposição do art. 168 da CRFB/88, sendo-lhes entregues até o dia 20 de cada mês, em duodécimos. A EC 109/2021 incluiu dois novos parágrafos ao art. 168 da CRFB/88 para determinar a vedação da transferência a fundos de recursos oriundos de repasses duodecimais (art. 168, §1º). Ademais, estabeleceu também que o saldo financeiro decorrente dos recursos entregues na forma do caput do art. 168 (duodécimos) deve ser restituído ao caixa único do Tesouro do ente federativo, ou terá seu valor deduzido das primeiras parcelas duodecimais do exercício seguinte (art. 168, §2º).

▸ Qual o entendimento atual do STF sobre o assunto?

"O direito prescrito no art. 168 da CF/1988 instrumentaliza o postulado da Separação de Poderes e, dessa perspectiva, institui um dos fundamentos essenciais para a permanência do Estado Democrático de Direito, impedindo a sujeição dos demais Poderes e órgãos autônomos da República a arbítrios e ilegalidades perpetradas no âmbito do Poder Executivo respectivo. É dever de cada um dos Poderes, por ato próprio, proceder aos ajustes necessários, com limitação de empenho (despesa), ante a frustração de receitas que inviabilize o cumprimento de suas obrigações (LC 101/2000, art. 9º), operando-se esses ajustes em um ambiente de diálogo institucional, em que o Poder Executivo sinaliza o montante da frustração de receita – calculada a partir do que fora projetado no momento da edição da lei orçamentária e a receita efetivamente arrecadada no curso do exercício financeiro de referência – e os demais Poderes e órgãos autônomos da República, no exercício de sua autonomia administrativa, promovem os cortes necessários em suas despesas para adequarem as metas fiscais de sua responsabilidade aos limites constitucionais e legais autorizados, conforme sua conveniência e oportunidade". [...] (STF, MS 34.483, Rel. Min. Dias Toffoli, j. 22.11. 2016, 2ª T, p. 08.08.2017).

▸ Qual o entendimento atual do STF sobre o assunto?

"O art. 207 da Constituição exige que o regime financeiro-orçamentário aplicável às universidades públicas lhes assegure um espaço mínimo de autogestão. Tal diretriz pode ser concretizada inclusive, mas não obrigatoriamente, pelo repasse orçamentário na forma de duodécimos." (ADPF 474/RJ, rel. Min. Rosa Weber, redator do acórdão Min. Luís Roberto Barroso, j. 06.09.2024. STF Info 1149).

▸ Como esse assunto foi cobrado em concurso?

No Concurso do Cespe/Cebraspe para Procurador do Município de Camaçari/BA em 2024, foi considerado ERRADO o seguinte enunciado: "Na gestão financeira dos recursos repassados a título de duodécimo, é possível transferi-los a fundos públicos".

▸ Como esse assunto foi cobrado em concurso?

No Concurso do Cespe/Cebraspe para Procurador do Município de Camaçari/BA em 2024, foi considerado ERRADO o seguinte enunciado: "A sobra financeira do duodécimo da câmara municipal deve ser incorporada ao seu caixa para utilização posterior, não podendo a prefeitura solicitar a sua restituição".

▸ Como esse assunto foi cobrado em concurso?

No Concurso da Cespe para Analista Fazendário Municipal da SEFIN Fortaleza/CE em 2023, foi considerado ERRADO o seguinte enunciado: "A programação financeira deve obedecer à peça orçamentária, ainda que as receitas observadas em um determinado ano fiscal sejam inferiores àquelas projetadas".

> **Como esse assunto foi cobrado em concurso?**
>
> No Concurso da FGV para Analista de Planejamento e Orçamento da SMF/RJ em 2023, foi considerado CERTO o seguinte enunciado: "Ao final do terceiro bimestre de um determinado exercício financeiro, foi verificado um significativo decréscimo na realização da receita em relação à estimativa constante na LOA de ente municipal e detalhada em sua programação financeira. Esse decréscimo compromete o cumprimento das metas de resultado primário ou nominal definidas na LDO. O chefe do Poder Executivo publicou ato estabelecendo limitação de empenho e movimentação financeira, segundo os critérios fixados na LDO, mas o chefe do Poder Legislativo não o fez no prazo legal. Nesse caso o Poder Executivo é autorizado a limitar os valores financeiros segundo os critérios fixados pela LDO."

> **Como esse assunto foi cobrado em concurso?**
>
> No Concurso da CEBRASPE para Auditor Fiscal Jurídico da Receita Estadual da SEFAZ/CE em 2021, foi considerado CERTO o seguinte enunciado: "Ao final do primeiro bimestre de exercício de 2021, constatou-se que as receitas efetivamente arrecadadas por determinado ente subnacional haviam sido inferiores às projetadas na lei orçamentária anual (LOA) e que não será atingida a meta de resultado primário definida na lei de diretrizes orçamentárias (LDO). Em 2020 e 2021, o estado de calamidade pública foi reconhecido tanto pelo Congresso Nacional como pelas assembleias legislativas estaduais. No caso do não atingimento da meta de resultado primário, a LDO deve definir as despesas orçamentárias que não podem ser contingenciadas, destinadas ao pagamento do serviço da dívida, e as outras despesas ressalvadas pela LDO e pela Constituição Federal".

10. EXERCÍCIO FINANCEIRO

No Brasil, em respeito ao **princípio da anualidade ou periodicidade**, o orçamento deve ser elaborado de forma a que sua execução se realize dentro do chamado exercício financeiro, qual seja "o período definido para fins de segregação e organização dos registros relativos à arrecadação de receitas, à execução de despesas e aos atos gerais de administração financeira e patrimonial da administração pública. No Brasil, o exercício financeiro tem duração de doze meses e coincide com o ano civil" (Disponível em: [https://www12.senado.leg.br/orcamento/glossario/exercicio-financeiro]. Acesso em 28 out. 2017).

> **Importante**
>
> Lei 4.320/64
>
> Art. 34. O exercício financeiro coincidirá com o ano civil.
>
> Art. 35. Pertencem ao exercício financeiro:
>
> I - As receitas nele arrecadadas;
>
> II - As despesas nele legalmente empenhadas

> **▸ Como esse assunto foi cobrado em concurso?**
>
> No Concurso do Cebraspe para Procurador da Prefeitura de Cachoeiro do Itapemirim/ES em 2024, foi considerado CERTO o seguinte enunciado: "A definição sobre o exercício financeiro é matéria que deve ser veiculada por meio de lei complementar federal".

A doutrina destaca que o art. 35 da lei 4.320/64 estabelece o regime contábil para as receitas e despesas de forma a caracterizar o regime de escrituração misto no Brasil, qual seja, o **regime de caixa para as receitas** e o **regime de competência para as despesas** (ALMEIDA; LISBOA, 2017, p. 166). Nesse sentido, os autores apresentam ambos os regimes da seguinte forma:

a) **Regime de caixa** significa que será considerado, para o cômputo das receitas, apenas as (receitas) que ingressarem **efetivamente** no patrimônio do ente estatal, livre de condições.

Assim, o **regime de caixa** é adotado para as receitas efetivamente obtidas ou recebidas, de forma que as receitas lançadas e não arrecadadas pertencem ao exercício financeiro na condição de dívida ativa, cujo conceito encontra-se disciplinado no art. 39, §2º da lei 4.320/64: "Dívida Ativa Tributária é o crédito da Fazenda Pública dessa natureza, proveniente de obrigação legal relativa a tributos e respectivos adicionais e multas, e Dívida Ativa não Tributária são os demais créditos da Fazenda Pública, tais como os provenientes de empréstimos compulsórios, contribuições estabelecidas em lei, multa de qualquer origem ou natureza, exceto as tributárias, foros, laudêmios, aluguéis ou taxas de ocupação, custas processuais, preços de serviços prestados por estabelecimentos públicos, indenizações, reposições, restituições, alcances dos responsáveis definitivamente julgados, bem assim os créditos decorrentes de obrigações em moeda estrangeira, de sub-rogação de hipoteca, fiança, aval ou outra garantia, de contratos em geral ou de outras obrigações legais".

b) **Regime de competência** significa que, ainda que não efetivamente satisfeitos, serão considerados aqueles valores correspondentes a despesas que, embora ainda permaneçam (tais valores) na esfera de poder do ente estatal, serão objeto de futura liquidação, o que se verifica mediante o empenho (ato que cria para o Estado a obrigação de pagar, ainda que em momento ulterior).

Dessa forma "as despesas serão consideradas quando forem empenhadas, ou seja, pagas ou não pagas" (ALMEIDA; LISBOA, 207, p. 167), entendendo-se por empenho "o ato emanado de autoridade competente que cria para o Estado obrigação de pagamento pendente ou não de implemento de condição" (art. 58 da lei 4.320/64).

> **▸ Como esse assunto foi cobrado em concurso?**
>
> No Concurso do Cespe/Cebraspe para Procurador do Município de Camaçari/BA em 2024, foi considerado ERRADO o seguinte enunciado: "O empenho deve ser realizado posteriormente à efetivação da despesa, uma vez que ele é o instrumento de programação e controle dos gastos públicos".

> ▸ **Como esse assunto foi cobrado em concurso?**
>
> No Concurso da Consulplan para Auditor de Controle Externo do TCM/PA em 2023, foi considerado CERTO o seguinte enunciado: "A despesa de um determinado ente público será reconhecida por meio do regime de competência, levando em consideração o exercício do referido empenho".

> ▸ **Como esse assunto foi cobrado em concurso?**
>
> No Concurso do TRE/PE para Analista Judiciário em 2017, foi considerado ERRADO o seguinte enunciado: "A despesa pública e os resultados dos fluxos financeiros devem obedecer ao regime de competência".

> ▸ **Importante**
>
> "O ciclo orçamentário não se confunde com o exercício financeiro, pois este corresponde a uma das fases do ciclo, ou seja, à execução do orçamento, tendo em vista que a fase de preparação da proposta orçamentária e sua conversão em lei (elaboração legislativa) precedem o exercício financeiro (RAMOS FILHO, Carlos Alberto, 2017, p. 512).

11. CRÉDITOS ADICIONAIS

Durante a execução do orçamento, as dotações inicialmente aprovadas na LOA podem revelar-se insuficientes para realização dos programas de trabalho, ou pode ocorrer a necessidade de realização de despesa não autorizada inicialmente. Assim, a LOA poderá ser alterada no decorrer de sua execução por meio de créditos adicionais, que são autorizações de despesa não computadas ou insuficientemente dotadas na LOA (BRASIL, 2017, p. 97).

Nesse sentido, a lei 4.320/64 conceitua créditos adicionais como **"as autorizações de despesa não computadas ou insuficientemente dotadas na Lei do Orçamento"** (art. 40). São classificados em suplementares, especiais e extraordinários.

> ▸ **Importante**
>
> Lei 4.320/64, art. 41. Os créditos adicionais classificam-se em:
>
> I - suplementares, os destinados a reforço de dotação orçamentária;
>
> II - especiais, os destinados a despesas para as quais não haja dotação orçamentária;
>
> III - extraordinários, os destinados a despesas urgentes e imprevistas, em caso de guerra, comoção intestina ou calamidade pública.

> ▸ **Como esse assunto foi cobrado em concurso?**
>
> No Concurso da Cespe para Juiz de Direito do TJ/MS em 2023, foi considerado CERTO o seguinte enunciado: "O orçamento necessita de previsão anterior, até para que haja um planejamento da União, Estados, Distrito Federal e Municípios. Contudo, muitas vezes surgem despesas que não estavam computadas ou estavam insuficientemente dotadas na Lei de Orçamento. Essas são autorizadas por meio de créditos adicionais, que podem ser especiais, suplementares ou extraordinários".

> **Como esse assunto foi cobrado em concurso?**
>
> No Concurso da FGV para Juiz de Direito do TJ/PE em 2022, foi considerado ERRADO o seguinte enunciado: "Por razão de segurança jurídica e para fins de controle das contas públicas, não é permitida a retificação do orçamento no curso de sua execução, devendo o reforço de dotação ser consignado no projeto de LOA do ano subsequente;".

> **Importante**
>
> CRFB/88, art. 167. São vedados:
>
> V – a abertura de crédito suplementar ou especial sem prévia autorização legislativa e sem indicação dos recursos correspondentes.

> **Qual o entendimento atual do STF sobre o assunto?**
>
> "Medida cautelar em ação direta de inconstitucionalidade. MP 402, de 23-11-2007, convertida na Lei 11.656, de 16-4-2008. Abertura de crédito extraordinário (...) Violação que alcança o inciso V do mesmo artigo, na medida em que o ato normativo adversado vem a categorizar como de natureza extraordinária crédito que, em verdade, não passa de especial, ou suplementar" (STF, ADI 4.049 MC, Rel. Min. Ayres Britto, j. 05.11.2008, Pleno, p. 08.05.2009).

O art. 46 da Lei 4.320/64 determina que "o ato que abrir crédito adicional indicará a importância, a espécie do mesmo e a classificação da despesa, até onde for possível". Dessa forma, consagra o princípio da quantificação dos créditos orçamentários que, segundo Ricardo Damasceno de Almeida e Marcelo Jucá Lisboa, "se completa com as regras que proíbem a realização de despesas ou a assunção de obrigações diretas que excedam os créditos orçamentários (CF, art. 167, II) e a realização de operações de crédito que excedam o montante das despesas de capital (art. 12 da lei 4.320/64), ressalvadas as autorizadas mediante créditos suplementares (art. 42, I, da lei 4.320/64) ou especiais (art. 41, II, da lei 4.320/64), com finalidade precisa, aprovados pelo Poder Legislativo por maioria **absoluta** (art. 167, III, da CF)" (2017, p. 189).

> **Como esse assunto foi cobrado em concurso?**
>
> No Concurso da Cespe para Procurador do MP do TCE/RJ em 2023, foi considerado ERRADO o seguinte enunciado: "No cumprimento do dever de executar a programação orçamentária, a administração pública não pode promover o cancelamento de despesas, ainda que necessário à abertura de crédito adicional".

> **Como esse assunto foi cobrado em concurso?**
>
> No Concurso da Consulplan para Auditor de Controle Externo do TCM/PA em 2023, foi considerado CERTO o seguinte enunciado: "Os créditos adicionais terão vigência adstrita ao exercício financeiro em que forem abertos,

salvo expressa disposição legal em contrário, quanto aos especiais e extraordinários". Na mesma questão também foi considerado certo o seguinte enunciado: "São créditos adicionais, as autorizações de despesa não computadas ou insuficientemente dotadas na Lei de Orçamento".

▸ **Como esse assunto foi cobrado em concurso?**

No Concurso do CESPE para Promotor de Justiça do MPE/TO em 2022, foi considerado ERRADO o seguinte enunciado: "A realização de despesas ou a assunção de obrigações que excedam os créditos orçamentários dos órgãos e entidades da administração direta e indireta da União é permitida se houver parecer prévio do Tribunal de Contas da União aprovando-a".

▸ **Como esse assunto foi cobrado em concurso?**

No Concurso do TRF da 4ª Região para Juiz Federal em 2022, foi considerado ERRADO o seguinte enunciado: "É vedada a realização de operações de créditos que excedam o montante das despesas de capital, ressalvadas as autorizadas mediante créditos suplementares ou especiais com finalidade precisa, aprovados pelo Poder Legislativo por maioria **simples**".

11.1. Créditos suplementares

São aqueles créditos destinados a **reforço de dotação orçamentária**, diante de uma previsão inicial insuficiente (natureza quantitativa). A LOA poderá conter autorização para abertura de créditos suplementares, limitados a determinada importância ou percentual, sem a necessidade de submissão ao Poder Legislativo. Os créditos suplementares terão **vigência no exercício em que forem abertos** (BRASIL, 2017, p. 97).

Entretanto, "esgotado o limite autorizado na Lei Orçamentária, caso o Poder Executivo necessite abrir outros créditos suplementares, terá que submeter seu pedido ao Poder Legislativo, podendo, então, ser concedidas novas autorizações por meio de **leis específicas**" (RAMOS FILHO, 2017, p. 557). Assim, são autorizados por lei e abertos por Decreto do Poder Executivo.

Segundo o art. 43 da lei 4.320/64, a abertura de créditos **suplementares e especiais** depende da existência de recursos disponíveis para ocorrer a despesa e será precedida de exposição justificativa. Para tanto, o mesmo dispositivo reconhece como recursos, desde que não comprometidos:

- O superávit financeiro apurado em balanço patrimonial do exercício anterior;
- Os provenientes de excesso de arrecadação;
- Os resultantes de anulação parcial ou total de dotações orçamentárias ou de créditos adicionais, autorizados em lei;

- O produto de operações de crédito autorizadas, em forma que juridicamente possibilite ao poder executivo realizá-las.

Da mesma forma, o art. 166, §8º, da CRFB/88, estabelece que poderão ser utilizados, conforme o caso, mediante créditos especiais ou suplementares, os recursos que, em decorrência de veto, emenda ou rejeição do projeto de lei orçamentária anual, fiquem sem despesas correspondentes, desde que com prévia e específica autorização legislativa.

> **Importante**
>
> CRFB/88, art. 107, §5º, do ADCT. É vedada a abertura de crédito **suplementar ou especial** que amplie o montante total autorizado de despesa primária sujeita aos limites de que trata o art. 107 do Ato das Disposições Constitucionais Transitórias (incluído pela EC 95/2016).

> **Qual o entendimento atual do TCU sobre o assunto?**
>
> As despesas não sujeitas a limitação de empenho (art. 9º, § 2º, da LRF) podem ser anuladas para abertura de crédito suplementar ou especial, se não houver nenhuma restrição legal expressa e desde que sejam observadas as exigências fixadas nas normas, conforme as disposições dos arts. 165, § 8º, e 167, inciso V, da Constituição Federal, dos arts. 42 e 43 da Lei 4.320/1964 e, em especial, das leis de diretrizes orçamentárias e das leis orçamentárias anuais. Acórdão 2452/2024 Plenário (Solicitação do Congresso Nacional, Relator Ministro Jorge Oliveira) (TCU, Boletim de Jurisprudência 520).

> **Como esse assunto foi cobrado em concurso?**
>
> No Concurso do Avança SP para Procurador da Câmara Municipal de Itapecerica da Serra/SP em 2024, foi considerado CERTO o seguinte enunciado: "Os créditos adicionais suplementares, são os destinados a reforço de dotação orçamentária".

> **Como esse assunto foi cobrado em concurso?**
>
> No Concurso do Instituto Consulplan para Procurador do Município da Prefeitura de Nova Friburgo/RJ em 2023, foi considerado ERRADO o seguinte enunciado: "Classificam-se como suplementares os créditos adicionais destinados às despesas para as quais não haja dotação orçamentária específica".

> **Como esse assunto foi cobrado em concurso?**
>
> No Concurso da Consulplan para Auditor de Controle Externo do TCM/PA em 2023, foi considerado CERTO o seguinte enunciado: "Os créditos suplementares e especiais serão autorizados por lei e abertos por decreto executivo".

▸ **Como esse assunto foi cobrado em concurso?**

No Concurso da FGV para Analista de Planejamento e Orçamento da SMF/RJ em 2023, foi considerado CERTO o seguinte enunciado: "Já em curso o exercício financeiro de 2023, percebeu-se que a dotação prevista na lei orçamentária anual (LOA) de 2023 do Município Alfa para a construção de uma creche não seria suficiente para a conclusão da obra. Assim, o prefeito determinou à repartição responsável que elaborasse minuta de Decreto abrindo créditos adicionais para reforçar essa dotação orçamentária, fundamentando sua determinação no fato de que para abertura desse tipo de crédito adicional, havia autorização prévia na LOA 2023. Diante desse cenário e de acordo com a Lei nº 4.320/1964, o crédito adicional que se pretende abrir configura crédito suplementar, podendo ser aberto por decreto, uma vez que a autorização prévia na LOA não viola o princípio da exclusividade orçamentária."

▸ **Como esse assunto foi cobrado em concurso?**

No Concurso da FGV para Juiz de Direito do TJ/PE em 2022, foi considerado CERTO o seguinte enunciado: "Lucas, deputado federal, apresenta uma emenda ao projeto de lei do orçamento anual para ampliar certa dotação orçamentária que reputa ter sido contemplada com alocação insuficiente de recursos. Para tanto, tal emenda de Lucas deverá indicar os recursos necessários, que poderão provir de anulação de despesas que incidam sobre restos a pagar não processados de material de consumo".

▸ **Como esse assunto foi cobrado em concurso?**

No Concurso da FGV para Juiz de Direito do TJ/PE em 2022, foi considerado ERRADO o seguinte enunciado: "Em se tratando de despesa inicialmente prevista na LOA, cuja dotação se mostre insuficiente no curso de sua execução, a única forma de custeio do valor excedente será a abertura de crédito por antecipação de receita orçamentária, que deverá ser quitado até o término do exercício financeiro".

▸ **Como esse assunto foi cobrado em concurso?**

No Concurso da FGV para Juiz de Direito do TJ/PE em 2022, foi considerado CERTO o seguinte enunciado: "É cabível a abertura de crédito adicional suplementar por decreto executivo, desde que autorizado em lei, sendo necessária a indicação da fonte de recursos para fazer frente ao referido reforço de dotação".

11.2. Créditos especiais

Os créditos especiais são destinados a **despesas para as quais não haja dotação orçamentária específica (natureza qualitativa)**, devendo ser autorizados por **lei e abertos por Decreto do Poder Executivo**. Note-se que sua abertura depende da existência de recursos disponíveis. Os créditos especiais não poderão ter vigência além do exercício em que forem autorizados, salvo se o ato de autorização for promulgado nos últimos quatro meses, caso em que, reabertos nos limites dos seus saldos, serão incorporados ao orçamento do exercício (BRASIL, 2017, p. 97).

Quanto à origem dos recursos, os créditos especiais seguem o mesmo regramento dos créditos suplementares (art. 43 da lei 4.320/64 e art. 166, §8º, da CRFB/88).

▸ **Como esse assunto foi cobrado em concurso?**

No Concurso do Avança SP para Procurador da Câmara Municipal de Itapecerica da Serra/SP em 2024, foi considerado ERRADO o seguinte enunciado: "Os créditos adicionais especiais, são os destinados a despesas urgentes e imprevistas, em caso de guerra, comoção intestina ou calamidade pública".

▸ **Como esse assunto foi cobrado em concurso?**

No Concurso do Avança SP para Procurador da Câmara Municipal de Itapecerica da Serra/SP em 2024, foi considerado ERRADO o seguinte enunciado: "Os créditos suplementares e especiais dispensam autorização por Lei e devem ser abertos por decreto executivo".

▸ **Como esse assunto foi cobrado em concurso?**

No Concurso do Avança SP para Procurador da Câmara Municipal de Itapecerica da Serra/SP em 2024, foi considerado ERRADO o seguinte enunciado: "Os créditos suplementares e especiais dispensam decreto executivo e serão abertos por Lei".

▸ **Como esse assunto foi cobrado em concurso?**

No Concurso do Instituto Consulplan para Procurador do Município da Prefeitura de Nova Friburgo/RJ em 2023, foi considerado ERRADO o seguinte enunciado: "São especiais os créditos adicionais destinados às despesas urgentes e imprevistas, em caso de guerra, comoção intestina ou calamidade pública".

▸ **Como esse assunto foi cobrado em concurso?**

No Concurso do Instituto Consulplan para Procurador do Município da Prefeitura de Nova Friburgo/RJ em 2023, foi considerado CERTO o seguinte enunciado: "Os créditos suplementares e especiais serão autorizados por lei e abertos por decreto executivo".

▸ **Como esse assunto foi cobrado em concurso?**

No Concurso da Consulplan para Auditor de Controle Externo do TCM/PA em 2023, foi considerado ERRADO o seguinte enunciado: "Os créditos adicionais especiais são os destinados a despesas para as quais haja dotação orçamentária específica".

> ▸ **Como esse assunto foi cobrado em concurso?**
>
> No Concurso da Consulplan para Auditor de Controle Externo do TCM/PA em 2023, foi considerado ERRADO o seguinte enunciado: "Os créditos adicionais especiais destinam-se a reforçar as dotações orçamentárias já existentes".

> ▸ **Como esse assunto foi cobrado em concurso?**
>
> No Concurso da CESPE/CEBRASPE para Procurador do Estado da Paraíba em 2021, foi considerado CERTO o seguinte enunciado: "Considerando-se as normas de direito financeiro e orçamentário, é correto afirmar que crédito especial é uma espécie de crédito adicional, destinando-se a despesas para as quais não haja dotação orçamentária específica".

> ▸ **Como esse assunto foi cobrado em concurso?**
>
> No Concurso da FGV para Auditor Técnico de Controle Externo do TCE/AM em 2021, foi considerado CERTO o seguinte enunciado: "Num Estado cuja Constituição admite a espécie normativa Medida Provisória (MP), uma MP autorizou a abertura de créditos orçamentários adicionais para custeio do estabelecimento de uma nova autarquia estadual na área de preservação ambiental. Diante desse cenário, trata-se da abertura de crédito orçamentário especial, que não pode ser aberto por meio de Medida Provisória".

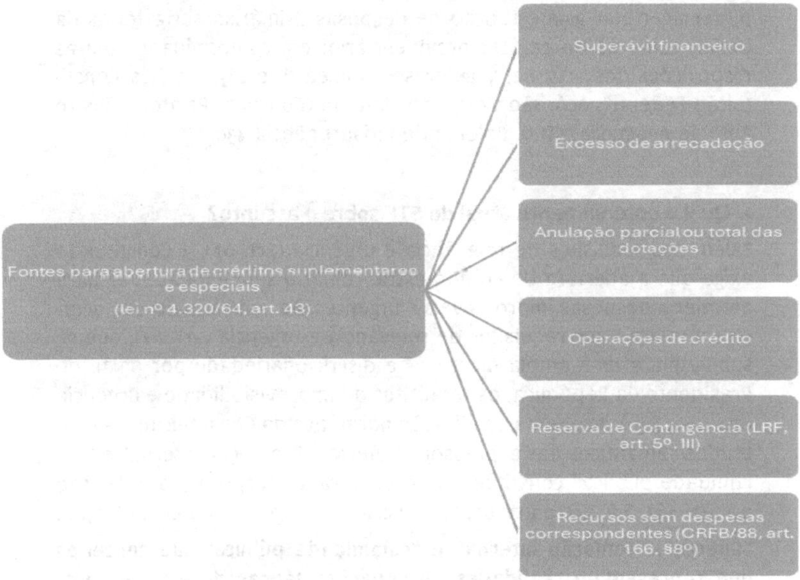

11.3. Créditos extraordinários

Os créditos extraordinários, por sua vez, são destinados a **despesas urgentes e imprevisíveis**, como as decorrentes de **guerra, comoção interna ou calamidade pública**, conforme art. 167 da CF. Na União, serão abertos por **medida provisória**.

Não poderão ter vigência além do exercício em que forem autorizados, salvo se o ato de autorização for promulgado nos últimos quatro meses daquele exercício, caso em que, reabertos nos limites dos seus saldos, serão incorporados ao orçamento do exercício financeiro subsequente (BRASIL, 2017, p. 97). Podem reforçar ou criar as dotações orçamentárias.

Segundo o art. 44 da lei nº 4.320/64, "os créditos extraordinários serão abertos por decreto do Poder Executivo, **que deles dará imediato conhecimento ao Poder Legislativo**". Entretanto, tal dispositivo deve ser compreendido analisando-se, conjuntamente, o art. 62 da CRFB/88, que disciplina a edição de medidas provisórias. Assim, tanto na União, quanto em estados nos quais a Constituição local preveja a edição de tais medidas, os créditos extraordinários serão abertos através delas. Nos demais casos será utilizado o decreto, conforme previsão legal.

No caso de créditos extraordinários não se exige a existência de recursos disponíveis, como ocorre com os créditos especiais e suplementares. Nessa situação diante da urgência e imprevisibilidade, será possível a cobrança de impostos extraordinários (art. 154, II, da CRFB/88) ou de empréstimos compulsórios (art. 148, I, da CRFB/88) para a captação de recursos.

▸ Qual o entendimento atual do TCU sobre o assunto?

"É cabível a abertura de crédito extraordinário por meio de medida provisória, desde que atendidas as condições de relevância, urgência e imprevisibilidade da despesa, quando a insuficiência de dotação puder acarretar a interrupção de despesas primárias obrigatórias da União, como as de caráter previdenciário, em conformidade com as disposições dos arts. 62, § 1º, inciso I, alínea d, e 167, § 3º, da Constituição Federal". Acórdão 2704/2022 Plenário (Consulta, Relator Ministro Antonio Anastasia) (TCU, Boletim de Jurisprudência 430)

▸ Qual o entendimento atual do STF sobre o assunto?

"Além dos requisitos de relevância e urgência (art. 62), a Constituição exige que a abertura do crédito extraordinário seja feita apenas para atender a despesas imprevisíveis e urgentes. Ao contrário do que ocorre em relação aos requisitos de relevância e urgência (art. 62), que se submetem a uma ampla margem de discricionariedade por parte do Presidente da República, os requisitos de imprevisibilidade e urgência (art. 167, § 3º) recebem densificação normativa da Constituição. Os conteúdos semânticos das expressões "guerra", "comoção interna" e "calamidade pública" constituem vetores para a interpretação/aplicação do art. 167, § 3º c/c o art. 62, § 1º, inciso I, alínea "d", da Constituição.

"Guerra", "comoção interna" e "calamidade pública" são conceitos que representam realidades ou situações fáticas de extrema gravidade e de consequências imprevisíveis para a ordem pública e a paz social, e que dessa forma requerem, com a devida urgência, a adoção de medidas singulares e extraordinárias. A leitura atenta e a análise interpretativa do texto e da exposição de motivos da MP nº 405/2007 demonstram que os créditos abertos são destinados a prover despesas correntes, que não estão qualificadas pela imprevisibilidade ou pela urgência. A edição da MP nº 405/2007 configurou um patente desvirtuamento dos parâmetros constitucionais que permitem a edição de medidas provisórias para a abertura de créditos extraordinários" (STF, ADI-MC 4.048/DF, Rel. Min. Gilmar Mendes, j. 14.05.2008, Pleno, p. 22.08. 2008).

▸ **Qual o entendimento atual do TCU sobre o assunto?**

"Não caracteriza, por si só, situação de imprevisibilidade, para fim de abertura de crédito extraordinário (art. 167, § 3º, da Constituição Federal), a aprovação do projeto de lei orçamentária após o início do exercício a que se destina, em especial quando houver autorização na lei de diretrizes orçamentárias para execução provisória da programação não condicionada". Acórdão 846/2021 Plenário (Consulta, Relator Ministro Aroldo Cedraz) (TCU, Boletim de Jurisprudência 352).

▸ **Como esse assunto foi cobrado em concurso?**

No Concurso do Avança SP para Procurador da Câmara Municipal de Itapecerica da Serra/SP em 2024, foi considerado ERRADO o seguinte enunciado: "Os créditos adicionais extraordinários são os destinados a despesas para as quais não haja dotação orçamentária específica".

▸ **Como esse assunto foi cobrado em concurso?**

No Concurso da FADCT para Procurador Municipal da Prefeitura de Ivatuba/PR em 2023, foi considerado CERTO o seguinte enunciado: "A abertura de crédito extraordinário será admitida apenas para atender despesas imprevisíveis e urgentes".

▸ **Como esse assunto foi cobrado em concurso?**

No Concurso da FADCT para Procurador Municipal da Prefeitura de Ivatuba/PR em 2023, foi considerado ERRADO o seguinte enunciado: "É admitido o uso da medida provisória para abertura de crédito extraordinário mesmo que não esteja motivado nas hipóteses de guerra ou calamidade".

▸ **Como esse assunto foi cobrado em concurso?**

No Concurso do Instituto Consulplan para Procurador do Município da Prefeitura de Nova Friburgo/RJ em 2023, foi considerado ERRADO o seguinte enunciado: "Os créditos extraordinários serão abertos por Lei Complementar".

▸ **Como esse assunto foi cobrado em concurso?**

No 39º Exame de Ordem da FGV em 2023 foi considerado CERTO o seguinte enunciado: "Em um determinado ano, diante de grave impasse entre o Poder Executivo federal e o Congresso Nacional, o que vem dificultando a aprovação das leis orçamentárias, e em face da relevância e urgência em autorizar a realização de uma série de despesas públicas, o chefe do Poder Executivo avalia a hipótese de adotar Medidas Provisórias para legislar sobre o tema, especialmente sobre o plano plurianual, diretrizes orçamentárias, orçamento anual, abertura de créditos suplementares, especiais e extraordinários. Diante desse cenário, à luz da CRFB/88, a abertura de crédito extraordinário por meio de Medida Provisória somente será admitida para atender a despesas imprevisíveis e urgentes, como as decorrentes de guerra, comoção interna ou calamidade pública".

▸ **Como esse assunto foi cobrado em concurso?**

No Concurso do Instituto Consulplan para Procurador do Município da Prefeitura de Nova Friburgo/RJ em 2023, foi considerado ERRADO o seguinte enunciado: "Os créditos especiais e extraordinários somente poderão ter vigência no exercício financeiro em que forem autorizados".

▸ **Como esse assunto foi cobrado em concurso?**

No 39º Exame de Ordem unificado da FGV em 2023, foi considerado CERTO o seguinte enunciado: "A abertura de crédito extraordinário por meio de Medida Provisória somente será admitida para atender a despesas imprevisíveis e urgentes, como as decorrentes de guerra, comoção interna ou calamidade pública".

Capítulo 3

Despesas Públicas

1. CONCEITO DE DESPESAS PÚBLICAS

Em clássica definição, Aliomar Baleeiro aponta dois conceitos para a locução "despesa pública". Inicialmente "designa o conjunto dos dispêndios do Estado, ou de outra pessoa de Direito público, para o funcionamento dos serviços públicos", de forma a configurar parte do orçamento, formando, "o complexo da distribuição e emprego das receitas para o custeio dos diferentes setores da administração" (1998, p. 73).

Por outro lado, despesa pública também pode ser considerada "a aplicação de certa quantia, em dinheiro, por parte da autoridade ou agente público competente, dentro de uma autorização legislativa, para execução de fim a cargo do governo. Envolve, em regra geral, fins de serviço público, regulados pelo Direito Administrativo e, quase sempre, realizados segundo a técnica da Ciência da Administração" (BALEEIRO, 1998, p. 73).

Assim, Ricardo Damasceno de Almeida e Marcelo Jucá Lisboa concluem que a "despesa pública pode ser entendida como a aplicação de certa quantia em dinheiro pela autoridade ou agente público competente dentro de uma autorização legislativa para execução de um determinado fim, a cargo do governo. Toda despesa pública efetivar-se-á por um ente da administração pública, centralizada ou descentralizada e será precedida da devida autorização orçamentária legislativa" (2017, p. 114-115).

Kiyoshi Harada, por sua vez, acatando o conceito de Aliomar Baleeiro, enfatiza que o importante é "ressaltar que a despesa pública há de corresponder, invariavelmente, a um dispêndio relacionado com uma finalidade de interesse público", sendo executada, invariavelmente em conformidade com a autorização legislativa, qual seja, nos limites da Lei Orçamentária Anual e com a rígida observância da Lei de Responsabilidade Fiscal (LC 101/2000) (2017, p. 22).

> **▸ Qual o entendimento atual do TCU sobre o assunto?**
>
> A celebração de contrato administrativo requer a indicação do crédito orçamentário pelo qual correrá a despesa, com a indicação da classificação funcional programática e da categoria econômica, conforme art. 92, inciso VIII, da Lei 14.133/2021 Acórdão 1106/2024 Plenário (Consulta, Relator Ministro-Substituto Augusto Sherman) (TCU, Boletim de Jurisprudência 497).

> **▸ Qual o entendimento atual do TCU sobre o assunto?**
>
> "As despesas à conta de recursos públicos com festividades e eventos comemorativos devem observar os seguintes requisitos, sob pena de responsabilização dos agentes que autorizarem a sua realização: i) vinculação às finalidades e objetivos da entidade; ii) moderação dos valores despendidos; iii) natureza excepcional; e iv) submissão aos princípios da legalidade, moralidade, legitimidade e economicidade". Acórdão 1641/2021 Plenário (Denúncia, Relator Ministro Aroldo Cedraz) (TCU, Boletim de Jurisprudência 364).

> **▸ Como esse assunto foi cobrado em concurso?**
>
> No Concurso da FADCT para Procurador Municipal da Prefeitura de Ivatuba/PR em 2023, foi considerado ERRADO o seguinte enunciado: "Em regra, a despesa pública não depende de autorização legislativa e inclusão orçamentária".

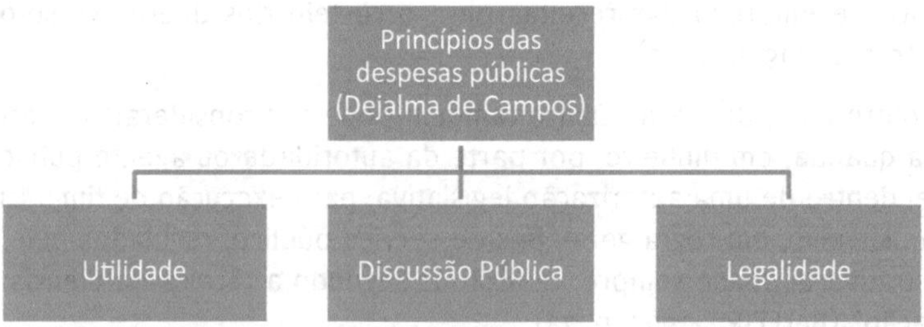

> **▸ ATENÇÃO!**
>
> CRFB/88, art. 167, §7º. "A lei não imporá nem transferirá qualquer encargo financeiro decorrente da prestação de serviço público, inclusive despesas de pessoal e seus encargos, para a União, os Estados, o Distrito Federal ou os Municípios, sem a previsão de fonte orçamentária e financeira necessária à realização da despesa ou sem a previsão da correspondente transferência de recursos financeiros necessários ao seu custeio, ressalvadas as obrigações assumidas espontaneamente pelos entes federados e aquelas decorrentes da fixação do salário mínimo, na forma do inciso IV do caput do art. 7º desta Constituição." (incluído pela EC 128/2022)

2. ESPÉCIES DE DESPESAS PÚBLICAS

A doutrina através de diferentes critérios procura classificar a despesa pública, tema bastante recorrente em concursos públicos e cujo estudo merece especial atenção.

2.1. Quanto à competência

A classificação das despesas públicas quanto à competência leva em consideração a distribuição das competências dos entes políticos no Brasil. Assim, as despesas poderão ser:

a) **Federais**: aquelas que visam ao atendimento dos fins e serviços da União, estando, portanto, previstas em orçamento Federal;

b) **Estaduais**: aquelas que objetivam atender aos fins e serviços dos estados. Nesse ponto merece destaque o fato de que a CRFB/88 reservou aos Estados as competências que não lhes sejam vedadas pela própria Constituição. Assim, não havendo expressa competência federal ou não se inserindo na ideia de "peculiar interesse municipal" (art. 15, II, da CRFB), a competência será do Estado;

c) **Municipais**: são as despesas relacionadas ao exercício da competência dos municípios (art. 30 da CRFB/88);

d) **Distritais**: são as despesas relacionadas aos fins e serviços do Distrito Federal.

2.2. Quanto à periodicidade ou regularidade

a) **Despesas ordinárias**: são aquelas despesas que compõem a rotina do serviço público, renovando-se ano a ano. Ou seja, "são aquelas que comumente ocorrem, voltadas às necessidades públicas estáveis, permanentes e periódicas, como as despesas de manutenção da máquina, aí incluídas as despesas de pessoal, materiais de consumo, dentre outras" (LEITE, 2015, p. 228).

b) **Despesas extraordinárias**: são aquelas que visam ao atendimento de necessidades públicas acidentais, imprevisíveis e urgentes, tais como aquelas decorrentes de guerra, comoção interna ou calamidade pública (art. 167, §3º, da CRFB/88). Não sendo, portanto, despesas regulares, não se encontram previstas no orçamento, exigindo-se, para tanto, a abertura de créditos por meio de medidas provisórias.

c) **Despesas especiais**: nem toda a doutrina apresenta essa modalidade de classificação. Para Carlos Alberto de Moraes Ramos Filho "são aquelas que decorrem de fato **previsível**, mas que o Estado não sabe **quando** ocorrerá, ou seja, o Estado tem certeza de sua realização, só não tendo condições de prever o real momento de sua execução" (2017, p. 171). Ex. pagamentos oriundos de sentenças judiciais, indenizações e desapropriações.

2.3. Quanto à natureza

a) **Despesa orçamentária**: "são aquelas fixadas e especificadas na lei do orçamento ou na lei de créditos adicionais, previamente autorizadas pelo Poder Legislativo, com base em normas legais, e obedecem durante sua execução as fases previstas para a sua realização, quais sejam: fixação, empenho, liquidação e pagamento" (ALMEIDA; LISBOA, 2017, p. 121).

b) **Despesa extraorçamentária**: "são os dispêndios realizados com os recursos financeiros transitórios oriundos de receitas extraorçamentárias, portanto não consignadas na lei do orçamento ou em créditos adicionais, tais como: pagamentos de restos a pagar, restituição de depósitos, resgate de operações de crédito por Antecipação de Receita, entre outras.

São despesas que independem de autorização orçamentária, uma vez que não pertencem à administração pública, tratando-se, em verdade, de devolução de recursos financeiros pertencentes a terceiros" (ALMEIDA; LISBOA, 2017, p. 121).

2.4. Quanto ao critério econômico

a) **Despesa-compra, despesa real ou despesa de serviço:** realizada para a compra de produtos e serviços (aquisição de bens de consumo, folha de pagamento do funcionalismo, etc.) (HARADA, 2017, p. 25). Nesse caso, há uma contraprestação em favor do Estado.

b) **Despesa-transferência (*transfer expenditure*):** aquela que não corresponde à aplicação governamental direta, limitando-se a criar rendimentos para os indivíduos sem qualquer contraprestação destes (juros da dívida pública, pensões, subvenções sem encargos, etc.) (HARADA, 2017, p. 25).

2.5. Quanto à extensão ou ao ambiente

a) **Despesa interna:** realizada dentro do país, em moeda nacional, para o atendimento de necessidades interna.

b) **Despesa externa:** realizada fora do país, em moeda estrangeira, para o pagamento de dívidas externas.

2.6. Quanto à natureza legal

a) **Despesas correntes:** "gastos improdutivos, que não implicam aumento do patrimônio, ou seja, não enriquecem o patrimônio público e são necessárias à execução dos serviços públicos e à vida do Estado, sendo, assim, verdadeiras despesas operacionais e economicamente improdutivas" (ALMEIDA; LISBOA, 2017, p. 121).

Duas são as modalidades de despesas correntes:

I. Despesas de custeio: "dotações para a manutenção de serviços anteriormente criados, inclusive as destinadas a atender a obras de conservação e adaptação de bens imóveis" (art. 12, §1º, da lei 4.320/64). Ex. Pessoal Civil, Pessoal Militar, Material de Consumo, Serviços de Terceiros, Encargos Diversos (art. 13 da lei 4.320/64).

II. Transferências correntes: "dotações para despesas as quais não corresponda contraprestação direta em bens ou serviços, inclusive para contribuições e subvenções destinadas a atender à manifestação de outras entidades de direito público ou privado" (art. 12, §2º, da lei 4.320/64). Ex. Subvenções Sociais, Subvenções Econômicas, Inativos, Pensionistas, Salário Família e Abono Familiar, Juros da Dívida Pública, Contribuições de Previdência Social, Diversas Transferências Correntes (art. 13 da lei 4.320/64).

▸ Como esse assunto foi cobrado em concurso?

No Concurso do Avança SP para Procurador da Câmara Municipal de Itapecerica da Serra/SP em 2024, foi considerado ERRADO o seguinte enunciado: "Classificam-se como Despesas de Custeio as dotações para despesas as quais não corresponda contraprestação direta em bens ou serviços, inclusive para contribuições e subvenções destinadas a atender à manutenção de outras entidades de direito público ou privado".

▸ Como esse assunto foi cobrado em concurso?

No Concurso do Avança SP para Procurador da Câmara Municipal de Itapecerica da Serra/SP em 2024, foi considerado ERRADO o seguinte enunciado: "Classificam-se como Transferências Correntes as dotações para manutenção de serviços anteriormente criados, inclusive as destinadas a atender obras de conservação e adaptação de bens imóveis".

▸ Como esse assunto foi cobrado em concurso?

No Concurso da FUNDEP para Procurador do Município de Curvelo/MG em 2024, foi considerado ERRADO o seguinte enunciado: "Classificam-se como transferências correntes as dotações para manutenção de serviços anteriormente criados, inclusive as destinadas a atender a obras de conservação e adaptação de bens imóveis".

▸ Como esse assunto foi cobrado em concurso?

No Concurso do Cespe/Cebraspe para Procurador do Município de Camaçari/BA em 2024, foi considerado ERRADO o seguinte enunciado: "O crédito orçamentário plurianual tem aplicação às despesas correntes da administração pública".

▸ Como esse assunto foi cobrado em concurso?

No Concurso da Cespe para Procurador do Estado da PGE/RR em 2023, foi considerado CERTO o seguinte enunciado: "Consideram-se transferências correntes as dotações de recursos direcionadas às despesas que não estejam atreladas à contraprestação direta em bens ou serviços, a exemplo das subvenções econômicas".

▸ Como esse assunto foi cobrado em concurso?

No Concurso da Vunesp para Auditor de Controle Externo do TCM/SP em 2023, foi considerado ERRADO o seguinte enunciado: "Se classificam como transferências correntes as dotações para o planejamento e a execução de obras, inclusive as destinadas à aquisição de imóveis considerados necessários à realização destas últimas, bem como para os programas especiais de trabalho, aquisição de instalações, equipamentos e material permanente e constituição ou aumento do capital de empresas que não sejam de caráter comercial ou financeiro".

Em relação às subvenções, quais sejam, as transferências destinadas a cobrir despesas de custeio das entidades beneficiadas, a lei 4.320/64 distingue-as em duas modalidades:

- Subvenções sociais → as que se destinem a instituições públicas ou privadas de caráter assistencial ou cultural, sem finalidade lucrativa;
- Subvenções econômicas → as que se destinem a empresas públicas ou privadas de caráter industrial, comercial, agrícola ou pastoril.

▸ **Como esse assunto foi cobrado em concurso?**

No Concurso do Cespe/Cebraspe para Procurador do Município de Camaçari/BA em 2024, foi considerado ERRADO o seguinte enunciado: "As subvenções sociais e as subvenções econômicas são classificadas respectivamente, como despesa corrente e despesa de capital".

▸ **Importante**

Lei 4.320/64 – Das Subvenções Sociais

Art. 16. Fundamentalmente e nos limites das possibilidades financeiras a concessão de subvenções sociais visará a prestação de serviços essenciais de assistência social, médica e educacional, sempre que a suplementação de recursos de origem privada aplicados a esse objetivo revelar-se mais econômica.

Parágrafo único. O valor das subvenções sempre que possível, será calculado com base em unidades de serviços efetivamente prestados ou postos à disposição dos interessados obedecidos os padrões mínimos de eficiência previamente fixados.

Art. 17. Somente à instituição cujas condições de funcionamento forem julgadas satisfatórias pelos órgãos oficiais de fiscalização serão concedidas subvenções.

▸ **Como esse assunto foi cobrado em concurso?**

No Concurso da Vunesp para Auditor de Controle Externo do TCM/SP em 2023, foi considerado ERRADO o seguinte enunciado: "Se consideram subvenções, as transferências destinadas a cobrir despesas de custeio das entidades beneficiadas, distinguindo-se como subvenções econômicas, as que se destinem a instituições públicas ou privadas de caráter assistencial ou cultural, sem finalidade lucrativa.".

▸ **Como esse assunto foi cobrado em concurso?**

No Concurso da Objetiva para Procurador Municipal da Prefeitura de Varginha/MG em 2022, foi considerado CERTO o seguinte enunciado: "As despesas correntes caracterizam-se por serem contínuas, rotineiras ou periódicas. São dotações destinadas, por exemplo, ao pagamento do funcionamento ou manutenção da estrutura estatal (máquina administrativa), à remuneração de inativos, ao pagamento de juros etc. Essas despesas podem ser subdivididas, por sua vez, em despesas de custeio e transferências correntes".

▸ **Como esse assunto foi cobrado em concurso?**

No Concurso da Objetiva para Procurador Municipal da Prefeitura de Varginha/MG em 2022, foi considerado ERRADO o seguinte enunciado: "As despesas de custeio são aquelas dotações para o planejamento e a execução de obras, inclusive as destinadas à aquisição de imóveis considerados necessários para a realização destas últimas, bem como para programas especiais de trabalho, aquisição de instalações, equipamentos e material permanente e constituição ou aumento do capital de empresas que não sejam de caráter comercial ou financeiro. A Lei nº 4.320/1964, Art. 13, relaciona suas espécies como sendo: obras públicas; serviços em regime de programação especial; equipamentos e instalações; material permanente; constituição ou aumento de capital em empresas".

▸ **Como esse assunto foi cobrado em concurso?**

No Concurso da FCC para Procurador Municipal da Prefeitura de Teresina/PI em 2022, foi considerado CERTO o seguinte enunciado: "São classificadas como Despesas de Custeio as dotações para manutenção de serviços anteriormente criados, inclusive as destinadas a atender a obras de conservação e adaptação de bens imóveis".

O Decreto 93.872/86 fixou em seu art. 60, §3º, as condições para a concessão de subvenções sociais. Nessa esteira, Ricardo Almeida e Marcelo Lisboa apontam como requisitos para sua concessão (2017, p. 138):

a) Que a entidade política tenha disponibilidade de recursos financeiros;
b) Que o direcionamento de recursos se dê apenas para os serviços de assistência social, serviços médicos e serviços educacionais, todos eles contemplados no capítulo I, do Título VIII, da Constituição Federal, pertinente à ordem social;
c) Que a subvenção social seja motivada pela entidade política, a fim de limitar o direcionamento de despesa pública às hipóteses em que tragam efetivas utilidades à entidade contemplada, representadas, por exemplo, pelo aumento do número de pessoas necessitadas ou melhoria da qualidade do atendimento.

▸ **Como esse assunto foi cobrado em concurso?**

No Concurso do Avança SP para Procurador da Câmara Municipal de Itapecerica da Serra/SP em 2024, foi considerado ERRADO o seguinte enunciado: "As subvenções sociais são aquelas destinadas às instituições públicas ou privadas de caráter assistencial ou cultural, com ou sem finalidade lucrativa".

▸ **Como esse assunto foi cobrado em concurso?**

No Concurso do Avança SP para Procurador da Câmara Municipal de Itapecerica da Serra/SP em 2024, foi considerado ERRADO o seguinte enunciado: "O valor das subvenções sociais obrigatoriamente deverá ser calculado com base em unidades de serviços efetivamente prestados ou postos à disposição dos interessados, obedecidos os padrões mínimos de eficiência previamente fixados".

▸ **Importante**

Lei 4.320/64 - Das Subvenções Econômicas

Art. 18. A cobertura dos déficits de manutenção das empresas públicas, de natureza autárquica ou não, far-se-á mediante subvenções econômicas expressamente incluídas nas despesas correntes do orçamento da União, do Estado, do Município ou do Distrito Federal.

Parágrafo único. Consideram-se, igualmente, como subvenções econômicas:

a) As dotações destinadas a cobrir a diferença entre os preços de mercado e os preços de revenda, pelo Governo, de gêneros alimentícios ou outros materiais.
b) As dotações destinadas ao pagamento de bonificações a produtores de determinados gêneros ou materiais.

Art. 19. A Lei de Orçamento não consignará ajuda financeira, a qualquer título, a empresa de fins lucrativos, salvo quando se tratar de subvenções cuja concessão tenha sido expressamente autorizada em lei especial.

▸ **Como esse assunto foi cobrado em concurso?**

No Concurso do Avança SP para Procurador da Câmara Municipal de Itapecerica da Serra/SP em 2024, foi considerado CERTO o seguinte enunciado: "A Lei de Orçamento não consignará ajuda financeira, a qualquer título, às empresas de fins lucrativos, salvo quando se tratar de subvenções cuja concessão tenha sido expressamente autorizada em lei especial".

▸ **Como esse assunto foi cobrado em concurso?**

No Concurso da Vunesp para Procurador da PGE/SP em 2024, foi considerado CERTO o seguinte enunciado: "Suponha que o Estado manifeste a intenção de instituir um programa de apoio a comerciantes que atuam em regiões onde tem sido verificado o fechamento de estabelecimentos e o aumento dos índices de criminalidade. Pretende, com isso, fomentar a economia local e induzir a requalificação do espaço público com o maior fluxo de pessoas. O programa idealizado contempla a criação de uma linha de crédito a juros abaixo daqueles praticados no mercado financeiro, destinada a capital de giro dos comerciantes, e prevê a celebração de convênio com instituições financeiras, que deverão ofertar essas linhas com juros subsidiados ao público-alvo e receberão recursos do Estado destinados à cobertura do subsídio. Tendo sido a matéria submetida à análise jurídica da Procuradoria Geral do Estado (PGE), caberá ao procurador oficiante no feito apontar que o programa envolve subvenção econômica por parte do Estado, demandando, assim, autorização legislativa específica, não sendo suficiente apenas a previsão dos recursos destinados à equalização de juros na Lei Orçamentária Anual".

▸ Como esse assunto foi cobrado em concurso?

No Concurso do Avança SP para Procurador da Câmara Municipal de Itapecerica da Serra/SP em 2024, foi considerado CERTO o seguinte enunciado: "Consideram-se como subvenções econômicas as dotações destinadas a cobrir a diferença entre os preços de mercado e os preços de revenda, pelo Governo, de gêneros alimentícios ou outros materiais".

▸ Como esse assunto foi cobrado em concurso?

No Concurso da FUNDEP para Procurador do Município de Curvelo/MG em 2024, foi considerado CERTO o seguinte enunciado: "A Lei de Orçamento não consignará ajuda financeira, a qualquer título, a empresa de fins lucrativos, salvo quando se tratar de subvenções cuja concessão tenha sido expressamente autorizada em lei especial".

Esclarecendo a importância das subvenções, Harrison Leite afirma que é através delas que "os Estados ajudam as instituições assistenciais, sem fins lucrativos, quando secundam o Estado naquilo que lhe é essencial". Prossegue o autor destacando a necessidade de critérios rígidos na prestação de contas de tais repasses, além da necessidade de previsão na lei orçamentária anual (2015, p. 230).

▸ Importante

CRFB/88, art. 19. É vedado à União, aos Estados, ao Distrito Federal e aos Municípios:

I - estabelecer cultos religiosos ou igrejas, **subvencioná-los**, embaraçar-lhes o funcionamento ou manter com eles ou seus representantes relações de dependência ou aliança, ressalvada, na forma da lei, a colaboração de interesse público.

▸ Qual o entendimento atual do STF sobre o assunto?

"O Brasil é uma república laica, surgindo absolutamente neutro quanto às religiões". (STF, ADPF 54, Rel. Min. Marco Aurélio, j. 12.04. 2012, Plenário, p. 30.04.2013).

b) **Despesas de capital:** gastos produtivos, por envolverem dispêndios que têm por escopo a aquisição ou construção de bens de capital que contribuam para a formação de novos bens. São, portanto, as que determinam uma modificação do patrimônio público através de seu crescimento, sendo, pois, economicamente produtivas, e assim se dividem (ALMEIDA; LISBOA, 2017, p. 125):

   I. **Investimentos**: as dotações para o planejamento e a execução de obras, inclusive as destinadas à aquisição de imóveis considerados necessários à realização destas últimas, bem como para os programas especiais de trabalho, aquisição de instalações, equipamentos e material permanente e constituição ou aumento do capital de empresas que não sejam de caráter comercial ou financeiro (art. 12, §4º, da lei 4.320/64). São considerados investimentos: Obras públicas, Serviços em regime de programação especial, equipamentos e instalações, Material permanente, Participação em constituição ou aumento de capital de empresas ou entidades industriais ou agrícolas (art. 13 da lei 4.320/64).

▸ **Como esse assunto foi cobrado em concurso?**

No Concurso da FUNDERN para Procurador da AMCEVALE/RN em 2024, foi considerado CERTO o seguinte enunciado: "Nos termos da Lei n.º 4.320/64 (Normas Gerais de Direito Financeiro), as dotações para o planejamento e a execução de obras, inclusive as destinadas à aquisição de imóveis considerados necessários à realização destas últimas, bem como para os programas especiais de trabalho, aquisição de instalações, equipamentos e material permanente e constituição ou aumento do capital de empresas que não sejam de caráter comercial ou financeiro, são classificadas como investimentos".

▸ **Como esse assunto foi cobrado em concurso?**

No Concurso da Vunesp para Promotor do MP/RO em 2024, foi considerado CERTO o seguinte enunciado: "De acordo com o que estabelece a Lei no 4.320/1964, é classificada como investimento a dotação destinada a planejamento e execução de obras, inclusive as destinadas à aquisição de imóveis considerados necessários à realização das últimas".

▸ **Como esse assunto foi cobrado em concurso?**

No Concurso da FGV para Analista de Planejamento e Orçamento da SMF/RJ em 2023, este assunto foi cobrado da seguinte forma: "Na elaboração, em 2022, do projeto de lei orçamentária anual (LOA) do Município Alfa para o ano de 2023, foi inserida dotação destinada à aquisição de terreno onde seria executada, em cronograma de obra de dez meses de duração, no próprio ano de 2023, a construção de uma pequena creche municipal Segundo a Lei n° 4.320/1964, tal dotação para aquisição desse imóvel é classificada como: a) inversão financeira; b) transferência de capital; c) despesa de custeio; d) transferência corrente; e) investimento". O gabarito oficial considerou correta a alternativa "e".

II. **Inversões financeiras**: dotações destinadas a: a) aquisição de imóveis, ou de **bens de capital já em utilização**; b) aquisição de títulos representativos do capital de empresas ou entidades de qualquer espécie, já constituídas, quando a operação não importe aumento do capital; c) constituição ou aumento do capital de entidades ou empresas que visem a objetivos comerciais ou financeiros, inclusive operações bancárias ou de seguros (art. 12, §5º, da lei 4.320/64). São consideradas inversões financeiras: Aquisição de imóveis, participação em constituição ou aumento de capital de empresas ou entidades comerciais ou financeiras, aquisição de títulos representativos de capital de empresa em funcionamento, constituição de fundos rotativos, concessão de empréstimos e diversas inversões financeiras (art. 13 da lei 4.320/64).

▸ **Como esse assunto foi cobrado em concurso?**

No Concurso da Vunesp para Auditor de Controle Externo do TCM/SP em 2023, foi considerado CERTO o seguinte enunciado: "Se classificam como Inversões Financeiras, dentre outras, as dotações destinadas à aquisição de imóveis ou de bens de capital já em utilização.".

▸ **Como esse assunto foi cobrado em concurso?**

No Concurso da Objetiva para Procurador Municipal da Prefeitura de Varginha/MG em 2022, foi considerado ERRADO o seguinte enunciado: "As despesas de capital referem-se a despesas periódicas, porém caracterizadas por não gerarem uma contraprestação específica e direta em bens ou serviços, inclusive servindo para atender a outras entidades de direito público ou privado. Como exemplo de despesas de capital, temos o pagamento de juros da dívida pública, de aposentadorias e pensões de servidores públicos inativos, e as transferências financeiras entre os entes federativos".

▸ **Como esse assunto foi cobrado em concurso?**

No Concurso da Objetiva para Procurador Municipal da Prefeitura de Varginha/MG em 2022, foi considerado CERTO o seguinte enunciado: "As inversões financeiras são as dotações destinadas à aquisição de imóveis ou de bens de capital já em utilização, à aquisição de títulos representativos do capital de empresas ou entidades de qualquer espécie já constituídas, quando a operação não importe aumento do capital, e à constituição ou aumento do capital de entidades ou empresas que visem a objetivos comerciais ou financeiros, inclusive operações bancárias ou de seguros".

▸ **Como esse assunto foi cobrado em concurso?**

No Concurso da VUNESP para Procurador Municipal da Prefeitura de Presidente Prudente/SP em 2022, foi considerado ERRADO o seguinte enunciado. "A despesa com o pagamento dos juros e demais encargos da dívida pública classifica-se orçamentariamente como despesa de capital, não podendo ser superior à receita obtida com operações de crédito no respectivo exercício".

▸ Como esse assunto foi cobrado em concurso?

No Concurso da VUNESP para Procurador Municipal da Prefeitura de Presidente Prudente/SP em 2022, foi considerado ERRADO o seguinte enunciado: "A despesa com o pagamento dos precatórios judiciais é classificada orçamentariamente como despesa de capital, independentemente da natureza da condenação judicial de origem".

▸ Como esse assunto foi cobrado em concurso?

No Concurso do TRF da 4ª Região para Juiz Federal em 2022, foi considerado CERTO o seguinte enunciado: "As despesas de capital são aquelas pertinentes a investimentos, inversões financeiras e transferências de capital".

▸ Como esse assunto foi cobrado em concurso?

No Concurso da FCC para Procurador do Estado da PGE/AP em 2018, esse tema foi cobrado da seguinte forma: "Nos termos da Lei nº 4.320/1964, corresponde a uma receita corrente, uma receita de capital, uma despesa corrente e uma despesa de capital, respectivamente: a) encargos diversos – obras públicas – transferências correntes e alienação de bens; b) amortização de empréstimos – operações de crédito – aquisição de imóveis e constituição de fundos rotativos; c) receita tributária – receita industrial – material de consumo e juros da dívida pública; d) alienação de bens – receita patrimonial – amortização da dívida pública e pessoal militar; e) receita patrimonial – alienação de bens – pessoal militar e amortização da dívida pública. Segundo o gabarito oficial, foi considerada correta a alternativa "e".

III. **Transferências de Capital**: dotações para investimentos ou inversões financeiras que outras pessoas de direito público ou privado devem realizar, independentemente de contraprestação direta em bens ou serviços, constituindo essas transferências auxílios ou contribuições, segundo derivem diretamente da Lei de Orçamento ou de lei especialmente anterior, bem como as dotações por amortização da dívida pública (art. 12, §6º, da lei 4.320/64). São transferências de capital: Amortização da dívida pública, auxílios para obras públicas, auxílios para equipamentos e instalações, auxílios para inversões financeiras e outras contribuições (art. 13 da lei 4.320/64).

▸ Como esse assunto foi cobrado em concurso?

No Concurso do Cespe/Cebraspe para Procurador do Município de Camaçari/BA em 2024, foi considerado ERRADO o seguinte enunciado: "A despesa de capital pode ser considerada despesa obrigatória de caráter continuado".

> **▸ Como esse assunto foi cobrado em concurso?**
>
> No Concurso da Consulplan para Auditor de Controle Externo do TCM/PA em 2023, foi considerado ERRADO o seguinte enunciado: "Classifica-se o pagamento de juros da dívida pública como despesa de capital".

3. EXECUÇÃO DAS DESPESAS PÚBLICAS

A despesa pública deve passar por duas fases, quais sejam: a fixação (ou instituição) e a realização.

A fixação da despesa pública ocorre com a sua inserção no orçamento, mediante correspondente dotação orçamentária. Nesse sentido, estabelece o §8º do art. 165 da CRFB que: "a lei orçamentária anual não conterá dispositivo estranho à previsão da receita e à **fixação da despesa**, não se incluindo na proibição a autorização para abertura de créditos suplementares e contratação de operações de crédito, ainda que por antecipação de receita, nos termos da lei".

> **▸ Qual o entendimento atual do STJ sobre o assunto?**
>
> "Lei de Responsabilidade Fiscal – LRF. Estimativa de impacto orçamentário-financeiro e declaração de compatibilidade das despesas às leis orçamentárias. Requisitos específicos das ações expropriatórias de imóveis para o desenvolvimento da política urbana. Para cumprimento dos requisitos arrolados no art. 16, caput, I e II, e § 4º, II, da LRF é necessário instruir a petição inicial da ação expropriatória de imóveis com a estimativa do impacto orçamentário-financeiro e apresentar declaração a respeito da compatibilidade das despesas necessárias ao pagamento das indenizações ao disposto no plano plurianual, na lei de diretrizes orçamentárias e na lei orçamentária anual. (REsp 1.930.735-TO, Rel. Ministra Regina Helena Costa, Primeira Turma, unanimidade, j. 28/2/2023, Info 767)

> **▸ Como esse assunto foi cobrado em concurso?**
>
> No Concurso do Cespe/Cebraspe para Procurador do Município de Camaçari/BA em 2024, foi considerado ERRADO o seguinte enunciado: "A lei orçamentária anual não poderá conter dispositivo estranho à previsão de receita e à fixação da despesa, incluindo-se, nessa proibição, a autorização para a abertura de créditos suplementares".

> **▸ Como esse assunto foi cobrado em concurso?**
>
> No Concurso da Cespe para Procurador Municipal da PGM Natal/RN em 2023, foi considerado ERRADO o seguinte enunciado: "A LOA não conterá dispositivo estranho à previsão da receita e à fixação da despesa, incluindo-se na proibição a autorização para abertura de créditos suplementares e contratação de operações de crédito de qualquer espécie".

> **Como esse assunto foi cobrado em concurso?**
>
> No Concurso do TRF da 4ª Região para Juiz Federal em 2022, foi considerado CERTO o seguinte enunciado: "É vedada a inclusão na lei orçamentária anual de dispositivo estranho à previsão da receita e à fixação da despesa, não se incluindo na proibição a autorização para abertura de créditos suplementares e contratação de operações de crédito, ainda que por antecipação de receita, nos termos da lei".

Assim, observando-se desde a devida elaboração da proposta orçamentária até a sua aprovação pelo Poder Legislativo (ciclo orçamentário), ter-se-á o crédito ou dotação orçamentária, qual seja, a autorização para que o administrador gaste determinados valores, inaugurando-se, dessa forma, a fase de **realização das despesas.**

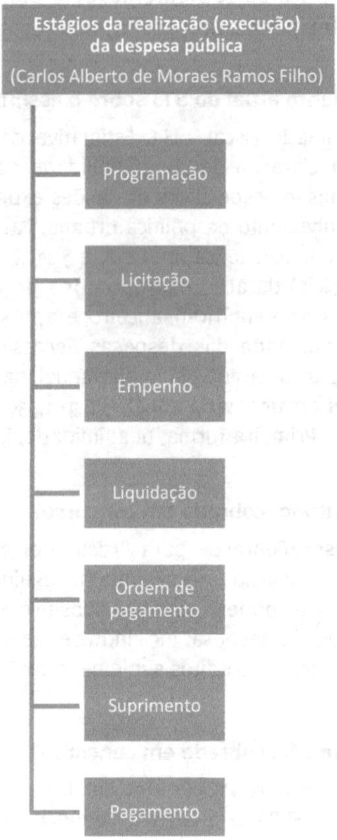

3.1. Programação

Nesse momento, o Poder Executivo através do **Programa de Desembolso**, estabelece uma programação mensal para a utilização de créditos orçamentários disponíveis para o período, buscando-se, dessa forma, a manutenção do equilíbrio durante toda a execução do orçamento (LRF, art. 8º).

3.2. Licitação

A CRFB/88 estabelece que "ressalvados os casos especificados na legislação, as obras, serviços, compras e alienações serão contratados mediante processo de licitação pública que assegure igualdade de condições a todos os concorrentes, com cláusulas que estabeleçam obrigações de pagamento, mantidas as condições efetivas da proposta, nos termos da lei, o qual somente permitirá as exigências de qualificação técnica e econômica indispensáveis à garantia do cumprimento das obrigações" (art. 37, XXI).

Com base nisso, a licitação pode ser conceituada como "o procedimento administrativo formal em que a Administração Pública convoca, por meio de condições estabelecidas em ato próprio (edital ou convite), empresas interessadas na apresentação de propostas para o oferecimento de bens e serviços" (TCU, 2010. p. 19).

O tema "licitações" é especificamente abordado na doutrina de Direito Administrativo, não merecendo maior aprofundamento neste momento.

3.3. Empenho

O empenho de despesa é conceituado pelo art. 58 da lei 4.320/64 como "o ato emanado de autoridade competente que cria para o Estado obrigação de pagamento pendente ou não de implemento de condição".

Assim, segundo a doutrina "o empenho constitui-se em ato administrativo necessário à formalização de obrigação que tenha o Estado como sujeito passivo (devedor). É a partir do empenho que é criada a obrigação de pagamento, implicando na dedução de seu valor da dotação orçamentária, fazendo com que a quantia empenhada fique indisponível para nova aplicação (ALMEIDA; LISBOA, 2017, p. 203).

▸ Como esse assunto foi cobrado em concurso?

No Concurso do Instituto Consulplan para Promotor do MP/SC em 2024, foi considerado CERTO o seguinte enunciado: "Com fulcro nas disposições da Lei nº 4.320/1964, acerca da execução do orçamento público, o empenho de despesa - que não poderá exceder o limite dos créditos concedidos - é o ato emanado de autoridade competente que cria para o Estado obrigação de pagamento pendente ou não de implemento de condição".

▸ Como esse assunto foi cobrado em concurso?

No Concurso da Cespe para Procurador Municipal da PGM Natal/RN em 2023, este tema foi abordado da seguinte forma: "À luz da Lei n.° 4.320/1964, assinale a opção que apresenta o estágio da despesa o qual cria para o estado a obrigação de pagamento pendente ou não de implemento de condição: a) fixação; b) pagamento; c) liquidação; d) autorização; e) empenho". O gabarito oficial considerou correta a alternativa "e".

> ▸ **Como esse assunto foi cobrado em concurso?**
>
> No Concurso da Objetiva para Procurador Municipal da Prefeitura de Varginha/MG em 2022, foi considerado CERTO o seguinte enunciado: "O empenho é uma das fases mais importantes por que passa a despesa pública, podendo ser definido como o ato emanado de autoridade competente que cria, para o Estado, obrigação de pagamento pendente ou não de implemento de condição".

> ▸ **Como esse assunto foi cobrado em concurso?**
>
> No Concurso da FCM para Auditor Fiscal do Município de Contagem/MG em 2020, foi considerado CERTO o seguinte enunciado: "O empenho é legalmente definido como o ato emanado de autoridade competente, que cria para o Estado obrigação de pagamento pendente ou não de implemento de condição, sendo que há modalidades diferentes de empenho. Quando 'é sabido o valor exato da despesa, mas o pagamento será parcelado à medida que o serviço é prestado', a modalidade que representa essa situação é denominada empenho global".

Ou seja, como **toda despesa exige prévio empenho** (art. 60 da lei 4.320/64), antes de se realizar uma determinada despesa deve-se identificar a respectiva dotação orçamentária. Da mesma forma, "o empenho da despesa não poderá exceder o limite dos créditos concedidos" (art. 59 da lei 4.320/64).

Observe-se que o empenho, por si só, não gera direito adquirido àquele que se diz credor, nem cria para a Administração, necessariamente, um dever de pagar, já que pode ser cancelado unilateralmente no caso de não haver a realização da prestação empenhada, ou seja, se o credor não cumprir com a sua contraprestação (RAMOS FILHO, 2017, p. 207).

> ▸ **Qual o entendimento atual do STF sobre o assunto?**
>
> "1. O Estado do Ceará não comprovou terem sido os pagamentos efetuados à União referentes aos valores cobrados em decorrência da cessão dos servidores federais àquele ente federativo. A ausência de informações sobre o débito que estaria sendo quitado pelo Estado, agregada à divergência entre o valor transferido e o cobrado pela União, impede seja reconhecida a plena quitação da dívida. 2. Notas de empenho de despesa, quando desacompanhadas da comprovação de sua liquidação, não são documentos hábeis para demonstrar ter havido efetivo pagamento da dívida". (STF, ACO 534/CE, Rel. Min. Cármen Lúcia, j. 06.03.2008, Plenário, p. 18.04.2008).

Após o empenho, exige-se que seja extraído um documento denominado **nota de empenho**, que indicará o nome do credor, a representação e a importância da despesa bem como a dedução desta do saldo da dotação própria (art. 61 da lei 4.320/64).

Atenção: o empenho é sempre obrigatório. Contudo, a lei 4.320/64 admite a dispensa da emissão da nota de empenho em casos especiais previstos na legislação específica.

▸ **Qual o entendimento atual do TCU sobre o assunto?**

A inscrição de notas de empenho em restos a pagar, ainda que a dotação orçamentária decorra de emenda parlamentar impositiva, pressupõe o cumprimento dos requisitos descritos na legislação, em particular o art. 35 do Decreto 93.872/1986, não sendo cabível a realização de empenhos tão somente para impedir que os créditos orçamentários expirem ao final do exercício. Acórdão 1106/2024 Plenário (Consulta, Relator Ministro-Substituto Augusto Sherman) (TCU, Boletim de Jurisprudência 497).

▸ **Como esse assunto foi cobrado em concurso?**

No Concurso da Cespe para Procurador do Estado da PGE/RR em 2023, foi considerado CERTO o seguinte enunciado: "A realização de despesas depende de prévio empenho, mesmo quando o montante for desconhecido".

▸ **Como esse assunto foi cobrado em concurso?**

No Concurso da Consulplan para Auditor de Controle Externo do TCM/PA em 2023, foi considerado ERRADO o seguinte enunciado: "O empenho de despesa cujo montante não possa ser exatamente determinado não é admitido".

▸ **Como esse assunto foi cobrado em concurso?**

No Concurso do IPEFAE para Controlador Interno de Águas da Prata/SP em 2021, foi considerado ERRADO o seguinte enunciado: "A inscrição das despesas em Restos a Pagar não será obrigatoriamente efetuada no encerramento de cada exercício de emissão da respectiva Nota de Empenho".

A legislação menciona três tipos de empenho, assim definidos por Valdecir Paschoal (2015, p. 84):

a) **Empenho ordinário** → "aquele utilizado para despesas normais que não apresentem nenhuma característica especial. A quase totalidade dos gastos é processada através desse tipo de empenho. São despesas de valores definidos, que devem ser pagos numa única prestação".

b) **Empenho por estimativa** → "é utilizado quando não se pode determinar com exatidão o montante da despesa, como, por exemplo, conta de água, de luz e de telefone, alguns adiantamentos a servidores etc. Assim, devemos fazer uma estimativa de quanto será gasto ao longo do exercício financeiro. Nesse tipo de empenho, utiliza-se um documento chamado nota de subempenho, que é o registro do valor efetivo a ser deduzido da importância total empenhada por estimativa. Se a estimativa for menor que o valor exato, faz-se o empenho complementar da diferença; se for maior, anula-se a parte referente à diferença, revertendo-se o saldo à dotação originária".

c) **Empenho global** → "é utilizado para casos de despesas contratuais e outras sujeitas a parcelamento. Nesse caso, deve ser emitido o empenho global, deduzindo-se os valores correspondentes nas respectivas quotas mensais, trimestrais, semestrais etc., as quais podem ser controladas também através das notas de subempenho. O objetivo desse tipo de empenho é o de evitar o excesso de burocracia decorrente do empenhamento mensal de cada parcela do contrato".

> ▸ **Como esse assunto foi cobrado em concurso?**
> No Concurso da Cespe para Procurador do MP do TCE/RJ em 2023, foi considerado ERRADO o seguinte enunciado: "É vedado o empenho global de despesas contratuais, ainda que sujeitas a parcelamento".

> ▸ **Como esse assunto foi cobrado em concurso?**
> No Concurso da VUNESP para Procurador Municipal da Prefeitura de Jundiaí/SP em 2022, foi considerado ERRADO o seguinte enunciado: "Não é permitido o empenho global de despesas contratuais, devendo ser especificados os valores e as datas dos respectivos parcelamentos".

> ▸ **Como esse assunto foi cobrado em concurso?**
> No Concurso da VUNESP para Procurador Municipal da Prefeitura de Várzea Paulista/SP em 2022, foi considerado CERTO o seguinte enunciado: "O empenho da despesa cujo montante não se possa determinar será feito por estimativa".

> ▸ **Como esse assunto foi cobrado em concurso?**
> No Concurso da VUNESP para Procurador do Município de Jundiaí/SP em 2021, foi considerado CERTO o seguinte enunciado: "O legislador autoriza que seja feito por estimativa o empenho da despesa cujo montante não se possa determinar".

Segundo disposição do Decreto 93.872/86, "as despesas relativas a contratos, convênios, acordos ou ajustes de vigência plurianual, serão empenhadas em cada exercício financeiro pela parte nele a ser executada" (art. 27). Por outro lado, a fim de evitar consequências financeiras graves para o futuro mandato, a lei 4.320/64 veda aos Municípios empenhar, no último mês do mandato do Prefeito, mais do que o duodécimo da despesa prevista no orçamento vigente (art. 59, §1º).

Conforme já destacado, se o credor não cumprir com a sua contraprestação, o empenho será **anulado**, situação que exigirá a emissão da Nota de Anulação do Empenho, possibilitando o retorno do empenho anulado ao saldo orçamentário, tornando-o disponível para novo empenho.

Por outro lado, destaca Harrison Leite, "se o empenho for insuficiente para atender ao compromisso firmado, poderá ser reforçado, passando o seu novo valor a ser o valor inicial mais o do reforço, ou, quando o mesmo exceder o montante da despesa realizada, poderá ser anulado apenas parcialmente" (2015, p. 241).

3.4. Liquidação

O pagamento da despesa só será efetuado quando ordenado após sua regular liquidação, que consiste na verificação do direito adquirido pelo credor tendo por base os títulos e documentos comprobatórios do respectivo crédito (Arts. 62 e 63 da lei 4.320/64). Essa verificação tem por fim apurar:

I. A origem e o objeto do que se deve pagar;

II. A importância exata a pagar;

III. A quem se deve pagar a importância, para extinguir a obrigação.

E mais: a liquidação da despesa por fornecimentos feitos ou serviços prestados terá por base (art. 63, §2º da lei 4.320/64):

I. O contrato, ajuste ou acordo respectivo;

II. A nota de empenho;

III. Os comprovantes de entrega de material ou da prestação efetiva do serviço.

Assim, na fase da liquidação será verificado o **efetivo cumprimento da prestação do credor**. Para tanto, a lei 14.133/21, ao disciplinar as licitações e contratos, estabelece a necessidade de se designar um fiscal para acompanhamento dos contratos públicos: "a execução do contrato deverá ser acompanhada e fiscalizada por um ou mais fiscais do contrato, representantes da Administração especialmente designados conforme requisitos estabelecidos no art. 7º desta lei, ou pelos respectivos substitutos, permitida a contratação de terceiros para assisti-los e subsidiá-los com informações pertinentes a essa atribuição".

A fiscalização da execução do contrato constitui-se naquilo que a doutrina administrativista denomina "cláusula exorbitante", na medida em que o representante da Administração deverá, dentre outras medidas, anotar em registro próprio todas as ocorrências relacionadas com a execução do contrato, determinando o que for necessário à regularização das faltas ou defeitos observados (NOHARA, 2017, p. 437-438).

> **▸ Como esse assunto foi cobrado em concurso?**
>
> No Concurso do TRF da 4ª Região para Juiz Federal em 2022, foi considerado CERTO o seguinte enunciado: "O pagamento da despesa só será efetuado quando ordenado após sua regular liquidação".

▸ **Como esse assunto foi cobrado em concurso?**

No Concurso da VUNESP para Procurador Municipal da Prefeitura de Jundiaí/SP em 2022, foi considerado ERRADO o seguinte enunciado: "A liquidação da despesa consiste na extração de um documento denominado "nota de empenho".

▸ **Como esse assunto foi cobrado em concurso?**

No Concurso do IPEFAE para Controlador Interno de Águas da Prata/SP em 2021, foi considerado CERTO o seguinte enunciado: "É possível a liquidação que já têm um passivo patrimonial correlato, daquelas despesas empenhadas cujos fatos geradores ainda não ocorreram.".

▸ **Como esse assunto foi cobrado em concurso?**

No Concurso do IPEFAE para Controlador Interno de Águas da Prata/SP em 2021, foi considerado ERRADO o seguinte enunciado: "Só é possível a fase de liquidação após a prestação integral do serviço contratado, ou a entrega integral do material adquirido pela administração pública".

▸ **Como esse assunto foi cobrado em concurso?**

No Concurso do IPEFAE para Controlador Interno de Águas da Prata/SP em 2021, foi considerado ERRADO o seguinte enunciado: "Só podem ser liquidados os empenhos que já têm um passivo patrimonial correlato, cujos fatos geradores já ocorreram". A respeito do mesmo tema, também foi considerado ERRADO o seguinte enunciado: "A liquidação resulta na extinção da obrigação, após o respectivo ateste".

▸ **Como esse assunto foi cobrado em concurso?**

No Concurso da VUNESP para Agente de Fiscalização do TCE/SP em 2017, esse tema foi cobrado da seguinte forma: "A fase de execução da despesa que consiste na verificação do direito adquirido do credor, tendo por base títulos e documentos comprobatórios do respectivo crédito, denomina-se: a) habilitação; b) pagamento; c) empenho; d) liquidação; e) licitação. Segundo o gabarito oficial, foi considerada correta a alternativa "d".

3.5. Ordem de pagamento

Reconhecida a existência de um crédito, a autoridade competente emitirá documento denominado "ordem de pagamento" determinando que a despesa seja paga, o que se dará em documentos processados pelo serviço de contabilidade (art. 64 da lei 4.320/64).

▸ **Como esse assunto foi cobrado em concurso?**

No Concurso do Cebraspe para Procurador da PGE/RN em 2024, este tema foi cobrado da seguinte forma: "De acordo com a Lei n.º 4.320/1964, assinale a opção que apresenta, na ordem correta, a cronologia da despesa pública: a) liquidação, ordem de pagamento e empenho; b) ordem de pagamento, empenho e liquidação; c) liquidação, empenho e ordem de pagamento; d) empenho, ordem de pagamento e liquidação; e) empenho, liquidação e ordem de pagamento". Segundo o gabarito oficial, foi considerada correta a alternativa "e".

3.6. Suprimento

É a entrega pelo tesouro público aos agentes pagadores dos meios de pagamento para liquidação (quitação) dos débitos marcados para determinado período (LEMES, Fábio Nogueira. *Orçamentos municipais e procedimentos legislativos*: orçamentos, procedimentos, legislação. 2.ed. Bauru: SP: Edipro, 1995. p. 86 *apud* Ramos Filho, 2017, p. 212).

3.7. Pagamento

A última etapa da realização da despesa pública é o pagamento, que será efetuado pela tesouraria ou pagadoria regularmente instituídos por estabelecimentos bancários credenciados e, em casos excepcionais, por meio de adiantamento (art. 65 da lei 4.320/64).

▸ **Importante**

Apesar de a realização da despesa pública ter sido apresentada em sete fases, a maioria da doutrina funde-as de forma a destacar apenas três momentos, quais sejam:

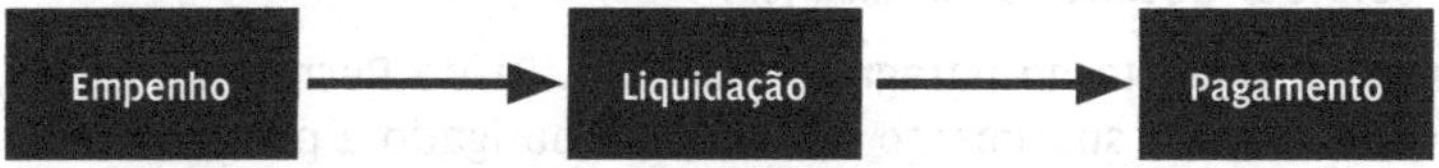

4. REGIME DE ADIANTAMENTO

A respeito do tema há que se destacar a existência de um Manual elaborado pela Controladoria-Geral da União, disponível no sítio eletrônico da CGU (www.cgu.gov.br), no qual o Suprimento de Fundos é definido como "adiantamento concedido a servidor, a critério e sob responsabilidade do Ordenador de Despesas, com prazo certo para aplicação e comprovação dos gastos". No mais "o Suprimento de Fundos é uma autorização de execução orçamentária e financeira por uma forma diferente da normal, tendo como meio de pagamento o Cartão de Pagamento do Governo Federal, sempre precedido de empenho na dotação orçamentária específica e natureza de despesa própria, com a finalidade de efetuar despesas que, **pela sua excepcionalidade,** não possam se subordinar ao processo normal de aplicação, isto é, não seja possível o empenho direto ao fornecedor ou prestador, na forma da lei nº 4.320/64, precedido de licitação ou sua dispensa, em conformidade com a lei nº 8.666/93" (p. 4).

Assim, o art. 65 da lei 4.320/64 estabeleceu expressamente que, em casos excepcionais, o pagamento da despesa será efetuado por meio de adiantamento, ou **suprimento de fundos**, regime aplicável aos casos de despesas expressamente definidos em lei e consistente na entrega de numerário a servidor, sempre precedida de empenho na dotação própria para o fim de realizar despesas, que não possam subordinar-se ao processo normal de aplicação (art. 68 da lei 4.320/64).

Cuida-se, dessa forma, de uma modalidade simplificada de se realizar a despesa pública, utilizada para os seguintes casos: I) para atender despesas eventuais, inclusive em viagens e com serviços especiais, que exijam pronto pagamento; II) quando a despesa deva ser feita em caráter sigiloso, conforme se classificar em regulamento; e III) para atender despesas de pequeno vulto, assim entendidas aquelas cujo valor, em cada caso, não ultrapassar limite estabelecido em Portaria do Ministro da Fazenda (Art. 45 do Decreto nº 93.872/1986).

A própria lei 4.320/64 estabelece restrições à utilização do regime de adiantamento, estabelecendo, em seu art. 69, que "não se fará adiantamento a servidor em alcance nem a responsável por dois adiantamentos".

No mesmo sentido, o §3º do art. 45 do Decreto nº 93.872, de 23 de dezembro de 1986, estabeleceu que não se concederá suprimento de fundos:

a) A responsável por dois suprimentos;

b) A servidor que tenha a seu cargo e guarda ou a utilização do material a adquirir, salvo quando não houver na repartição outro servidor;

c) A responsável por suprimento de fundos que, esgotado o prazo, não tenha prestado contas de sua aplicação; e

d) A servidor declarado em alcance.

Segundo o disposto no parágrafo único art. 81 do Decreto-lei 200/67, o funcionário que receber suprimento de fundos é obrigado a prestar contas de sua aplicação procedendo-se, automaticamente, a tomada de contas se não o fizer no prazo assinalado. Assim, o servidor em alcance nada mais é que aquele que não cumpriu tal obrigação. Da mesma forma, um terceiro adiantamento a um funcionário só seria possível após a comprovação dos adiantamentos que já lhe foram feitos anteriormente.

> ▸ **Como esse assunto foi cobrado em concurso?**
>
> No Concurso da Cespe para Procurador do Município da PGM/SP em 2023, foi considerado CERTO o seguinte enunciado: "O regime de adiantamento previsto na Lei n.° 4.320/1964 constitui excepcionalidade ao pagamento de despesa por tesouraria ou pagadoria regularmente instituídos por estabelecimentos bancários credenciados".

> ▸ **Como esse assunto foi cobrado em concurso?**
>
> No Concurso da Cespe para Procurador do Município da PGM/SP em 2023, foi considerado CERTO o seguinte enunciado: "O regime de adiantamento previsto na Lei n.° 4.320/1964 não pode ser utilizado para servidor em alcance".

> **Como esse assunto foi cobrado em concurso?**
>
> No Concurso do IPEFAE para Controlador Interno de Águas da Prata/SP em 2021, foi considerado ERRADO o seguinte enunciado: "Poderão ser indicados para inscrição em restos a pagar não processados empenhos referentes a despesas com diárias, ajuda de custo e suprimento de fundos".

5. RESTOS A PAGAR

O art. 36 da lei nº 4.320/64 conceitua como restos a pagar "as despesas empenhadas, mas não pagas até o dia 31 de dezembro distinguindo-se as processadas e as não processadas". Assim, o empenho não processado equivale à despesa empenhada, mas não liquidada, ao passo que o empenho processado é a despesa empenhada e liquidada.

> **Qual o entendimento atual do TCU sobre o assunto?**
>
> Aplicáveis as condições legais dispostas no art. 90, §§ 8º e 9º, da Lei 14.133/2021, eventual nova licitação, caso a anterior tenha restado fracassada em razão da recusa dos licitantes convocados em assinar o correspondente contrato administrativo, ou a contratação de remanescente de obra, serviço ou fornecimento em consequência de rescisão contratual, poderão ser realizadas por meio do aproveitamento de eventuais saldos a liquidar de despesas empenhadas ou em restos a pagar não processados Acórdão 1106/2024 Plenário (Consulta, Relator Ministro-Substituto Augusto Sherman) (TCU, Boletim de Jurisprudência 497).

> **Como esse assunto foi cobrado em concurso?**
>
> No Concurso do Cespe/Cebraspe para Procurador do Município de Camaçari/BA em 2024, foi considerado ERRADO o seguinte enunciado: "A despesa reconhecida e identificada pela administração pública após o encerramento do exercício financeiro deverá ser inscrita em restos a pagar".

> **Como esse assunto foi cobrado em concurso?**
>
> No Concurso da FCC para Procurador do Estado da PGE/GO em 2024, foi considerado CERTO o seguinte enunciado: "Suponha que determinada autarquia estadual identifique que irá terminar o exercício financeiro com valores expressivos de restos a pagar, parte deles processados e outra parte correspondente a restos a pagar não processados. Temeroso de apontamentos por parte do Tribunal de Contas, o dirigente da autarquia decidiu proceder ao cancelamento de parte desses restos a pagar, o que se afigura juridicamente incorreto em relação aos restos a pagar processados, uma vez já ultrapassada a etapa de liquidação da despesa, de forma que o não pagamento configura enriquecimento injustificado da Administração Pública".

▸ **Como esse assunto foi cobrado em concurso?**

No Concurso do IDIB para Controlador Interno da Câmara de Planaltina/GO em 2021, foi considerado CERTO o seguinte enunciado: "Com base no Direito Financeiro, é correto afirmar que os restos a pagar se referem a despesas que já foram empenhadas até o dia 31 de dezembro".

▸ **Como esse assunto foi cobrado em concurso?**

No Concurso do IPEFAE para Controlador Interno de Águas da Prata/SP em 2021, foi considerado CERTO o seguinte enunciado: "O empenho de despesa não liquidada não será anulado antes do processo de inscrição de Restos a Pagar se vigente o prazo para cumprimento da obrigação assumida pelo credor, nele estabelecida".

Destaca Harrison Leite que "os valores inscritos em restos a pagar deverão ser pagos durante o exercício financeiro subsequente, ou seja, até 31 de dezembro do ano seguinte à realização do empenho. Se não forem pagos, os saldos remanescentes serão automaticamente cancelados, uma vez que **é vedada a reinserção de empenhos em restos a pagar**" (2015, p. 250).

Destaque-se, contudo, que os empenhos que correm a conta de créditos com vigência plurianual, que não tenham sido liquidados, só serão computados como Restos a Pagar no último ano de vigência do crédito (art. 36, parágrafo único, da lei 4.320/64).

O tema também foi tratado pela Lei de Responsabilidade Fiscal que, em seu art. 42 fixou regras sobre os restos a pagar em final de mandato, estabelecendo que "é vedado ao titular de Poder ou órgão referido no art. 20, **nos últimos dois quadrimestres do seu mandato**, contrair obrigação de despesa que não possa ser cumprida integralmente dentro dele, ou que tenha parcelas a serem pagas no exercício seguinte sem que haja suficiente disponibilidade de caixa para esse efeito".

▸ **Como esse assunto foi cobrado em concurso?**

No Concurso da Vunesp para Agente de Fiscalização do TCE/SP em 2017, foi considerado CERTO o seguinte enunciado: "Os restos a pagar não constituem necessariamente obrigações a pagar do ente público, a menos que já estejam liquidados".

▸ **Como esse assunto foi cobrado em concurso?**

No Concurso da Vunesp para Agente de Fiscalização do TCE/SP em 2017, foi considerado ERRADO o seguinte enunciado: "Os restos a pagar podem ser inscritos nos dois últimos quadrimestres do último ano do mandato do chefe do Poder Executivo, sem qualquer restrição".

▸ **Como esse assunto foi cobrado em concurso?**

No Concurso do IADES para Advogado do CRF/DF em 2017, foi considerado ERRADO o seguinte enunciado: "A inscrição em restos a pagar está vedada no último ano de mandato do presidente, do governador ou do prefeito municipal".

Já o parágrafo único do mesmo dispositivo estabelece que "na determinação da disponibilidade de caixa serão considerados os encargos e despesas compromissadas a pagar até o final do exercício".

Para Marcus Abraham tem-se aqui mais uma norma da LRF que busca impedir a utilização da máquina administrativa para a realização de atos no último ano de gestão de natureza "populista" ou se comprometa o orçamento subsequente com "heranças fiscais" deixadas ao sucessor (2017b, p. 233-234), o que feriria o princípio do equilíbrio financeiro.

Em verdade essa norma busca a concretização do **princípio do planejamento fiscal**, assemelhando-se com o disposto no art. 167, §1º da CRFB/88: "nenhum investimento cuja execução ultrapasse um exercício financeiro poderá ser iniciado sem prévia inclusão no plano plurianual, ou sem lei que autorize a inclusão, sob pena de crime de responsabilidade".

▸ **Qual o entendimento atual do TCU sobre o assunto?**

"Os recursos repassados para enfrentamento dos efeitos da pandemia na área cultural pela Lei 14.017/2020 (Lei Aldir Blanc), por se tratar de transferências obrigatórias da União, podem ser utilizados até o final de 2021, mesmo que não tenham sido empenhados e inscritos em restos a pagar em 2020" (art. 8º, parágrafo único da LC 101/2000 – LRF e Acórdão 4.074/2020 – Plenário. Acórdão 1118/2021 Plenário (Acompanhamento, Relator Ministro-Substituto Marcos Bemquerer) (TCU, Boletim de Jurisprudência 356).

▸ **Qual o entendimento atual do STJ sobre o assunto?**

"[...] 3. A vedação prevista no art. 42 da Lei de Responsabilidade Fiscal – LC 101/2000 – é norma tão-somente dirigida ao titular do Poder ou órgão referido no seu art. 20, dentre os quais se inclui o Prefeito do Município, inclusive no que se refere às consequências de natureza penal e administrativa previstas no Código Penal (art. 359) e da Lei de Improbidade Administrativa (Lei 8.429/92). 4. Não traz, entretanto, qualquer previsão quanto à nulidade dos atos administrativos nesse contexto praticados pela gestão anterior de Município. 5. Ainda que irregular a despesa contratada com inobservância da LC 101/2000, o fato é que o ato praticado pela administração anterior gerou direito subjetivo de crédito a um terceiro, devidamente reconhecido pelas instâncias ordinárias, motivo pelo qual não há como não ser levado em consideração o princípio geral de direito que veda o enriquecimento ilícito de qualquer das partes contratantes. [...]" (STJ, REsp 706.744/MG, Rel. Min. Eliana Calmon, j. 07.02.2006, Segunda Turma, p. 06.03.2006).

▸ **Como esse assunto foi cobrado em concurso?**

No Concurso da Vunesp para Agente de Fiscalização do TCE/SP em 2017, foi considerado CERTO o seguinte enunciado: "A respeito das despesas de exercícios anteriores, é correto afirmar que podem decorrer de compromissos reconhecidos após o encerramento do exercício financeiro, criados em virtude de lei".

A doutrina chama a atenção para a expressão "contrair obrigação de despesa", entendendo Carlos Alberto de Moraes Ramos Filho que a despesa deve ser considerada contraída com a celebração do contrato. Dessa forma, "se o contrato prevê despesas a serem pagas após o mandato, a disponibilidade de caixa ao final do mandato deve conter os recursos necessários ao pagamento do que restar do contrato após o final do mandato. Não é necessário o empenho para caracterizar a obrigação de despesa, que é caracterizada pela adesão ao contrato" (2017, p. 592).

Visando garantir a incidência do **princípio da transparência fiscal** e a observância das regras da contabilidade pública, o art. 50 da LRF determinou que as inscrições em restos a pagar deverão ser escrituradas de modo a evidenciar o montante e a variação da dívida pública no período, detalhando, pelo menos, a natureza e o tipo de credor (inciso V).

Por fim, cumpre destacar as previsões contidas no Código Penal, incluídas pela lei 10.028/2000, relacionadas aos restos a pagar:

▸ **Importante**

Código Penal Brasileiro

Inscrição de despesas não empenhadas em restos a pagar

> Art. 359-B. Ordenar ou autorizar a inscrição em restos a pagar, de despesa que não tenha sido previamente empenhada ou que exceda limite estabelecido em lei:
>
> Pena – detenção, de 6 (seis) meses a 2 (dois) anos.

Assunção de obrigação no último ano do mandato ou legislatura

> Art. 359-C. Ordenar ou autorizar a assunção de obrigação, nos dois últimos quadrimestres do último ano do mandato ou legislatura, cuja despesa não possa ser paga no mesmo exercício financeiro ou, caso reste parcela a ser paga no exercício seguinte, que não tenha contrapartida suficiente de disponibilidade de caixa.
>
> Pena – reclusão, de 1 (um) a 4 (quatro) anos

Não cancelamento de restos a pagar

> Art. 359-F. Deixar de ordenar, de autorizar ou de promover o cancelamento do montante de restos a pagar inscrito em valor superior ao permitido em lei:
>
> Pena – detenção, de 6 (seis) meses a 2 (dois) anos.

▸ **Como esse assunto foi cobrado em concurso?**

No Concurso da FCC para Procurador do Estado da PGE/AM em 2022, foi considerado CERTO o seguinte enunciado: "Suponha que, no início do exercício de 2021, o Estado tenha adotado limitação de empenho (contingenciamento) em função de queda de arrecadação tributária e frustração das estimativas de receitas que embasaram a Lei Orçamentária Anual. No último mês do exercício, com a retomada de muitas atividades econômicas, verificou-se incremento da arrecadação, o que possibilitou o levantamento da medida de limitação de empenho (descontingenciamento). Não obstante, a Administração constatou que não haveria tempo hábil para a completa execução de despesas públicas. Diante disso, cumpre orientar a Administração que se afigura lícito que apenas as etapas de empenho e liquidação das despesas se encerrem no exercício, ensejando a inscrição da despesa correspondente em restos a pagar, o que possibilitará que o pagamento ocorra no exercício subsequente".

▸ Como esse assunto foi cobrado em concurso?

No Concurso da VUNESP para Advogado da Prefeitura de São Roque/SP em 2020, foi considerado CERTO o seguinte enunciado: "Os Restos a Pagar com prescrição interrompida poderão ser pagos à conta de dotação específica consignada no orçamento, discriminada por elementos, obedecida, sempre que possível, a ordem cronológica".

6. CONTINGENCIAMENTO DE DOTAÇÕES

Contingenciamento pode ser compreendido como o **bloqueio das dotações orçamentárias**, procedimento realizado pelo Poder Executivo com objetivo de assegurar o equilíbrio orçamentário, ou seja, equilibrar a execução das despesas e a disponibilidade efetiva de recursos (Disponível em https://www12.senado.leg.br/noticias/glossario-legislativo/contingenciamento. Acesso em: 10 dez. 2017).

7. DISCIPLINA CONSTITUCIONAL DOS PRECATÓRIOS

As despesas da Administração pública decorrentes do pagamento de condenações judiciais são disciplinadas por uma sistemática própria, prevista no art. 100 da CRFB/88, que, em seus vinte parágrafos, estabelece o regime constitucional dos precatórios e das requisições de pequeno valor, conforme redação que lhes foi conferida pela Emenda Constitucional n. 62/2009.

Ou seja, "diversamente do particular que, quando condenado, é obrigado a realizar o pagamento imediatamente em dinheiro ao vencedor da demanda judicial, a Fazenda Pública condenada em uma ação realiza o respectivo pagamento apenas no exercício financeiro seguinte, após a inclusão de tal despesa no seu orçamento, desde que apresentada até 1º de julho do ano anterior" (ABRAHAM, 2017b, p. 133).

▸ Importante

CRFB/88, art. 100. Os pagamentos devidos pelas Fazendas Públicas Federal, Estaduais, Distrital e Municipais, em virtude de sentença judiciária, far-se-ão exclusivamente na **ordem cronológica** de apresentação dos precatórios e à conta dos créditos respectivos, proibida a designação de casos ou de pessoas nas dotações orçamentárias e nos créditos adicionais abertos para este fim.

▸ **Qual o entendimento atual do STF sobre o assunto?**

"Não se mostra admissível a restituição administrativa do indébito reconhecido na via judicial, sendo indispensável a observância do regime constitucional de precatórios, nos termos do art. 100 da Constituição Federal". (RE 1.420.691/SP, relatora Ministra Presidente, julgamento finalizado no Plenário Virtual em 21.8.2023, STF Info 1108)

▸ **Qual o entendimento atual do STF sobre o assunto?**

"É harmônica com a normatividade constitucional a previsão do art. 86 do Ato das Disposições Constitucionais Transitórias (ADCT) na dicção da Emenda Constitucional 32/2002 de um regime de transição para tratar dos precatórios reputados de pequeno valor, já expedidos antes da promulgação da Constituição Federal" [...] "A instituição do regime transitório do art. 86 do ADCT é decisão constituinte adequada e possível para conciliar a satisfação dos débitos de pequena monta de credores da Fazenda Pública e o planejamento da atividade financeira do Estado". (STF, RE 796.939/RS, Rel. Min. Edson Fachin, Plenário, j. 27.03.2019, Info 935).

▸ **Como esse assunto foi cobrado em concurso?**

No Concurso da Cespe para Procurador do Município da PGM/SP em 2023, foi considerado ERRADO o seguinte enunciado: "A ordem de apresentação de precatórios e pagamentos devidos pela fazenda pública municipal em virtude de sentença judiciária dar-se-á por disponibilidade orçamentária".

▸ **Como esse assunto foi cobrado em concurso?**

No Concurso do CESPE para Procurador do Estado da PGE/RO em 2022, foi considerado ERRADO o seguinte enunciado: "Os pagamentos devidos pela fazenda pública em virtude de sentença judiciária far-se-ão exclusivamente na ordem cronológica de apresentação dos precatórios e à conta dos créditos respectivos, sendo permitida a designação de casos ou de pessoas nas dotações orçamentárias e nos créditos adicionais abertos para esse fim".

O STF já se manifestou no sentido de apresentar o regime de precatórios como uma garantia constitucional do cumprimento de decisão judicial contra a Fazenda Pública, que se define em regras de natureza processual conducentes à efetividade da sentença condenatória transita em julgado por quantia certa contra entidades de direito público. Além de homenagear o direito de propriedade (inciso XXII do art. 5º da CF), prestigia o acesso à jurisdição e a coisa julgada (incisos XXXV e XXXVI do art. 5º da CF) (STF, ADI 2.356 MC/DF, Rel. Min. Néri da Silveira, j. 25.11.2010, p. 19.05.2011).

Ante a disposição constitucional, Regis Fernandes de Oliveira e Estevão Horvath definem o precatório ou ofício precatório como "a solicitação que o juiz de primeiro grau faz ao presidente do tribunal respectivo para que este requisite a verba necessária para o pagamento do crédito de algum credor perante a União, o Estado, o Distrito Federal ou o Município, em face de decisão judicial" (2003, p. 161).

Tomando-se como pressuposto a regra da impenhorabilidade dos bens públicos, o regime dos precatórios alcança todos os entes e entidades que prestam serviços públicos, ou seja, além da administração direta, abrange também a administração indireta, sejam pessoas de direito público (autarquias e fundações de direito público), sejam empresas estatais (empresas públicas e sociedades de economia mista), desde que não atuem em regime de concorrência e distribuam lucros a seus acionistas.

▸ **Qual o entendimento atual do STF sobre o assunto?**

"Sociedades de economia mista, como o Metrô-DF, desde que prestem serviço público essencial em regime de exclusividade (monopólio natural) e sem intuito lucrativo, submetem-se ao regime constitucional de precatórios para o adimplemento de seus débitos". (ADPF 524/DF, relator Ministro Edson Fachin, julgamento virtual finalizado em 21.8.2023, STF Info 1104)

▸ **Como esse assunto foi cobrado em concurso?**

No Concurso do Instituto Consulplan para Procurador do Município de Miracema/RJ em 2024, foi considerado ERRADO o seguinte enunciado: "O precatório é um ato do Judiciário, de cunho mandamental, decorrente de decisão judicial transitada em julgado contra a Fazenda Pública, possuindo força judicante".

▸ **Como esse assunto foi cobrado em concurso?**

No Concurso do Instituto Referência para Procurador do Município de Cardoso Moreira/RJ em 2024, foi considerado CERTO o seguinte enunciado: "Sociedade de economia mista prestadora de serviço público não concorrencial está sujeita ao regime de precatórios (art. 100 da CF/88) e, por isso, impossibilitada de sofrer constrição judicial de seus bens, rendas e serviços, em respeito ao princípio da legalidade orçamentária (art. 167, VI, da CF/88) e da separação funcional dos poderes (art. 2º c/c art. 60, § 4º, III)".

▸ **Como esse assunto foi cobrado em concurso?**

No Concurso do Instituto Referência para Procurador do Município de Cardoso Moreira/RJ em 2024, foi considerado ERRADO o seguinte enunciado: "Empresas Públicas e Sociedades de Economia Mista visam à obtenção de lucro e ostentam natureza de direito privado, razão pela qual sempre se sujeitam ao regime jurídico constitucional das empresas privadas – execução direta –, na forma do art. 173, §§ 1º, II, e 2º, da Constituição Federal, a elas não se aplicando o regime de precatórios previsto no art. 100, CRFB/88".

▸ **Como esse assunto foi cobrado em concurso?**

No Concurso do Instituto Consulplan para Procurador do Município de Miracema/RJ em 2024, foi considerado ERRADO o seguinte enunciado: "A forma do regime dos precatórios que se aplicam aos entes da Administração direta não se estende às empresas públicas e sociedade de economia mista que explorem serviços públicos de competência típica do Estado".

▸ **Qual o entendimento atual do STF sobre o assunto?**

"Os pagamentos devidos, em razão de pronunciamento judicial, pelos **Conselhos de Fiscalização não se submetem ao regime de precatórios.** O Plenário reconheceu que os conselhos de fiscalização profissional são autarquias especiais - pessoas jurídicas de direito público, que se submetem à fiscalização do Tribunal de Contas da União (TCU) e ao sistema de concurso público para a seleção de pessoal. Entretanto, **eles não participam do orçamento público,** não recebem aporte do Poder Central nem se confundem com a Fazenda Pública" (STF, RE 938.837/SP, Rel. Min. Marco Aurélio, j. 19.04.2017. Info 861).

▸ **Qual o entendimento atual do STF sobre o assunto?**

"1. A complementação ao FUNDEF realizada a partir do valor mínimo anual por aluno fixada em desacordo com a média nacional impõe à União o dever de suplementação de recursos." 2. "Sendo tal obrigação imposta por título executivo judicial, aplica-se a sistemática dos precatórios, nos termos do art. 100 da Constituição Federal." (RE 635.347/DF, relator Ministro Roberto Barroso, julgamento virtual finalizado em 30.6.2023, STF Info 1101)

▸ **Qual o entendimento atual do STF sobre o assunto?**

"À **Empresa Brasileira de Correios e Telégrafos,** pessoa jurídica equiparada à Fazenda Pública, é aplicável o privilégio da impenhorabilidade de seus bens, rendas e serviços. Recepção do art. 12 do DL 509/1969 e não incidência da restrição contida no art. 173, §1º, da CF, que submete a empresa pública, a sociedade de economia mista e outras entidades que explorem atividade econômica ao regime próprio das empresas privadas, inclusive quanto às obrigações trabalhistas e tributárias. Empresa pública que não exerce atividade econômica e presta serviço público da competência da União Federal e por ala mantido. Execução. **Observância ao regime de precatório,** sob pena de vulneração do disposto no art. 100 da CF (STF, RE 393/032 AgR, Rel. Min. Cármen Lúcia, j. 27.10.2009. p. 18.12.2009).

▸ **Qual o entendimento atual do TCU sobre o assunto?**

"Os recursos oriundos de precatórios relativos à complementação da União ao Fundef, à exceção do abono previsto no art. 5º, parágrafo único, da EC 114/2021, não podem ser utilizados para pagamentos de rateios, passivos trabalhistas ou previdenciários, remunerações ordinárias, ou outras denominações de mesma natureza, aos profissionais da educação. Acórdão 151/2023 Plenário (Embargos de Declaração, Relator Ministro Walton Alencar Rodrigues) (TCU, Boletim de Jurisprudência 435)

▸ **Qual o entendimento atual do TCU sobre o assunto?**

"Admite-se, excepcionalmente, quando se tratar de municípios pequenos e de baixo IDH, a aplicação de recursos oriundos dos precatórios do extinto Fundef em despesas com merenda, uniforme e instrumentos musicais, não enquadradas como manutenção e desenvolvimento do ensino, mas importantes para o processo de ensino e aprendizagem". Acórdão 2904/2020 Plenário (Auditoria, Relator Ministro Walton Alencar Rodrigues) (TCU, Boletim de Jurisprudência 334)

▸ **Qual o entendimento atual do TCU sobre o assunto?**

"Os recursos dos precatórios do extinto Fundef devem ser depositados em conta bancária específica, criada exclusivamente com esse propósito, a fim de garantir-lhes a finalidade e a rastreabilidade". Acórdão 2758/2020 Plenário (Auditoria, Relator Ministro Walton Alencar Rodrigues) (TCU, Boletim de Jurisprudência 332)

Destaque-se que é o Presidente do Tribunal quem determina o pagamento dos precatórios, o que representa o desempenho de atividade administrativa e não jurisdicional, conforme entendimento já sumulado:

> STJ, súmula 311: Os atos do presidente do tribunal que disponham sobre o processamento e pagamento de precatório não tem caráter jurisdicional.
>
> STF, súmula 733. Não cabe recurso extraordinário contra decisão proferida no processamento de precatórios.

▸ **Como esse assunto foi cobrado em concurso?**

No Concurso da Cespe para Procurador do Município da PGM/SP em 2023, foi considerado ERRADO o seguinte enunciado: "Expedir-se-á, por intermédio do procurador geral da fazenda competente, precatório em favor do exequente, observando-se o disposto na Constituição Federal de 1988".

▸ **Como esse assunto foi cobrado em concurso?**

No Concurso da Vunesp para Auditor de Controle Externo do TCM/SP em 2023, foi considerado ERRADO o seguinte enunciado: "Antes da expedição dos precatórios, o Tribunal solicitará à Fazenda Pública devedora, para resposta em até 60 (sessenta) dias, sob pena de perda do direito de abatimento, informação sobre os débitos que preencham as condições constitucionalmente estabelecidas".

▸ **Como esse assunto foi cobrado em concurso?**

No Concurso da CESPE para Analista de Controle Externo do TCE/MG em 2018, foi considerado CERTO o seguinte enunciado: "O tribunal de justiça, ao requisitar a inclusão na lei orçamentária anual dos valores decididos judicialmente a título de precatório, exerce atividade de natureza administrativa, submetendo-se, assim, à fiscalização pelos tribunais de contas".

▸ **Como esse assunto foi cobrado em concurso?**

No Concurso da CESPE para Analista de Controle Externo do TCE/MG em 2018, foi considerado ERRADO o seguinte enunciado: "O tribunal de justiça, ao requisitar a inclusão na lei orçamentária anual dos valores decididos judicialmente a título de precatório, exerce atividade de natureza judicial, razão por que não se sujeita à fiscalização pelos tribunais de contas".

Guilherme Freire de Melo Barros esclarece que "o não cabimento do recurso extraordinário – nem tampouco do recurso especial – se justifica, uma vez que, sendo atividade administrativa, sua decisão não é tomada no processo judicial. Não se preenchem, pois, os requisitos recursais específicos (CR, art. 105, inc. III). Questões incidentais, pertinentes à execução, incidência de juros e correção monetária, são resolvidas pelo juízo de primeiro grau. Em contrapartida, exatamente porque se trata de atividade administrativa, sua atuação está sujeita a controle pela via do mandado de segurança. É o que ocorre caso o presidente do Tribunal decida questões jurídicas, em flagrante usurpação de competência do juízo da execução" (*Poder público em juízo para concursos*. 3.ed. Salvador: Juspodivm, 2013. p.146).

▸ **Como esse assunto foi cobrado em concurso?**

No Concurso da VUNESP para Advogado da Prefeitura de São Roque/SP em 2020, foi considerado ERRADO o seguinte enunciado: "Os atos do presidente do tribunal que disponham sobre processamento e pagamento de precatórios têm caráter jurisdicional, contra os quais cabe recurso especial e extraordinário, se houver, respectivamente, violação de norma federal ou constitucional".

Para o cumprimento das obrigações, a Constituição estabelece como obrigatória a inclusão, no orçamento das entidades de direito público, de verba necessária ao pagamento de seus débitos, oriundos de sentenças transitadas em julgado, constantes de precatórios judiciários apresentados até **2 de abril**, fazendo-se o **pagamento até o final do exercício seguinte**, quando terão seus valores atualizados monetariamente (art. 100, §5º com redação alterada pela EC 114/21).

▸ **Como esse assunto foi cobrado em concurso?**

No Concurso da VUNESP para Advogado da Prefeitura de São Roque/SP em 2020, foi considerado ERRADO o seguinte enunciado: "A Fazenda Pública não pode recusar a substituição do bem penhorado por precatório". Na mesma questão também foi considerado ERRADO o seguinte enunciado: "Se o precatório for apresentado até 1º de julho, e o pagamento for realizado no final do exercício seguinte, haverá a incidência de juros de mora".

> ▸ **Como esse assunto foi cobrado em concurso?**
>
> No Concurso da FMP para Procurador do Estado do Acre em 2017, foi considerado ERRADO o seguinte enunciado: "Os precatórios devem ser apresentados até 1º de julho de cada ano, para pagamento **até o final do exercício**".

Assim, o pagamento dos precatórios dependerá da sua inclusão na Lei Orçamentária. A partir disso, as dotações orçamentárias e os créditos abertos serão consignados diretamente ao Poder Judiciário, cabendo ao Presidente do Tribunal que proferir a decisão exequenda determinar o pagamento integral e autorizar, a requerimento do credor e exclusivamente para os casos de preterimento de seu direito de precedência ou de não alocação orçamentária do valor necessário à satisfação do seu débito, **o sequestro** da quantia respectiva (art. 100, §6º, da CRFB/88).

> ▸ **Qual o entendimento atual do STF sobre o assunto?**
>
> "É constitucional – pois ausente violação ao direito de propriedade (CF/1988, arts. 5º, "caput", e 170, II) e aos princípios do devido processo legal (CF/1988, art. 5º, LIV), da separação dos Poderes (CF/1988, art. 2º) e do não confisco - a Lei Complementar 151/2015, que dispõe sobre a destinação prioritária do montante de depósitos judiciais e administrativos, tributários e não tributários, para o pagamento de precatórios de qualquer natureza dos entes federados". (ADI 5.361/DF, relator Ministro Nunes Marques, julgamento virtual finalizado em 20.11.2023, STF Info 1117)

> ▸ **Qual o entendimento atual do STF sobre o assunto?**
>
> "O deferimento de sequestro de rendas públicas para pagamento de precatório deve se restringir às hipóteses enumeradas taxativamente na Constituição Federal de 1988." (RE 840.435/RS, relator Ministro Dias Toffoli, julgamento virtual finalizado em 22.9.2023, STF Info 1109)

> ▸ **Qual o entendimento atual do STF sobre o assunto?**
>
> "É constitucional o sequestro de verbas públicas pela autoridade judicial competente nas hipóteses do § 4º do art. 78 do ADCT, cuja normatividade veicula regime especial de pagamento de precatórios de observância obrigatória por parte dos entes federativos inadimplentes na situação descrita pelo caput do dispositivo". (RE 597.092/RJ, relator Ministro Edson Fachin, julgamento virtual finalizado em 23.6.2023, STF Info 1100)

> ▸ **Como esse assunto foi cobrado em concurso?**
>
> No Concurso do Instituto Consulplan para Procurador do Município de Miracema/RJ em 2024, foi considerado CERTO o seguinte enunciado: "Nas hipóteses de preterimento do direito de precedência do credor ou de não alocação orçamentária do valor necessário à satisfação do seu débito, o credor deverá requerer ao Presidente do Tribunal que proferiu a decisão exequenda o sequestro de valores nas contas públicas".

▸ Como esse assunto foi cobrado em concurso?

No Concurso do Instituto Consulplan para Procurador da Prefeitura de Pouso Alegre/MG em 2024, foi considerado CERTO o seguinte enunciado: "O pagamento parcelado dos créditos não alimentares, na forma do Art. 78 do ADCT, não caracteriza preterição indevida de precatórios alimentares, desde que os primeiros tenham sido inscritos em exercício anterior ao da apresentação dos segundos, uma vez que, ressalvados os créditos de que trata o Art. 100, § 2º, da Constituição".

▸ Como esse assunto foi cobrado em concurso?

No Concurso do Cebraspe para Procurador da PGE/RN em 2024, foi considerado ERRADO o seguinte enunciado: "É exemplificativo o rol de hipóteses previstas no texto constitucional que autoriza o sequestro de verbas públicas para pagamento de precatório".

▸ Como esse assunto foi cobrado em concurso?

No Concurso do CESPE para Procurador do Estado da PGE/RO em 2022, foi considerado ERRADO o seguinte enunciado: "O presidente do tribunal que proferir a decisão exequenda, a requerimento do credor, autorizará o sequestro da quantia necessária ao pagamento integral do seu débito exclusivamente quando houver o preterimento do direito de precedência".

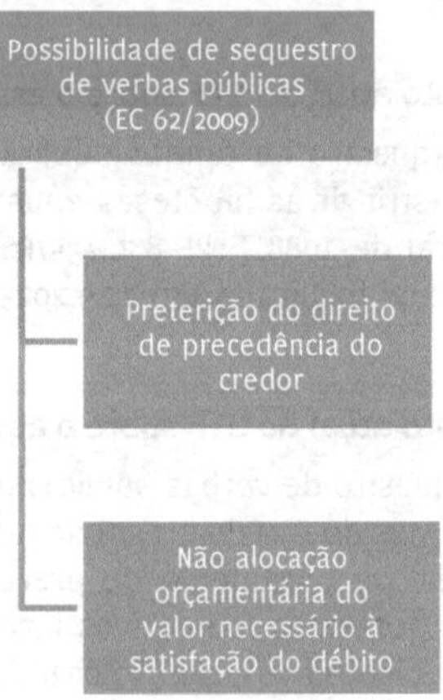

▸ Qual o entendimento atual do STF sobre o assunto?

Súmula Vinculante n. 17. Durante o período previsto no §1º do art. 100 da Constituição, não incidem juros de mora sobre os precatórios que nele sejam pagos.

"Em caso de inadimplemento do prazo constitucional, os juros moratórios passam a incidir a partir do primeiro dia do exercício financeiro seguinte ao que deveria ter sido pago o precatório" (STF, RE 940.236 AgR, Rel. Min. Roberto Barroso, j. 06.06.2017. p. 10.08.2017).

▸ Qual o entendimento atual do STJ sobre o assunto?

"Em adequação ao entendimento do Supremo Tribunal Federal, a Corte Especial do STJ adota orientação jurisprudencial no sentido de que incidem juros da mora no período compreendido entre a data da realização dos cálculos e a da requisição ou do precatório". (STJ, EREsp 1.150.549/RS, Rel. Min. Og Fernandes, Corte Especial, j. 29. 11.2017, Info 617).

▸ Como esse assunto foi cobrado em concurso?

No Concurso do Cebraspe para Procurador da PGE/RN em 2024, foi considerado CERTO o seguinte enunciado: "Incidem juros de mora no período compreendido entre a data da realização dos cálculos e a da expedição do precatório".

O pagamento dos precatórios deve seguir a ordem cronológica de apresentação à Secretaria do Tribunal. Nesse sentido, a Lei de Responsabilidade Fiscal, em seu art. 10 estabeleceu que "a execução orçamentária e financeira **identificará os beneficiários** de pagamento de sentenças judiciais, por meio de sistema de contabilidade e administração financeira, para fins de observância da ordem cronológica determinada no art. 100 da Constituição".

▸ Como esse assunto foi cobrado em concurso?

No Concurso do IADES para Advogado do CRF/DF em 2017, foi considerado ERRADO o seguinte enunciado: "A execução orçamentária e financeira **não poderá**, por meio dos respectivos sistemas de contabilidade e de administração financeira, **identificar os beneficiários** de pagamento de sentenças judiciais, sob alegação de observância da ordem cronológica determinada na Constituição Federal aos pagamentos mediante precatórios".

A própria Constituição foi bastante rigorosa no trato da questão. Assim, estabeleceu que incorrerá em crime de responsabilidade, além de responder perante o Conselho Nacional de Justiça, o Presidente do Tribunal competente que, por ato comissivo ou omissivo, retardar ou tentar frustrar a liquidação regular de precatórios (art. 100, §7º).

▸ Qual o entendimento atual do STF sobre o assunto?

"É inconstitucional o cancelamento automático – realizado diretamente pela instituição financeira oficial depositária e sem prévia ciência do beneficiário ou formalização de contraditório – de precatórios e RPV federais não resgatados em dois anos". (ADI 5755/DF, rel. Min. Rosa Weber, j. 30.6.2022, Info 1061)

▸ **Qual o entendimento atual do STF sobre o assunto?**

"É inconstitucional – por violar o princípio da separação dos Poderes (CF/1988, art. 2º), bem como por ofender os direitos fundamentais à propriedade (CF/1988, art. 5º, XXII e XXIV), à isonomia (CF/1988, art. 5º, caput), ao devido processo legal substantivo (CF/1988, art. 5º, LIV) e ao acesso à jurisdição (CF/1988, art. 5º, XXXV) – o regime excepcional de parcelamento de precatórios instituído pela EC nº 30/2000". (ADI 2.356/DF, rel. Min. Nunes Marques, j. 06.05.2024/ ADI 2.362/DF, rel. Min. Nunes Marques, j. 06.05.2024. STF, Info 1135).

▸ **Como esse assunto foi cobrado em concurso?**

No Concurso da FMP para Procurador do Estado do Acre em 2017, foi considerado ERRADO o seguinte enunciado: "Caso o precatório não seja quitado até o final do prazo legal, por razões de força maior, outro deve obrigatoriamente ser extraído para substituí-lo, por razões de organização orçamentária".

7.1. Preferência dos débitos de natureza alimentícia

Os débitos de natureza alimentícia contam com uma ordem cronológica própria. Assim, compreendem aqueles decorrentes de salários, vencimentos, proventos, pensões e suas complementações, benefícios previdenciários e indenizações por morte ou por invalidez, fundadas em responsabilidade civil, em virtude de sentença judicial transitada em julgado, e serão pagos com preferência sobre todos os demais débitos, exceto sobre aqueles referidos no §2º deste artigo (art. 100, §1º, da CRFB/88).

Em razão disso, o STF editou a súmula 655, com o seguinte teor: "A exceção prevista no art. 100, *caput*, da Constituição, em favor dos créditos de natureza alimentícia, não dispensa a expedição de precatório, limitando-se a isentá-los da observância da ordem cronológica dos precatórios decorrentes de condenação de outra natureza".

▸ **Qual o entendimento atual do STF sobre o assunto?**

"A execução provisória de obrigação de fazer em face da Fazenda Pública não atrai o regime constitucional dos precatórios. [...] O caso trata de execução de obrigações de fazer, mediante implantação de benefício equivalente à metade do valor de pensão instituída por militar decesso em favor da companheira, a par da outra metade a ser percebida pela esposa, até então favorecida com a integralidade da verba. [...] Considerou, entretanto, que a sistemática dos precatórios não se aplica no caso concreto, por se tratar de obrigação de fazer, ou seja, implantação de pensão instituída por militar. Asseverou que toda decisão não autossuficiente pode ser cumprida de maneira imediata, na pendência de recursos não recebidos com efeito suspensivo.

Não há parâmetro constitucional nem legal que obste a pretensão de executar provisoriamente a sentença condenatória de obrigação de fazer relativa à implementação de pensão de militar, antes do trânsito em julgado dos embargos do devedor opostos pela Fazenda Pública. Assim, inexiste razão para que a obrigação de fazer tenha seu efeito financeiro postergado em função do trânsito em julgado, sob pena de hipertrofiar uma regra constitucional de índole excepcionalíssima" (STF, RE 573.872, Rel. Min. Edson Fachin, j. 24.05.2017, Info 866).

▸ **Qual o entendimento atual do STJ sobre o assunto?**

"Para a obtenção da preferência no pagamento de precatório, faz-se necessária a conjugação dos requisitos constantes do art. 100, § 2º, da Constituição Federal, ou seja, dívida de natureza alimentar e titular idoso ou portador de doença grave". (RMS 65.747-SP, Rel. Min. Assusete Magalhães, j. 16/03/2021, Info 689).

▸ **Qual o entendimento atual do STJ sobre o assunto?**

"[...] os benefícios previdenciários (incluídos os acidentários), de natureza reconhecidamente alimentar" (STJ, REsp 713.090, Rel. Min. Gilson Dipp, j. 03.03.2005, p. 28.03.2005).

▸ **Qual o entendimento atual do STF sobre o assunto?**

"A definição contida no §1º do art. 100 da CF, de crédito de natureza alimentícia, não é exaustiva [...]. Conforme o disposto nos arts. 22 e 23 da lei 9.806/1994, os honorários advocatícios incluídos na condenação pertencem ao advogado, consubstanciando prestação alimentícia cuja satisfação pela Fazenda ocorre via precatório, observada ordem especial restrita aos créditos de natureza alimentícia, ficando afastado o parcelamento previsto no art. 78 do ADCT, presente na EC 30, de 2000" (STF, RE 470.407, Rel. Min. Marco Aurélio, j. 09.05.2006, Primeira Turma, p. 13.10.2006).

▸ **Qual o entendimento atual do TCU sobre o assunto?**

"A destinação, pelo ente municipal, de valores de precatórios relacionados a verbas do Fundef e do Fundeb para o pagamento de honorários advocatícios é inconstitucional, por ser incompatível com o art. 60 do ADCT, com a redação conferida pela EC 14/1996, bem como é ilegal, por estar em desacordo com as disposições da Lei 11.494/2007, devendo o município restituir à conta do Fundeb municipal, com recursos próprios, os valores utilizados irregularmente, sob pena de instauração de processo de tomada de contas especial." Acórdão 1347/2020 Plenário (Denúncia, Relator Ministra Ana Arraes) (TCU, Boletim de Jurisprudência 312)

▸ **Como esse assunto foi cobrado em concurso?**

No Concurso do Instituto Consulplan para Procurador da Prefeitura de Pouso Alegre/MG em 2024, foi considerado CERTO o seguinte enunciado: "A exceção prevista no Art. 100, *caput*, da Constituição, em favor dos créditos de natureza alimentícia, não dispensa a expedição de precatório, limitando-se a isentá-los da observância da ordem cronológica dos precatórios decorrentes de condenações de outra natureza".

▸ **Como esse assunto foi cobrado em concurso?**

No Concurso da Cespe para Procurador do Município da PGM/SP em 2023, foi considerado CERTO o seguinte enunciado: "Não serão devidos honorários no cumprimento de sentença contra a fazenda pública que enseje expedição de precatório, desde que não tenha sido impugnada".

▸ **Como esse assunto foi cobrado em concurso?**

No Concurso da VUNESP para Procurador Municipal da Prefeitura de Presidente Prudente/SP em 2022, foi considerado CERTO o seguinte enunciado: "Os honorários advocatícios incluídos na condenação ou destacados do montante principal devido ao credor consubstanciam verba de natureza alimentar cuja satisfação ocorrerá com a expedição de precatório ou requisição de pequeno valor, observada ordem especial restrita aos créditos dessa natureza".

▸ **Como esse assunto foi cobrado em concurso?**

No Concurso da VUNESP para Advogado da Prefeitura de São Roque/SP em 2020, foi considerado ERRADO o seguinte enunciado: "Os honorários advocatícios incluídos na condenação ou destacados do montante principal devido ao credor não consubstanciam verba de natureza alimentar, e sua satisfação deverá ocorrer mediante a expedição de precatório ou requisição de pequeno valor".

▸ **Qual o entendimento atual do STF sobre o assunto?**

"A cessão de crédito alimentício não implica a alteração da natureza" (Tema 361 da Repercussão Geral, j. 22.05.2020).

▸ **Como esse assunto foi cobrado em concurso?**

No Concurso do Cebraspe para Procurador da PGE/RN em 2024, foi considerado ERRADO o seguinte enunciado: "A cessão de precatório de natureza alimentar altera a natureza deste último em desfavor do cessionário, que, por sua vez, passará a constar na categoria não preferencial de pagamento dos precatórios".

7.2. Preferência em razão de idade, doença ou deficiência

Os débitos de natureza alimentícia cujos titulares, originários ou por sucessão hereditária, tenham 60 (sessenta) anos de idade, ou sejam portadores de doença grave, ou pessoas com deficiência, assim definidos na forma da lei, serão pagos com preferência sobre todos os demais débitos, até o valor equivalente ao triplo fixado em lei para os fins do disposto no §3º deste artigo, **admitido o fracionamento para essa finalidade, sendo que o restante será pago na ordem cronológica de apresentação do precatório** (art. 100, §2º).

Observe-se que a redação original do §2º do art. 100 (anterior à EC 94/2016) exigia que o credor idoso contasse com 60 (sessenta) anos ou mais "na data da expedição do precatório". Contudo, o STF entendeu tratar-se de norma violadora da isonomia, portanto, inconstitucional. Dessa forma, a "superpreferência" "alcança as pessoas que venham a atingir 60 anos enquanto não ocorrido o pagamento do débito constante do precatório" (RAMOS FILHO, 2017, p. 227).

▸ Qual o entendimento atual do STJ sobre o assunto?

"A preferência prevista no § 2º do art. 100 da Constituição Federal não pode ser reconhecida mais de uma vez em um mesmo precatório". AgInt no RMS 61.014-RO, Rel. Min. Benedito Gonçalves, Primeira Turma, por unanimidade, julgado em 20/04/2020, DJe 24/04/2020. (STJ, Informativo 670).

▸ Qual o entendimento atual do STF sobre o assunto?

"O pagamento prioritário, até certo limite, de precatórios devidos a titulares idosos **ou** que sejam portadores de doença grave promove, com razoabilidade, a **dignidade da pessoa humana** (CF, art. 1º, III) e a **proporcionalidade** (CF, art. 5º, LIV), situando-se dentro da margem de conformação do legislador constituinte para operacionalização da novel preferência subjetiva criada pela EC 62/2009. A expressão 'na data de expedição do precatório', contida no art. 100, §2º, da CF, com redação dada pela EC 62/2009, enquanto baliza temporal para a aplicação da preferência no pagamento de idosos, ultraja a isonomia (CF, art. 5º, *caput*) entre os cidadãos credores da Fazenda Pública, na medida em que discrimina, sem qualquer fundamento, aqueles que venham a alcançar a idade de sessenta anos não na data da expedição do precatório, mas sim posteriormente, enquanto pendente este e ainda não ocorrido o pagamento" (STF, ADI 4.425, Rel. Min. Luiz Fux, j. 14.03.2013, p. 19.12.2013).

▸ Como esse assunto foi cobrado em concurso?

No Concurso da FGV para Procurador da AL/PR em 2024, foi considerado CERTO o seguinte enunciado: "Em execução de pagar quantia contra o estado do Paraná, Mônica Cebola, 75 anos, titular de crédito de natureza alimentícia de R$500.000,00 (quinhentos mil reais), já não impugnado pela fazenda pública. Quanto a urgência no recebimento, em razão da idade e da natureza alimentícia do crédito, pode fracioná-lo, para receber, antecipadamente, até o correspondente a três vezes o pequeno valor, mantendo-se na ordem de precatório para receber o restante".

▸ **Como esse assunto foi cobrado em concurso?**

No Concurso da FGV para Procurador do Município da PGM Niterói/RJ em 2023, foi considerado CERTO o seguinte enunciado: "Josué, com 61 anos de idade e com deficiência, ganhou uma ação judicial, com trânsito em julgado, em que a União Federal foi condenada a indenizá-lo por danos materiais ao imóvel onde reside decorrentes de obra pública federal, totalizando um valor de condenação de R$ 120.000,00. Pretende receber o valor integralmente. O pagamento pela União Federal será feito por meio de precatório sem nenhuma prioridade".

▸ **Como esse assunto foi cobrado em concurso?**

No Concurso da FCC para Procurador Municipal da Prefeitura de Teresina/PI em 2022, foi considerado ERRADO o seguinte enunciado: "Os débitos de natureza alimentícia, de qualquer valor, cujos titulares, originários ou por sucessão hereditária, tenham 60 anos de idade, ou sejam portadores de doença grave, ou pessoas com deficiência, assim definidos na forma da lei, serão pagos, integralmente, com preferência sobre todos os demais débitos".

▸ **Como esse assunto foi cobrado em concurso?**

No Concurso do CESPE para Procurador do Estado da PGE/PA em 2022, foi considerado CERTO o seguinte enunciado: "No julgamento da Ação Direta de Inconstitucionalidade 4.425/PA, o Supremo Tribunal Federal reconheceu a constitucionalidade da chamada sistemática de superpreferência criada pela Emenda Constitucional n.º 62/2009, porém declarou inconstitucional a expressão "na data da expedição do precatório", contida na redação do § 2.º do art. 100 dessa emenda, dispositivo vigente à época do julgamento, como critério temporal para aplicação da sistemática aos idosos, por considerá-la atentatória à isonomia".

▸ **Como esse assunto foi cobrado em concurso?**

No Concurso do CESPE para Procurador do Estado da PGE/PA em 2022, foi considerado ERRADO o seguinte enunciado: "No julgamento da Ação Direta de Inconstitucionalidade 4.425/PA, o Supremo Tribunal Federal entendeu ser constitucional o regime de compensação de débitos da fazenda pública inscritos em precatório, conforme redação atualmente vigente do § 9.º do art. 100 da Constituição Federal de 1988, por considerá-lo compatível com a efetividade da jurisdição e o interesse público".

Para a caracterização da doença grave, o critério adotado pelo Conselho da Justiça Federal é aquele utilizado na legislação do Imposto de Renda. Assim, conforme o art. 13 da Resolução 115 de 29 de junho de 2010, do CNJ, acrescido pela Resolução 123, de 9 de novembro de 2010, do mesmo CNJ, são considerados portadores de doenças graves os credores acometidos das seguintes moléstias:

a) Tuberculose ativa;
b) Alienação mental;
c) Neoplasia maligna;
d) Cegueira;
e) Esclerose múltipla;
f) Hanseníase;
g) Paralisia irreversível e incapacitante;
h) Cardiopatia grave;
i) Doença de Parkinson;
j) **Espondiloartrose anquilosante**;
k) Nefropatia grave;
l) Estado avançado da doença de Paget (osteíte deformante);
m) Contaminação por radiação;
n) Síndrome da deficiência imunológica adquirida (AIDS);
o) Hepatopatia grave;
p) Moléstias profissionais.

Leonardo Cunha destaca que, "segundo disposto no parágrafo único do art. 13 da Resolução 115/2010 do CNJ, para além dessas doenças, pode, ainda, ser beneficiado pela preferência constitucional o credor portador de doença grave, assim considerada com base na conclusão da medicina especializada comprovada em laudo médico oficial, mesmo que a doença tenha sido contraída após o início do processo" (2016, p. 377-378).

▸ **Qual o entendimento atual do STF sobre o assunto?**

"É inconstitucional o sequestro de verbas públicas para pagamento de crédito a portador de moléstia grave sem a observância das regras dos precatórios". (RE 840.435/RS, relator Ministro Dias Toffoli, julgamento virtual finalizado em 22.9.2023, STF Info 1109)

▸ **Qual o entendimento atual do STJ sobre o assunto?**

"É devido o pedido de complementação do crédito de natureza alimentícia, dotado de superpreferência, na forma dos arts. 100, § 2º, da CF/1988 e 102, § 2º, do ADCT, com a adoção dos limites estabelecidos por lei local que majorou o teto para as obrigações de pequeno valor". (RMS 68.549-DF, Rel. Min. Assusete Magalhães, Segunda Turma, j. 02/08/2022, Info 743)

▸ **Como esse assunto foi cobrado em concurso?**

No Concurso do Instituto Consulplan para Procurador do Município de Miracema/RJ em 2024, foi considerado ERRADO o seguinte enunciado: "Os pagamentos devidos pelas Fazendas Públicas Federal far-se-ão, exclusivamente, na ordem cronológica de apresentação dos precatórios, sendo proibida a adoção de critérios de privilégio em face de natureza, casos ou de pessoas".

▸ **Como esse assunto foi cobrado em concurso?**

No Concurso do CESPE para Procurador do Estado da PGE/RO em 2022, foi considerado ERRADO o seguinte enunciado: "Os débitos de natureza alimentícia em virtude de sentença transitada em julgado com preferência compreendem aqueles decorrentes de salários, vencimentos, proventos, pensões e suas complementações e benefícios previdenciários, excluídas as indenizações por morte ou por invalidez, fundadas em responsabilidade civil".

▸ **Como esse assunto foi cobrado em concurso?**

No Concurso do CESPE para Promotor de Justiça do MPE/PI em 2019, foi considerado ERRADO o seguinte enunciado: "De acordo com as normas constitucionais para os pagamentos devidos em decorrência de sentença judiciária, deve a administração pública pagar seus débitos da seguinte forma: inicialmente os créditos destinados aos idosos e, depois, aos deficientes".

7.3. Requisição de Pequeno Valor

O disposto no *caput* do art. 100 relativamente à expedição de precatórios não se aplica aos pagamentos de obrigações definidas em leis como de pequeno valor que as Fazendas referidas devam fazer em virtude de sentença judicial transitada em julgado (art. 100, §3º). Nesses casos a quitação deverá se dar em 60 dias a partir da intimação do devedor.

▸ **Importante**

CPC, art. 535, §3º. Não impugnada a execução ou rejeitadas as arguições da executada: [...] II. por ordem do juiz, dirigida à autoridade na pessoa de quem o ente público foi citado para o processo, o pagamento de obrigação de pequeno valor será realizado no prazo de 2 (dois) meses contado da entrega da requisição, mediante depósito na agência de banco oficial mais próxima da residência do exequente.

Enunciado 532 do Fórum Permanente de Processualistas Civis: A expedição do precatório ou da RPV depende do trânsito em julgado da decisão que rejeita as arguições da Fazenda Pública executada.

> **▸ Como esse assunto foi cobrado em concurso?**
>
> No 38º Exame de Ordem da FGV em 2023 foi considerado CERTO o seguinte enunciado: "João ganhou uma ação movida em face do Estado Gama, na qual este foi condenado a pagar o equivalente a 30 salários-mínimos a título de danos morais pelo uso indevido de sua imagem em uma publicidade institucional do governo estadual. A ação transitou em julgado em 15 de julho de 2022. Seu advogado verifica que não há legislação específica estadual acerca de prazos e limites de valores sobre pagamentos pela Fazenda Pública em caso de condenação judicial. Diante desse cenário, e à luz da Constituição Federal de 1988, João receberá o valor a que tem direito por meio de Requisição de Pequeno Valor (RPV)".

> **▸ Como esse assunto foi cobrado em concurso?**
>
> No Concurso da Cespe para Procurador do Município da PGM/SP em 2023, foi considerado ERRADO o seguinte enunciado: "O pagamento de obrigação de pequeno valor será realizado no prazo de 45 dias, contados da entrega da requisição, mediante deposito na agência de banco oficial mais próximo da residência do exequente".

Para fins do disposto no §3º, poderão ser fixados, por leis próprias, valores distintos às entidades de direito público, segundo as diferentes capacidades econômicas, **sendo o mínimo igual ao valor do maior benefício do regime geral de previdência social** (art. 100, §4º). Apesar dessa previsão, a regra geral é a de que seja considerado pequeno valor até 30 salários-mínimos nos municípios, até 40 salários-mínimos nos estados e no Distrito Federal e até 60 salários-mínimos no âmbito federal.

> **▸ Qual o entendimento atual do STF sobre o assunto?**
>
> "A iniciativa legislativa para definição de obrigações de pequeno valor para pagamento de condenação judicial não é reservada ao chefe do Poder Executivo." (RE 1.496.204/DF, rel. Min. Presidente, j. 04.10.2024. STF Info 1153).

Em relação às ações plúrimas (litisconsórcio ativo), o STJ entende que para a aferição da existência do RPV deve-se ter em conta o valor pleiteado individualmente e não o valor total da ação. Esse entendimento, na compreensão de Harrison Leite é elogiável, já que "beneficia o credor de pequena quantia e o estimula às ações plúrimas, que contribuem, e muito, para a economia e a celeridade processual" (2015, p. 265).

> **▸ Qual o entendimento atual do STF sobre o assunto?**
>
> "Compete a cada ente federativo, segundo sua capacidade econômica, fixar o valor-teto das obrigações de pequeno valor decorrentes de sentenças judiciais para pagamento independentemente de precatórios, desde que o valor mínimo corresponda ao montante do maior

benefício do Regime Geral de Previdência Social (CF/1988, art. 100, §§ 3º e 4º; e ADCT, art. 87). Contudo, lhes é vedado ampliar a dispensa de precatórios para hipóteses não previstas no texto constitucional, sob pena de ofensa ao princípio da isonomia, uma vez consideradas as situações não abarcadas pelo privilégio (CF/1988, art. 5º, caput)". (ADI 5.706/RN, rel. Min. Luiz Fux, j. 23.02.2024. STF, Info 1125).

▸ Qual o entendimento atual do STF sobre o assunto?

"(I) As unidades federadas podem fixar os limites das respectivas requisições de pequeno valor em patamares inferiores aos previstos no artigo 87 do ADCT, desde que o façam em consonância com sua capacidade econômica. (II) A aferição da capacidade econômica, para este fim, deve refletir não somente a receita, mas igualmente os graus de endividamento e de litigiosidade do ente federado. (III) A ausência de demonstração concreta da desproporcionalidade na fixação do teto das requisições de pequeno valor impõe a deferência do Poder Judiciário ao juízo político-administrativo externado pela legislação local." (RE 1359139 RG/CE, rel. Min. Luiz Fux, j 1º.9.2022).

▸ Como esse assunto foi cobrado em concurso?

No Concurso do Avança SP para Procurador da Câmara Municipal de Itapecerica da Serra/SP em 2024, foi considerado CERTO o seguinte enunciado: "As obrigações definidas como de pequeno valor a serem pagas independentemente de precatório terão como limite o que for estabelecido na lei do respectivo ente da Federação. Até que se dê a publicação destas leis, os valores serão de 40 (quarenta) salários-mínimos, quanto aos Estados e ao Distrito Federal e 30 (trinta) salários-mínimos, quanto aos Municípios".

▸ Como esse assunto foi cobrado em concurso?

No Concurso do Cebraspe para Procurador da Prefeitura de Cachoeiro do Itapemirim/ES em 2024, foi considerado ERRADO o seguinte enunciado: "O regime de precatórios aplica-se aos pagamentos de obrigações definidas em leis como de pequeno valor que as fazendas públicas federal, estaduais, distrital e municipais devam fazer em virtude de sentença judicial transitada em julgado".

▸ Como esse assunto foi cobrado em concurso?

No Concurso do CESPE para Procurador do Estado da PGE/RO em 2022, foi considerado CERTO o seguinte enunciado: "Leis próprias poderão fixar valores distintos para os pagamentos de obrigações de pequeno valor para as entidades de direito público, segundo as suas capacidades econômicas."

> **Como esse assunto foi cobrado em concurso?**
>
> No Concurso da FGV para Auditor Técnico de Controle Externo do TCE/AM em 2021, foi considerado CERTO o seguinte enunciado: "Considere um crédito decorrente de sentença que condenou o Estado Alfa a pagar atrasados de pensão por morte no valor de R$ 60.000,00 a José, de 55 anos; e outro crédito oriundo de sentença que condenou o mesmo Estado a pagar diferenças salariais à servidora estadual Maria, de 61 anos, no valor de R$ 90.000,00. Observando que lei estadual fixa em R$ 20.000,00 o limite máximo para expedição de requisição de pequeno valor, é correto afirmar que Maria deverá receber R$ 60.000,00 com preferência sobre José, e os outros R$ 30.000,00 não têm preferência sobre o crédito de José".

7.4. Fracionamento do precatório

O §8º do art. 100 da CRFB/88 veda a expedição de precatórios complementares ou suplementares de valor pago, bem como o fracionamento, repartição ou quebra do valor da execução para fins de enquadramento de parcela como requisição de pequeno valor. Com isso, o credor não poderia se valer, ao mesmo tempo, de um pagamento imediato e de outra parte mediante precatório.

> **Qual o entendimento atual do STF sobre o assunto?**
>
> "1. É vedada a expedição de precatórios complementares ou suplementares de valor pago, salvo nas hipóteses de erro material, inexatidão aritmética ou substituição de índices aplicáveis por força de alteração normativa; 2. A verificação de enquadramento nas hipóteses admitidas de complementação ou suplementação de precatório pressupõe o reexame de matéria fático-probatória." (ARE 1.491.413/SP, rel. Min. Presidente, j. 26.11.2024. STF, Info 1160).

> **Como esse assunto foi cobrado em concurso?**
>
> No Concurso do CESPE para Juiz Federal da 5ª Região em 2015, foi considerado ERRADO o seguinte enunciado: "A jurisprudência majoritária do STF **admite o fracionamento** da execução contra a fazenda pública para que parte do crédito seja paga ao credor por meio de precatório e a outra parte, mediante complemento positivo, feito por via administrativa e antes do trânsito em julgado".

Há que se destacar ainda, que, em regra, não é possível a execução provisória da sentença, já que a expedição do precatório somente poderá alcançar o valor acerca do qual não haja mais litígio. "Disso resulta que, se os embargos da Fazenda Pública forem parciais, valor do montante não questionado torna-se definitivo, sendo possível a expedição do precatório para essa parcela" (BARROS, 2013, p. 143-144).

> **▸ Qual o entendimento atual do STJ sobre o assunto?**
>
> "É viável a expedição de precatório ou requisição de pequeno valor quanto à parte incontroversa, malgrado o manejo de embargos parciais à execução" (STJ, AgRg no REsp 1.045.921/AL, Rel. Min. Castro Meira, Segunda Turma, j. 02.04.2009, p. 27.04.209).

> **▸ Como esse assunto foi cobrado em concurso?**
>
> No Concurso da Cespe para Procurador do Município da PGM/SP em 2023, foi considerado ERRADO o seguinte enunciado: "Tratando-se de impugnação parcial à execução, a parte não questionada pela executada não poderá ser cumprida enquanto não houver o julgamento da impugnação".

O próprio texto constitucional traz importante exceção à impossibilidade de fracionamento. Cuida-se da disposição constante do §2º do art. 100, qual seja, no caso em que o credor possua sessenta anos de idade, ou mais, seja portador de doença grave, ou ainda, pessoa com deficiência (EC 94/2016). Nessas hipóteses serão pagos até o valor equivalente ao triplo do fixado na lei para o RPV, admitindo-se o fracionamento para essa finalidade, sendo que o restante será pago na ordem cronológica de apresentação do precatório.

Do mesmo modo, o STF admite o fracionamento para pagamento de honorários advocatícios.

> **▸ Qual o entendimento atual do STF sobre o assunto?**
>
> "Honorários advocatícios. Verba de natureza alimentar, a qual não se confunde com o débito principal. Ausência de caráter acessório. Titulares diversos. Possibilidade de pagamento autônomo. **Requerimento desvinculado da expedição do ofício requisitório principal.** [...]" (STF RE 564.132/RS, Rel. Min. Eros Grau, Plenário, j. 30.10.2014).

> **▸ Como esse assunto foi cobrado em concurso?**
>
> No Concurso do CESPE para Juiz Federal da 1ª Região em 2015, foi considerado ERRADO o seguinte enunciado: "Se o crédito principal observar o regime dos precatórios, os honorários advocatícios **não poderão ser executados mediante requisições de pequeno valor**, ainda que se restrinjam ao valor limite dessas requisições".

Por outro lado, apesar da disposição constitucional, a doutrina destaca a possibilidade de expedição do precatório complementar, cabível no caso de dívida não inteiramente satisfeita perante o titular do precatório (LEITE, 2015, p, 267).

> **▸ Qual o entendimento atual do STF sobre o assunto?**
>
> "A execução de créditos individuais e divisíveis decorrentes de título judicial coletivo, promovida por substituto processual, não caracteriza o fracionamento de precatório vedado pelo § 8º do art. 100 da Constituição." (ARE 1.491.569/SP, rel. Min. Presidente, j. 23.08.2024. STF Info 1147).

7.5. Compensação de precatórios

Os §§9º e 10 do art. 100 da Constituição Federal, incluídos pela EC 62/2009, foram julgados inconstitucionais nas ADIs 4425 e 4357, pois, ao instituírem um modelo unilateral de compensação de créditos da Fazenda para fins de abatimento do valor dos precatórios no momento de sua expedição, por desrespeito à igualdade (CF, art. 5º, *caput*), que deve presidir as relações entre Estado e particular.

Entretanto, a EC 113/2021, alterou o texto do mencionado §9º, criando uma nova possibilidade, não imediata, de compensação. Assim, segundo a nova redação, "sem que haja interrupção no pagamento do precatório e mediante comunicação da Fazenda Pública ao Tribunal, o valor correspondente aos eventuais débitos inscritos em dívida ativa contra o credor do requisitório e seus substituídos deverá ser depositado à conta do juízo responsável pela ação de cobrança que decidirá pelo seu destino definitivo".

Contudo, em 2024, o STF voltou a se manifestar pela inconstitucionalidade dos dispositivos, de forma que a compensação em favor exclusivo da Fazenda Pública é contrária aos princípios fundamentais do Estado Democrático de Direito.

> **▸ Qual o entendimento atual do STF sobre o assunto?**
>
> "A redação do art. 100, §9º, da CFB, estabelecida pela Emenda 113/2021, apesar de sensivelmente diferente daquela declarada inconstitucional pelo Supremo Tribunal Federal nas ADIs 4425 e 4357, contém a mesma essência e não se coaduna com o texto constitucional". (ADI 7.064/DF, Rel. Min. Luiz Fux, j. 01.12.2023)

Na hipótese do RE678.360/RS, a União pleiteava a substituição da penhora de um imóvel dado em garantia de uma execução fiscal, por créditos em precatório devidos à parte contrária. Ao julgar o caso, o Min. Relator Luiz Fux entendeu que a previsão contida nos §§ 9º e 10 do art. 100 da CRFB/88, permitiria uma compensação unilateral e obrigatória pela Fazenda Pública, em prejuízo do particular, incompatível com a sistemática constitucional por conferir privilégios à Administração Pública, não extensíveis aos credores privados.

> **▸ Qual o entendimento atual do STF sobre o assunto?**
>
> "A compensação dos débitos da Fazenda Pública inscritos em precatórios, prevista nos §§ 9º e 10 do art. 100 da Constituição Federal, incluídos pela EC nº 62/09, viola frontalmente o texto constitucional, pois obsta a efetividade da jurisdição (CRFB/88, art. 5º, XXXV), desrespeita a coisa julgada material (CRFB/88, art. 5º, XXXVI), vulnera a Separação dos Poderes (CRFB/88, art. 2º) e ofende a isonomia entre o Poder Público e o particular (CRFB/88, art. 5º, caput)." (RE 678.360/RS, rel. Min. Luiz Fux, j. 26.11.2024. STF, Info 1160).

7.6. Diferentes destinos conferidos aos precatórios pela EC 113/2021

O §11 do art. 100, da CRFB/88, também sofreu importante alteração com a EC 113/2021. Assim, conforme a nova redação, passou a determinar ser "facultado ao credor, conforme estabelecido em lei do ente federativo devedor, com autoaplicabilidade para a União, a oferta de créditos líquidos e certos que originalmente lhe são próprios ou adquiridos de terceiros reconhecidos pelo ente federativo ou por decisão judicial transitada em julgado para:

I - Quitação de débitos parcelados ou débitos inscritos em dívida ativa do ente federativo devedor, **inclusive** em transação resolutiva de litígio, e, subsidiariamente, débitos com a administração autárquica e fundacional do mesmo ente;

> **Como esse assunto foi cobrado em concurso?**
>
> No Concurso do CESPE para Procurador do Estado da PGE/PA em 2022, foi considerado ERRADO o seguinte enunciado: "É facultada ao credor, conforme estabelecido em lei do ente federativo devedor, com autoaplicabilidade para a União, os estados e o Distrito Federal, a oferta de créditos líquidos e certos que originalmente lhe sejam próprios ou tenham sido adquiridos de terceiros reconhecidos pelo ente federativo ou por decisão judicial transitada em julgado para a quitação de débitos parcelados ou débitos inscritos em dívida ativa do ente federativo devedor, **excluindo-se**, porém, a transação resolutiva de litígio".

II - Compra de imóveis públicos de propriedade do mesmo ente disponibilizados para venda;

III - Pagamento de outorga de delegações de serviços públicos e demais espécies de concessão negocial promovidas pelo mesmo ente;

IV - Aquisição, inclusive minoritária, de participação societária, disponibilizada para venda, do respectivo ente federativo; ou

V - Compra de direitos, disponibilizados para cessão, do respectivo ente federativo, inclusive, no caso da União, da antecipação de valores a serem recebidos a título do excedente em óleo em contratos de partilha de petróleo.

> **Qual o entendimento atual do STF sobre o assunto?**
>
> "A compensação requerida pelo titular do precatório nas situações descritas no §11 do mesmo artigo 100 somente mantém sua legitimidade após a exclusão do subteto para pagamento dos requisitórios se afastada a expressão que determina sua autoaplicabilidade à União". (ADI 7.064/DF, Rel. Min. Luiz Fux, j. 01.12.2023)

Tem-se, desta forma, a abertura de diferentes possibilidades aos credores, para a utilização dos precatórios, o que, segundo a doutrina, "facilitará o mercado de precatórios, com destaque para a União, dado que possui considerável estoque de bens imóveis que poderá disponibilizar para interessados e investidores" (LEITE, 2022, p. 535).

> ▸ **Como esse assunto foi cobrado em concurso?**
>
> No Concurso da FCC para Procurador Municipal da Prefeitura de Teresina/PI em 2022, foi considerado ERRADO o seguinte enunciado: "É facultada ao credor, conforme estabelecido em lei da entidade federativa devedora, a entrega de créditos em precatórios para compra de imóveis, desde que seja para aquisição da casa própria, por quem ganha até dois salários-mínimos".

7.7. Cessão de créditos de precatórios

Ademais, o §13 do art. 100, incluído pela EC 62/2009 já previa a possibilidade de o credor ceder, total ou parcialmente, seus créditos em precatórios a terceiros, **independentemente da concordância do devedor**. Agora, com a nova redação conferida pela EC 113/2021, o §14 fixou que tal cessão, observando-se as disposições do §9º, somente produzirá efeitos após comunicação, por meio de petição protocolizada, ao Tribunal de origem e ao ente federativo devedor.

> ▸ **Qual o entendimento atual do STJ sobre o assunto?**
>
> "Para a cessão de crédito em precatório, em regra, não há obrigatoriedade que se realize por escritura pública". (RMS 67.005-DF, Rel. Min. Sérgio Kukina, Primeira Turma, j. 16/11/2021, Info 720)

> ▸ **Como esse assunto foi cobrado em concurso?**
>
> No Concurso do Instituto Consulplan para Procurador da Prefeitura de Pouso Alegre/MG em 2024, foi considerado CERTO o seguinte enunciado: "A possibilidade de cessão de precatórios decorrentes de ações previdenciárias não impede o juiz de controlar ex officio a validade de sua transmissão, negando a produção de efeitos a negócios jurídicos eivados de nulidade, independentemente de ajuizamento de ação própria".

> ▸ **Como esse assunto foi cobrado em concurso?**
>
> No Concurso da FCC para Procurador Municipal da Prefeitura de Teresina/PI em 2022, foi considerado ERRADO o seguinte enunciado: "O credor poderá ceder, total ou parcialmente, seus créditos em precatórios a terceiros, quando houver a concordância do devedor, aplicando-se as regras que dão prioridade a recebimento dos débitos de natureza alimentícia e de pequeno valor".

> ▸ **Como esse assunto foi cobrado em concurso?**
>
> No Concurso do CESPE para Procurador do Estado da PGE/RO em 2022, foi considerado ERRADO o seguinte enunciado: "É permitida a cessão total ou parcial dos créditos de precatórios a terceiros, desde que haja concordância do devedor".

> **Como esse assunto foi cobrado em concurso?**
>
> No Concurso da VUNESP para Advogado da Prefeitura de São Roque/SP em 2020, foi considerado CERTO o seguinte enunciado: "A cessão de precatórios realizada pelo credor a terceiros poderá ser realizada independentemente da concordância do devedor e produzirá efeitos após comunicação, por meio de petição protocolizada, ao tribunal de origem e à entidade devedora".

7.8. Refinanciamento de débitos de precatórios pela União

O §16 do art. 100 da Constituição da República de 1988, incluído pela EC 62/2009 estabelece que "a seu critério exclusivo e na forma da lei, a União poderá assumir débitos, oriundos de precatórios de Estados, Distrito Federal e Municípios, refinanciando-os diretamente".

> **Como esse assunto foi cobrado em concurso?**
>
> No Concurso do Cebraspe para Procurador da PGE/RN em 2024, foi considerado CERTO o seguinte enunciado: "Em caso de colapso financeiro de estado, a União poderá, em juízo exclusivamente discricionário e conforme disciplina legal, assumir o pagamento dos precatórios daquele estado, refinanciando diretamente seus débitos".

> **Como esse assunto foi cobrado em concurso?**
>
> No Concurso da Vunesp para Auditor de Controle Externo do TCM/SP em 2023, foi considerado CERTO o seguinte enunciado: "A seu critério exclusivo e na forma de lei, a União poderá assumir débitos, oriundos de precatórios, de Estados, Distrito Federal e Municípios, refinanciando-os diretamente, sendo facultada ao credor, conforme estabelecido em lei da entidade federativa devedora, a entrega de créditos em precatórios para compra de imóveis públicos do respectivo ente federado".

7.9. Amortização de dívidas via precatórios

Outra importante novidade incorporada ao art. 100 da CRFB/88 pela EC 113/2021 foi a disciplina da amortização de dívidas com a utilização de precatórios. Nesse sentido, o §21 o mencionado artigo estabelece que "ficam a União e os demais entes federativos, nos montantes que lhes são próprios, desde que aceito por ambas as partes, autorizados a utilizar valores objeto de sentenças transitadas em julgado devidos à pessoa jurídica de direito público para amortizar dívidas, vencidas ou vincendas:

I - Nos contratos de refinanciamento cujos créditos sejam detidos pelo ente federativo que figure como devedor na sentença de que trata o caput do art. 100;

II - Nos contratos em que houve prestação de garantia a outro ente federativo;

III - Nos parcelamentos de tributos ou de contribuições sociais; e

IV -Nas obrigações decorrentes do descumprimento de prestação de contas o de desvio de recursos.

Ainda foi incluído o §22 no art. 100 fixando de que forma deve se dar a amortização prevista no parágrafo anterior. Assim, nas obrigações vencidas, será imputada primeiramente às parcelas mais antigas, ao passo que nas obrigações vincendas reduzirá uniformemente o valor de cada parcela devida, mantida a duração original do respectivo contrato ou parcelamento.

Tem-se, dessa forma, "mais uma alternativa para desafogar a dívida pública interna através de verdadeiras compensações dos créditos e débitos dos entes federativos entre si" (LEITE, 2022, p. 545).

> **Qual o entendimento atual do STJ sobre o assunto?**
>
> "O repasse referente à participação que o município faz jus sobre o ICMS compensado com precatório se dá com a aceitação desse último com forma de quitação do crédito tributário, não estando condicionado (o repasse) ao momento em que o crédito estampado no precatório for efetivamente disponibilizado em espécie, segundo a ordem cronológica". (REsp 1.894.736-PR, Rel. Min. Gurgel de Faria, Primeira Turma, j. 21/09/2021, Info 710)

> **Como esse assunto foi cobrado em concurso?**
>
> No Concurso do CESPE para Procurador do Estado da PGE/PA em 2022, foi considerado CERTO o seguinte enunciado: "A União e os demais entes federativos, nos montantes que lhes são próprios, desde que aceito por ambas as partes, estão autorizados a utilizar valores objeto de sentenças transitadas em julgado devidos a pessoa jurídica de direito público, para amortizar dívidas, vencidas ou vincendas, em parcelamentos de tributos ou de contribuições sociais, entre outras hipóteses constitucionalmente previstas".

7.10. Regime Especial da EC 62/2009

A Emenda Constitucional n. 62/2009, além das alterações introduzidas no art. 100 da CRFB/88, introduziu o art. 97 no ADCT, criando um regime especial para o pagamento dos precatórios, mais vantajoso à Fazenda Pública. Por essa razão foi chamada de "Emenda do Calote".

Assim, foi incluído o §15 ao art. 100 visando sanar os graves atrasos de pagamentos de precatórios por parte de Estados e Municípios, segundo o qual: "Sem prejuízo no disposto neste artigo, lei complementar a esta Constituição Federal poderá estabelecer regime especial para pagamento de crédito de precatórios de Estados, Distrito Federal e Municípios, dispondo sobre vinculações à receita corrente líquida e forma e prazo de liquidação".

> **Como esse assunto foi cobrado em concurso?**
>
> No Concurso da FCC para Procurador Municipal da Prefeitura de Teresina/PI em 2022, foi considerado CERTO o seguinte enunciado: "Sem prejuízo das regras previstas na Constituição Federal, lei complementar poderá estabelecer regime especial para pagamento de crédito de precatórios de Estados, Distrito Federal e Municípios, dispondo sobre vinculações à receita corrente líquida e forma e prazo de liquidação".

Para possibilitar a redução das dívidas de tais entes até que fosse editada a lei complementar, a própria EC 62/2009 incluiu o art. 97 ao ADCT estabelecendo que "Até que seja editada a lei complementar de que trata o §15 do art. 100 da Constituição federal, os Estados, o Distrito Federal e os Municípios que, na data da publicação desta Emenda Constitucional, estejam em mora na quitação de precatórios vencidos, relativos às suas administrações direta e indireta, inclusive os emitidos durante o período de vigência do regime especial instituído por este artigo, farão esses pagamentos de acordo com as normas a seguir estabelecidas, sendo inaplicável o disposto no art. 100 desta Constituição Federal, exceto em seus §§ 2º, 3º, 9º, 10, 11, 12 13 e 14, e sem prejuízo dos acordos de juízos conciliatórios já formalizados na data de promulgação desta Emenda Constitucional".

Dentre outras novidades, o regime especial estabelecido pelo art. 97 do ADCT previa a realização de **"leilão de precatórios"** através dos quais os credores competiriam entre si oferecendo deságios em relação aos valores que têm para receber. Além disso, foi fixada uma sistemática de pagamento de precatórios de forma parcelada em **15 anos.**

Contudo, referido regime foi considerado **inconstitucional** pelo STF pelo fato de estabelecer nova moratória ou uma espécie de "concordata" dos débitos judiciais da Fazenda Pública (Estados, Distrito Federal e Municípios).

> **Qual o entendimento atual do STF sobre o assunto?**
>
> "O regime especial de precatórios trazido pela Emenda Constitucional nº 62/2009 aplica-se aos precatórios expedidos anteriormente a sua promulgação, observados a declaração de inconstitucionalidade parcial quando do julgamento da ADI nº 4.425 e os efeitos prospectivos do julgado". (RE 659.172/SP, relator Ministro Dias Toffoli, julgamento virtual finalizado em 22.9.2023, STF Info 1109)

> **Qual o entendimento atual do STF sobre o assunto?**
>
> "O regime 'especial' de pagamento de precatórios para Estados e Municípios criado pela EC 62/09, ao veicular nova moratória na quitação dos débitos judiciais da fazenda Pública e ao impor o contingenciamento de recursos para esse fim, viola a cláusula constitucional do Estado de Direito (CF, art. 1º, *caput*), o princípio da Separação de Poderes (CF, art. 2º), o postulado da isonomia (CF, art. 5º), a garantia do acesso à justiça e a efetividade da tutela jurisdicional (CF, art. 5º, XXXV), o direito adquirido e à coisa julgada (CF, art. 5º, XXXVI)" (STF, ADI 4.425, Rel. Min. Luiz Fux, j. 14.03.2013, p. 19.12.2013).

▸ **Como esse assunto foi cobrado em concurso?**

No Concurso da Vunesp para Auditor de Controle Externo do TCM/SP em 2023, foi considerado ERRADO o seguinte enunciado: "Lei Ordinária poderá estabelecer regime especial para pagamento de crédito de precatórios de Estados, Distrito Federal e Municípios, dispondo sobre parcial vinculações à receita corrente líquida e forma e prazo de liquidação".

▸ **Como esse assunto foi cobrado em concurso?**

No Concurso da VUNESP para Procurador Municipal da Prefeitura de Presidente Prudente/SP em 2022, foi considerado ERRADO o seguinte enunciado: "É possível a realização de leilões reversos para pagamento das dívidas decorrentes de precatórios judiciais pelo ente público devedor, desde que o deságio não supere o valor de 60% do valor atualizado da dívida".

Em decisão tomada em questão de ordem nas Ações Diretas de Inconstitucionalidade 4.357 e 4.425, o STF acabou por modular os efeitos da declaração de inconstitucionalidade, mantendo-se parcialmente o regime especial criado pela EC 62/2009 pelo período de **5 anos**, contados a partir de janeiro de 2016.

▸ **Qual o entendimento atual do STF sobre o assunto?**

"[...] Quanto às formas alternativas de pagamento previstas no regime especial: (i) consideram-se válidas as compensações, os leilões e os pagamentos à vista por ordem crescente de crédito previstos na Emenda Constitucional nº 62/2009, desde que realizados até 25.03.2015, data a partir da qual não será possível a quitação de precatórios por tais modalidades; (ii) fica mantida a possibilidade de realização de acordos diretos, observada a ordem de preferência dos credores e de acordo com lei própria da entidade devedora, com redução máxima de 40% do valor do crédito atualizado".

"Quanto às formas alternativas de pagamento previstas no regime especial: (i) consideram-se válidas as compensações, os leilões e os pagamentos à vista por ordem crescente de crédito previstos na Emenda Constitucional nº 62/2009, desde que realizados até 25.03.2015, data a partir da qual não será possível a quitação de precatórios por tais modalidades; (ii) fica mantida a possibilidade de realização de acordos diretos, observada a ordem de preferência dos credores e de acordo com lei própria da entidade devedora, com redução máxima de 40% do valor do crédito atualizado". (STF, QO na ADI 4.425, Rel. Min. Luiz Fux, j. 25.03.2015).

▸ **Qual o entendimento atual do STJ sobre o assunto?**

"Não incide imposto de renda (IR) sobre o preço recebido em virtude de cessão com deságio de precatório". (REsp 1.785.762-RJ, Rel. Min. Francisco Falcão, Segunda Turma, j. 27/08/2022, Info 751)

Além das disposições transcritas no quadro acima, também foram mantidas pelo período de 5 anos a vinculação de percentuais mínimos da receita corrente líquida ao pagamento dos precatórios (art. 97, §10, do ADCT) e as sanções para o caso de não liberação tempestiva dos recursos destinados ao pagamento dos precatórios, conforme previsão do art. 97, §10, do ADCT.

Assim que se encerrassem os 5 anos, contados a partir de janeiro de 2016, o regime especial seria completamente extinto, voltando a valer apenas as regras contidas no art. 100 da CRFB/88.

7.11. Regime especial de pagamento para os casos de precatórios em mora – de acordo com a EC 99/2017

Em 15 de dezembro de 2016 o regime dos precatórios foi alterado com a Emenda Constitucional nº 94, que acrescentou os arts. 101 a 105 ao Ato das Disposições Constitucionais Transitórias, além de alterar o art. 100 da CRFB/88, com o intuito de viabilizar a quitação dos precatórios de Estados e Municípios. Segundo aquela emenda, tais precatórios pendentes até 25 de março de 2015 e aqueles a vencer até **31 de dezembro de 2020** poderiam ser pagos até este último ano, mediante um regime especial.

> **▸ Importante**
>
> Em 13 de abril de 2017 o então Procurador-Geral da República, Rodrigo Janot, ajuizou no Supremo Tribunal Federal a Ação Direta de Inconstitucionalidade 5679, com pedido de liminar, contra o art. 2º da EC 94/2016, na parte em que insere o artigo 101, parágrafo 2º, incisos I e II, no Ato das Disposições Constitucionais Transitórias (ADCT) da Constituição Federal, que trata da possibilidade de utilização de depósitos judiciais para pagamento de precatórios. Para o Procurador-Geral, "a medida ultrapassou os limites de reforma à Constituição estabelecidos pelo poder constituinte originário ao poder constituinte derivado e violam cláusulas pétreas relativas à divisão das funções estatais aos direitos e garantias individuais". (Disponível em: http://www.stf.jus.br/portal/cms/verNoticiaDetalhe.asp?idConteudo=340700. Acesso em 07 dez. 2017).
>
> Em 12 de junho de 2016 o Ministro Luis Roberto Barroso concedeu liminar para explicitar as salvaguardas necessárias para a utilização dos depósitos judicias para o pagamento de precatórios conforme previsão da EC 94/2016, na qual elencou três condições para a aplicação das regras da Emenda Constitucional n. 94: **"prévia constituição do fundo garantidor, destinação exclusiva a precatórios em atraso até 25/03/2015 e exigência de que os valores dos depósitos sejam repassados diretamente ao tribunal competente, sem passar pelo caixa dos tesouros locais"** (Disponível em: http://www.stf.jus.br/portal/cms/verNoticiaDetalhe.asp?idConteudo=346442. Acesso em 07 dez. 2017).

Contudo, em **14 de dezembro de 2017**, o regime jurídico dos precatórios foi novamente alterado. A alteração ocorreu por meio da **Emenda Constitucional nº 99,** resultado da PEC 45/2017, tendo como principal novidade a alteração do art. 101 do Ato das Disposições Constitucionais Transitórias, **estendendo de 2020 para 2024** o prazo para que Estados, o Distrito Federal e os municípios quitem seus precatórios dentro do regime especial aprovado pelo Congresso por meio da EC 94, de 2016. Conforme será visto a seguir, em 2021, a EC 109 alterou novamente este prazo, passando-o para 2029.

A respeito dessas constantes alterações no regime de precatórios, Harisson Leite destaca que: "Com essas emendas, subverte-se a decisão do STF, que obrigava a sua quitação até o ano de 2020, e novamente se confirma a cultura do não pagamento dos precatórios, numa prorrogação contínua que aparenta não ter fim" (2022, p. 548).

O art. 101 do ADCT (com redação dada pela EC 109/2021) estabeleceu que os Estados, o Distrito Federal e os Municípios que, em 25 de março de 2015, se encontravam em mora no pagamento de seus precatórios quitarão, **até 31 de dezembro de 2029**, seus débitos vencidos e os que vencerão dentro desse período, **atualizados pelo índice Nacional de Preços ao Consumidor Amplo Especial (IPCA-E), ou por outro índice que venha a substituí-lo**, depositando mensalmente em conta especial do Tribunal de Justiça local, **sob única e exclusiva administração deste**, 1/12 (um doze avos) do valor calculado percentualmente sobre suas **receitas correntes líquidas**, apuradas no segundo mês anterior ao mês de pagamento, em percentual suficiente para a quitação de seus débitos e, ainda que variável, nunca inferior, em cada exercício, ao percentual praticado na data da entrada em vigor do regime especial a que se refere este artigo, em conformidade com o plano de pagamento a ser anualmente apresentado ao Tribunal de Justiça local.

Com base nos parâmetros fixados no caput do art. 101 do ADCT, "compete ao poder público apresentar um plano de pagamento ao Poder Judiciário responsável por esta administração" (LEITE, 2022, p. 555).

Para fins deste regime especial, o §1º do art. 101 do ADCT conceitua como **receita corrente líquida** "o somatório das receitas tributárias, patrimoniais, industriais, agropecuárias, de contribuições e de serviços, de transferências correntes e outras receitas correntes, incluindo as oriundas do §1º do art. 20 da Constituição Federal, verificado no período compreendido pelo segundo mês imediatamente anterior ao de referência e os onze meses precedentes, excluídas as duplicidades e deduzidas":

I. Nos Estados, as parcelas entregues aos Municípios, por determinação constitucional;

II. Nos Estados, no Distrito Federal e nos Municípios, a contribuição dos servidores para custeio de seu sistema de previdência e assistência social e as receitas provenientes da compensação financeira referida no §9º do art. 201 da Constituição Federal.

Atenção: conceito de Receita Corrente Líquida	
ADCT, art. 101, §1º – base de cálculo para o pagamento de precatórios	**Lei de Responsabilidade Fiscal, art. 2º, IV – parâmetro para**
"Somatório das receitas tributárias, patrimoniais, industriais, agropecuárias, de contribuições e de serviços, de transferências correntes e outras receitas correntes, **incluindo as oriundas do §1º do art. 20 da Constituição Federal [royalties]**, verificado no período compreendido pelo segundo mês imediatamente anterior ao de referência e os onze meses precedentes, excluídas as duplicidades e deduzidas [...]"	"Somatório das receitas tributárias, de contribuições, patrimoniais, industriais, agropecuárias, de serviços, transferências correntes e outras receitas também correntes, deduzidos: [...]"

Segundo o §2º do mesmo art. 101 do ADCT, o débito de precatórios será pago com **recursos orçamentários próprios provenientes das fontes de receita corrente líquida** referidas no §1º e adicionalmente, poderão ser utilizados os seguintes instrumentos:

I. até **75% (setenta e cinco por cento) dos depósitos judiciais e dos depósitos administrativos em dinheiro referentes a processos judiciais ou administrativos, tributários ou não tributários**, nos quais sejam parte os Estados, o Distrito Federal ou os Municípios, e as respectivas autarquias, fundações e empresas estatais dependentes, mediante a instituição de **fundo garantidor** em montante equivalente a 1/3 (um terço) dos recursos levantados, constituído pela parcela restante dos depósitos judiciais e remunerado pela taxa referencial do Sistema Especial de Liquidação e de Custódia (Selic) para títulos federais, nunca inferior aos índices e critérios aplicados aos depósitos levantados;

II. até **30% (trinta por cento) dos demais depósitos judiciais da localidade sob jurisdição do respectivo Tribunal de Justiça**, mediante a instituição de **fundo garantidor** em montante equivalente aos recursos levantados, constituído pela parcela restante dos depósitos judiciais e remunerado pela taxa referencial do Sistema Especial de Liquidação e de Custódia (Selic) para títulos federais, nunca inferior aos índices e critérios aplicados aos depósitos levantados, destinando-se

a) no caso do Distrito Federal, 100% (cem por cento) desses recursos ao próprio Distrito Federal;

b) no caso dos Estados, 50% (cinquenta por cento) desses recursos ao próprio Estado e 50% (cinquenta por cento) aos respectivos Municípios, conforme a circunscrição judiciária onde estão depositados os recursos, e, se houver mais de um Município na mesma circunscrição judiciária, os recursos serão rateados entre os Municípios concorrentes, proporcionalmente às respectivas populações, utilizado como referência o último levantamento censitário ou a mais recente estimativa populacional da Fundação Instituto Brasileiro de Geografia e Estatística (IBGE);

III. empréstimos, **excetuados para esse fim os limites de endividamento** de que tratam os incisos VI e VII do *caput* do art. 52 da Constituição Federal e quaisquer outros limites de endividamento previstos em lei, **não se aplicando a esses empréstimos a vedação de vinculação de receita** prevista no inciso IV do *caput* do art. 167 da Constituição Federal;

> ▸ **Importante**
>
> ADCT, art. 101, §5. Os empréstimos de que trata o inciso III do §2º deste artigo poderão ser destinados, por meio de ato do Poder Executivo, exclusivamente ao pagamento de precatórios por acordo direto com os credores, na forma do disposto nos incisos III do §8º do art. 97 deste Ato das Disposições Constitucionais Transitórias. (Incluído pela EC 113/2021).

IV. a totalidade dos depósitos em precatórios e requisições diretas de pagamento de obrigações de pequeno valor efetuados até 31 de dezembro de 2009 e ainda não levantados, com o **cancelamento dos respectivos requisitórios** e a baixa das obrigações, assegurada a revalidação dos requisitórios pelos juízos dos processos perante os Tribunais, a requerimento dos credores e após a oitiva da entidade devedora, mantidas a posição de ordem cronológica original e a remuneração de todo o período.

A EC 99/2017 também incluiu novos parágrafos ao art. 101 do ADCT. Nesse sentido, o §3º estabelece que "os recursos adicionais previstos nos incisos I, II e IV do § 2º deste artigo serão transferidos diretamente pela instituição financeira depositária para a **conta especial** referida no *caput* deste artigo, sob **única e exclusiva administração do Tribunal de Justiça local**, e essa transferência deverá ser realizada em até sessenta dias contados a partir da entrada em vigor deste parágrafo, sob pena de **responsabilização pessoal do dirigente da instituição financeira por improbidade**".

Já o §4º do art. 101 do ADCT, incluído pela EC 99/2017, determinava a criação de uma **linha de crédito especial** para pagamento dos precatórios submetidos ao regime especial de pagamento de que trata tal artigo, fixando em seus incisos I a IV, uma série de condições. Contudo, mesmo sem jamais ter sido criada, esta linha de crédito foi extinta em 2021, pela Emenda Constitucional nº 109, que revogou todo o teor do §4º do art. 101, do ADCT.

Por sua vez, o art. 102 do ADCT teve o *caput* mantido pela EC 99/2017. Por outro lado, o então parágrafo único (EC 94/2016) foi transformado em parágrafo primeiro, havendo a inclusão de novo parágrafo.

Nesse sentido, mencionado artigo estabelece que enquanto viger o regime especial previsto na EC 94/2016, pelo menos **50% (cinquenta por cento)** dos recursos que, nos termos do art. 101 do ADCT, forem destinados ao pagamento dos precatórios em mora serão utilizados no pagamento segundo a **ordem cronológica** de apresentação, respeitadas as preferências dos créditos alimentares, e, nessas, as relativas à idade, ao estado de saúde e à deficiência, nos termos do § 2º do art. 100 da Constituição Federal, sobre todos os demais créditos de todos os anos.

> **Qual o entendimento atual do STF sobre o assunto?**
> "Observadas rigorosamente as exigências normativas, não ofende a Constituição a possibilidade de uso de depósitos judiciais para o pagamento de precatórios em atraso, tal como previsto pela EC nº 94/2016." (ADI 5.679/DF, relator Ministro Luís Roberto Barroso, julgamento virtual finalizado em 29.9.2023, STF Info 1110)

No mais, a aplicação dos recursos remanescentes, por opção a ser exercida por Estados, Distrito Federal e Municípios, por ato do respectivo Poder Executivo, observada a ordem de preferência dos credores, poderá ser destinada ao pagamento mediante **acordos diretos, perante Juízos Auxiliares de Conciliação de Precatórios, com redução máxima de 40% (quarenta por cento) do valor do crédito atualizado**, desde que em relação ao crédito não penda recurso ou defesa judicial e que sejam observados os requisitos definidos na regulamentação editada pelo ente federado (art. 102, §1º).

Na vigência do regime especial previsto no art. 101 do ADCT, **as preferências relativas à idade, ao estado de saúde e à deficiência serão atendidas até o valor equivalente ao quíntuplo fixado em lei para as requisições de pequeno valor** (art. 100, §3º), admitido o fracionamento para essa finalidade, e o restante será pago em ordem cronológica de apresentação do precatório (art. 102, §2º).

Enquanto os Estados, o Distrito Federal e os Municípios estiverem efetuando o pagamento da parcela mensal devida como previsto no *caput* do art. 101 do ADCT, nem eles, nem as respectivas autarquias, fundações e empresas estatais dependentes poderão sofrer **sequestro de valores**, exceto no caso de não liberação tempestiva dos recursos (art. 103, ADCT). Desta forma, destaca Harrison Leite que "a única hipótese de sequestro permitida no corpo temporário da Constituição surge da não liberação tempestiva dos recursos para o pagamento de precatórios, nos mesmos termos previstos pela EC 62/09, quando incluiu o art. 97, §10, no ADCT" (LEITE, 2022, p. 559).

A EC 99/2017 também acrescentou o parágrafo único ao art. 103 do ADCT, estabelecendo restrições às desapropriações efetuadas pelos entes federativos com significativos débitos no regime de precatórios. Assim: "Na vigência do regime especial previsto no art. 101 deste Ato das Disposições Constitucionais Transitórias, ficam **vedadas desapropriações** pelos Estados, pelo Distrito Federal e pelos Municípios, cujos estoques de precatórios ainda pendentes de pagamento, incluídos os precatórios a pagar de suas entidades da administração indireta, sejam **superiores a 70% (setenta por cento) das respectivas receitas correntes**

líquidas, excetuadas as desapropriações para fins de **necessidade pública nas áreas de saúde, educação, segurança pública, transporte público, saneamento básico e habitação de interesse social**".

> ▸ **Como esse assunto foi cobrado em concurso?**
>
> No Concurso da FCC para Procurador do Estado da PGE/AP em 2018, foi considerado CERTO o seguinte enunciado: "Acerca da disciplina dos precatórios, o STF julgou inconstitucional a Emenda nº 62/2009, mais tarde editando modulação de efeitos. Sobrevieram duas Emendas Constitucionais, de números 94/2016 e 99/2017, dispondo que, na vigência do atual regime especial, os Estados, cujos estoques de precatórios ainda pendentes de pagamento excedam 70% de sua Receita Corrente Líquida (RCL), ficam, em regra, proibidos de realizar desapropriações".

O art. 104, por sua vez, estabelece sanções para os casos em que os recursos referidos no art. 101 não sejam tempestivamente liberados, no todo ou em parte:

I. o Presidente do Tribunal de Justiça local determinará o **sequestro**, até o limite do valor não liberado, das contas do ente federado inadimplente (observado o art. 103, *caput*, do ADCT);

II. o chefe do Poder Executivo do ente federado inadimplente responderá, na forma da legislação de **responsabilidade fiscal e de improbidade administrativa**;

III. a União **reterá os recursos** referentes aos repasses ao Fundo de Participação dos Estados e do Distrito Federal e ao Fundo de Participação dos Municípios e os depositará na conta especial referida no art. 101 deste Ato das Disposições Constitucionais Transitórias, para utilização como nele previsto;

IV. os Estados **reterão os repasses** previstos no parágrafo único do art. 158 da Constituição Federal e os depositarão na conta especial referida no art. 101 deste Ato das Disposições Constitucionais Transitórias, para utilização como nele previsto.

Além disso, enquanto perdurar a omissão, o ente federado não poderá contrair empréstimo externo ou interno, exceto para os fins previstos no § 2º do art. 101 do ADCT, e ficará impedido de receber transferências voluntárias (art. 104, Parágrafo único, do ADCT).

Observe-se que o art. 105, incluído no ADCT pela EC 94/2016, determinou que enquanto viger o regime de pagamento de precatórios previsto no art. 101 deste Ato das Disposições Constitucionais Transitórias, é **facultada aos credores de precatórios, próprios ou de terceiros, a compensação com débitos de natureza tributária ou de outra natureza** que até 25 de março de 2015 tenham sido inscritos na dívida ativa dos Estados, do Distrito Federal ou dos Municípios, observados os requisitos definidos em **lei própria do ente federado**. Para tanto, os entes federativos deverão regulamentar o regime de compensações até 120 dias a partir de 1º de janeiro de 2018, sob pena de ficarem os credores de precatórios autorizados a exercer tal faculdade. Observe-se, contudo, que não se aplica a tais compensações qualquer tipo de vinculação, como as transferências a outros entes e as destinadas à educação, à saúde e a outras finalidades.

Em suma, essas podem ser apontadas como as principais características do regime especial de pagamento dos precatórios em mora:

- Prorrogação do prazo de 2020 para 2024 para que estados e municípios quitem seus precatórios (art. 101, *caput*, do ADCT), prazo prorrogado para 2029 pela EC 109/2021;
- Inclusão da obrigatoriedade de atualização pelo IPCA-E ou outro índice que venha a substituí-lo (art. 101, *caput*, do ADCT);
- Obrigatoriedade da constituição de fundo garantidor, em montante equivalente a 1/3 dos recursos levantados do que sobrar (25%) dos depósitos judiciais e dos depósitos administrativos em dinheiro referentes a processos judiciais ou administrativos, tributários ou não tributários, nos quais sejam parte os Estados, o DF ou os Municípios, e as respectivas autarquias, fundações e empresas estatais dependentes (art. 101, §2º, I, do ADCT);
- Aumento de 20% para 30% dos demais depósitos judiciais da localidade sob jurisdição do respectivo Tribunal de Justiça, mediante instituição de fundo garantidor (art. 101, §2º, II, do ADCT);
- Divisão entre estados (50%) e municípios (50%), dos recursos oriundos dos demais depósitos judiciais da localidade sob jurisdição do respectivo Tribunal de Justiça (art. 101, §2º, II, "b", do ADCT);
- Fixação do limite de cinco vezes o valor dos requisitórios de pequeno valor para a validade das preferências relativas à idade, ao estado de saúde e à deficiência, para fins do regime especial de pagamento dos precatórios (art. 102, §2º);
- Restrições estabelecidas às desapropriações dos entes federativos cujos estoques de precatórios ainda pendentes de pagamento, incluídos os precatórios a pagar de suas entidades da administração indireta, sejam superiores a 70% (setenta por cento) das respectivas receitas correntes líquidas, excetuadas as desapropriações para fins de necessidade pública nas áreas de saúde, educação, segurança pública, transporte público, saneamento básico e habitação de interesse social (art. 103, parágrafo único, do ADCT).

Emenda Constitucional	Principal alteração
Emenda Constitucional 30/2000	Regime de pagamento em dez parcelas anuais
Emenda Constitucional 62/2009	Pagamento em 15 anos
Emenda Constitucional 94/2016	Pagamento até 2020
Emenda Constitucional 99/2017	Pagamento até 2024
Emenda Constitucional 109/2021	Pagamento até 2029

7.12. Comprometimento da receita corrente líquida com o pagamento de precatórios e obrigações de pequeno valor

A Emenda Constitucional n. 94/2016 também incluiu os §§ 17 a 20 no art. 100 da CRFB/88, determinando que a União, os Estados, o Distrito Federal e os Municípios deverão aferir mensalmente, em base anual, o comprometimento de suas respectivas receitas correntes líquidas com o pagamento de precatórios e obrigações de pequeno valor. Tais dispositivos não sofreram qualquer alteração em decorrência da EC 99/2017.

Para tanto, a definição de corrente líquida repetiu o mesmo conceito adotado no §1º do art. 101 do ADCT (incluindo-se deduções relacionadas à União), qual seja: "o somatório das receitas tributárias, patrimoniais, industriais, agropecuárias, de contribuições e de serviços, de transferências correntes e outras receitas correntes, incluindo as oriundas do §1º do art. 20 da Constituição Federal, verificado no período compreendido pelo segundo mês imediatamente anterior ao de referência e os onze meses precedentes, excluídas as duplicidades e deduzidas":

I. **Na União**, as parcelas entregues aos Estados, ao Distrito Federal e aos Municípios por determinação constitucional;

II. Nos Estados, as parcelas entregues aos Municípios, por determinação constitucional;

III. Nos Estados, no Distrito Federal e nos Municípios, a contribuição dos servidores para custeio de seu sistema de previdência e assistência social e as receitas provenientes da compensação financeira referida no §9º do art. 201 da Constituição Federal.

Foi estabelecido, ainda, que caso o montante total de débitos decorrentes de condenações judiciais em precatórios e obrigações de pequeno valor, em período de 12 (doze) meses, ultrapasse a média do comprometimento percentual da receita corrente líquida nos 5 (cinco) anos imediatamente anteriores, a parcela que exceder esse percentual poderá ser financiada, excetuada dos limites de endividamento de que tratam os incisos VI e VII do art. 52 da Constituição Federal e de quaisquer outros limites de endividamento previstos, não se aplicando a esse financiamento a vedação de vinculação de receita prevista no inciso IV do art. 167 da Constituição Federal (art. 100, §19).

Da mesma forma, caso haja precatório com valor superior a 15% (quinze por cento) do montante dos precatórios apresentados nos termos do § 5º do artigo 100, 15% (quinze por cento) do valor deste precatório serão pagos até o final do exercício seguinte e o restante em parcelas iguais nos cinco exercícios subsequentes, acrescidas de juros de mora e correção monetária, ou mediante acordos diretos, perante Juízos Auxiliares de Conciliação de Precatórios, com redução máxima de 40% (quarenta por cento) do valor do crédito atualizado, desde que em relação ao crédito não penda recurso ou defesa judicial e que sejam observados os requisitos definidos na regulamentação editada pelo ente federado (art. 100, §20).

▸ Como esse assunto foi cobrado em concurso?

No Concurso da Vunesp para Auditor de Controle Externo do TCM/SP em 2023, foi considerado ERRADO o seguinte enunciado: "A União, os Estados, o Distrito Federal e os Municípios aferirão trimestralmente, em base anual, o comprometimento de suas respectivas receitas correntes líquidas com o pagamento de precatórios e obrigações de pequeno valor".

7.13. Emendas Constitucionais 113 e 114, de 2021

Para o orçamento de 2022, o volume de recursos a ser gasto em precatórios apresentou uma evolução sem precedentes. Essa foi a justificativa para a tramitação da chamada "PEC dos precatórios" (PEC 23/2021) que, por sua vez, acabou sendo "fatiada" em duas Emendas Constitucionais (EC 113 e EC 114) que, além deste ponto, também abrangeram outros aspectos, como a efetivação de gastos com o chamado "Auxílio Brasil".

A EC 113/2021, de 8 de dezembro de 2021, além das modificações implementadas no art. 100 da CFB/88 (analisadas nos tópicos anteriores), também alterou dispositivos do Ato das Disposições Constitucionais Transitórias fixando-se que as alterações relacionadas a este tema se aplicam a todos os requisitórios já expedidos, inclusive no orçamento fiscal e da seguridade social do exercício de 2022.

Ainda em relação a precatórios, a EC 113/2021, incluiu o §5º no art. 101 do ADCT para determinar que os empréstimos tratados no inciso III, §2º daquele artigo poderão ser destinados, por meio de ato do Poder Executivo, exclusivamente ao pagamento de precatórios por acordo direto com os credores, na forma do disposto no inciso III do §8º do art. 97 do ADCT. Por outro lado, o art. 3º da EC 113 determinou que **"nas discussões e nas condenações** que envolvam a Fazenda Pública, **independentemente de sua natureza** e para fins de atualização monetária, de remuneração do capital e de compensação da mora, **inclusive precatório**, haverá a incidência, uma única vez, até o efetivo pagamento, do índice da taxa referencial do **Sistema Especial de Liquidação e Custódia (Selic)**, acumulado mensalmente.

▸ Qual o entendimento atual do STF sobre o assunto?

"Durante o 'período de graça' (CF/1988, art. 100, § 5º), não incide a taxa SELIC aos valores inscritos em precatórios (EC nº 113/2021, art. 3º), de modo que o montante devido pela Fazenda Pública terá exclusivamente correção monetária". (RE 1.515.163/RS, relator Ministro Presidente, julgamento finalizado no Plenário Virtual em 11.10.2024. STF Info 1154).

No mais, além de alterar o teto de gastos para atender a gastos com o enfrentamento da COVID-19 e revogar o art. 108 do ADCT, a EC 113/2021, ao inserir os arts. 115 a 117 no ADCT, autorizou o **parcelamento dos débitos decorrentes de contribuições previdenciárias dos Municípios**, com o Regime Geral de Previdência Social, com vencimento até 31 de outubro de 2021, inclusive os decorrentes do descumprimento de obrigações acessórias e os parcelados anteriormente, no prazo máximo de 240 prestações mensais.

Já a EC 114, de 16 de dezembro de 2021, como uma espécie de segunda parte da "PEC dos precatórios", trouxe importantes mudanças, dentre as quais a alteração da redação do §5º do art. 100 que modificou a data de inclusão no orçamento da verba necessária para o pagamento dos precatórios, que antes era 1º de julho e, com a nova redação, passou para **2 de abril**.

> **▸ Qual o entendimento atual do STF sobre o assunto?**
> "Quando não houver o pagamento das parcelas do precatório, podem incidir juros de mora durante o prazo de parcelamento estabelecido no art. 78 do Ato das Disposições Constitucionais Transitórias (ADCT), excluindo-se o 'período de graça constitucional' (CF/1988, art. 100, § 5º)". (ARE 1.462.538 AgR/PR, rel. Min. Alexandre de Moraes, redator do acórdão Min. Luiz Fux, j. 06.08.2024. STF, Info 1145).

> **▸ Como esse assunto foi cobrado em concurso?**
> No Concurso da Vunesp para Auditor de Controle Externo do TCM/SP em 2023, foi considerado ERRADO o seguinte enunciado: "É obrigatória a inclusão, no orçamento das entidades de direito público, de verba necessária ao pagamento de seus débitos, oriundos de sentenças transitadas em julgado, constantes de precatórios judiciários apresentados até 1° de junho, fazendo-se o pagamento até o final do mesmo exercício, quando terão seus valores atualizados monetariamente".

Houve a inclusão do art. 107-A no ADCT, cujo *caput* traz uma limitação dos gastos com o pagamento de precatórios nos próximos anos, de forma que, **até o fim de 2026**, fica estabelecido, para cada exercício financeiro, limites para alocação na proposta orçamentária das despesas com precatórios, **equivalente ao valor da despesa paga no exercício de 2016**, incluídos os restos a pagar, **corrigido pelo IPCA**. Dessa forma, "não mais serão pagos os valores integrais enviados pelo Judiciário e esses valores não pagos terão preferência para pagamento no ano seguinte" (LEITE, 2022, p. 542-543).

O espaço fiscal decorrente da diferença entre o valor dos precatórios expedidos e o respectivo limite será destinado ao pagamento do **"Auxílio Brasil"**, incluído pela EC 114 no parágrafo único do art. 6º da CRFB/88, e à seguridade social, nos termos do art. 194, também da CRFB/88, a ser calculado da seguinte forma:

I- no exercício de 2022, o espaço fiscal decorrente da diferença entre o valor dos precatórios expedidos e o limite estabelecido no caput deste artigo deverá ser destinado ao programa previsto no parágrafo único do art. 6º e à seguridade social, nos termos do art. 194, ambos da Constituição Federal;

II- no exercício de 2023, pela diferença entre o total de precatórios expedidos entre 2 de julho de 2021 e 2 de abril de 2022 e o limite de que trata o caput deste artigo válido para o exercício de 2023; e

III- nos exercícios de 2024 a 2026, pela diferença entre o total de precatórios expedidos entre 3 de abril de dois anos anteriores e 2 de abril do ano anterior ao exercício e o limite de que trata o caput deste artigo válido para o mesmo exercício.

> **Importante**
> CRFB/88, art. 6º, parágrafo único (incluído pela EC 114/2021) – Auxílio Brasil: "Todo brasileiro em situação de vulnerabilidade social terá direito a uma renda básica familiar, garantida pelo poder público em programa permanente de transferência de renda, cujas normas e requisitos de acesso serão determinados em lei, observada a legislação fiscal e orçamentária".

> **Importante**
> Em 2022, a Emenda Constitucional nº 123 (Estado de Emergência) determinou o gasto de R$ 41,25 bilhões até o fim do ano para a **expansão do Auxílio Brasil** e do vale-gás, para a criação de auxílios aos caminhoneiros e taxistas e para compensar os estados que concederam crédito de ICMS para produtores e distribuidores de etanol.

Visando amenizar a situação daqueles que deixarão de receber seus precatórios em razão das limitações supra apresentadas, o §2º do art. 107-A confere a tais créditos, prioridade para pagamento nos exercícios seguintes, observando-se a ordem cronológica fixada no §8º do mesmo artigo.

Por outro lado, há que se destacar, também, a inclusão do art. 107-A no ADCT, cujo §3º prevê a celebração de **um acordo com deságio de 40%.** Assim, "é facultado ao credor de precatório que não tenha sido pago em razão do disposto neste artigo, além das hipóteses previstas no §11 do art. 100 da Constituição Federal e sem prejuízo dos procedimentos previstos nos §§ 9º e 21 do referido artigo, **optar pelo recebimento, mediante acordos** diretos perante Juízos Auxiliares de Conciliação de Pagamento de Condenações Judiciais contra a Fazenda Pública Federal, em parcela única, até o final do exercício seguinte, com **renúncia de 40% (quarenta por cento) do valor desse crédito.**

Destaque-se que as novas regras, sobretudo quanto à limitação de gastos, para pagamento dos precatórios **não alcançam as formas alternativas de quitação**, como aquelas previstas no §11, 20 e 21 do art. 100 da CRFB/88 e §3º do art. 107-A do ADCT.

O §8º do art. 107-A traz uma ordem de preferência para os pagamentos decorrentes de sentenças judiciárias (CRFB/88, art. 100), qual seja:

I- Obrigações definidas em lei como de **pequeno valor** [RPVs], previstas no §3º do art. 100 da Constituição Federal;

II- precatórios de **natureza alimentícia** cujos titulares, originários ou por sucessão hereditária, tenham no mínimo 60 anos de idade, ou sejam portadores de doença grave ou pessoas com deficiência, assim definidos na forma da lei, até o valor equivalente ao **triplo** do montante fixado em lei como obrigação de pequeno valor;

III- demais precatórios de natureza alimentícia até o valor equivalente ao triplo do montante fixado em lei como obrigação de pequeno valor;

IV- demais precatórios de natureza alimentícia além do valor previsto no inciso III deste parágrafo;

V- demais precatórios.

> **▸ Qual o entendimento atual do STF sobre o assunto?**
>
> "7. O exame da compatibilidade das Emendas Constitucionais 113 e 114/21 com os princípios constitucionais postos no texto de 1988 não pode prescindir da avaliação a respeito da legitimidade das mudanças efetivadas, especialmente sob a ótica dos momentos vividos pela sociedade brasileira nos últimos três anos. 10. A postergação do pagamento de valores relativos aos precatórios que excederam o teto fixado em Emenda à Constituição ensejou o sacrifício de direitos individuais do cidadão titular de um crédito em face do poder público, abalando sobremodo a legítima confiança nas instituições violando os efeitos da coisa julgada que foi favorável aos credores. 11. Os recursos financeiros destinados ao atendimento a tais direitos foi aproveitado em ações socias e de saúde em momento em que o orçamento público viveu situação delicada decorrente de uma pandemia de proporções mundiais. 17. Nesse segmento **revelam-se legítimas as medidas concernentes à limitação ao pagamento de precatórios apenas para o exercício de 2022**, sendo certo que para além desse momento resta incompatível com as cláusulas constitucionais a limitação a direitos dos cidadãos a partir do momento em que cessaram os eventos que justificavam a restrição. 24. **Os pagamentos relativos ao passivo de precatórios ocasionado pelas Emendas Constitucionais 113/22 e 114/22 devem ser incluídos nas excepcionalidades do art. 3º, §2º, da Lei Complementar 200/23**, tais valores devem ser considerados, exclusivamente para fins de verificação do cumprimento da meta de resultado primário a que se referem o art. 4º, §1º, da Lei Complementar 101, de 4 de maio de 2000, prevista na lei de diretrizes orçamentárias, sendo possível a sua classificação para todos os fins financeiros, a critério dos órgãos competentes" (ADI 7.064/DF, Rel. Min. Luiz Fux, j. 01.12.2023).

Em 21 de dezembro 2022, a Emenda Constitucional nº 126, voltou a alterar o ADCT em relação ao regime constitucional dos precatórios. Assim, como consequência restaram revogados os artigos 106, 107, 109, 110, 111, 111-A, 112 e 114, automaticamente, após a entrada em vigor da LC 200, de 2023, que criou o Novo Regime Fiscal Sustentável, que visa garantir a estabilidade macroeconômica do País e criar as condições adequadas ao crescimento socioeconômico.

Por outro lado, a mesma EC 126/2022 deu nova redação ao art. 107 A do ADCT, conforme quadro infra:

> **Importante**
>
> ADCT, art. 107-A, caput (redação conferida pela EC 126/2022). **Até o fim de 2026**, fica estabelecido, para cada exercício financeiro, limite para alocação na proposta orçamentária das despesas com pagamentos em virtude de sentença judiciária de que trata o art. 100 da Constituição Federal, **equivalente ao valor da despesa paga no exercício de 2016, incluídos os restos a pagar pagos, corrigido, para o exercício de 2017, em 7,2% (sete inteiros e dois décimos por cento)** e, **para os exercícios posteriores, pela variação do Índice Nacional de Preços ao Consumidor Amplo (IPCA)**, publicado pela Fundação Instituto Brasileiro de Geografia e Estatística, ou de outro índice que vier a substituí-lo, apurado no exercício anterior a que se refere a lei orçamentária, devendo o espaço fiscal decorrente da diferença entre o valor dos precatórios expedidos e o respectivo limite ser destinado ao programa previsto no parágrafo único do art. 6º e à seguridade social, nos termos do art. 194, ambos da Constituição Federal, a ser calculado da seguinte forma:

Visando proporcionar uma folga no orçamento da União, o art. 4º da EC 114/2021 determina que "os precatórios decorrentes de demandas relativas à complementação da União aos Estados e aos Municípios por conta do Fundo de Manutenção e Desenvolvimento do Ensino Fundamental e de Valorização do Magistério (Fundef) serão pagos em três parcelas anuais e sucessivas, da seguinte forma":

I- 40% no primeiro ano;

II- 30% no segundo ano;

III- 30% no terceiro ano.

Por outro lado, restou estabelecido que as receitas recebidas da União por Estados e Municípios a título de pagamentos decorrentes de ações judiciais que tenham por objeto a complementação de parcela desta no Fundef deverão ser aplicadas na manutenção e desenvolvimento do ensino fundamental e na valorização de seu magistério, conforme destinação originária do Fundo, sendo que no mínimo **60% deverão ser repassados aos profissionais do magistério**, inclusive aposentados e pensionistas, na forma de abono, vedada a incorporação na remuneração, na aposentadoria ou na pensão. (EC 114/2021, arts. 4º e 5º).

> **Qual o entendimento atual do TCU sobre o assunto?**
>
> Na apuração de dano ao erário envolvendo recursos oriundos de precatórios do Fundef recebidos por estados e municípios, nos casos em que não seja possível segregar os juros de mora do valor principal, o TCU é competente para fiscalizar a totalidade dos recursos envolvidos, com presunção relativa de que as despesas irregulares foram pagas com recursos do principal; não podendo o débito imputado ultrapassar este valor, uma vez que os juros de mora são de titularidade dos entes subnacionais. Acórdão 53/2024 Plenário (Representação, Relator Ministro Walton Alencar Rodrigues) (TCU, Boletim de Jurisprudência 479).

▸ **Qual o entendimento atual do TCU sobre o assunto?**

"A destinação de 60% do montante dos precatórios relativos à complementação da União ao Fundef para os profissionais do magistério só é admitida nos casos em que o pagamento do respectivo precatório tenha ocorrido após a promulgação da EC 114/2021, vedada qualquer outra hipótese; e deve seguir as disposições da Lei 14.325/2022, inclusive quanto à necessidade 2 de regulamentação pelos entes federativos, por meio de leis específicas, sem as quais não pode haver a efetivação dos repasses aos referidos profissionais. Acórdão 1893/2022 Plenário (Representação, Relator Ministro Walton Alencar Rodrigues) (TCU, Boletim de Jurisprudência 415)

▸ **Qual o entendimento atual do TCU sobre o assunto?**

"É irregular a aplicação de recursos dos precatórios do Fundef para pagamento de folha salarial do magistério. A autorização de destinação de tais recursos para pagamento de abonos, sem que haja incorporação à remuneração dos servidores (art. 7º, parágrafo único, da Lei 14.057/2020), não abrange despesas relativas à folha salarial ordinária dos profissionais da educação. Acórdão 2511/2022 Plenário (Auditoria, Relator Ministro Walton Alencar Rodrigues) (TCU, Boletim de Jurisprudência 427)

Por fim, visando criar mecanismos de apuração do sistema de precatórios, a EC 114/21, em seu art. 6º determinou a criação de uma **Comissão Mista**, no prazo de um ano da promulgação de tal Emenda, por meio da qual o Congresso Nacional promoverá **exame analítico dos atos, dos fatos e das políticas públicas** com maior potencial gerador de precatórios e de sentenças judiciais contrárias à Fazenda Pública da União. Esta Comissão atuará em cooperação com o CNJ e com auxílio do TCU, podendo requisitar informações e documentos de quaisquer entes que compõem a Administração Pública, com o objetivo de identificar medidas legislativas a serem adotadas com vistas a trazer maior segurança jurídica no âmbito federal.

▸ **Como esse assunto foi cobrado em concurso?**

No Concurso do Instituto Consulplan para Procurador da Prefeitura de Pouso Alegre/MG em 2024, foi considerado CERTO o seguinte enunciado: "O pagamento dos precatórios deve observar as seguintes diretrizes: I. a divisão e a organização das classes ocorrem segundo o ano de inscrição; II. inicia-se o pagamento pelo exercício mais antigo em que há débitos pendentes; III. quitam-se primeiramente os créditos alimentares, depois os não alimentares do mesmo ano; IV. passa-se, então, ao ano seguinte da ordem cronológica, repetindo-se o esquema de pagamento".

8. DESPESAS COM PESSOAL

As despesas com pessoal representam uma parcela bastante significativa dos gastos públicos, assim como são decisivas no relacionamento político entre governantes e servidores públicos das mais variadas carreiras. Por esse motivo, tanto a Constituição de 1967 como a atual procuraram estabelecer limites a tais gastos.

Assim, já no texto original da Constituição da República de 1988, a despesa com pessoal foi tratada no art. 169, assim como no art. 38 do ADCT, que trazia a limitação aos gastos com pessoal. Assim: "Até a promulgação da **lei complementar** referida no art. 169, a União, os Estados, o Distrito Federal e os Municípios não poderão despender com pessoal mais do que sessenta e cinco por cento do valor das respectivas receitas correntes" O parágrafo único do mesmo dispositivo complementa o caput fixando que "A União, os Estados, o Distrito Federal e os Municípios, quando a respectiva despesa de pessoal exceder o limite previsto neste artigo, deverão retornar àquele limite, reduzindo o percentual excedente à razão de um quinto por ano".

> ▸ **Importante**
>
> CRFB/88, art. 169. A despesa com pessoal ativo e inativo e pensionistas da União, dos Estados, do Distrito Federal e dos Municípios não poderá exceder os limites estabelecidos em lei complementar. (Redação dada pela EC 109/2021)

> ▸ **Qual o entendimento do STF sobre o assunto?**
>
> "A expressão 'não poderá exceder', presente no art. 169 da CF, conjugada com o caráter nacional da lei complementar ali mencionada, assentam a noção de marco negativo imposto a todos os membros da Federação, no sentido de que os parâmetros de controle de gastos ali estabelecidos, não podem ser ultrapassados, sob pena de se atentar contra o intuito de preservação do equilíbrio orçamentário (receita/despesa) consagrado na norma" (STF, ADI 5.499 Ref-MC, Rel. Teori Zavascki, Pleno, j. 10.03.2016, p. 22.04.2016).

Em seus parágrafos e incisos, o art. 169 da CRFB/88, fixa uma série de regramentos a respeito de gastos com pessoal:

> §1º A concessão de qualquer vantagem ou aumento de remuneração, a criação de cargos, empregos e funções ou alteração de estrutura de carreiras, bem como a admissão ou contratação de pessoal, a qualquer título, pelos órgãos e entidades da administração direta ou indireta, inclusive fundações instituídas e mantidas pelo poder público, só poderão ser feitas:
>
> I - Se houver prévia dotação orçamentária suficiente para atender às projeções de despesa de pessoal e aos acréscimos dela decorrentes.
>
> II - Se houver autorização específica na lei de diretrizes orçamentárias, ressalvadas as empresas públicas e as sociedades de economia mista.
>
> §2º Decorrido o prazo estabelecido na **lei complementar** referida neste artigo para a adaptação aos parâmetros ali previstos, serão imediatamente suspensos todos os repasses de verbas federais ou estaduais aos Estados, ao Distrito Federal e aos Municípios que não observarem os referidos limites.

> §3º Para o cumprimento dos limites estabelecidos com base neste artigo, durante o prazo fixado na lei complementar referida no caput, a União, os Estados, o Distrito Federal e os Municípios adotarão as seguintes providências:
>
> I - Redução em pelo menos vinte por cento das despesas com cargos em comissão e funções de confiança;
>
> II - Exoneração dos servidores não estáveis.
>
> §4º Se as medidas adotadas com base no parágrafo anterior não forem suficientes para assegurar o cumprimento da determinação da **lei complementar** referida neste artigo, o servidor estável poderá perder o cargo, desde que ato normativo motivado de cada um dos Poderes especifique a atividade funcional, o órgão ou unidade administrativa objeto da redução de pessoal.
>
> §5º O servidor que perder o cargo na forma do parágrafo anterior fará jus a indenização correspondente a um mês de remuneração por ano de serviço.
>
> §6º O cargo objeto da redução prevista nos parágrafos anteriores será considerado extinto, vedada a criação de cargo, emprego ou função com atribuições iguais ou assemelhadas pelo prazo de quatro anos.
>
> §7º Lei federal disporá sobre as normas gerais a serem obedecidas na efetivação do disposto no §4º.

Em obediência ao regramento constitucional, em 2000 foi editada a lei complementar nº 101, Lei de Responsabilidade Fiscal que, ainda hoje, após grandes mudanças incorporadas pela lei complementar nº 178/2021, disciplina as despesas com pessoal em seus arts. 18 a 23, iniciando por conceituá-la como "o somatório dos gastos do ente da Federação com os ativos, os inativos e os pensionistas, relativos a mandatos eletivos, cargos, funções ou empregos, civis, militares, e de membros de Poder, com quaisquer espécies remuneratórias, tais como vencimentos e vantagens, fixas e variáveis, subsídios, proventos da aposentadoria, reformas e pensões, inclusive adicionais, gratificações, horas extras e vantagens pessoais de qualquer natureza, bem como encargos sociais e contribuições recolhidas pelo ente às entidades de previdência" (art. 18, *caput*, da LRF).

> ▸ **Como esse assunto foi cobrado em concurso?**
>
> No Concurso da FCC para Procurador Municipal da Prefeitura de Teresina/PI em 2022, foi considerado CERTO o seguinte enunciado: "A concessão de vantagens ao servidor, que acarretam despesas com pessoal, é autorizada pela Constituição se houver prévia dotação orçamentária suficiente para atender às projeções de despesa de pessoal e aos acréscimos dela decorrentes; e desde que haja previsão específica em lei orçamentária, ressalvadas as empresas públicas e sociedades de economia mista".

▸ Como esse assunto foi cobrado em concurso?

No Concurso do CESPE para Procurador do Estado da PGE/RO em 2022, foi considerado CERTO o seguinte enunciado: "Para o cômputo da despesa total com pessoal dos estados, deve ser considerado o somatório dos gastos com ativos, inativos e pensionistas".

▸ Como esse assunto foi cobrado em concurso?

No Concurso da FCC para Procurador Municipal da Prefeitura de Teresina/PI em 2022, foi considerado ERRADO o seguinte enunciado: "A despesa com pessoal ativo e inativo dos entes da Federação não poderá exceder os limites estabelecidos na Lei de Responsabilidade Fiscal (LC nº 101, de 04 de maio de 2000) e, para o cumprimento dos limites estabelecidos na referida lei, os entes federados reduzirão, em 50%, as despesas com cargos em comissão, não podendo exonerar os servidores estáveis.".

▸ Como esse assunto foi cobrado em concurso?

No Concurso da UFPR para Analista Legislativo da Câmara de Curitiba/PR em 2020, foi considerado ERRADO o seguinte enunciado: "Despesa total com pessoal é a soma dos gastos do ente da Federação com os ativos, os inativos e os pensionistas com quaisquer espécies remuneratórias, tais como vencimentos e vantagens fixas, não abrangidas as vantagens variáveis; reformas e pensões, **não abrangidas** as adicionais, gratificações, horas extras e vantagens pessoais de qualquer natureza".

Harrison Leite destaca que a definição de "despesas com pessoal" é ampla, "pois envolve além dos servidores ativos e inativos, todos os pagamentos que lhe são feitos como fruto da relação de trabalho/emprego e os encargos incidentes sobre aludidos pagamentos, como INSS (contribuição patronal), SAT (Seguro Acidente de Trabalho) e **FGTS**". Contudo, prossegue o autor "não entram no conceito de despesas com pessoal as consideradas indenizatórias, como o auxílio-alimentação, auxílio-transporte, diárias, ajuda de custo, dentre outras" (2022, p. 599).

A apuração da despesa total com pessoal será feita somando-se a realizada no mês em referência com as onze imediatamente anteriores, adotando-se o regime de competência, independentemente de empenho (LRF, art. 18, §2º). Por outro lado, o gasto com contratos de terceirização de mão-de-obra que se referem à **substituição de servidores e empregados públicos** serão contabilizados como "Outras Despesas de Pessoal" (LRF, art. 18, §1º), entrando, portanto, no cômputo da despesa com pessoal.

Atenção: Em 2021, prestigiando o princípio do orçamento bruto, a LC 178 incluiu no texto da Lei de Responsabilidade Fiscal o §3º do art. 18, segundo o qual: "para a apuração da despesa total com pessoal, será observada a **remuneração bruta** do servidor, sem qualquer dedução ou retenção, ressalvada a redução para atendimento ao disposto no art. 37, inciso XI, da Constituição Federal" (teto remuneratório).

▸ Qual o entendimento atual do STF sobre o assunto?

"São constitucionais – à luz do regime constitucional de repartição de competências (CF/1988, arts. 24, I; e 169, "caput") e do equilíbrio federativo – dispositivos da Lei Complementar 101/2000 (Lei de Responsabilidade Fiscal) que incluem, no cálculo dos gastos com pessoal pela Administração Pública, as despesas com inativos e pensionistas, bem como o imposto de renda retido na fonte". (ADC 69/DF, relator Ministro Alexandre de Moraes, julgamento virtual finalizado em 30.6.2023, STF Info 1101)

▸ Como esse assunto foi cobrado em concurso?

No Concurso do IDHTEC para Procurador da Câmara de Itapissuma/PE em 2024, foi considerado CERTO o seguinte enunciado: "A despesa total com pessoal será apurada somando-se a realizada no mês em referência com as dos 11 (onze) imediatamente anteriores, adotando-se o regime de competência, independentemente de empenho".

▸ Como esse assunto foi cobrado em concurso?

No Concurso do IDHTEC para Procurador da Câmara de Itapissuma/PE em 2024, foi considerado CERTO o seguinte enunciado: "Os valores dos contratos de terceirização de mão-de-obra que se referem à substituição de servidores e empregados públicos serão contabilizados como "Outras Despesas de Pessoal".

▸ Como esse assunto foi cobrado em concurso?

No Concurso do IDHTEC para Procurador da Câmara de Itapissuma/PE em 2024, foi considerado CERTO o seguinte enunciado: "Para a apuração da despesa total com pessoal, será observada a remuneração bruta do servidor, sem qualquer dedução ou retenção, ressalvada a redução para atendimento ao disposto no art. 37, inciso XI, da Constituição Federal".

▸ Como esse assunto foi cobrado em concurso?

No Concurso da Cespe para Procurador do Estado da PGE/RR em 2023, foi considerado CERTO o seguinte enunciado: "A apuração da despesa total com pessoal dos entes federados é realizada com base na remuneração bruta dos servidores".

▸ Como esse assunto foi cobrado em concurso?

No Concurso da Cespe para Perito Criminal da PO de AL em 2023, foi considerado CERTO o seguinte enunciado: "É considerada como despesa de pessoal aquela decorrente da terceirização extraordinária de serviços de perícias criminais em razão do aumento esporádico da demanda".

> **Como esse assunto foi cobrado em concurso?**
>
> No Concurso do IDIB para Controlador Interno da Câmara de Planaltina/GO em 2021, este tema foi cobrado da seguinte forma: "De acordo com a Lei de Responsabilidade Fiscal, os valores dos contratos de terceirização de mão de obra que se referem à substituição de servidores e empregados públicos serão contabilizados como: a) Duplicidades; b) Outras Despesas de Pessoal; c) Despesa corrente líquida; d) Despesas com Seguridade Social. Segundo o gabarito oficial foi considerada correta a alternativa "b".

O ponto mais importante da LRF em relação às despesas com pessoal, diz respeito à estipulação de limites tanto globais quanto específicos, setoriais ou individuais. Nesse sentido, como **limites globais**, o art. 19 da LRF prescreve que a despesa total com pessoal, em cada período de apuração e em cada ente da Federação, não poderá exceder os seguintes percentuais da **receita corrente líquida**:

- União: 50% (cinquenta por cento);
- Estados: 60% (sessenta por cento);
- Municípios: 60% (sessenta por cento).

> **Como esse assunto foi cobrado em concurso?**
>
> No Concurso do IDHTEC para Procurador da Câmara de Itapissuma/PE em 2024, foi considerado ERRADO o seguinte enunciado: "Nos Municípios, a despesa total com pessoal, em cada período de apuração, não poderá exceder 50% (cinquenta por cento) da receita corrente líquida".

> **Como esse assunto foi cobrado em concurso?**
>
> No Concurso da FADCT para Procurador Municipal da Prefeitura de Ivatuba/PR em 2023, foi considerado ERRADO o seguinte enunciado: "O limite de gasto com pessoal para a União, Estados, Municípios e Distrito Federal é de 50% da receita corrente líquida".

> **Como esse assunto foi cobrado em concurso?**
>
> No Concurso da FGV para Procurador da Prefeitura de Caraguatatuba/SP em 2024, este tema foi cobrado da seguinte forma: "A Lei de Responsabilidade Fiscal - LRF, ao regulamentar o Art. 169 da CRFB/88, fixa os percentuais máximos para a despesa total com pessoal, em cada período de apuração. Nesse aspecto, segundo a LRF, assinale a opção que indica o percentual da receita corrente líquida que os municípios não poderão exceder: a) 20%; b) 30%; c) 40%; d) 50%; e) 60%". Segundo o gabarito oficial, foi considerada correta a alternativa "e".

▸ Como esse assunto foi cobrado em concurso?

No Concurso da Cespe para Procurador do MP do TCE/RJ em 2023, foi considerado CERTO o seguinte enunciado: "Nos estados, a despesa total com pessoal, em cada período de apuração, não pode ultrapassar 60% da receita corrente líquida".

▸ Como esse assunto foi cobrado em concurso?

No Concurso da FGV para Procurador do Município da PGM Niterói/RJ em 2023, foi considerado CERTO o seguinte enunciado: "A despesa com pessoal ativo e inativo e pensionistas da União, dos Estados, do Distrito Federal e dos Municípios não pode exceder os limites estabelecidos em lei complementar. A Lei de Responsabilidade Fiscal define que a despesa total com pessoal, em cada período de apuração e em cada ente da Federação, não poderá exceder os percentuais da receita corrente líquida nela definidos. Considerando o exposto, tais percentuais da receita corrente líquida previstos em lei que NÃO podem ser excedidos são União: 50% e Municípios: 60%".

Entretanto, na verificação de tais limites, por expressa previsão legal, não serão incluídas as despesas:

- De indenização por demissão de servidores ou empregados;
- Relativas a incentivos à demissão voluntária;
- Derivadas da convocação extraordinária do Congresso Nacional em caso de urgência ou interesse público relevante (art. 57, II, §6º, da CRFB/88);
- Decorrentes de decisão judicial e da competência de período anterior ao da apuração a que se refere o §2º do art. 18 da LRF;

▸ Importante

LRF, art. 19, §2º: Observado o disposto no inciso IV do §1º, as despesas com pessoal decorrentes de sentenças judiciais serão incluídas no limite do respectivo Poder ou órgão referido no art. 20.

- Com pessoal, do Distrito Federal e dos Estados do Amapá e Roraima, custeadas com recursos transferidos pela União na forma dos incisos XIII e XIV do art. 21 da Constituição e do art. 31 da Emenda Constitucional nº 19;
- Com inativos, e pensionistas, ainda que pagas por intermédio de unidade gestora ou fundo previsto no art. 249 da Constituição Federal, quanto à parcela custeada por recursos provenientes:
  a) Da arrecadação de contribuições dos segurados;
  b) Da compensação financeira de que trata o §9º do art. 201 da Constituição;
  c) De transferências destinadas a promover o equilíbrio atuarial do regime de previdência, na forma definida pelo órgão do Poder Executivo federal responsável pela orientação, pela supervisão e pelo

acompanhamento dos regimes próprios de previdência social dos servidores públicos.

▸ **Importante**

LRF, art. 19, §3º (Incluído pela LC 178/2021: Na verificação do atendimento dos limites definidos neste artigo, é vedada a dedução da parcela custeada com recursos aportados para a cobertura do déficit financeiro dos regimes de previdência.

▸ **Qual o entendimento atual do STJ sobre o assunto?**

"É ilegal o ato de não concessão de progressão funcional de servidor público, quando atendidos todos os requisitos legais, a despeito de superados os limites orçamentários previstos na Lei de Responsabilidade Fiscal, referentes a gastos com pessoal de ente público, tendo em vista que a progressão é direito subjetivo do servidor público, decorrente de determinação legal, estando compreendida na exceção prevista no inciso I do parágrafo único do art. 22 da Lei Complementar n. 101/2000". (REsp 1.878.849-TO, Rel. Min. Manoel Erhardt (Desembargador Convocado do TRF da 5ª região), Primeira Seção, j. 24/02/2022, Info 726)

▸ **Qual o entendimento atual do TCU sobre o assunto?**

Em termos orçamentários, contábeis e fiscais na esfera da União, despesas como "licença-prêmio convertida em pecúnia", "férias não gozadas", "abono constitucional de férias", "abono pecuniário de férias" e "abono permanência" devem ser computadas no total das despesas com pessoal para todos os fins da LC 101/2000, por não terem o objetivo de promover a recomposição patrimonial do servidor em face de eventuais gastos assumidos ou realizados por ele no desempenho de suas atribuições funcionais. As despesas de natureza indenizatória que não possuam a natureza típica de recomposição patrimonial devem ser computadas no total das despesas com pessoal para todos os fins da LC 101/2000. Acórdão 799/2024 Plenário (Consulta, Relator Ministro Vital do Rêgo) (TCU, Boletim de Jurisprudência 491).

▸ **Como esse assunto foi cobrado em concurso?**

No Concurso da FADCT para Procurador Municipal da Prefeitura de Ivatuba/PR em 2023, foi considerado ERRADO o seguinte enunciado: "Os pagamentos de indenização por demissão de servidores ou empregados entram na despesa com pessoal".

▸ **Como esse assunto foi cobrado em concurso?**

No Concurso do Instituto Consulplan para Procurador da Prefeitura de Pouso Alegre/MG em 2024, foi considerado CERTO o seguinte enunciado: "O STJ fixou tese preconizando que é ilegal o ato de não concessão de progressão funcional de servidor público, quando atendidos todos os requisitos legais, a despeito de superados os limites orçamentários previstos na Lei de Responsabilidade Fiscal, referentes a gastos com pessoal de ente público, tendo em vista que a progressão é direito subjetivo do servidor, decorrente de determinação legal, estando compreendida na exceção prevista no inciso I do parágrafo único do Art. 22 da Lei Complementar nº 101/2000".

▸ **Como esse assunto foi cobrado em concurso?**

No Concurso do IDHTEC para Procurador da Câmara de Itapissuma/PE em 2024, foi considerado CERTO o seguinte enunciado: "Nos termos da Lei de Responsabilidade Fiscal, não são computadas na verificação do atendimento dos limites de gastos com pessoal as despesas com indenização por demissão".

▸ **Como esse assunto foi cobrado em concurso?**

No Concurso da VUNESP para Procurador do Município de Jundiaí/SP em 2021, foi considerado CERTO o seguinte enunciado: "No que se refere à despesa total com pessoal, em cada período de apuração, o Município não poderá exceder o percentual da receita corrente líquida de 60% (sessenta por cento), não sendo computadas as despesas relativas a incentivos à demissão voluntária e nem as despesas com inativos, custeadas por recursos provenientes da arrecadação de contribuições dos segurados".

▸ **Importante**

Em 5 de maio de 2022 foi aprovada a EC 120 que fixa o piso salarial dos agentes comunitários de saúde e estabelece que os vencimentos de tais agentes serão pagos pela União e que os valores serão consignados no orçamento com dotação própria e específica (CRFB/88, art. 198, §7º). Ademais, dentre outras alterações incluídas no art. 198 da Constituição, seu §11 passa a estabelecer que "os recursos financeiros repassados pela União aos Estados, ao Distrito Federal e aos Municípios para pagamento do vencimento ou de qualquer outra vantagem dos agentes comunitários de saúde e dos agentes de combate às endemias não serão objeto de inclusão no cálculo para fins do limite de despesa com pessoal".

▸ **Importante**

As Emendas Constitucionais nº 124/2022 e 127/2022 também incluíram novas disposições no art. 198 da CRFB/88, no que diz respeito ao piso salarial para profissionais da área da Enfermagem e sua respectiva forma de cumprimento. Assim, ficou a redação dos novos dispositivos:

§ 12. Lei federal instituirá pisos salariais profissionais nacionais para o enfermeiro, o técnico de enfermagem, o auxiliar de enfermagem e a parteira, a serem observados por pessoas jurídicas de direito público e de direito privado. (Incluído pela Emenda Constitucional nº 124, de 2022)

> § 13. A União, os Estados, o Distrito Federal e os Municípios, até o final do exercício financeiro em que for publicada a lei de que trata o § 12 deste artigo, adequarão a remuneração dos cargos ou dos respectivos planos de carreiras, quando houver, de modo a atender aos pisos estabelecidos para cada categoria profissional. (Incluído pela Emenda Constitucional nº 124, de 2022)
>
> § 14. Compete à União, nos termos da lei, prestar assistência financeira complementar aos Estados, ao Distrito Federal e aos Municípios e às entidades filantrópicas, bem como aos prestadores de serviços contratualizados que atendam, no mínimo, 60% (sessenta por cento) de seus pacientes pelo sistema único de saúde, para o cumprimento dos pisos salariais de que trata o § 12 deste artigo. (Incluído pela Emenda Constitucional nº 127, de 2022)
>
> § 15. Os recursos federais destinados aos pagamentos da assistência financeira complementar aos Estados, ao Distrito Federal e aos Municípios e às entidades filantrópicas, bem como aos prestadores de serviços contratualizados que atendam, no mínimo, 60% (sessenta por cento) de seus pacientes pelo sistema único de saúde, para o cumprimento dos pisos salariais de que trata o § 12 deste artigo serão consignados no orçamento geral da União com dotação própria e exclusiva. (Incluído pela Emenda Constitucional nº 127, de 2022)

Já os limites específicos, setoriais ou individuais foram traçados no art. 20 da Lei de Responsabilidade Fiscal, conforme tabela infra:

Limites para as despesas com pessoal - % da Receita Corrente Líquida	
União	Poder Legislativo (inclusive Tribunal de Contas) - 2,5%
	Poder Judiciário - 6%
	Poder Executivo - 40,9% (3% para DF e ex-territórios e 37,9% para União)
	Ministério Público da União - 0,6%
Estados	Poder Legislativo (inclusive Tribunal de Contas) - 3%
	Poder Judiciário - 6%
	Poder Executivo - 49%
	Ministério Público Estadual - 2%
Municípios	Poder Legislativo (inclusive Tribunal de Contas do Município, onde houver) - 6%
	Poder Executivo - 54%

Destaque-se que nos Poderes Legislativo e Judiciário de cada esfera, os limites serão repartidos entre seus órgãos de forma proporcional à média das despesas com pessoal, em percentual da receita corrente líquida, verificadas nos três exercícios financeiros imediatamente anteriores ao da publicação da LRF (art. 20, §1º, da LRF).

Também é importante destacar que em alguns Estados, atém do Tribunal de Contas Estadual existe ainda um Tribunal de Contas dos Municípios. Nessa situação, o limite de gasto do Poder Legislativo é acrescido de 0,4%, passando para 3,4%, ao passo que o do Executivo será de 48,6% (art. 20, §4º, da LRF).

Harrison Leite destaca a importância da inclusão do §7º no art. 20 da LRF, ocorrida com a LC 178/2021, uma vez que acaba por reforçar "a separação dos limites individualizados do Poder Legislativo, Tribunal de Contas, Poder Judiciário e Ministério Público", concretizando-se, dessa forma, o "princípio da intranscendência subjetiva das sanções a impedir que a inobservância dos limites de gastos realizada por um poder ou órgão possa ter reflexo em outro poder" (2022, p. 603).

Assim, o novo parágrafo estabelece que "os Poderes e órgãos referidos neste artigo deverão apurar, de forma segregada para aplicação dos limites de que trata este artigo, a integralidade das despesas com pessoal dos respetivos servidores inativos e pensionistas, mesmo que o custeio dessas despesas esteja a cargo de outro Poder ou órgão" (LRF, art. 20, §7º).

▸ Como esse assunto foi cobrado em concurso?

No Concurso do Instituto Consulplan para Promotor do MP/SC em 2024, foi considerado CERTO o seguinte enunciado: "Tendo em vista as disposições da Lei Complementar nº 101, de 04 de maio de 2000, a despesa total com pessoal nos Estados, em cada período de apuração, não poderá exceder a sessenta por cento da receita corrente líquida, cabendo ao Ministério Público Estadual no máximo dois por cento desse limite".

▸ Como esse assunto foi cobrado em concurso?

No Concurso da FGV para Analista Processual da PGM Niterói/RJ em 2023, foi considerado CERTO o seguinte enunciado: "A Lei de Responsabilidade Fiscal (LC nº 101/2000) estabelece os limites com o pessoal ativo e inativo e pensionistas de todos os entes federativos. Assim, o Município de Niterói, em cada período de apuração, NÃO poderá exceder os percentuais da receita corrente líquida de 60%, sendo 6% para o Legislativo e 54% para o Executivo".

▸ Como esse assunto foi cobrado em concurso?

No Concurso da FGV para Analista de Planejamento e Orçamento da SMF/RJ em 2023, este assunto foi cobrado da seguinte forma: "A observância dos limites com despesa de pessoal configura um relevante fator para o cumprimento de uma gestão fiscal responsável por parte dos entes federados. Assim, o limite individual que o **Poder Executivo municipal** pode gastar com pessoal, em cada período de apuração, NÃO poderá exceder o seguinte percentual da receita corrente liquida: a) 40,9%; b) 49%; c) 50%; d) 54%; e) 60%.". O gabarito oficial considerou correta a alternativa "d".

> **Importante**
>
> CRFB/88, art. 29-A, §1º. A Câmara Municipal não gastará mais de setenta por cento de sua receita com folha de pagamento, incluído o gasto com subsídio de seus Vereadores.
>
> §3º Constitui crime de responsabilidade do Presidente da Câmara Municipal o desrespeito ao §1º deste artigo.

> **Como esse assunto foi cobrado em concurso?**
>
> No Concurso do Cespe/Cebraspe para Procurador do Município de Camaçari/BA em 2024, foi considerado ERRADO o seguinte enunciado: "O total da despesa com a remuneração dos vereadores não pode ultrapassar o montante de 5% da receita da câmara municipal".

> **Como esse assunto foi cobrado em concurso?**
>
> No Concurso do Cespe/Cebraspe para Procurador do Município de Camaçari/BA em 2024, foi considerado ERRADO o seguinte enunciado: "A câmara municipal não poderá gastar mais de 70% de sua receita com folha de pagamento, excluído o gasto com o subsídio de seus vereadores".

Como consequência para o aumento de gastos com despesas de pessoal em desacordo com a Lei de Responsabilidade Fiscal, o art. 21 fixou como consequência a **nulidade de pleno direito**. Assim, será nulo de pleno direito:

I. o ato que provoque aumento da despesa com pessoal e não atenda:

a) às exigências dos arts. 16 e 17 desta Lei Complementar e o disposto no inciso XIII do *caput* do art. 37 e no §1º do art. 169 da Constituição Federal; e

b) ao limite legal de comprometimento aplicado às despesas com pessoal inativo;

I. o ato de que resulte aumento da despesa com pessoal nos 180 (cento e oitenta) dias anteriores ao final do mandato do titular de Poder ou órgão referido no art. 20;

II. o ato de que resulte aumento de despesa com pessoal que preveja parcelas a serem implementadas em períodos posteriores ao final do mandato do titular de Poder ou órgão referido no art. 20;

III. a aprovação, a edição ou a sanção, por Chefe do Poder Executivo, por Presidente e demais membros da Mesa ou órgão decisório equivalente do Poder Legislativo, por Presidente de Tribunal do Poder Judiciário e pelo Chefe do Ministério Público, d União e dos Estados, de norma legal contendo plano de alteração, reajuste e reestruturação de carreiras do setor público, ou a edição de ato, por esses agentes, para nomeação de aprovados em concurso público, quando:

a) resultar em aumento da despesa com pessoal nos 180 (cento e oitenta) dias anteriores ao final do mandato do titular do Poder Executivo; ou

b) resultar em aumento da despesa com pessoal que preveja parcelas a serem implementadas em períodos posteriores ao final do mandato do titular do Poder Executivo.

As previsões previstas nos incisos II, III e IV supratranscritos, devem ser aplicadas inclusive durante o período de recondução ou reeleição para o cargo de titular do Poder ou órgão autônomo. Além disso, aplicam-se somente aos titulares ocupantes de cargo eletivo dos Poderes referidos no art. 20 (LRF, art. 21, §1º).

Ademais, o §2º do mesmo art. 21, da LRF, determina que para fins daquilo que ele dispõe, serão considerados atos de nomeação ou de provimento de cargo público, aqueles referidos no §1º do art. 169 da Constituição Federal ou aqueles que, de qualquer modo, acarretem a criação ou o aumento de despesa obrigatória.

▸ Qual o entendimento atual do STF sobre o assunto?

"O não encaminhamento de projeto de lei de revisão anual dos vencimentos dos servidores públicos, previsto no inciso X do art. 37 da CF/1988, não gera direito subjetivo a indenização. Deve o Poder Executivo, no entanto, se pronunciar, de forma fundamentada, acerca das razões pelas quais não propôs a revisão", nos termos do voto do Ministro Roberto Barroso, Redator para o acórdão, Plenário, 25.9.2019 (Sessão Ordinária).

▸ Como esse assunto foi cobrado em concurso?

No Concurso do IDHTEC para Procurador da Câmara de Itapissuma/PE em 2024, foi considerado ERRADO o seguinte enunciado: "O ato que provoque aumento da despesa com pessoal e não atenda ao limite legal de comprometimento aplicado às despesas com pessoal inativo é anulável".

▸ Como esse assunto foi cobrado em concurso?

No Concurso da UFPR para Analista Legislativo da Câmara de Curitiba/PR em 2020, foi considerado CERTO o seguinte enunciado: "Relativamente ao controle da despesa total com pessoal, é nulo de pleno direito o ato que provoque aumento da despesa com pessoal e não atenda o limite legal de comprometimento aplicado às despesas com pessoal inativo".

▸ **Como esse assunto foi cobrado em concurso?**

No Concurso da UFPR para Analista Legislativo da Câmara de Curitiba/PR em 2020, foi considerado ERRADO o seguinte enunciado: "Relativamente ao controle da despesa total com pessoal, essa lei [LC 101/2000] prevê ser nulo de pleno direito o ato de que resulte aumento da despesa com pessoal expedido nos cento e vinte dias anteriores ao final do mandato do titular do respectivo Poder ou órgão referido no art. 20 da referida Lei".

▸ **Importante**

Código Penal, art. 359-G. Ordenar, autorizar ou executar ato que acarrete aumento de despesa total com pessoal, nos cento e oitenta dias anteriores ao final do mandato ou da legislatura.
Pena – reclusão, de 1 (um) a 4 (quatro) anos.

8.1. Controle das despesas com pessoal

Tanto a Lei de Responsabilidade Fiscal quanto a Constituição estabeleceram mecanismos para o controle das despesas com pessoal. Inicialmente cumpre destacar o chamado **"limite de alerta"**, previsto no art. 59, §1º, II da LRF, segundo o qual os Tribunais de Contas alertarão os Poderes ou órgãos quando o montante de despesas total com pessoal ultrapassar 90% do limite.

Esse alerta foi disciplinado pela Resolução nº 142, de 2001, contando com natureza de "ato administrativo preventivo", decorrendo "da função orientadora de controle externo do TCU, consubstanciando mecanismo de correção para eventuais desvios e instrumento eficaz de controle da gestão das finanças públicas" (ABRAHAM, 2017, p. 281).

Por outro lado, o parágrafo único do art. 22 da LRF estabeleceu o chamado **"limite prudencial"**. Assim: "se a despesa total com pessoal exceder a 95% do limite, são vedados ao Poder ou órgão referido no art. 20 que houver incorrido no excesso":

I. concessão de vantagem, aumento, reajuste ou adequação de remuneração a qualquer título, salvo os derivados de sentença judicial ou de determinação legal ou contratual, ressalvada a revisão geral anual (art. 37, X, da CRFB/88);

II. criação de cargo, emprego ou função;

III. alteração de estrutura de carreira que implique aumento de despesa;

IV. provimento de cargo público, admissão ou contratação de pessoal a qualquer título, ressalvada a reposição decorrente de aposentadoria ou falecimento de servidores das áreas de educação, saúde e segurança;

V. contratação de hora extra, salvo no caso do disposto no inciso II, §6º do art. 57 da Constituição e as situações previstas na lei de diretrizes orçamentárias.

▸ **Como esse assunto foi cobrado em concurso?**

No Concurso da Vunesp para Procurador do Município de São José do Rio Preto/SP em 2023, foi considerado CERTO o seguinte enunciado: "Determinado município pretende incrementar salário dos professores, a fim de garantir-lhes o piso salarial, conforme previsto na Lei Federal nº 9.394/96. O setor contábil informou que a despesa total com pessoal está acima de 95% do limite legal, de modo que a iniciativa foi submetida à avaliação pela Procuradoria Municipal. Tendo em vista a Lei Complementar nº 101/2000 e o caso hipotético, é correto afirmar que há excepcionalidade para garantir o aumento, ainda que o município esteja no limite prudencial das despesas com pessoal, em virtude da necessidade de valorizar o magistério". **OBS: caso de determinação legal/piso do magistério (LRF, art. 20, I).**

▸ **Como esse assunto foi cobrado em concurso?**

No Concurso do Instituto Consulplan para Procurador do Município de Miracema/RJ em 2024, foi considerado CERTO o seguinte enunciado: "Para ser passível de aplicação de mecanismo de ajuste fiscal de vedação da contratação de pessoal, a apuração deve ocorrer no período de doze meses, demonstrando que a relação entre despesas correntes e receitas correntes supera 95%".

▸ **Como esse assunto foi cobrado em concurso?**

No Concurso do Instituto Consulplan para Procurador do Município de Miracema/RJ em 2024, foi considerado ERRADO o seguinte enunciado: "A Constituição Federal atribui legitimidade privativa ao Poder Legislativo, Judiciário e Tribunal de Contas para aplicar os mecanismos de ajuste fiscal de vedação da contratação de pessoal".

▸ **Como esse assunto foi cobrado em concurso?**

No Concurso da FGV para Técnico de Gestão Administrativa da AL/MA em 2023, foi considerado CERTO o seguinte enunciado: "De acordo com a Lei de Responsabilidade Fiscal, quando a despesa total com pessoal excede a 95% do limite, são vedados ao Poder ou ao órgão que incorreu no excesso a concessão de vantagem, aumento, reajuste ou adequação de remuneração a qualquer título, salvo quando é derivada de determinação legal ou contratual".

▸ **Como esse assunto foi cobrado em concurso?**

No Concurso da Cespe para Procurador do MP do TCE/RJ em 2023, foi considerado ERRADO o seguinte enunciado: "Uma vez ultrapassado o limite prudencial, é vedado ao Poder Executivo do estado conceder aumento ou reajuste de remuneração a seus servidores e empregados, ainda que haja determinação contratual nesse sentido".

> **Como esse assunto foi cobrado em concurso?**
>
> No Concurso da Cespe para Procurador Municipal da PGM Natal/RN em 2023, foi considerado CERTO o seguinte enunciado: "Ao final de certo ano, as despesas com pessoal do Poder Executivo de um município do Rio Grande do Norte equivaliam a 52% da sua receita corrente líquida, conforme indicado no relatório de gestão fiscal. Nessa situação hipotética, de acordo com a Lei de Responsabilidade Fiscal, o referido Poder Executivo municipal está impedido de conceder vantagem, aumento, reajuste ou adequação de remuneração a qualquer título, salvo os derivados de sentença judicial ou de determinação legal ou contratual, ressalvada a revisão prevista no inciso X do art. 37 da Constituição Federal de 1988". (Observação: 95% [limite prudencial] de 54% [máximo de gasto do Executivo municipal] 51,3%)

> **Como esse assunto foi cobrado em concurso?**
>
> No Concurso do IDIB para o Ministério da Economia em 2021, foi considerado ERRADO o seguinte enunciado: "Caso a despesa total com pessoal exceda 95% do limite, o Poder ou Órgão fica proibido de proceder com provimento de cargo público, admissão ou contratação de pessoal, sem exceção".

> **Como esse assunto foi cobrado em concurso?**
>
> No Concurso do IDIB para o Ministério da Economia em 2021, foi considerado CERTO o seguinte enunciado: "A despesa total com pessoal não poderá exceder, para União, Estados e Municípios, 50, 60 e 60% da receita corrente líquida, respectivamente". Na mesma questão também foi considerado CERTO o seguinte enunciado: "Caso a despesa total com pessoal exceda 95% do limite, o Poder ou Órgão fica proibido de criar novos cargos e de fazer alterações na estrutura de carreira que impliquem aumento de despesa".

No caso de a despesa total com pessoal, do Poder ou órgão, ultrapassar os limites globais, sem prejuízo das medidas supramencionadas (art. 22 da LRF), o percentual excedente terá de ser eliminado nos dois quadrimestres seguintes, sendo pelo menos um terço no primeiro, adotando-se as medidas previstas na Constituição da República, quais sejam:

a) redução em pelo menos vinte por cento das despesas com cargos em comissão e funções de confiança (art. 169, §3º, I);

b) exoneração dos servidores não estáveis (art. 169, §3º, II);

c) se as medias anteriores não forem suficientes, o servidor estável poderá perder o cargo, desde que ato normativo motivado de cada um dos Poderes especifique a atividade funcional, o órgão ou unidade administrativa objeto da redução de pessoal. Neste caso o servidor que perder o cargo fará jus a indenização correspondente a um mês de remuneração por ano de serviço (art. 169, §§ 4º e 5º). (Esse dispositivo foi regulamentado pela lei 9.801/1999).

No mais, a CRFB/88 determinou que o cargo objeto da redução supratranscrita, será considerado extinto, vedada a criação de cargo, emprego ou função com atribuições iguais ou assemelhadas pelo prazo de quatro anos (art. 169, §6º).

> **▸ Como esse assunto foi cobrado em concurso?**
>
> No Concurso do Cespe/Cebraspe para Procurador do Município de Camaçari/BA em 2024, foi considerado CERTO o seguinte enunciado: "Para se adequar ao limite legal da despesa com pessoal, os entes da Federação podem adotar diversas providências para reduzir as despesas com servidores ativos, inativos e pensionistas. Tais providências, conforme o ordenamento jurídico pertinente, incluem a: exoneração de servidores não estáveis; redução, em pelo menos 20%, das despesas com cargos comissionados e funções de confiança; e decretação da perda do cargo pelo servidor estável, desde que observados os requisitos legais e constitucionais".

> **▸ Como esse assunto foi cobrado em concurso?**
>
> No Concurso da Cespe para Procurador do Estado da PGE/RR em 2023, foi considerado ERRADO o seguinte enunciado: "O extravasamento setorial do limite de gastos de pessoal de determinado estado da federação inviabiliza a contratação de operação de crédito, ainda que o limite global de gastos de pessoal daquele ente federado tenha sido observado".

A Lei de Responsabilidade Fiscal, nos §§ 1º e 2º do art. 23, complementando as disposições constitucionais, previu ainda a possibilidade de redução de vencimentos. Contudo, na ADI 2.238, o STF suspendeu a eficácia de tais previsões ante a inexistência de previsão semelhante no texto constitucional.

> **▸ Como esse assunto foi cobrado em concurso?**
>
> No Concurso da Cespe para Procurador do MP do TCE/RJ em 2023, foi considerado ERRADO o seguinte enunciado: "Com vistas à readequação da despesa total com pessoal, é permitido ao chefe do Poder Executivo do estado promover a redução temporária da jornada de trabalho dos servidores, com readequação dos vencimentos".

> **▸ Como esse assunto foi cobrado em concurso?**
>
> Na XXII prova da OAB organizada pela FGV em 2017 esse tema foi cobrado da seguinte forma: "O governador do estado Alfa, diante de grave crise financeira que assola as contas estaduais, elaborou numerosos projetos de lei para diminuir os gastos públicos e atender ao disposto na Lei de Responsabilidade Fiscal. Dentre esses projetos encontram-se:

i) corte de 25% (vinte e cinco por cento) dos cargos em comissão do Poder Executivo; ii) redução dos subsídios e vencimentos dos servidores públicos estáveis em 10% (dez por cento) de seu valor nominal. Com relação à constitucionalidade de tais projetos, assinale a afirmativa correta: a) Os projetos são constitucionais, porque cabe ao Estado zelar por suas finanças, à luz dos princípios aplicáveis à Administração Pública; b) O projeto que determina o corte de cargos em comissão é inconstitucional, pois resultará na exoneração dos servidores que os ocupam; c) O projeto que reduz diretamente os subsídios e vencimentos pagos aos servidores públicos é inconstitucional; d) Os projetos são inconstitucionais, porque há direito adquirido à imutabilidade de regime jurídico dos servidores públicos". Segundo o gabarito oficial, foi considerada correta a alternativa "c".

▸ Importante

Lei 10.028/2000, art. 5º Constitui infração administrativa contra as leis de finanças públicas:

IV – deixar de ordenar ou de promover, na forma e nos prazos da lei, a execução de medida para a redução do montante da despesa total com pessoal que houver excedido a repartição por Poder do limite máximo.

Uma vez não alcançada a redução no prazo estabelecido, e enquanto perdurar o excesso, o Poder ou órgão não poderá:

- Receber transferências voluntárias (exceto aquelas destinadas a ações de educação, saúde e assistência social);
- Obter garantia, direta ou indireta, de outro ente;
- Contratar operações de crédito, ressalvadas as destinadas ao pagamento da dívida mobiliária e as que visem à redução das despesas com pessoal (PDVs).

▸ Como esse assunto foi cobrado em concurso?

No Concurso da FGV para Juiz de Direito do TJ/PE em 2022, foi considerado CERTO o seguinte enunciado: "O Município Alfa, em 2021, pretende celebrar com o Estado Beta um convênio para transferência voluntária de recursos estaduais ao Município para fins de execução de políticas públicas municipais. Acerca desse cenário, é correto afirmar que o Município Alfa não pode ser impedido de receber transferências voluntárias relativas a ações de educação, saúde e assistência social, ainda que viole regras de responsabilidade fiscal previstas na Lei de Responsabilidade Fiscal".

▸ **Como esse assunto foi cobrado em concurso?**

No Concurso da CESPE/CEBRASPE para Promotor de Justiça Substituto de Santa Catarina em 2021, foi considerado CERTO o seguinte enunciado: "A União, por intermédio do Ministério da Saúde, firmou convênio com um município catarinense para a construção de um hospital materno-infantil. Por meio desse convênio, a União repassou ao município sessenta milhões de reais, enquanto o município deveria, a título de contrapartida, investir seis milhões de reais na obra. Considerando a grande relevância do hospital para a comunidade local, o prefeito decidiu contratar diretamente a empresa responsável pela construção. Mesmo que não tivesse cumprido as regras relativas às despesas com pessoal previstas na Lei de Responsabilidade Fiscal, o município estaria apto a receber os recursos para a construção do hospital materno-infantil".

As medidas supramencionadas aplicam-se **imediatamente** se a despesa total com pessoal exceder o limite no **primeiro quadrimestre do último ano do mandato** dos titulares dos Poderes ou órgãos referidos no art. 20.

▸ **Qual o entendimento do STF sobre o assunto?**

"O art. 169 da Constituição não é oponível ao direito subjetivo do servidor ou inativo a determinada vantagem. Não está na violação de direitos subjetivos o caminho legítimo para reduzir ao limite decorrente daquele preceito as despesas de pessoal do Estado" (STF, AI AgR 363.129/PB, Rel. Min. Sepúlveda Pertence, 1ª Turma, j. 08.10.2002).

Em 18 de dezembro de 2018, foi publicada a lei complementar nº 164, que acrescentou os parágrafos 5º e 6º ao art. 23 da Lei de Responsabilidade Fiscal de forma a vedar a aplicação de sanções a Município que ultrapasse o limite para despesa total com pessoal nos casos de queda significativa de receita em razão das situações especificadas na lei. Veja o quadro infra:

▸ **Importante**

LC 101, art. 23 (com redação dada pela LC 164/2018)

§5º As restrições previstas no § 3º deste artigo não se aplicam ao Município em caso de queda de receita real superior a 10% (dez por cento), em comparação ao correspondente quadrimestre do exercício financeiro anterior, devido a:

I – diminuição das transferências recebidas do Fundo de Participação dos Municípios decorrente de concessão de isenções tributárias pela União; e

II – diminuição das receitas recebidas de *royalties* e participações especiais.

§ 6º O disposto no § 5º deste artigo só se aplica caso a despesa total com pessoal do quadrimestre vigente não ultrapasse o limite percentual previsto no art. 19 desta Lei Complementar, considerada, para este cálculo, a receita corrente líquida do quadrimestre correspondente do ano anterior atualizada monetariamente."

Já em 2020, em decorrência da pandemia do coronavírus, foi aprovada a LC 172 que alterou o art. 65 da LRF que suspende o cumprimento das metas de gastos com pessoal em contexto de calamidade pública.

Ademais, ainda em relação às despesas com pessoal, a Emenda Constitucional nº 109/2021 incluiu o art. 167-A no texto constitucional, determinando que:

> "apurado que, no período de 12 (doze) meses, a relação entre despesas correntes e receitas correntes supera 95% (noventa e cinco por cento), no âmbito dos Estados, do Distrito Federal e dos Municípios, é facultado aos Poderes Executivo, Legislativo e Judiciário, ao Ministério Público, ao Tribunal de Contas e à Defensoria Pública do ente, enquanto permanecer a situação, aplicar o mecanismo de ajuste fiscal de vedação da:
>
> I. concessão, a qualquer título, de vantagem, aumento, reajuste ou adequação de remuneração de membros de Poder ou de órgão, de servidores e empregados públicos e de militares, exceto dos derivados de sentença judicial transitada em julgado ou de determinação legal anterior ao início da aplicação das medidas de que trata este artigo;
>
> II. criação de cargo, emprego ou função que implique aumento de despesa;
>
> III. alteração de estrutura de carreira que implique aumento de despesa;
>
> IV. admissão ou contratação de pessoal, a qualquer título, ressalvadas:
>
> a) as reposições de cargos de chefia e de direção que não acarretem aumento de despesa;
>
> b) as reposições decorrentes de vacâncias de cargos efetivos ou vitalícios;
>
> c) as contratações temporárias de que trata o inciso IX do caput do art. 37 desta Constituição; e
>
> d) as reposições de temporários para prestação de serviço militar e de alunos de órgãos de formação de militares;
>
> V. realização de concurso público, exceto para as reposições de vacâncias previstas no inciso IV deste caput;
>
> VI. criação ou majoração de auxílios, vantagens, bônus, abonos, verbas de representação ou benefícios de qualquer natureza, inclusive os de cunho indenizatório, em favor de membros de Poder, do Ministério Público ou da Defensoria Pública e de servidores e empregados públicos e de militares, ou ainda de seus dependentes, exceto quando derivados de sentença judicial transitada em julgado ou de determinação legal anterior ao início da aplicação das medidas de que trata este artigo;
>
> VII. criação de despesa obrigatória;
>
> VIII. adoção de medida que implique reajuste de despesa obrigatória acima da variação da inflação, observada a preservação do poder aquisitivo referida no inciso IV do caput do art. 7º desta Constituição;
>
> IX. criação ou expansão de programas e linhas de financiamento, bem como remissão, renegociação ou refinanciamento de dívidas que impliquem ampliação das despesas com subsídios e subvenções;
>
> X. concessão ou ampliação de incentivo ou benefício de natureza tributária."

> **Como esse assunto foi cobrado em concurso?**
>
> No Concurso do Cespe/Cebraspe para Procurador do Município de Camaçari/BA em 2024, foi considerado ERRADO o seguinte enunciado: "A Emenda Constitucional nº 109/2021 prevê a exclusão de gastos com pessoal inativo e pensionistas do teto da despesa total da câmara municipal na próxima legislatura".

Fixou-se, ainda, que apurando-se que a despesa corrente supera 85% (oitenta e cinco por cento) da receita corrente, sem exceder os 95% (noventa e cinco por cento), as medidas supramencionadas podem ser, no todo ou em parte, implementadas por atos do Chefe do Poder Executivo com vigência imediata, facultando aos demais Poderes e órgãos autônomos implementá-las em seus respectivos âmbitos, ato que será submetido, em regime de urgência, à apreciação do Poder Legislativo (CRFB/88, art. 167-A, §§ 1º e 2º).

Todavia, o ato perderá sua eficácia, reconhecendo-se a validade dos atos praticados na sua vigência nos casos em que for rejeitado pelo Poder Legislativo, transcorrer o prazo de 180 dias sem que se ultime a sua apreciação; ou for apurado que não mais se verifica a hipótese do §1º do art. 167-A (despesa corrente supera 85% da receita corrente), mesmo após sua aprovação pelo Poder Legislativo (CRFB/88, art. 167-A, § 3º).

Essa apuração, para observância da proporção da despesa corrente em relação à receita corrente, deverá realizar-se a cada bimestre (CRFB/88, art. 167-A, § 4º). Ademais, as regras presentes no art. 167-A da CRFB/88, não constituem obrigação de pagamento futuro pelo ente da Federação ou direitos de outrem sobre o erário e, tampouco, revogam, dispensam ou suspendem o cumprimento de dispositivos constitucionais e legais que disponham sobre metas fiscais ou limites máximos de despesas (CRFB/88, art. 167-A, § 5º).

Por fim, o novo art. 167-A da CRFB/88, determina, ainda, que sendo apurado que no período de 12 meses a relação entre despesas correntes e receitas correntes supera 95%, até que todas as medidas nele previstas tenham sido adotadas por todos os Poderes e órgãos nele mencionados, de acordo com declaração do respectivo Tribunal de Contas, é vedada:

I. a concessão, por qualquer outro ente da Federação, de garantias ao ente envolvido;

II. a tomada de operação de crédito por parte do ente envolvido com outro ente da Federação, diretamente ou por intermédio de seus fundos, autarquias, fundações ou empresas estatais dependentes, ainda que sob a forma de novação, refinanciamento ou postergação de dívida contraída anteriormente, ressalvados os financiamentos destinados a projetos específicos celebrados na forma de operações típicas das agências financeiras oficiais de fomento.

> **Como esse assunto foi cobrado em concurso?**
>
> No Concurso do CESPE para Procurador do Estado da PGE/RO em 2022, foi considerado CERTO o seguinte enunciado: "É correto afirmar que, caso seja apurado, em um estado da Federação, que a relação entre despesas correntes e receitas correntes supera 95% no período de 12 meses, as medidas de ajuste fiscal previstas na referida emenda constitucional [EC 109/2021] serão de aplicação facultativa para o respectivo estado, além de incidirem automaticamente vedações de concessão de garantia e de tomada de operação de crédito por qualquer outro ente federativo em relação ao estado envolvido, até que todos os seus poderes e órgãos adotem as medidas previstas".

8.2. Regime de Transição da LC 178/2021

A Lei Complementar nº 178/2021, ao estabelecer o Programa de Acompanhamento e Transparência Fiscal e o Plano de Promoção do Equilíbrio Fiscal, fixou limites mais elásticos para que os entes federativos se adequem aos limites de gastos conforme a Constituição e a Lei de Responsabilidade Fiscal.

Assim, o art. 15 da LC 178 determina que:

> "O Poder ou órgão cuja despesa total com pessoal ao término do exercício financeiro da publicação desta Lei Complementar estiver acima de seu respectivo limite estabelecido no art. 20 da Lei Complementar nº 101, de 4 de maio de 2000, **deverá eliminar o excesso à razão de, pelo menos, 10% (dez por cento) a cada exercício a partir de 2023**, por meio da adoção, entre outras, das medidas previstas nos arts. 22 e 23 daquela Lei Complementar, **de forma a se enquadrar no respectivo limite até o término do exercício de 2032.**
>
> §1º A inobservância do disposto no *caput* no prazo fixado sujeita o ente às restrições previstas no §3º do art. 23 da LRF.
>
> §2º A comprovação acerca do cumprimento da regra de eliminação do excesso de despesas com pessoa prevista no *caput* deverá ser feita no último quadrimestre de cada exercício, observado o art. 18 da LRF.
>
> §3º Ficam suspensas as contagens de prazo e as disposições do art. 23 da LRF, no exercício financeiro de publicação desta Lei Complementar.
>
> §4º Até o encerramento do prazo a que se refere o caput, será considerado cumprido o disposto no art. 23 da LRF, pelo Poder ou órgão referido no art. 20 daquela Lei Complementar que atender ao estabelecido neste artigo."

Assim, o prazo para a recondução dos gastos com pessoal, de dois quadrimestres é ampliado para dez anos, sob o risco de, não o fazendo, sujeitar-se às sanções previstas no art. 23 da Lei de Responsabilidade Fiscal.

9. DESPESAS COM A SEGURIDADE SOCIAL

Buscando garantir o equilíbrio fiscal e evitar que o Poder Público conceda vantagens e benefícios sem a existência dos respectivos recursos financeiros, a

Lei de Responsabilidade Fiscal também cuidou das despesas com a seguridade social, complementando o disposto no §5º do art. 195 da CRFB/88, segundo o qual: "nenhum benefício ou serviço da seguridade social poderá ser criado, majorado ou estendido sem a correspondente fonte de custeio total".

Assim, nenhum benefício ou serviço relativo à seguridade social poderá ser criado, majorado ou estendido sem a indicação da fonte de custeio total, atendidas as exigências do art. 17 da LRF, sobre a despesa obrigatória de caráter continuado, "tais como a sua estimativa trienal, a indicação da origem dos recursos que as suportarão, a comprovação de que não afetarão as metas fiscais e um plano de compensação mediante **aumento permanente de receitas** ou diminuição de despesas" (ABRAHAM, 2017, p. 192).

> **▸ Como esse assunto foi cobrado em concurso?**
>
> No Concurso do Instituto Consulplan para Procurador da Câmara de Belo Horizonte/MG em 2024, foi considerado CERTO o seguinte enunciado: "Considera-se aumento permanente de receita o proveniente da elevação de alíquotas, ampliação da base de cálculo, majoração ou criação de tributo ou contribuição".

Contudo, é dispensada da compensação referida no art. 17 o aumento de despesa decorrente de:

- Concessão de benefício a quem satisfaça as condições de habilitação prevista na legislação pertinente (art. 24, §1º, I);
- Expansão quantitativa do atendimento e dos serviços prestados;
- Reajustamento de valor do benefício ou serviço, a fim de preservar o seu valor real.

Considerando a amplitude constitucional da expressão "seguridade social" (art. 194), o §2º do art. 24 da LRF estabeleceu que o disposto naquele artigo se aplica a benefício ou serviço de saúde, previdência e assistência social, inclusive os destinados aos servidores públicos e militares, ativos e inativos, e aos pensionistas.

> **▸ Qual o entendimento do STF sobre o assunto?**
>
> "Instituição de subsídio mensal e vitalício aos ex-Governadores daquele Estado, de natureza idêntica ao percebido pelo atual chefe do Poder Executivo estadual. Garantia de pensão ao cônjuge supérstite, na metade do valor percebido em vida pelo titular. Segundo a nova redação acrescentada ao Ato das Disposições Constitucionais Gerais e Transitórias da Constituição de Mato Grosso do Sul, introduzida pela EC 35/2006, os ex-Governadores sul-mato-grossenses que exerceram mandato integral, em 'caráter permanente', receberiam subsídio mensal e vitalício, igual ao percebido pelo Governador do Estado. [...] No vigente ordenamento republicano e democrático brasileiro, os cargos políticos de chefia do Poder Executivo não são exercidos nem ocupados 'em caráter permanente', por serem os mandatos temporários e seus ocupantes, transitórios.

> Conquanto a norma faça menção ao termo 'benefício', não se tem configurado esse instituto de direito administrativo e previdenciário, que requer atual e presente desempenho de cargo público. Afronta o equilíbrio federativo e os princípios da igualdade, da impessoalidade, da moralidade pública e da responsabilidade dos gastos públicos" (STF, ADI 3.853, Rel. Min. Cármen Lúcia, Pleno, j. 12.09.2007, p. 26.10.2007).

10. TRANSFERÊNCIAS VOLUNTÁRIAS

Apesar de a Constituição da República ter elencado diversas fontes de receitas para que os entes federativos possam obtenham recursos de modo a cumprir suas obrigações constitucionais, nem sempre há uma paridade entre aquilo que é auferido e o que se deve gastar, "carecendo os entes federativos, no mais das vezes, de transferências de recursos arrecadados por outros entes da Federação" (LEITE, 2015, p. 303).

As transferências podem ser de três tipos: a) transferências obrigatórias, que decorrem de previsão constitucional (abordadas no capítulo das receitas públicas); b) transferências automáticas, quais seja, "resultantes de previsão legal ou de ato administrativo (geralmente portarias dos Ministérios) e são destinadas a custear serviços públicos e programas, no mais das vezes da área social, como saúde, educação e assistência social"; c) transferências voluntárias (art. 25 da LRF).

A própria Lei de Responsabilidade Fiscal cuidou de conceituar a transferência voluntária: "a entrega de recursos correntes ou de capital a outro ente da Federação, a título de cooperação, auxílio ou assistência financeira, que não decorra de determinação constitucional, legal ou os destinados ao Sistema Único de Saúde" (art. 25, *caput*).

Para que ocorra uma transferência voluntária, além das condições e exigências previstas na Lei de Diretrizes Orçamentárias, deverão ser atendidos aos seguintes requisitos (art. 25, §1º, da LRF):

- Existência de dotação orçamentária específica;
- Observância do disposto no inciso X do art. 167 da Constituição (não destinar a transferência ao pagamento de pessoal ativo, inativo e de pensionista do beneficiário);
- Comprovação, por parte do beneficiário de:
  a) Que se acha em dia quanto ao pagamento de tributos, empréstimos e financiamentos devidos ao ente transferidor, bem como quando à prestação de contas de recursos anteriormente dele recebidos;
  b) Cumprimento dos limites constitucionais relativos à educação e à saúde;
  c) Observância dos limites das dívidas consolidada e mobiliária, de operações de crédito, inclusive por antecipação de receita, de inscrição em Restos a Pagar e de despesa total com pessoal;
  d) Previsão orçamentária de contrapartida.

▸ **Qual o entendimento atual do STF sobre o assunto?**

A Constituição Federal, em seu art. 167, X, veda a concessão de empréstimos por instituições financeiras estatais para o pagamento de despesas com pessoal ativo, inativo e pensionista. Impede-se, portanto, a alocação dessas receitas para o custeio de pessoal ativo e inativo.

A vedação estabelecida no art. 167, X, diz respeito apenas a instituições financeiras estatais. A proibição não alcança as contratações realizadas com instituições financeiras privadas.

Assim, nada impede a realização de empréstimos com instituições financeiras privadas para pagamento de despesas com pessoal, porquanto a proibição não as alcança.

(Plenário. ADI 5683/RJ, Rel. Min. Roberto Barroso, julgado em 20/4/2022. STF, Info 1051).

Fonte: Dizer o Direito

Disponível em: https://www.buscadordizerodireito.com.br/jurisprudencia/detalhes/0465a1824942fac19824528343613213

▸ **Como esse assunto foi cobrado em concurso?**

No Concurso do Instituto Consulplan para Procurador da Prefeitura de Pouso Alegre/MG em 2024, foi considerado CERTO o seguinte enunciado: "É absoluta a vedação constitucional sobre a transferência voluntária de recursos e a concessão de empréstimos, inclusive por antecipação de receita, pelos Governos Federal e Estaduais e suas instituições financeiras, para pagamento de despesas com pessoal ativo, inativo e pensionista, dos Estados, do Distrito Federal e dos Municípios".

▸ **Como esse assunto foi cobrado em concurso?**

No Concurso do Cebraspe para Procurador da PGE/RN em 2024, foi considerado ERRADO o seguinte enunciado: "A realização de transferências de caráter voluntário não exige do ente federado beneficiário previsão orçamentária de contrapartida".

▸ **Como esse assunto foi cobrado em concurso?**

No Concurso do Cebraspe para Procurador da PGE/RN em 2024, foi considerado ERRADO o seguinte enunciado: "Os recursos oriundos das transferências voluntárias realizadas pela União em favor dos estados podem ser utilizados para o pagamento de despesas com pessoal inativo e pensionistas".

> ▸ **Como esse assunto foi cobrado em concurso?**
>
> No Concurso do Cebraspe para Procurador da PGE/RN em 2024, foi considerado ERRADO o seguinte enunciado: "As transferências voluntárias entre os entes federados somente contemplam a entrega de receitas de capital e estão condicionadas à dotação orçamentária específica a cargo do ente transferidor".

> ▸ **Como esse assunto foi cobrado em concurso?**
>
> No Concurso da Vunesp para Procurador Municipal de Sertãozinho/SP em 2023, foi considerado CERTO o seguinte enunciado: "De acordo com a Lei de Responsabilidade Fiscal, no que diz respeito às transferências voluntárias, é correto afirmar que devem ser observados os limites das dívidas consolidada e mobiliária, de operações de crédito, inclusive por antecipação de receita, de inscrição em Restos a Pagar e de despesa total com pessoal".

> ▸ **Como esse assunto foi cobrado em concurso?**
>
> No Concurso da Cespe para Procurador Municipal da PGM Natal/RN em 2023, foi considerado CERTO o seguinte enunciado: "Para a realização de transferências voluntárias, a Lei de Responsabilidade Fiscal exige, entre outras medidas: I. existência de dotação específica; II. vedação do uso dos referidos recursos para pagamento de despesas com pessoal ativo, inativo e pensionista dos estados, do Distrito Federal e dos municípios; III. comprovação, pelo beneficiário, de previsão orçamentária de contrapartida".

Há que se atentar que a previsão do §1º do art. 25 da LRF não exclui outras condições indicadas pela própria LRF para a efetivação de transferências voluntárias. Assim, "para que tais operações possam ser realizadas, é imprescindível, ainda, que o ente da Federação interessado em receber os recursos (RAMOS FILHO, 2017, p. 266):

- Tenha instituído e previsto os tributos de sua competência e esteja efetivamente os arrecadando (art. 11, parágrafo único);
- Esteja cumprindo os limites legais de despesa com pessoal (art. 23, §3º, inciso I) e da dívida consolidada (art. 31, §2º);
- Caso tenha contratado operação de crédito com instituição financeira com infração do disposto na LRF, tenha efetuado o cancelamento, amortização ou tenha constituído reserva específica na LOA para o exercício seguinte (art. 33, §3º);
- Esteja cumprindo os prazos das iniciativas e ações para a consolidação das Contas nacionais (art. 51, §2º);
- Tenha publicado o Relatório de Gestão Fiscal no prazo legal (art. 55, §3º)."

▸ **Importante**

LRF, art. 25.

§2º É vedada a utilização de recursos transferidos em finalidade diversa da pactuada.

§3º Para fins da aplicação das sanções de suspensão de transferências voluntárias constantes desta Lei Complementar, excetuam-se aquelas relativas a ações de educação, saúde e assistência social.

▸ **Como esse assunto foi cobrado em concurso?**

No Concurso do Cebraspe para Procurador da PGE/RN em 2024, foi considerado CERTO o seguinte enunciado: "Não contraria a LRF a realização de transferência voluntária de recursos da União para determinado estado, com vistas à realização de ações no âmbito da saúde, ainda que o estado tenha descumprido os limites constitucionais mínimos de aplicação de recursos em despesas com saúde".

▸ **Importante**

LRF, art. 51, com nova redação conferida pela LC 178/2021: O Poder Executivo da União promoverá, até o dia trinta de junho, a consolidação, nacional e por esfera de governo, das contas dos entes da Federação relativas ao exercício anterior, e a sua divulgação, inclusive por meio eletrônico de acesso público.

§1º Os Estados e os Municípios encaminharão suas contas ao Poder Executivo da União até 30 de abril.

§2º O descumprimento dos prazos previstos neste artigo impedirá, até que a situação seja regularizada, que o Poder ou órgão referido no art. 20 recebe transferências voluntárias e contrate operações de crédito, exceto as destinadas ao pagamento da dívida mobiliária.

▸ **Como esse assunto foi cobrado em concurso?**

No Concurso do Cebraspe para Procurador da PGE/RN em 2024, foi considerado ERRADO o seguinte enunciado: "Segundo a jurisprudência do STF, é legítimo à União inscrever, em cadastro de inadimplentes, estado cuja assembleia legislativa possua débitos de tributos federais, bem como suspender-lhe transferências voluntárias".

▸ **Como esse assunto foi cobrado em concurso?**

No Concurso da FADCT para Procurador Municipal da Prefeitura de Ivatuba/PR em 2023, foi considerado ERRADO o seguinte enunciado: "Ainda que o ente federado deixe de criar imposto de sua competência, ele não será punido com a suspensão dos repasses de verbas oriundas de outros entes".

> ▸ **Como esse assunto foi cobrado em concurso?**
> No Concurso da Cespe para Procurador do Estado da PGE/RR em 2023, foi considerado CERTO o seguinte enunciado: "O ente federado que tiver descumprido o limite da dívida consolidada previsto na LRF e não conseguir eliminar esse excesso no prazo previsto na referida lei estará, temporariamente e enquanto perdurar o excesso, impedido de receber transferências voluntárias".

> ▸ **Como esse assunto foi cobrado em concurso?**
> No Concurso da Cespe para Procurador da Fazenda Nacional AGU em 2023, foi considerado ERRADO o seguinte enunciado: "A necessidade de previsão legislativa para efetiva arrecadação de todos os tributos da competência constitucional do ente da Federação como condição para o recebimento de transferências voluntárias pelo ente federado é inconstitucional".

> ▸ **Como esse assunto foi cobrado em concurso?**
> No Concurso do TRF da 3ª Região para Juiz Federal em 2022, foi considerado ERRADO o seguinte enunciado: "Tanto as transferências obrigatórias como as voluntárias aos entes federados são vedadas, se os mesmos não exercerem a competência tributária e a efetiva arrecadação dos impostos pertinentes".

> ▸ **Como esse assunto foi cobrado em concurso?**
> No Concurso da FGV para Auditor Técnico de Controle Externo do TCE/AM em 2021, foi considerado CERTO o seguinte enunciado: "O Estado Alfa pretendia realizar transferências voluntárias de recursos financeiros ao Município Beta, mas verificou que este ainda não havia instituído taxa de coleta domiciliar de lixo, nem contribuição de iluminação pública para custeio dos respectivos serviços públicos efetivamente prestados pela municipalidade. Ademais, não havia instituído o IPTU, por ter uma diminuta área urbana. Ante tal constatação, o Estado Alfa impediu que os trâmites para tais transferências seguissem adiante. Diante desse cenário, o Estado poderia impedir tal transferência pela não instituição do IPTU, mas não da taxa e da contribuição".

> ▸ **Como esse assunto foi cobrado em concurso?**
> No Concurso do CESPE/CEBRASPE para Auditor Fiscal da SEFAZ/DF em 2020, foi considerado CERTO o seguinte enunciado: "As sanções de suspensão de transferências voluntárias não se aplicam sobre as ações de educação, saúde e assistência social".

No âmbito federal, o tema é tratado pelo Decreto nº 6.170, de 2007 (com alterações introduzidas pelo Decreto nº 8.180, de 2013) que dispõe sobre as normas relativas às transferências de recursos da União mediante convênios e contratos de repasse, além de termos de execução descentralizada celebrados pelos órgãos e entidades da administração pública federal com órgãos ou entidades públicas ou privadas sem fins lucrativos, para a execução de programas, projetos e atividades que envolvam a transferência de recursos ou a descentralização de créditos oriundos dos Orçamentos Fiscal e da Seguridade Social. Para tanto, o próprio Decreto apresenta as seguintes definições (art. 1º, §1º):

I. **convênio** – acordo, ajuste ou qualquer outro instrumento que discipline a transferência de recursos financeiros de dotações consignadas nos Orçamentos Fiscal e da Seguridade Social da União e tenha como partícipe, de um lado, órgão ou entidade da administração pública federal, direta ou indireta, e, de outro lado, órgão ou entidade da administração pública estadual, distrital ou municipal, direta ou indireta, ou ainda, entidades privadas sem fins lucrativos, visando a execução de programa de governo, envolvendo a realização de projeto, atividade, serviço, aquisição de bens ou evento de interesse recíproco, em regime de mútua cooperação;

II. **contrato de repasse** – instrumento administrativo, de interesse recíproco, por meio do qual a transferência dos recursos financeiros se processa por intermédio de instituição ou agente financeiro público federal, que atua como mandatário da União;

III. **termo de execução descentralizada** – instrumento por meio do qual é ajustada a descentralização de crédito entre órgãos e/ou entidades integrantes dos Orçamentos Fiscal e da Seguridade Social da União, para execução de ações de interesse da unidade orçamentária descentralizadora e consecução do objeto previsto no programa de trabalho, respeitada fielmente a classificação funcional programática.

▸ **Qual o entendimento atual do TCU sobre o assunto?**

"As regras de liquidação da despesa previstas no art. 63 da Lei 4.320/1964 não se aplicam à sistemática das transferências voluntárias da União, que seguem regramento específico, uma vez que o concedente não realiza pagamentos ao convenente, mas repasses voluntá rios de recursos para fim de interesse comum pactuado entre ambos". Acórdão 1612/2023 Plenário (Acompanhamento, Relator Ministro Antonio Anastasia) (TCU, Boletim de Jurisprudência 460)

▸ **Qual o entendimento atual do TCU sobre o assunto?**

"A aprovação de repasses de recursos federais a entes federados, realizados por meio de transferências voluntárias, deve ser condicionada à apresentação de declaração do convenente de que não possui, em sua legislação tributária, norma que estabeleça a cobrança de taxa de administração de contrato que possa, eventualmente, ser custeado pelos valores transferidos". Acórdão 535/2023 Plenário (Representação, Relator Ministro Benjamin Zymler) (TCU, Boletim de Jurisprudência 440)

▸ Qual o entendimento atual do TCU sobre o assunto?

"A constatação de reiteradas irregularidades em transferências voluntárias, decorrentes de falhas sistêmicas nos processos de trabalho identificadas em autos de prestação de contas ordinárias, pode levar ao julgamento pela irregularidade das contas dos administradores da unidade jurisdicionada, uma vez que a governança e a implementação de controles internos e gestão de riscos nas organizações é responsabilidade da alta administração. Acórdão 1299/2022 Primeira Câmara (Prestação de Contas, Relator Ministro Benjamin Zymler) (TCU, Boletim de Jurisprudência 392)

▸ Como esse assunto foi cobrado em concurso?

No Concurso da FUNDEP para Procurador do Município de Curvelo/MG em 2024, foi considerado CERTO o seguinte enunciado: "Constitui unidade orçamentária o agrupamento de serviços subordinados ao mesmo órgão ou repartição a que serão consignadas dotações próprias".

▸ Como esse assunto foi cobrado em concurso?

No Concurso da Cespe para Procurador da Fazenda Nacional AGU em 2023, foi considerado CERTO o seguinte enunciado: "É possível a retenção de recursos de transferências voluntárias por previsão em acordo ou convênio, independentemente de procedimento de tomada de contas especial, nos casos de não prestação de contas, após a devida notificação do ente faltoso e após o decurso do prazo nela previsto".

11. DESTINAÇÃO DE RECURSOS PÚBLICOS PARA O SETOR PRIVADO

A Lei de Responsabilidade Fiscal também buscou disciplinar a destinação de recursos públicos para o setor privado (arts. 26 a 28), exigindo, para tanto, autorização em lei específica **(princípio da legalidade)**, além do atendimento às condições estabelecidas na lei de diretrizes orçamentárias e previsão no orçamento ou em seus créditos adicionais, regra aplicável a toda a administração indireta, inclusive fundações públicas e empresas estatais, exceto, no exercício de suas atribuições precípuas, as instituições financeiras e o Banco Central do Brasil.

▸ Como esse assunto foi cobrado em concurso?

No Concurso da Cespe para Analista Fazendário Municipal da SEFIN Fortaleza/CE em 2023, foi considerado CERTO o seguinte enunciado: "A concessão de subvenções, empréstimos, financiamentos e refinanciamentos, inclusive as respectivas prorrogações, deverá ser autorizada por lei específica, atender às condições estabelecidas na lei de diretrizes orçamentárias e estar prevista no orçamento ou em seus créditos adicionais".

> **Como esse assunto foi cobrado em concurso?**
>
> No Concurso da VUNESP para Procurador Municipal da Prefeitura de Bertioga/SP em 2022, foi considerado CERTO o seguinte enunciado: "A destinação de recursos para cobrir necessidades de pessoas físicas deverá ser autorizada por lei específica, atender às condições estabelecidas na lei de diretrizes orçamentárias e estar prevista no orçamento ou em seus créditos adicionais".

> **Como esse assunto foi cobrado em concurso?**
>
> No Concurso do CESPE/CEBRASPE para Auditor Fiscal da SEFAZ/DF em 2020, foi considerado ERRADO o seguinte enunciado: "A prevenção de insolvência e outros riscos associados à destinação de recursos para o setor privado fica a cargo de mecanismos constituídos pelo respectivo ente federativo".

> **Como esse assunto foi cobrado em concurso?**
>
> No Concurso do CESPE/CEBRASPE para Auditor Fiscal da SEFAZ/DF em 2020, foi considerado CERTO o seguinte enunciado: "Exige-se autorização por lei específica para a realização de doação, pelo governo federal, de determinada quantia em dinheiro para satisfazer necessidades de pessoa física que tenha prestado relevantes serviços à nação".

> **Como esse assunto foi cobrado em concurso?**
>
> No Concurso do AOCP para Auditor Fiscal de Tributos do Município de Betim/MG em 2020, foi considerado CERTO o seguinte enunciado: "A destinação de recursos para, direta ou indiretamente, cobrir necessidades de pessoas físicas ou déficits de pessoas jurídicas deverá ser autorizada por lei específica, atender às condições estabelecidas na lei de diretrizes orçamentárias e estar prevista no orçamento ou em seus créditos adicionais".

Destaque-se que a noção de "destinação de recursos públicos para o setor privado" abrange a concessão de empréstimos, financiamentos e refinanciamentos, inclusive as respectivas prorrogações e a composição de dívidas, a concessão de subvenções e a participação em constituição ou aumento de capital" (art. 26, §2º, da LRF).

> **Importante**
>
> Lei 4.320/64, art. 12, §3º. Consideram-se subvenções, para os efeitos desta lei, as transferências destinadas a cobrir despesas de custeio das entidades beneficiadas, distinguindo-se como:
>
> I - subvenções sociais, as que se destinem a instituições públicas ou privadas de caráter assistencial ou cultural, sem finalidade lucrativa;
>
> II - subvenções econômicas, as que se destinem a empresas públicas ou privadas de caráter industrial, comercial, agrícola ou pastoril.

▸ **Como esse assunto foi cobrado em concurso?**

No Concurso da FMP para Procurador do Estado do Acre em 2017, foi considerado CERTO o seguinte enunciado: "É lícito ao Poder Público, para atender aos serviços de assistência social, médica e educacional, oferecer subvenções sociais de suplementação a recursos de origem privada, em vez de aplicar diretamente os recursos nesses serviços, se assim se revelar mais econômico".

▸ **Como esse assunto foi cobrado em concurso?**

No Concurso da FMP para Procurador do Estado do Acre em 2017, foi considerado ERRADO o seguinte enunciado: "É ilegal o orçamento adotar subvenções econômicas, na forma de bonificações, a produtores de determinados gêneros e materiais, mesmo relevantes".

Concessão de crédito

Na concessão de crédito por ente da Federação a pessoa física, ou jurídica que não esteja sob seu controle direto ou indireto, os encargos financeiros, comissões e despesas congêneres não serão inferiores aos definidos em lei ou ao custo de captação (art. 27, *caput*, da LRF). Busca-se, dessa forma, atender aos princípios da transparência fiscal e da moralidade administrativa, "uma vez que tem como objetivo vedar que sejam concedidos créditos a particulares, sejam pessoas físicas ou jurídicas, com custo menor do que estes arcariam no mercado, evitando assim que condições favoráveis ou vantajosas lhes sejam dadas às custas do dinheiro público" (ABRAHAM, 2017, p. 200).

Por outro lado, o parágrafo único do mesmo art. 27 estabelece que dependem de autorização em lei específica as prorrogações e composições de dívidas decorrentes de operações de crédito, bem como a concessão de empréstimos ou financiamentos em desacordo com o *caput*, sendo o subsídio correspondente consignado na lei orçamentária.

Tais regras sobre a destinação de recursos públicos para o setor privado também são aplicáveis às instituições do Sistema Financeiro Nacional, conforme se depreende do art. 28 da Lei de Responsabilidade Fiscal:

▸ **Importante**

LRF, art. 28. Salvo mediante lei específica, não poderão ser utilizados recursos públicos, inclusive de operações de crédito, para socorrer instituições do Sistema Financeiro Nacional, ainda que mediante a concessão de empréstimos de recuperação ou financiamentos para mudança de controle acionário.

§1º A prevenção de insolvência e outros riscos ficará a cargo de fundos, e outros mecanismos, constituídos pelas instituições do Sistema Financeiro Nacional, na forma da lei.

§2º O disposto no *caput* não proíbe o Banco Central do Brasil de conceder às instituições financeiras operações de redesconto e de empréstimos de prazo inferior a trezentos e sessenta dias.

Capítulo 4

Receitas Públicas

1. CONCEITO DE RECEITAS PÚBLICAS

Na clássica lição de Aliomar Baleeiro, "receita pública é a entrada que, integrando-se no patrimônio público sem quaisquer reservas, condições ou correspondência no passivo, vem acrescer o seu vulto, como elemento novo e positivo" (1998, p. 126).

Por outro lado, buscando estabelecer um conceito compatível com as prescrições da lei 4.320/64, Kiyoshi Harada define a receita pública como "ingressos de dinheiro aos cofres do Estado para atendimento de suas finalidades mediante aplicação desses recursos pelo regime da despesa pública, isto é, aplicação dos recursos financeiros ingressados de conformidade com as diversas dotações fixadas na Lei Orçamentária Anual" (2017, p. 43).

Nesse sentido, é possível concluir que a receita pública nada mais é que o ingresso de dinheiro aos cofres do Estado para que este possa atender às suas finalidades. Historicamente esse ingresso se deu através da atuação de governos que: a) realizam extorsões sobre outros povos ou deles recebem doações voluntárias; b) recolhem as rendas produzidas pelos bens e empresas do Estado; c) exigem coativamente tributos ou penalidades; d) tomam ou forçam empréstimos; e) fabricam dinheiro metálico ou de papel (BALEEIRO, 1998, p. 125).

> **Como esse assunto foi cobrado em concurso?**
>
> No Concurso da Consulplan para Auditor de Controle Externo do TCM/PA em 2023, foi considerado CERTO o seguinte enunciado: "Receita Pública é um conjunto de ingressos financeiros com fonte e fatos geradores próprios e permanentes oriundos da ação e de atributos inerentes à instituição, e que, integrando o patrimônio, na qualidade de elemento novo, produz-lhe acréscimos, sem, contudo, gerar obrigações, reservas ou reivindicações de terceiros".

> **Como esse assunto foi cobrado em concurso?**
>
> No Concurso do TRE/PE para Analista Judiciário em 2017, foi considerado CERTO o seguinte enunciado: "A receita pública origina-se tanto da exploração de patrimônio de pessoa jurídica de direito público quanto do poder do Estado de exigir prestações pecuniárias dos cidadãos".

Com base nisso, Baleeiro ainda divide em cinco fases o retrospecto da evolução das receitas: a) parasitária (extorsão exercida contra povos vencidos); b) domintal (exploração do patrimônio público); c) regaliana (cobrança de direitos realengos, como pedágio); d) tributária; e) social (tributação extrafiscal sociopolítica) (1998, p. 125).

A adequação entre receitas e despesas, por sua vez, é imprescindível para a manutenção do equilíbrio fiscal, objetivo maior das normas de Direito Financeiro, conforme previsão do §1º do art. 1º da LRF.

> **Importante**
>
> LRF, Art. 1º, §1º. A responsabilidade na gestão fiscal pressupõe a ação planejada e transparente, em que se previnem riscos e corrigem desvios capazes de afetar o **equilíbrio das contas públicas**, mediante o **cumprimento de metas de resultados entre receitas e despesas** e a obediência a limites e condições no que tange a renúncia de receita, geração de despesa com pessoal, da seguridade social e outras, dívidas consolidada e mobiliária, operações de crédito, inclusive por antecipação de receita, concessão de garantia e inscrição em Restos a Pagar.

> **Como esse assunto foi cobrado em concurso?**
>
> No Concurso do Cespe/Cebraspe para Procurador do Município de Camaçari/BA em 2024, foi considerado CERTO o seguinte enunciado: "É considerada não autorizada, irregular e lesiva ao patrimônio público a geração de despesas que não atendam aos requisitos da Lei de Responsabilidade Fiscal".

São denominadas entradas todas as formas de ingressos financeiros nos cofres públicos. Contudo, tais entradas possuem diferentes características do que resultam diferentes conceitos e classificações.

Assim, quanto à transitoriedade no patrimônio do Estado, as entradas podem ser classificadas como ingressos públicos ou receitas públicas:

Ingressos públicos → entradas provisórias

Receitas públicas → entradas definitivas

Segundo Marcus Abraham "na concepção de ingressos públicos estão incluídos os recursos financeiros arrecadados de maneira temporária, para restituição à sua origem após determinada condição ou prazo. Já no conceito de receitas públicas são consideradas aquelas entradas financeiras que passam a integrar definitivamente o patrimônio do Estado" (2017a, p. 95).

> **Como esse assunto foi cobrado em concurso?**
>
> No Concurso da Cespe para Procurador da Fazenda Nacional AGU em 2023, foi considerado ERRADO o seguinte enunciado: "A distinção entre entradas e receitas públicas se dá no âmbito do princípio da unidade de tesouraria".

> **Como esse assunto foi cobrado em concurso?**
>
> No Concurso da Consulplan para Auditor de Controle Externo do TCM/PA em 2023, foi considerado ERRADO o seguinte enunciado: "Os ingressos extraorçamentários estão previstos no orçamento e correspondem a fatos de natureza financeira decorrentes da própria gestão pública. São valores que entram nos cofres públicos, mas que serão restituídos em época própria".

2. CLASSIFICAÇÃO DAS RECEITAS PÚBLICAS

2.1. Quanto à competência do ente federativo

- Receita pública Federal → aquelas que pertencem ao Governo Federal;
- Receita Pública Estadual → aquelas que pertencem aos Governos Estaduais;
- Receita Pública Municipal → aquelas que pertencem aos Governos Municipais;
- Receita Pública Distrital → aquelas que pertencem ao Governo Distrital.

2.2. Quanto à regularidade ou periodicidade

- Receitas Ordinárias → são arrecadadas periodicamente em cada exercício financeiro. Ex. arrecadação dos impostos pelos entes federados, tal como o IPVA pelos Estados e o IPTU pelos Municípios.
- Receitas Extraordinárias → são arrecadadas apenas em situações excepcionais, como nos casos de calamidade pública ou guerra externa.

> **Importante**
>
> CRFB/88, art. 148. A União, mediante lei complementar, poderá instituir empréstimos compulsórios:
>
> I - para atender a despesas extraordinárias decorrentes de calamidade pública, de guerra externa ou sua iminência;
>
> II - no caso de investimento público de caráter urgente e de relevante interesse nacional, observado o disposto no art. 150, III, *b*.
>
> Parágrafo único. A aplicação dos recursos provenientes de empréstimo compulsório será vinculada à despesa que fundamentou sua instituição.
>
> CRFB/88, art. 154. A União poderá instituir:
>
> II - na iminência ou no caso de guerra externa, impostos extraordinários, compreendidos ou não em sua competência tributária, os quais serão suprimidos, gradativamente, cessadas as causas de sua criação.

2.3. Quanto à origem ou quanto à coercitividade

- **Receitas Originárias** (de Economia privada ou de Direito Privado) → são aquelas resultantes da exploração do patrimônio do próprio Estado, mediante uma relação jurídica caracterizada pela bilateralidade, tratando-se, dessa forma, de uma receita voluntária, espontânea e volitiva. Ex. receitas oriundas de alienações, fianças, indenizações, doações, aforamento, serviços, indústrias, dentre outros.

"No caso das receitas originárias, o Estado participa da atividade econômica na exploração de atividades privadas, através da cobrança de preço ou tarifa. Consiste o preço, pois, na contraprestação paga pelos serviços prestados pelo Estado ou decorrente da exploração do seu patrimônio, inclusive através de alienação de bens públicos" (PASCOAL, 2015, p. 110).

Valdecir Pascoal classifica os preços em:

a) Preço quase privado → preços cobrados pelo Estado com fins de lucro, equiparando-se a um particular;

b) Preço público → preços cobrados pelo Estado em decorrência da prestação de serviços que visam a cobrir o custo total dos serviços;

c) Preço político → preços fixados pelo Estado abaixo do custo dos serviços – normalmente destinadas à contrapartida de serviços essenciais de cunho social.

▸ Como esse assunto foi cobrado em concurso?

No Concurso do CESPE para Juiz Federal da 1ª Região em 2015, foi considerado ERRADO o seguinte enunciado: "A receita de tributos cujo lançamento se opera de ofício é considerada originária, porque nasce a partir de ato da administração pública".

▸ Como esse assunto foi cobrado em concurso?

No Concurso do CESPE para Juiz Federal da 1ª Região em 2015, foi considerado CERTO o seguinte enunciado: "A receita patrimonial é originária, uma vez que decorre da exploração do patrimônio Público".

▸ Como esse assunto foi cobrado em concurso?

No Concurso do CESPE para Juiz Federal da 5ª Região em 2012, foi considerado ERRADO o seguinte enunciado: "As receitas originárias, obtidas pelo Estado mediante seu poder de autoridade (*ius imperii*), são captadas coercitivamente de particulares, ao passo que as receitas derivadas decorrem da exploração do patrimônio do Estado, que participa da atividade econômica explorando atividades privadas e cobrando tarifa ou preço público".

O fato de os *royalties* decorrerem da exploração de bens públicos da União, representam **forma originária de receita pública**, o que afastaria sua classificação como tributos e, consequentemente, receita derivada (RIBEIRO, 2003, p. 380). Não se restringindo, contudo, à dimensão financeira, englobando, igualmente, a valoração dos recursos minerais, sob a ótica do princípio do **poluidor pagador** (VILELA, 2017, p. 277).

> **Importante**
>
> CRFB/88, art. 20. São bens da União:
>
> §1º É assegurada, nos termos da lei, à União, aos Estados, ao Distrito Federal e aos Municípios, a participação no resultado da exploração de petróleo ou gás natural, de recursos hídricos para fins de geração de energia elétrica e de outros recursos minerais no respectivo território, plataforma continental, mar territorial ou zona econômica exclusiva, ou compensação financeira por essa exploração. **Redação dada pela EC 102/2019.**

> **Qual o entendimento do TRF 1ª Região sobre o assunto?**
>
> "[...] O Supremo Tribunal Federal firmou posicionamento no sentido de excluir da competência do TCU a fiscalização das receitas oriundas da exploração do petróleo, ao fundamento de se tratar de **receita originária** da unidade federada". (TRF1 – AC 1.363, Rel Des. Maria do Carmo Cardoso, publ. 24.11.2006).

> **Qual o entendimento do TRF 1ª Região sobre o assunto?**
>
> "Embora os recursos naturais da plataforma continental e os recursos minerais sejam bens da União (CF, art. 20, V e IX), a participação ou compensação aos Estados, Distrito Federal e Municípios no resultado da exploração de petróleo, xisto betuminoso e gás natural são **receitas originárias** destes últimos entes federativos (CF, art. 20, § 1º)". (MS 24312, Rel. Min. Ellen Gracie, publ. 30.08.2002).

> **Como esse assunto foi cobrado em concurso?**
>
> No Concurso da Cespe para Procurador da Fazenda Nacional AGU em 2023, foi considerado ERRADO o seguinte enunciado: "De acordo com a EC n.° 102/2019, as receitas decorrentes de royalties de petróleo têm natureza tributária".

> **Como esse assunto foi cobrado em concurso?**
>
> No Concurso da FCC para Procurador do Estado de São Paulo em 2012, foi considerado CERTO o seguinte enunciado em relação aos *royalties*: "Classificam-se como **receitas originárias** dos Estados Federados e decorrem da exploração de patrimônio público da União".

> **Como esse assunto foi cobrado em concurso?**
>
> No Concurso da ESAF para Procurador da Fazenda Nacional em 2012, foi considerado ERRADO o seguinte enunciado: "A importância cobrada das concessionárias que exploram recursos minerais é classificada como **receita pública derivada**, por se tratar de prestação pecuniária compulsória instituída em lei".

- **Receitas derivadas** (de Economia Pública ou de Direito Público) → "são as que o estado obtém através de seu poder de império, arrecadando-as coercitivamente dos particulares, com observância da legalidade. Não há bilateralidade, mas, antes, o comando unilateral da vontade do Estado" (LEITE, 2015, p. 162). Os principais exemplos são as multas e os tributos arrecadados pelo Estado.

> **Importante**
>
> CTN, art. 3º. Tributo é toda prestação pecuniária **compulsória**, em moeda ou cujo valor nela se possa exprimir, que não constitua sanção de ato ilícito, instituída em lei e cobrada mediante atividade administrativa plenamente vinculada.

> **Como esse assunto foi cobrado em concurso?**
>
> No Concurso do Avança SP para Procurador da Câmara Municipal de Itapecerica da Serra/SP em 2024, foi considerado ERRADO o seguinte enunciado: "Tributo é a receita derivada instituída pelas entidades de direito público, compreendendo os impostos, as taxas, contribuições e empréstimos compulsórios, nos termos da Constituição e das leis vigentes em matéria financeira, destinando se o seu produto ao custeio de atividades gerais ou específicas exercidas por essas entidades.".

Nesse ponto há que se destacar que, para o Direito Financeiro os tributos podem ser de três espécies: a) **imposto** – "tributo cuja obrigação tem por fato gerador uma situação independente de qualquer atividade estatal específica, relativa ao contribuinte" (CTN, art. 16); b) **taxa** – "têm como fato gerador o exercício regular do poder de polícia, ou a utilização, efetiva ou potencial, de serviço público específico e divisível, prestado ao contribuinte ou posto à sua disposição" (CTN, art. 77); c) **contribuição de melhoria** – "instituída para fazer face ao custo de obras públicas de que decorra valorização imobiliária, tendo como limite total a despesa realizada e como limite individual o acréscimo de valor que da obra resultar para cada imóvel beneficiado" (CTN, art. 81).

Observe-se que esse conceito tripartite, ainda adotado pelo Direito Financeiro, decorre do art. 11 da lei 4.320/64, repetido pelo art. 5º do Código Tributário Nacional, de 1966. Contudo, diante as alterações trazidas pela Constituição da República de 1988, o Direito Tributário passou a reconhecer a existência de duas outras espécies de tributos: a) as **contribuições especiais** (CRFB/88 art. 149); e b) **empréstimos compulsórios** (CRFB/88, art. 148).

> **Como esse assunto foi cobrado em concurso?**
>
> No Concurso da Cespe para Procurador Municipal da PGM Natal/RN em 2023, foi considerado CERTO o seguinte enunciado: "As receitas de aluguéis, de imposto sobre serviços e de contribuições sociais são classificadas, quanto à origem, respectivamente, como receita originária, receita derivada e receita derivada".

> **Como esse assunto foi cobrado em concurso?**
>
> No Concurso da FCC para Procurador do Estado da PGE/AM em 2022, esse tema foi cobrado da seguinte forma: "Considerando a classificação de receitas públicas constante das normas gerais de contabilidade e finanças públicas, as receitas derivadas são aquelas decorrentes de: a) emissão de títulos da dívida pública; b) *royalties* pela exploração de petróleo e gás natural; c) arrecadação de impostos, taxas e contribuições; d) alienação de ativos de titularidade do ente; e) operações de crédito". Segundo o gabarito oficial, foi considerada correta a alternativa "c".

Em concursos públicos é bastante comum a abordagem das diferenças entre taxa e o preço público, resumidamente apresentadas no quadro infra:

Critérios	Taxa	Preço Público/Tarifa
Regime	Direito Público (tributário)	Direito Privado (consumidor-contratual)
Natureza Jurídica	Tributária (espécie tributária, artigo 145, inciso II, CF/88, portanto, deve respeito aos princípios tributários)	Contratual (Estado prestador de serviço público como se fora um particular ou o particular sob delegação do Estado- concessões, permissões, etc.)
Tipo de receita pública	Receita derivada	Receita originária
Serviços públicos	Específicos e divisíveis, de uso efetivo ou potencial	Específicos e divisíveis, apenas de uso efetivo
Tipos de serviços públicos	A) Propriamente estatais e ínsitos à soberania do Estado (exemplo: concessão de passaporte) e; B) Essenciais ao interesse público	A) Não essenciais ao interesse público (exemplos: telefonia, gás, energia elétrica e outros sujeitos à concessão ou permissão pelo ente estatal) e; B) Em regra, serviços delegáveis
Cobrança	Compulsória (característica tributária, cobrada no caso de utilização do serviço público e mesmo no caso de o serviço público ter sido colocado à disposição e não necessariamente utilizado)	Voluntária (apenas no uso do serviço público)
Dívida ativa	Créditos oriundos do não pagamento são inscritos na Dívida Ativa tributária	Créditos oriundos do não pagamento são inscritos na Dívida Ativa não tributária

Critérios	Taxa	Preço Público/Tarifa
Repetição de indébito	Ação de repetição de indébito sujeita-se ao prazo previsto no CTN	Ação de repetição de indébito sujeita-se ao prazo prescricional estabelecido no Código Civil (Súmula 412 do STJ)
Decorre de (segundo súmula 545 do STF)	Lei	Contrato (vontade das partes)
Prescrição	Quinquenal, regida pelo Direito Público (Código Tributário Nacional)	Decenal, regida pelo Direito Privado (Código Civil).
Fonte: MARTINS, Alan; SCARDOELLI, Dimas Yamada. Direito Tributário para concursos. 2.ed. Salvador: Juspodivm, 2017. p. 33.		

▸ **Como esse assunto foi cobrado em concurso?**

No Concurso do CESPE/ CEBRASPE para Auditor de Finanças e Controle de Arrecadação da Fazenda Estadual da SEFAZ/AL em 2020, foi considerado CERTO o seguinte enunciado: "Os preços de serviços públicos e as taxas não se confundem, porque estas, diferentemente daqueles, são compulsórias e têm sua cobrança condicionada à prévia autorização orçamentária, em relação à lei que as instituiu".

▸ **Como esse assunto foi cobrado em concurso?**

No Concurso da VUNESP para Advogado da Prefeitura de São Roque/ SP em 2020, foi considerado CERTO o seguinte enunciado: "É necessária prévia autorização legal para a criação de fundos públicos aos quais sejam vinculadas receitas decorrentes da arrecadação de taxas".

- **Receitas Transferidas** → na classificação das receitas quanto à origem, alguns autores mencionam ainda a receita transferida, que ocorre "quando os recursos são arrecadados pela pessoa jurídica competente para tanto, mas a ela não pertencem, devendo ser repassados a outras pessoas jurídicas menores" (RAMOS FILHO, 2017, p. 285).

Parte da doutrina entende que as receitas transferidas, por serem igualmente oriundas da coercitividade da lei (receita tributária), fazem parte das receitas derivadas, com a ressalva de não serem arrecadadas pelo ente político que delas vai se valer (LEITE, 2015, p. 161).

▸ **Como esse assunto foi cobrado em concurso?**

No Concurso do TRE/PE para Analista Judiciário em 2017, foi considerado ERRADO o seguinte enunciado: "A classificação da receita pública por fonte de recursos indica a origem do recurso segundo o seu fato gerador, quer seja recurso do Tesouro Nacional, quer de outras fontes".

2.4. Quanto à natureza

- **Receitas orçamentárias** → são aquelas decorrentes da Lei Orçamentária, ou ainda, conforme Harrison Leite "são as receitas não restituídas no futuro em espécie, pois pertencem ao Estado, fazem parte do seu patrimônio e estão disponíveis para a sua conversão em bens e serviços" (2015, p. 167).

> **Importante**
>
> Lei 4.320/64, art. 57. Ressalvado o disposto no parágrafo único do artigo 3º desta Lei serão classificadas como receita orçamentária, sob as rubricas próprias, todas as receitas arrecadadas, inclusive as provenientes de operações de crédito, ainda que não previstas no Orçamento.

- **Receitas extraorçamentárias** → "compreende os ingressos financeiros ou créditos de terceiros que não integram o orçamento público e que constituirão compromissos exigíveis do ente, como simples depositário ou como agente passivo da obrigação, cujo pagamento independe de autorização legislativa" (PASCOAL, 2017, p. 105). São consideradas como meros movimentos de caixa. Exemplos: operações de crédito por antecipação de receita, valores referentes à caução, fiança, depósitos em garantia, consignações em folha de pagamento.

Harrison Leite chama a atenção para que não sejam confundidas a receita **extraorçamentária** e a **intra-orçamentária** já que esta última se origina de operações com órgãos e entidades do mesmo orçamento sendo, portanto, receita orçamentária. Assim, "são operações dentro da mesma esfera de governo, entre órgãos, fundos, autarquias, fundações, empresas estatais dependentes e entidades dos orçamentos fiscal e seguridade social (2015, p. 168).

> **Como esse assunto foi cobrado em concurso?**
>
> No Concurso da Vunesp para Procurador da PGE/SP em 2024, foi considerado CERTO o seguinte enunciado: "Considere que no primeiro quadrimestre do exercício financeiro em curso tenha ocorrido o ingresso de um montante elevado de receitas extraorçamentárias, o que significa, de acordo com a legislação de regência, que tais recursos, embora transitem pelo caixa do Tesouro, sendo objeto de lançamento, não serão passíveis de utilização para suportar despesas públicas previstas na Lei Orçamentária Anual ou a abertura de créditos especiais, uma vez que já estão comprometidos com um passivo exigível".

2.5. Quanto à aplicação ou quanto aos fins a que se destina

- **Receita geral ou de aplicação geral** → destinada a atender, de modo global, indistinto, ao conjunto das necessidades públicas, sem que haja qualquer especificação na lei que a instituiu" (RAMOS FILHO, 2017, p. 286). Ex. impostos.

- **Receita especial ou de aplicação especial** → é a que tem sua destinação previamente estabelecida na legislação pertinente. Ex. empréstimos compulsórios e CIDE-combustíveis e verbas públicas decorrentes da celebração de convênios (RAMOS FILHO, 2017, p. 286-287).

> **▸ Importante**
>
> LRF, art. 8º, parágrafo único. Os recursos legalmente vinculados a finalidade específica serão utilizados exclusivamente para atender ao objeto de sua vinculação, ainda que em exercício diverso daquele em que ocorrer o ingresso.

> **▸ Qual o entendimento atual do STF sobre o assunto?**
>
> "Os recursos financeiros - obtidos, ou não, mediante empréstimo - devem ser empregados, rigorosamente, de acordo com os planos e a programação orçamentária previamente definidos, pois a sua aplicação em finalidade estranha à sua específica destinação caracteriza transgressão criminosa ao inciso IV do art. 1º do DL nº 201/67, eis que não compete ao Chefe do Poder Executivo local, fundado em deliberação pessoal e discricionária, utilizá-los para fins completamente diversos daqueles para os quais esses mesmos recursos foram afetados" (STF, AP 503/PR, Rel. Min. Celso de Mello, Pleno, j. 20.05.2010, p. 01.02.2013).

2.6. Quanto à afetação patrimonial

- **Receitas efetivas** → "aquelas que contribuem para o aumento do saldo patrimonial. Inserem-se no conceito de fatos contábeis modificativos aumentativos. Ex. todas as receitas correntes (exceto o recebimento da dívida ativa) e a receita de capital decorrente do recebimento de transferências de capital (PASCOAL, 2015, p. 110).
- **Receitas por mutações patrimoniais** → "são aquelas que nada acrescentam ao patrimônio público, pois são simples entradas ou saídas compensatórias. Inserem-se no conceito de fatos contábeis permutativos. São exemplos: todas as receitas de capital (exceto as transferências de capital) e ainda a receita corrente resultante do recebimento da dívida ativa" (PASCOAL, 2015, p. 110).

2.7. Classificação legal ou quanto à categoria econômica

- **Receitas correntes** → as receitas tributária, de contribuições, patrimonial, agropecuária, industrial, de serviços e outras e, ainda, as provenientes de recursos financeiros recebidos de outras pessoas de direito público ou privado, quando destinadas a atender despesas classificáveis em Despesas Correntes (lei 4.320/64, art. 11, §1º).

Ricardo Damasceno de Almeida e Marcelo Jucá Lisboa detalham da seguinte forma as receitas correntes (2017, p. 108-109):

a) Tributos: impostos, taxas e contribuições de melhoria.

b) Receita de contribuições: tal expressão engloba as contribuições sociais, de intervenção no domínio econômico e de interesse das categorias profissionais ou econômicas.

c) Receita patrimonial: decorrente da exploração dos bens próprios dos Estados.

> ▸ **Qual o entendimento atual do STJ sobre o assunto?**
>
> "**Concessão de direito real de uso. Taxa de ocupação. Natureza jurídica. Receita patrimonial. Prescrição. Código Civil. Prazo decenal.** Aplica-se o prazo prescricional de 10 anos, nos termos do art. 205 do Código Civil/2002, na cobrança de taxa de ocupação do particular no contrato administrativo de concessão de direito real de uso para a utilização privativa de bem público. (REsp 1.675.985-DF, Rel. Ministro Gurgel de Faria, Primeira Turma, j. 15/12/2022, Info 763).

d) Receita agropecuária: é a originada da exploração agropecuária de origem animal ou vegetal.

e) Receita industrial: é proveniente das atividades industriais.

f) Receita de serviços: abarca todas as prestações de serviços pelo Estado, tais como: fiscalização, transporte, saúde, comunicação, judiciário, venda de mercadorias, etc.

g) Receitas recebidas de outro ente (transferência): são as transferências correntes destinadas ao pagamento de despesa corrente.

Harrison Leite aponta ainda a existência de outras Receitas Correntes, quais sejam, aquelas não classificáveis acima, como aquelas recebidas "a título de multas em geral, juros de mora, indenizações, valores inscritos na Dívida Ativa (tributária e não tributária), **royalties** (indenizações que os entes federativos recebem pela exploração de recursos naturais – Art. 10, §1º da CF)" (2015, p. 171).

> ▸ **Como esse assunto foi cobrado em concurso?**
>
> No Concurso da Vunesp para Auditor de Controle Externo do TCM/SP em 2023, foi considerado ERRADO o seguinte enunciado: "Operações de crédito e alienação de bens classificam-se como receitas correntes, sendo despesas de custeio e transferências correntes, classificadas como sendo despesas de capital".

> ▸ **Como esse assunto foi cobrado em concurso?**
>
> No Concurso da Cespe para Procurador da Fazenda Nacional AGU em 2023, foi considerado ERRADO o seguinte enunciado: "O lucro advindo da exploração de atividade econômica pelo Estado será classificado contabilmente como receita originária, industrial e de capital".

> ▸ **Como esse assunto foi cobrado em concurso?**
>
> No Concurso da Cespe para Procurador do Estado da PGE/RR em 2023, foi considerado ERRADO o seguinte enunciado: "A receita pública decorrente de impostos é classificada como receita corrente, estando a arrecadação desses valores condicionada à prévia autorização orçamentária".

> ▸ **Como esse assunto foi cobrado em concurso?**
>
> No Concurso da VUNESP para Procurador Municipal da Prefeitura de Jundiaí/SP em 2022, foi considerado CERTO o seguinte enunciado: "A Prefeitura do Município de Bom Clima assinou um contrato de concessão do mercado municipal da cidade, pelo período de dez anos, ao Consórcio de Empresas Futuro, recebendo valores anuais expressivos em razão disso. De acordo com a classificação da Receita Pública, os montantes recebidos em decorrência da concessão do mercado configuram a receita corrente".

> ▸ **Como esse assunto foi cobrado em concurso?**
>
> No Concurso da VUNESP para Procurador do Município de Jundiaí/SP em 2021, foi considerado CERTO o seguinte enunciado: "A Prefeitura do Município de Bom Clima assinou um contrato de concessão do mercado municipal da cidade, pelo período de dez anos, ao Consórcio de Empresas Futuro, recebendo valores anuais expressivos em razão disso. De acordo com a classificação da Receita Pública, os montantes recebidos em decorrência da concessão do mercado configuram a Receita Corrente".

- **Receitas de capital** → as provenientes da realização de recursos financeiros oriundos de constituição de dívidas; da conversão, em espécie, de bens e direitos; os recursos recebidos de outras pessoas de direito público ou privado, destinados a atender despesas classificáveis em Despesas de Capital e ainda, o superávit do Orçamento Corrente (lei 4.320/64, art. 11, §2º).

Ou seja, as receitas de capital "são aquelas que geram movimentos contábeis tanto no ativo quanto no passivo. Destinam-se, precipuamente, a fazer frente às despesas com investimentos, exigindo-se um sacrifício patrimonial para serem obtidas". São constituídas por (ALMEIDA, LISBOA; 2017, p. 111):

a) operações de crédito (assunção de dívidas): consistem na contratação de empréstimos ou financiamentos ou, ainda, na colocação de títulos públicos no mercado para a captação de recursos.

b) alienação de bens: refere-se à venda de componentes do ativo financeiro.

c) amortização de empréstimos: correspondem aos pagamentos, efetuados por terceiros, mediante os quais são satisfeitas parcelas referentes a empréstimos, financiamentos ou títulos públicos.

d) receitas recebidas por transferência de outro ente para pagamento de despesas de capital: são as transferências de capital, que são assim classificadas quando a sua aplicação se der em receitas de capital.

e) superávit do orçamento corrente: é o valor agregado ao orçamento acima do inicialmente previsto.

> **Como esse assunto foi cobrado em concurso?**
>
> No Concurso da FUNDEP para Procurador do Município de Curvelo/MG em 2024, foi considerado CERTO o seguinte enunciado: "A receita classificar-se-á nas seguintes categorias econômicas: receitas correntes e receitas de capital".

> **Como esse assunto foi cobrado em concurso?**
>
> No Concurso do Cebraspe para Procurador da PGE/RN em 2024, este tema foi cobrado da seguinte forma: "Com base na classificação das receitas públicas constante na Lei n.º 4.320/1964, assinale a opção que apresenta, respectivamente, um exemplo de receita corrente e um exemplo de receita de capital: a) transferências de capital e receitas tributárias; b) receita de serviços e operações de crédito; c) receita tributária e receita industrial; d) receita patrimonial e receita tributária; e) alienação de bens e receita agropecuária". Segundo o gabarito oficial, foi considerada correta a alternativa "b".

> **Como esse assunto foi cobrado em concurso?**
>
> No Concurso do Avança SP para Procurador da Câmara Municipal de Itapecerica da Serra/SP em 2024, foi considerado ERRADO o seguinte enunciado: "A receita classificar-se-á nas seguintes categorias econômicas: Receitas Correntes, Receitas de Capital e Receitas Especiais.".

> **Como esse assunto foi cobrado em concurso?**
>
> No Concurso da Vunesp para Auditor de Controle Externo do TCM/SP em 2023, foi considerado ERRADO o seguinte enunciado: "São Receitas de Capital as receitas tributária, de contribuições, patrimonial, agropecuária, industrial, de serviços e outras e, ainda, as provenientes de recursos financeiros recebidos de outras pessoas de direito público ou privado, quando destinadas a atender despesas classificáveis em Despesas de Capital".

> **Como esse assunto foi cobrado em concurso?**
>
> No Concurso da Cespe para Procurador da Fazenda Nacional AGU em 2023, foi considerado ERRADO o seguinte enunciado: "O superávit do orçamento corrente é considerado receita de capital e poderá integrar o patrimônio de fundos especiais, independentemente de autorização legislativa".

> ▸ **Como esse assunto foi cobrado em concurso?**
>
> No Concurso da CESPE/CEBRASPE para Procurador do Estado da Paraíba em 2021, este tema foi cobrado da seguinte forma: "No direito financeiro, são exemplos de receita de capital: a) o superávit do orçamento corrente e as receitas tributárias; b) o superávit do orçamento corrente e as operações de crédito; c) as operações de crédito e as receitas industriais; d) as receitas patrimoniais e as receitas industriais; e) as receitas tributárias e as receitas patrimoniais." Segundo o gabarito oficial, foi considerada correta a alternativa "b".

3. ESTÁGIOS DA RECEITA PÚBLICA

Os estágios da receita pública encontravam-se disciplinados no art. 139 do **Regulamento Geral de Contabilidade Pública** (Decreto federal n. 15.783/1922), que regulamentou o Código de Contabilidade Pública (Decreto Legislativo) n. 4.536/1922). Referido Decreto foi revogado pelo Decreto de 25 de abril de 1991, mas continua orientando a doutrina no que diz respeito aos estágios da receita pública.

> ▸ **Como esse assunto foi cobrado em concurso?**
>
> No Concurso da FMP para Procurador do Estado do Acre em 2017, foi considerado ERRADO o seguinte enunciado: "Os estágios da Receita são o lançamento, a arrecadação e o recolhimento e a eventual devolução do que o contribuinte demonstrar que pagou a maior".

3.1. Previsão

Ao contrário das despesas, que são fixadas nas leis orçamentárias, as receitas são **previstas ou estimadas**. Contudo, por expressa previsão na Lei de Responsabilidade Fiscal, essa previsão deve pautar-se por uma metodologia que permita ao Governo planejar seus gastos de maneira adequada de forma a se evitar tanto a superestimação da receita, quanto sua subestimação.

Assim, efetuar a previsão implica planejar e estimar a arrecadação das receitas que constará na proposta orçamentária, observando-se as normas técnicas e legais, em especial as disposições da Lei de Responsabilidade Fiscal. Dessa forma, a previsão de receitas "é a etapa que antecede a fixação do montante de despesas que irá constar nas leis de orçamento, além de ser base para se estimar as necessidades de financiamento do governo" (BRASIL, 2017, p. 26-27).

> ▸ **Importante**
>
> LRF, art. 12. As previsões de receita observarão as normas técnicas e legais, considerarão os efeitos das alterações na legislação, da variação do índice de preços, do crescimento econômico ou de qualquer outro fator relevante e serão acompanhadas de demonstrativo de sua evolução nos últimos três anos, da projeção para os dois seguintes àquele a que se referirem, e da metodologia de cálculo e premissas utilizadas.

§1º Reestimativa de receita por parte do Poder Legislativo só será admitida se comprovado erro ou omissão de ordem técnica ou legal.

▸ **Como esse assunto foi cobrado em concurso?**

No Concurso da FUNDATEC para Inspetor Tributário da Prefeitura de Candelária/RS em 2021, foi considerado CERTO o seguinte enunciado, conforme a Lei de Responsabilidade Fiscal: "A reestimativa de receita por parte do Poder Legislativo só será admitida se comprovado erro ou omissão de ordem técnica ou legal".

▸ **Como esse assunto foi cobrado em concurso?**

No Concurso da UFPR para Analista Legislativo da Câmara de Curitiba/PR em 2020, foi considerado ERRADO o seguinte enunciado: "As previsões de receita considerarão os efeitos da variação do índice de preços e do crescimento econômico e serão acompanhadas de demonstrativo de sua evolução nos últimos dois anos, da projeção para os dois seguintes àquele a que se referirem e da metodologia de cálculo e premissas utilizadas".

▸ **Como esse assunto foi cobrado em concurso?**

No Concurso do CESPE para Promotor de Justiça do MPE/PI em 2019, esse tema foi cobrado da seguinte forma: "Ao elaborar as previsões da receita pública, a administração deve levar em conta, entre outros, os seguintes critérios de classificação: a) o econômico e o programático; b) o programático e o instrumental; c) o instrumental e o funcional; d) o econômico e o da existência de vinculações; e) o funcional e o da existência de vinculações". Segundo o gabarito oficial, foi considerada correta a alternativa "d".

3.2. Lançamento

Segundo o art. 142 do Código Tributário Nacional, o lançamento, atividade **vinculada e obrigatória**, deve ser compreendido como "o procedimento administrativo tendente a verificar a ocorrência do fato gerador da obrigação correspondente, determinar a matéria tributável, calcular o montante do tributo devido, identificar o sujeito passivo e, sendo caso, propor a aplicação da penalidade cabível".

Serão objeto do lançamento os impostos diretos e quaisquer outras rendas com vencimento determinado em lei, regulamento ou contrato. Trata-se, assim, "de previsão de largo alcance, que objetiva preservar a formalidade da exteriorização do crédito favorável ao Estado mediante a documentação típica que é o lançamento" (ALMEIDA; LISBOA, 2017, p. 198).

> **Importante**
>
> Lei nº 4.320/64, art. 53. O lançamento da receita é ato da repartição competente, que verifica a procedência do crédito fiscal e a pessoa que lhe é devedora e inscreve o débito desta.

O lançamento pode ser de três formas:

a) **Lançamento de ofício**: "também chamado pela doutrina de lançamento direto, tem lugar sempre que a lei determinar à autoridade administrativa tributária que promova o lançamento sem nenhuma participação do sujeito passivo (CTN, art. 149, I). É efetuado exclusivamente pela autoridade administrativa tributária, como ocorre com o IPTU da maioria dos municípios" (MARTINS; SCARDOELLI, 2017, p. 471). Ex. IPTU e IPVA.

b) **Lançamento por declaração ou misto**: ocorre "quando a lei determinar que o sujeito passivo preste informações sobre o fato gerador, mediante uma declaração que servirá de base para a autoridade tributária constituir o crédito tributário, notificando o sujeito passivo para o recolhimento do tributo (CTN, arts. 147 e 148)" (MARTINS; SCARDOELLI, 2017, p. 472). Ex. ITR.

c) **Lançamento por homologação ou autolançamento**: ocorre quanto aos tributos cuja legislação atribua ao sujeito passivo o dever de antecipar o pagamento sem prévio exame da autoridade administrativa. Opera-se pelo ato em que a referida autoridade, tomando conhecimento da atividade assim exercida pelo obrigado, expressamente a homologa (CTN, art. 150). Ex. IR, ISS, ICMS, IPI, II e IE.

3.3. Arrecadação

A arrecadação corresponde à **entrega dos recursos devidos ao Tesouro Nacional** pelos contribuintes ou devedores, por meio dos agentes arrecadadores ou instituições financeiras autorizadas pelo ente. Vale destacar que, segundo o art. 35 da Lei nº 4.320/64, pertencem ao exercício financeiro as receitas nele arrecadadas, o que representa a adoção do regime de caixa para o ingresso das receitas públicas (BRASIL, 2017, p. 27).

3.4. Recolhimento

Consiste na **transferência dos valores arrecadados à conta específica do Tesouro Nacional**, responsável pela administração e controle da arrecadação e pela programação financeira, observando-se o princípio da unidade de tesouraria ou de caixa (BRASIL, 2017, p. 27).

> **Importante**
>
> Lei 4.320/64, art. 56. O recolhimento de todas as receitas far-se-á em estrita observância ao princípio da unidade de tesouraria, vedada qualquer fragmentação para criação de caixas especiais.

Harrison Leite destaca que "o recolhimento é realizado pelos próprios agentes ou bancos arrecadadores. Assim, enquanto a arrecadação consiste na entrega do recurso ao agente ou banco arrecadador, o recolhimento consiste no depósito desse recurso em conta do Tesouro. Em suma, consiste na entrega do numerário, arrecadado pelos agentes autorizados, às repartições oficiais" (2015, p. 185).

> **▸ Como esse assunto foi cobrado em concurso?**
>
> No Concurso do TRE/PE para Analista Judiciário em 2017, foi considerado ERRADO o seguinte enunciado: "Um dos estágios da receita pública é o recolhimento, que consiste na entrega dos recursos devidos pelos contribuintes ou devedores ao Tesouro Nacional".

4. AS RECEITAS PÚBLICAS NA LEI DE RESPONSABILIDADE FISCAL

4.1. Receita Corrente Líquida

A Lei de Responsabilidade Fiscal (LC 101/2000) apesar de ter abordado mais aspectos relacionados à despesa pública, também cuidou da receita pública trazendo, inclusive, alguns importantes conceitos relacionados ao tema, como é o caso da Receita Corrente Líquida, inserida no art. 2º da LRF.

> **▸ Importante**
>
> LRF, art. 2º, IV- receita corrente líquida: somatório das receitas tributárias, de contribuições, patrimoniais, industriais, agropecuárias, de serviços, transferências correntes e outras receitas também correntes, deduzidos:
>
> a) na União, os valores transferidos aos Estados e Municípios por determinação constitucional ou legal, e as contribuições mencionadas na alínea a do inciso I e no inciso II do art. 195, e no art. 239 da Constituição;
>
> b) nos Estados, as parcelas entregues aos Municípios por determinação constitucional;
>
> c) na União, nos Estados e nos Municípios, a contribuição dos servidores para o custeio do seu sistema de previdência e assistência social e as receitas provenientes da compensação financeira citada no §9º do art. 201 da Constituição.
>
> §1º Serão computados no cálculo da receita corrente líquida os valores pagos e recebidos em decorrência da Lei Complementar nº 87, de 13 de setembro de 1996, e do fundo previsto pelo art. 60 do Ato das Disposições Constitucionais Transitórias.
>
> §2º Não serão considerados na receita corrente líquida do Distrito Federal e dos Estados do Amapá e de Roraima os recursos recebidos da União para atendimento das despesas de que trata o inciso V do §1º do art. 19.
>
> §3º A receita corrente líquida será apurada somando-se as receitas arrecadadas no mês em referência e nos onze anteriores, excluídas as duplicidades.

▸ **Qual o entendimento atual do TCU sobre o assunto?**

"Para fins de definição da receita corrente líquida (art. 2º, inciso IV, alínea a, da LC 101/2000 – Lei de Responsabilidade Fiscal), o teor do item 9.2.1.1 do Acórdão 476/2003-TCU-Plenário deve se restringir aos valores transferidos ou repassados pela União a estados, ao Distrito Federal e a municípios decorrentes da repartição de receita corrente originária do produto da efetiva arrecadação de tributos federais ou de outros ingressos públicos, repartição essa resultante de determinação constitucional ou legal que estabeleça a distribuição de cota ou percentual incidente sobre a respectiva receita corrente". Acórdão 4074/2020 Plenário (Representação, Relator Ministro Bruno Dantas) (TCU, Boletim de Jurisprudência 340)

▸ **Como esse assunto foi cobrado em concurso?**

No Concurso do Instituto Consulplan para Procurador do Município da Prefeitura de Nova Friburgo/RJ em 2023, foi considerado CERTO o seguinte enunciado: "Entende-se como receita corrente líquida o somatório das receitas tributárias, de contribuições, patrimoniais, industriais, agropecuárias, de serviços, transferências correntes e outras receitas também correntes, deduzidos, dentre outros, nos Estados, as parcelas entregues aos Municípios por determinação constitucional".

▸ **Como esse assunto foi cobrado em concurso?**

No Concurso da CESPE/CEBRASPE para Promotor de Justiça Substituto de Santa Catarina em 2021, foi considerado CERTO o seguinte enunciado: "Para a apuração da receita corrente líquida dos estados, devem-se deduzir as parcelas entregues aos municípios por determinação constitucional".

▸ **Como esse assunto foi cobrado em concurso?**

No Concurso da CEBRASPE para Auditor Fiscal Jurídico da Receita Estadual da SEFAZ/CE em 2021, foi considerado ERRADO o seguinte enunciado: "A receita corrente líquida dos estados corresponde ao somatório das receitas tributárias, de contribuições, patrimoniais, industriais, agropecuárias, de serviços, transferências correntes e outras receitas também correntes, deduzidas apenas as parcelas entregues aos municípios por determinação constitucional".

▸ **Como esse assunto foi cobrado em concurso?**

No Concurso da FCC para Procurador do Estado da PGE/AP em 2018, foi considerado CERTO o seguinte enunciado: "Não se devem contar como Receita Corrente Líquida os recursos recebidos da União por conta de disposições constitucionais que determinam o custeio de pessoal, no caso do Estado do Amapá".

> **Como esse assunto foi cobrado em concurso?**
>
> No Concurso da FCC para Procurador do Estado da PGE/AP em 2018, foi considerado ERRADO o seguinte enunciado: "Devem-se incluir no cálculo da Receita Corrente Líquida dos Estados as parcelas entregues aos Municípios, ainda que por força constitucional".

Observe que o conceito de Receita Corrente Líquida (RCL) repercute em outros institutos do Direito Financeiro, servindo como parâmetro "para o montante da reserva de contingência e para os limites da despesa total com pessoal, da dívida consolidada liquida, das operações de crédito, do serviço da dívida, das operações de crédito por antecipação de receita orçamentária e das garantias do ente da Federação, já que estes limites são calculados a partir de percentuais incidentes sobre a RCL" (ABRAHAM, 2017, p. 102).

Harrison Leite alerta para que seja evitada a confusão entre o conceito de Receita Corrente Líquida, "que serve de parâmetro para limites de gastos com pessoal, limite de endividamento, dentre outros, com a Receita que serve de parâmetro para o repasse de valor do Executivo para o Legislativo e Judiciário, chamado também de duodécimo, ou seja, 1/12 da receita do exercício anterior, não sujeita ao fluxo da arrecadação" (2015, p. 187).

Da mesma forma a RCL não pode ser confundida com a base de cálculo do índice constitucional de educação. Assim, enquanto a RCL "envolve o somatório das receitas tributárias, de contribuições, patrimoniais, transferências correntes, dentre outras, a base de cálculo da receita que entra para o cômputo constitucional obrigatório da educação alcança apenas a receita dos impostos arrecadados e os transferidos" (art. 212 da CRFB/88) (VILELA; LEITE, 2018, p. 347-348). Também em relação à saúde, a RCL não pode ser confundida com as disposições do art. 198, §2º da CRFB/88, com a redação que lhe foi dada pela EC 86/2015.

> **Importante**
>
> CRFB/88, art. 212. A União aplicará, anualmente, nunca menos de dezoito, e os Estados, o Distrito Federal e os Municípios vinte e cinco por cento, no mínimo, da receita resultante de impostos, compreendida a proveniente de transferências, na manutenção e desenvolvimento do ensino.
>
> §1º- A parcela da arrecadação de impostos transferida pela União aos Estados, ao Distrito Federal e aos Municípios, ou pelos Estados aos respectivos Municípios, não é considerada, para efeito do cálculo previsto neste artigo, receita do governo que a transferir.
>
> [...]

> **Importante**
>
> CRFB/88, art. 198
>
> §2º A União, os Estados, o Distrito Federal e os Municípios aplicarão, anualmente, em ações e serviços públicos de saúde recursos mínimos derivados da aplicação de percentuais calculados sobre:

> I - no caso da União, a receita corrente líquida do respectivo exercício financeiro, não podendo ser inferior a 15% (quinze por cento);
>
> II - no caso dos Estados e do Distrito Federal, o produto da arrecadação dos impostos a que se refere o art. 155 e dos recursos de que tratam os arts. 157 e 159, inciso I, alínea a, e inciso II, deduzidas as parcelas que forem transferidas aos respectivos Municípios;
>
> III - no caso dos Municípios e do Distrito Federal, o produto de arrecadação dos impostos a que se refere o art. 156 e dos recursos de que se tratam os arts. 158 e 159, inciso I, alínea b e §3º.

4.2. Responsabilidade na Gestão Fiscal

A Lei de Responsabilidade Fiscal, buscando a responsabilidade na gestão fiscal, estabelece como **regra, em matéria de receita pública, a arrecadação** (LRF, art. 11) figurando a **renúncia de receita como exceção** (LRF, art. 14). Como sanção à inobservância das normas relacionadas à arrecadação, a LRF estabelece a vedação ao recebimento de transferências voluntárias, ou seja, "a entrega de recursos correntes ou de capital a outro ente da Federação, a título de cooperação, auxílio ou assistência financeira, que não decorra de determinação constitucional, legal ou destinados ao Sistema Único de Saúde" (LRF, art. 25).

> **▸ Como esse assunto foi cobrado em concurso?**
>
> No Concurso da VUNESP para Advogado do Crbio/1ª Região em 2017, esse tema foi cobrado da seguinte forma: "De acordo com a Lei Complementar nº 101/00, a entrega de recursos correntes ou de capital a outro ente da Federação, a título de cooperação, auxílio ou assistência financeira, que não decorra de determinação constitucional, legal ou os destinados ao Sistema Único de Saúde, entende-se por: a) restos a pagar; b) fundo especial; c) transferência voluntária; d) investimento; e) empréstimo programado". Segundo o gabarito oficial, foi considerada correta a alternativa "c".

Com base nisso, resta evidenciado que a LRF, "além de trabalhar o viés da limitação de gastos (despesas), estabelece a necessidade de potencialização do esforço arrecadatório (receitas), como desdobramento do ideal de equilíbrio fiscal (ABRAHAM, 2017, p. 137).

Observe-se que ao exigir a instituição de todos os tributos previstos na Constituição Federal a LRF apresenta-se para alguns autores, como inconstitucional, já que a própria CRFB não teria estabelecido tal obrigatoriedade. Nesse sentido, a própria União Federal até o presente **não instituiu o Imposto sobre Grandes Fortunas (IGF)** previsto no art. 153, VII, da Constituição.

Não obstante esse entendimento, para fins de concurso público é importante recordar que a LRF exige a instituição de todos os tributos, estabelecendo que se o ente da Federação não o fizer em relação aos **impostos**, ficará impedido de receber transferências voluntárias de outro ente federativo. Há que se destacar que tal vedação não alcança as transferências voluntárias destinadas à saúde, à educação e à assistência social (PASCOAL, 2015, p. 122).

> ▸ **Importante**
>
> LRF, art. 11. Constituem requisitos essenciais da responsabilidade na gestão fiscal a instituição, previsão, e efetiva arrecadação de todos os tributos da competência constitucional do ente da Federação.
>
> Parágrafo único. É vedada a realização de transferências voluntárias para o ente que não observe o disposto no *caput*, no que se refere aos **impostos.**

4.3. Renúncia de receitas e incentivos fiscais

A fixação de regras para a renúncia de receitas e geração de despesas têm como objetivo a manutenção do **equilíbrio fiscal**, "retirando do administrador público a liberdade plena e irrestrita que possuía para gastar ilimitadamente ou para conceder incentivos fiscais sem qualquer controle" (ABRAHAM, 2017, p, 148), buscando, com isso, combater condutas irresponsáveis e eleitoreiras, danosas às contas públicas.

Nesse sentido, destaca Marcus Abraham que "não era incomum, sobretudo em finais de mandatos, os gestores deixarem os chamados 'testamentos políticos', oferecendo graciosos aumentos ao funcionalismo, comprometendo a gestão de seus sucessores. Igualmente, as concessões de incentivos ou renúncias fiscais muitas vezes eram feitas desprovidas de necessidade ou interesse público, com nítido atendimento a interesses particulares" (2017, p. 148).

Assim, pautada pela **transparência** e pelo **controle fiscal**, Lei de Responsabilidade Fiscal prevê que a concessão ou a ampliação de incentivo ou benefício de natureza tributária, da qual decorra renúncia de receita, deverá estar obrigatoriamente:

- Acompanhada de **estimativa do impacto orçamentário-financeiro** no exercício em que deva iniciar sua vigência e nos dois seguintes;
- Habilitada a atender ao disposto na **Lei de Diretrizes Orçamentárias** (anexo de metas fiscais).

Além disso, deverão ser atendidas pelo menos uma das seguintes condições:

- Demonstração de que a renúncia foi considerada quando da estimativa da receita da Lei Orçamentária Anual e que não afetará as metas de resultados fiscais previstas; OU
- Estar acompanhada de medidas de compensação no exercício em que se deva iniciar sua vigência e nos dois exercícios seguintes.

▸ **Qual o entendimento atual do STF sobre o assunto?**

"A ausência de prévia estimativa de impacto financeiro e orçamentário na proposta legislativa que implique renúncia de receita tributária acarreta inconstitucionalidade formal, nos termos do art. 113 do ADCT, que é aplicável a todos os entes federativos". (RE 1.343.429/SP, rel. Min. Dias Toffoli, j. 08.04.2024. STF, Info 1131).

▸ **Qual o entendimento atual do TCU sobre o assunto?**

"Observadas as condições do caput do art. 14 da LC 101/2000 (LRF), a demonstração pelo proponente de que eventual renúncia de receita tributária foi considerada na estimativa de receita da lei orçamentária anual, na forma do art. 14, inciso I, da LRF, e de que não afetará as metas de resultados fiscais previstas no anexo próprio da lei de diretrizes orçamentárias, não exigirá medidas de compensação, na forma do art. 14, inciso II, da LRF, se o impacto orçamentário-financeiro da renúncia tributária se der a partir do exercício financeiro a que se referir a respectiva lei orçamentária anual". Acórdão 2692/2021 Plenário (Consulta, Relator Ministro Aroldo Cedraz) (TCU, Boletim de Jurisprudência 382)

▸ **Qual o entendimento atual do TCU sobre o assunto?**

"A produção de efeitos de medidas legislativas que cuidem de concessão ou ampliação de incentivo ou benefício de natureza tributária da qual decorra renúncia de receita depende do atendimento prévio, pelo Poder Executivo, das condições estabelecidas no ordenamento jurídico, em especial na Lei de Responsabilidade Fiscal e na respectiva Lei de Diretrizes Orçamentárias". Acórdão 62/2020 Plenário (Representação, Relator Ministro Bruno Dantas) (TCU, Boletim de Jurisprudência 295)

▸ **Como esse assunto foi cobrado em concurso?**

No Concurso do Instituto Consulplan para Procurador da Prefeitura de Pouso Alegre/MG em 2024, foi considerado ERRADO o seguinte enunciado: "Compreende como renúncia de receita anistia, remissão, subsídio, crédito presumido, concessão de isenção em caráter geral, alteração de alíquota ou modificação de base de cálculo que implique redução discriminada de tributos ou contribuições, e outros benefícios que correspondam a tratamento diferenciado".

▸ **Como esse assunto foi cobrado em concurso?**

No Concurso da Vunesp para Promotor do MP/RJ em 2024, foi considerado CERTO o seguinte enunciado: "O Prefeito do Município de Cocaia do Sul envia projeto de lei prevendo a isenção do IPTU – Imposto Predial e Territorial Urbano para idosos, com mais de 65 anos, proprietários de apenas um imóvel, com validade para os próximos dois exercícios fiscais. Para que o projeto esteja de acordo com a Lei de Responsabilidade Fiscal, deverá estar acompanhado de medidas de compensação, por meio do aumento de receita, proveniente da elevação de alíquotas, ampliação da base de cálculo, majoração ou criação de tributo ou contribuição".

▸ **Como esse assunto foi cobrado em concurso?**

No Concurso da FADCT para Procurador Municipal da Prefeitura de Ivatuba/PR em 2023, foi considerado CERTO o seguinte enunciado: "Na renúncia de receita, para que ela seja feita da forma correta, um dos requisitos a serem atendidos é que esteja acompanhada de uma estimativa do impacto orçamentário-financeiro da sua perda".

▸ **Como esse assunto foi cobrado em concurso?**

No Concurso do TRF da 3ª Região para Juiz Federal em 2022, foi considerado CERTO o seguinte enunciado: "A exigência de medidas de compensação prevista no art. 14, inciso II, para cobrir o que se deixa de arrecadar pela concessão de renúncias fiscais é constitucional e seu objetivo é uma maior transparência e responsabilidade, evitando-se o endividamento voluntário".

▸ **Como esse assunto foi cobrado em concurso?**

No Concurso da FCC para Procurador Municipal da Prefeitura de Teresina/PI em 2022, foi considerado CERTO o seguinte enunciado: "A concessão ou ampliação de incentivo ou benefício de natureza tributária, da qual decorra renúncia de receita, deverá estar acompanhada de estimativa do impacto orçamentário-financeiro, no exercício em que deva iniciar sua vigência e nos dois seguintes".

▸ **Como esse assunto foi cobrado em concurso?**

No Concurso da FCC para Procurador Municipal da Prefeitura de Teresina/PI em 2022, foi considerado CERTO o seguinte enunciado: "A renúncia de receita deve estar acompanhada de medidas de compensação, no exercício em que deva iniciar sua vigência e nos dois seguintes, por meio do aumento de receita, proveniente da elevação de alíquotas, ampliação da base de cálculo, majoração ou criação de tributo ou contribuição, ou de demonstração pelo proponente de que a renúncia foi considerada na estimativa da receita da lei orçamentária".

Em relação às medidas de compensação, o §1º do art. 14 da Lei de Responsabilidade Fiscal trouxe um **rol taxativo**. Nesse sentido, afirma Valdecir Pascoal que "o administrador, para efeito de compensação, não poderá se valer do combate à sonegação como medida de compensação, pois se trata de um dever do governante tomar todas as medidas que estejam a seu alcance com vistas a cobrar os tributos instituídos e devidos" (2015, p. 124).

> **Como esse assunto foi cobrado em concurso?**
>
> No Concurso da FGV para Analista de Planejamento e Orçamento da SMF/RJ em 2023, foi considerado CERTO o seguinte enunciado: "Projeto de lei de iniciativa do prefeito do Município Alfa pretende diminuir a alíquota de ISS de 5% para 4,5% quanto a uma série de serviços sobre os quais incide esse tributo municipal, com o fim de fomentar economicamente diversos segmentos de serviços prestados no território de Alfa. Acerca desse cenário, tal projeto de lei poderia optar por uma medida de compensação consistente na majoração da alíquota de outro tributo, no exercício em que deva iniciar a vigência da redução de alíquota do ISS e nos dois seguintes."

São compreendidas como renúncia, conforme conceituação de Marcus Abraham (2017, p. 149):

- **Anistia** → "exclusão do crédito fiscal a partir do perdão da infração e das penalidades correspondentes, com a dispensa do pagamento de multa e juros de mora";

> **Como esse assunto foi cobrado em concurso?**
>
> No Concurso da FCM para Auditor Fiscal do Município de Contagem/MG em 2020, foi considerado CERTO o seguinte enunciado sobre anistia: "Perdoa a multa, visa excluir o crédito tributário na parte relativa à multa aplicada pelo sujeito ativo ao sujeito passivo, por infrações cometidas por este anteriormente à vigência da lei que a concedeu".

- **Remissão** → "dispensa total ou parcial do pagamento de crédito fiscal, seja pela situação econômica do sujeito passivo, do reduzido valor tributário devido, por equidade em relação com as características pessoais ou materiais, ou em face de circunstâncias de determinada região";

> **Como esse assunto foi cobrado em concurso?**
>
> No Concurso da FCM para Auditor Fiscal do Município de Contagem/MG em 2020, foi considerado CERTO o seguinte enunciado sobre remissão: "Perdão da dívida, que se dá em determinadas circunstâncias previstas na lei, tais como valor diminuto da dívida, situação difícil que torna impossível ao sujeito passivo solver o débito, inconveniência do processamento da cobrança dado o alto custo não compensável com a quantia em cobrança, probabilidade de não receber, erro ou ignorância escusável do sujeito passivo, equidade, entre outros".

- **Subsídio** → "dotação orçamentária classificada como 'subvenção econômica' que representa a diferença entre o preço real de um produto e o preço (abaixo do real) pelo qual ele acaba sendo oferecido ao mercado, concedido pelo ente a produtor ou comerciante, com a função de corrigir distorções de preço no mercado, equilibrar a concorrência, ou para incentivar a produção e consumo de determinados bens considerados de interesse público";

▸ **Como esse assunto foi cobrado em concurso?**

No Concurso da FCC para Procurador do Estado da PGE/AM em 2022, foi considerado CERTO o seguinte enunciado: "Considere que o Estado do Amazonas tenha instituído um programa de apoio à inovação tecnológica, alocando recursos orçamentários para desenvolvimento de projetos voltados à potencial constituição de empresas, em um modelo de apoio a *startups*. Nesse diapasão, consultou a Procuradoria acerca da possibilidade de destinar recursos orçamentários a empresas privadas de tecnologia já constituídas, a fim de cobrir déficit operacional que as mesmas costumam experimentar nos primeiros anos de atuação. Submetida a matéria ao exame jurídico, cumprirá indicar à Administração que a medida pretendida consiste em subvenção econômica e somente poderá ser destinada a empresas privadas com fins lucrativos mediante autorização legislativa específica".

- **Crédito presumido** → "mecanismo pelo qual o ente tributante reduz o montante devido do tributo, através de um ressarcimento ou compensação do próprio tributo a ser apurado, incidente sobre determinadas operações";

▸ **Como esse assunto foi cobrado em concurso?**

No Concurso da FCM para Auditor Fiscal do Município de Contagem/MG em 2020, foi considerado CERTO o seguinte enunciado sobre crédito presumido: "Representa o montante do imposto cobrado na operação anterior e objetiva neutralizar o efeito de recuperação dos impostos não cumulativos, pelo qual o Estado se apropria do valor da isenção nas etapas subsequentes da circulação da mercadoria".

- **Isenção** → "dispensa legal do pagamento de determinado tributo ou obrigação fiscal para determinados fatos, circunstâncias ou pessoas abrangidas pela norma isentiva, fazendo com que a obrigação fiscal não se materialize";

▸ **Como esse assunto foi cobrado em concurso?**

No Concurso da FCM para Auditor Fiscal do Município de Contagem/MG em 2020, foi considerado CERTO o seguinte enunciado sobre isenção: "Renúncia em que há a dispensa legal, pelo Estado, do débito tributário devido".

- **Redução de alíquota ou base de cálculo** → "alteração dos critérios quantitativos de incidência dos tributos, afetando a forma de calcular a obrigação tributária e reduzindo, ao final, a carga fiscal em determinada operação".

▸ **Como esse assunto foi cobrado em concurso?**

No Concurso da FMP para Procurador do Estado do Acre em 2017, foi considerado ERRADO o seguinte enunciado: "A Imunidade é uma das formas de renúncia fiscal, ao lado da isenção e da anistia".

▸ Como esse assunto foi cobrado em concurso?

No Concurso da FMP para Procurador do Estado do Acre em 2017, foi considerado ERRADO o seguinte enunciado: "A isenção tributária não configura renúncia fiscal, quando inexistente, anteriormente à sua instituição, a atividade ou unidade produtiva favorecida, pois não se renuncia ao que não existe".

▸ Importante

LRF, art. 14. A concessão ou ampliação de incentivo ou benefício de natureza tributária da qual decorra renúncia de receita deverá estar acompanhada de estimativa do impacto orçamentário-financeiro no exercício em que deva iniciar sua vigência e nos dois seguintes, atender ao disposto na lei de diretrizes orçamentárias e a pelo menos uma das seguintes condições:

I - demonstração pelo proponente de que a renúncia foi considerada na estimativa de receita da lei orçamentária, na forma do art. 12, e de que não afetará as metas de resultados fiscais previstas no anexo próprio da lei de diretrizes orçamentárias;

II - estar acompanhada de medidas de compensação, no período mencionado no *caput*, por meio do aumento de receita, proveniente da elevação de alíquotas, ampliação da base de cálculo, majoração ou criação de tributo ou contribuição.

§1º A renúncia compreende anistia, remissão, subsídio, crédito presumido, concessão de isenção em caráter não geral, alteração de alíquota ou modificação de base de cálculo que implique redução discriminada de tributos ou contribuições, e outros benefícios que correspondam a tratamento diferenciado.

§2º Se o ato de concessão ou ampliação do incentivo ou benefício de que trata o *caput* deste artigo decorrer da condição contida no inciso II, o benefício só entrará em vigor quando implementadas as medidas referidas no mencionado inciso.

§3º O disposto neste artigo não se aplica:

I - às alterações das alíquotas dos impostos previstos nos incisos I, II, IV e V do art. 153 da Constituição, na forma do seu §1º;

II - **ao cancelamento de débito cujo montante seja inferior ao dos respectivos custos de cobrança.**

▸ Qual o entendimento atual do STF sobre o assunto?

"É inconstitucional — por violar o art. 113 do ADCT — lei estadual que concede vantagens e aumento de vencimentos a seus servidores públicos sem prévia estimativa de impacto orçamentário e financeiro". (ADI 6.090/RR, relator Ministro Dias Toffoli, julgamento virtual finalizado em 12.6.2023, STF Info 1098).

▸ Qual o entendimento atual do STF sobre o assunto?

"É inconstitucional lei estadual que concede benefício fiscal sem a prévia estimativa de impacto orçamentário e financeiro exigida pelo art. 113 do ADCT." (ADI 6303/RR, rela. Min. Roberto Barroso, j. 11.3.2022, Info 1046)

▸ **Como esse assunto foi cobrado em concurso?**

No Concurso da FCC para Procurador do Estado da PGE/GO em 2024, foi considerado CERTO o seguinte enunciado: "Considere que o Estado pretenda implementar um programa de incentivo fiscal, com redução da alíquota de ICMS, para estimular a produção e a venda de carros elétricos e híbridos, dentro do escopo de metas de ESG e transição energética. Argumenta-se, ainda, que a instalação de uma nova fábrica no interior do Estado irá gerar mais empregos, estimular diversos setores do comércio e da cadeia produtiva, gerando, assim, aumento da arrecadação de impostos estaduais. De acordo com a disciplina estabelecida na Lei de Responsabilidade Fiscal, a medida deve vir acompanhada da demonstração de seu impacto no exercício que entrar em vigor e nos dois subsequentes, e, na hipótese de ensejar comprometimento das metas fiscais, condiciona-se à implementação de medidas de compensação por meio do aumento de receita, proveniente da elevação de alíquotas, ampliação da base de cálculo, majoração ou criação de tributo ou contribuição".

▸ **Como esse assunto foi cobrado em concurso?**

No Concurso da Vunesp para Procurador do Município de São José do Rio Preto/SP em 2023, foi considerado CERTO o seguinte enunciado: "Às disposições constantes da Lei de Responsabilidade Fiscal (Lei Complementar nº 101/2000) quanto à renúncia de receita não se aplicam ao cancelamento de débito com valor inferior aos custos de cobrança".

▸ **Como esse assunto foi cobrado em concurso?**

No Concurso da FGV para Juiz de Direito do TJ/PE em 2022, foi considerado CERTO o seguinte enunciado: "O governador do Estado Alfa pretende conceder uma isenção de ICMS para beneficiar os adquirentes de automóveis no território estadual que sejam comprovadamente pessoas com deficiência (PcD). Para tanto, envia projeto de lei à Assembleia Legislativa, requerendo aprovação de tal benefício fiscal. A partir desse cenário, tal isenção necessita de estimativa de impacto orçamentário e financeiro".

▸ **Como esse assunto foi cobrado em concurso?**

No Concurso da FCC para Procurador do Estado da PGE/AM em 2022, foi considerado CERTO o seguinte enunciado: "Os incentivos concedidos a setores produtivos muitas vezes envolvem a concessão de linhas de crédito com juros subsidiados mediante alocação de recursos do orçamento público e, em outras, a efetiva redução da carga tributária, com medidas de renúncia fiscal. A respeito de tais situações é relevante notar que em se tratando de renúncia fiscal, quando considerada na estimativa de receita da lei orçamentária e, desde que não afete as metas de resultados fiscais, poderá ser implementada independentemente de prévia medida compensatória".

Destaque-se que as exigências da LRF para a concessão de renúncias de receita devem ser somadas àquelas já disciplinadas pela CRFB/88 (art. 150, §6º). Assim, antes da elaboração da lei específica mencionada no dispositivo constitucional, o proponente deverá analisar a observância dos requisitos contidos no art. 14 da LRF (*caput* e incisos I e II), sem os quais mencionada renúncia não poderá surtir efeitos.

▸ Importante

CRFB/88, art. 150, §6º. Qualquer subsídio ou isenção, redução de base de cálculo, concessão de crédito presumido, anistia ou remissão, relativas a impostos, taxas ou contribuições, só poderá ser concedido mediante lei específica, federal, estadual ou municipal, que regule exclusivamente as matérias acima enumeradas ou correspondente tributo ou contribuição, sem prejuízo do disposto no art. 155, §2º, XII, g.

▸ Qual o entendimento atual do TCU sobre o assunto?

"A concessão ou a ampliação de incentivo ou benefício de natureza tributária dos quais decorram renúncias de receitas, por ato normativo do Poder Executivo, deve obedecer aos requisitos previstos no art. 14 da LRF, ressalvadas as hipóteses do art. 14, § 3.º, inciso I, da referida lei, bem como aos dispositivos pertinentes da LDO em vigor, aplicando-se, no que couber, a resposta à consulta julgada por meio do Acórdão 1907/2019-Plenário. O disposto no art. 113 do ADCT, segundo o qual a proposição legislativa que crie ou altere despesa obrigatória ou renúncia de receita deverá ser acompanhada da estimativa do seu impacto orçamentário e financeiro, não se aplica aos atos normativos expedidos pelo Poder Executivo, a exemplo de decretos e portarias, por estes não fazerem parte do rol de dispositivos constantes do art. 59 da Constituição Federal". Acórdão 2532/2021 Plenário (Pedido de Reexame, Relator Ministro Vital do Rêgo) (TCU, Boletim de Jurisprudência 378)

▸ Qual o entendimento atual do TCU sobre o assunto?

"As leis e demais normativos que instituírem benefícios tributários e outros que tenham o potencial de impactar as metas fiscais somente podem ser aplicados se forem satisfeitas as condicionantes constitucionais e legais, considerando o disposto no art. 167, inciso II, da Constituição Federal, no art. 113 do ADCT e nos arts. 14 a 16 da LRF". Acórdão 2198/2020 Plenário (Representação, Relator Ministro Vital do Rêgo) (TCU, Boletim de Jurisprudência 324)

▸ Como esse assunto foi cobrado em concurso?

No Concurso do INSTITUTO MAIS para Procurador da SETEC Campinas em 2021, foi considerado CERTO o seguinte enunciado: "A renúncia compreende anistia, remissão, subsídio, crédito presumido, concessão de isenção em caráter não geral, alteração de alíquota ou modificação de base de cálculo que implique redução discriminada de tributos ou contribuições, e outros benefícios que correspondam a tratamento diferenciado".

▸ **Como esse assunto foi cobrado em concurso?**

No Concurso da CESPE/CEBRASPE para Promotor de Justiça Substituto do MPE/AP em 2021, foi considerado CERTO o seguinte enunciado: "Segundo a Lei de Responsabilidade Fiscal, para efeitos da concessão de incentivo de natureza tributária, consideram-se como renúncia de receita a anistia, a remissão e o crédito presumido".

A concessão de benefício fiscal em desacordo com a Lei de Responsabilidade Fiscal não foi considerada crime pela legislação penal. Contudo, caracteriza **ato de improbidade administrativa** nos moldes preconizados pelo inciso VII, do art. 10, da lei 8.429/92. Ademais, com a nova redação conferida à Lei de Improbidade Administrativa pela lei nº 14.230/21, também foi apontado como ato de improbidade administrativa que causa prejuízo ao erário, a ação ou omissão dolosa de "conceder, aplicar ou manter benefício financeiro ou tributário contrário ao que dispõem o *caput* e o §1º do art. 8º-A da LC 116/2003" (lei nº 8.429/92, art. 10, XXII).

▸ **Qual o entendimento atual do STF sobre o assunto?**

"É constitucional a isenção fiscal relativa a pagamento de custas judiciais, concedida por Estado soberano que, mediante política pública formulada pelo respectivo governo, buscou garantir a realização, em seu território, de eventos da maior expressão, quer nacional, quer internacional. Legitimidade dos estímulos destinados a atrair o principal e indispensável parceiro envolvido, qual seja, a FIFA, de modo a alcançar os benefícios econômicos e sociais pretendidos". (STF, ADI 4.976, Rel. Min. Ricardo Lewandowski, Pleno, j. 07.05.2014, p. 30.10.2014).

▸ **Qual o entendimento atual do STF sobre o assunto?**

"A adoção do processo legislativo decorrente do art. 150, §6º, da CF tende a coibir o uso desses institutos de desoneração tributária como moeda de barganha para a obtenção de vantagem pessoal pela autoridade pública, pois a fixação, pelo mesmo Poder instituidor do tributo, de requisitos objetivos para a concessão do benefício tende a mitigar arbítrio do chefe do Poder Executivo, garantindo que qualquer pessoa física ou jurídica enquadrada nas hipóteses legalmente previstas usufrua da benesse tributária, homenageando-se aos princípios constitucionais da impessoalidade, da legalidade e da moralidade administrativas (art. 37, *caput*, da Constituição da República). A autorização para a concessão da remissão e anistia, a ser feita 'na forma prevista em regulamento' (art. 25 da Lei 6.489/2002), configura delegação ao chefe do Poder Executivo em tema inafastável do Poder Legislativo". (STF, ADI 2.688, Rel. Min. Joaquim Barbosa, Pleno, j. 1º.06.2011, p. 26.08.2011).

▸ **Qual o entendimento atual do TCU sobre o assunto?**

Quando da proposição de ato normativo ou da sanção de projeto de lei, com vistas a concessão ou ampliação de benefícios tributários que importarem em renúncia de receita, bem como no momento da implementação desses benefícios, é necessária a adoção de medidas para atender aos requisitos estabelecidos no art. 113 do ADCT, no art. 14 da LRF (LC 101/2000) e nos dispositivos pertinentes da LDO em vigor. Se o ato de concessão ou ampliação do incentivo ou benefício decorrer da condição contida no art. 14, inciso II, da LRF, o benefício só entrará em vigor quando implementadas as medidas compensatórias referidas no mencionado inciso, a teor do disposto no art. 14, § 2º, da própria LRF. Acórdão 440/2024 Plenário (Acompanhamento, Relator Ministro Jorge Oliveira) (TCU, Boletim de Jurisprudência 485).

▸ **Qual o entendimento atual do TCU sobre o assunto?**

No âmbito das proposições legislativas, assim como na análise de medidas provisórias, que prevejam a criação, ampliação ou prorrogação de renúncias de receitas tributárias, é necessária a observância do previsto no art. 113 do ADCT, no 14 da LRF (LC 101/2000) e nos dispositivos pertinentes da LDO em vigor. Acórdão 440/2024 Plenário (Acompanhamento, Relator Ministro Jorge Oliveira) (TCU, Boletim de Jurisprudência 485).

▸ **Como esse assunto foi cobrado em concurso?**

No Concurso da FCC para Procurador Municipal da Prefeitura de Teresina/PI em 2022, foi considerado ERRADO o seguinte enunciado: "Considera-se renúncia de receita as alterações das alíquotas dos impostos federais, reguladores do mercado interno, assim como impostos sobre o comércio exterior, sobre produtos industrializados e sobre operações financeiras".

▸ **Como esse assunto foi cobrado em concurso?**

No Concurso da FCC para Procurador Municipal da Prefeitura de Teresina/PI em 2022, foi considerado ERRADO o seguinte enunciado: "Considera-se renúncia de receita o cancelamento de débito cujo montante seja inferior ao dos respectivos custos de cobrança".

5. REPARTIÇÃO DE RECEITAS TRIBUTÁRIAS

A repartição das receitas tributárias por vezes é tratada no âmbito do Direito Tributário. Contudo, por se tratar de tema que gera interesse tão somente às entidades políticas tributantes, e não ao sujeito passivo do tributo, encaixa-se melhor dentro dos temas abordados pelo Direito Financeiro.

Considerando os **deveres constitucionalmente atribuídos aos entes federados**, é imprescindível que haja a correspondência em **recursos financeiros**. No mesmo sentido, não seria possível se falar em autonomia política e administrativa caso tais entes não gozassem de **autonomia financeira**, garantida pela Constituição de acordo com a discriminação de rendas estabelecida de forma a abranger tanto a atribuição de competência tributária (partilha do poder tributário) e a repartição das receitas tributárias.

Pela atribuição de competência, dividem-se, entre a União, os Estados, o Distrito Federal e os Municípios, parcelas do próprio poder de instituir e cobrar tributos. Assim, a CRFB/88 atribui competência para instituir impostos à União (arts. 153 e 154), aos Estados (art. 155), ao Distrito Federal (art. 155 c/c art. 147, 2ª parte) e aos Municípios (art. 156). Por outro, lado todas os entes têm competência comum para instituir taxas e contribuições de melhoria (arts. 145, II e III) cabendo à União os empréstimos compulsórios (art. 148) e as contribuições especiais (art. 149, *caput*) (RAMOS FILHO, 2017, p. 433-434).

A repartição de receitas, por sua vez, deve ser entendida como as relações intergovernamentais através das quais divide-se entre as entidades federadas o produto da arrecadação do tributo por uma delas instituído e cobrado. Essa repartição será sempre **vertical** ("de cima para baixo") e poderá ser de **forma direta** (participação direta dos Estados e Municípios no imposto de renda da União e participação no produto de impostos de receitas partilhadas) **ou indireta** (participação em Fundos).

Carlos Alberto de Moraes Ramos Filho apresenta as formas pelas quais ocorre a repartição (ou partilha) direta e a indireta:

a) **Partilha direta**: "é realizada sem intermediação, ou seja, o ente político beneficiado, como agente arrecadador, apropria-se, total ou parcialmente, da receita tributária mediante transferência orçamentária, ou recebe diretamente do ente dotado de competência tributária parte do produto da arrecadação por ele feita" (2017, p. 436).

b) **Partilha indireta**: "são criados fundos para os quais são carreadas parcelas de receitas de certos impostos que, posteriormente, são rateados proporcionalmente entre os participantes, segundo critérios previamente estabelecidos na legislação" (2017, p. 437). O objetivo é corrigir desigualdades regionais.

5.1. Participação direta no produto da arrecadação do imposto de renda retido na fonte de competência impositiva da União

Essa primeira forma de participação direta, disciplinada nos arts. 157, I e 158, I, da CRFB/88 estabelece que o imposto de renda retido na fonte, a qualquer título, pelos Estados, Distrito Federal, Municípios e suas respectivas autarquias ou fundações por eles instituídas e mantidas, lhes pertence integralmente, incorporando-se às suas receitas correntes. Observe-se que a regra **não se aplica às empresas estatais**, sejam elas sociedades de economia mista, sejam empresas públicas.

> **Importante**
>
> CRFB/88
>
> Art. 157. Pertencem aos Estados e ao Distrito Federal:
>
> I – o produto da arrecadação do imposto da União sobre renda e proventos de qualquer natureza, incidente na fonte, sobre rendimentos pagos, a qualquer título, por eles, suas autarquias e pelas fundações que instituírem e mantiverem.
>
> Art. 158. Pertencem aos Municípios:
>
> I – o produto da arrecadação do imposto da União sobre renda e proventos de qualquer natureza, incidente na fonte, sobre rendimentos pagos, a qualquer título, por eles, suas autarquias e pelas fundações que instituírem e mantiverem.

> **Qual o entendimento atual do STF sobre o assunto?**
>
> "Pretensão de assegurar ao Estado, na condição de pagante, o produto da arrecadação de imposto de renda retido na fonte relativo ao pagamento de complementações de aposentadorias e pensões a aposentados e pensionistas de suas empresas públicas [...]. O art. 157, I, da Constituição Federal, que dispõe acerca da destinação aos Estados do produto da arrecadação do IRPF, **não contempla os pagamentos originados das estatais**, integrantes da Administração Pública Indireta, não cabendo interpretação ampliativa". (STF, ACO 571/AgR, Rel. Min. Dias Toffoli, Pleno, j. 07.03.2017, p. 03.04.2017).

Sobre esse ponto vale destacar que o IRPF, por pertencer aos entes que o retêm, deverá ser cobrado desses nos casos de retenção indevida. Dessa forma, os Estados, DF e Municípios figurarão no polo passivo da cobrança em eventual ação de repetição de indébito, sendo competente a Justiça Estadual. Nesse sentido é o teor da súmula 447, do STJ: **"Os Estados e o Distrito Federal são partes legítimas na ação de restituição de imposto de renda retido na fonte proposta por seus servidores".**

5.2. Modalidade de participação no produto de impostos de receitas partilhadas

Essa segunda modalidade consiste na participação no produto de arrecadação de tributos de receita partilhada. São os casos previstos nos arts. 157, II, 158, II, III e IV e 159, III, da Constituição Federal. Nesses casos "o tributo, quando criado, já pertence a mais de uma pessoa política, nos exatos limites constitucionais fixados. Nunca pertence a uma só pessoa jurídica de direito público interno a quem foi conferido o poder de instituir, fiscalizar e arrecadar o imposto. Feita a arrecadação, deve devolver à entidade política participante da partilha o respectivo *quantum* que a ela pertence por determinação constitucional (Harada, 2013, p. 55).

▸ Importante

CRFB/88

Art. 157. Pertencem aos Estados e ao Distrito Federal:

II – vinte por cento do produto da arrecadação do imposto que a União instituir no exercício da competência que lhe é atribuída pelo art. 154, I.

Art. 158. Pertencem aos Municípios:

II – cinquenta por cento do produto da arrecadação do imposto da União sobre a propriedade territorial rural, relativamente aos imóveis neles situados, cabendo a totalidade na hipótese da opção a que se refere o art. 153, §4º, III;

III – cinquenta por cento do produto da arrecadação do imposto do Estado sobre a propriedade de veículos automotores licenciados em seus territórios;

IV – vinte e cinco por cento do produto da arrecadação do imposto do Estado sobre operações relativas à circulação de mercadorias e sobre prestações de serviços de transporte interestadual e intermunicipal e de comunicação **(critérios fixados pela EC 108/2020).**

Art. 159. A União entregará:

III – do produto da arrecadação da contribuição de intervenção no domínio econômico prevista no art. 177, §4º, 29% (vinte e nove por cento) para os Estados e o Distrito Federal, distribuídos na forma da lei, observada a destinação a que se refere o inciso II, c, do referido parágrafo.

§4º Do montante de recursos de que trata o inciso III que cabe a cada Estado, vinte e cinco por cento serão destinados aos seus Municípios, na forma da lei a que se refere o mencionado inciso.

Além dos casos mencionados no quadro, ainda pertencem aos Estados, ao DF ou ao Território, conforme a origem, 30% (trinta por cento), e aos Municípios 70% (setenta por cento) do montante da arrecadação do IOF incidente sobre operações com ouro, **quando definido em lei como ativo financeiro ou instrumento cambial** (art. 153, §5º, I e II).

▸ Qual o entendimento atual do STF sobre o assunto?

"A obrigação de transferência da quota pertencente aos municípios sobre o produto da arrecadação do ICMS, relativa à repartição constitucional das receitas tributárias, só ocorre quando há o efetivo recolhimento do tributo, isto é, quando configurada a receita pública por parte do estado-membro". (RE 1.288.634/GO, relator Ministro Gilmar Mendes, julgamento virtual finalizado em 16.12.2022, STF Info 1080)

▶ **Qual o entendimento atual do STF sobre o assunto?**

"ICMS. Repartição de rendas tributárias. PRODEC. Programa de Incentivo Fiscal de Santa Catarina. Retenção, pelo Estado, de parte da parcela pertencente aos Municípios. Inconstitucionalidade. RE desprovido. A parcela do imposto estadual sobre operações relativas à circulação de mercadorias e sobre prestações de serviços de transporte interestadual e intermunicipal e de comunicação, a que se refere o art. 158, IV, da Carta Magna, pertence de plano direito aos Municípios. O repasse da quota constitucionalmente devida aos Municípios não pode sujeitar-se à condição prevista em programa de benefício fiscal de âmbito estadual. Limitação que configura indevida interferência do Estado no sistema constitucional de repartição de receitas tributárias". (STF, RE 572.762, Rel. Min. Ricardo Lewandowski, j. 18.06.2008, p. 05.09.2008).

<table>
<tr><th colspan="2">Formas de Repartição Direta de Receitas</th></tr>
<tr><td colspan="2">Trinta por cento do IOF para Estados, DF ou Território, incidente sobre operações com ouro quando definido em lei como ativo financeiro ou instrumento cambial (art. 153, §5º, I, da CRFB/88).</td></tr>
<tr><td colspan="2">A totalidade do produto da arrecadação do imposto da União sobre a renda e proventos de qualquer natureza, incidente na fonte, sobre rendimentos pagos, a qualquer título, por E, DF e M, suas autarquias e pelas fundações que instituírem e mantiverem (art. 157, I e 158, I, da CRFB/88).</td></tr>
<tr><td colspan="2">Vinte por cento do produto da arrecadação de imposto instituído pela União no exercício de sua competência residual para Estados e DF (art. 157, II, da CRFB/88).</td></tr>
<tr><td colspan="2">Cinquenta por cento da arrecadação do ITR para os Municípios (ou cem por cento no caso de o próprio Município optar, na forma da lei, por cobrar e fiscalizar o ITR) (art. 158, II, da CRFB/88).</td></tr>
<tr><td colspan="2">Cinquenta por cento da arrecadação do IPVA relativamente aos veículos licenciados em seus territórios, para os Municípios (art. 158, III, da CRFB/88).</td></tr>
<tr><td rowspan="2">Vinte e cinco por cento do ICMS para os municípios (Art. 158, IV conforme EC 108/2020)</td><td>65%, no mínimo, na proporção do valor adicionado nas operações realizadas em seus territórios;</td></tr>
<tr><td>Até 35%, de acordo com o que dispuser lei estadual, observada, obrigatoriamente, a distribuição de, no mínimo, 10% com base em indicadores de melhoria nos resultados de aprendizagem e de aumento da equidade, considerando o nível socioeconômico dos educandos.</td></tr>
<tr><td colspan="2">Vinte e nove por cento da CIDE combustíveis para os Estados, que deverão repassar vinte e cinco por cento do valor recebido para os Municípios (art. 159, III e art. 177, §4º, II, da CRFB/88).</td></tr>
</table>

▶ **Qual o entendimento atual do STF sobre o assunto?**

"Os valores dos créditos tributários extintos que decorram de compensação ou de transação (CTN/1966, arts. 170 e 171) devem integrar o cálculo do percentual de transferência da quota pertencente às municipalidades sobre o produto da arrecadação do ICMS relativo à repartição constitucional das receitas tributárias, na medida em que é desnecessário, para esse cômputo, o efetivo recolhimento do imposto". (ADI 3.837/DF, rel. Min. Nunes Marques, j. 20.09.2024. STF Info 1151).

> **Como esse assunto foi cobrado em concurso?**
>
> No Concurso da Fepese para Procurador do Município de Balneário Camboriú/SC em 2023, foi considerado CERTO o seguinte enunciado: "Pertencem aos Municípios o produto da arrecadação do imposto da União sobre renda e proventos de qualquer natureza, incidente na fonte, sobre rendimentos pagos, a qualquer título, por eles, suas autarquias e pelas fundações que instituírem e mantiverem".

> **Como esse assunto foi cobrado em concurso?**
>
> No Concurso da Fepese para Procurador do Município de Balneário Camboriú/SC em 2023, foi considerado ERRADO o seguinte enunciado: "Pertencem aos Municípios 50% do produto da arrecadação do imposto do Estado sobre operações relativas à circulação de mercadorias e sobre prestações de serviços de transporte interestadual e intermunicipal e de comunicação".

> **Como esse assunto foi cobrado em concurso?**
>
> No Concurso da Fepese para Procurador do Município de Balneário Camboriú/SC em 2023, foi considerado ERRADO o seguinte enunciado: "A União entregará sessenta por cento do produto da arrecadação dos impostos sobre renda e proventos de qualquer natureza e sobre produtos industrializados aos Estados e ao Fundo de Participação dos Municípios".

> **Como esse assunto foi cobrado em concurso?**
>
> No Concurso da Fepese para Procurador do Município de Balneário Camboriú/SC em 2023, foi considerado ERRADO o seguinte enunciado: "A União entregará 20% do produto da arrecadação do imposto sobre produtos industrializados aos Estados e ao Distrito Federal". Na mesma questão também foi considerado ERRADO o seguinte enunciado: "Pertencem aos Municípios 25% do produto da arrecadação do imposto do Estado sobre a propriedade de veículos automotores licenciados em seus territórios."

5.3. Partilha indireta em favor dos Estados, DF e Municípios

A terceira modalidade consiste na participação dos entes federados (E, DF e M) nos **Fundos formados pela União**. Sobre tais fundos, Harrison Leite esclarece que "consistem na individualização de recursos e na sua vinculação ou alocação a uma área específica, com atribuição e responsabilidade para cumprimento de objetivos específicos, mediante execução de programas com eles relacionados. Trata-se apenas de um tipo de gestão de recursos destinado ao atendimento de ações específicas" (VILELA; LEITE, 2018, p. 350).

> **▸ Como esse assunto foi cobrado em concurso?**
>
> No Concurso da FMP para Procurador do Estado do Acre em 2017, foi considerado CERTO o seguinte enunciado: "Constitui fundo especial o produto de receitas especificadas que, por lei, se vinculam à realização de determinados objetivos ou serviços".

Ainda sobre os Fundos, o autor aponta as seguintes características: "(i) receitas especificadas; (ii) vinculação à realização de determinados objetivos ou serviços; (iii) normas peculiares de aplicação; (iv) vinculação a determinado órgão da Administração; (v) descentralização interna do processo decisório e (vi) plano de aplicação, contabilidade e prestação de contas" (VILELA; LEITE, 2018, p. 350).

Numa perspectiva constitucional, os fundos são: **a) exceção ao princípio da especificação e b) exceção ao princípio da unidade da tesouraria**. Por fim, há que se destacar que tais fundos "podem ser criados por lei ordinária ou serem por ela autorizados, mas as normas que tratam da sua instituição e funcionamento só podem ser veiculadas por lei complementar" (VILELA; LEITE, 2018, p. 350).

Os recursos destinados à partilha indireta em favor de Estados, DF e Municípios serão oriundos dos seguintes fundos de participação (RAMOS FILHO, 2017, p. 444-445):

- **Fundo de Participação dos Estados e do Distrito Federal (FPE)**, formado por 21,5% (vinte e um inteiros e cinco décimos por cento) do que for arrecadado a título dos impostos sobre a renda e proventos de qualquer natureza (IR) e sobre produtos industrializados (IPI) (art. 159, inciso I, alínea a, CF);
- **Fundo de Participação dos Municípios (FPM)**, formado por:
  - a) 22,5% (vinte e dois inteiros e cinco décimos por cento) da arrecadação dos impostos sobre a renda e proventos de qualquer natureza (IR) e sobre produtos industrializados (IPI) (art. 159, inciso I, alínea *b*, CF);
  - b) 1% (um por cento) da arrecadação dos referidos impostos federais, percentual este que será entregue até o dia 10 do mês de dezembro de cada ano (art. 159, inciso I, alínea d, CF);
  - c) 1% (um por cento) da arrecadação dos referidos impostos federais, percentual este que será entregue até o dia 10 do mês de julho de cada ano (art. 159, inciso I, alínea e, CF).

> **▸ Qual o entendimento atual do STF sobre o assunto?**
>
> "É inconstitucional – por afrontar os princípios da segurança jurídica e da proteção da confiança legítima – decisão normativa do Tribunal de Contas da União (TCU) que promove alteração dos coeficientes a serem

utilizados no cálculo das cotas do Fundo de Participação dos Municípios (FPM) em desacordo com a regra prevista na Lei Complementar nº 165/2019". (ADPF 1.043/DF, rel. Min. Cristiano Zanin, j. 08.03.2024. STF, Info 1127).

▸ Qual o entendimento atual do STJ sobre o assunto?

"Não é possível a adoção de novo critério do coeficiente no Fundo de Participação dos Municípios, com aplicação imediata, em meio ao exercício financeiro, mesmo verificado o aumento populacional da municipalidade, em confronto com os dados do IBGE". (EREsp 1.749.966-PR, Rel. Min. Francisco Falcão, Primeira Seção, j. 27.10.2021, Info 716).

▸ Atenção!

A Lei Complementar nº 198, de 2023, tratou dos coeficientes do Fundo de Participação dos Municípios (FPM) de Municípios com redução populacional aferida em censo demográfico, aplicando redutor financeiro sobre eventuais ganhos, na forma e no prazo devidamente especificados.

- **Fundo das Agências Regionais de Fomento (FARF)**, formado por 3% (três por cento) da arrecadação dos impostos sobre a renda e proventos de qualquer natureza (IR) e sobre os produtos industrializados (IPI), destinando-se a programas de financiamento ao setor produtivo das Regiões Norte, Nordeste e Centro-Oeste, por intermédio de suas instituições financeiras de caráter regional (art. 159, inciso I, alínea c, CF);

OBSERVAÇÃO: Os Fundos Constitucionais de Financiamento do Norte, Nordeste e Centro-Oeste têm por objetivo contribuir para o desenvolvimento econômico e social das regiões Norte, Nordeste e Centro-Oeste, através das instituições financeiras federais de caráter regional, mediante a execução de programas de financiamento aos setores produtivos, em consonância com os respectivos planos regionais de desenvolvimento (art. 2º da lei nº 7.827/1989).

- **Fundo compensatório do IPI** pela imunidade do ICMS nas exportações de produtos industrializados (art. 155, §2º, inciso X, alínea a, CF), formado por 10% (dez por cento) da arrecadação do IPI, que serão distribuídos, proporcionalmente ao valor das exportações de produtos industrializados, aos Estados e ao Distrito Federal (art. 159, inciso II, CF), aos quais repassarão 25% (vinte e cinco por cento) do que receberem aos Municípios localizados em seus territórios (art. 159, §3º, CF).

Destaque-se que o cálculo dos valores do FPE e do FPM é feito excluindo-se a parcela de arrecadação do Imposto de renda e proventos de qualquer natureza pertencente aos Estados, ao DF e aos Municípios (art. 159, §1º). Ou seja, "tais entes não poderão incluir no cálculo o valor que já tenham recebido do IR por meio da retenção na fonte relativamente aos rendimentos que tenham pago, aí incluídas as autarquias e fundações que tenham instituído ou que mantenham" (RAMOS FILHO, 2017, p. 446).

> **▸ Qual o entendimento atual do STF sobre o assunto?**
>
> "É constitucional a concessão regular de incentivos, benefícios e isenções fiscais relativos ao Imposto de Renda e ao Imposto sobre Produtos Industrializados por parte da União em relação ao Fundo de Participação de Municípios e respectivas quotas devidas às Municipalidades. Com base nesse entendimento, o Plenário, por maioria, negou provimento ao recurso extraordinário que discutia se a concessão de benefícios, incentivos e isenções fiscais relativos ao Imposto de Renda (IR) e ao Imposto sobre Produtos Industrializados (IPI) pode impactar o cálculo do valor devido aos Municípios a título de participação na arrecadação dos referidos tributos". (STF, RE 705.423, Rel. Min. Edson Fachin, j. 17.11.2016, Info 847).

> **▸ Qual o entendimento atual do STF sobre o assunto?**
>
> "A participação dos Estados, no que arrecadado pela União, faz-se segundo o figurino constitucional, sendo impróprio subtrair valores destinados aos Programas PIN e PROTERRA". (STF, ACO 758, Rel. Min. Marco Aurélio, j. 19.12.2016, p. 1º.08.2017).

<table>
<tr><th colspan="4">Formas de repartição Indireta de Receitas</th></tr>
<tr><th colspan="2">Fundo</th><th>IR</th><th>IPI</th></tr>
<tr><td colspan="2">Fundo de Participação dos Estados (FPE) – art. 159, I, a, da CRFB/88</td><td>21,5%</td><td>21,5%</td></tr>
<tr><td colspan="2">Fundo de Participação dos Municípios (FPM) – art. 159, I, b, d e e da CRFB/88</td><td>24,5%</td><td>24,5%</td></tr>
<tr><td rowspan="3">Fundo das Agências Regionais de Fomento</td><td>Fundo Constitucional de Financiamento do Nordeste (FNE)</td><td>1,8%</td><td>1,8%</td></tr>
<tr><td>Fundo Constitucional de Financiamento do Norte (FNO)</td><td>0,6%</td><td>0,6%</td></tr>
<tr><td>Fundo Constitucional de Financiamento do Centro-Oeste (FCO)</td><td>0,6%</td><td>0,6%</td></tr>
<tr><td colspan="2">Fundo de Compensação pela Exportação de Produtos Industrializados – FPEX</td><td></td><td>IPI-Exportação: 10% aos Estados e DF, que repassarão 25% do que receberem aos Municípios</td></tr>
</table>

> ▸ **Importante**
>
> A Lei Complementar nº 176/2020 determinou o repasse de R$ 58 bilhões da União para Estados/DF (75%) e Municípios (25%) no período de 2020 a 2037. Tal pagamento tem o objetivo de compensar as perdas da chamada "Lei Kandir" (LC 87/1996). A LC 176 declara atendida a regra de cessação contida no §2º do art. 91 do ADCT (Revogado pela EC 109/2021), em conformidade com o Acordo decorrente da ADI por Omissão nº 25.

5.4. Proibição de retenção e restrições à repartição constitucional de receitas tributárias

Na Constituição anterior era comum aos estados deduzirem das parcelas do ICMS pertencentes aos Municípios um determinado percentual a título de despesas administrativas com a elaboração de cálculos e posterior distribuição (HARADA, 2013, p. 59). Visando coibir esse tipo de prática, o texto constitucional de 1988 **proibiu a retenção ou qualquer restrição à entrega e ao emprego dos recursos atribuídos constitucionalmente aos Estados, ao DF e aos Municípios**, neles compreendidos adicionais e acréscimos relativos a impostos.

Contudo, o parágrafo único do art. 160 estabeleceu, de **forma taxativa** (STF, ADI 1.106/SE, Rel. Min. Maurício Corrêa, Pleno, j. 05.09.2002, p. 13.12.2002) **exceções** que permitem à União e os Estados condicionem a entrega de recursos ao pagamento de seus créditos, inclusive os de suas autarquias (inciso I) e à aplicação pelos Estados e Municípios de recursos mínimos em ações e serviços públicos de saúde derivados da aplicação de percentuais sobre suas respectivas receitas tributárias, abrangidas aquelas provenientes de partilhas e participação nos Fundos (inciso II).

> ▸ **Importante**
>
> CRFB/88, art. 160. É vedada a retenção ou qualquer restrição à entrega e ao emprego dos recursos atribuídos, nesta seção, aos Estados, ao Distrito Federal e aos Municípios, neles compreendidos adicionais e acréscimos relativos a impostos.
>
> Parágrafo único. A vedação prevista neste artigo não impede a União e os Estados de condicionarem a entrega de recursos:
>
> I - ao pagamento de seus créditos, inclusive de suas autarquias;
>
> II - ao cumprimento do disposto no art. 198, §2º, incisos II e III.

> ▸ **Qual o entendimento atual do STF sobre o assunto?**
>
> "É inconstitucional, por violação à cláusula constitucional da não afetação da receita oriunda de impostos e à autonomia municipal, norma estadual que determina a forma de aplicação dos recursos destinados ao município em razão da repartição constitucional de receitas". (ADI 2355/PR, rel. Min. Nunes Marques, j. 16.9.2022, Info 1068)

▸ **Qual o entendimento do STF sobre o assunto?**

"A publicação da Portaria PGFN 708/2009 importa em reconhecimento do pedido por parte da União e alcança o pleito do Estado do Rio de Janeiro, porquanto impede que o ente central deixe de repassar as quotas do FPE, quando pendente discussão quanto à exigibilidade dos créditos ainda não constituídos ou contestados em processos administrativos e judiciais de índole fiscal". (STF, ACO 1.357-AgR, Rel. Min. Edson Fachin, j. 1º.09.2017, p. 12.09.2017).

▸ **Qual o entendimento atual do STF sobre o assunto?**

"É vedado ao Estado impor condições para entrega aos Municípios das parcelas que lhes compete na repartição das receitas tributárias, salvo como condição ao recebimento de seus créditos ou ao cumprimento dos limites de aplicação de recursos em serviços de saúde [...]. Município em débito com o recolhimento de contribuições previdenciárias descontadas de seus servidores. Retenção do repasse da parcela do ICMS até a regularização do débito. Legitimidade da medida, em consonância com as exceções admitidas pela CF". (STF, ADI 1.106, Rel. Min. Maurício Corrêa, j. 05.09.2002, p. 13.12.2002).

▸ **Como esse assunto foi cobrado em concurso?**

No Concurso da FADCT para Procurador Municipal da Prefeitura de Ivatuba/PR em 2023, foi considerado CERTO o seguinte enunciado: "A limitação dos gastos não pode atingir a repartição da arrecadação tributária".

▸ **Como esse assunto foi cobrado em concurso?**

No Concurso da Cespe para Procurador da Fazenda Nacional AGU em 2023, foi considerado ERRADO o seguinte enunciado: "Na hipótese de descumprimento de percentuais mínimos de aplicação de recursos em ações e serviços públicos de saúde, a União poderá restringir, a título de medida preliminar, as transferências constitucionais obrigatórias, independentemente de controle judicial".

6. DÍVIDA ATIVA DA UNIÃO DE NATUREZA TRIBUTÁRIA E NÃO TRIBUTÁRIA

Após o lançamento da receita pública, seja ela tributária ou não, e decorrido o respectivo prazo sem que tenha havido o pagamento, o crédito da Fazenda Pública será inscrito na **Dívida Ativa**, conforme previsão do art. 39, *caput* e §1º da lei nº 4.320/64, **possibilitando a sua execução judicial**.

Assim, na conceituação de Ricardo Damasceno de Almeida e Marcelo Jucá Lisboa, Dívida Ativa deve ser compreendida como "créditos da Fazenda Pública, de natureza tributária ou não tributária, exigíveis pelo transcurso do prazo para pagamento, pela lei ou por decisão judicial em processo regular, regularmente inscritos na repartição administrativa competente. Serão inscritos, na forma da legislação própria, em registro próprio, depois de apurada sua liquidez e certeza" (2017, p. 174).

Ou ainda, na definição de Carlos Alberto de Moraes Ramos Filho, a dívida ativa constitui-se "em um conjunto de direitos e créditos de várias naturezas, em favor da Fazenda Pública, vencidos e não pagos pelos devedores, inscritos em registro próprio" (2017, p. 297).

O conceito de dívida ativa decorre da própria lei 4.320. Assim:

Dívida Ativa Tributária → é o crédito da Fazenda Pública dessa natureza, proveniente de obrigação legal relativa a tributos e respectivos adicionais e multas (art. 39, §2º).

Observação → O Código Tributário Nacional também traz um conceito de Dívida Ativa Tributária, qual seja "a proveniente de crédito dessa natureza, regularmente inscrita na repartição administrativa competente, depois de esgotado o prazo fixado, para pagamento, pela lei ou por decisão final proferida em processo regular" (art. 201 do CTN).

▸ Como esse assunto foi cobrado em concurso?

No Concurso da FMP para Procurador do Estado do Acre em 2017, foi considerado ERRADO o seguinte enunciado: "Segundo a Lei de Orçamento, Dívida Ativa Tributária é aquela referente aos débitos ativos do Poder Público".

Dívida Ativa não Tributária → são os demais créditos da Fazenda Pública, tais como os provenientes de empréstimos compulsórios, contribuições estabelecidas em lei, multa de qualquer origem ou natureza, exceto as tributárias, foros, laudêmios, alugueis ou taxas de ocupação, custas processuais, preços de serviços prestados por estabelecimentos públicos, indenizações, reposições, restituições, alcances dos responsáveis definitivamente julgados, bem assim os créditos decorrentes de obrigações em moeda estrangeira, de sub-rogação de hipoteca, fiança, aval ou outra garantia, de contratos em geral ou de outras obrigações legais (art. 39, §2º).

▸ Importante

Lei 4.320/64, art. 39. Os créditos da Fazenda Pública, de natureza tributária ou não tributária, serão escriturados como receita do exercício em que forem arrecadados, nas respectivas rubricas orçamentárias.

§1º- Os créditos de que trata este artigo, exigíveis pelo transcurso do prazo para pagamento, serão inscritos, na forma da legislação própria, como Dívida Ativa, em registro próprio, após apurada a sua liquidez e certeza, e a respectiva receita será escriturada a esse título.

§5º A Dívida Ativa da União será apurada e inscrita na Procuradoria da Fazenda Nacional.

▸ **Como esse assunto foi cobrado em concurso?**

No Concurso da FGV para Auditor Técnico de Controle Externo do TCE/AM em 2021, foi considerado CERTO o seguinte enunciado: "A União todos os anos cobra, referente aos chamados "terrenos de marinha", valores de foro ou de taxa de ocupação. Não pagos espontaneamente tais valores pelos devedores, após o vencimento da obrigação, eles serão inscritos em Dívida Ativa Não Tributária da União, tanto no caso de valores de foro como de taxa de ocupação".

▸ **Como esse assunto foi cobrado em concurso?**

No Concurso da VUNESP para Advogado da Prefeitura de São Roque/SP em 2020, foi considerado ERRADO o seguinte enunciado: "Os créditos da Fazenda Pública, de natureza tributária ou não tributária, serão escriturados como receita do exercício em que forem recolhidos, ainda que tenham sido arrecadados em exercício distinto".

▸ **Como esse assunto foi cobrado em concurso?**

No Concurso do CESPE/CEBRASPE para Auditor Fiscal da SEFAZ/DF em 2020, foi considerado ERRADO o seguinte enunciado: "Os créditos da fazenda pública serão escriturados como receita no exercício financeiro em que tiver se dado o fato gerador".

A respeito da classificação da dívida ativa como tributária ou não tributária, a doutrina se divide em relação aos **empréstimos compulsórios** (art. 148, CRFB/88) e às contribuições especiais (art. 149, CRFB/88). Para alguns, caracterizando-se como tributos, geram dívida ativa tributária (RAMOS FILHO, 2017, p. 299). Em sentido diverso há aqueles que entendem que mesmo sendo tributos para o direito tributário, não o são para o Direito Financeiro, sendo, portanto, inscritos como dívida ativa não tributária.

Por sua vez, as custas processuais (judiciais), tendo natureza jurídica de **taxas**, quando inscritas, constituirão dívida ativa tributária (RAMOS FILHO, 2017, p. 299).

Já as **multas devidas à Fazenda Pública**, a depender de sua origem, poderão se enquadrar tanto no conceito de dívida ativa tributária quanto no de dívida ativa não tributária. Assim: "se tais penalidades pecuniárias decorrerem do descumprimento de obrigação tributária (art. 113, CTN), serão inscritas como dívida ativa tributária; as demais multas (exceto as tributárias) serão inscritas como dívida ativa não tributária" (RAMOS FILHO, 2017, p. 299).

A dívida ativa deverá ser escriturada como receita do exercício financeiro em que for arrecadada, nas respectivas rubricas orçamentárias (ALMEIDA; LISBOA, 2017, p. 175). Sua cobrança poderá ser administrativa ou judicial. Neste último caso, o procedimento seguirá as disposições da lei 6.830/80, sendo promovida pela **Procuradoria da Fazenda do respectivo ente federativo**.

▸ **Qual o entendimento atual do STF sobre o assunto?**

"O protesto das certidões de dívida ativa constitui mecanismo constitucional e legítimo por não restringir de forma desproporcional quaisquer direitos fundamentais garantidos aos contribuintes e assim não constituir sanção política" → tese aprovada no julgamento da ADI 5.135.

▸ **Como esse assunto foi cobrado em concurso?**

No Concurso da FCC para Procurador do Estado da PGE/AP em 2018, foi considerado CERTO o seguinte enunciado: "Considere hipoteticamente que tendo assumido o compromisso de buscar alternativas para recuperar parte dos expressivos montantes registrados a título de Dívida Ativa, o Procurador-Geral do Estado do Amapá determinou que as certidões de dívida ativa que se enquadrassem em determinadas circunstâncias de valor e data de registro deveriam ser imediatamente enviadas a protesto no Tabelionato de Protesto de Títulos da Capital. Assim procedendo, o Procurador-Geral teria errado, pois o protesto deveria ser realizado no local do domicílio do devedor".

7. FUNDOS ESPECIAIS

A lei nº 4.320/64 estabelece, em seu art. 71, que "constitui fundo especial o produto das receitas especificadas que por lei se vinculem à realização de determinados objetivos ou serviços, facultada a adoção de normas peculiares de aplicação".

Com base nesse conceito, Régis Fernandes de Oliveira (2019, p. 498) atrela tais fundos a três exigências, quais sejam:

a) Receitas especificadas, isto é, a Constituição - ou a lei - deve mencionar expressamente quais receitas são atribuídas à formação de um fundo;

b) Vinculação das receitas a determinada finalidade pela mesma lei, ou seja, programas instituídos pela norma, de interesse da Administração Pública; e

c) Normas peculiares.

Harrison Leite (2015, p. 207), por sua vez, além das características supramencionadas, aponta outras três:

1) Vinculação a determinado órgão da Administração: trata-se de vinculação necessária, visto que é através dela que se identificará a destinação das disponibilidades deste caixa especial. Geralmente é vinculado a uma autarquia ou fundação.

2) Descentralização interna do processo decisório: só haverá tal medida se a autoridade administrativa assim o quiser.

3) Plano de aplicação, contabilidade e prestação de contas: nesse caso, há um plano de aplicação em que ficarão evidenciadas as origens dos recursos financeiros e as suas aplicações. Haverá, portanto, uma prestação de contas em separado, tendo em vista a peculiaridade do fundo.

Tem-se, dessa forma, uma exceção ao princípio da unidade de tesouraria (art. 56 da lei nº 4.320/64) na medida em que o fundo especial se caracteriza "pelas restrições determinadas por lei específica sobre receitas instituídas para a constituição de caixas ou fundos especiais" (RAMOS FILHO, 2018, p. 315). Prossegue o autor afirmando que tais receitas "podem ser originadas das atividades próprias do Fundo, como também provenientes de mandamentos constitucionais, de negociações como os convênios, ou de transferências voluntárias" (RAMOS FILHO, 2018, p. 315).

Da mesma forma, a existência do fundo resulta em uma exceção ao princípio da especificação, uma vez que no fundo as despesas não serão especificadas na conformidade do orçamento, facilitando a utilização do recurso ali presente.

Há que se ficar atento ao fato de que a instituição do fundo deve se dar através de **lei ordinária** (art. 167, IX, da CRFB/88). Contudo, é necessária **lei complementar** para "estabelecer normas de gestão financeira e patrimonial da administração direta e indireta bem como condições para s instituição e funcionamento de fundos" (art. 169, §9º, II), uma vez que tais aspectos dizem respeito a finanças públicas (art. 163, I).

> **Importante**
>
> CRFB/88, art. 167. São vedados:
>
> [...]
>
> IX. a instituição de fundos de qualquer natureza, sem prévia autorização legislativa.
>
> XIV. a criação de fundo público, quando seus objetivos puderem ser alcançados mediante a vinculação de receitas orçamentárias específicas ou mediante a execução direta por programação orçamentária e financeira de órgão ou entidade da administração pública. (Incluído pela EC 109/2021).

> **Qual o entendimento atual do STF sobre o assunto?**
>
> "A exigência de prévia lei complementar estabelecendo condições gerais para a instituição de fundos, como exige o art. 165, §9º, II, da Constituição, está suprida pela lei nº 4.320, de 17.03.64, **recepcionada pela Constituição com status de lei complementar**; embora a Constituição não se refira aos fundos especiais, estão eles disciplinados nos arts. 71 a 74 desta Lei, que se aplica à espécie [...]". (STF, ADI 1.726/DF, Rel. Min. Maurício Corrêa, Pleno, j. 16.09.1998).

> **Qual o entendimento atual do STF sobre o assunto?**
>
> "O art. 35 da LRF, ao disciplinar as operações de crédito efetuadas por fundos, está em consonância com o inciso II, do §9º do art. 165 da CF, não atentando, assim, contra a Federação. Já a sanção imposta aos entes federados que não fornecerem dados para a consolidação de que trata o art. 51 da LC 101/2000 igualmente não implica ofensa ao princípio federativo, uma vez que as operações de crédito são englobadas pela mencionada regra constitucional e que o texto impugnado

faz referência tão somente às transferências voluntárias". (STF, ADI 2.250 MC, Rel. Min. Ilmar Galvão, j. 01.04.2006).

▸ **Como esse assunto foi cobrado em concurso?**

No Concurso da CESPE/CEBRASPE para Procurador do Estado da Paraíba em 2021, foi considerado ERRADO o seguinte enunciado: "De acordo com as normas de direito financeiro previstas na Constituição Federal de 1988, é possível a criação de fundo público cujos objetivos possam ser alcançados mediante a execução direta por programação orçamentária e financeira de órgão da administração pública.".

▸ **Como esse assunto foi cobrado em concurso?**

No Concurso da CESPE para Analista de Controle Externo do TCE/MG em 2018, foi considerado CERTO o seguinte enunciado: "Fundo público criado por meio de lei ordinária, com dotação genérica e sem especificação dos gastos concretos de sua atuação, será analisado pelo Tribunal de Contas do Estado de Minas Gerais como **regular, pois os fundos são exceção ao princípio da especificação e da unidade da tesouraria**".

▸ **Como esse assunto foi cobrado em concurso?**

No Concurso da CESPE para Analista de Controle Externo do TCE/MG em 2018, foi considerado ERRADO o seguinte enunciado: "Fundo público criado por meio de lei ordinária, com dotação genérica e sem especificação dos gastos concretos de sua atuação, será analisado pelo Tribunal de Contas do Estado de Minas Gerais como **irregular, uma vez que a criação de fundo deve se dar por meio de lei complementar**".

A Lei Orçamentária Anual deve consignar dotação para a instituição e o funcionamento dos fundos especiais (art. 72, da lei nº 4.320/64). Por outro lado, mediante a comprovação via balanço patrimonial e financeiro, o saldo positivo do fundo especial apurado em balanço será transferido para o exercício seguinte, a critério do mesmo fundo, exceto se houver determinação em sentido contrário na lei que o instituiu (art. 73, da lei nº 4.320/64). Assim, ao final do exercício não haverá retorno de recursos ao erário.

Ainda segundo a lei nº 4.320/64, a própria lei instituidora do fundo poderá estabelecer normas peculiares de controle, prestação e tomada de contas o que, por sua vez, não afastará a competência específica do Tribunal de Contas ou órgão equivalente (art. 74).

A doutrina, por sua vez, aponta a existência de dois diferentes tipos de fundos, a saber OLIVEIRA, 2019, p. 497-504):

a) Fundos de destinação: referem-se a casos de vinculação de receitas para aplicação em determinada finalidade. São exemplos o Fundo de Desenvolvimento das Regiões Norte (FNO), Nordeste (FNE), Fundo Partidário, Fundo de Combate e Erradicação da Pobreza (FCEP), Fundo de Amparo ao Trabalhador (FAT) e Fundo de Garantia do Tempo de Serviço (FGTS), dentre outros. Contam com caráter financeiro, estando previstos no art. 165, §9º, II, da CRFB/88.

> **▸ Qual o entendimento atual do STF sobre o assunto?**
>
> O art. 4º da Emenda Constitucional 42/2003 validou os adicionais instituídos pelos Estados e pelo Distrito Federal para financiar os Fundos de Combate à Pobreza." (RE 592.152/SE, rel. Min. Cristiano Zanin, j. 10.06.2024. STF, Info 1140).

> **▸ Qual o entendimento atual do TCU sobre o assunto?**
>
> "Não há impedimento legal à realização de transferências do Fundo de Amparo ao Trabalhador (FAT) para os fundos do trabalho próprios das esferas de governo que aderirem ao Sistema Nacional de Emprego (Sine) em decorrência de pendências nas prestações de contas de convênios anteriores ao início da entrada em vigor da sistemática instituída pela Lei 13.667/2018". Acórdão 163/2020 Plenário (Consulta, Relator Ministro-Substituto Weder de Oliveira) (TCU, Boletim de Jurisprudência 296).

b) Fundos de participação: referem-se a reservas de recursos para distribuição a pessoas jurídicas determinadas. São exemplos o Fundo de Participação dos Estados e do Distrito Federal e o Fundo de Participação dos Municípios. Têm previsão constitucional no art. 159 e contam com caráter tributário.

> **▸ Importante**
>
> Art. 2º da LC 91/1997 (Fundo de Participação dos Municípios)
>
> [...]
>
> §3º A partir de 1º de janeiro de 2019, até que sejam atualizados com base em novo censo demográfico, ficam mantidos, em relação aos Municípios que apresentem redução de seus coeficientes decorrentes de estimativa anual do IBGE, os coeficientes de distribuição do FPM utilizados no exercício de 2018. **(redação dada pela LC 165/2019)**

> **▸ Importante**
>
> CRFB/88, art. 36 do ADCT. Os fundos existentes na data da promulgação da Constituição, excetuados os resultantes de isenções fiscais que passem a integrar patrimônio privado e os que interessem à defesa nacional, extinguir-se-ão se não forem ratificados pelo Congresso Nacional no prazo de dois anos.

▸ **Qual o entendimento atual do STF sobre o assunto?**

"É inconstitucional, por violar o art. 161, II, da Constituição Federal de 1988, norma de lei complementar que distribui os recursos do Fundo de Participação dos Estados e do Distrito Federal (FPE) entre esses entes da Federação sem a devida promoção do respectivo equilíbrio socioeconômico". (ADI 5.069/DF, relatora Ministra Cármen Lúcia, julgamento virtual finalizado em 16.6.2023, STF Info 1099)

▸ **Qual o entendimento atual do STF sobre o assunto?**

"São constitucionais as Leis 7.428/2016 e 8.645/2019, ambas do Estado do Rio de Janeiro, que instituíram o Fundo Estadual de Equilíbrio Fiscal - FEEF e, posteriormente, o Fundo Orçamentário Temporário - FOT, fundos atípicos cujas receitas não estão vinculadas a um programa governamental específico e detalhado." (ADI 5.635/DF, relator Ministro Luís Roberto Barroso, julgamento virtual finalizado em 17.10.2023, STF Info 1112)

▸ **Como esse assunto foi cobrado em concurso?**

No Concurso da Vunesp para Procurador do Estado da PGE/SP em 2018, foi considerado CERTO o seguinte enunciado: "Considere que tenha sido instituído, por lei específica, um fundo especial de despesa com a finalidade de dar suporte ao exercício do poder de polícia a cargo de determinado órgão público, vinculando ao referido fundo a receita proveniente da cobrança de taxas pela fiscalização e licenciamento das atividades correspondentes. Ao final do exercício, verificou-se que a receita vinculada efetivamente arrecadada superou as despesas incorridas pelo fundo para a consecução de suas finalidades no mesmo período. Considerando a legislação de regência, notadamente as disposições da Lei Federal nº 4.320/64, **o saldo positivo do fundo, apurado o balanço, será transferido para o exercício seguinte, a crédito do mesmo fundo, saldo se a lei que o instituiu contiver disposição em contrário".**

Ponto que merece destaque por parte da doutrina, diz respeito ao fato de os fundos especiais **não contarem com personalidade jurídica**, ou seja, não titularizarem interesses próprios, correspondendo a meros lançamentos fiscais. Com base nisso, os fundos não necessitam inscrição no Cadastro Nacional de Pessoa Jurídica, utilizando-se, quando necessário, do CNPJ da pessoa jurídica a que pertencem. Entretanto, apesar disso, majoritariamente entende-se que os fundos **contam com personalidade judiciária**.

No mais, Carlos Alberto de Moraes Ramos Filho enfatiza que "o Fundo não é detentor de patrimônio, **porque é o próprio patrimônio**; não é órgão público, mas é **administrado por um"**, de forma que o dever de prestar contas não recai sobre o fundo, mas sobre o órgão ao qual é vinculado (2017, p. 318).

▸ **Como esse assunto foi cobrado em concurso?**

No Concurso da FCC para Procurador do Estado da PGE/AM em 2022, foi considerado CERTO o seguinte enunciado: "Considere que o Estado pretenda destinar o produto de taxas de fiscalização ambiental a um fundo especial constituído para financiar a modernização das atividades do órgão encarregado de tal fiscalização. Pretende, ainda, que as receitas arrecadadas anualmente com o pagamento de tais taxas permaneçam sob a titularidade do referido fundo, como disponibilidades financeiras para os exercícios subsequentes. De acordo com a disciplina estabelecida pela Constituição Federal, pela Lei de Responsabilidade Fiscal (Lei Complementar federal n° 101/2000) e pela Lei n° 4.320/1964, tal pretensão afigura-se juridicamente viável, salvo se a lei instituidora do referido fundo vedar a transferência do saldo apurado em balanço para o exercício seguinte".

Capítulo 5

Crédito Público e Dívida Pública

1. CONCEITO E NATUREZA JURÍDICA

O crédito público pode ser compreendido como "a confiança de que goza o Governo para contrair empréstimos de pessoas físicas ou jurídicas, nacionais ou estrangerias. Noutra acepção, consiste em um dos meios de que se utiliza o Estado visando a obter recursos para cobrir as despesas de sua responsabilidade" (PASCOAL, 2015, p. 125).

O crédito público também é chamado de **empréstimo público**, caracterizado como "o contrato administrativo pelo qual o Estado recebe determinado valor que se obriga a pagar, na forma por ele estipulada" (OLIVEIRA; HORVATH, 2003, p. 226). Apesar de a grande maioria da doutrina tratar as expressões crédito público e empréstimo público como sinônimas, Kiyoshi Harada afirma que a noção de crédito público é mais ampla que a de empréstimo público. Assim: "O crédito público teria um sentido duplo, envolvendo tanto as operações em que o Estado toma dinheiro como aquelas em que fornece pecúnia. Já o empréstimo público seria aquele ato pelo qual o Estado se beneficia de uma transferência de liquidez com a obrigação de devolvê-lo no futuro, normalmente acrescido de juros" (2017, p. 150).

Por outro lado, o **empréstimo público não pode ser confundido com a receita pública**, já que esta última significa o ingresso de dinheiro nos cofres públicos, sem qualquer tipo de contrapartida, acrescendo, assim, o patrimônio estatal. Por sua vez, o empréstimo público não representa qualquer acréscimo patrimonial já que significa mera entrada de caixa com a respectiva correspondência no passivo, representada pela obrigação de restituir conforme o prazo previamente estabelecido.

Quanto à **natureza jurídica** do empréstimo público, diferentes correntes surgiram no decorrer da história, a seguir sintetizadas:

- **Teoria do ato de soberania** → "o empréstimo público seria resultante do poder de autodeterminação e de auto obrigação do Estado, insusceptível de qualquer tipo de controle, mesmo o jurisdicional, que pudesse compelir o Poder Público devedor ao seu cumprimento. Daí o direito de o Estado, unilateralmente, modificar as condições do empréstimo público" (HARADA, 2017, p. 151). Dessa forma, o crédito público seria concebido como obrigação unilateral autônoma de direito público, do que decorre para o Estado a obrigação moral, mas não jurídica de respeitar as cláusulas dos empréstimos públicos (RAMOS FILHO, 2017, p. 574).

A doutrina Drago

A concepção do empréstimo público como ato de soberania tem como um dos seus pilares a Doutrina Drago, anti-intervencionista, nascida e fomentada na América, que leva o nome do então Ministro das Relações Exteriores e Cultura da Argentina, Luís Maria Drago, que a sustentou em 1902. Segundo a doutrina, "embora o país devedor continuasse na obrigação de pagar suas dívidas, não se justificava o ingresso da força armada de países europeus em solo das nações americanas com a finalidade de cobrar coercitivamente tais dívidas, medidas que poderiam ter consequências ruinosas para as nações menos favorecidas economicamente [...]. Explicava o ministro argentino que o empréstimo a um Estado tem caráter especial, não podendo estar sujeito a execuções coercitivas, com a utilização da força armada e com a ocupação material do solo do país devedor" (MAZZUOLI, 2016, p. 576).

Na Segunda Conferência da Paz da Haia, em 1907, a doutrina Drago foi aprovada com alterações introduzidas pelo representante dos EUA, Horace Porter, com a seguinte redação: "Com o fim de evitar entre as nações incidentes armados de origem pecuniária proveniente de dívidas contratuais reclamadas como dívidas a nacionais de outro Estado, as potências convencionam não recorrer à força armada para a cobrança de tais dívidas contratuais. Em razão das contribuições do delegado estadunidense, a doutrina é chamada hoje de Doutrina Drago-Porter.

Valério Mazzuoli destaca ainda que "a regra hoje é a da proibição de cobrança de dívidas cujo pagamento seja reclamado ao governo de um país pelo outro, não havendo lugar para o processo de intervenção individual, seja qual for o motivo, somente admissível quando se tratar da manutenção da segurança coletiva e no interesse da sociedade internacional, por meio de procedimento próprio do organismo internacional competente" (2016, p. 576).

- **Teoria civilista** → o empréstimo público equipara-se a um contrato de direito privado.
- **Teoria do ato legislativo** → "o crédito público seria simplesmente o resultado de um ato legislativo, no qual tudo já estaria disciplinado, inclusive seu regime jurídico, restando ao mutuante, tão só, a faculdade de aderir àquilo que legalmente estiver estabelecido" (HARADA, 2017, p. 153).
- **Teoria do contrato de Direito Público** → equiparado ao mútuo, mas não se confunde com o crédito privado, sobretudo em razão da presença do interesse público, submetendo a relação jurídica às regras do Direito Administrativo.

Claramente a teoria mais acatada pela doutrina é a de que o empréstimo público é um **contrato de Direito Público**, pelas seguintes razões: "a) deve haver prévia previsão orçamentária; b) exige disposição legal específica; c) há obrigatoriedade de autorização e controle do Senado; d) necessária a finalidade pública; e) é possível alteração unilateral de determinadas cláusulas, se assim foi previsto na lei; f) há sujeição a prestação de contas; g) há inviabilidade de execução específica; e h) pode ocorrer possibilidade de rescisão unilateral (resgate antecipado)" (OLIVEIRA; HORVATH, 2003, p. 231).

> **Como esse assunto foi cobrado em concurso?**
>
> No Concurso da FMP para Procurador do Estado do Acre em 2017, foi considerado CERTO o seguinte enunciado: "Os valores obtidos pelo Estado a título de mútuo ingressam no caixa do tesouro, mas não são considerados receita para fins orçamentários".

> **Importante**
>
> **O que é a Dívida Pública Federal?**
>
> "A Dívida Pública Federal (DPF) refere-se a todas as dívidas contraídas pelo governo federal para financiamento do seu déficit orçamentário, nele incluído o refinanciamento da própria dívida, e para outras operações com finalidades específicas, definidas em lei. É possível classificar a DPF de acordo com os instrumentos usados para captação de recursos, esta pode ocorrer pela emissão de títulos públicos (sendo por essa razão classificada como mobiliária), ou por contratos, firmados principalmente com organismos multilaterais (sendo esta dívida classificada como contratual). Já sobre a moeda usada para fazer face a seus pagamentos, a dívida é classificada como interna quando os pagamentos são realizados na moeda corrente em circulação no país, no caso brasileiro o real, ou externa, quando os pagamentos são feitos em moeda estrangeira, normalmente o dólar norte-americano. Atualmente, toda a Dívida Pública Federal em circulação no mercado nacional é paga em real e captada por meio de emissão de títulos públicos, sendo por essa razão definida como Dívida Pública Mobiliária Federal interna (DPMFi). Já a Dívida Pública Federal existente no mercado internacional é paga em dólar norte-americano e tem sido captada tanto por meio da emissão de títulos quanto por contratos, sendo por isso definida como Dívida Pública federal externa (DPFe)". Disponível em http://www.tesouro.fazenda.gov.br/tr/conceitos-basicos-faq. Acesso em 02 jan. 2018.

2. CLASSIFICAÇÃO DO CRÉDITO PÚBLICO

2.1. Quanto à pessoa jurídica que obtém o crédito

- Federal
- Estadual
- Municipal
- Distrital

2.2. Quanto à coercitividade

- **Empréstimos obrigatórios (forçados ou compulsórios)** → "ocorrem quando o Estado, valendo-se do seu poder de império, intervém na propriedade particular em situações de guerra, calamidade ou grave crise de liquidez da economia" (PASCOAL, 2015, p. 126). No caso do Brasil tem-se os chamados empréstimos compulsórios (Art. 148 da CRFB/88) que, por sua vez, não se confundem com os empréstimos públicos, pois estes têm natureza contratual e aqueles, natureza tributária.

> **Importante**
>
> CRFB/88, art. 148. A União, mediante lei complementar, poderá instituir empréstimos compulsórios:
>
> I – para atender a despesas extraordinárias, decorrentes de calamidade pública, de guerra externa ou sua iminência;
>
> II – no caso de investimento público de caráter urgente e de relevante interesse nacional, observado o disposto no art. 150, III, *b*.
>
> Parágrafo único. A aplicação dos recursos provenientes de empréstimo compulsório será vinculada à despesa que fundamentou sua instituição.

- **Empréstimos voluntários ou próprios** → são aqueles contraídos com base na autonomia da vontade, caracterizando-se, portanto, pela espontaneidade do prestamista. Segundo Kiyoshi Harada, "o mutuante, invariavelmente, objetiva uma contraprestação do Estado: além da devolução do dinheiro no prazo estipulado, o pagamento de juros e, no caso brasileiro, a atualização monetária do capital mutuado" (2017, p. 158).

As formas mais comuns de empréstimo voluntário são os Títulos da Dívida Pública, havendo ainda os prêmios de reembolso e os concursos de prognósticos. Segundo Harrison Leite, o Título da Dívida Pública (TDP) consiste "num documento emitido pelo Poder Público para atender aos compromissos oriundos de empréstimos, ou para antecipação de receita, e tem como função precípua certificar um valor. São três suas aptidões básicas: (i) financiamento da dívida pública; (ii) promoção do equilíbrio da moeda; e (iii) antecipação de receitas" (2015, p. 351).

> **Como esse assunto foi cobrado em concurso?**
>
> No Concurso da VUNESP para Procurador Municipal da Prefeitura de Presidente Prudente/SP em 2022, foi considerado ERRADO o seguinte enunciado: "É vedada a emissão de títulos da dívida pública pela União, Estados, Distrito Federal e Municípios".

- **Empréstimos semi-obrigatórios ou patrióticos** → "embora o Estado não obrigue ao particular quanto a sua subscrição, utiliza-se de meios coercitivos indiretos a partir de uma situação excepcional, como no caso de guerra declarada" (BRAGHINI, 2016, p. 258).

2.3. Quanto à origem territorial do empréstimo

- **Interno** → obtidos dentro do próprio território, abrangendo aqueles resultantes da colocação de títulos no mercado, independente da origem nacional dos investidores.

- **Externo** → é aquele empréstimo ou dívida pública decorrente de obrigações assumidas pelo Estado fora dos limites do seu território através de relação jurídica disciplinada pelas regras do Direito Internacional Público como, por exemplo, aquelas contraídas junto ao Fundo Monetário Internacional (FMI), a Banco Interamericano para a Reconstrução e o Desenvolvimento Econômico (BIRD), bancos estrangeiros ou através de títulos disponibilizados nos mercados internacionais de capitais. Podem ser estrangeiros ou internacionais. Os primeiros decorrem de Estados estrangeiros ou de instituições financeiras sediadas em outros países. Já os empréstimos internacionais são aqueles oriundos de instituições internacionais.

2.4. Quanto ao prazo

- **Flutuante** → "compromissos cujo pagamento independe de autorização orçamentária, decorrentes de operações de caráter financeiro de curto prazo, que refletem no fluxo de caixa e no patrimônio financeiro" (ALMEIDA; JUCÁ, 2017, p. 284). São as dívidas para amortização em prazo inferior a doze meses.

Segundo o art. 92 da lei nº 4.320/64, a dívida flutuante compreende:

I. os restos a pagar, excluídos os serviços da dívida;

II. os serviços da dívida a pagar;

III. os depósitos;

IV. os débitos de tesouraria.

O texto constitucional vigente previu apenas um exemplo de dívida flutuante, qual seja, aquele previsto no art. 165, §8º: "A lei orçamentária anual não conterá dispositivo estranho à previsão da receita e à fixação da despesa, não se incluindo na proibição a autorização para abertura de créditos suplementares e contratação de operações de crédito, ainda que **por antecipação de receita**, nos termos da lei".

> ▸ **Como esse assunto foi cobrado em concurso?**
>
> No Concurso da CESPE para Analista de Controle Externo do TCE/MG em 2018, esse tema foi cobrado da seguinte forma: "Empréstimo tomado por ente federativo para atender a despesas de restos a pagar: a) aumenta a dívida pública fundada; b) possui a mesma classificação da dívida para atender a depósitos de cauções; c) pode ensejar intervenção federal se não ocorrer o pagamento da dívida no exercício seguinte; e) é receita pública em sentido estrito. Segundo o gabarito oficial, foi considerada correta a alternativa "b".

> ▸ **Como esse assunto foi cobrado em concurso?**
>
> No Concurso do TRE/PE para Analista Judiciário em 2017, foi considerado ERRADO o seguinte enunciado: "Os restos a pagar e os serviços da dívida são exemplos de dívida fundada".

- **Fundada (ou consolidada)** → compreende os compromissos de exigibilidade superior a doze meses, contraídos para atender a desequilíbrio orçamentário ou a financeiro de obras e serviços públicos. Será escriturada com individuação e especificação que permitam verificar, a qualquer momento, a posição dos empréstimos, bem como os respectivos serviços de amortização e juros (art. 98 da lei nº 4.320/64).

A dívida fundada pode ser: a) **amortizável**: fundada ou contraída com prazo certo de resgate ou b) **perpétua**: consiste na dívida pública fundada consolidada, contraída por período indefinido, obrigando-se o Estado a pagar juros (ALMEIDA; JUCÁ, 2017, p. 290).

> ▸ **Importante**
>
> LRF, art. 29. Para os efeitos desta Lei Complementar, são adotadas as seguintes definições:
>
> I - **dívida pública consolidada ou fundada**: montante total, apurado sem duplicidade, das obrigações financeiras do ente da Federação, assumidas em virtude de leis, contratos, convênios ou tratados e da realização de operações de crédito, para amortização em prazo superior a doze meses.

Ricardo Damasceno de Almeida e Marcelo Jucá Lisboa destacam, ainda, que a "dívida fundada surge em razão da execução orçamentária da receita de capital denominada de operações de crédito ou pode ser originada de incorporações de dívidas contraídas por terceiros e assimiladas pelo governo. Seu controle ocorre em contas próprias no passivo permanente do balanço patrimonial, dentro das definições do art. 105, da Lei 4.320/64" (2017, p. 291).

> ▸ **Como esse assunto foi cobrado em concurso?**
>
> No Concurso do Avança SP para Procurador da Câmara Municipal de Itapecerica da Serra/SP em 2024, foi considerado ERRADO o seguinte enunciado: "Define-se por consolidada ou fundada a dívida pública representada por títulos emitidos pela União, inclusive os do Banco Central do Brasil, Estados e Municípios".

> ▸ **Como esse assunto foi cobrado em concurso?**
>
> No Concurso do Cebraspe para Procurador da PGE/RN em 2024, foi considerado ERRADO o seguinte enunciado: "A dívida pública fundada é representada pelos títulos emitidos pela União, incluídos os do Banco Central do Brasil, pelos estados e pelos municípios".

> ▸ **Como esse assunto foi cobrado em concurso?**
>
> No Concurso da FUNCERN para Procurador do Município de Guamaré/RN em 2024, foi considerado CERTO o seguinte enunciado: "Nos termos da Lei de Responsabilidade Fiscal (Lei Complementar n.º 101/2000), entende-se por dívida pública consolidada ou fundada o montante total, apurado sem duplicidade, das obrigações financeiras do ente da Federação, assumidas em virtude de leis, contratos, convênios ou tratados

e da realização de operações de crédito, para amortização em prazo superior a doze meses".

▸ **Como esse assunto foi cobrado em concurso?**

No Concurso da FADCT para Procurador Municipal da Prefeitura de Ivatuba/PR em 2023, foi considerado ERRADO o seguinte enunciado: "Diferentemente do que ocorre nos gastos de despesa com pessoal, não há teto relativo à dívida pública consolidada dos entes".

▸ **Como esse assunto foi cobrado em concurso?**

No Concurso da Cespe para Procurador Municipal da PGM Natal/RN em 2023, foi considerado CERTO o seguinte enunciado: "Conceitua-se como dívida pública fundada o montante total, apurado sem duplicidade, das obrigações financeiras do ente da Federação, assumidas em virtude de leis, contratos, convênios ou tratados e da realização de operações de crédito, para amortização em prazo superior a doze meses".

▸ **Como esse assunto foi cobrado em concurso?**

No Concurso da Cespe para Procurador Municipal da PGM Natal/RN em 2023, foi considerado ERRADO o seguinte enunciado: "Conceitua-se como dívida pública fundada o montante total, apurado com duplicidade, das obrigações financeiras do ente da Federação, assumidas em virtude de leis, contratos, convênios ou tratados e da realização de operações de crédito, para amortização em prazo superior a doze meses.".

▸ **Como esse assunto foi cobrado em concurso?**

No Concurso da Cespe para Procurador do Estado da PGE/RR em 2023, foi considerado ERRADO o seguinte enunciado: "A dívida pública fundada corresponde aos títulos emitidos pela União, pelos estados e pelos municípios".

▸ **Como esse assunto foi cobrado em concurso?**

No Concurso da Cespe para Procurador da Fazenda Nacional AGU em 2023, foi considerado ERRADO o seguinte enunciado: "Precatório judicial emitido a partir de 5 de maio de 2000 e não pago no exercício de emissão não é classificado como dívida fundada".

▸ **Como esse assunto foi cobrado em concurso?**

No Concurso da Objetiva para Procurador Municipal da Prefeitura de Varginha/MG em 2022, foi considerado CERTO o seguinte enunciado: "Dívida pública consolidada ou fundada é o montante total, apurado sem duplicidade, das obrigações financeiras do ente da Federação, assumidas em virtude de leis, contratos, convênios ou tratados e da realização de operações de crédito, para amortização em prazo superior a doze meses.".

> **Como esse assunto foi cobrado em concurso?**
>
> No Concurso do TRF da 4ª Região para Juiz Federal em 2022, foi considerado CERTO o seguinte enunciado: "A dívida fundada compreende os compromissos de exigibilidade superior a doze meses, contraídos para atender a desequilíbrio orçamentário ou financeiro de obras e serviços públicos".

2.5. Classificação constitucional

- **Operações de crédito por antecipação de receita** → "modalidade de empréstimo que o Estado promove com o objetivo de suprir o déficit de caixa. São empréstimos a serem devolvidos no mesmo exercício financeiro. Para tanto a Constituição até abre exceção ao princípio da vedação da vinculação do produto da arrecadação de impostos a órgãos, fundos ou despesas, permitindo a utilização de receitas futuras como instrumento de garantia nas 'operações de crédito por antecipação de receitas' (art. 167, IV) (HARADA, 2017, p. 158).
- **Operações de crédito em geral** → aquelas que, "por exclusão, não se acham compreendidas nas operações de crédito por antecipação de receitas, correspondendo aos empréstimos de longo prazo que objetivam atender, em geral, despesas de capital (Investimentos, Inversões Financeiras e Transferências de Capital)" (HARADA, 2017, p. 158).

3. PRINCÍPIOS DOS EMPRÉSTIMOS PÚBLICOS

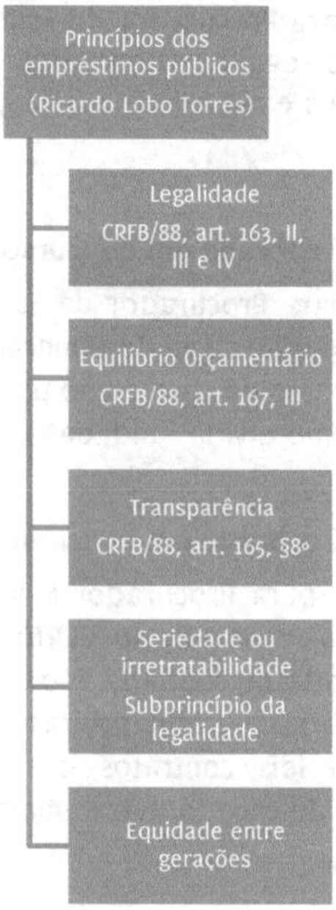

> ▸ **Como esse assunto foi cobrado em concurso?**
>
> No Concurso do TRE/PE para Analista Judiciário em 2017, foi considerado ERRADO o seguinte enunciado: "As dívidas da União dividem-se em dívidas ativas e dívidas passivas, conforme a etapa da execução orçamentária em que se encontre o pagamento da obrigação da União".

4. O CRÉDITO PÚBLICO NA CONSTITUIÇÃO DA REPÚBLICA DE 1988

O crédito público foi disciplinado em diversos dispositivos na Constituição da República de 1988, que, por esse motivo, são cobrados tanto em questões de Direito Financeiro quanto de Direito Constitucional. O principal motivo da disciplina constitucional do crédito público relaciona-se ao fato de que, segundo Kiyoshi Harada, sem ela, "o crédito público poderia ser captado de forma a atingir uma espiral crescente, sem limites, afetando a própria soberania do Estado em se tratando de endividamento externo, da mesma forma que, na hipótese de dívida interna, poderia provocar sacrifícios desmesurados aos súditos, gerando descontentamento popular, desarmonia das classes sociais, criando situações propícias para o desencadeamento de movimentos tendentes à desobediência civil" (2017, p. 173).

A seguir serão apontados os principais dispositivos, destacando-se aquilo que merece mais destaque por parte dos candidatos em concursos públicos.

Pela ordem em que aparecem no texto constitucional, o primeiro ponto a merecer destaque é o art. 21 que, ao dispor sobre as competências da União, aponta como deste ente, a administração das reservas cambiais do País e a fiscalização das operações de natureza financeira, especialmente as de crédito, câmbio e capitalização, bem como as de seguros e previdência privada.

> ▸ **Qual o entendimento atual do STF sobre o assunto?**
>
> "A lei distrital 919/1995 tratou de operação de crédito de instituição financeira pública, matéria de competência privativa da União, nos termos dos arts. 21, VIII e 22, VII, da Constituição. **A relevância das atividades desempenhadas pelas instituições financeiras, sejam públicas ou privadas, demanda a existência de uma coordenação centralizada das políticas de crédito e de regulação das operações de financiamento, impedindo os Estados de legislarem livremente acerca das modalidades de crédito praticadas pelos seus bancos públicos**". (STF, ADI 1.357, Rel. Min. Roberto Barroso, j. 25.11.2015, Pleno, p. 1º.02.2016).

> ▸ **Qual o entendimento atual do STF sobre o assunto?**
>
> "Lei estadual que fixa prazos máximos, segundo a faixa etária dos usuários, para a autorização de exames pelas operadoras de planos de saúde. [...] Os arts. 22, VII; e 21, VIII, da CF atribuem à União competência para legislar sobre seguros e fiscalizar as operações relacionadas a essa matéria. Tais previsões alcançam os planos de saúde, tendo em vista a sua íntima afinidade com a lógica dos contratos de seguro, notadamente por conta do componente atuarial". (STF, ADI 4.701, Rel. Min. Roberto Barroso, j. 13.08.2014, Pleno, p. 25.08.2014).

Por outro lado, o art. 22 da CRFB/88, ao fixar a competência privativa da União para legislar aponta, dentre outras, aquela relacionada a política de crédito, câmbio, seguros e transferência de valores.

> **▸ Qual o entendimento atual do STF sobre o assunto?**
>
> "Lei estadual que regula obrigações relativas a serviços de assistência médico-hospitalar regidos por contratos de natureza privada, universalizando a cobertura de doenças (Lei 11.446/1997 do Estado de Pernambuco). Vício formal. Competência privativa da União para legislar sobre direito civil, comercial e sobre política de seguros". (CF, art. 22, I e VII)". (STF, RE 588.149, Rel. Min. Gilmar Mendes, j. 16.-02.2011, Pleno, p. 06.06.2011).

Também merecem destaque as disposições contidas nos arts. 34, V, a e 35, I, da CRFB que permitem a intervenção pelo não pagamento da dívida pública fundada.

Já o art. 48 estabelece que cabe ao Congresso Nacional, com a sanção do Presidente da República, dispor sobre "plano plurianual, diretrizes orçamentárias, orçamento anual, **operações de crédito, dívida pública** e emissões de curso forçado (inciso II).

Atenção para o fato de que, nos termos do art. 48, XIV, da Constituição da República de 1988, compete ao **Congresso Nacional** dispor sobre o montante da dívida mobiliária **federal**.

> **▸ Qual o entendimento atual do STF sobre o assunto?**
>
> "Os precatórios judiciais, apresentados até 1º de julho, e nesta data atualizados, devem ser incluídos na proposta orçamentária que, submetida ao crivo do Poder Legislativo (art. 48, II e 166 da CF), transformar-se-á na lei orçamentária do exercício seguinte. Somente se nela estiverem previstas dotações orçamentárias para tal fim é que os requisitórios poderão ser pagos; pois é vedada a realização de qualquer despesa sem que haja previsão no orçamento (art. 167, II, CF)". (STF, ADI 225, Rel. Min. Paulo Brossard, j. 31.08.1994, Pleno, p. 25.05.2001).

Buscando tanto o respeito ao **princípio da legalidade**, quanto conter eventuais excessos do Poder Executivo em relação ao crédito e, consequentemente, à dívida pública, a CRFB/88 atribuiu diversas competências ao **Senado Federal**, quais sejam:

- Autorizar operações externas de natureza financeira, de interesse da União, dos Estados, do Distrito Federal, dos Territórios e dos Municípios (art. 52, V);
- Fixar, por proposta do Presidente da República, limites globais para o montante da dívida consolidada da União, dos Estados, do Distrito Federal e dos Municípios (art. 52, VI);

- Dispor sobre limites globais e condições para as operações de crédito externo e interno da União, dos Estados, do Distrito Federal e dos Municípios, de suas autarquias e demais entidades controladas pelo Poder Público federal (art. 52, VII);
- Dispor sobre limites e condições para a concessão de garantia da União em operações de crédito externo e interno (art. 52, VIII);
- Estabelecer limites globais e condições para o montante da **dívida mobiliária** dos **Estados, do Distrito Federal e dos Municípios** (art. 52, IX).

> **▸ Qual o entendimento atual do STF sobre o assunto?**
>
> "[...] ao Senado Federal incumbe, por força dos incisos VII e IX do art. 52 da CF, fixar limites máximos, norma que não é violada enquanto os valores se situarem dentro desse âmbito". (STF, ADI 2.238 MC, Rel. Min. Ayres Britto, j. 09.08.2007, Pleno, p. 12.09.2008).

> **▸ Como esse assunto foi cobrado em concurso?**
>
> No Concurso da FCC para Procurador Municipal da Prefeitura de Teresina/PI em 2022, foi considerado ERRADO o seguinte enunciado: "De acordo com a Constituição Federal, compete ao Senado autorizar operações externas de natureza financeira, de interesse da União, dos Estados, do Distrito Federal, dos Territórios e dos Municípios, mas a competência para dispor sobre limites e condições para a concessão de garantia da União em operações de crédito externo e interno é atribuída ao Congresso Nacional".

> **▸ Como esse assunto foi cobrado em concurso?**
>
> No Concurso do CESPE para Juiz Federal da 2ª Região em 2012, esse tema foi abordado da seguinte forma: "A competência privativa para fixar limites globais para o montante da dívida consolidada da União, dos estados, do DF e dos municípios pertence: a) STF; b) TCU; c) ao Senado Federal; d) ao Congresso Nacional; e) à Câmara dos Deputados". Segundo o gabarito definitivo, foi considerada correta a alternativa "c".

> **▸ Como esse assunto foi cobrado em concurso?**
>
> No Concurso do CESPE para Juiz Federal da 5ª Região em 2012, foi considerado ERRADO o seguinte enunciado: "Compete ao Congresso Nacional estabelecer os limites globais e as condições para o montante da dívida mobiliária dos estados, do DF e dos municípios".

Buscando conferir um tratamento idêntico aos títulos da dívida pública federais, estaduais e municipais, o art. 151, II proibiu à União tributar a renda das obrigações da dívida pública dos Estados, do Distrito Federal e dos Municípios em níveis superiores aos que fixar para suas obrigações e para seus agentes.

No capítulo relacionado especificamente às finanças públicas, várias foram as disposições relacionadas ao crédito e à dívida pública. Assim, já no art. 163, a CRFB/88 determinou que lei complementar disporá sobre:

- Dívida pública externa e interna, incluída a das autarquias, fundações e demais entidades controladas pelo Poder Público (inciso II);
- Concessão de garantias pelas entidades públicas (inciso III);
- Emissão e resgate de títulos da dívida pública (inciso IV).
- Sustentabilidade da dívida, especificando (inciso VIII): a) indicadores de sua apuração; b) níveis de compatibilidade dos resultados fiscais com a trajetória da dívida; c) trajetória de convergência do montante da dívida com os limites definidos em legislação; d) medidas de ajuste, suspensões e vedações; e) planejamento de alienação de ativos com vistas à redução do montante da dívida.

▸ **Qual o entendimento atual do STF sobre o assunto?**

"Ação direta de inconstitucionalidade. Lei 8.388/1991, que estabelece diretrizes para que a União possa realizar a consolidação e o reescalonamento de dívidas das administrações direta e indireta dos entes federados. Alegada ofensa aos arts. 52, VI a IX, e 163 da Constituição Federal. Ausência de plausibilidade do fundamento do pedido declaratório, tendo em vista que se trata de lei que cogita da consolidação e do reescalonamento de dívidas dos Estados e Municípios junto a órgãos e entidades controladas pela União, isto é, débitos já existentes, e não de contratações que resultem em aumento da dívida pública de tais entes, essas, sim, sujeitas ao controle do Senado Federal e a disciplina por meio de lei complementar. Diploma normativo que, de resto, pendendo de regulamentação por meio de decreto e, também de diploma legislativo, mostra-se insuscetível de causar, de imediato, dano de natureza irreparável". (STF, ADI 686 MC, Rel. Min. Ilmar Galvão, j. 26.03.1992, Pleno, p. 04.04.2001).

▸ **Como esse assunto foi cobrado em concurso?**

No Concurso do CESPE para Promotor de Justiça do MPE/TO em 2022, foi considerado ERRADO o seguinte enunciado: "Lei ordinária pode dispor sobre dívida pública e sobre emissão e resgate de títulos da dívida pública".

A seguir, já no art. 164, a CRFB/88 ao estabelecer a competência do Banco Central do Brasil, veda a este, de maneira expressa, "conceder, direta o indiretamente, empréstimos ao Tesouro Nacional e a qualquer órgão ou entidade que não seja instituição financeira (§1º). Ao mesmo tempo, o §2º do mesmo artigo prevê que "o Banco Central poderá comprar e vender títulos de emissão do Tesouro Nacional, com o objetivo de regular a oferta de moeda ou a taxa de juros".

Também no art. 165 são encontradas disposições relacionadas ao crédito e à dívida pública. Assim:

- §6º – O projeto de lei orçamentária será acompanhado de demonstrativo regionalizado do efeito, sobre as receitas e despesas, decorrente de isenções, anistias, remissões, subsídios e benefícios de natureza financeira, tributária e creditícia;
- §8º – A lei orçamentária anual não conterá dispositivo estranho à previsão da receita e à fixação da despesa, não se incluindo na proibição a autorização para abertura de créditos suplementares e contratação de operações de crédito, ainda que por antecipação de receita, nos termos da lei.

Por fim, o art. 167 da CRFB/88 veda, dentre outros pontos:

- A realização de operações de créditos que excedam o montante das despesas de capital, ressalvadas as autorizadas mediante créditos suplementares ou especiais com finalidade precisa, aprovados pelo Poder Legislativo, por maioria absoluta (inciso III – regra de ouro) – vale destacar que, para esse fim, as receitas das operações de crédito efetuadas no contexto da gestão da dívida pública mobiliária federal somente serão consideradas no exercício financeiro em que for realizada a respectiva despesa (EC 109/2021).
- A abertura de crédito suplementar ou especial sem prévia autorização legislativa e sem indicação dos recursos correspondentes (inciso V);
- A concessão ou utilização de créditos ilimitados (inciso VII).

▸ Como esse assunto foi cobrado em concurso?

No Concurso do IBADE para Procurador Municipal da Prefeitura de Rio Branco/AC em 2023, foi considerado ERRADO o seguinte enunciado: "É permitido ao Tesouro Nacional adquirir títulos da dívida pública federal existentes na carteira do Banco Central do Brasil, ainda que com cláusula de reversão".

▸ Como esse assunto foi cobrado em concurso?

No Concurso da Cespe para Procurador do MP do TCE/RJ em 2023, foi considerado CERTO o seguinte enunciado: "O Banco Central pode regular a taxa de juros por meio da compra e venda de títulos de emissão do Tesouro Nacional".

▸ Como esse assunto foi cobrado em concurso?

No Concurso da CESPE/CEBRASPE para Procurador do Estado da Paraíba em 2021, foi considerado ERRADO o seguinte enunciado: "De acordo com as normas de direito financeiro previstas na Constituição Federal de 1988, é possível a realização de operação de crédito em valor superior ao montante total das despesas de capital do exercício, ainda que a operação não esteja autorizada por créditos suplementares ou especiais".

5. CRÉDITO PÚBLICO E DÍVIDA PÚBLICA NA LEI DE RESPONSABILIDADE FISCAL

A Lei de Responsabilidade Fiscal regulou o crédito público e a dívida pública em diversos dispositivos, seja estabelecendo conceitos, como o já transcrito conceito de dívida pública fundada ou consolidada, seja estipulando regras para o controle da dívida e para a realização de operações de crédito. Assim, o capítulo mais extenso da Lei Complementar 101/2000 (Capítulo VII) cuida, exatamente, da dívida e do endividamento (arts. 29 a 42).

Carlos Alberto de Moraes Ramos Filho destaca a relevância da relação entre a dívida pública e a gestão fiscal preconizada pela LC 101/2000, uma vez que "uma gestão responsável dos recursos públicos deve, necessariamente, enfatizar o controle não apenas sobre os gastos propriamente ditos (despesas públicas), mas também sobre o endividamento público" (2017, p. 581).

5.1. Dívida pública mobiliária

A **dívida pública mobiliária** foi conceituada pelo art. 29, II da LRF como "a dívida pública representada por títulos emitidos pela União. Inclusive os do Banco Central do Brasil, Estados e Municípios". Dentre os títulos públicos federais que compõem a Dívida Pública Mobiliária Federal interna (DPMFi) destacam-se as Letras do Tesouro Nacional (LTN) e as Notas do Tesouro Nacional - Série F (NTN-F), títulos com remuneração prefixada; as Letras Financeiras do Tesouro (LFT), com remuneração indexada à taxa Selic (Sistema Especial de Liquidação e de Custódia); e as Notas do Tesouro Nacional - Série B (NTN-B) e Série C (NTN-C), títulos indexados ao IPCA e ao IGP-M, respectivamente (Disponível em http://www.tesouro.fazenda.gov.br/tr/conceitos-basicos-faq. Acesso em 02 jan. 2018).

Cumpre destacar que, não obstante a previsão na LRF, a Lei Complementar nº 148, de 25 de novembro de 2014, em seu art. 11 estabeleceu que **"é vedada aos Estados, ao Distrito Federal e aos Municípios a emissão de títulos da dívida pública mobiliária".**

A LRF também conceituou o **refinanciamento da dívida mobiliária**, apresentando-o como a "emissão de títulos para pagamento do principal acrescido da atualização monetária (art. 29, V). Além disso, determinou que "o refinanciamento do principal da dívida mobiliária não excederá, ao término de cada exercício financeiro, o montante do final do exercício anterior, somado ao das operações de crédito autorizadas no orçamento para este efeito e efetivamente realizada, acrescido de atualização monetária" (art. 29, §4º).

> ▸ **Como esse assunto foi cobrado em concurso?**
>
> No Concurso do Avança SP para Procurador da Câmara Municipal de Itapecerica da Serra/SP em 2024, foi considerado CERTO o seguinte enunciado: "Define-se por refinanciamento da dívida mobiliária a emissão de títulos para pagamento do principal acrescido da atualização monetária".

▸ **Como esse assunto foi cobrado em concurso?**

No Concurso do Avança SP para Procurador da Câmara Municipal de Itapecerica da Serra/SP em 2024, foi considerado ERRADO o seguinte enunciado: "Define-se por dívida pública mobiliária o montante total, apurado sem duplicidade, das obrigações financeiras do ente da Federação, assumidas em virtude de leis, contratos, convênios ou tratados e da realização de operações de crédito, para amortização em prazo superior a doze meses".

▸ **Como esse assunto foi cobrado em concurso?**

No Concurso da FADCT para Procurador Municipal da Prefeitura de Ivatuba/PR em 2023, foi considerado ERRADO o seguinte enunciado: "Dívida pública mobiliária seria aquela representada por títulos emitidos pela União, incluído nela o Banco Central, e excluídos os Estados e Municípios".

▸ **Como esse assunto foi cobrado em concurso?**

No Concurso da CESPE/CEBRASPE para Procurador do Estado da Paraíba em 2021, foi considerado CERTO o seguinte enunciado: "Considera-se como dívida pública mobiliária a dívida pública representada por títulos emitidos pela União, inclusive os do Banco Central do Brasil, e pelos demais entes federativos".

▸ **Como esse assunto foi cobrado em concurso?**

No Concurso da CESPE/CEBRASPE para Procurador do Estado da Paraíba em 2021, foi considerado ERRADO o seguinte enunciado: "Considera-se como dívida pública mobiliária o montante total das obrigações financeiras assumidas pela União em virtude de leis, contratos, convênios, tratados e operações de crédito, para amortização em prazo superior a doze meses".

▸ **Como esse assunto foi cobrado em concurso?**

No Concurso da CESPE/CEBRASPE para Procurador do Estado da Paraíba em 2021, foi considerado ERRADO o seguinte enunciado: "Considera-se como dívida pública mobiliária o valor da dívida externa bruta subtraído das aplicações em moeda estrangeira e das reservas internacionais do Banco Central do Brasil".

▸ **Como são adquiridos os títulos públicos?**

Mercado primário é o mercado onde o investidor compra títulos diretamente do emissor. No âmbito da Dívida Pública Federal, são dois os ambientes nos quais ocorrem ofertas primárias de títulos:

i. **Ofertas públicas (leilões)** – são realizadas semanalmente pelo Tesouro Nacional e operacionalizadas pelo Banco Central. Apenas Intermediários Financeiros (Bancos; Caixas Econômicas; Sociedades

Corretoras de Títulos e Valores Mobiliários; Sociedades Distribuidoras de Títulos e Valores Mobiliários; Sociedades de Crédito, Financiamento e investimento; e Sociedades de Crédito Imobiliário) podem adquirir títulos no mercado primário.

ii. **Tesouro Direto** - Programa criado em 2002, no qual o investidor (apenas pessoas físicas) adquire títulos públicos diretamente do Tesouro Nacional pela internet a qualquer hora do dia, após cadastrar-se com uma instituição financeira habilitada.

Mercado Secundário é o mercado onde o investidor adquire o título de outro investidor, ao invés de adquirir diretamente do emissor. Os títulos públicos são negociados no mercado brasileiro com base em taxas, diferentemente do observado no mercado internacional, no qual as negociações são efetivadas com base em preços.

Atualmente, existem no Brasil duas principais plataformas eletrônicas de negociação de títulos públicos: o Sisbex, administrada pelo Banco Central, e o CetipNet, administrada pela Cetip. Apesar disso, grande parte da negociação de títulos públicos é realizada em mercado de balcão, via telefone. Não existe atualmente um ambiente que centralize as negociações e a precificação de todas as propostas de compra e venda de títulos públicos.

Disponível em http://www.tesouro.fazenda.gov.br/tr/conceitos-basicos--faq. Acesso em 02 jan. 2018.

5.2. Limites da dívida pública e das operações de crédito

O conceito de **operação de crédito** também é extraído do art. 29 da LRF: "compromisso financeiro assumido em razão de mútuo, abertura de crédito, emissão e aceite de título, aquisição financiada de bens, recebimento antecipado de valores provenientes da venda a termo de bens e serviços, arrendamento mercantil e outras operações assemelhadas, inclusive com o uso de derivativos financeiros". E mais: "equipara-se a operação de crédito, a assunção, o reconhecimento ou a confissão de dívidas pelo ente da Federação" (art. 29, §1º).

▸ **Como esse assunto foi cobrado em concurso?**

No Concurso do Avança SP para Procurador da Câmara Municipal de Itapecerica da Serra/SP em 2024, foi considerado ERRADO o seguinte enunciado: "Define-se por operação de crédito o compromisso de adimplência de obrigação financeira ou contratual assumida por ente da Federação ou entidade a ele vinculada".

▸ **Como esse assunto foi cobrado em concurso?**

No Concurso da FADCT para Procurador Municipal da Prefeitura de Ivatuba/PR em 2023, foi considerado CERTO o seguinte enunciado: "Operação de crédito e concessão de garantia são duas das definições importantes para fins de estudo do endividamento público".

> **Como esse assunto foi cobrado em concurso?**
>
> No Concurso da Vunesp para Procurador Municipal de Sertãozinho/SP em 2023, foi considerado CERTO o seguinte enunciado: "Equiparam-se a operações de crédito e não estão vedadas a assunção, o reconhecimento ou a confissão de dívidas".

> **Como esse assunto foi cobrado em concurso?**
>
> No Concurso da FGV para Analista de Planejamento e Orçamento da SMF/RJ em 2023, foi considerado CERTO o seguinte enunciado: "O controle do endividamento é um desafio inveterado no âmbito da administração pública e a LRF trouxe contribuições para atenuar as suas consequências tendo em vista o equilíbrio fiscal. Ao tratar da definição de operação de crédito, por exemplo, a LRF o fez de forma exemplificativa, de tal modo que é necessário que normas infralegais esclareçam quanto à equiparação. Assim, guardados os limites e demais exigências legais, equipara- se a operações de crédito e é permitido(a) o reconhecimento ou confissão de dividas pelo ente da Federação."

Essas operações de crédito poderão ser de curto prazo (até 12 meses), integrando a dívida flutuante ou de longo prazo (acima de 12 meses), compondo a dívida fundada ou consolidada.

O tema também foi objeto **da Resolução do Senado Federal nº 48, de 21 de dezembro de 2007**, que, em seu art. 3º estabelece que "constitui operação de crédito, para os efeitos desta Resolução, os compromissos assumidos com credores situados no país ou no exterior, em razão de mútuo, abertura de crédito, emissão e aceite de título, aquisição financiada de bens, recebimento antecipado de valores provenientes da venda a termo de bens e serviços, arrendamento mercantil e outras operações assemelhadas, inclusive com o uso de derivativos financeiros". Já o parágrafo único do mesmo dispositivo aponta como **equiparadas às operações de crédito**:

I. recebimento antecipado de valores de empresa em que o Poder Público detenha, direta ou indiretamente, a maioria do capital social com direito a voto, salvo lucros e dividendos, na forma da legislação;

II. assunção direta de compromisso, confissão de dívida ou operação assemelhada, com fornecedor de bens, mercadorias ou serviços, mediante emissão, aceite ou aval de títulos de crédito;

III. assunção de obrigação, sem autorização orçamentária, com fornecedores para pagamento *a posteriori* de bens e serviços.

> **Como esse assunto foi cobrado em concurso?**
>
> No Concurso do Cespe para Procurador do Município da PGM de São Paulo/SP em 2023, foi considerado CERTO o seguinte enunciado: "O prefeito de determinado município deseja obter recursos para a realização de obras de cobertura de pavimento asfáltico em vias urbanas.

Para tanto, ele pretende formalizar um contrato cujo objeto é o recebimento antecipado de valores devidos pela empresa São Pedro Transporte S.A., empresa de economia mista responsável pela gestão do sistema de transporte público de passageiros da cidade, cujo acionista majoritário é a prefeitura do município. Nessa situação hipotética, de acordo com as normas de direito financeiro, a pretensão do prefeito é vedada, pois o contrato a ser firmado equipara-se a uma operação de crédito".

A Lei de Responsabilidade Fiscal buscou o equilíbrio entre a constituição da dívida e a capacidade de pagamento, assim como pretendeu evitar o pagamento de despesas correntes com recursos decorrentes da emissão ou contratação de novo endividamento. Com base nisso, o art. 30 da LRF estabeleceu a necessidade de se fixar limites para a dívida pública e para as operações de crédito, a serem calculados em um percentual da receita corrente líquida "para cada esfera de governo e aplicados igualmente a todos os entes da Federação que a integrem, constituindo, para cada um deles, limites máximos, sendo seu atendimento verificado **quadrimestralmente**" (ABRAHAM, 2017, p. 208-209).

▸ Importante

LRF, art. 30. No prazo de noventa dias após a publicação desta Lei Complementar, o Presidente da República submeterá ao:

I - Senado Federal: proposta de limites globais para o montante da dívida consolidada da União, Estados e Municípios, cumprindo o que estabelece o inciso VI do art. 52 da Constituição, bem como de limites e condições relativos aos incisos VII, VIII e IX do mesmo artigo;

II - Congresso Nacional: projeto de lei que estabeleça limites para o montante da dívida mobiliária federal a que se refere o inciso XIV do art. 48 da Constituição, acompanhado da demonstração de sua adequação aos limites fixados para a dívida consolidada da União, atendido ao disposto no inciso I, do §1º deste artigo.

§1º As propostas referidas nos incisos I e II do *caput* e suas alterações conterão:

I - demonstração de que os limites e condições guardam coerência com as normas estabelecidas nesta Lei Complementar e com os objetivos da política fiscal;

II - estimativas de impacto da aplicação dos limites a cada uma das três esferas de governo;

III - razões de eventual proposição de limites diferenciados por esferas de governo;

IV - metodologia de apuração dos resultados primário e nominal.

Em relação aos Estados, ao Distrito Federal e aos Municípios, os limites relativos ao art. 30, I, da LRF, foram fixados pela Resolução nº 40, de 2001, do Senado Federal. Assim, segundo seu art. 3º, "a dívida consolidada líquida dos Estados, do Distrito Federal e dos Municípios, ao final do décimo quinto exercício financeiro contado a partir do encerramento do ano de publicação desta Resolução, não poderá exceder, respectivamente, a:

I. no caso dos Estados e do Distrito Federal: 2 (duas) vezes a receita corrente líquida; e

II. no caso dos Municípios: a 1,2 (um inteiro e dois décimos) vezes a receita corrente líquida.

A própria LRF reconhece que os limites previstos com base no art. 30 **não são imutáveis.** Por essa razão, o §5º do referido dispositivo estabelece que "no prazo previsto no art. 5º, o Presidente da República enviará ao Senado Federal ou ao Congresso Nacional, conforme o caso, proposta de manutenção ou alteração dos limites e condições previstos nos incisos I e II do *caput*".

ATENÇÃO: considerando que o prazo a que remete o §5º do art. 30 da LRF foi vetado, a doutrina entende que a melhor interpretação a ser dada ao dispositivo é aquela de que o referido prazo é o mesmo estabelecido para encaminhamento do projeto da LOA ao Legislativo (até 31 de agosto de cada exercício financeiro – LOA da União) (ABRAHAM, 2017, p. 211).

No mais, sempre que alterados os fundamentos das propostas de que trata o art. 30 da LRF, em razão de **instabilidade econômica ou alterações nas políticas monetária e cambial,** o Presidente da República poderá encaminhar ao Senado Federal ou ao Congresso Nacional solicitação de revisão dos limites (art. 30, §6º, da LRF).

Por fim, ao disciplinar os limites da dívida pública e das operações de crédito, a LRF determinou que "os precatórios judiciais não pagos durante a execução do orçamento em que houverem sido incluídos integram a dívida consolidada, para fins de aplicação dos limites" (art. 30, §7º).

> **▸ Como esse assunto foi cobrado em concurso?**
>
> No Concurso do Cebraspe para Procurador da PGE/RN em 2024, foi considerado CERTO o seguinte enunciado: "Para fins de cômputo dos limites da dívida pública, os precatórios judiciais que não forem pagos durante a execução do orçamento em que houverem sido incluídos integrarão a dívida consolidada".

> **▸ Como esse assunto foi cobrado em concurso?**
>
> No Concurso do Cebraspe para Procurador da PGE/RN em 2024, foi considerado CERTO o seguinte enunciado: "O governador de um estado da Federação, no último ano de seu mandato, preparou um pacote de propostas com vistas a reestruturar as contas públicas e a estimular o crescimento econômico do estado. A proposta A previa a realização, no primeiro semestre do último ano do mandato, de operação de crédito, observados os limites legais, junto a uma instituição financeira privada, para o pagamento de despesas com pessoal ativo. A proposta B estabelecia, também para o primeiro semestre do último ano do mandato, a realização de operação de crédito por antecipação de receita, observado o limite das despesas de capital. A proposta C determinava,

para o segundo semestre do último ano do mandato, aumento linear da remuneração dos servidores públicos estaduais de todas as categorias. Com relação à viabilidade das propostas citadas na situação hipotética anterior, conforme o entendimento jurisprudencial do STF e o disposto na Constituição Federal de 1988 e na LRF, somente a proposta A é viável".

5.3. Recondução da dívida aos limites

Ao final de cada **quadrimestre** será apurado o montante da dívida pública consolidada de cada ente da Federação. Caso esta tenha ultrapassado o respectivo limite, deverá ser a ele reconduzida até o término dos três quadrimestres subsequentes, reduzindo o excedente em **pelo menos 25% (vinte e cinco por cento) no primeiro** (art. 31, *caput*, da LRF).

▸ Como esse assunto foi cobrado em concurso?

No Concurso da FGV para Auditor Técnico de Controle Externo do TCE/AM em 2021, foi considerado CERTO o seguinte enunciado: "A dívida consolidada do Estado Alfa ultrapassou o limite estabelecido por Resolução do Senado Federal ao final de um certo quadrimestre. Diante desse cenário, é correto afirmar que a dívida consolidada deverá ser reconduzida ao limite até o término dos três quadrimestres subsequentes".

Enquanto perdurar o excesso, o ente que nele houver incorrido:

- Estará proibido de realizar operação de crédito interna ou externa, inclusive por antecipação de receita, ressalvadas as para pagamento de dívidas mobiliárias (art. 31, §1º, da LRF);
- Obrigado a obter resultado primário necessário à recondução da dívida ao limite promovendo, dentre outras medidas, limitação de empenho.

Tais restrições aplicar-se-ão **imediatamente** se o montante da dívida exceder o limite no primeiro quadrimestre do último ano do mandato do Chefe do Poder Executivo (art. 31, §3º, da LRF).

ATENÇÃO: o prazo previsto no art. 31 da LRF será **suspenso** em caso de calamidade pública, estado de sítio ou estado de defesa, ou ainda, **duplicado** em caso de crescimento negativo da economia por período igual ou superior a quatro trimestres (arts. 65 e 66 da LRF).

Se tais prazos forem vencidos sem que o ente federativo tenha conseguido restabelecer os limites legais, e enquanto perdurar o excesso, ficará também impedido de receber transferências voluntárias da União ou do Estado → salvo exceções do art. 25, §3º da LRF (transferências voluntárias relativas a ações de educação, saúde e assistência social).

> ▸ **Importante**
>
> Código Penal, art. 359-A. Ordenar, autorizar ou realizar operação de crédito, interno ou externo, sem prévia autorização legislativa:
>
> Pena – reclusão, de 1 (um) a 2 (dois) anos
>
> Parágrafo único. Incide na mesma pena quem ordena, autoriza ou realiza operação de crédito interno ou externo:
>
> I – com inobservância de limite, condição ou montante estabelecido em lei ou em resolução do Senado Federal;
>
> II – **quando o montante da dívida consolidada ultrapassa o limite máximo autorizado por lei.**

Outra forma de sanção vem prevista no §4º do art. 31 da LRF, ao determinar que o Ministério da Fazenda divulgue, **mensalmente**, a relação dos entes que tenham ultrapassado os limites das dívidas consolidada e mobiliária, o que também se coaduna com a ideia de **transparência fiscal**.

Todos esses preceitos também deverão ser observados nos casos de descumprimento dos limites da dívida mobiliária e das operações de crédito internas e externas (art. 31, §5º, da LRF).

5.4. Operações de crédito

A Lei de Responsabilidade Fiscal deu ênfase ao papel desempenhado pelo Ministério da Fazenda no controle das operações de crédito. Assim, segundo previsão do art. 32 da LRF, caberá ao **Ministério da Fazenda** verificar, dentre outras restrições:

- O cumprimento dos limites e condições relativos à realização de operações de crédito de cada ente da Federação, inclusive das empresas por eles controladas, direta ou indiretamente;
- Se o ente interessado formalizou seu pleito fundamentando-o em **parecer de seus órgãos técnicos e jurídicos**, demonstrando a **relação custo-benefício** e o **interesse econômico e social da operação;**
- A existência de prévia e expressa autorização para a contratação, no texto da lei orçamentária, em créditos adicionais ou lei específica;
- A inclusão no orçamento ou em créditos adicionais dos recursos provenientes da operação, exceto no caso de operações por antecipação de receita;
- A observância dos limites e condições fixados pelo Senado Federal;
- **A autorização específica do Senado Federal, quando se tratar de operações de crédito externo;**
- O atendimento do disposto no inciso III do art. 167 da Constituição da República, segundo o qual é vedada "a realização de operações de

créditos que excedam o montante das despesas de capital, ressalvadas as autorizadas mediante créditos suplementares ou especiais com finalidade precisa, aprovados pelo Poder Legislativo por maioria absoluta" (**"regra de ouro"**), destacando-se que, nos moldes do que dispõe o §6º do art. 167 da CRFB/88, incluído pela EC 109/2021, para fins da apuração ao término do exercício financeiro do cumprimento do limite de que trata este dispositivo, as receitas das operações de crédito efetuadas no contexto da gestão da dívida pública mobiliária federal somente serão consideradas no exercício financeiro em que for realizada a respectiva despesa;

- Também compete ao Ministério da Fazenda efetuar o registro eletrônico centralizado e atualizado das dívidas públicas interna e externa, garantindo o acesso público às informações, que incluirão: I. encargos e condições de contratação; II. saldos atualizados e limites relativos às dívidas consolidadas e mobiliária, operações de crédito e concessão de garantias (transparência fiscal).

> ▸ **Como esse assunto foi cobrado em concurso?**
>
> No Concurso da Vunesp para Promotor do MP/RO em 2024, foi considerado CERTO o seguinte enunciado: "A respeito da transparência da gestão fiscal do Estado, com base na Lei Complementar no 101/00, é correto afirmar que os municípios encaminharão ao Ministério da Fazenda as informações para a constituição do registro centralizado e atualizado das dívidas internas e externas, sob pena de que os entes sejam proibidos de receber transferências voluntárias, exceto as destinadas ao pagamento da dívida mobiliária".

> ▸ **Como esse assunto foi cobrado em concurso?**
>
> No Concurso da Vunesp para Procurador do Município de São José do Rio Preto/SP em 2023, foi considerado CERTO o seguinte enunciado: "O ente da Federação interessado na realização de operação de crédito deverá formalizar seu pleito de forma fundamentada e atendendo a Autorização específica do Senado Federal, quando se tratar de operação de crédito externo".

> ▸ **Como esse assunto foi cobrado em concurso?**
>
> No Concurso da FCC para Procurador Municipal da Prefeitura de Teresina/PI em 2022, foi considerado CERTO o seguinte enunciado: "De acordo com a Lei de Responsabilidade Fiscal (Lei Complementar nº 101, de 04 de maio de 2000), o Ministério da Fazenda verificará o cumprimento dos limites e condições relativos à realização de operações de crédito de cada ente da Federação, inclusive das empresas por eles controladas, direta ou indiretamente, com pleito fundamentado em parecer dos órgãos técnicos e com autorização específica do Senado Federal, quando se tratar de operação de crédito externo.".

> ▸ **Como esse assunto foi cobrado em concurso?**
> No Concurso do CESPE para Promotor de Justiça do MPE/PI em 2019, foi considerado CERTO o seguinte enunciado: "De acordo com a Lei de Responsabilidade Fiscal, determinado município interessado em obter autorização para contrair um empréstimo internacional - não classificado como antecipação de receita - poderá obtê-lo ainda que não leve em conta os limites e as condições fixados pela respectiva câmara de vereadores".

Em relação à submissão de Estados e Municípios ao atendimento de exigências perante o Ministério da Fazenda, Regis Fernandes de Oliveira entende que não há nada de inconstitucional, uma vez que "funcionará ele como mero órgão encarregado do processamento do pedido" (2019, p.705).

Já o art. 10 da Lei Complementar nº 48, de 2014, determina que o Ministério da Fazenda, mediante ato normativo, estabelecerá critérios para a verificação prevista no art. 32 da LRF **diretamente pelas instituições financeiras** de que trata o art. 33 da mesma LRF, levando em consideração o valor da operação de crédito e a situação econômico-financeira do ente da Federação de maneira a atender aos princípios da eficiência e da economicidade. Nesse caso, deverá o Poder Executivo do ente da Federação formalizar o pleito à instituição financeira, acompanhado de demonstração da existência de margens da operação de crédito nos limites de endividamento e de certidão do Tribunal de Contas de sua jurisdição sobre o cumprimento das condições nos termos definidos pelo Senado Federal.

> ▸ **Como esse assunto foi cobrado em concurso?**
> No Concurso do TRF2 para Juiz Federal substituto em 2017, foi considerado ERRADO o seguinte enunciado: "Em regra, instituição financeira que contrate operação de crédito com ente da Federação fica dispensada de exigir comprovação de que a operação atende às condições e limites estabelecidos na Lei de Responsabilidade Fiscal".

Além de destacar o papel do Ministério da Fazenda, o art. 32 da LRF ao disciplinar as operações de crédito, no §2º do art. 32, autorizou a adoção de processo simplificado para as operações relativas à dívida mobiliária federal previstas na LOA ou em créditos adicionais, uma vez que será o Tesouro Nacional que emitirá os títulos (ABRAHAM, 2017, p. 216).

Da mesma forma, determinou que para os fins do disposto no art. 167, III da CRFB/88, considerar-se-á, em cada exercício financeiro, o total dos recursos de operações de crédito nele ingressados e o das despesas de capital executadas, observados o seguinte (art. 32, §3º, da LRF):

I. não serão computadas nas despesas de capital as realizadas sob a forma de empréstimo ou financiamento a contribuinte, com o intuito de promover incentivo fiscal, tendo por base tributo de competência do ente da Federação, se resultar a diminuição, direta ou indireta, do ônus deste;

II. se o empréstimo ou financiamento a que se refere o inciso I for concedido por instituição financeira controlada pelo ente da Federação, o valor da operação será deduzido das despesas de capital.

Por fim, o §5º do art. 32, ainda disciplinando as operações de crédito, "vedou a compensação automática entre credor e devedor inadimplente de uma contratação em operações de crédito externo, impondo a cobrança regular da obrigação e não a imediata [compensação]". Essa medida, prossegue Marcus Abraham "evita o bloqueio e quitação da dívida com a utilização de recursos financeiros destinados a outros pagamentos (2017, p. 216-217).

Há que se enfatizar que o art. 10 da Lei Complementar 148/2014 (supratranscrito) passou a determinar que o **Ministério da Fazenda não é mais o responsável pela verificação desses limites e condições.** Contudo, através de ato normativo, deverá **estabelecer os critérios e as condições** para a verificação dos requisitos previstos no art. 32 da LRF, o que deve ser feito diretamente pelas instituições financeiras".

Em 2021, a LC 178 acrescentou o §7º ao art. 32 da LRF para determinar que "poderá haver alteração da finalidade de operação de crédito de Estados, do Distrito Federal e de Municípios sem a necessidade de nova verificação do Ministério da Economia, desde que haja prévia e expressa autorização para tanto, no texto da lei orçamentária, em créditos adicionais ou em lei específica, que se demonstre a relação custo-benefício e o interesse econômico e social da operação e que não configure infração a dispositivo desta Lei Complementar".

> **▸ Importante**
>
> A Lei Complementar nº 156, de 2016, em seu art. 1º, §6º, dispensou os requisitos legais dispostos no art. 32 da LRF para a assinatura de aditivos previstos no *caput*:
>
> Art. 1º. A União poderá adotar, nos contratos de refinanciamento de dívidas celebrados com os Estados e o Distrito Federal com base na Lei nº 9.496, de 11 de setembro de 1997, e nos contratos de abertura de crédito firmados com os estados ao amparo da Medida Provisória nº 2.192-70, de 24 de agosto de 2001, mediante celebração de termo aditivo, o prazo adicional de até duzentos e quarenta meses para o pagamento das dívidas refinanciadas.
>
> [...]
>
> §6º Estão dispensados, para a assinatura do aditivo de que trata o *caput* deste artigo, todos os requisitos legais exigidos para a contratação com a União, inclusive os dispostos no art. 32 da Lei Complementar nº 101, de 4 de maio de 2000.

> **▸ Importante**
>
> Também em seu art. 2º, a Lei Complementar nº 156, de 2016, dispensou os requisitos legais dispostos no art. 32 da LRF:
>
> Art. 2º. Ficam dispensados os requisitos legais para contratação de operação de crédito e para concessão de garantia, exigidos nos art. 32 e 40 da Lei Complementar nº 101, de 4 de maio de 2000, nas renegociações dos contratos de empréstimos e financiamentos celebrados

até 31 de dezembro de 2015 entre as instituições públicas federais e os estados e o Distrito Federal, com recursos do Banco Nacional de Desenvolvimento Econômico e Social - BNDES.

Parágrafo único. Para aplicação do disposto neste artigo, as renegociações deverão ser firmadas em até trezentos e sessenta dias contados da publicação desta Lei Complementar.

O art. 33 da LRF representa mais uma regra de gestão fiscal responsável na medida em que busca ampliar os mecanismos de controle da dívida pública ao obrigar ofertante e tomador de crédito à observância das normas para a realização de operação de crédito (ABRAHAM, 2017, p. 218).

Assim, "a instituição financeira que contratar operação de crédito com ente da Federação, exceto quando relativa à dívida mobiliária ou à externa, deverá exigir comprovação de que a operação atende às condições e limites estabelecidos" (art. 33, *caput*, da LRF).

Como sanção à infração do disposto na LRF, a lei estabelece a **nulidade da operação de crédito**, procedendo-se ao seu cancelamento, mediante a devolução do principal, vedados o pagamento de juros e demais encargos financeiros. No caso de a devolução não ser efetuada no exercício de ingresso dos recursos, será consignada reserva específica na lei orçamentária para o exercício seguinte (art. 33, §§ 1º e 2º, da LRF).

Enquanto não for efetuado o cancelamento ou a amortização ou constituída a reserva na LOA para a devolução do empréstimo irregular, aquele ente não poderá receber transferências voluntárias (salvo exceções legais), contratar operações de crédito e obter garantia direta ou indireta, de outro ente (Art. 33, §3º, da LRF, com nova redação conferida pela LC 178/2021).

Ainda no art. 33, §4º, da LRF, é possível observar o comando "da formação de reservas financeiras para o pagamento dos excessos de endividamento, seja em caso de cancelamento e devolução em exercício financeiro seguinte, seja no caso de descumprimento da regra que fixa o limite ao montante de despesas de capital" (ABRAHAM, 2017, p. 218).

▸ Como esse assunto foi cobrado em concurso?

No Concurso da Cespe para Procurador da Fazenda Nacional AGU em 2023, foi considerado ERRADO o seguinte enunciado: "O montante previsto para as receitas de operações de crédito não poderá ser superior ao das despesas de capital constantes do projeto de lei orçamentária, inclusive nas operações de crédito mediante créditos suplementares ou especiais com finalidade precisa".

▸ Como esse assunto foi cobrado em concurso?

No Concurso da FADCT para Procurador Municipal da Prefeitura de Ivatuba/PR em 2023, foi considerado ERRADO o seguinte enunciado: "As receitas decorrentes das operações de crédito não podem superar as despesas de capital".

> ▸ **Como esse assunto foi cobrado em concurso?**
>
> No Concurso da FUNDATEC para Inspetor Tributário da Prefeitura de Candelária/RS em 2021, foi considerado ERRADO o seguinte enunciado, conforme a Lei de Responsabilidade Fiscal: "O montante previsto para as receitas de operações de crédito não poderá ser inferior ao das despesas de capital constantes do projeto de lei orçamentária".

> ▸ **Como esse assunto foi cobrado em concurso?**
>
> No Concurso da CESPE/CEBRASPE para Procurador do Estado da Paraíba em 2021, foi considerado ERRADO o seguinte enunciado: "De acordo com as normas de direito financeiro previstas na Constituição Federal de 1988, é possível a concessão de empréstimos a estados e municípios que descumpram as regras gerais de organização ou de funcionamento de regime próprio de previdência social, se concedidos por instituição financeira federal".

> ▸ **Como esse assunto foi cobrado em concurso?**
>
> No Concurso da FGV para Auditor Técnico de Controle Externo do TCE/AM em 2021, foi considerado CERTO o seguinte enunciado: "O Estado Alfa apurou que, em período de 12 meses, sua receita corrente foi de 10 bilhões de reais, e sua despesa corrente de 9,6 bilhões de reais. Tal Estado deseja contrair empréstimo com a União. Diante desse cenário, o Estado poderá realizar, sem que seja impedido de fazer tal empréstimo, reposições decorrentes de vacâncias de cargos efetivos ou vitalícios".

5.5. Vedações em matéria de endividamento público

A Lei de Responsabilidade Fiscal estabeleceu uma série de **vedações em matéria de operações de crédito**, a saber:

a) O **Banco Central do Brasil não emitirá títulos da dívida pública** a partir de dois anos após a publicação da Lei de Responsabilidade Fiscal (LC 101/2000) (LRF, art. 34);

b) A realização de operação de crédito entre um ente da Federação, diretamente ou por intermédio de fundo, autarquia, fundação ou **empresa estatal dependente**, e outro, inclusive suas entidades da administração indireta, ainda que sob a forma de novação, refinanciamento ou postergação de dívida contraída anteriormente (LRF, art. 35, *caput*);

> ▸ **Como esse assunto foi cobrado em concurso?**
>
> No Concurso do CESPE para Procurador do Estado da PGE/PA em 2022, foi considerado CERTO o seguinte enunciado: "É vedada a realização de operação de crédito entre um ente da Federação, diretamente ou por intermédio de fundo, autarquia, fundação ou empresa estatal

dependente, e outro, inclusive suas entidades da administração indireta, ainda que sob a forma de novação, refinanciamento ou postergação de dívida contraída anteriormente".

Exceções: operações entre instituição financeira estatal e outro ente da Federação, inclusive suas entidades da administração indireta, que não se destinem a: I- financiar, direta ou indiretamente, despesas correntes; ressalvadas as operações destinadas a financiar a estruturação de projetos ou a garantir contraprestações em contratos de parceria público-privada ou de concessão para o ente da Federação afetado pelo estado de calamidade pública, reconhecido pelo Congresso Nacional de que trata o art. 65 (Redação dada pela Lei Complementar nº 206, de 2024); II- refinanciar dívidas não contraídas junto à própria instituição concedente (LRF, art. 35, §1º).

▸ **Importante**

A Lei Complementar nº 206, de 16 de maio de 2024, editada, sobretudo, em virtude da calamidade pública que atingiu o estado do Rio Grande do Sul naquele ano, autoriza a União a postergar o pagamento da dívida de entes federativos afetados por calamidade pública reconhecida pelo Congresso Nacional, mediante proposta do Poder Executivo federal, e a reduzir a taxa de juros dos contratos de dívida dos referidos entes com a União.

▸ **Como esse assunto foi cobrado em concurso?**

No Concurso da Cespe para Analista Fazendário Municipal da SEFIN Fortaleza/CE em 2023, foi considerado ERRADO o seguinte enunciado: "É autorizada a realização, entre instituição financeira federal e município, de operação de crédito que se destine ao financiamento das despesas correntes do município em questão".

▸ **Como esse assunto foi cobrado em concurso?**

No Concurso da Cespe para Advogado da União/AGU em 2023, foi considerado CERTO o seguinte enunciado: "A LRF veda a contratação de operação de crédito entre entes federados, excepcionando a sua realização entre instituição financeira estatal e outro ente da Federação, desde que os valores não sejam destinados ao financiamento de despesas correntes, e o STF reconheceu a constitucionalidade de tal previsão legal".

Observe-se que essa vedação não impede Estados e Municípios de comprar títulos da dívida da União como aplicação de suas disponibilidades (LRF, art. 35, §2º).

▸ **Como esse assunto foi cobrado em concurso?**

No Concurso do Cebraspe para Procurador da PGE/RN em 2024, foi considerado ERRADO o seguinte enunciado: "Ante a impossibilidade de financiamento recíproco da dívida pública entre entes federados, é

> vedado aos estados e municípios comprar títulos da dívida da União como aplicação de suas disponibilidades de caixa".

c) Operação de crédito entre uma instituição financeira estatal e o ente da Federação que a controle, na qualidade de beneficiário do empréstimo (LRF, art. 36, *caput*);

Essa vedação não proíbe instituição financeira controlada de adquirir, no mercado, títulos da dívida pública para atender investimento **de seus clientes**, ou títulos da dívida de emissão da União para aplicação de recursos próprios (LRF, art. 36, parágrafo primeiro).

d) captação de recursos na forma de antecipação de receita de tributo ou contribuição, cujo fato gerador ainda não tenha ocorrido (LRF, art. 37, I), sem prejuízo do que dispõe o art. 150, §7º da CRFB/88;

> ▸ **Importante**
>
> CRFB/88, art. 150, §7º. A lei poderá atribuir a sujeito passivo de obrigação tributária a condição de responsável pelo pagamento de impostos ou contribuição, cujo fato gerador deva ocorrer posteriormente, assegurada a imediata e preferencial restituição da quantia paga, caso não se realize o fato gerador presumido.

e) recebimento antecipado de valores de empresa em que o Poder Público detenha, direta ou indiretamente, a maioria do capital social com direito a voto, salvo lucros e dividendos, na forma da legislação;

f) assunção direta de compromisso, confissão de dívida ou operação assemelhada com fornecedor de bens, mercadorias ou serviços, mediante emissão, aceite ou aval de título de crédito, não se aplicando esta vedação a empresas estatais dependentes;

g) assunção de obrigação, sem autorização orçamentária, com fornecedores para pagamento *a posteriori* de bens e serviços.

> ▸ **Como esse assunto foi cobrado em concurso?**
>
> No Concurso da Cespe para Procurador do Município da PGM/SP em 2023, foi considerado CERTO o seguinte enunciado: "O prefeito de determinado município deseja obter recursos para a realização de obras de cobertura de pavimento asfáltico em vias urbanas. Para tanto, ele pretende formalizar um contrato cujo objeto é o recebimento antecipado de valores devidos pela empresa São Pedro Transporte S.A., empresa de economia mista responsável pela gestão do sistema de transporte público de passageiros da cidade, cujo acionista majoritário é a prefeitura do município. Nessa situação hipotética, de acordo com as normas de direito financeiro, a pretensão do prefeito é vedada, pois o contrato a ser firmado equipara-se a uma operação de crédito".

> ▸ **Como esse assunto foi cobrado em concurso?**
> No Concurso da Cespe para Procurador da Fazenda Nacional AGU em 2023, foi considerado ERRADO o seguinte enunciado: "É vedada a concessão de empréstimos por instituições financeiras privadas para o pagamento de despesas com pessoal ativo, inativo e pensionista".

> ▸ **Como esse assunto foi cobrado em concurso?**
> No Concurso da VUNESP para Procurador Municipal da Prefeitura de Presidente Prudente/SP em 2022, foi considerado CERTO o seguinte enunciado: "É vedada a concessão de empréstimos pelo governo federal e suas instituições financeiras para pagamento de despesas com pessoal ativo, inativo e pensionista, dos Estados, do Distrito Federal e dos Municípios".

> ▸ **Como esse assunto foi cobrado em concurso?**
> No Concurso da Vunesp para Procurador do Estado da PGE/SP em 2018, foi considerado CERTO o seguinte enunciado: "A disciplina legal relativa às instituições que integram o Sistema Financeiro Nacional contempla vedação à realização de operações de crédito por instituições financeiras com a parte relacionada, **abrangendo, inclusive, pessoas jurídicas nas quais a instituição exerça controle operacional efetivo, independentemente de participação societária, bem como as que possuírem diretor ou membro de conselho de administração em comum"**.

> ▸ **Como esse assunto foi cobrado em concurso?**
> No Concurso da Vunesp para Procurador do Estado da PGE/SP em 2018, foi considerado ERRADO o seguinte enunciado: "A disciplina legal relativa às instituições que integram o Sistema Financeiro Nacional contempla vedação à realização de operações de crédito por instituições financeiras com a parte relacionada, **incidente apenas quando a instituição esteja submetida à intervenção do Banco Central ou sob Regime de Administração Especial Temporária – RAET, podendo ser excepcionada se comprovado o seu caráter equitativo e a efetiva necessidade para o cumprimento das obrigações perante credores"**.

5.6. Operações de crédito por antecipação de receita orçamentária (ARO)

As operações de crédito por antecipação de receita (ARO), são aquelas que se destinam exclusivamente a atender a **insuficiência momentânea** de caixa durante o exercício financeiro. Além das condições estabelecidas no art. 32 em relação à contratação de operações de crédito em geral, deverá observar as seguintes exigências, previstas no art. 38 da Lei de Responsabilidade Fiscal:

- Realizar-se-á somente a partir do décimo dia do início do exercício (10 de janeiro de cada ano);

- Deverá ser liquidada, com juros e outros encargos incidentes, até o dia dez de dezembro de cada ano. Nesse caso não serão computadas para efeito do que dispõe o art. 167, III, da CRFB/88;
- Não será autorizada se forem cobrados outros encargos que não a taxa de juros da operação, obrigatoriamente prefixada ou indexada à taxa básica financeira, ou à que vier a esta substituir.

> **▸ Como esse assunto foi cobrado em concurso?**
>
> No Concurso do IDIB para Controlador Interno da Câmara de Planaltina/GO em 2021, foi considerado CERTO o seguinte enunciado: "A operação de crédito por antecipação de receita realizar-se-á somente a partir do décimo dia do início do exercício". Na mesma questão também foi considerado CERTO o seguinte enunciado: "A operação de crédito por antecipação de receita não será autorizada se forem cobrados outros encargos que não a taxa de juros da operação, obrigatoriamente prefixada ou indexada à taxa básica financeira, ou à que vier a esta substituir".

> **▸ Como esse assunto foi cobrado em concurso?**
>
> No Concurso da VUNESP para Procurador Municipal da Prefeitura de Várzea Paulista/SP em 2022, foi considerado CERTO o seguinte enunciado: "A operação de crédito por antecipação de receita destina-se a atender insuficiência de caixa durante o exercício financeiro e cumprirá as exigências determinadas na Lei Complementar nº 101/00. Acerca de tais exigências é correto afirmar que a operação de crédito deverá ser liquidada, com juros e outros encargos incidentes, até o dia 10 de dezembro de cada ano".

> **▸ Como esse assunto foi cobrado em concurso?**
>
> No Concurso do IDIB para Controlador Interno da Câmara de Planaltina/GO em 2021, foi considerado ERRADO o seguinte enunciado: "A operação de crédito por antecipação de receita **não** pode se destinar a atender insuficiência de caixa durante o exercício financeiro".

Cuidando-se de operação de crédito por antecipação de receita realizadas por Estados ou Municípios, serão efetuadas mediante abertura de crédito junto à instituição financeira vencedora em processo competitivo eletrônico promovido pelo **Banco Central do Brasil** (art. 38, §2º, da LRF) que, por sua vez, manterá sistema de acompanhamento e controle do saldo do crédito aberto e, no caso de inobservância dos limites, aplicará as sanções cabíveis à instituição credora (art. 38, §2º, da LRF).

Além das vedações previstas nos arts. 35 a 37 da LRF, o art. 38 estabeleceu mais duas outras vedações aplicáveis especificamente à ARO. Assim, estarão proibidas:

a) enquanto existir operação anterior da mesma natureza não integralmente resgatada;

b) no último ano de mandato do Presidente, Governador ou Prefeito Municipal.

Carlos Alberto de Moraes Ramos Filho destaca que o fato de a LOA autorizar, genericamente, as operações de crédito por antecipação de receita não afasta a necessidade de **autorização específica**, em cada operação, por **ato legislativo de inferior hierarquia (ato-condição)**, consoante já decidiu o STJ (2017, p. 589).

▸ **Qual o entendimento atual do STJ sobre o assunto?**

"Assim, para as operações de crédito por antecipação de receita **não basta a autorização genérica contida na lei orçamentária**, sendo indispensável autorização específica em cada operação [...]." (STJ, REsp 410.414/SP, Rel. Min. Castro Meira, 2ª Turma, j. 19.08.2004, p. 27.09.2004).

▸ **Como esse assunto foi cobrado em concurso?**

No Concurso da FCC para Procurador do Estado da PGE/GO em 2024, foi considerado CERTO o seguinte enunciado: "Considere que o Estado pretenda contrair um empréstimo na forma de operação de antecipação de receita orçamentária (ARO), para fazer frente a déficit de caixa, verificado no mês de agosto do exercício, em função de queda expressiva da arrecadação. De acordo com as disposições constitucionais e a disciplina da matéria pela Lei de Responsabilidade Fiscal, o Estado deverá liquidar a operação, com juros e outros encargos incidentes, até o dia 10 de dezembro do mesmo exercício, e não poderá celebrar a operação caso exista outra da mesma natureza não integralmente resgatada".

▸ **Como esse assunto foi cobrado em concurso?**

No Concurso da Vunesp para Procurador da PGE/SP em 2024, foi considerado CERTO o seguinte enunciado: "De acordo com a disciplina de operações de crédito e endividamento público, estabelecida na Constituição Federal e na Lei de Responsabilidade Fiscal, a realização de operação de crédito por Antecipação de Receita Orçamentária (ARO) enfrenta algumas vedações e também condicionantes e, nesse sentido, verifica-se, entre outras, a obrigatoriedade de liquidar a operação, com juros e outros encargos incidentes, até 10 de dezembro do exercício em que tenha sido realizada, sendo vedada a realização de uma segunda ARO sem que a primeira tenha sido integralmente resgatada".

Harrison Leite, de maneira absolutamente didática apresenta a distinção entre Operação de Crédito e Operação de Crédito por Antecipação de Receita Orçamentária (VILELA; LEITE, 2018, p. 373):

Operação de Crédito (art. 32 da LRF)	Operação de Crédito por ARO (art. 38 da LRF)
Dívida Fundada	Dívida Flutuante
Longo Prazo	Curto Prazo
Depende de autorização Legislativa para o Resgate	Independe de Autorização Legislativa

Operação de Crédito (art. 32 da LRF)	Operação de Crédito por ARO (art. 38 da LRF)
Finalidade: atender ao desequilíbrio orçamentário e financiar investimentos	Finalidade: atender a insuficiência de tesouraria (caixa)
Ente deve demonstrar onde está a previsão dos recursos, das receitas que vão fazer frente a essa nova despesa	Ente pode dar em garantia para pagamento da ARO a receita dos impostos (art. 167, IV, da CF), como exceção ao princípio da não vinculação das receitas de impostos
Ente deve demonstrar que a operação atende aos limites e condições para o endividamento e não há delimitação temporal para a sua realização	Deve ser realizada apenas a partir do 10º dia de início de exercício (10/jan) e liquidada até o dia 10/dezembro com juros
Caso se trate de operação externa deve possuir autorização do Senado Federal	Essa operação só poderá ser realizada se não houver outra operação desse tipo – ARO – não quitada
Deve ainda cumprir as outras regras da LRF	Está proibida no último ano de mandato do chefe do Executivo
	VILELA; LEITE, 2018, p. 373

▸ **Como esse assunto foi cobrado em concurso?**

No Concurso da VUNESP para Procurador Municipal da Prefeitura de Presidente Prudente/SP em 2022, foi considerado ERRADO o seguinte enunciado: "As chamadas operações de antecipação de receitas orçamentárias não são consideradas juridicamente operações de crédito".

5.7. Concessão de garantias

O art. 163, III, da Constituição da República de 1988 determinou que **Lei Complementar** dispusesse sobre, dentre outros aspectos, **"concessão de garantias pelas entidades públicas"**, tema que acabou sendo tratado pela Lei de Responsabilidade Fiscal, em seu art. 40. O tema insere-se no âmbito da dívida pública pelo fato de que, diante de uma inadimplência, as garantias poderão ser convertidas em obrigação de pagar, gerando efeitos financeiros semelhantes e o consequente endividamento (ABRAHAM, 2017, p. 229).

Assim, os entes poderão conceder garantia em operações de crédito internas ou externas, observados o disposto no art. 40 da LRF, as normas do art. 32 da mesma lei e, no caso da União, também os limites e as condições estabelecidas pelo Senado Federal e as normas emitidas pelo Ministério da Economia acerca da classificação de capacidade de pagamento dos mutuários (LRF, art. 40, *caput*).

Assim, os entes poderão conceder garantia e, operações de crédito **internas e externas**, observadas as disposições da LRF, tanto aquelas relacionadas à contratação de operações de crédito (art. 32) quanto aquelas especificamente relacionadas à garantia e à contragarantia (art. 40) e, no caso da União, também os limites e as condições estabelecidas pelo Senado Federal.

▸ **Importante**

LRF, art. 29, IV. Concessão de garantia = compromisso de adimplência de obrigação financeira ou contratual assumida por ente da Federação ou entidade a ele vinculada.

▸ **Como esse assunto foi cobrado em concurso?**

No Concurso do Avança SP para Procurador da Câmara Municipal de Itapecerica da Serra/SP em 2024, foi considerado ERRADO o seguinte enunciado: "Define-se por concessão de garantia o compromisso financeiro assumido em razão de mútuo, abertura de crédito, emissão e aceite de título, aquisição recebimento financiada antecipado de bens, de valores provenientes da venda a termo de bens e serviços, arrendamento mercantil e outras operações assemelhadas, inclusive com o uso de derivativos financeiros".

▸ **Como esse assunto foi cobrado em concurso?**

No Concurso da Cespe para Procurador da Fazenda Nacional AGU em 2023, foi considerado CERTO o seguinte enunciado: "O sistema de garantias da União exige que pedidos de autorização para a realização de operações de crédito interno de interesse dos entes e que envolvam aval ou garantia da União sejam precedidos de parecer da PGFN".

▸ **Como esse assunto foi cobrado em concurso?**

No Concurso da FCC para Procurador Municipal da Prefeitura de Teresina/PI em 2022, foi considerado CERTO o seguinte enunciado: "A Lei Complementar n° 101/2000 determina que os entes federados poderão conceder garantia em operações de crédito internas ou externas, observadas as normas mencionadas na referida lei, e, no caso da União, também os limites e as condições estabelecidos pelo Senado Federal".

A garantia estará condicionada ao oferecimento de **contragarantia**, em valor igual ou superior ao da garantia a ser concedida, e à adimplência da entidade que a pleitear relativamente a suas obrigações junto ao garantidor e às entidades por este controladas, observado o seguinte:

I. não será exigida contragarantia de órgãos e entidades do próprio ente;

II. a contragarantia exigida pela União a Estado ou Município, ou pelos Estados aos Municípios, poderá consistir na vinculação de receitas tributárias diretamente arrecadadas e provenientes de transferências constitucionais, com outorga de poderes ao garantidor para retê-las e empregar o respectivo valor na liquidação da dívida vencida → exceção ao princípio que veda a vinculação de receita de impostos e à impossibilidade de retenção de transferências obrigatórias.

▸ Importante

LRF, art. 40.

§ 9º Quando honrarem dívida de outro ente, em razão de garantia prestada, a União e os Estados poderão condicionar as transferências constitucionais ao ressarcimento daquele pagamento.

§ 10. O ente da Federação cuja dívida tiver sido honrada pela União ou por Estado, em decorrência de garantia prestada em operação de crédito, terá suspenso o acesso a novos créditos ou financiamentos até a total liquidação da mencionada dívida.

§ 11. A alteração da metodologia utilizada para fins de classificação da capacidade de pagamento de Estados e Municípios deverá ser precedida de consulta pública, assegurada a manifestação dos entes.

▸ Como esse assunto foi cobrado em concurso?

No Concurso da Vunesp para Procurador da PGE/SP em 2024, foi considerado CERTO o seguinte enunciado: "Considere que o Estado pretenda contratar operação de crédito com organismo multilateral, que contará com garantia da União junto ao financiador, tendo sido exigida contragarantia do Estado, proveniente do produto da arrecadação de Imposto sobre Circulação de Mercadorias e Prestação de Serviços (ICMS) e do fluxo de recebíveis oriundos do Fundo de Participação dos Estados (FPE). A operação, tal como estruturada, afigura-se juridicamente viável, uma vez que é admissível a vinculação de produto de imposto para pagamento de dívidas e constituição de garantia perante a União, valendo notar que não seria admissível que o Estado ofertasse garantia direta ao financiador sobre produto da arrecadação de ICMS ou outro tributo de sua competência instituidora".

▸ Como esse assunto foi cobrado em concurso?

No Concurso do IBADE para Procurador Municipal da Prefeitura de Rio Branco/AC em 2023, foi considerado CERTO o seguinte enunciado: "O ente da Federação cuja dívida tiver sido honrada pela União ou por Estado, em decorrência de garantia prestada em operação de crédito, terá suspenso o acesso a novos créditos ou financiamentos até a total liquidação da mencionada dívida".

▸ Como esse assunto foi cobrado em concurso?

No Concurso do IBADE para Procurador Municipal da Prefeitura de Rio Branco/AC em 2023, foi considerado ERRADO o seguinte enunciado: "A alteração da metodologia utilizada para fins de classificação da capacidade de pagamento de Estados e Municípios não terá como obrigatoriedade a consulta pública, sendo uma mera faculdade, porém, será assegurada a manifestação dos entes na ocasião".

▸ Como esse assunto foi cobrado em concurso?

No Concurso da FGV para Analista de Planejamento e Orçamento da SMF/RJ em 2023, foi considerado CERTO o seguinte enunciado: "É permitida a vinculação das receitas recebidas por meio do Fundo de Participação dos Municípios para prestar contragarantia à União".

▸ Como esse assunto foi cobrado em concurso?

No Concurso da Cespe para Procurador da Fazenda Nacional AGU em 2023, foi considerado CERTO o seguinte enunciado: "A vinculação de receitas de impostos em contratos de contragarantia firmados entre ente beneficiário e a União é autorizada pela CF".

Harrison Leite esclarece que "garantia é um meio de assegurar o direito de outrem contra eventual inexecução de uma obrigação". Já a contragarantia "é uma 'garantia da garantia' e tem igual natureza, que é oferecer ao credor segurança de pagamento. Assim, se a União conceder um aval a um Município para contrair um empréstimo externo, esta garantia poderá estar 'contragarantida' com outro meio acautelatório por parte do Município. Tanto a garantia quanto a contragarantia são oferecidos pelos entes federativos uns aos outros para o fortalecimento do crédito" (2015, p. 362).

No mesmo sentido, Marcus Abraham afirma que a garantia, conceitualmente, "nada mais é do que uma caução, ou seja, corresponde ao compromisso da adimplência de obrigação financeira ou contratual, assumido por ente da federação ou entidade a ele vinculada". Já a contragarantia, "que tem a mesma natureza da garantia, é um bem ou direito do devedor, que pode ser assumido pelo garantidor, quando da ocorrência de inadimplência" (2017, p. 229).

▸ Importante

Código Penal, art. 359-E. Prestar garantia em operação de crédito sem que tenha sido constituída contragarantia em valor igual ou superior ao valor da garantia prestada, na forma da lei:

Pena – detenção, de 3 (três) meses a 1 (um) ano

No caso de operação de crédito junto a **organismo financeiro internacional**, ou a instituição federal de crédito e fomento para o repasse de recursos externos, a União só prestará garantia a ente que atenda, além dos requisitos supramencionados, as exigências legais para o recebimento de transferências voluntárias (art. 40, §2º, da LRF).

A garantia deve respeitar os **limites fixados pelo Senado Federal**, sob pena de nulidade (art. 40, §5º, da LRF).

É vedado às entidades da administração indireta, inclusive suas empresas controladas e subsidiárias, conceder garantia, ainda que com recursos de fundos. Contudo, essa vedação não se aplica à concessão de garantia por:

I. empresa controlada a subsidiária ou controlada sua, nem à prestação de contragarantia nas mesmas condições;

II. instituição financeira a empresa nacional, nos termos da lei.

> ▸ **Como esse assunto foi cobrado em concurso?**
> No Concurso do IBADE para Procurador Municipal da Prefeitura de Rio Branco/AC em 2023, foi considerado ERRADO o seguinte enunciado: "Excepcionalmente nos casos permitidos por lei, será permitida garantia em operações de crédito internas ou externas acima dos limites fixados pelo Senado Federal".

> ▸ **Como esse assunto foi cobrado em concurso?**
> No Concurso do IBADE para Procurador Municipal da Prefeitura de Rio Branco/AC em 2023, foi considerado ERRADO o seguinte enunciado: "As entidades da administração indireta, inclusive suas empresas controladas e subsidiárias, podem conceder garantia, ainda que com recursos de fundos".

Há que se destacar que segundo a LRF, empresa controlada é a sociedade cuja maioria do capital social com direito a voto pertença, direta ou indiretamente a ente da Federação (art. 2º, II).

> ▸ **Como esse assunto foi cobrado em concurso?**
> No Concurso da CESPE/CEBRASPE para Promotor de Justiça Substituto de Santa Catarina em 2021, foi considerado CERTO o seguinte enunciado: "Empresa controlada é sociedade cuja maioria do capital social com direito a voto pertence a ente da Federação, ainda que indiretamente".

> ▸ **Como esse assunto foi cobrado em concurso?**
> No Concurso da UFPR para Analista Legislativo da Câmara de Curitiba/PR em 2020, foi considerado CERTO o seguinte enunciado: "Empresa controlada é a sociedade cuja maioria do capital social com direito a voto pertença, direta ou indiretamente, a ente da Federação, entendendo-se este como a União, cada Estado, o Distrito Federal e cada Município".

> ▸ **Como esse assunto foi cobrado em concurso?**
> No Concurso da FMP para Procurador do Estado do Acre em 2017, foi considerado ERRADO o seguinte enunciado: "No dizer da LC 101/2000, entende-se por empresa controlada aquela que mantém sob estrito controle de responsabilidade fiscal as suas despesas".

Atenção para o fato de que as regras previstas no art. 40 da LRF são excetuadas nos casos de garantia prestada: a) por instituições financeiras estatais, que se submeterão às normas aplicáveis às instituições financeiras privadas, de acordo com a legislação pertinente; e b) pela União, na forma de lei federal, a empresas de natureza financeira por ela controladas, direta e indiretamente, quanto às operações de seguro de crédito à exportação.

> ▸ **Importante**
>
> LRF, art. 39. Nas suas relações com ente da Federação, o Banco Central do Brasil está sujeito às vedações constantes do art. 35 e mais às seguintes:
>
> [...]
>
> III. concessão de garantia

6. REGRA DE OURO DAS FINANÇAS PÚBLICAS

A previsão do art. 167, III, da Constituição da República, é considerada a "regra de ouro" das finanças públicas, segundo a qual é vedada a "a realização de operações de créditos que excedam o montante das despesas de capital, ressalvadas as autorizadas mediante créditos suplementares ou especiais com finalidade precisa, aprovados pelo Poder Legislativo por maioria absoluta".

A previsão da chamada "regra de ouro" no texto constitucional busca evitar que nenhum governo contraia dívida pública maior que os investimentos feitos, uma vez que o endividamento acaba por comprometer as gerações futuras. Assim, pautando-se por uma ideia de equidade intergeracional, o endividamento só pode ocorrer no caso de dívidas de capital.

Caso a regra de ouro esteja próxima de ser descumprida, deve-se buscar o equilíbrio fiscal e a eficiência do gasto público, uma vez que seu descumprimento acarreta crime de responsabilidade. Um dos fatores mais graves e que ameaçam a observância de tal regra é o aumento de gastos com previdência e com pessoal, o que pode ser acompanhado pelo Boletim Resultado do Tesouro Nacional (RTN).

> ▸ **Importante**
>
> CRFB/88, art. 167-E. Fica dispensada, durante a integralidade do exercício financeiro em que vigore a calamidade pública de âmbito nacional, a observância do inciso III do caput do art. 167 desta Constituição (EC 109/2021).

> ▸ **Qual o entendimento atual do STF sobre o assunto?**
>
> Ação direta de inconstitucionalidade. Lei Complementar 101/2000. Lei de Responsabilidade Fiscal (LRF). (...) Ao prever limite textualmente diverso da regra do art. 167, III, da CF, o art. 12, § 2º, da LRF enseja interpretações distorcidas do teto a ser aplicado às receitas decorrentes de operações de crédito, pelo que a ação deve ser parcialmente provida, nesse ponto, para dar interpretação conforme ao dispositivo para o fim de explicitar que **a proibição não abrange operações de crédito autorizadas mediante créditos suplementares ou especiais com finalidade precisa, aprovados pelo Poder Legislativo por maioria absoluta.** (ADI 2.238, rel. min. Alexandre de Moraes, j. 24-6-2020, P, *DJE* de 15-9-2020.0)

▸ **Importante**

Observa-se que a "regra de ouro" das finanças públicas versada no art. 167, III, da CF/88, segundo a qual o ente público não deve se endividar mais que o necessário para realizar suas despesas de capital, não impede a contratação de operações de crédito para o custeio de despesas correntes.

O estado pode financiar suas despesas de capital mediante receitas de operações de crédito, desde que estas não excedam o montante das despesas de capital. Isso deverá ser observado pelo chefe do Poder Executivo quando fizer a operação financeira autorizada por lei.

Ademais, o art. 167, X, da CF/88, não proíbe a concessão de empréstimos para pagamento de pessoal. O dispositivo veda, contudo, que os empréstimos realizados junto a instituições financeiras dos governos federal e estaduais sejam utilizados para aquele fim. Impede-se, portanto, a alocação das receitas obtidas com instituições financeiras estatais para o custeio de pessoal ativo e inativo. Por oportuno, **nada impede a realização de empréstimos com instituições financeiras privadas para pagamento de despesas com pessoal, porquanto a proibição não as alcança.** STF. Plenário. ADI 5683/RJ, Rel. Min. Roberto Barroso, julgado em 20/4/2022 (Info 1051). Fonte: Dizer o Direito. Disponível em: https://www.buscadordizerodireito.com.br/jurisprudencia/detalhes/0465a1824942fac19824528343613213.

▸ **Como esse assunto foi cobrado em concurso?**

No Concurso do Instituto Consulplan para Administrador da SESPA/PA em 2023, foi considerado CERTO o seguinte enunciado: "A Constituição Federal de 1988 fixa as peculiaridades do processo orçamentário e do ciclo orçamentário no Brasil, bem como estipula algumas vedações. Uma delas, conhecida como a "Regra de Ouro", consagra que é vedada a realização de operações de créditos que excedam o montante das despesas de capital, ressalvadas as autorizadas mediante créditos suplementares ou especiais com finalidade precisa aprovados pelo Poder Legislativo por maioria absoluta".

▸ **Como esse assunto foi cobrado em concurso?**

No Concurso da CONSULPAM para Auditor de Controle Externo do TCM/PA em 2023, foi considerado CERTO o seguinte enunciado: "Uma das poucas regras fiscais constantes do texto permanente da Constituição de 1988, a regra de ouro foi, durante décadas, cumprida sem gerar maiores debates acerca de seu resultado e de seu impacto sobre as finanças públicas. A respeito desse assunto, a ideia central da regra é vedar o endividamento público para a realização de despesas correntes, permitindo-o apenas para o financiamento de investimentos".

▸ **Como esse assunto foi cobrado em concurso?**

No Concurso do QUADRIX para Contador do CREF 3ª Região/SC em 2023, foi considerado ERRADO o seguinte enunciado: "A regra de ouro da CF diz respeito à proibição de contratação de operações de crédito em montante superior ao das despesas de capital. Tal regra, no entanto, é aplicada apenas à etapa de execução da lei orçamentária anual e não prevê exceções".

▸ **Como esse assunto foi cobrado em concurso?**

No Concurso do Cespe/Cebraspe para Auditor de Controle Externo do TC/DF em 2023, foi considerado CERTO o seguinte enunciado: "O Poder Executivo do Distrito Federal possui, em sua estrutura administrativa, uma sociedade de economia mista bancária denominada BRB S.A., que se qualifica como empresa estatal independente. Assim, a vedação da denominada regra de ouro não alcança o BRB S.A".

▸ **Como esse assunto foi cobrado em concurso?**

No Concurso do Cespe/Cebraspe para Analista Fazendário da SEFIN de Fortaleza/CE em 2023, foi considerado CERTO o seguinte enunciado: "Um ente público pode realizar operações de crédito além do montante previsto para despesas de capital sem descumprir a regra de ouro, desde que as referidas operações sejam autorizadas mediante créditos suplementares ou especiais com finalidade precisa, aprovados pelo Poder Legislativo por maioria absoluta".

▸ **Como esse assunto foi cobrado em concurso?**

No Concurso do Cespe/Cebraspe para Analista Fazendário da SEFIN de Fortaleza/CE em 2023, foi considerado CERTO o seguinte enunciado: "De acordo com o Supremo Tribunal Federal, a regra de ouro não impede a contratação de operações de crédito para o custeio de despesas correntes, desde que o total da contratação não exceda o montante das despesas de capital".

7. FORMAS DE EXTINÇÃO DA DÍVIDA PÚBLICA

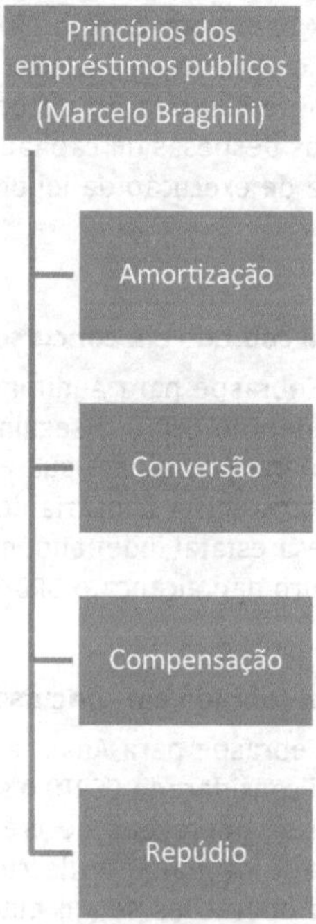

A respeito da amortização, Aliomar Baleeiro (1998, p. 515) destaca que "quando os empréstimos são emitidos com prazo certo de resgate, esse pode ser feito por diferentes modos clássicos, como, por exemplo:

a) **Simultaneamente**: todos os títulos são resgatados de uma só vez na data do vencimento;

b) **Em séries por sorteios periódicos**: o Tesouro, a partir de certa data, sorteia todos os anos uma série de títulos para resgate, até que se extinga toda a obrigação;

c) **Anuidades termináveis**: juros e amortizações são pagos ao longo de um período, em prestações iguais, até completa liquidação da dívida, de sorte que, na marcha do tempo, a parcela do capital restituído é cada vez maior, segundo a tabela Price;

d) **Rendas vitalícias**: forma europeia antiga em que o Tesouro se obrigava a pagar uma prestação até o fim da vida do subscritor, extinguindo-se a dívida com a morte deste ou do beneficiário;

e) **Pelos saldos orçamentários**: o Tesouro obriga-se a aplicar os saldos orçamentários ao resgate dos títulos por sorteio ou por outro modo;

f) **Pela compra no mercado**: o Tesouro, a seu critério, compra os títulos em Bolsa, o que naturalmente só lhe interessa fazer por cotações inferiores ao valor nominal.

Por sua vez, a **conversão** "típica e mais usada consiste em uma prática pela qual, quando os títulos públicos se cotam no mercado financeiro expressivamente acima do par, o Tesouro afronta os credores, oferecendo-lhes opção entre a troca por outro de juro menor ou o resgate imediato. [...] A conversão legítima é a facultativa, na qual o titular da apólice tem opção entre aceitá-la ou preferir o resgate. Quando o Tesouro impõe ao credor, sem alternativa, a redução dos juros, não há conversão, mas repúdio da dívida, violação de contrato" (BALEEIRO, 1998, p. 515).

A **compensação** se dá entre dívidas recíprocas e vencidas entre os entes federativos e o **repúdio**, consiste na "negativa de legitimidade de uma dívida contraída por regime totalitário em momentos de instabilidade política, em que o Estado encontra-se desprovido de normalidade constitucional" (BRAGHINI, 2016, p. 282).

▸ **Qual o entendimento atual do TCU sobre o assunto?**

"O superávit financeiro do Fundo de Defesa de Direitos Difusos (Leis 7.347/1985 e 9.008/1995), acumulado desde a sua criação, na forma prevista pelo art. 73 da Lei 4.320/1964, pode ser usado para amortização da dívida pública da União (art. 5º da EC 109/2021), pois trata-se de fundo público do Poder Executivo, em razão do encargo fixado a órgão desse poder para geri-lo (art. 1º da Lei 9.008/1995)" Acórdão 4113/2023 Primeira Câmara (Representação, Relator Ministro-Substituto Augusto Sherman) (TCU, Boletim de Jurisprudência 450).

8. A DÍVIDA PÚBLICA E O NOVO REGIME FISCAL (ECS 95/2016 E 102/2019)

Os gastos com juros e amortizações dívida pública no Brasil assumiu proporções inimagináveis, representando, no ano de 2023, o equivalente a 43,23% (gráfico infra) do Orçamento Federal Executado, o que impede a realização de importantes investimentos, sobretudo na área social. Esse quadro configura aquilo que Maria Lúcia Fatorelli (2019) denomina de "Sistema da Dívida", qual seja, "a utilização do endividamento público às avessas, ou seja, em vez de servir para aportar recursos ao Estado, o processo de endividamento tem funcionado como um instrumento que promove uma contínua e crescente subtração de recursos públicos, que são direcionados principalmente ao setor financeiro privado".

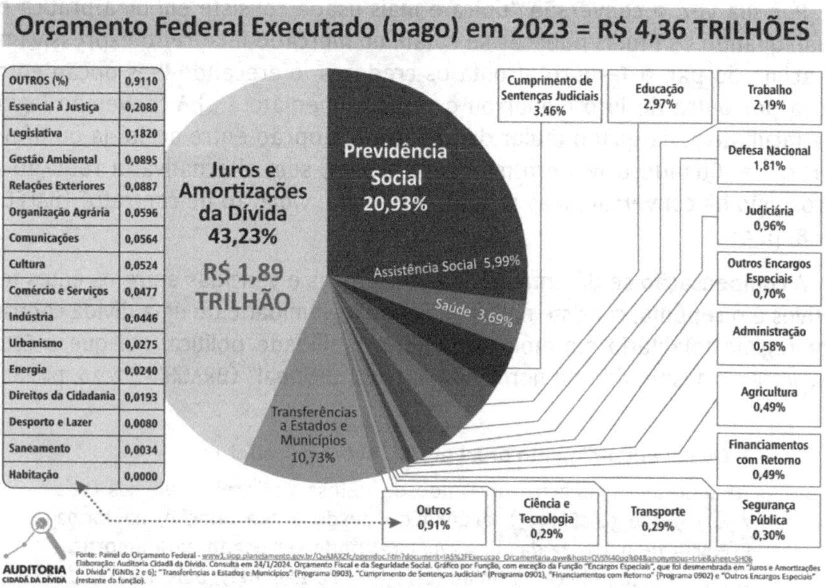

Gráfico disponível em: https://auditoriacidada.org.br/conteudo/artigo-no-extraclasse-defende-veracidade-do-grafico-da-acd/. Acesso em: 15 dez. 2024.

O legislador constituinte originário, ainda em 1988, já demonstrava preocupação dom essa situação, tendo fixado instrumentos para se apurar o verdadeiro alcance e eventuais irregularidades na dívida pública brasileira, conforme disposto no art. 26 do Ato das Disposições Constitucionais Transitórias da CRFB/88 a seguir reproduzido:

> ▸ **Importante**
>
> ADCT da CRFB/88, **Art. 26.** No prazo de um ano a contar da promulgação da Constituição, o Congresso Nacional promoverá, através de comissão mista, exame analítico e pericial dos atos e fatos geradores do endividamento externo brasileiro.
>
> § 1º A comissão terá a força legal de comissão parlamentar de inquérito para os fins de requisição e convocação, e atuará com o auxílio do Tribunal de Contas da União.
>
> § 2º Apurada irregularidade, o Congresso Nacional proporá ao Poder Executivo a declaração de nulidade do ato e encaminhará o processo ao Ministério Público Federal, que formalizará, no prazo de sessenta dias, a ação cabível.

Para saber mais sobre esse tema, que pode ser cobrado em concursos tanto na disciplina Direito Financeiro quanto Direito Constitucional, recomenda-se o acesso à página da Auditoria Cidadã da Dívida: https://auditoriacidada.org.br/.

Quanto ao chamado "Novo regime fiscal", estabelecido pela Emenda Constitucional nº 95/2016 (alterado pela EC 102/2019), fixou um teto para o crescimento das despesas a ser aplicado pelo prazo de 20 anos sem, contudo, estabelecer qualquer tipo de limitação em relação aos valores gastos com a dívida pública.

> **Importante**
>
> ADCT da CRFB/88, **Art. 106.** Fica instituído o Novo Regime Fiscal no âmbito dos Orçamentos Fiscal e da Seguridade Social da União, que vigorará por vinte exercícios financeiros, nos termos dos arts. 107 a 114 deste Ato das Disposições Constitucionais Transitórias.

O regime alcança os orçamentos fiscal e da seguridade social e para todos os órgãos e Poderes, havendo, contudo, a fixação para cada exercício, de limites individualizados para as despesas primárias de diferentes órgãos, tais como tribunais, CNJ, Senado, Câmara, TCU, MPU, CNMP e DPU (Art. 107, I a V, do ADCT), de forma que se for verificado, na aprovação da lei orçamentária, que, no âmbito das despesas sujeitas a tais limites, a proporção da despesa obrigatória primária em relação à despesa primária total foi superior a 95%, aplicam-se ao respectivo Poder ou órgão, até o final do exercício a que se refere a lei orçamentária, sem prejuízo de outras medidas, as seguintes vedações:

> I – concessão, a qualquer título, de vantagem, aumento, reajuste ou adequação de remuneração de membros de Poder ou de órgão, de servidores e empregados públicos e de militares, exceto dos derivados de sentença judicial transitada em julgado ou de determinação legal anterior ao início da aplicação das medidas de que trata este artigo (EC 109/2021);
>
> II – criação de cargo, emprego ou função que implique aumento de despesa;
>
> III – alteração de estrutura de carreira que implique aumento de despesa;
>
> IV – admissão ou contratação de pessoal, a qualquer título, ressalvadas (EC 109/2021):
>
> a) as reposições de cargos de chefia e de direção que não acarretem aumento de despesa;
>
> b) as reposições decorrentes de vacâncias de cargos efetivos ou vitalícios;
>
> c) as contratações temporárias de que trata o inciso IX do caput do art. 37 da Constituição Federal;
>
> d) as reposições de temporários para prestação de serviço militar e de alunos de órgãos de formação de militares;
>
> V – realização de concurso público, exceto para as reposições de vacâncias previstas no inciso IV;
>
> VI – criação ou majoração de auxílios, vantagens, bônus, abonos, verbas de representação ou benefícios de qualquer natureza, inclusive de cunho indenizatório, em favor de membros de Poder, do Ministério Público ou da Defensoria Pública, de servidores e empregados públicos e de militares, ou ainda de seus dependentes, exceto quando derivados de sentença judicial transitada em julgado ou de determinação legal anterior ao início da aplicação das medidas de que trata este artigo (EC 109/2021).
>
> VII – criação de despesa obrigatória;

VIII – adoção de medida que implique reajuste de despesa obrigatória acima da variação da inflação, observada a preservação do poder aquisitivo referida no inciso IV do caput do art. 7º da Constituição Federal;

IX – aumento do valor de benefícios de cunho indenizatório destinados a qualquer membro de Poder, servidor ou empregado da administração pública e a seus dependentes, exceto quando derivado de sentença judicial transitada em julgado ou de determinação legal anterior ao início da aplicação das medidas de que trata este artigo.

> **▸ Qual o entendimento atual do TCU sobre o assunto?**
>
> "Todas as despesas com a realização de concursos públicos devem ser consideradas integralmente na base de cálculo do teto de gastos (EC 95/2016) e computadas para a aferição do seu cumprimento, por se tratar de despesas primárias não excepcionadas pelo exaustivo rol de exclusões estabelecido no art. 107, § 6º, do ADCT". Acórdão 2313/2021 Plenário (Consulta, Relator Ministro Raimundo Carreiro) (TCU, Boletim de Jurisprudência 375)

Para o caso de as vedações previstas nos incisos I, III e IV do art. 109 do ADCT, quando acionadas as vedações para qualquer dos órgãos elencados nos incisos II, III e IV do caput do art. 107 do ADCT, aplicam-se, ao conjunto dos órgãos referido em cada inciso. Por outro lado, nos casos em que tais vedações sejam acionadas para o Poder Executivo, ficam vedadas:

I. a criação ou expansão de programas e linhas de financiamento, bem como a remissão, renegociação ou refinanciamento de dívidas que impliquem ampliação das despesas com subsídios e subvenções; e

II. a concessão ou a ampliação de incentivo ou benefício de natureza tributária.

Da mesma forma, sendo acionadas as vedações ao art. 109 do ADCT, fica, automaticamente, vedada a concessão da revisão geral anual da remuneração dos servidores públicos, prevista no inciso X do art. 37 da CRFB/88.

> **▸ Qual o entendimento atual do STF sobre o assunto?**
>
> "O não encaminhamento de projeto de lei de revisão anual dos vencimentos dos servidores públicos, previsto no inciso X do art. 37 da CF/1988, não gera direito subjetivo a indenização. Deve o Poder Executivo, no entanto, se pronunciar, de forma fundamentada, acerca das razões pelas quais não propôs a revisão", nos termos do voto do Ministro Roberto Barroso, Redator para o acórdão, Plenário, 25.9.2019 (Sessão Ordinária).

> **▸ Como esse assunto foi cobrado em concurso?**
>
> No Concurso da Cespe para Procurador do MP do TCE/RJ em 2023, foi considerado CERTO o seguinte enunciado: "A revisão geral anual da remuneração dos servidores públicos, assim como a concessão de

aumento ou reajuste, está condicionada, de forma cumulativa, à existência de dotação na lei orçamentária anual e de previsão na lei de diretrizes orçamentárias".

▸ **Como esse assunto foi cobrado em concurso?**

No Concurso do CESPE para Procurador do Estado da PGE/PA em 2022, foi considerado CERTO o seguinte enunciado: "A revisão geral anual da remuneração dos servidores públicos depende, cumulativamente, de dotação na lei orçamentária anual e de previsão na lei de diretrizes orçamentárias".

Visando detalhar o Novo Regime Fiscal estabelecido pela EC 95/2016, a EC 109/2021, apesar de afastar parcialmente sua incidência sobre as medidas de combate a calamidade pública cuja vigência e efeitos não ultrapassem a sua duração (art. 109, §5º, ADCT), ainda determinou que as disposições do art. 109 do ADCT:

I. não constituem obrigação de pagamento futuro pela União ou direitos de outrem sobre o erário;

II. não revogam, dispensam ou suspendem o cumprimento de dispositivos constitucionais e legais que disponham sobre metas fiscais ou limites máximos de despesas; e

III. aplicam-se também às proposições legislativas.

A EC 95/2016 também estabeleceu que para o exercício de 2017, primeiro ano de vigência das novas regras, os limites equivalerão à despesa primária paga no exercício de 2016, incluídos os restos a pagar pagos e demais operações que afetam o resultado primário, corrigida em 7,2%. Já para os exercícios seguintes, os gastos federais somente poderão ser ampliados nos limites da inflação, conforme o Índice Nacional de Preços ao Consumidor Amplo (IPCA).

Foi fixado que a partir do décimo exercício de vigência do "Novo Regime Fiscal", o Presidente da República poderá rever tais critérios uma vez a cada mandato, propondo projeto de lei complementar para a alteração do método de correção dos limites impostos pela EC 95/2016 (art. 108 do ADCT), disposição posteriormente revogada pela Emenda Constitucional nº 113, de 2021.

A própria EC 95/2016, no §6º, do art. 107, do ADCT, excluiu do novo teto, algumas despesas, tais como as transferências de recursos da União para estados e municípios, os gastos para a realização de eleições, as verbas para o Fundo de Manutenção e Desenvolvimento da Educação Básica e Valorização dos Profissionais da Educação Básica (FUNDEB) e as despesas com aumento de capital de empresas estatais não dependentes.

▸ **Qual o entendimento atual do TCU sobre o assunto?**

"Na utilização dos recursos do Fundeb, os profissionais do magistério cedidos a outros órgãos e entidades ou lotados na secretaria de educação desempenhando atividades alheias àquelas previstas no art. 22, parágrafo único, inciso II, da Lei 11.494/2007, bem como os profissionais pertencentes a outras categorias da educação, como merendeiros, auxiliares e assistentes, não podem ser remunerados com recursos da parcela vinculada ao magistério, de, no mínimo, 60% dos recursos do referido fundo (art. 22, *caput*, da mesma lei)". Acórdão 349/2020 Plenário (Levantamento, Relator Ministro Walton Alencar Rodrigues) (TCU, Boletim de Jurisprudência 299)

▸ **Qual o entendimento atual do TCU sobre o assunto?**

"Na utilização dos recursos do Fundeb, os profissionais do magistério que exerçam atividade não enquadrada como efetivo exercício de atividade docente ou de suporte pedagógico (art. 22, parágrafo único, inciso II, da Lei 11.494/2007), mas classificada como despesa de manutenção e desenvolvimento do ensino (MDE), nos termos do artigo 70 da Lei 9.394/1996, podem ser remunerados com os recursos do fundo não vinculados ao magistério (até 40% do Fundeb)." Acórdão 349/2020 Plenário (Levantamento, Relator Ministro Walton Alencar Rodrigues) (TCU, Boletim de Jurisprudência 299)

Em 26 de setembro de 2019 o Congresso Nacional promulgou a **EC 102**, estabelecendo mais um caso de não incidência do teto de gastos que agora alcança também as **transferências a Estados, Distrito Federal e Municípios de parte dos valores arrecadados com os leilões referentes à exploração de petróleo,**

▸ **Importante**

ADCT da CRFB/88, Art. 107, §6º, V. transferências a Estados, Distrito Federal e Municípios de parte dos valores arrecadados com os leilões dos volumes excedentes ao limite a que se refere o § 2º do art. 1º da Lei nº 12.276, de 30 de junho de 2010, e a despesa decorrente da revisão do contrato de cessão onerosa de que trata a mesma Lei. **(Redação dada pela EC 102/2019).**

Por outro lado, a Emenda Constitucional nº 109 inseriu o art. 164-A no texto constitucional para determinar que a União, os Estados, o Distrito Federal e os Municípios devem conduzir suas políticas fiscais de forma a manter a dívida pública em níveis sustentáveis, na forma da lei complementar, conforme inciso VIII, também inserido no art. 163 da CRFB/88, por meio da mesma emenda. No mais, fixou-se, ainda, que "a elaboração e a execução de planos e orçamentos devem refletir a compatibilidade dos indicadores fiscais com a sustentabilidade da dívida" (CRFB/88, art. 164-A, parágrafo único).

▸ **Como esse assunto foi cobrado em concurso?**

No Concurso do Instituto Access para Procurador da Prefeitura de Cataguases/MG em 2024, foi considerado CERTO o seguinte enunciado: "Emenda Constitucional aprovada em 2001 modificou alguns dispositivos que tratam da dívida pública no sentido de prever a possibilidadede serem criadas limitações para que despesas fossem mais controladas.

Entre essas imposições está a necessidade de Lei Complementar para dispor sobre a sustentabilidade da dívida pública, especificando os níveis de compatibilidade dos resultados fiscais com a trajetória da dívida".

▸ **Como esse assunto foi cobrado em concurso?**

No Concurso da Cespe para Procurador do Estado da PGE/RR em 2023, foi considerado ERRADO o seguinte enunciado: "O Supremo Tribunal Federal (STF) assentou a inconstitucionalidade da norma da LRF relativa à definição de tetos de gastos particularizados para cada ente federado e seus respectivos poderes, com limitação mais severa em desfavor de estados e municípios, em observância ao princípio federativo e à separação dos poderes".

ATENÇÃO: no ano de 2022, o Ministro Gilmar Mendes, ao julgar o Mandado de Injunção 7.300, determinou que os "recursos destinados ao pagamento de benefícios para garantir uma renda mínima aos brasileiros podem ser custeados pelo espaço fiscal aberto com os precatórios não pagos (e o que eventualmente faltar, por crédito extraordinário)". Ademais, salientou o Ministro, que a **alusão ao teto de gastos previsto no art. 107 do ADCT não pode ser utilizada como "escudo para o descumprimento de decisões judiciais"**. Acrescentou ainda que é "juridicamente possível o custeio do programa Auxílio Brasil, ou outro que o suceda, por meio da abertura de crédito extraordinário, reiterando, portanto, que tais despesas **não se incluem na base de cálculo e nos limites estabelecidos no teto constitucional de gastos, a teor do previsto no inciso II do parágrafo 6º do artigo 107 do ADCT**". (Disponível em: https://portal.stf.jus.br/noticias/verNoticiaDetalhe.asp?idConteudo=499282&ori=1. Acesso em 19 dez. 2022).

▸ **Qual o entendimento atual do STF sobre o assunto?**

"[...] defiro parcialmente as medidas formuladas pelo peticionante para, conferindo **interpretação conforme** à Constituição ao art. 107-A, II, do ADCT, assentar que, no ano de 2023, o espaço fiscal decorrente da diferença entre o valor dos precatórios expedidos e o limite estabelecido no seu caput deverá ser destinado exclusivamente ao **programa social de combate à pobreza e à extrema pobreza**, nos termos do parágrafo único do art. 6º, da CF, ou outro que o substitua, determinando que seja mantido o valor de R$ 600,00, e, desde já, autorizando, caso seja necessário, a utilização suplementar de **crédito extraordinário** (art. 167, § 3º, da CF)." (STF, MI 7300/DF, Rel. Min. Marco Aurélio, Redator do Acórdão Min. Gilmar Mendes, j. 18 de dezembro de 2022).

9. O NOVO REGIME FISCAL SUSTENTÁVEL OU "NOVO ARCABOUÇO FISCAL"

Entre 1º de janeiro de 2017 e 31 de dezembro de 2023, esteve em vigor, no Brasil, o chamado **"Novo Regime Fiscal"**, instituído pela Emenda Constitucional nº 95, de 2016, pautado pelo modelo de despesa pública, por esta razão, chamado pela imprensa de regime de **"teto de gastos"**. Mesmo tendo sido pensado para durar vinte anos, uma série de falhas no modelo fizeram com que diversas exceções fossem, paulatinamente, introduzidas até a sua revogação, pela EC 126, de 2022.

Em sua substituição, a Lei Complementar nº 200, de 30 de agosto de 2023 instituiu o **regime fiscal sustentável**, chamado de **"novo arcabouço fiscal"**, aplicável às receitas primárias e às despesas primárias dos orçamentos fiscal e da seguridade social da União (não inclui as despesas do orçamento de investimentos), para garantir a estabilidade macroeconômica do país e criar as condições adequadas ao crescimento socioeconômico. Diferente do modelo de "teto de gastos", focado exclusivamente nas despesas, este modelo é mais complexo, ao combinar despesa, receita e resultado final. Ao contrário do modelo anterior, o novo regime **não tem um prazo de duração** previamente estabelecido. Ademais, tendo sido criado através de lei complementar, sujeita-se a alterações de forma mais simples que o modelo anterior, estabelecido através de emenda constitucional (95/2016).

O regime fiscal sustentável passou a valer a partir de 1º de janeiro de 2024, tendo como foco a condução da política fiscal da União de modo a **manter a dívida pública em níveis sustentáveis**, prevenindo riscos e promovendo medidas de ajuste fiscal em caso de desvios, garantindo a solvência e a sustentabilidade intertemporal das contas públicas (LC 200/2023, art. 1º, §2º).

Segundo a LC 200/2023 (art. 2º), a lei de diretrizes orçamentárias estabelecerá as diretrizes de política fiscal e as respectivas metas anuais de resultado primário do Governo Central, para o exercício a que se referir e para os três seguintes, compatíveis com a trajetória sustentável da dívida pública. Para tanto, considera-se compatível com a sustentabilidade da dívida pública o estabelecimento de **metas de resultados primários**, nos termos das leis de diretrizes orçamentárias, até a **estabilização da relação entre a Dívida Bruta do Governo Geral (DBGC) e o Produto Interno Bruto (PIB)**, conforme o Anexo de Metas Fiscais de que trata a LRF, cuja apuração será realizada pelo **Banco Central do Brasil**.

> ▸ **Como esse assunto foi cobrado em concurso?**
>
> No Concurso da ADM&TEC para Procurador do Município de Palmeira dos Índios/AL em 2024, foi considerado ERRADO o seguinte enunciado: "A Lei Orçamentária anual compreenderá as metas e prioridades da administração pública federal, estabelecerá as diretrizes de política fiscal e respectivas metas, em consonância com trajetória sustentável da dívida pública".

> ▸ **Como esse assunto foi cobrado em concurso?**
>
> No Concurso da ADM&TEC para Procurador do Município de Palmeira dos Índios/AL em 2024, foi considerado ERRADO o seguinte enunciado: "A Lei Orçamentária anual compreenderá as metas e prioridades da administração pública federal, estabelecerá as diretrizes de política fiscal e respectivas metas, em consonância com trajetória sustentável da dívida pública".

Assim, a elaboração e a aprovação do projeto de LOA e sua execução, deverão ser compatíveis com a obtenção da **meta de resultado primário estabelecida na LDO**, observados os intervalos de tolerância de que trata a LRF.

Os arts. 3º ao 5º da LC 200/2023 fixaram a metodologia do Novo Arcabouço Fiscal, partindo-se do estabelecimento, para cada exercício a partir de 2024, de limites individualizados para o montante global das dotações orçamentárias relativas a despesas primárias: I- do Poder Executivo Federal; II- do Senado Federal, da Câmara dos Deputados e do TCU, no âmbito do Poder Legislativo; do Ministério Público da União e do Conselho Nacional do Ministério Público; e V- da Defensoria Pública da União (LC 200/2023, art. 3º, caput); elencando, ainda, os itens que não se incluem na base de cálculo de tais limites, dentre os quais se incluem os créditos extraordinários e as transferências constitucionais, dentre outros (LC 200/2023, art. 3º, §2º).

> ▸ **Qual o entendimento atual do STF sobre o assunto?**
>
> "24. **Os pagamentos relativos ao passivo de precatórios ocasionado pelas Emendas Constitucionais 113/22 e 114/22 devem ser incluídos nas excepcionalidades do art. 3º, §2º, da Lei Complementar 200/23**, tais valores devem ser considerados, exclusivamente para fins de verificação do cumprimento da meta de resultado primário a que se referem o art. 4º, §1º, da Lei Complementar 101, de 4 de maio de 2000, prevista na lei de diretrizes orçamentárias, sendo possível a sua classificação para todos os fins financeiros, a critério dos órgãos competentes" (ADI 7.064/DF, Rel. Min. Luiz Fux, j. 01.12.2023).

> ▸ **Atenção:**
>
> Os limites a que se refere o caput do art. 3º da LC 200/23 equivalem:
>
> I - para o **exercício de 2024**, às dotações orçamentárias primárias constantes da Lei nº 14.535, de 17 de janeiro de 2023, considerados os créditos suplementares e especiais vigentes na data de promulgação desta Lei Complementar, relativas ao respectivo Poder ou órgão referido no caput deste artigo, corrigidas nos termos do art. 4º e pelo crescimento real da despesa primária calculado nos termos do art. 5º desta Lei Complementar, excluídas as dotações correspondentes às despesas de que trata o § 2º deste artigo; e
>
> II - para os **exercícios posteriores a 2024**, ao valor do limite referente ao exercício imediatamente anterior, corrigido nos termos dos arts. 4º e 5º desta Lei Complementar, observado que as alterações nas dotações orçamentárias realizadas para atender à situação prevista no **caput** do art. 9º desta Lei Complementar não deverão ser incluídas para a definição do limite do exercício subsequente.

A cada exercício, os limites individualizados serão corrigidos pela variação acumulada do Índice Nacional de Preços ao Consumidor Amplo (IPCA), considerados os valores apurados no período de doze meses encerrado e junho do exercício anterior ao que se refere a LOA, acrescido da variação real da despesa, calculada conforme art. 5º da LC 200/23. Assim, o resultado da diferença entre a correção calculada com base na variação acumulada do IPCA e o valor apurado em doze meses ao final do exercício poderá ser utilizado para ampliar o limite autorizado para o Poder Executivo na LOA, por meio de crédito, quando necessário à suplementação de despesas, nos termos da LDO e LOAs, observado que a ampliação não se incorporará à base de cálculo dos exercícios seguintes (LC 200/23, art. 4º).

Se o resultado primário for cumprido, o crescimento real da despesa poderá alcançar os 70% da variação real da receita, observados os intervalos de tolerância da LEF. Por outro lado, caso a meta de resultado primário apurada no exercício anterior ao da elaboração da LOA não tenha sido cumprida, o crescimento real da despesa só poderá atingir 50% (LC 200/2023, art. 5º, I e II). Entretanto, **o crescimento real dos limites da despesa primária não será inferior a 0,6% ao ano nem superior a 2,5% ao ano** (LC 200/2023, art. 5º, §1º), além da correção pelo IPCA.

▸ **Atenção:**

Será considerada a receita resultante da receita primária total do Governo Central, deduzidos os seguintes itens (art. 5º, §2º da LC 200/23):

I – receitas primárias de concessões e permissões;

II – receitas primárias de dividendos e participações;

III – receitas primárias de exploração de recursos naturais;

IV – receitas primárias de que trata o parágrafo único do art. 121 do Ato das Disposições Constitucionais Transitórias;

V – receitas de programas especiais de recuperação fiscal, destinados a promover a regularização de créditos perante a União, criados a partir da publicação desta Lei Complementar; e

VI – transferências legais e constitucionais por repartição de receitas primárias, descontadas as decorrentes das receitas de que tratam os incisos I a V deste parágrafo.

A Lei Complementar nº 200, de 2023, ao fixar o Regime Fiscal Sustentável, incluiu, ainda, medidas de ajuste fiscal aplicáveis **caso o resultado primário do Governo Central apurado, relativo ao exercício anterior, seja menor que o limite inferior do intervalo de tolerância da meta da LRF**, sem prejuízo da aplicação da redução do limite, aplicam-se imediatamente, até a próxima apuração anual, as vedações previstas nos incisos II, III e VI a X do art. 167-A da Constituição Federal, quais sejam a vedação da:

- II – criação de cargo, emprego ou função que implique aumento de despesa;
- III – alteração de estrutura de carreira que implique aumento de despesa;
- VI – criação ou majoração de auxílios, vantagens, bônus, abonos, verbas de representação ou benefícios de qualquer natureza, inclusive os de

cunho indenizatório, em favor de membros de Poder, do Ministério Público ou da Defensoria Pública e de servidores e empregados públicos e de militares, ou ainda de seus dependentes, exceto quando derivados de sentença judicial transitada em julgado ou de determinação legal anterior ao início da aplicação das medidas de que trata este artigo;

- VII – criação de despesa obrigatória;
- VIII – adoção de medida que implique reajuste de despesa obrigatória acima da variação da inflação, observada a preservação do poder aquisitivo referida no inciso IV do caput do art. 7º desta Constituição;
- IX – criação ou expansão de programas e linhas de financiamento, bem como remissão, renegociação ou refinanciamento de dívidas que impliquem ampliação das despesas com subsídios e subvenções;
- X – concessão ou ampliação de incentivo ou benefício de natureza tributária.

Observação: caso o resultado mencionado seja, pelo **segundo ano consecutivo**, menor que o limite inferior do intervalo de tolerância da meta, aplicam-se, imediatamente, enquanto perdurar o descumprimento, todas as vedações previstas no art. 167-A da Constituição que, além das supramencionadas, incluem, ainda a vedação da:

- I – concessão, a qualquer título, de vantagem, aumento, reajuste ou adequação de remuneração de membros de Poder ou de órgão, de servidores e empregados públicos e de militares, exceto dos derivados de sentença judicial transitada em julgado ou de determinação legal anterior ao início da aplicação das medidas de que trata este artigo;
- IV – admissão ou contratação de pessoal, a qualquer título, ressalvadas:
  a) as reposições de cargos de chefia e de direção que não acarretem aumento de despesa;
  b) as reposições decorrentes de vacâncias de cargos efetivos ou vitalícios;
  c) as contratações temporárias de que trata o inciso IX do caput do art. 37 desta Constituição; e
  d) as reposições de temporários para prestação de serviço militar e de alunos de órgãos de formação de militares;
- V – realização de concurso público, exceto para as reposições de vacâncias previstas no inciso IV deste *caput*;

Da mesma forma, quando verificado, relativamente ao exercício financeiro anterior, que, no âmbito das despesas sujeitas aos limites previstos no art. 3º da LC 200/23, a **proporção da despesa primária obrigatória em relação à despesa primária total foi superior a 95%**, serão aplicadas imediatamente as vedações previstas nos incisos I a IX do *caput* do art. 167-A da CRFB/88.

> **▸ Importante:**
>
> LC 200/2023, Art. 7º Não configura infração à Lei Complementar nº 101, de 4 de maio de 2000 (Lei de Responsabilidade Fiscal), o descumprimento do limite inferior da meta de resultado primário, relativamente ao agente responsável, desde que:
>
> I – tenha adotado, no âmbito de sua competência, as medidas de limitação de empenho e pagamento, preservado o nível mínimo de despesas discricionárias necessárias ao funcionamento regular da administração pública; e
>
> II – não tenha ordenado ou autorizado medida em desacordo com as vedações previstas nos arts. 6º e 8º desta Lei Complementar.
>
> § 1º Na hipótese de estado de **calamidade pública** de âmbito nacional, aplica-se o disposto no art. 167-B da Constituição Federal e no art. 65 da Lei Complementar nº 101, de 4 de maio de 2000 (Lei de Responsabilidade Fiscal).
>
> § 2º **O nível mínimo de despesas discricionárias necessárias ao funcionamento regular da administração pública é de 75%** (setenta e cinco por cento) do valor autorizado na respectiva lei orçamentária anual.

Por fim, antes de suas disposições finais e transitórias, a LC 200, de 2023 tratou do **excedente de resultado primário e dos investimentos.** Assim, determina o art. 9º que, caso o resultado primário do Governo Central apurado **exceda ao limite superior do intervalo de tolerância da LRF**, o Poder Executivo federal poderá ampliar as dotações orçamentárias, em valor equivalente a até **70%** do montante excedente, por meio de crédito adicional para: I.) investimentos, prioritariamente para **obras inacabadas ou em andamento**; II.) para inversões financeiras previstas no inciso II do §1º do art. 10 desta Lei Complementar, quais sejam, destinadas a **programas habitacionais** que incluam em seus objetivos a provisão subsidiada ou financiada de unidades habitacionais novas ou usadas em áreas urbanas ou rurais.

Entretanto, a própria LC 200/23 determinou que eventuais ampliações das dotações orçamentárias nos moldes do parágrafo anterior, **não poderão ultrapassar o montante de 0,25% do PIB do exercício anterior** (art. 9º, §3º).

> **▸ Importante:**
>
> Conforme a nova redação do §4º do art. 9º da LRF, conferida pela LC 200/23, até o final dos meses de **maio, setembro e fevereiro**, o Ministro ou Secretário de Estado da Fazenda demonstrará e avaliará o cumprimento das **metas fiscais** de cada quadrimestre e a **trajetória da dívida**, em audiência pública na Comissão Mista Permanente de Senadores e Deputados (CRFB/88, art. 166, §1º) ou conjunta com as comissões temáticas do Congresso Nacional ou equivalente nas Casas Legislativas estaduais e municipais.

10. REGIME DE RECUPERAÇÃO FISCAL

Considerando a grave crise fiscal que atinge inúmeros estados brasileiros, em 2017 a lei complementar nº 159 instituiu o Regime de Recuperação Fiscal (RRF) dos Estados e do Distrito Federal (**Municípios não podem aderir ao RRF**), que envolve "a ação planejada, coordenada e transparente de todos os Poderes, órgãos, entidades e fundos dos Estados e do Distrito Federal para corrigir os desvios que afetaram o equilíbrio das contas públicas, por meio da implementação das medidas emergenciais e das reformas institucionais determinadas no Plano de Recuperação elaborado previamente pelo ente federativo que desejar aderir a este Regime" (LC nº 159, art. 1º, §2º).

A regulamentação da LC nº 159/2017 deu-se pelo Decreto nº 10.681, de 20 de abril de 2021 com as alterações advindas do Decreto nº 10.928, de 2022. Por outro lado, o Decreto nº 9.112, de 2017, dispôs sobre a participação nos Conselhos de Supervisão de que trata a LC nº 159/2017. Da mesma forma, as Portarias do Ministério da Fazenda nº 512/2017, 526/2017 e do Ministério da Economia nº 4.758/2021 e nº 10.123/2021 também versaram sobre o Regime de Recuperação Fiscal.

> **▸ Qual o entendimento atual do STF sobre o assunto?**
>
> "São constitucionais — à luz do pacto federativo e da autonomia financeira, legislativa e político-administrativa dos entes federados — dispositivos da Lei Complementar (LC) 159/2017 e do Decreto 10.681/2021, que estabelecem e regulamentam o Regime de Recuperação Fiscal dos estados e do Distrito Federal; bem como norma inscrita na LC 101/2000, que traz previsão de que as despesas com inativos e pensionistas integram o cômputo da despesa total com pessoal dos respectivos Poderes e órgãos". (ADI 6.892/RJ, relator Ministro Roberto Barroso, julgamento virtual finalizado em 14.8.2023, STF Info 1103)

Na perspectiva doutrinária, é possível afirmar que "a LC nº 159/2017, ao oferecer instrumentos jurídico-fiscais para que os Estados possam implementar um ajuste efetivo nas suas finanças e superar a referida situação de desequilíbrio fiscal, complementa as disposições da Lei de Responsabilidade Fiscal, já que esta não contemplava medidas extraordinárias e emergenciais para situações de elevada gravidade financeira como a vivenciada nos últimos anos por algumas unidades da federação" (ABRAHAM, 2023, p. 449).

Assim, "o objetivo final do RRF é assegurar que, ao término do Plano de Recuperação apresentado, o Estado tenha suas contas equilibradas, com resultados nominais capazes de estabilizar a sua dívida líquida" (ABRAHAM, 2023, p. 449).

O RRF será orientado pelos **princípios** da sustentabilidade econômico-financeira, da equidade intergeracional, da transparência das contas públicas, da confiança nas demonstrações financeiras, da celeridade das decisões e da solidariedade entre os Poderes e os órgãos da administração pública (LC nº 159, art. 1º, §1º).

O site oficial do Tesouro Nacional esclarece que "o RRF constitui estrutura legal que permite que estados em situação de desequilíbrio fiscal gozem de benefícios, como a flexibilização de regras fiscais, concessão de operações de crédito e a possibilidade de suspensão do pagamento da dívida, desde que a Unidade da Federação adote reformas institucionais que objetivem a reestruturação do equilíbrio fiscal. Entre as reformas institucionais constam, por exemplo, a necessidade de aprovação do teto de gastos, a criação de previdência complementar e a equiparação das regras do Regime Próprio de Previdência Social (RPPS), no que couber, às regras dos servidores da União" (Disponível em: https://www.tesourotransparente.gov.br/temas/estados-e-municipios/regime-de-recuperacao-fiscal-rrf. Acesso em: 7 jan. 2024).

Para aderir ao Regime de Recuperação Fiscal, o ente federativo deverá pedir sua adesão à Secretaria do Tesouro Nacional e elaborar um **Plano de Recuperação Fiscal**, composto por um diagnóstico em que se reconhece a situação do desequilíbrio financeiro, por metas e compromissos e pelo detalhamento das medidas de ajuste, com os impactos esperados e os prazos para sua adoção, que pode ser de **até 9 (nove) exercícios financeiros** (LC nº 159, art. 2º, *caput* e § 6º).

Para que possa ser habilitado ao Regime de Recuperação Fiscal o Estado deve observar três requisitos previstos no art. 3º da LC nº 159/2017 (BRASIL, 2022, p. 13):

1. Dívida Consolidada (DC) maior que a Receita Corrente Líquida (RCL);
2. a) Despesas correntes superiores a 95% da RCL, ou b) despesas com pessoal superiores a 60% da RCL; e
3. Valor total de obrigações superior às disponibilidades de caixa e equivalentes de caixa de recursos sem vinculação.

> ▸ **ATENÇÃO!**
>
> Até o fim de 2024, os Estados de **Goiás, Rio de Janeiro e Rio Grande do Sul** eram os únicos que haviam aderido ao Regime de Recuperação Fiscal, contando com os respectivos Planos de Recuperação devidamente homologados. Em 6 de janeiro de 2025 o Plano de Recuperação Fiscal de **Minas Gerais foi homologado pelo governo federal formalizando a entrada do estado no RRF, cuja vigência é de 1/1/25 até 31/12/33.** Por esse motivo os concursos destes quatro estados tendem a cobrar, com mais ênfase, questões sobre o a Lei Complementar nº 159/2017.

Para aderir ao RRF, o Estado protocolará pedido de adesão no Ministério da Fazenda e, após sua aprovação, o Estado elaborará, com a supervisão do mesmo Ministério, o Plano de Recuperação Fiscal. Após manifestação favorável do Ministro de Estado da Fazenda, ato do Presidente da República homologará o Plano e estabelecerá a vigência do Regime de Recuperação Fiscal (LC nº 159/2017, art. 5º).

> ▸ **ATENÇÃO!**
>
> O texto da Lei Complementar nº 159/2017 refere-se a Ministério da Economia. Contudo, a nova configuração ministerial promovida pelo Governo Lula a partir de 1º de janeiro de 2023 devolveu o status de ministério à secretaria especial de Fazenda, à qual encontra-se vinculada a Secretaria do Tesouro Nacional.

Buscando explicar, de forma didática, o Regime de Recuperação Fiscal, a Secretaria do Tesouro Nacional editou um Manual de adesão ao RRF, cuja última atualização, de 2022, aponta um resumo das prerrogativas do Estado que teve seu pedido de adesão aprovado (BRASIL, 2022, p. 9-10):

I. suspensão total de dívidas pelo prazo de até 12 meses, caso atenda aos três requisitos de adesão. Essa prerrogativa não alcança o Estado que atender apenas os requisitos II e III;

II. suspensão dos limites de despesa com pessoal e de dívida consolidada, prevista na LRF;

III. dispensa de comprovação, prevista na LRF, para fins de recebimento de transferências voluntárias:

- a. de que se acha em dia quanto ao pagamento de tributos, empréstimos e financiamentos devidos ao ente transferidor, bem como quanto à prestação de contas de recursos anteriormente dele recebidos;
- b. da observância dos limites das dívidas consolidada e mobiliária, de operações de crédito, inclusive por antecipação de receita, de inscrição em Restos a Pagar e de despesa total com pessoal;

IV. dispensa de todos os requisitos legais exigidos para a contratação de operação de crédito com garantia da União;

V. dispensa de verificação dos requisitos exigidos pela Lei Complementar nº 101, de 4 de maio de 2000, para a realização de operações de crédito e equiparadas e para a assinatura de termos aditivos aos contratos de refinanciamento. Mais especificamente, no caso de o Estado possuir receita corrente líquida anual menor que a dívida consolidada ao final do exercício financeiro anterior ao do pedido de adesão ao Regime de Recuperação Fiscal, será concedida a:

- redução extraordinária das prestações relativas a contratos de dívidas administrados pelo Tesouro Nacional e;
- o pagamento pela União em nome do Estado das prestações relativas às operações de crédito com o sistema financeiro e instituições multilaterais, garantidas pela União.

A suspensão do pagamento das dívidas será:

- Integral, durante o primeiro exercício de vigência do RRF; e
- Decrescente à razão de, ao menos, 11,11 pontos percentuais anuais, a partir do 2º ano, até que ao final do Regime as prestações voltem a ser pagas integralmente.

Por fim, conforme especificado no artigo 11 da LC 159/2017, o Estado poderá contratar operações de crédito com garantia da União, desde que incluídas no PRF, voltadas para:

- financiamento de programa de desligamento voluntário de pessoal;
- financiamento de auditoria do sistema de processamento da folha de pagamento de ativos e inativos;
- financiamento dos leilões de pagamento de Restos a Pagar;
- reestruturação de dívidas ou pagamento de passivos;
- modernização da administração fazendária e, no âmbito de programa proposto pelo Poder Executivo Federal, da gestão fiscal, financeira e patrimonial; e
- antecipação de receita da alienação total da participação societária de empresas.

Conforme previsão expressa no §4º do art. 3º da LC nº 159/2017, o Estado que aderir ao RRF **deverá observar as normas de contabilidade editadas pelo órgão central de contabilidade da União.**

> **Como esse assunto foi cobrado em concurso?**
>
> No Concurso da Cespe para Procurador do MP do TCE/RJ em 2023, foi considerado CERTO o seguinte enunciado: "A adesão ao regime de recuperação fiscal impõe a observância das normas de contabilidade editadas pelo órgão central de contabilidade da União".

Por outro lado, o art. 7º-B da LC nº 159/2017 (com redação dada pela LC nº 178/2021) estabelece circunstâncias que configuram inadimplência com as obrigações do Plano de Recuperação Fiscal, sempre apuradas assegurando-se ao ente federativo o direito ao **contraditório e a ampla defesa:**

> I – o não envio das informações solicitadas pelo Conselho de Supervisão e pela Secretaria do Tesouro Nacional, no exercício de suas atribuições, nos prazos estabelecidos;
>
> II – a não implementação das medidas de ajuste nos prazos e formas previstos no Plano em vigor;
>
> III – o não cumprimento das metas e dos compromissos fiscais estipulados no Plano em vigor; e
>
> IV – a não observância do art. 8º, inclusive a aprovação de leis locais em desacordo com o referido artigo.

Já o art. 8º da LC nº 159/2017 traz um rol de vedações durante o regime de recuperação fiscal, alcançando todos os Poderes, órgãos, entidades e fundos do Estado, que incluem as seguintes proibições (BRASIL, 2022, p. 11):

- Concessão de reajustes a servidores e empregados públicos e militares além da revisão anual assegurada pela Constituição Federal, com exceção dos provenientes de sentença judicial;

- Criação de cargo, emprego ou função que implique aumento de despesa;
- Alteração de estrutura de carreira que implique aumento de despesa;
- Admissão ou contratação de pessoal, ressalvadas as reposições de cargos de chefia e de direção que não acarretem aumento de despesa e de contratos temporários;
- Realização de concurso público;
- Criação ou majoração de auxílios, vantagens, bônus, abonos, verbas de representação ou benefícios de qualquer natureza a servidores e empregados públicos e de militares;
- **Criação de despesa obrigatória de caráter continuado**;
- Adoção de medida que implique reajuste de despesa obrigatória;
- Concessão, prorrogação, renovação ou ampliação de incentivo ou benefício de natureza tributária da qual decorra renúncia de receita, ressalvados os concedidos nos termos da alínea "g" do inciso XII do § 2º do art. 155 da Constituição Federal; Empenho ou contratação de despesas com publicidade e propaganda, exceto para as áreas de saúde, segurança, educação e outras de demonstrada utilidade pública;
- Celebração de convênio, acordo, ajuste ou outros tipos de instrumentos que envolvam transferência para outros entes federativos ou para organizações da sociedade civil, excetuados: aqueles necessários para a recuperação fiscal, a renovação daqueles já vigentes, dos realizados em parceira com organizações sociais e que impliquem redução de despesa, comprovada pelo Conselho de Supervisão de que trata o art. 6º da Lei Complementar nº 159/2017, e os destinados a serviços essenciais, a situações emergenciais, a atividades de assistência social relativas a ações voltadas para pessoas com deficiência, idosos e mulheres jovens em situação de risco e, suplementarmente, ao cumprimento de limites constitucionais;
- Contratação de operações de crédito e recebimento ou concessão de garantia, ressalvadas aquelas autorizadas no âmbito do Regime de Recuperação Fiscal, na forma estabelecida pelo art. 11;
- Alteração de alíquotas ou bases de cálculo de tributos que implique redução da arrecadação;
- Criação ou majoração de vinculação de receitas públicas de qualquer natureza;
- Propositura de ação judicial para discutir a dívida ou o contrato citado nos incisos I e II do art. 9º da Lei Complementar nº 159/2017; e
- A vinculação de receitas de impostos em áreas diversas das previstas na Constituição Federal.

▸ **Qual o entendimento atual do STF sobre o assunto?**

"As vedações à reposição de vacâncias de cargos públicos durante a vigência do Regime de Recuperação Fiscal afrontam a autonomia dos estados e municípios, o princípio da proporcionalidade, bem como o princípio da continuidade do serviço público. Contudo, a realização de concursos públicos e o provimento de cargos pelos entes aderentes devem respeitar os requisitos legais usuais: (a) autorização da autoridade estadual ou municipal competente; (b) avaliação das prioridades do ente político; e (c) existência de viabilidade orçamentária na admissão". (ADI 6.930/DF, relator Ministro Roberto Barroso, julgamento virtual finalizado em 30.6.2023, STF Info 1101)

▸ **Como esse assunto foi cobrado em concurso?**

No Concurso da Cespe para Procurador do MP do TCE/RJ em 2023, foi considerado CERTO o seguinte enunciado: "Durante a vigência do regime de recuperação fiscal, é vedado ao estado aderente criar despesa obrigatória de caráter continuado".

Destaque-se que tais vedações poderão ser objeto de compensação ou afastadas, desde que mediante previsão expressa no Plano de Recuperação Fiscal em vigor (LC nº 159/2017, art. 8º, § 2º).

Para a supervisão do RRF será criado o **Conselho de Supervisão (CSRRF)**, composto por três membros titulares, e seus suplentes, com experiência profissional e conhecimento técnico nas áreas de gestão de finanças públicas, recuperação judicial de empresas, gestão financeira ou recuperação fiscal de entes públicos. Seus membros serão:

- Um indicado pelo Ministro de Estado da Fazenda;
- Um entre auditores federais de controle externo, indicado pelo TCU;
- Um indicado pelo Estado em Regime de Recuperação Fiscal.

O Regime de Recuperação Fiscal será **encerrado** quando:

I. as condições estabelecidas no Plano de Recuperação Fiscal forem satisfeitas;

II. A vigência do Plano de Recuperação Fiscal terminar; ou

III. A pedido do Estado.

Por outro lado, o RRF também poderá ser **extinto** em virtude da inadimplência do Estado por dois exercícios financeiros ou ainda, quando o Estado propuser ação judicial para discutir a dívida ou os contratos citados nos incisos I e II do art. 9º da LC nº 159/2017. Nos casos de extinção do RRF, a União não poderá conceder garantias ao Estado ao longo de 5 anos, ressalvada a hipótese de calamidade pública reconhecida pelo Poder Legislativo, nos moldes da LRF.

> **Qual o entendimento atual do STF sobre o assunto?**
>
> "É constitucional a exigência legal de renúncia expressa e irrevogável pelos Estados membros ao direito em que se fundam ações judiciais que discutem dívida ou contrato objeto de renegociação com a União" (ADI 7.168/DF, relator Ministro Roberto Barroso, julgamento virtual finalizado em 17.2.2023, STF Info 1083).

> **Importante**
>
> A Lei Complementar nº 206, de 16 de maio de 2024, editada, sobretudo, em virtude da calamidade pública que atingiu o estado do Rio Grande do Sul naquele ano, autoriza a União a postergar o pagamento da dívida de entes federativos afetados por calamidade pública reconhecida pelo Congresso Nacional, mediante proposta do Poder Executivo federal, e a reduzir a taxa de juros dos contratos de dívida dos referidos entes com a União.

Ao final do ano de 2024 foi aprovado no Congresso Nacional o Projeto de Lei Complementar nº 121/24 que trata do Programa de Plano Pagamento de Dívidas (Propag) que, dentre suas principais novidades, estabelece diferentes opções para que os estados quitem suas dívidas com a União, as quais, além de poderem ser pagas em dinheiro, também poderão ser mediante cessão de créditos líquidos e certos para o setor privado; transferência de créditos do estado junto à União se reconhecidos por ambas as partes; ou ainda, cessão de créditos inscritos na Dívida Ativa Estadual confessados e considerados recuperáveis, como impostos devidos. Da mesma forma, poderá haver a cessão de royalties de petróleo, de uso de recursos hídricos ou sobre exploração de recursos minerais.

Além dessas hipóteses, caso haja autorização via lei específica (da União e do respectivo estado), o Propag possibilitará a transferência de participação em estatais estaduais. Por outro lado, bens móveis e imóveis, além de outros ativos, também poderão ser transferidos para a União, mediante comum acordo e autorização via lei específica do estado. Em janeiro de 2025, o projeto aguardava a sanção presidencial.

Capítulo 6

Fiscalização e Controle da execução orçamentária e financeira

1. TRANSPARÊNCIA, CONTROLE E FISCALIZAÇÃO DOS ORÇAMENTOS

Kiyoshi Harada destaca que "ao direito de autorizar as receitas seguiu-se o direito de autorizar as despesas, dando nascimento ao orçamento como instrumento fiscalizador da atividade financeira do Estado, com o escopo de coibir os abusos dos governantes" (2017, p. 124).

Controlar a execução orçamentária "significa acompanhar e obter condições para, se for o caso, otimizar os meios de arrecadação da receita pública, de um lado, e adotar medidas de contenção dos gastos, de outro lado, ainda no decorrer do exercício. Trata-se de verificar a compatibilidade entre o planejado e o que está sendo executado" (HARADA, 2017, p. 125).

Assim, buscando a concretização dos princípios que norteiam a Administração Pública (art. 37 da CRFB/88, dentre outros), sobretudo o princípio da legalidade, decorrência do Estado de Direito, o texto constitucional estabeleceu uma série de mecanismos com vistas a assegurar a transparência, o controle e a fiscalização dos orçamentos.

> **▸ Importante**
>
> CRFB/88, Art. 70. A **fiscalização contábil, financeira, orçamentária, operacional e patrimonial** da União e das entidades da administração direta e indireta, quanto à **legalidade, legitimidade, economicidade, aplicação das subvenções e renúncia de receitas**, será exercida pelo Congresso Nacional, mediante controle externo, e pelo sistema de controle interno de cada Poder.
>
> Parágrafo único. Prestará contas **qualquer pessoa física ou jurídica, pública ou privada, que utilize, arrecade, guarde, gerencie ou administre dinheiros, bens e valores públicos ou pelos quais a União responda, ou que, em nome desta, assuma obrigações de natureza pecuniária.**

> ▸ **Qual o entendimento atual do TCU sobre o assunto?**
>
> No âmbito dos processos do TCU, a responsabilidade dos administradores de recursos públicos, com base no art. 70, parágrafo único, da Constituição Federal, é de natureza subjetiva, seguindo a regra geral da responsabilidade civil. Portanto, são exigidos, simultaneamente, três pressupostos para a responsabilização do gestor: i) ato ilícito na gestão dos recursos públicos; ii) conduta dolosa ou culposa; iii) nexo de causalidade entre o dano e o comportamento do agente. Deve ser verificada, ainda, a ocorrência de eventual excludente de culpabilidade, tal como inexigibilidade de conduta diversa ou ausência de potencial conhecimento da ilicitude. Acórdão 24/2024 Segunda Câmara (Tomada de Contas Especial, Relator Ministro Augusto Nardes) (TCU, Boletim de Jurisprudência 479).

> ▸ **Como esse assunto foi cobrado em concurso?**
>
> No 40º Exame de Ordem da FGV em 2024 foi considerado CERTO o seguinte enunciado: "A Escolinha do Gol, entidade privada sem fins lucrativos, que realiza sua função social de fomento ao esporte no Município Alfa, Estado Beta, entre os anos de 2020 a 2022, recebeu diretamente da União a quantia de R$ 100.000,00 (cem mil reais) para financiar seu programa beneficente de ensino e treinamento de futebol para crianças carentes da localidade. Pedro, administrador da instituição e técnico de futebol da escolinha, recebeu, em janeiro de 2023, uma notificação do Tribunal de Contas da União (TCU) intimando a instituição a prestar contas dos recursos recebidos no prazo de 30 (trinta) dias, sob pena da imediata devolução, acrescida de juros, correção monetária e multa. Tendo Pedro aplicado 100% dos recursos recebidos nas atividades da escolinha, contrata você, como advogado, para orientá-lo sobre a notificação. Diante desse cenário é devida a prestação de contas de qualquer pessoa física ou jurídica, pública ou privada que receba e utilize dinheiro público".

> ▸ **Importante**
>
> LRF, Art. 59, caput, com redação conferida pela LC 178/21. O Poder Legislativo, diretamente ou com o auxílio dos Tribunais de Contas, e o sistema de controle interno de cada Poder e do Ministério Público **fiscalizarão** o cumprimento desta Lei Complementar, consideradas as normas de padronização metodológica editadas pelo conselho de que trata o art. 67, com ênfase no que se refere a [...].

Destaca Marcus Abraham (2017, p. 279) que "Existem aspectos específicos a serem fiscalizados que se relacionam não apenas ao atendimento das normas orçamentárias propriamente ditas, como também em relação aos princípios financeiros que garantem a defesa do interesse público".

Harrison Leite esclarece os critérios que orientam o controle (VILELA; LEITE, 2018, p. 372):

a) **Legalidade:** realização do gasto em conformidade com a legislação financeira;

b) **Legitimidade:** relação entre o gasto e sua valoração diante do atendimento do interesse público;

c) **Economicidade:** concretização da eficiência pública, buscando sempre obter o maior aproveitamento com o menor custo possível;

d) **Aplicação de subvenções:** verificação se os valores repassados aos entes sem fins lucrativos foram realmente aplicados naquilo que se comprometeram a gastar, com aprovação da sua prestação de contas;

e) **Renúncia de receitas:** análise se as desonerações fiscais (isenções, deduções ou reduções da base de cálculo, reduções de alíquotas) realizadas atingiram ou não a sua finalidade.

Valdecir Pascoal menciona o **princípio do controle**, como um corolário do princípio republicano. Segundo o autor, "a necessidade de um órgão de controle dos atos de índole administrativo-financeira surge com o próprio desenvolvimento do Estado, sobretudo no Estado em que os bens administrados pertencem à coletividade, ao povo, como é o caso do Estado republicano" (2015, p. 135). Nesse sentido, a própria Declaração dos Direitos do Homem e do Cidadão, de 1789 estabelece, em seu art. 15, que "a sociedade tem o direito de pedir conta de todo agente público de sua administração".

Assim, a Constituição da República, de 1988, prevê dois grandes sistemas de controle das entidades federadas e suas respectivas administrações direta e indireta.

O primeiro sistema de controle é o chamado **sistema interno**, existente em cada um dos poderes constitucionalmente estabelecidos (Executivo, Judiciário e Legislativo), por meio de órgãos próprios dentro de suas respectivas estruturas e que irão aferir a legalidade, economicidade, aplicação de subvenções e renúncia de receitas (FERNANDES, 2017, p. 1036).

Nesse sentido, estabelece o art. 74 da Constituição da República que "os Poderes Legislativo, Executivo e Judiciário manterão, de forma integrada, sistema de **controle interno** (ou controle primário) com a finalidade de:

I. avaliar o cumprimento das metas previstas no plano plurianual, a execução dos programas de governo e dos orçamentos da União;

II. comprovar a legalidade e avaliar os resultados, quanto à eficácia e eficiência, da gestão orçamentária, financeira e patrimonial nos órgãos e entidades da administração federal, bem como da aplicação de recursos públicos por entidades de direito privado;

III. exercer o controle das operações de crédito, avais e garantias, bem como dos direitos e haveres da União;

IV. apoiar o controle externo no exercício de sua missão institucional.

O mesmo artigo ainda determina que "os responsáveis pelo controle interno, ao tomarem conhecimento de qualquer irregularidade ou ilegalidade, dela **darão** ciência ao Tribunal de Contas da União, sob pena de **responsabilidade solidária**" (art. 74, §1º, da CRFB/88).

Por outro lado, "qualquer cidadão, partido político, associação ou sindicato, é parte legítima para, na forma da lei, denunciar irregularidades ou ilegalidades perante o Tribunal de Contas da União (art. 74, §2º, da CRFB/88).

Há que se destacar que o controle interno tem por base o **critério hierárquico**, "uma vez que apura irregularidades ou ilegalidades ocorridas dentro de cada esfera do poder, cumprindo ao hierarquicamente superior dar ciência ao Tribunal de Contas do que foi apurado, sob pena de responsabilidade solidária" (VILELA; LEITE; 2018, p. 372).

No Brasil a Lei 10.180, de 2001 organiza e disciplina o Sistema de Controle Interno do Poder Executivo Federal. No mesmo sentido, o Decreto nº 3.591/2000 dispõe sobre o Sistema de Controle Interno do Poder Executivo Federal.

> ▸ **Qual o entendimento atual do STF sobre o assunto?**
>
> "A Controladoria-Geral da União (CGU) pode fiscalizar a aplicação de verbas federais onde quer que elas estejam sendo aplicadas, **mesmo que em outro ente federado às quais foram destinadas.** A fiscalização exercida pela CGU é interna, pois feita exclusivamente sobre verbas provenientes do orçamento do Executivo" (STF, RMS 25.943, Rel. Min. Ricardo Lewandowski, j. 24.11.2010, Pleno, p. 02.03.2011).

> ▸ **Como esse assunto foi cobrado em concurso?**
>
> No Concurso da FUNDEP para Ouvidor Legislativo da Câmara de Patrocínio/MG em 2020, foi considerado CERTO o seguinte enunciado: "Sob o controle interno da execução orçamentária, a lei 4.320/1964 dispõe que a verificação da legalidade dos atos de execução orçamentária será prévia, concomitante e subsequente".

Por outro lado, o sistema de **controle externo**, a cargo do Congresso Nacional, será exercido com o auxílio do Tribunal de Contas. Com base no **princípio da simetria**, as normas referentes ao controle externo exercido pelo Tribunal de Contas da União também se aplicam, no que couber, aos demais entes da Federação.

> ▸ **Importante**
>
> CRFB/88, Art. 75. As normas estabelecidas nesta seção aplicam-se, no que couber, à organização, composição e fiscalização dos Tribunais de Contas dos Estados e do Distrito Federal, bem como dos Tribunais e Conselhos de Contas dos Municípios.
>
> Parágrafo único. As Constituições estaduais disporão sobre os Tribunais de Contas respectivos, que serão integrados por sete Conselheiros.

> ▸ **Qual o entendimento atual do STF sobre o assunto?**
>
> "A Constituição Federal é clara ao determinar, em seu art. 75, que as normas constitucionais que conformam o modelo federal de organização do Tribunal de Contas da União são de **observância compulsória pelas Constituições dos Estados-membros**" (STF, ADI 3.715/TO, Rel. Min. Gilmar Mendes j. 21.08.2014, Pleno, p. 30.10.2014).

> ▸ **Qual o entendimento atual do STJ sobre o assunto?**
>
> "O Conselheiro do Tribunal de Contas do Estado do Paraná, quando não puder ser reintegrado imediatamente, deve permanecer em disponibilidade, conforme legislação estadual, haja vista que a perda do cargo ocupado com garantia de vitaliciedade necessita de decisão judicial transitada em julgado, em ação própria. (RMS 52.896-PR, Rel. Min. Mauro Campbell Marques, Rel. Acd. Min. Assusete Magalhães, Segunda Turma, j. 23/08/2022, Info 757)

> ▸ **Como esse assunto foi cobrado em concurso?**
>
> No Concurso do SELECON para Procurador da Prefeitura de Água Boa/MT em 2024, foi considerado CERTO o seguinte enunciado: "Atuando sobre os próprios órgãos estatais, o controle desempenha importante papel nas relações entre Estado e sociedade, contribuindo para a garantia do regime democrático. O controle interno e o externo das contas públicas possuem, nessa ordem finalidades e competências expressadas em rol taxativo na letra da lei constitucional".

> **Como esse assunto foi cobrado em concurso?**
>
> No Concurso da Objetiva para Procurador Municipal da Prefeitura de Varginha/MG em 2022, foi considerado CERTO o seguinte enunciado: "A Constituição Federal dispõe sobre a fiscalização contábil, financeira e orçamentária, determinando que essas normas se aplicam, no que couber, à organização, composição e fiscalização dos Tribunais de Contas dos Estados e do Distrito Federal, bem como dos Tribunais e Conselhos de Contas dos Municípios. Ainda, com relação aos Municípios, o Artigo 31 da Constituição prevê o controle externo da Câmara Municipal, com o auxílio dos Tribunais de Contas dos Estados ou do Município ou dos Conselhos ou Tribunais de Contas, onde houver".

2. O CONTROLE EXTERNO

Nos Estados Modernos o controle externo pode se dar por meio de dois sistemas (PASCOAL, 2015, p. 135-136):

- Tribunais de Contas – "os Tribunais de Contas aparecem nos países de tradição latina. São órgãos colegiados, cujos membros – no mais das vezes, indicados pelo Parlamento e com mandato limitado – possuem as prerrogativas da magistratura judiciária. Na maioria dos países, o Tribunal de Contas é órgão autônomo, de natureza administrativa, que atua junto ao Poder Legislativo. Mas também há países em que o Tribunal de Contas integra o Poder Executivo (sobretudo em países africanos), sendo mais raro ainda encontrá-lo vinculado ao Poder Judiciário (Portugal e Angola)";
- Controladorias ou Auditoria Geral – "o sistema de Controladorias (ou Auditoria-Geral) aparece nos países de tradição britânica. Órgão unipessoal, dirigido por um *Controller General* (Controlador ou Auditor-Geral), com mandato limitado. Em alguns países, o Auditor-Geral possui as mesmas garantias e prerrogativas da magistratura. Na Inglaterra o Controlador Geral assessora a comissão de contas públicas da Câmara dos Comuns, exerce auditoria sobre as contas dos departamentos de governo e checa se a aplicação dos recursos se deu corretamente e para suas finalidades. Dispõe de um quadro de auditores, muitos deles atuando permanentemente junto aos órgãos de governo".

2.1. O controle externo exercido pelos Tribunais de Contas

O controle exercido pelo Tribunal de Contas é uma conquista do **período republicano**, já que, à época do Império não existia, no Brasil, qualquer forma de fiscalização das contas do Imperador.

Em 1890, Rui Barbosa propôs a criação do Tribunal de Contas da União através do Decreto nº 966-A. Entretanto, o Decreto não foi cumprido e, apenas com a Constituição republicana de 1891 é que o Tribunal de Contas da União passou a atuar no Brasil. A partir disso, progressivamente, foram instituídos Tribunais de Contas Estaduais e Tribunais ou Conselhos de Contas Municipais.

Para Harrison Leite os Tribunais de Contas "são órgãos colegiados, prepostos ou auxiliares dos Poderes Legislativos, encarregados de fiscalização e controle do orçamento. Têm a função precípua de auxiliar o Legislativo, mas não estão a ele subordinado" (2015. p. 392).

A independência do TCU é destacada por toda a doutrina. Nesse sentido, Bernardo Gonçalves Fernandes enfatiza que "embora **auxilie** o Poder Legislativo, ele **não integra** o Poder Legislativo e nem mesmo é **subordinado** a ele (aqui temos uma relação de **cooperação** e não de **subordinação**), mantendo apenas um vínculo institucional por disposição eminentemente constitucional. Portanto, o **TCU** é um órgão **autônomo e independente**" (2017, p. 1037).

Destaque-se, ainda o fato de não haver qualquer hierarquia entre os Tribunais de Contas dos diferentes entes federativos.

Atualmente a atuação do Tribunal de Contas da União é disciplinada pela lei 8.443, de 16 de julho de 1992, que dispõe sobre sua Lei Orgânica.

▸ **Qual o entendimento atual do STF sobre o assunto?**

"1. As Cortes de Contas do país, conforme reconhecido pela Constituição de 1988 e por esta Suprema Corte, gozam das prerrogativas da **autonomia e do autogoverno**, o que inclui, essencialmente, a iniciativa reservada para instaurar processo legislativo que pretenda alterar sua organização e seu funcionamento, como resulta da interpretação lógico-sistemática dos artigos 73, 75 e 96, II, "d", CRFB/88. [...]. 2. O ultraje à prerrogativa de instaurar o processo legislativo privativo traduz vício jurídico de gravidade inquestionável, cuja ocorrência indubitavelmente reflete hipótese de inconstitucionalidade formal, apta a infirmar, de modo irremissível, a própria integridade do ato legislativo eventualmente concretizado. [...]4. Inconstitucionalidade formal da Lei Complementar Estadual nº 142/2011, de origem parlamentar, que altera diversos dispositivos da Lei Orgânica do Tribunal de Contas do Estado do Rio de Janeiro, por dispor sobre forma de atuação, competências, garantias, deveres e organização do Tribunal de Contas estadual, matéria de **iniciativa privativa à referida Corte**. 5. Deferido o pedido de medida cautelar a fim de determinar a suspensão dos efeitos da Lei Complementar Estadual nº 142, de 08 de agosto de 2011, da lavra da Assembleia Legislativa do Estado do Rio de Janeiro, até o julgamento definitivo da presente ação direta de inconstitucionalidade. (STF, ADI 4.643/RJ, Rel. Min. Luiz Fux, j. 06.11.2014, Pleno, p. 28.11.2014).

▸ **Qual o entendimento atual do STF sobre o assunto?**

"1. É constitucional a criação de órgão para assessoramento e consultoria jurídica de Tribunal de Contas, podendo, todavia, realizar a representação judicial da Corte exclusivamente nos casos em que discutidas prerrogativas institucionais ou a autonomia do TCE. 2. É inconstitucional, por violação ao art. 37, II, da CF/1988, o aproveitamento de servidores titulares de cargos públicos diversos, por designação, para atuarem como advogados do Tribunal de Contas." (ADI 7.177/PR, rel. Min. Luís Roberto Barroso, j. 06.08.2024. STF, Info 1144).

▸ **Como esse assunto foi cobrado em concurso?**

No Concurso do MPDFT para Promotor de Justiça Adjunto em 2021, foi considerado ERRADO o seguinte enunciado: "O Tribunal de Contas da União, ao exercer controle externo sobre a administração pública federal e os serviços públicos por ela fornecidos, pode examinar aspectos de repressão ao abuso do poder econômico, livre concorrência e defesa dos consumidores".

Há que se destacar, ainda, que **o Tribunal de Contas não goza de personalidade jurídica**, mas tão somente de capacidade processual ou postulatória.

▸ **Qual o entendimento atual do STF sobre o assunto?**

"[...] A essencialidade dessa Instituição – surgida nos albores da República (CF, art. 71, X) com o Decreto nº 966-A, de 07/11/1890, editado pelo Governo Provisório sob a inspiração de Rui Barbosa – foi uma vez mais acentuada com a inclusão, no rol dos princípios constitucionais sensíveis, da indeclinabilidade da prestação de contas da administração pública, direta e indireta. A atuação do Tribunal de Contas, por isso mesmo, assume importância f (CF, art. 34, VII, *d*) fundamental no campo do controle externo. Como natural decorrência do fortalecimento de sua ação institucional, os Tribunais de Contas tornaram-se instrumentos de inquestionável relevância na defesa dos postulados essenciais que informam a própria organização da Administração Pública e o comportamento de seus agentes, com especial ênfase para os princípios da moralidade administrativa, da impessoalidade e da legalidade. Nesse contexto, o regime de controle externo, institucionalizado pelo ordenamento constitucional, propicia, em função da própria competência fiscalizadora outorgada aos Tribunais de Contas, o exercício, por esses órgãos estatais, de todos os poderes – explícitos ou implícitos – que se revelem inerentes e necessários à plena consecução dos fins que lhes foram cometidos. Cabe ter presente, neste ponto, a advertência feita por PONTES DE MIRANDA ("Comentários à Constituição de 1967, com a Emenda n. 1 de 1969", tomo III/258, 3ª ed., 1987, Forense), que, ao analisar o poder de controle outorgado ao Tribunal de Contas, enfatiza: "Todo ato, quer do Poder Executivo, quer do Poder Legislativo, ou do Poder Judiciário, de que resulte despesa, tem de ser conferido com as leis, para que se verifique se alguma das suas cláusulas viola regra de direito cogente"[...]. (STF SS 1.308/RJ, Rel. Min. Celso de Mello, j. 09.10.1998, p. 19.10.1998).

Valdecir Pascoal (2015, p. 142) enfatiza que "embora o Governo Federal, os Governos Estaduais, o Distrito Federal e os Municípios sejam fiscalizados, em regra, e respectivamente pelo TCU (Tribunal de Contas da União), TCEs (Tribunais de Contas dos Estados), TCDF (Tribunal de Contas do Distrito Federal) e TCMs (Tribunais de Contas dos Municípios e Tribunal de Contas do Município), é preciso ficar atento para a **origem dos recursos** a ser fiscalizada (se Federal, Estadual, Distrital ou Municipal). Assim:

TCU – fiscaliza a aplicação de recursos federais pelo Governo Federal (regra) e os repassados voluntariamente (convênios, acordos, ajustes) para outro ente federativo ou outras pessoas, físicas ou jurídicas.

TCE's – fiscalizam a aplicação dos recursos estaduais pelo Governo Estadual e os recursos municipais pelos Governos Municipais (regra) e os repassados voluntariamente por estes para outros entes federativos ou outras pessoas, físicas ou jurídicas.

TCDF – fiscaliza a aplicação dos recursos distritais pelo Governo do Distrito Federal (regra) e os repassados voluntariamente para outro ente federativo ou outras pessoas físicas ou jurídicas. [...]

Tribunais de Contas dos Municípios	Tribunal de Contas do Município
Órgão Estadual	**Órgão Municipal**
Fiscaliza a aplicação dos recursos municipais pelo governo de todos os Municípios de um Estado e os repassados voluntariamente pelos Municípios a outro ente federativo ou a outras pessoas físicas ou jurídicas. (Existentes nos Estados da BA, CE, GO e PA).	Fiscaliza a aplicação de recursos de um único Município, bem como os seus recursos repassados voluntariamente para outros entes federativos ou outras pessoas físicas ou jurídicas. É o caso dos municípios de São Paulo e do Rio de Janeiro.
	PASCOAL, 2015, p. 142

▸ Qual o entendimento atual do STF sobre o assunto?

"É constitucional - e não ofende os arts. 73, § 4º, e 75, caput, da Constituição Federal, de observância obrigatória pelos estados-membros - norma de Regimento Interno de Tribunal de Contas estadual que impede auditor de votar nas eleições internas para a composição dos cargos diretivos do órgão, ainda que no exercício da substituição de ministro ou conselheiro titular". (ADI 6.054/AL, rel. Min. Gilmar Mendes, j. 25.10.2024. STF Info 1156).

▸ Qual o entendimento atual do STF sobre o assunto?

"São inconstitucionais - por violarem os princípios republicano e democrático - normas estaduais (Constituição, lei e regimento interno) que permitem mais de uma reeleição consecutiva para o mesmo cargo diretivo do Tribunal de Contas local". (ADI 7.180/AP, rel. Min. Alexandre de Moraes, j. 19.04.2024. STF, Info 1133).

▸ Qual o entendimento atual do STF sobre o assunto?

"É constitucional norma de Lei Orgânica de Tribunal de Contas estadual que veda a seus membros o exercício do comércio ou a participação em sociedade comercial, inclusive de economia mista, exceto como acionista ou quotista sem poder de voto ou participação majoritária. (ADI 3.815/PR, rel. Min. Dias Toffoli, redator do acórdão Min. Edson Fachin, j. 06.09.2024. STF, Info 1149).

▸ Qual o entendimento atual do STF sobre o assunto?

"São inconstitucionais normas que atribuem a emissão de pareceres opinativos aos auditores de Tribunal de Contas estadual, por incompatibilidade com a função de judicatura de contas estabelecida pelos arts. 73, § 4º, e 75, caput, da Constituição." (ADI 5.530/MS, relator Ministro Roberto Barroso, julgamento virtual finalizado em 19.5.2023, STF Info 1096)

▸ Qual o entendimento atual do STF sobre o assunto?

"1. É inconstitucional, por ausência de simetria com as competências do TCU e por afronta à separação de poderes, lei que condicione genericamente o repasse de recursos federais à prévia aprovação de projeto pelo Tribunal de Contas da unidade federativa destinatária das verbas. 2. É inconstitucional, por contrariedade ao art. 70 e incisos da CF/88 e por desrespeito à autonomia federativa, lei federal que atribua aos tribunais de contas estaduais competência para analisar contas relativas à aplicação de recursos federais." ADI 7.002/PR, relator Ministro Roberto Barroso, julgamento virtual finalizado em 24.4.2023, STF Info 1091)

▸ Qual o entendimento atual do STF sobre o assunto?

"É legítima - desde que observados os respectivos limites de controle externo, a precedência das disposições legais (princípio da legalidade) e as prerrogativas próprias conferidas aos órgãos do Poder Executivo — a edição de atos normativos por tribunais de contas estaduais com o objetivo de regulamentar procedimentalmente o exercício de suas competências constitucionais. ADI 4.872/PR, relator Ministro Marco Aurélio, redator do acórdão Ministro Gilmar Mendes, j. 15.2.2013STF Info 1083)

▸ Qual o entendimento atual do STF sobre o assunto?

"O preceito veiculado pelo art. 75 da Constituição Federal aplica-se, no que couber, à organização, composição e fiscalização dos Tribunais de Contas dos Estados e do Distrito Federal e dos Tribunais e Conselhos de Contas dos Municípios, excetuando-se ao princípio da simetria os Tribunais de Contas do Município". (ADPF 272/DF, rel. Min. Cármen Lúcia, j. 25.3.2021, Info 1011)

▸ Qual o entendimento atual do STF sobre o assunto?

"A vedação contida no par-4. do art. 31 da Constituição Federal só impede a criação de órgão, Tribunal ou Conselho de Contas, pelos Municípios, inserido na estrutura destes. Não proíbe a instituição de órgão, Tribunal ou Conselho, pelos Estados, com jurisdição sobre as contas municipais. Constitucionalidade dos parágrafos do art. 358 da Carta fluminense de 1989. (STF, ADI 154/RJ, Rel. Min. Octavio Gallotti, j. 18.04.1990, Pleno, p. 11.10.1991).

> **▸ Qual o entendimento atual do STJ sobre o assunto?**
>
> A competência do Superior Tribunal de Justiça para o processo e julgamento dos crimes de responsabilidade praticados por membros dos Tribunais de Contas dos Estados (art. 105,I, "a", da CF/1988) não abarca a suposta autoria intelectual de crime de homicídio, tentado ou consumado. (Processo em segredo de justiça, Rel. Min. Raul Araújo, Corte Especial, j. 21/8/2024. STJ, Info 822).

> **▸ Como esse assunto foi cobrado em concurso?**
>
> No Concurso da FGV para Juiz Federal do TRF 1ªRegião em 2023, foi considerado CERTO o seguinte enunciado: "O Tribunal de Contas dos Municípios do Estado Alfa, em 2023, ao apreciar as contas do prefeito do Município Beta (situado nesse estado) referentes ao ano de 2022, identificou irregularidades graves na execução orçamentária com envolvimento pessoal do chefe do Executivo municipal. Diante desse cenário, é correto afirmar que o parecer prévio, emitido portal Tribunal sobre as contas de 2022 prestadas pelo prefeito, só deixará de prevalecer por decisão de 2/3 dos membros da Câmara de Vereadores do Município Beta."

> **▸ Como esse assunto foi cobrado em concurso?**
>
> No Concurso da FGV para Analista de Planejamento e Orçamento da SMF/RJ em 2023, foi considerado CERTO o seguinte enunciado: "Num determinado ano, o Tribunal de Contas do Município Alfa (TCM-Alfa) teve que analisar as seguintes situações que lhe foram remetidas: 1) prestação de contas anual do prefeito do Município Alfa; 2) contrato administrativo com uso de recursos próprios municipais contendo graves irregularidades em sua execução; 3) apreciação da legalidade de ato de melhoria posterior de aposentadoria de servidores públicos municipais; 4) ato administrativo ilegal praticado no âmbito de uma Secretaria Municipal. Acerca desse cenário e à luz da aplicação por simetria da Constituição da República de 1988, é correto afirmar que dispensa-se a apreciação da legalidade pelo TCM-Alfa de ato de melhoria posterior de aposentadoria de servidores públicos municipais quando não alterado o fundamento legal do ato concessório da aposentadoria."

ATENÇÃO: os Territórios não possuem Tribunais de Contas territoriais. Segundo art. 33, §2º, da CRFB/88: "As contas do Governo do Território serão submetidas ao Congresso Nacional, com parecer prévio do Tribunal de Contas da União".

Competência para processar e julgar matéria atinente à transferência de recursos (LEITE, 2015, p. 395-397).	
A) Quando há repasse de recursos federais para o Estado ou Município	Competência da Justiça federal, desde que os recursos sejam sujeitos à fiscalização de órgãos federais
B) Quando a verba repassada, embora federal, incorporou-se ao patrimônio do Município	Competência da Justiça Estadual

Competência para processar e julgar matéria atinente à transferência de recursos (LEITE, 2015, p. 395-397).	
C) Quando a verba repassada, independentemente da sua origem, incorpora-se ao patrimônio do Estado, ou do Município, mas persiste o interesse federal na matéria	Competência da Justiça Federal

> **Qual o entendimento atual do TCU sobre o assunto?**
>
> Somente ocorre a responsabilização do ente federado beneficiário de transferência de recursos da União caso haja a comprovação de que ele auferiu benefício decorrente da irregularidade apurada; caso contrário, a responsabilidade pelo dano é exclusiva do agente público. Acórdão 4397/2024 Primeira Câmara (Tomada de Contas Especial, Relator Ministro Jhonatan de Jesus) (TCU, Boletim de Jurisprudência 500).

> **Qual o entendimento atual do STJ sobre o assunto?**
>
> STJ, súmula 208: "Compete à Justiça Federal processar e julgar prefeito municipal por desvio de verba sujeita a prestação de contas perante órgão federal".
>
> STJ, súmula 209: "Compete à Justiça Estadual processar e julgar prefeito por desvio de verba transferida e incorporada ao patrimônio municipal".

Julgamento das contas dos Tribunais de Contas

- Tribunais de Contas dos Estados → Poder Legislativo;
- Tribunais de Contas dos Municípios → Tribunal de Contas dos Estados.

> **Qual o entendimento atual do STF sobre o assunto?**
>
> "É constitucional norma estadual decorrente de emenda parlamentar a projeto de lei de iniciativa do Tribunal de Contas estadual que veicule regras sobre prescrição e decadência a ele aplicáveis. (ADI 5384/MG, rel. Min. Alexandre de Moraes, j. 27.5.2022, Info 1056)

> **Como esse assunto foi cobrado em concurso?**
>
> No Concurso do CESPE para Procurador do Estado da PGE/PA em 2022, foi considerado CERTO o seguinte enunciado: "Os tribunais de contas devem analisar, de forma unificada, as contas de governo e as de gestão, emitindo parecer prévio a ser encaminhado às câmaras municipais".

2.2. Formas de controles exercidas pelos Tribunais de Contas

Os Tribunais de Contas exercem duas espécies de controle: o **tradicional** (a posteriori) e o **simultâneo** (ou concomitante), de caráter preventivo.

No controle **simultâneo ou concomitante**, disciplinado no art. 59, §1º da Lei de Responsabilidade Fiscal, os Tribunais acompanham *pari passu* a execução orçamentária dos Poderes ou órgãos dos entes da Federação, devendo alertá-los quando constatam (RAMOS FILHO, 2017, p. 613):

- que a realização da receita poderá não comportar o cumprimento das metas de resultado primário ou nominal estabelecidos no Anexo de Metas Fiscais da Lei de Diretrizes Orçamentárias, tal como previsto no art. 9º da Lei de Responsabilidade Fiscal;
- que o montante da despesa total com pessoal ultrapassou 90% (noventa por cento) do limite legal de comprometimento;
- que os montantes das dívidas consolidada e mobiliária, das operações de crédito e da concessão de garantia estão acima de 90% (noventa por cento) dos respectivos limites;
- que os gastos com inativos e pensionistas estão acima do limite definido em lei;
- fatos que comprometam os custos ou os resultados dos programas;
- indícios de irregularidades na gestão orçamentária.

Da mesma forma, compete aos Tribunais de Contas verificar os cálculos dos limites da despesa total com pessoal de cada ente da Federação e de cada Poder (art. 59, §2º, da LRF).

A previsão do art. 59, 1º da LRF enquadra-se na função de **alerta** dos Tribunais de Contas, regulamentada pela Resolução TCU 142/2001, com natureza jurídica de **ato administrativo preventivo**. Os alertas são desenvolvidos com base no exame periódico do Relatório Resumido da Execução Orçamentária e do Relatório de Gestão Fiscal.

> **▸ Qual o entendimento atual do TCU sobre o assunto?**
>
> "Não é a relevância da medida que a classifica como objeto de determinação ou de recomendação. É a existência de referência normativa ou jurisprudencial que legitima o TCU a expedir determinação. Se a medida expedida pelo Tribunal é tão somente proposta de práticas para melhoraria da gestão, deve ser realizada mediante recomendação". Acórdão 862/2020 Plenário (Pedido de Reexame, Relator Ministro Augusto Nardes) (TCU, Boletim de Jurisprudência 305)

Já no **controle *a posteriori***, os Tribunais de Contas operam a partir do fato ocorrido, razão pela qual a fiscalização muitas vezes encontrará situações já cristalizadas, que somente poderão ser resolvidas por meio da reparação do dano e/ou aplicação de sanção pecuniária. Nesse sentido, vale destacar que são da competência dos Tribunais de Contas o processo e o julgamento dos ilícitos qualificados como infrações administrativas contra as leis de finanças públicas (art. 5º da lei 10.028/2000) (RAMOS FILHO, 2017, p. 614).

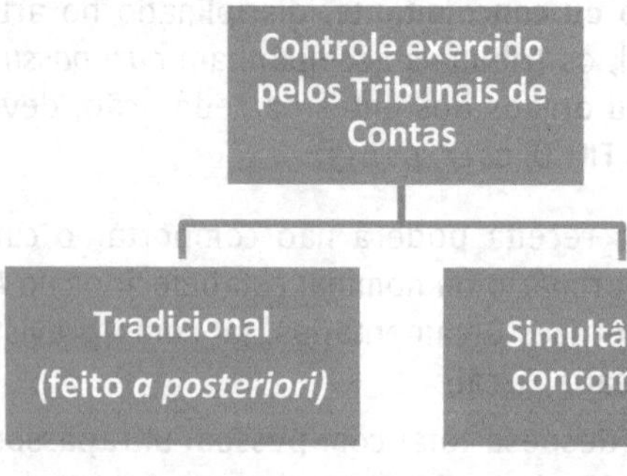

OBSERVAÇÃO: o controle sobre as finanças públicas também se dá preventivamente. Assim, "a própria elaboração do orçamento deve obedecer a normas que visam assegurar a sua fiel implementação" (VILELA; LEITE, 2017, p. 372).

2.3. Competências dos Tribunais de Contas

A Constituição da República fixou, em seu art. 71, que "o controle externo, a cargo do Congresso Nacional, será exercido com o auxílio do Tribunal de Contas da União, ao qual compete":

I – **apreciar as contas** prestadas anualmente pelo Presidente da República, mediante parecer prévio que deverá ser elaborado em sessenta dias a contar de seu recebimento;

OBS: Os Tribunais de Contas não entrarão em recesso enquanto existirem contas de Poder, ou órgão referido no art. 20 da LRF, pendentes de parecer prévio (LRF, art. 57, §2º).

> **▸ Importante**
>
> É muito importante destacar que o TCU não julga as contas do Presidente da República. "Portanto, as contas do Presidente da República são anualmente apresentadas ao TCU. Este, em um prazo máximo de 60 dias, aprecia as contas e prepara um parecer prévio, que é enviado ao Congresso Nacional. De posse do parecer, o Congresso julga se as contas do chefe do Poder Executivo estão regulares ou não. Desse modo, a competência para julgar as contas do Presidente da República é do Congresso Nacional conforme o art. 49, IX, da CR/88" (FERNANDES, 2017, p. 1039).

> **▸ Como esse assunto foi cobrado em concurso?**
>
> No Concurso da FAU para Procurador da Prefeitura de Nova Laranjeiras /PR em 2024, foi considerado CERTO o seguinte enunciado: "A luz das disposições da Lei Complementar nº 101/2000 (Lei de Responsabilidade Fiscal) sobre a prestação das contas, os Tribunais de Contas não entrarão em recesso enquanto existirem contas de Poder pendentes de parecer prévio".

▸ **Como esse assunto foi cobrado em concurso?**

No Concurso da VUNESP para Procurador Municipal da Prefeitura de Jundiaí/SP em 2022, foi considerado CERTO o seguinte enunciado: "A respeito do controle externo da execução orçamentária, a Lei aplicável estabelece que as contas do Poder Executivo serão submetidas ao Poder Legislativo, com Parecer prévio do Tribunal de Contas ou órgão equivalente".

▸ **Como esse assunto foi cobrado em concurso?**

No Concurso da VUNESP para Procurador do Município de Jundiaí/SP em 2021, foi considerado CERTO o seguinte enunciado: "A respeito do controle externo da execução orçamentária, a Lei aplicável estabelece que as contas do Poder Executivo serão submetidas ao Poder Legislativo, com Parecer prévio do Tribunal de Contas ou órgão equivalente".

II – **julgar as contas** dos administradores e demais responsáveis por dinheiros, bens e valores públicos da administração direta e indireta, incluídas as fundações e sociedades instituídas e mantidas pelo Poder Público federal, e as contas daqueles que derem causa a perda, extravio ou outra irregularidade de que resulte prejuízo ao erário público;

▸ **Qual o entendimento atual do TCU sobre o assunto?**

No caso de dano ao erário provocado por empresas consorciadas, pode o consórcio contratado figurar como responsável pelo débito no acórdão condenatório e ter suas contas julgadas irregulares, sendo-lhe, ainda, aplicável a multa prevista no art. 57 da Lei 8.443/1992. Embora o consórcio não detenha personalidade jurídica, o art. 75, inciso IX, do CPC, aplicável subsidiariamente aos processos do TCU, reconhece ao ente consorcial legitimidade processual para demandar e ser demando em juízo. Acórdão 1151/2024 Plenário (Tomada de Contas Especial, Relator Ministro Walton Alencar Rodrigues (TCU, Boletim de Jurisprudência 498).

▸ **Qual o entendimento atual do TCU sobre o assunto?**

Não cabe a apreciação do mérito da tomada de contas especial no caso de haver decisão judicial transitada em julgado proferida em ação civil declaratória de inexistência de débito decorrente da irregularidade em apreciação no TCU, sob pena de violação aos princípios da coisa julgada, da segurança jurídica e da efetividade da decisão judicial, devendo o processo ser arquivado, diante da ausência de pressupostos de constituição e de desenvolvimento válido e regular. Acórdão 1218/2024 Primeira Câmara (Tomada de Contas Especial, Relator Ministro Jhonatan de Jesus) (TCU, Boletim de Jurisprudência 483).

▸ **Qual o entendimento atual do TCU sobre o assunto?**

"O dever de prestar contas é pessoal, cabendo ao responsável a obrigação de certificar-se de seu cumprimento, mesmo na hipótese de ter delegado a tarefa a outrem. Eventual delegação de tarefas acessórias ao dever de prestar contas não abrange a responsabilidade pela prestação de contas, que, por princípio, é indelegável". Acórdão 9645/2023 Segunda Câmara (Tomada de Contas Especial, Relator Ministro Antonio Anastasia) (TCU, Boletim de Jurisprudência 468).

▸ **Qual o entendimento atual do TCU sobre o assunto?**

"A pessoa jurídica que participa do Programa Farmácia Popular do Brasil (PFPB) assume a gestão de recursos públicos, submetendo-se à obrigação de prestar contas, conforme disposto no art. 70, parágrafo único, da Constituição Federal, e sujeitando-se a eventual responsabilização em solidariedade com seus administradores, caso configurado o mau uso dos recursos geridos, nos termos do art. 71, inciso II, da Lei Maior". Acórdão 10924/2023 Primeira Câmara (Tomada de Contas Especial, Relator Ministro Benjamin Zymler) (TCU, Boletim de Jurisprudência 467).

▸ **Qual o entendimento atual do TCU sobre o assunto?**

"Afastado o débito em relação a pessoas jurídicas estranhas à Administração Pública, não cabe o julgamento de suas contas, uma vez que a jurisdição do TCU somente as alcança, em matéria de contas, se elas derem causa a perda, extravio ou outra irregularidade de que resulte prejuízo ao erário (art. 71, inciso II, da Constituição Federal). Acórdão 995/2022 Plenário (Recurso de Reconsideração, Relator Ministro Benjamin Zymler) (TCU, Boletim de Jurisprudência 401).

Ao contrário do que ocorre com as contas do Presidente da República, as contas dos demais administradores que lidem com verbas federais serão julgadas pelo TCU. No mesmo sentido, as contas daqueles que lidem com verbas estaduais e municipais serão julgadas pelos Tribunais de Contas dos Estados, exceto as dos chefes dos Poderes Executivos. Assim, as contas de Governadores e Prefeitos municipais serão julgadas, respectivamente, pela Assembleia Legislativa e pela Câmara dos Vereadores, após parecer do TCE.

O Parecer do Tribunal de Contas é de **caráter opinativo**, cabendo ao Poder Legislativo utilizá-lo como suporte para julgar as contas do Poder Executivo.

▸ **Qual o entendimento atual do TCU sobre o assunto?**

"O fato de o prazo final para prestação de contas adentrar o mandato do prefeito sucessor não desonera o antecessor do ônus de comprovar o regular emprego dos recursos federais efetivamente gastos no período de sua gestão (art. 70, parágrafo único, da Constituição Federal c/c arts. 93 do Decreto-lei 200/1967 e 5º, inciso I, da Lei 8.443/1992), independentemente de eventual responsabilidade do sucessor por omissão no dever de prestar contas (Súmula TCU 230)." Acórdão 93/2023 Plenário (Recurso de Revisão, Relator Ministro Jorge Oliveira) (TCU, Boletim de Jurisprudência 433)

> **▸ Como esse assunto foi cobrado em concurso?**
>
> No Concurso do CESPE para Juiz Federal da 2ª Região em 2011, foi considerado ERRADO o seguinte enunciado: "É competência exclusiva do Congresso Nacional julgar as contas prestadas pelos administradores e demais responsáveis por dinheiros, bens e valores públicos da administração direta e indireta, incluídas as fundações e sociedades instituídas e mantidas pelo poder público federal".

Em relação ao julgamento das contas, há que se destacar que competirá ao Tribunal decidir se elas são regulares, regulares com ressalva ou irregulares, o que, nos moldes do art. 16 da lei nº 8.443/92, apresenta o seguinte significado:

I – **regulares**, quando expressarem, de forma clara e objetiva, a exatidão dos demonstrativos contábeis, a legalidade, a legitimidade e a economicidade dos atos de gestão do responsável;

II – **regulares com ressalva**, quando evidenciarem impropriedade ou qualquer outra falta de natureza formal de que não resulte dano ao Erário;

III – **irregulares**, quando comprovada qualquer das seguintes ocorrências:

a) omissão no dever de prestar contas;

b) prática de ato de gestão ilegal, ilegítimo, antieconômico, ou infração à norma legal ou regulamentar de natureza contábil, financeira, orçamentária, operacional ou patrimonial;

c) dano ao Erário decorrente de ato de gestão ilegítimo ao antieconômico;

d) desfalque ou desvio de dinheiros, bens ou valores públicos.

Do mesmo modo, ainda há a previsão no art. 20 da mesma lei (8.443/92) de as contas serem consideradas **iliquidáveis** quando caso fortuito ou de força maior, comprovadamente alheio à vontade do responsável, tornar materialmente impossível o julgamento de mérito das mesmas.

> **▸ Qual o entendimento atual do STF sobre o assunto?**
>
> "A controvérsia sobre a regularidade das contas não é passível de ser elucidada na via estreita do mandado de segurança" (STF, RMS 29.912/DF, Rel. Min. Marco Aurélio, 1ª Turma, j. 17.04.2012).

> **▸ Qual o entendimento atual do TCU sobre o assunto?**
>
> A quitação de débito de responsabilidade do prefeito pelo município elide a dívida, mas não impede o julgamento pela irregularidade das contas do gestor, com aplicação de multa, sem prejuízo de ciência ao Ministério Público para adoção das medidas cabíveis em face do ressarcimento da dívida com recursos municipais. Acórdão 2089/2024 Segunda Câmara (Tomada de Contas Especial, Relator Ministro Augusto Nardes) (TCU, Boletim de Jurisprudência 488).

> **Qual o entendimento atual do TCU sobre o assunto?**
>
> "Em processo de prestação ou tomada de contas ordinária ou extraordinária, a inexistência de débito e a simultânea prescrição da pretensão punitiva do TCU não impedem o julgamento pela irregularidade das contas. Acórdão 1483/2022 Plenário (Recurso de Reconsideração, Relator Ministro Jorge Oliveira) (TCU, Boletim de Jurisprudência 408).

III – **apreciar**, para fins de registro, **a legalidade dos atos de admissão de pessoal**, a qualquer título, na administração direta e indireta, incluídas as fundações instituídas e mantidas pelo Poder Público, excetuadas as nomeações para cargo de provimento em comissão, bem como a das concessões de aposentadorias, reformas e pensões, ressalvadas as melhorias posteriores que não alterem o fundamento legal do ato concessório;

> **Qual o entendimento atual do STJ sobre o assunto?**
>
> "Os Tribunais de Contas estão sujeitos ao prazo de 5 anos para o julgamento da legalidade do ato de concessão inicial de aposentadoria, reforma ou pensão, a contar da chegada do processo à respectiva Corte de Contas". (REsp 1.506.932/PR, Rel. Min. Mauro Campbell Marques, Segunda Turma, j. 02/03/2021).

> **Qual o entendimento atual do TCU sobre o assunto?**
>
> "Não cabe ao Poder Judiciário substituir o Tribunal de Contas da União na apreciação de atos de aposentadoria ou determinar que o Tribunal proceda ao seu registro, pois a competência do TCU é privativa e tem assento constitucional (art. 71, inciso III, da Constituição Federal). Acórdão 1577/2022 Plenário (Aposentadoria, Relator Ministro Jorge Oliveira) (TCU, Boletim de Jurisprudência 409)

IV – **realizar**, por iniciativa própria, da Câmara dos Deputados, do Senado Federal, de Comissão técnica ou de inquérito, **inspeções e auditorias** de natureza contábil, financeira, orçamentária, operacional e patrimonial, nas unidades administrativas dos Poderes Legislativo, Executivo e Judiciário, e demais entidades referidas no inciso II;

> **Qual o entendimento atual do TCU sobre o assunto?**
>
> "As auditorias realizadas pelo TCU não conferem atestado de regularidade ao período ou ao objeto da fiscalização, pois apresentam exames específicos realizados de acordo com o escopo de cada trabalho. Julgamentos pretéritos não fazem coisa julgada administrativa em relação a irregularidades não identificadas, por quaisquer motivos, na auditoria apreciada e posteriormente verificadas em novas fiscalizações". Acórdão 1409/2021 Plenário (Recurso de Reconsideração, Relator Ministro Benjamin Zymler) (TCU, Boletim de Jurisprudência 361)

> **▸ Qual o entendimento atual do TCU sobre o assunto?**
>
> "Apesar da competência para solicitar ao TCU a realização de auditorias (art. 71, inciso IV, da Constituição Federal), não cabe às Comissões do Poder Legislativo adentrar o mérito do ato de fiscalização e controle, de modo a interferir no exame da questão pelo Tribunal, bem como determinar a aplicação de sanção ou a sustação de atos administrativos". Acórdão 686/2020 Plenário (Embargos de Declaração, Relator Ministro Augusto Nardes) (TCU, Boletim de Jurisprudência 303)

V – **fiscalizar as contas nacionais das empresas supranacionais de cujo capital social a União participe**, de forma direta ou indireta, nos termos do tratado constitutivo;

> **▸ Como esse assunto foi cobrado em concurso?**
>
> No Concurso do CESPE para Juiz Federal da 2ª Região em 2011, foi considerado ERRADO o seguinte enunciado: "A fiscalização exercida pelo Congresso Nacional sobre a administração pública federal, no que diz respeito aos aspectos financeiros, não alcança as empresas públicas e as sociedades de economia mista, que se sujeitam ao regime jurídico próprio das empresas privadas".

Em relação às estatais, há que se destacar que a lei 13.303/16 (Estatuto das Estatais) fixou, em seu art. 87, que "o controle das despesas decorrentes dos contratos e demais instrumentos regidos por esta Lei será feito pelos **órgãos o sistema de controle interno e pelo tribunal de contas competente**, na forma da legislação pertinente, ficando as empresas públicas e as sociedades de economia mista responsáveis pela demonstração da legalidade e da regularidade da despesa e da execução, nos termos da Constituição".

> **▸ Qual o entendimento atual do TCU sobre o assunto?**
>
> "O TCU não detém competência para fiscalizar a aplicação de recursos de compensação ambiental indireta (art. 36 da Lei 9.985/2000 c/c art. 14-A da Lei 11.516/2007, acrescido pela Lei 13.668/2018) recolhidos por empresas estatais da União a órgãos ambientais de outra esfera de governo". Acórdão 765/2020 Plenário (Representação, Relator Ministro-Substituto Augusto Sherman) (TCU, Boletim de Jurisprudência 304)

> **▸ Qual o entendimento atual do TCU sobre o assunto?**
>
> "O TCU tem competência para fiscalizar direta ou indiretamente as entidades fechadas de previdência complementar patrocinadas pelo poder público, pelas sociedades de economia mista e pelas empresas públicas federais, podendo determinar a instauração de tomada de contas especial em caso de operações que causem prejuízos ao erário". (TCU, Boletim de Jurisprudência 294) Acórdão 3151/2019 Plenário (Monitoramento, Relator Ministro Raimundo Carreiro)

VI – **fiscalizar a aplicação de quaisquer recursos repassados pela União** mediante convênio, acordo, ajuste ou outros instrumentos congêneres, a Estado, ao Distrito Federal ou a Município;

VII – **prestar as informações solicitadas pelo Congresso Nacional**, por qualquer de suas Casas, ou por qualquer das respectivas Comissões, sobre a fiscalização contábil, financeira, orçamentária, operacional e patrimonial e sobre resultados de auditorias e inspeções realizadas;

VIII – **aplicar aos responsáveis, em caso de ilegalidade de despesa ou irregularidade de contas, as sanções previstas em lei**, que estabelecerá, entre outras cominações, multa proporcional ao dano causado ao erário;

▸ **Qual o entendimento atual do STF sobre o assunto?**

"É constitucional – por não versar sobre matéria relativa à organização, à estrutura interna, ao funcionamento ou ao exercício do poder fiscalizatório dos Tribunais de Contas (CF/1988, arts. 73, 75 e 96, II) – lei estadual de iniciativa parlamentar que altera a destinação da receita arrecadada com a cobrança de multas aplicadas pela Corte de Contas local (recursos que são de titularidade da Fazenda estadual)". (ADI 6.557/MT, rel. Min. Cristiano Zanin, j. 16.08.2024. STF Info 1147).

▸ **Qual o entendimento atual do STF sobre o assunto?**

"No âmbito da tomada de contas especial, é possível a condenação administrativa de Chefes dos Poderes Executivos municipais, estaduais e distrital pelos Tribunais de Contas, quando identificada a responsabilidade pessoal em face de irregularidades no cumprimento de convênios interfederativos de repasse de verbas, sem necessidade de posterior julgamento ou aprovação do ato pelo respectivo Poder Legislativo." (ARE 1.436.197/RO, rel. Ministro Luiz Fux, j. 18.12.2023. STF, Info 1121).

▸ **Qual o entendimento atual do TCU sobre o assunto?**

A citação nula e os atos dela decorrentes não interrompem o prazo de prescrição da pretensão punitiva e ressarcitória do TCU, pois trata-se de atos desprovidos de qualquer validade e eficácia Acórdão 7737/2024 Segunda Câmara (Tomada de Contas Especial, Relator Ministro Vital do Rêgo) (TCU, Boletim de Jurisprudência 519).

▸ **Qual o entendimento atual do TCU sobre o assunto?**

Caso haja excessiva desproporção entre a gravidade da culpa de algum dos responsáveis solidários e o montante do dano ao erário, o TCU pode aplicar o art. 944, parágrafo único, do Código Civil, para atenuar o débito individualmente imputado, desde que mantida a obrigação de reparação integral em face dos demais. Acórdão 2008/2024 Plenário (Tomada de Contas Especial, Relator Ministro Antonio Anastasia) (TCU, Boletim de Jurisprudência 514).

▸ **Qual o entendimento atual do TCU sobre o assunto?**

Em caso de apresentação intempestiva da prestação de contas, o termo inicial para a contagem do prazo de prescrição das pretensões punitiva e ressarcitória do TCU é a data em que as contas deveriam ter sido prestadas (art. 4º, inciso I, da Resolução TCU 344/2022), e não a data da sua efetiva apresentação (art. 4º, inciso II, da mencionada resolução). Acórdão 4206/2024 Segunda Câmara (Tomada de Contas Especial, Relator Ministro-Substituto Marcos Bemquerer) (TCU, Boletim de Jurisprudência 502).

▸ **Qual o entendimento atual do TCU sobre o assunto?**

Quando constatado que os mesmos fatos em apuração em processo de controle externo foram recebidos mediante denúncia na esfera criminal como concurso de crimes, o prazo prescricional das pretensões punitiva e de ressarcimento no âmbito do TCU será aquele previsto na lei penal para o crime com a maior pena (art. 3º da Resolução TCU 344/2022. Acórdão 1163/2024 Plenário (Recurso de Reconsideração, Relator Ministro Aroldo Cedraz) (TCU, Boletim de Jurisprudência 498).

▸ **Qual o entendimento atual do TCU sobre o assunto?**

As multas previstas nos incisos do art. 58 da Lei 8.443/1992 são destinadas aos agentes públicos e aos particulares que atuam como gestores de recursos públicos, não sendo cabível sua aplicação a pessoas jurídicas que contratam com a Administração, uma vez que não praticam atos de gestão. Acórdão 3327/2024 Segunda Câmara (Tomada de Contas Especial, Relator Ministro Aroldo Cedraz) (TCU, Boletim de Jurisprudência 497).

▸ **Qual o entendimento atual do TCU sobre o assunto?**

O ato de aprovação da prestação de contas, pelo órgão repassador dos recursos, não é causa interruptiva da prescrição da pretensão punitiva ou ressarcitória do TCU, haja vista que não constitui ato inequívoco de apuração (art. 5º, inciso II, da Resolução TCU 344/2022) e atua em sentido oposto à efetivação da pretensão. Acórdão 3554/2024 Primeira Câmara (Tomada de Contas Especial, Relator Ministro Jorge Oliveira) (TCU, Boletim de Jurisprudência 494).

▸ **Qual o entendimento atual do TCU sobre o assunto?**

A declaração de inidoneidade (art. 46 da Lei 8.443/1992) pode ser aplicada a empresa que foi convidada a participar de licitação e absteve-se de apresentar proposta para, deliberadamente, beneficiar terceiros, caracterizando conduta omissiva com o objetivo de interferir ilicitamente no certame licitatório. Acórdão 2486/2023 Plenário (Pedido de Reexame, Relator Ministro Antonio Anastasia) (TCU, Boletim de Jurisprudência 476).

▸ **Qual o entendimento atual do TCU sobre o assunto?**

"A dosimetria da multa aplicada pelo TCU – respeitados os limites fixados na sua Lei Orgânica e no seu Regimento Interno e observados os princípios da razoabilidade e da proporcionalidade – deve ser orientada, a cada caso, por critérios como: o nível de gravidade dos ilícitos apurados; a valoração das circunstâncias fáticas e jurídicas; a materialidade envolvida; o grau de culpabilidade dos responsáveis; a isonomia de tratamento com casos análogos". Acórdão 113/2023 Plenário (Pedido de Reexame, Relator Ministro Augusto Nardes) (TCU, Boletim de Jurisprudência 434)

▸ **Qual o entendimento atual do TCU sobre o assunto?**

"Não configura *bis in idem* a coexistência de acórdão do TCU e sentença condenatória em ação de improbidade administrativa que determinam o ressarcimento ao erário de débitos decorrentes dos mesmos fatos, ainda que imputados a pessoas distintas. Ocorrendo ressarcimento em uma instância, basta que o responsável apresente a comprovação perante o juízo de execução para evitar o duplo pagamento. Acórdão 3397/2022 Segunda Câmara (Recurso de Reconsideração, Relator Ministro Aroldo Cedraz) (TCU, Boletim de Jurisprudência 410)

▸ **Qual o entendimento atual do TCU sobre o assunto?**

"A responsabilidade dos jurisdicionados perante o TCU é de natureza subjetiva, caracterizada mediante a presença de culpa em sentido estrito, sendo desnecessária a caracterização de conduta dolosa ou má-fé do gestor para que ele seja obrigado a ressarcir os prejuízos que tenha causado ao erário. Acórdão 2037/2022 Primeira Câmara (Recurso de Reconsideração, Relator Ministro Vital do Rêgo) (TCU, Boletim de Jurisprudência 397)

▸ **Qual o entendimento atual do TCU sobre o assunto?**

"A inabilitação de responsável para o exercício de cargo em comissão ou função de confiança no âmbito da Administração Pública Federal (art. 60 da Lei 8.443/1992) decretada em processo conexo conduz ao julgamento pela irregularidade das suas contas ordinárias, independentemente da materialidade envolvida na infração praticada em relação ao total gerido no respectivo exercício financeiro. Acórdão 2038/2022 Primeira Câmara (Recurso de Reconsideração, Relator Ministro Vital do Rêgo) (TCU, Boletim de Jurisprudência 397)

IX – **assinar prazo para que o órgão ou entidade adote as providências necessárias ao exato cumprimento da lei**, se verificada ilegalidade;

▸ **Qual o entendimento atual do TCU sobre o assunto?**

"Não encontra respaldo no ordenamento jurídico cláusula de termo de ajustamento de conduta (TAC) que obrigue a Administração a suspender o cumprimento de determinações expedidas pelo TCU, que têm caráter cogente e decorrem da Constituição Federal (art. 71, inciso IX). Além de ser inócua, cláusula dessa espécie pode ensejar condutas sujeitas à sanção dos responsáveis (art. 58, incisos IV e VII, da Lei 8.443/1992). Acórdão 2139/2022 Plenário (Acompanhamento, Relator Ministro Bruno Dantas) (TCU, Boletim de Jurisprudência 421)

▸ **Qual o entendimento atual do TCU sobre o assunto?**

"O TCU tem competência para assinar prazo para que o órgão ou a entidade pública adote as providências necessárias (art. 71, inciso IX, da Constituição Federal), administrativas ou judiciais, visando ao não pagamento ou à restituição de lucro ilegítimo obtido por empresa contratada por meio de fraude à licitação, a fim de buscar, com base nos efeitos retroativos da nulidade contratual (art. 59 da Lei 8.666/1993 e arts. 148 e 149 da Lei 14.133/2021), na vedação ao enriquecimento sem causa (art. 884 do Código Civil) e no princípio de que ninguém pode se beneficiar da própria torpeza, a restauração do status quo ante. Acórdão 1842/2022 Plenário (Recurso de Reconsideração, Relator Ministro Antonio Anastasia) (TCU, Boletim de Jurisprudência 414)

X – **sustar, se não atendido, a execução do ato impugnado,** comunicando a decisão à Câmara dos Deputados e ao Senado Federal;

XI – **representar ao Poder competente sobre irregularidades ou abusos apurados.**

▸ **Qual o entendimento atual do TCU sobre o assunto?**

"O processo de controle externo, disciplinado pela Lei 8.443/1992 e pelo Regimento Interno do TCU, não prevê ao Tribunal competência para determinar a realização de perícia para a obtenção de provas. É da iniciativa do responsável trazer aos autos as provas de sua defesa, inclusive laudos periciais, prescindindo de autorização do Tribunal para tanto". Acórdão 80/2020 Plenário (Recurso de Reconsideração, Relator Ministra Ana Arraes) (TCU, Boletim de Jurisprudência 295)

▸ **Qual o entendimento atual do TCU sobre o assunto?**

"Não compete ao TCU rever penalidades aplicadas pelos seus jurisdicionados a empresas por eles contratadas. Eventual incorreção de medida punitiva deve ser apreciada pelo Poder Judiciário, a quem cabe a tutela de interesses privados". Acórdão 2883/2019 Plenário (Representação, Relator Ministro Raimundo Carreiro) (TCU, Boletim de Jurisprudência 292)

ATENÇÃO: CRFB, Art. 71, § 1º "No caso de **contrato, o ato de sustação será adotado diretamente pelo Congresso Nacional**, que solicitará, de imediato, ao Poder Executivo as medidas cabíveis." Contudo, se o Congresso Nacional ou o Poder Executivo, no prazo de noventa dias, não efetivar tais medidas, o Tribunal decidirá a respeito.

▸ **Qual o entendimento atual do STF sobre o assunto?**

"Não há direito líquido e certo à prorrogação de contrato celebrado com o Poder Público. Existência de mera expectativa de direito, dado que a decisão sobre a prorrogação do ajuste se inscreve no âmbito da discricionariedade da administração pública. Sendo a relação jurídica travada entre o Tribunal de Contas e a administração pública, não há que se falar em desrespeito às garantias constitucionais do contraditório e da ampla defesa" (STF, MS 26.250, Rel. Min. Ayres Britto, j. 17.02.2010, Pleno, p. 12.03.2010).

▸ **Qual o entendimento atual do STF sobre o assunto?**

"Constituição do estado do Tocantins. Emenda Constitucional 16/2006, que [...] atribuiu à Assembleia Legislativa a competência para sustar não apenas os contratos, mas também as licitações e eventuais casos de dispensa e inexigibilidade de licitação [...]. A CF é clara ao determinar, em seu art. 75, que as normas constitucionais que conformam o modelo federal de organização do Tribunal de Contas da União são de observância compulsória pelas Constituições dos Estados-membros [...]. A CF dispõe que apenas no caso de contratos o ato de sustação será adotado diretamente pelo Congresso Nacional (art. 71, §1º", CF/88) (STF, ADI 3.715, Rel. Min. Gilmar Mendes, j. 21.08.2014, Pleno, p. 30.10.2014).

▸ **Qual o entendimento atual do STF sobre o assunto?**

"1. Nos termos do art. 75 da Constituição, **as normas relativas à organização e fiscalização do Tribunal de Contas da União se aplicam aos demais tribunais de contas**. 2. O art. 71 da Constituição não insere na competência do TCU a aptidão para examinar, previamente, a validade de contratos administrativos celebrados pelo Poder Público. Atividade que se insere no acervo de competência da Função Executiva.3. **É inconstitucional norma local que estabeleça a competência do tribunal de contas para realizar exame prévio de validade de contratos firmados com o Poder Público.** (STF, ADI 916, Rel. Min. Joaquim Barbosa, Plenário, j. 02.02.2009).

▸ **Qual o entendimento atual do TCU sobre o assunto?**

"A adoção de procedimentos decorrentes de termo de ajustamento de conduta (TAC), ou nele amparados, em desacordo com a jurisprudência do TCU, mitiga a reprovabilidade da conduta do responsável, haja vista a presumida boa-fé do compromissário e a presunção de legitimidade da interpretação normativa endossada pela autoridade signatária, representante do Poder Público; porém não impede a expedição de determinações corretivas pelo Tribunal. A competência do TCU, de matriz constitucional, não se vincula a cláusulas pactuadas em termos ou compromissos de ajustamento de conduta. Acórdão 1969/2022 Plenário (Denúncia, Relator Ministro Antonio Anastasia) (TCU, Boletim de Jurisprudência 416)

▸ **Qual o entendimento atual do TCU sobre o assunto?**

"Não se inclui entre as competências constitucionais do TCU a solução de controvérsias instaladas no âmbito de contratos firmados entre seus jurisdicionados e terceiros ou a prolação de provimentos jurisdicionais reclamados por particulares para a salvaguarda de seus direitos e interesses subjetivos, salvo se, de forma reflexa, esses litígios atingirem o patrimônio público ou causarem prejuízo ao erário". Acórdão 3154/2019 Plenário (Representação, Relator Ministro Raimundo Carreiro) (TCU, Boletim de Jurisprudência 294)

No mesmo sentido, a Lei 8.443, de 1992, em seu art. 1º fixou as competências do Tribunal de Contas da União:

I – **julgar as contas** dos administradores e demais responsáveis por dinheiros, bens e valores públicos das unidades dos poderes da União e das entidades da administração indireta, incluídas as fundações e sociedades instituídas e mantidas pelo poder público federal, e as contas daqueles que derem causa a perda, extravio ou outra irregularidade de que resulte dano ao Erário;

▸ **Qual o entendimento atual do TCU sobre o assunto?**

"A utilização de recursos do Piso de Atenção Básica (PAB) para pagamento de despesas da área de saúde enquadradas em outro bloco de financiamento configura hipótese de desvio de objeto, e não de desvio de finalidade, não implicando, por si só, julgamento pela irregularidade das contas". Acórdão 9894/2023 Segunda Câmara (Tomada de Contas Especial, Relator Ministro Antonio Anastasia) (TCU, Boletim de Jurisprudência 470)

▸ **Qual o entendimento atual do TCU sobre o assunto?**

"Instaurada a tomada de contas especial e remetida ao TCU, o Tribunal deve julgar o seu mérito, ainda que o débito não mais subsista e a citação não tenha sido realizada, não sendo cabível arquivá-la com base em ausência de pressuposto de desenvolvimento válido e regular do processo. Acórdão 2446/2022 Primeira Câmara (Tomada de Contas Especial, Relator Ministro-Substituto Augusto Sherman) (TCU, Boletim de Jurisprudência 400)

▸ **Qual o entendimento atual do TCU sobre o assunto?**

"A apresentação da prestação de contas pelo prefeito antecessor, antes de expedidas as citações, descaracteriza a omissão no dever de prestá-las, constituindo circunstância objetiva que aproveita ao prefeito sucessor, inclusive se revel (art. 161 do Regimento Interno do TCU), sobre o qual pesava a responsabilidade primeira de prestar as contas, em decorrência de o prazo para o cumprimento da obrigação ter se encerrado em sua gestão". Acórdão 11018/2021 Primeira Câmara (Tomada de Contas Especial, Relator Ministro Vital do Rêgo) (TCU, Boletim de Jurisprudência 369)

▸ **Qual o entendimento atual do TCU sobre o assunto?**

"Compete ao TCU julgar as contas de pessoas físicas ou jurídicas de direito privado que causarem dano ao erário, independentemente da coparticipação de servidor, empregado ou agente público, desde que as ações do particular contrárias ao interesse público derivem de ato, contrato administrativo ou instrumento congênere sujeito ao controle externo (arts. 70, parágrafo único, e 71, inciso II, da Constituição Federal c/c os arts. 5º, inciso II, 16, § 2º, e 19 da Lei 8.443/1992 e o art. 209, § 6º, do Regimento Interno do TCU)". Acórdão 353/2020 Plenário (Tomada de Contas Especial, Relator Ministro Raimundo Carreiro) (TCU, Boletim de Jurisprudência 299)

II – proceder, por iniciativa própria ou por solicitação do Congresso Nacional, de suas Casas ou das respectivas Comissões, à **fiscalização contábil, financeira, orçamentária, operacional e patrimonial** das unidades dos poderes da União e das demais entidades referidas no inciso anterior;

Marcus Abraham esclarece em que consiste cada uma dessas modalidades de fiscalização (2017, p. 279):

a) **Fiscalização contábil**: que se faz através dos registros contábeis, dos balanços, da escrituração sintética, da análise e interpretação dos resultados econômicos e financeiros;

b) **Fiscalização financeira**: visa controlar a arrecadação das receitas e a realização das despesas;

c) **Fiscalização orçamentária**: que tem como objetivo mensurar o nível de concretização das previsões constantes na lei orçamentária;

d) **Fiscalização operacional**: visa ao controle das operações de crédito e de despesas que não constem da previsão orçamentária;

e) **Fiscalização patrimonial**: objetiva o controle da situação e das modificações dos bens móveis e imóveis que constituem o patrimônio público.

> **▸ Qual o entendimento atual do TCU sobre o assunto?**
> "O TCU não tem competência para fiscalizar atos relativos à organização e ao funcionamento da Administrativa Pública Federal, salvo se demonstrada a ocorrência, no ato administrativo analisado, de reflexos nas esferas contábil, financeira, orçamentária, operacional ou patrimonial do órgão ou da entidade jurisdicionada, sob os aspectos da legalidade, legitimidade ou economicidade (art. 70 da Constituição Federal)". Acórdão 1317/2023 Plenário (Representação, Relator Ministro-Substituto Augusto Sherman) (TCU, Boletim de Jurisprudência 454)

III – **apreciar as contas prestadas anualmente pelo Presidente da República**, nos termos do art. 36 desta Lei;

IV – **acompanhar a arrecadação da receita** a cargo da União e das entidades referidas no inciso I deste artigo, mediante inspeções e auditorias, ou por meio de demonstrativos próprios, na forma estabelecida no Regimento Interno;

V – **apreciar**, para fins de registro, na forma estabelecida no Regimento Interno, **a legalidade dos atos de admissão de pessoal**, a qualquer título, na administração direta e indireta, incluídas as fundações instituídas e mantidas pelo poder público federal, excetuadas as nomeações para cargo de provimento em comissão, bem como a das concessões de aposentadorias, reformas e pensões, ressalvadas as melhorias posteriores que não alterem o fundamento legal do ato concessório;

> **▸ Qual o entendimento atual do TCU sobre o assunto?**
> "Eventual negativa de acesso do TCU aos dados da execução da despesa com o pagamento de agentes públicos ativos, bem como benefícios previdenciários e assistenciais, de todos os níveis de governo não encontra fundamento nas regras de sigilo fiscal em razão de: (i) o STF já ter assentado ser legítimo à Administração publicar vencimentos e vantagens pecuniárias pagas a seus servidores (Tema de Repercussão Geral 483); (ii) ser assegurado aos órgãos competentes acesso irrestrito e gratuito a sistemas ou informações para o acompanhamento e fiscalização do orçamento (arts. 144 e 145 da Lei 14.194/2021); e (iii) nenhum processo, documento ou informação poder ser sonegado ao Tribunal em suas inspeções ou auditorias, sob qualquer pretexto (art. 42 da Lei 8.443/1992). Acórdão 1015/2022 Plenário (Acompanhamento, Relator Ministro-Substituto Augusto Sherman) (TCU, Boletim de Jurisprudência 401)

> **▸ Como esse assunto foi cobrado em concurso?**
> No Concurso da CESPE para Analista de Controle Externo do TCE/MG em 2018, foi considerado CERTO o seguinte enunciado: "De acordo com a Constituição Federal de 1988 a Lei de Responsabilidade Fiscal, o rol de competências dos tribunais de contas abrange a apreciação de concessão de reforma militar para fins de registro".

VI – **efetuar**, observada a legislação pertinente, **o cálculo das quotas referentes aos fundos de participação** a que alude o parágrafo único do art. 161 da Constituição Federal, fiscalizando a entrega dos respectivos recursos;

VII – **emitir**, nos termos do § 2º do art. 33 da Constituição Federal, **parecer prévio sobre as contas do Governo de Território Federal**, no prazo de sessenta dias, a contar de seu recebimento, na forma estabelecida no Regimento Interno;

VIII – **representar ao poder competente sobre irregularidades ou abusos apurados**, indicando o ato inquinado e definindo responsabilidades, inclusive as de Ministro de Estado ou autoridade de nível hierárquico equivalente;

IX – **aplicar aos responsáveis as sanções previstas** nos arts. 57 a 61 desta Lei;

> ▸ **Qual o entendimento atual do TCU sobre o assunto?**
>
> "**Não configura nulidade processual a recusa do TCU em admitir prova testemunhal.** A circunstância de a produção de provas no Tribunal ser feita apenas de forma documental, sem oitiva de testemunhas, não contraria as garantias constitucionais do contraditório e da ampla defesa, as quais não são absolutas e se perfazem na forma e nos limites estabelecidos nas normas processuais aplicáveis (STF, MS 29.137)". Acórdão 3687/2023 Segunda Câmara (Recurso de Reconsideração, Relator Ministro Antonio Anastasia) (TCU, Boletim de Jurisprudência 450)

> ▸ **Qual o entendimento atual do TCU sobre o assunto?**
>
> "**As normas processuais que regulam a atuação do TCU não preveem a coleta de depoimentos dos responsáveis ou de testemunhas**, devendo o Tribunal pronunciar-se com base em provas documentais. Acórdão 4166/2022 Primeira Câmara (Tomada de Contas Especial, Relator Ministro Benjamin Zymler) (TCU, Boletim de Jurisprudência 412)

> ▸ **Qual o entendimento atual do TCU sobre o assunto?**
>
> "A existência de acordo de não persecução penal e cível, firmado com o Ministério Público Federal e homologado pelo Poder Judiciário, por meio do qual o responsável se compromete a reparar integralmente o dano ao erário, não afasta a jurisdição do TCU, diante do princípio da independência de instâncias. Eventual ressarcimento do débito no âmbito do acordo pode ser aferido na fase de cobrança executiva do título condenatório do Tribunal. Acórdão 2886/2022 Primeira Câmara (Recurso de Reconsideração, Relator Ministro Walton Alencar Rodrigues) (TCU, Boletim de Jurisprudência 403)

> ▸ **Qual o entendimento atual do TCU sobre o assunto?**
>
> "Não cabe ao TCU determinar, a pedido do responsável, a realização de diligência, perícia ou inspeção para a obtenção de provas, uma vez que constitui obrigação da parte apresentar os elementos que entender necessários para a sua defesa. Acórdão 2454/2022 Segunda Câmara (Tomada de Contas Especial, Relator Ministro Bruno Dantas) (TCU, Boletim de Jurisprudência 402)

▸ **Qual o entendimento atual do TCU sobre o assunto?**

"A dosimetria da multa aplicada pelo TCU – respeitados os limites fixados na sua Lei Orgânica e no seu Regimento Interno e observados os princípios da razoabilidade e da proporcionalidade – deve ser orientada, a cada caso, por critérios como: o nível de gravidade dos ilícitos apurados; a valoração das circunstâncias fáticas e jurídicas; a materialidade envolvida; o grau de culpabilidade dos responsáveis; a isonomia de tratamento com casos análogos". Acórdão 1882/2021 Plenário (Pedido de Reexame, Relator Ministro Aroldo Cedraz) (TCU, Boletim de Jurisprudência 368)

▸ **Qual o entendimento atual do TCU sobre o assunto?**

"O reconhecimento da prescrição da pretensão punitiva do TCU atinge apenas as sanções previstas na Lei 8.443/1992, não constituindo impedimento para que as contas sejam julgadas irregulares". Acórdão 899/2021 Plenário (Recurso de Reconsideração, Relator Ministro Augusto Nardes) (TCU, Boletim de Jurisprudência 353)

▸ **Qual o entendimento atual do TCU sobre o assunto?**

"Não compete ao TCU avaliar e fiscalizar situações que configurem conflito entre interesses públicos e privados na atuação de agentes públicos, bem como determinar medidas para prevenção ou eliminação do conflito, ou mesmo orientar e dirimir dúvidas e controvérsias acerca da interpretação das normas que regulam o assunto. No âmbito do Poder Executivo, a competência para tanto é da Controladoria-Geral da União e da Comissão de Ética Pública (art. 8º da Lei 12.813/2013)". Acórdão 547/2020 Plenário (Representação, Relator Ministra Ana Arraes) (TCU, Boletim de Jurisprudência 301)

X – **elaborar e alterar seu Regimento Interno;**

XI – **eleger seu Presidente e seu Vice-Presidente**, e dar-lhes posse;

XII – **conceder licença, férias e outros afastamentos** aos ministros, auditores e membros do Ministério Público junto ao Tribunal, dependendo de inspeção por junta médica a licença para tratamento de saúde por prazo superior a seis meses;

XIII – **propor ao Congresso Nacional a fixação de vencimentos dos ministros, auditores e membros do Ministério Público junto ao Tribunal;**

XIV – **organizar sua Secretaria**, na forma estabelecida no Regimento Interno, e prover-lhe os cargos e empregos, observada a legislação pertinente;

XV – **propor ao Congresso Nacional a criação, transformação e extinção de cargos, empregos e funções** do Quadro de Pessoal de sua Secretaria, bem como a fixação da respectiva remuneração;

XVI – **decidir sobre denúncia que lhe seja encaminhada** por qualquer cidadão, partido político, associação ou sindicato, na forma prevista nos arts. 53 a 55 desta Lei;

> **▸ Importante**
>
> Art. 55 da lei nº 8.443/1992. No resguardo dos direitos e garantias individuais, o Tribunal dará tratamento sigiloso às denúncias formuladas, até decisão definitiva sobre a matéria.
>
> [...]
>
> §2º O denunciante não se sujeitará a qualquer sanção administrativa, cível ou penal, em decorrência da denúncia, salvo em caso de comprovada má-fé.
>
> **§3º Ao decidir, caberá ao Tribunal manter o sigilo do objeto e da autoria da denúncia quando imprescindível à segurança da sociedade e do Estado (incluído pela lei nº 13.866, de 2019).**

XVII – **decidir sobre consulta que lhe seja formulada** por autoridade competente, a respeito de dúvida suscitada na aplicação de dispositivos legais e regulamentares concernentes a matéria de sua competência, na forma estabelecida no Regimento Interno.

> **▸ Qual o entendimento atual do TCU sobre o assunto?**
>
> "É possível, em caráter excepcional, conhecer de embargos em sede de consulta opostos por autoridade que não figure entre aquelas legitimadas a consultar o TCU (art. 264 do Regimento Interno do TCU), em razão da relevância do tema, do grau de especialidade da unidade jurisdicionada embargante e da repercussão da decisão". Acórdão 1274/2020 Plenário (Embargos de Declaração, Relator Ministro Bruno Dantas) (TCU, Boletim de Jurisprudência 311)

Merece destaque o fato de que o Tribunal de Contas **não analisa a conveniência e a oportunidade** (mérito) da despesa pública, o que se insere na discricionariedade do Poder Executivo. Contudo, a análise do TC ultrapassa a mera legalidade (auditoria de legalidade) de forma a invadir a discricionariedade, mormente na ocorrência de auditoria operacional. "É essa auditoria que analisa a melhor forma de se administrar o dinheiro público, com foco na legitimidade e na economicidade do gasto, o que dificilmente ocorre sem entrar no mérito das despesas e nas razões da sua realização" (LEITE, 2015, p. 394).

> **▸ Qual o entendimento atual do STF sobre o assunto?**
>
> STF, súmula Vinculante n. 3. "Nos processos perante o Tribunal de Contas da União asseguram-se o contraditório e a ampla defesa quando da decisão puder resultar anulação ou revogação de ato administrativo que beneficie o interessado, excetuada a apreciação da legalidade do ato de concessão inicial de aposentadoria, reforma e pensão".

▸ Como esse assunto foi cobrado em concurso?

No Concurso da CESPE para Analista de Controle Externo do TCE/MG em 2018, esse tema foi cobrado da seguinte forma: "O controle financeiro e contábil exercido pelo Tribunal de Contas do Estado de Minas Gerais: a) poderá atingir somente as pessoas jurídicas e os servidores públicos; b) abrange aspectos operacionais e de cumprimento de metas; c) ocorrerá apenas de forma concomitante ou subsequente ao ato impugnado; d) abrange o mérito e a conveniência do ato impugnado no aspecto contábil; e) não se submete às regras constitucionais previstas para o Tribunal de Contas da União. Segundo o gabarito oficial, foi considerada correta a alternativa "b".

▸ Como esse assunto foi cobrado em concurso?

No Concurso do TRE/PE para Analista Judiciário em 2017, foi considerado ERRADO o seguinte enunciado: "O acompanhamento orçamentário externo é atribuição dos tribunais de contas dos estados ou da União".

▸ Como esse assunto foi cobrado em concurso?

No Concurso do CESPE para Juiz Federal da 2ª Região em 2011, foi considerado ERRADO o seguinte enunciado: "Quando o TCU detectar irregularidades ou abusos na execução de contratos firmados pela administração pública federal, o Senado Federal poderá determinar-lhes a imediata sustação, além de poder imputar débito ou multa aos responsáveis".

▸ Como esse assunto foi cobrado em concurso?

No Concurso do CESPE para Juiz Federal da 2ª Região em 2011, foi considerado CERTO o seguinte enunciado: "Compete ao TCU aplicar aos responsáveis, em caso de ilegalidade de despesa ou irregularidade de contas, as sanções previstas em lei, que estabelecerá, entre outras cominações, multa proporcional ao dano causado ao erário."

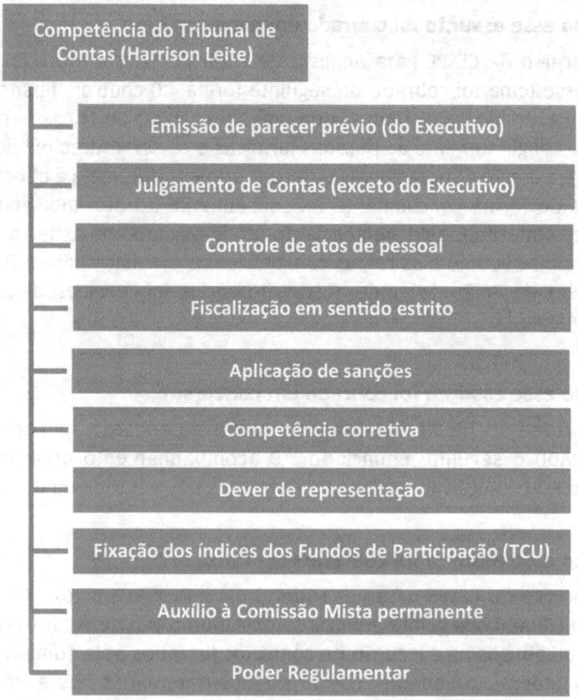

Quanto ao **aspecto subjetivo**, a lei 8.443/92 (Lei Orgânica do Tribunal de Contas da União), em seu artigo 5º estabeleceu de forma mais clara, o alcance da jurisdição do Tribunal de Contas da União:

I. qualquer pessoa física, órgão ou entidade a que se refere o inciso I do art. 1º desta Lei, que utilize, arrecade, guarde, gerencie ou administre dinheiros, bens e valores públicos ou pelos quais a União responda, ou que, em nome desta, assuma obrigações de natureza pecuniária;

II. aqueles que derem causa a perda, extravio ou outra irregularidade de que resulte dano ao Erário;

III. os dirigentes ou liquidantes das empresas encampadas ou sob intervenção ou que de qualquer modo venham a integrar, provisória ou permanentemente, o patrimônio da União ou de outra entidade pública federal;

IV. os responsáveis pelas contas nacionais das empresas supranacionais de cujo capital social a União participe, de forma direta ou indireta, nos termos do tratado constitutivo;

V. os responsáveis por entidades dotadas de personalidade jurídica de direito privado que recebam contribuições parafiscais e prestem serviço de interesse público ou social;

VI. todos aqueles que lhe devam prestar contas ou cujos atos estejam sujeitos à sua fiscalização por expressa disposição de Lei;

VII. os responsáveis pela aplicação de quaisquer recursos repassados pela União, mediante convênio, acordo, ajuste ou outros instrumentos congêneres, a Estado, ao Distrito Federal ou a Município;

VIII. os sucessores dos administradores e responsáveis a que se refere este artigo, até o limite do valor do patrimônio transferido, nos termos do inciso XLV do art. 5° da Constituição Federal;

IX. os representantes da União ou do Poder Público na Assembleia Geral das empresas estatais e sociedades anônimas de cujo capital a União ou o Poder Público participem, solidariamente, com os membros dos Conselhos Fiscal e de Administração, pela prática de atos de gestão ruinosa ou liberalidade à custa das respectivas sociedades.

▸ Qual o entendimento atual do STF sobre o assunto?

"Por possuírem caráter eminentemente público, os recursos provenientes do Banco do Brasil (BB) destinados à Fundação Banco do Brasil (FBB) se submetem à fiscalização do Tribunal de Contas da União (TCU)". (STF, MS 32703/DF, Rel. Min. Dias Tóffoli, Segunda Turma, j. 10.04.2018, Info 897).

▸ Qual o entendimento atual do STJ sobre o assunto?

Os Tribunais de Contas detêm competência para julgar atos praticados por prefeitos municipais na condição de ordenadores de despesas e, quando constatadas irregularidades ou ilegalidades, têm o poder-dever de aplicar sanções, no exercício das atribuições fiscalizatórias e sancionatórias. (RMS 13.499-CE, Rel. Min. Teodoro Silva Santos, Segunda Turma, j. 6/8/2024. STJ, Info 820).

▸ Qual o entendimento atual do TCU sobre o assunto?

"Os recursos eventualmente repassados por entidades do Sistema S a associações formadas por seus empregados estão sujeitos ao controle finalístico do TCU, cabendo às pessoas jurídicas beneficiadas, entre outras providências: a) demonstrar a aplicação desses recursos nas finalidades institucionais dos respectivos serviços sociais autônomos; b) prestar contas ao ente repassador dos recursos recebidos; e c) aplicar o regulamento de licitações e contratos da entidade repassadora nas suas contratações". Acórdão 431/2020 Plenário (Representação, Relator Ministro Benjamin Zymler) (TCU, Informativo 300).

Ainda em relação à atividade de fiscalização contábil, financeira e orçamentária da Administração Pública, há que se destacar o fato de compreender o exame da prestação de contas de duas naturezas: contas de governo e contas de gestão, cabendo a primeira à Casa Legislativa e a segunda ao Tribunal de Contas, conforme se depreende do entendimento do Supremo Tribunal Federal:

- "Contas de governo, também denominadas contas de desempenho ou de resultados, objetivam demonstrar o cumprimento do orçamento, dos planos e programas de governo. Referem-se, portanto, à atuação do chefe do Executivo como agente político. A Constituição reserva à **Casa Legislativa** correspondente a competência para julgá-las em definitivo, mediante parecer prévio do Tribunal de Contas, conforme determina o art. 71, I da Constituição Federal" (STF, RE 848.826/CE, Rel. Min. Roberto Barroso, j. 04.08.2016, Plenário).

- "**Contas de gestão**, também chamadas de contas de ordenação de despesas, possibilitam o exame, não dos gastos globais, mas de cada ato administrativo que compõe a gestão contábil, financeira, orçamentária, operacional e patrimonial do ente público, quanto à legalidade, legitimidade e economicidade. A competência para julgá-las é do **Tribunal de Contas**, em definitivo – portanto, sem a participação da Casa Legislativa respectiva -, conforme determina o art. 71, II da Constituição Federal". (STF, RE 848.826/CE, Rel. Min. Roberto Barroso, j. 04.08.2016, Plenário).

ATENÇÃO: quanto à possibilidade de que a OAB se submeta a controle do TCU, o STF, por meio da ADI 3026 entendeu que "[...] Por não consubstanciar uma entidade da Administração Indireta, **a OAB não está sujeita a controle da Administração**, nem a qualquer das suas partes está vinculada. Essa não-vinculação é formal e materialmente necessária. [...] A Ordem dos Advogados do Brasil, cujas características são autonomia e independência, não pode ser tida como congênere dos demais órgãos de fiscalização profissional. A OAB não está voltada exclusivamente a finalidades corporativas. Possui finalidade institucional". (STF, ADI 3026, Rel. Min. Eros Grau, j. 06.06.2006, Pleno, p. 29.09.2006).

Contudo, em 07 de novembro 2018 o **Tribunal de Contas da União entendeu que a OAB deve se submeter à sua fiscalização.** Tal decisão teve seus efeitos modulados pelo próprio TCU, de modo que mencionado controle somente seria exercido a partir de 2021, referente ao exercício de 2020. Em razão disso, em junho de 2019 o plenário do STF reconheceu a repercussão geral do tema (RE 1.182.189), resultando no deferimento de liminar pleiteada pela OAB para suspender a eficácia do acórdão do TCU, "de modo a desobrigar a OAB a prestar contas e a se submeter à fiscalização do TCU até o julgamento final do writ, ou deliberação posterior em sentido contrário" (Rcl 32924 MC/DF, Rel. Min. Rosa Weber, j. 07.06.2019). Tal julgamento ocorreu em 24 de abril de 2023, nos moldes do quadro infra:

> ▸ **Qual o entendimento atual do STF sobre o assunto?**
>
> "**O Conselho Federal e os Conselhos Seccionais da Ordem dos Advogados do Brasil não estão obrigados a prestar contas ao Tribunal de Contas da União nem a qualquer outra entidade externa.**" RE 1.182.189/BA, relator Ministro Marco Aurélio, redator do acórdão Ministro Edson Fachin, julgamento virtual finalizado em 24.4.2023, STF Info 1091).

▸ **Qual o entendimento atual do TCU sobre o assunto?**

"No âmbito dos conselhos de fiscalização profissional, é vedada a realização de empréstimos de qualquer natureza a terceiros ou entre conselhos, por ausência de amparo legal". Acórdão 990/2020 Plenário (Auditoria, Relator Ministro-Substituto Weder de Oliveira) (TCU, Boletim de Jurisprudência 307)

2.4. Eficácia das decisões dos Tribunais de Contas

CRFB/88, Art. 71, § 3º: As decisões do Tribunal de que resulte imputação de débito ou multa terão eficácia de título executivo.

▸ **Qual o entendimento atual do STF sobre o assunto?**

"Em caso de multa imposta por Tribunal de Contas estadual a responsáveis por irregularidades no uso de bens públicos, a ação de cobrança somente pode ser proposta pelo ente público beneficiário da condenação do Tribunal de Contas (STF, RE 510.034, Rel. Min. Eros Grau, j. 24.06.2008, 2ª Turma, p. 18.08.2008).

Destaque-se que aplicada eventual penalidade, a cobrança deverá ser promovida pelo erário-credor, não contando, o Ministério Público que atua perante o Tribunal de Contas, com legitimidade para tais execuções, sobretudo por não ser órgão representativo do Poder Executivo.

▸ **Qual o entendimento atual do STF sobre o assunto?**

"1. O Município prejudicado é o legitimado para a execução de crédito decorrente de multa aplicada por Tribunal de Contas estadual a agente público municipal, em razão de danos causados ao erário municipal. 2. Compete ao Estado-membro a execução de crédito decorrente de multas simples, aplicadas por Tribunais de Contas estaduais a agentes públicos municipais, em razão da inobservância das normas de Direito Financeiro ou, ainda, do descumprimento dos deveres de colaboração impostos, pela legislação, aos agentes públicos fiscalizados." (ADPF 1.011/PE, rel. Min. Gilmar Mendes, j. 28.06.2024. STF, Info 1143).

▸ **Qual o entendimento atual do STF sobre o assunto?**

"I – A jurisprudência desta Corte é no sentido de que a ação de execução de penalidade imposta por Tribunal de Contas somente pode ser ajuizada pelo **ente público beneficiário da condenação** [...]" (STF, Rel. Min. Ricardo Lewandowski, j. 18.06.2013, 1ª Turma, p. 27.11.2013).

▸ **Qual o entendimento atual do STJ sobre o assunto?**

"O Município prejudicado é o legitimado para a execução de crédito decorrente de multa aplicada por Tribunal de Contas estadual a agente público municipal, em razão de danos causados ao erário municipal". (AgInt no AREsp 926.189-MG, Rel. Min. Herman Benjamin, Segunda Turma, j. 15/02/2022, Info 725)

▸ **Qual o entendimento atual do TCU sobre o assunto?**

"O cumprimento de determinações do TCU não se encontra sujeito a juízo de conveniência e oportunidade dos gestores integrantes da Administração Pública, uma vez que se revestem de força cogente. Havendo dúvida ou inconformismo em relação a deliberações do Tribunal, cabe ao responsável utilizar, tempestivamente, os recursos previstos na Lei 8.443/1992 e no Regimento Interno do TCU, e não optar pelo descumprimento injustificado. Acórdão 1081/2022 Segunda Câmara (Pedido de Reexame, Relator Ministro Antonio Anastasia) (TCU, Boletim de Jurisprudência 393)

▸ **Qual o entendimento atual do TCU sobre o assunto?**

"O TCU, em caráter excepcional, pode deferir pedido de parcelamento do débito em mais de 36 parcelas mensais (art. 217 do Regimento Interno do Tribunal), levando em consideração o interesse do requerente em cumprir a obrigação de recolhimento, a sua capacidade econômica e o interesse público na quitação da dívida sem a necessidade da ação de execução, assim como os princípios do formalismo moderado e da razoabilidade". Acórdão 4611/2021 Segunda Câmara (Tomada de Contas Especial, Relator Ministro Raimundo Carreiro) (TCU, Boletim de Jurisprudência 349)

▸ **Como esse assunto foi cobrado em concurso?**

No Concurso da Cespe para Procurador do Estado da PGE/RR em 2023, foi considerado CERTO o seguinte enunciado: "A execução de crédito decorrente de multa aplicada a agente municipal por determinado Tribunal de Contas Estadual, em razão de danos causados ao erário municipal, compete ao município lesado pelo agente público".

▸ **Como esse assunto foi cobrado em concurso?**

No Concurso da Cespe para Procurador do Estado da PGE/RR em 2023, foi considerado ERRADO o seguinte enunciado: "A inscrição de ente subnacional em cadastro de inadimplentes, quando decorrente da não prestação de contas, está condicionada à instauração de tomada de contas especial, em atenção às garantias do contraditório, da ampla defesa e do devido processo legal".

> **Como esse assunto foi cobrado em concurso?**
>
> No Concurso da Cespe para Procurador do Estado da PGE/RR em 2023, foi considerado ERRADO o seguinte enunciado: "É legítimo ao Poder Judiciário, no caso de descumprimento de obrigações trabalhistas por parte da administração pública estadual, determinar a penhora e o sequestro de receitas públicas derivadas de contrato de gestão firmado com a União para a execução de determinada política pública, a fim de garantir a quitação das referidas dívidas trabalhistas, por se tratar de direito e de garantia fundamentais".

2.5. Relatórios dos Tribunais de Contas

O Tribunal de Contas é obrigado a encaminhar, ao Poder Legislativo a que se acha vinculado, tanto relatórios trimestrais quanto anuais de suas próprias atividades (art. 71, §4º, da CRFB/88). "Tais relatórios, além de permitirem o exame parlamentar do desempenho, pela Corte de Contas, de suas atribuições fiscalizadoras, também se destinam a expor, ao Legislativo, a situação das finanças públicas administradas pelos órgãos e entidades governamentais, em ordem a conferir um grau de maior eficácia ao exercício, pela instituição parlamentar, do seu poder de controle externo" (RAMOS FILHO, 2017. p. 614).

> **Qual o entendimento atual do STF sobre o assunto?**
>
> "O Tribunal de Contas está obrigado, por expressa determinação constitucional (CF, art. 71, §4º) aplicável ao plano local (CF, art. 75), a encaminhar ao Poder Legislativo a que se acha institucionalmente vinculado tanto relatórios trimestrais quanto anuais de suas próprias atividades, pois tais relatórios, além de permitirem o exame parlamentar do desempenho, pela Corte de Contas, de suas atribuições fiscalizadoras, também se destinam a expor ao Legislativo a situação das finanças públicas administradas pelos órgãos e entidades governamentais, em ordem a conferir um grau de maior eficácia ao exercício, pela instituição parlamentar, do seu poder de controle externo" (STF, ADI 687, Rel. Min. Celso de Mello, j. 02.02.1995, Pleno, p. 10.02.2006)

2.6. Controle de constitucionalidade exercido pelos Tribunais de Contas

Apesar da expressão "julgar", contida no art. 71, II, da CRFB, o Tribunal de Contas não exerce função de natureza judicante, mas sim administrativa, não gozando de força jurisdicional. Assim: "O sentido do verbo 'julgar' posto na Constituição é o de avaliar e decidir a respeito, podendo aludida matéria ser reapreciada pelo Poder Judiciário". (LEITE, 2015. p. 394).

Outrossim, após anos de discussão no âmbito doutrinário e jurisprudencial, o STF decidiu pela possibilidade de o Tribunal de Contas analisar a constitucionalidade de lei ou de atos normativos. Assim: **"O Tribunal de Contas, no exercício de suas atribuições, pode apreciar a constitucionalidade de leis e atos do poder público" (STF, súmula 347).**

> ▸ **Qual o entendimento atual do TCU sobre o assunto?**
>
> "O TCU tem competência para determinar a órgão ou entidade jurisdicionada que adote providências, a partir da instauração do contraditório em processos administrativos individuais, visando à interrupção de pagamentos de vantagens pecuniárias que, mesmo efetivados com base em norma regulamentar, violam, à luz da jurisprudência do STF, a Constituição Federal, sem que isso represente usurpação do controle concentrado de constitucionalidade". Acórdão 739/2023 Plenário (Mera Petição, Redator Ministro Jhonatan de Jesus) (TCU, Boletim de Jurisprudência 444)

> ▸ **Qual o entendimento atual do TCU sobre o assunto?**
>
> "Aplica-se a cláusula de reserva de plenário (art. 97 da Constituição Federal) a decisão do TCU que, embora não declare expressamente a inconstitucionalidade de lei ou ato normativo do Poder Público, afasta sua incidência, no todo ou em parte". Acórdão 1208/2021 Plenário (Representação, Revisor Ministro Bruno Dantas) (TCU, Boletim de Jurisprudência 358)

2.7. Competência dos Tribunais de Contas para expedir cautelares

Tema que também merece destaque na análise da atuação dos Tribunais de Contas, diz respeito à possibilidade de expedirem medidas cautelares. No caso do TCU, essa possibilidade encontra fundamento em sua própria Lei Orgânica (lei nº 8.433/92) que permite, por exemplo, que o Tribunal: determine, cautelarmente, o afastamento temporário do responsável, se existirem indícios suficientes de que prosseguindo no exercício de suas funções, possa retardar ou dificultar a realização de auditoria ou inspeção, causar novos danos ao Erário ou inviabilizar o ressarcimento (art. 44, caput), além de solicitar ao órgão competente o arresto dos bens dos responsáveis julgados em débito (art. 61) e a inabilitação para o exercício do cargo em comissão ou função de confiança na administração pública (art. 60), aspectos que evidenciam a "competência do Tribunal de Contas para expedir medidas cautelares visando prevenir lesão ao erário e garantir a efetividade de suas decisões" (LEITE, 2015, p. 428).

> ▸ **Qual o entendimento atual do STF sobre o assunto?**
>
> "TCU. Tomada de contas especial. Dano ao patrimônio da Petrobras. Medida cautelar de indisponibilidade de bens dos responsáveis. Poder geral de cautela reconhecido ao TCU como decorrência e suas atribuições constitucionais". (STF, MS 33.092, Rel. Min. Gilmar Mendes, j. 24.03.2015, 2ªT, p. 17.08.2015).

No mais, tratando-se de medida de urgência, é possível a concessão da liminar "inaudita altera pars" sem que isso configure ofensa aos princípios constitucionais da ampla defesa e do contraditório.

▶ **Importante**

Regimento interno do TCU, art. 276 (caput). O Plenário, o relator, ou, na hipótese do art. 28, inciso XVI, o Presidente, em caso de urgência, de fundado receio de grave lesão ao erário, ao interesse público, ou de risco de ineficácia da decisão de mérito, poderá, **de ofício ou mediante provocação, adotar medida cautelar, com ou sem a prévia oitiva da parte**, determinando, entre outras providências, a suspensão do ato ou do procedimento impugnado, até que o Tribunal decida sobre o mérito da questão suscitada, nos termos do art. 45 da Lei nº 8.843, de 1992.

2.8. Competência do TCU conforme entendimentos do próprio Tribunal

▶ **Atenção!**

LC 210/24, art. 7º, parágrafo único. Os recursos da União repassados aos demais entes por meio de transferências especiais ficam também sujeitos à apreciação do Tribunal de Contas da União, nos termos de seu regimento interno.

A competência do Tribunal de Contas da União vem sendo objeto de reiteradas decisões do próprio TCU. Assim, segue um compêndio dos julgados mais recentes sobre o tema, imprescindível, sobretudo, para concursos daquele Tribunal:

- Não compete ao TCU atuar em casos de inadimplência de particulares, pessoas físicas ou jurídicas, no pagamento de serviços a eles prestados por órgãos ou entidades da Administração Pública. A cobrança de dívidas oriundas de relações comerciais inadimplidas deve ser feita por meio dos instrumentos próprios disponíveis para os agentes públicos. Acórdão 2210/2024 Plenário (Tomada de Contas Especial, Relator Ministro-Substituto Weder de Oliveira) (TCU, Boletim de Jurisprudência 516;

- Compete ao TCU verificar o atendimento prévio, pelo Poder Executivo, das condições estabelecidas no ordenamento jurídico, em especial na Lei de Responsabilidade Fiscal e na respectiva Lei de Diretrizes Orçamentárias, para criação ou ampliação de benefícios tributários que resultem em renúncias de receitas (arts. 70 e 71, *caput*, da Constituição Federal c/c art. 1º, § 1º, da Lei 8.443/1992). Acórdão 2090/2024 Plenário (Representação, Relator Ministro Jorge Oliveira) (TCU, Boletim de Jurisprudência 513);

- Compete ao TCU fiscalizar recursos do SUS repassados aos entes federados na modalidade de transferência fundo a fundo, uma vez que constituem recursos originários da União e, portanto, sujeitam-se à fiscalização do Tribunal, sendo irrelevante se tratar de transferência legal, e não de transferência voluntária. Acórdão 1681/2024 Plenário (Recurso de Reconsideração, Relator Ministro Jhonatan de Jesus) (TCU, Boletim de Jurisprudência 508);

- Os serviços sociais autônomos se sujeitam ao controle do TCU, uma vez que administram recursos públicos de natureza tributária, advindos de contribuições parafiscais e destinados ao atendimento de fins de interesse público Acórdão 5131/2024 Primeira Câmara (Recurso de Reconsideração, Relator Ministro Jhonatan de Jesus) (TCU, Boletim de Jurisprudência 502);

- A absolvição penal por atipicidade de conduta (art. 386, III, do Código de Processo Penal) não afasta a responsabilidade administrativa do gestor perante o TCU, em face do princípio da independência de instâncias. Tal responsabilidade só é afastada quando a absolvição penal declara a inexistência do fato ou a negativa de autoria. Acórdão 4402/2024 Primeira Câmara (Recurso de Reconsideração, Relator Ministro Jhonatan de Jesus) (TCU, Boletim de Jurisprudência 500);

- Compete ao TCU a fiscalização dos procedimentos administrativos implantados pelos entes da Administração Pública Federal com vistas ao cumprimento das disposições da Lei 12.527/2011 (Lei de Acesso à Informação), pois constituem atos de gestão que se submetem ao princípio da publicidade (art. 37, *caput*, da Constituição Federal), estando, portanto, sujeitos ao controle do Tribunal. Acórdão 669/2024 Plenário (Pedido de Reexame, Relator Ministro Walton Alencar Rodrigues) (TCU, Boletim de Jurisprudência 489);

- A existência de acordo de não persecução penal, firmado com o Ministério Público Federal e homologado pelo Poder Judiciário, por meio do qual o responsável se compromete a reparar integralmente o dano ao erário, não afasta a jurisdição do TCU, diante do princípio da independência de instâncias. Apenas a sentença absolutória no juízo criminal fundada no reconhecimento da inexistência material do fato ou na negativa de autoria tem aptidão para impedir a responsabilização civil e administrativa. Eventual ressarcimento do débito no âmbito do acordo pode ser aferido na fase de cobrança executiva do título condenatório do Tribunal. Acórdão 1208/2024 Segunda Câmara (Tomada de Contas Especial, Relator Ministro Vital do Rêgo) (TCU, Boletim de Jurisprudência 483);

- **Competência do TCU.** Os administradores da Eletrobrás com poderes societários advindos da parcela de ações detidas pela União, ou os representantes da União da assembleia-geral, ou, ainda, aqueles que tenham o poder de indicar os interesses da União a serem levados em assembleia-geral podem ser sancionados pelo TCU, com base nos artigos 58 ou 60 da Lei 8.443/1992, em face de condutas omissivas ou comissivas irregulares praticadas em revelia aos seus deveres fiduciários estabelecidos na Lei 6.404/1976, redundando em ato de gestão ruinosa ou de liberalidade às custas da companhia, podendo, ademais, no 2 caso de atos praticados anteriormente à privatização da empresa, terem suas contas julgadas irregulares. Exclui-se a responsabilidade dos representantes da União na assembleia-geral, no exercício do seu poder de representação, quando atuarem nos limites das demandas e informações transmitidas pelo Ministério da Fazenda, salvo em caso de ordem manifestamente ilegal, nos termos do art. 116, inciso IV, da Lei 8.112/1990, c/c arts. 1º, inciso V, e 10, inciso V, alínea a, do Decreto-Lei 147/1967 e art. 20, inciso IX, alínea d, do Anexo I do Decreto 11.344/2023, bem como com os arts. 1º a 5º e 7º do Decreto 89.309/1984. (ALTERA ENTENDIMENTO DO ACÓRDÃO 1134/2023-PLENÁRIO Acórdão 2352/2023 Plenário (Embargos de Declaração, Relator Ministro Benjamin Zymler) (TCU, Boletim de Jurisprudência 475);

- O TCU tem competência para analisar a regularidade da destinação dada pelo Ministério Público da União (MPU) e pela Defensoria Pública da União (DPU) aos recursos oriundos de multas, indenizações e restituições pactuadas em termo de ajustamento de conduta (TAC), acordos de leniência e de colaboração premiada, ou provenientes de ações civis públicas, pois tais recursos são de natureza pública. Acórdão 1955/2023 Plenário (Representação, Relator Ministro Vital do Rêgo) (TCU, Boletim de Jurisprudência 466);

- No âmbito de acordo de solução consensual (IN TCU 91/2022) subscrito por jurisdicionados, o TCU atua como instância homologadora, subscrevendo o acordo e deliberando em juízo de juridicidade amplo, tanto ratificando a legalidade do objeto da negociação quanto a sua motivação, em termos de conveniência e oportunidade, visando ao atendimento do interesse público primário. Trata-se de controle concomitante excepcionalíssimo, *pari passu* com o ato controlado, necessário para conferir estabilidade à emanação de vontades, em direito material, amplificando a segurança jurídica do negócio. Acórdão 1797/2023 Plenário (Solicitação de Solução Consensual, Redator Ministro Benjamin Zymler) (TCU, Boletim de Jurisprudência 463);

- **A aplicação de sanção pelo Conselho Administrativo de Defesa Econômica (Cade) em decorrência de conduta anticoncorrencial infringente à ordem econômica não impede que o TCU declare a inidoneidade da empresa sancionada para participar de licitações** na Administração Pública Federal (art. 46 da Lei 8.443/1992), quando a mesma conduta caracterizar fraude à licitação. O princípio do *non bis in idem* não veda a possibilidade de a legislação atribuir mais de uma sanção administrativa a uma mesma conduta. Acórdão 1574/2023 Plenário (Pedido de Reexame, Relator Ministro Jhonatan de Jesus) (TCU, Boletim de Jurisprudência 459);

- A competência para fiscalizar os atos de gestão no âmbito de intervenções federais é dos órgãos de controle da União, devendo a responsabilidade por tais atos ser analisada no exame das contas do Presidente da República, ainda que tenha sido nomeado interventor, uma vez que este responde àquela autoridade. Acórdão 1381/2023 Plenário (Acompanhamento, Relator Ministro Vital do Rêgo) (TCU, Boletim de Jurisprudência 455);

- A existência de ação judicial sobre mesma matéria tratada no TCU não obsta o exercício do controle externo, uma vez que o Tribunal possui jurisdição e competência próprias estabelecidas pela Constituição Federal e pela sua Lei Orgânica (Lei 8.443/1992), e dado o **princípio da independência das instâncias cível, penal e administrativa**. O juízo administrativo só se vincula ao penal quando neste último é afirmada a inexistência do fato ou que o acusado não foi o autor do ilícito". Acórdão 3149/2023 Segunda Câmara (Recurso de Reconsideração, Relator Ministro Augusto Nardes) (TCU, Boletim de Jurisprudência 445);
- Por força da determinação contida no art. 166-A, § 2º, inciso II, da Constituição Federal, no sentido de que os recursos relativos às transferências especiais "pertencerão ao ente federado no ato da efetiva transferência financeira": i) a fiscalização sobre a regularidade das despesas efetuadas na aplicação de recursos obtidos por meio de transferência especial pelo ente federado é de competência do sistema de controle local, incluindo o respectivo tribunal de contas, desde a promulgação da EC 105/2019; ii) a fiscalização sobre o cumprimento, pelo ente beneficiário da transferência especial, das condicionantes que a legitimam, previstas no art. 166-A, § 1º, incisos I e II, § 2º, inciso III, e § 5º, é de competência federal, incluindo o TCU; iii) a comprovação do cumprimento das condicionantes constitucionais será feita pelo ente federado por meio de informações e documentos inseridos na Plataforma+Brasil (ou no Transferegov.br), na forma e nos prazos disciplinados em instrução normativa a ser editada pelo TCU, dispensada a prestação de contas para esse fim específico e reservadas as competências próprias dos tribunais de contas locais na fiscalização sobre a aplicação dos recursos; iv) se for verificado o descumprimento de qualquer condicionante, tornando inválida a transferência especial, ou a omissão no dever de disponibilizar os elementos necessários à sua verificação, o TCU poderá instaurar processo de tom ada de contas especial, com vistas à responsabilização do ente federado pelo débito decorrente do desvio para finalidade irregular ou da não comprovação da regularidade, a ser recolhido aos cofres da União, bem como para eventual aplicação de sanções ao gestor que praticou o ato infringente, comissivo ou omissivo. Acórdão 518/2023 Plenário (Consulta, Relator Ministro Vital do Rêgo) (TCU, Boletim de Jurisprudência 440);
- Não compete ao TCU dirimir controvérsia entre unidades da Federação instaurada em decorrência de ato do IBGE de demarcação de limites territoriais, com reflexos na distribuição dos recursos da compensação pela exploração econômica do petróleo e do gás natural (royalties), pois se trata de litígio que visa a satisfação de interesse subjetivo dos entes envolvidos, que deve ser solucionado no âmbito do Poder Judiciário. Acórdão 322/2023 Plenário (Representação, Relator Ministro Jorge Oliveira) (TCU, Boletim de Jurisprudência 437);
- Não compete ao TCU apurar a responsabilidade civil de empresa estatal concessionária de serviço público por incidente que tenha causado

dano a terceiros. Em tais situações, a instauração de tomada de contas especial depende do pagamento, pela estatal, de valores para reparação eventualmente reclamada, uma vez que a adoção dessa medida exige a ocorrência de dano efetivo, não potencial. Acórdão 310/2023 Plenário (Representação, Relator Ministro Benjamin Zymler) (TCU, Boletim de Jurisprudência 437);

- O TCU tem competência para imputar débito a ente federado que se beneficia irregularmente da aplicação de recursos do Sistema Único de Saúde transferidos fundo a fundo, por se tratar de questão meramente patrimonial, não relacionada a conflitos em que se discute o pacto federativo, competência esta afeta ao Poder Judiciário. Acórdão 1/2023 Segunda Câmara (Tomada de Contas Especial, Relator Ministro Benjamin Zymler) (TCU, Boletim de Jurisprudência 433);
- Não compete ao TCU apreciar questão pertinente à definição de valor relativo à compensação financeira a ser paga a comunidade indígena em razão de impacto ambiental irreversível decorrente de obra pública, pois a defesa dos direitos individuais indisponíveis, coletivos e difusos dessas comunidades cabe ao Ministério Público Federal (art. 37, inciso II, da LC 75/1993)". Acórdão 1/2023 Plenário (Representação, Relator Ministro-Substituto Marcos Bemquerer) (TCU, Boletim de Jurisprudência 432).

2.9. Comissão Mista Permanente

O art. 72 da CRFB determina à Comissão Mista permanente de Senadores e Deputados (art. 166, §1º) o dever de, diante de despesas não autorizadas, solicitar à autoridade responsável que no prazo de 5 dias preste os esclarecimentos necessários. No caso de silêncio da autoridade, ou se tais esclarecimentos forem considerados insuficientes, a Comissão solicitará ao Tribunal pronunciamento conclusivo sobre a matéria em um prazo de 30 dias. Por fim, caso o Tribunal entenda que a despesa foi irregular, a Comissão, se julgar que o gasto possa causar dano irreparável ou grave lesão à economia pública, proporá ao Congresso Nacional sua sustação.

> **▸ Como esse assunto foi cobrado em concurso?**
>
> No Concurso do CESPE para Juiz Federal da 2ª Região em 2011, foi considerado ERRADO o seguinte enunciado: "Cabe à comissão mista de deputados e senadores, com exclusividade, emitir **parecer prévio** sobre as contas prestadas anualmente pelo presidente da República".

2.10. Tribunal de Contas da União

O Tribunal de Contas da União é composto por **nove ministros**, tem sede no Distrito Federal, quadro próprio de pessoal e jurisdição em todo o território nacional.

Os Ministros do Tribunal de Contas da União terão as mesmas garantias, prerrogativas, impedimentos, vencimentos e vantagens dos Ministros do Superior Tribunal de Justiça, aplicando-se lhes, quanto à aposentadoria e pensão, as normas constantes do art. 40 (Art. 73, § 3°, da CRFB/88).

Requisitos para o provimento de cargo de Ministro do TCU
• Ser brasileiro; • Mais de trinta e cinco e menos de sessenta e cinco anos de idade; • Idoneidade moral e reputação ilibada; • Notórios conhecimentos jurídicos, contábeis, econômicos e financeiros ou de Administração Pública; e • Mais de dez anos de exercício de função ou de efetiva atividade profissional que exija os conhecimentos mencionados no inciso anterior.

▸ **Qual o entendimento atual do STF sobre o assunto?**

"As cortes de contas seguem o exemplo dos tribunais judiciários no que concerne às garantias de independência, sendo também detentoras de autonomia funcional, administrativa e financeira, das quais decorre, essencialmente, a iniciativa reservada para instaurar processo legislativo que pretenda alterar sua organização e funcionamento, conforme interpretação sistemática dos arts. 73, 75 e 96, II, d, da Constituição Federal" (STF, ADI 4418, Rel. Min. Dias Toffoli, j. 15.12.2016, Pleno, p. 03.03.2017).

▸ **Qual o entendimento atual do TCU sobre o assunto?**

As decisões do TCU não devem ser dissonantes entre processos que apresentem contextos fáticos similares e envolvam os mesmos responsáveis, em observância à coerência na aplicação do direito e à manutenção da estabilidade jurisprudencial (art. 926 do CPC). Acórdão 10014/2024 Primeira Câmara (Tomada de Contas Especial, Relator Ministro Benjamin Zymler) (TCU, Boletim de Jurisprudência 521).

Os Ministros do Tribunal de Contas da União serão escolhidos conforme o §2º do art. 73 da CRFB/88:

I. um terço pelo Presidente da República, com aprovação do Senado Federal, sendo dois alternadamente dentre auditores e membros do Ministério Público junto ao Tribunal, indicados em lista tríplice pelo Tribunal, segundo os critérios de antiguidade e merecimento;

II. dois terços pelo Congresso Nacional.

▸ **Qual o entendimento atual do STJ sobre o assunto?**

"A simples existência de uma investigação criminal, tão robusta como se verifica *in concreto*, torna no mínimo temerária a recondução do investigado ao seu cargo, na medida em que o seu principal mister, como integrante de uma Corte de Contas, consiste exatamente na salvaguarda e prestígio à moralidade administrativa e boa gestão do dinheiro público (STJ, Inq 780/CE, Rel. Min. Nancy Andrighi, j. 19.02.2014, p. 05.03.2014).

O TCU ainda é composto por **três auditores**, nomeados pelo Presidente da República, dentre os cidadãos que satisfaçam os requisitos exigidos para o cargo de ministro do Tribunal de Contas da União, mediante concurso público de provas e títulos, observada a ordem de classificação, os quais, depois de empossados, só perderão os cargos por sentença judicial transitada em julgado (art. 77 e 79, da lei 8.443/92).

Observe-se que o mesmo dispositivo legal, em seu parágrafo único determina que a comprovação do efetivo exercício por mais de dez anos de cargo da carreira de controle externo do quadro de pessoal da secretaria do Tribunal constitui título computável para efeito do concurso para auditor.

A principal função dos auditores no TCU é substituir os Ministros nas seguintes situações (RAMOS FILHO, 2017, p. 629):

- Ausências e impedimentos dos Ministros por motivo de licença, férias ou outro afastamento legal (art. 63, *caput*, lei 8.443/92);
- Para efeito de *quórum*, sempre que os Ministros comunicarem a impossibilidade de comparecimento à sessão (art. 63, §º1, Lei nº 8.443/92);
- Vacância do cargo de Ministro, até que haja novo provimento (art. 63, §º2, Lei nº 8.443/92).

Quando não convocado para substituir ministro, o auditor presidirá a instrução dos processos que lhe forem distribuídos, relatando-os com proposta de decisão a ser votada pelos integrantes do Plenário ou da Câmara para a qual estiver designado (art. 78, parágrafo único, da lei 8.433/92).

O auditor, quando em substituição a Ministro, terá as mesmas garantias e impedimentos do titular e, quando no exercício das demais atribuições da judicatura, as de juiz de Tribunal Regional Federal (Art. 73, § 4º, da CRFB/88).

▸ Qual o entendimento atual do STF sobre o assunto?

"Não é possível ao Estado-membro extinguir o cargo de auditor na Corte de Contas estadual, previsto constitucionalmente, e substituí-lo por outro cuja forma de provimento igualmente divirja do modelo definido pela CB/1988 (STF, ADI 1.994, Rel. Min. Eros Grau, j. 24.05.2006, Pleno, p. 08.09.2006).

Junto ao TCU funciona o **Ministério Público** conforme disciplina dos arts. 80 a 84 da lei 8.443/92. Assim, o MP junto ao TCU, ao qual se aplicam os princípios institucionais da unidade, da indivisibilidade e da independência funcional, compõe-se de um procurador-geral, três subprocuradores-gerais e quatro procuradores, nomeados pelo Presidente da República, dentre brasileiros, bacharéis em direito.

A carreira do Ministério Público junto ao Tribunal de Contas da União é constituída pelos cargos de subprocurador-geral e procurador, este inicial e aquele representando o último nível da carreira, não excedendo a dez por cento a diferença de vencimentos de uma classe para outra, respeitada igual diferença entre os cargos de subprocurador-geral e procurador-geral (art. 81, § 2º, da lei 8.443/92).

O ingresso na carreira far-se-á no cargo de procurador, mediante concurso público de provas e títulos, assegurada a participação da Ordem dos Advogados do Brasil em sua realização e observada, nas nomeações, a ordem de classificação, enquanto a promoção ao cargo de subprocurador-geral far-se-á, alternadamente, por antiguidade e merecimento (art. 81, § 3°, da lei 8.443/92).

O Ministério Público contará com o apoio administrativo e de pessoal da secretaria do Tribunal, conforme organização estabelecida no Regimento Interno (art. 83 da lei 8.443/92).

Aos membros do Ministério Público junto ao Tribunal de Contas da União aplicam-se, subsidiariamente, no que couber, as disposições da Lei orgânica do Ministério Público da União, pertinentes a direitos, garantias, prerrogativas, vedações, regime disciplinar e forma de investidura no cargo inicial da carreira (art. 84 da Lei 8.443/92).

Aos membros do Ministério Público junto aos Tribunais de Contas, aplicam-se as mesmas disposições referentes a direitos, vedações e forma de investidura a que submetem os membros do Ministério Público Comum (CRFB/88, art. 130).

▸ **Qual o entendimento atual do STF sobre o assunto?**

"É inconstitucional, por violação aos arts. 130 e 75 da CF/1988, norma estadual que confere autonomia administrativa e orçamentária ao Ministério Público Estadual junto ao Tribunal de Contas, garantida a independência funcional de seus membros e os meios necessários para o desempenho da função". (ADI 5.254/PA, rel. Min. Luís Roberto Barroso, j. 21.08.2024. STF, Info 1147).

▸ **Qual o entendimento atual do STF sobre o assunto?**

"É constitucional - pois revela opção política do legislador, adotada em conformidade com a margem de discricionariedade atribuída pela própria Constituição Federal de 1988 - dispositivo de lei orgânica estadual que dispensa a formação de lista tríplice para nomeação do Procurador-Geral do Ministério Público junto ao Tribunal de Contas estadual. ADI 4.427/AM, relatora Ministra Rosa Weber, julgamento virtual finalizado em 1º.9.2023, STF Info 1106)

▸ **Qual o entendimento atual do STF sobre o assunto?**

"É inconstitucional, por ofensa ao princípio da separação dos Poderes, norma estadual que submete as despesas com pessoal do Ministério Público de Contas aos limites orçamentários fixados para o Poder Executivo". (ADI 5563/RR, rel. Min. Edson Fachin, j. 3.6.2022, Info 1057)

▸ **Qual o entendimento atual do STF sobre o assunto?**

"O Ministério Público junto ao Tribunal de Contas encontra-se estritamente vinculado à estrutura da Corte de Contas e não detém autonomia jurídica e iniciativa legislativa para as leis que definem sua estrutura organizacional. [...] É inconstitucional a exigência de lei complementar para regular a organização do Ministério Público especial". (ADI 3804/AL, rel. Min. Dias Toffoli, j. 3.12.2021, Info 1040).

▸ **Qual o entendimento atual do STJ sobre o assunto?**

"É ilegal o ato praticado pelos Conselheiros do Tribunal de Contas Estadual que, durante Sessão Plenária Administrativa, sem a participação do Ministério Público de Contas, delibera sobre matérias relativas a atos praticados pelo Procurador-Geral do Ministério Público de Contas de Estado". (AgInt no RMS 50.353-MS, Rel. Min. Teodoro Silva Santos, j. em 16/9/2024. STJ, Info 832)

▸ **Qual o entendimento atual do STJ sobre o assunto?**

"É assegurada, aos membros do Ministério Público junto ao Tribunal de Contas, a prerrogativa de requerer informações diretamente aos jurisdicionados do respectivo Tribunal, sem subordinação ao Presidente da Corte". (RMS 51.841/CE, Rel. Min. Regina Helena Costa, Primeira Turma, j. 06/04/2021, Info 691)

▸ **Qual o entendimento atual do TCU sobre o assunto?**

"Quando o Ministério Público junto ao TCU suscita apenas a incidência de prescrição e esta não é acolhida, não é impositivo o retorno dos autos ao órgão ministerial para nova manifestação. Não é determinante para os posteriores atos processuais, praticados pelo relator ou pelo Tribunal, o uso que o Ministério Público faz da oportunidade de manifestação em sua audiência obrigatória". Acórdão 9283/2021 Segunda Câmara (Tomada de Contas Especial, Relator Ministro-Substituto Marcos Bemquerer) (TCU, Boletim de Jurisprudência 366).

▸ **Qual o entendimento atual do TCU sobre o assunto?**

"Quando o Ministério Público junto ao TCU suscita apenas questão preliminar em seu parecer (art. 62, § 2º, do Regimento Interno do TCU), não se pode exigir dele que se manifeste quanto ao mérito processual, por ser órgão funcionalmente independente, nos termos constitucionais e legais. Caso a preliminar apresentada não seja acolhida, não é obrigatório o retorno dos autos ao órgão ministerial para manifestação de mérito". Acórdão 11153/2020 Segunda Câmara (Tomada de Contas Especial, Relator Ministro Raimundo Carreiro) (TCU, Boletim de Jurisprudência 331)

Capítulo 7

Sistema Financeiro Nacional[1]

A doutrina aponta o Sistema Financeiro Nacional como "todo o disciplinamento jurídico inerente a reger e regular as instituições financeiras de crédito, públicas ou privadas, bem como todas as entidades congêneres que atuam na economia popular, tais como seguradoras, entes de previdência privada e de capitalização, por exemplo" (Figueiredo, 2016, p. 389).

No Brasil, a disciplina constitucional do Sistema Financeiro Nacional encontra-se no art. 192, com a redação que lhe foi dada pela Emenda Constitucional nº 40, de 2003.

> **Importante**
>
> CRFB/88, art. 192. O sistema financeiro nacional, estruturado de forma a promover o desenvolvimento equilibrado do País e a servir aos **interesses da coletividade**, em todas as partes que o compõem, abrangendo as cooperativas de crédito, será regulado por leis complementares que disporão, inclusive, sobre a participação do capital estrangeiro nas instituições que o integram.

> **Como esse assunto foi cobrado em concurso?**
>
> No Concurso do CESPE para Procurador da Fazenda Nacional da AGU em 2023, foi considerado ERRADO o seguinte enunciado: "O SFN será regulado por lei complementar de iniciativa privativa do presidente da República".

> **Como esse assunto foi cobrado em concurso?**
>
> No Concurso do CESPE para Procurador da Fazenda Nacional da AGU em 2023, foi considerado ERRADO o seguinte enunciado: "A CF determina que o SFN seja estruturado de forma a promover o desenvolvimento equilibrado do Brasil e a servir aos interesses da coletividade, vedando a participação do capital estrangeiro nas instituições que o integram".

1. Devido à proximidade entre as disciplinas, o Sistema Financeiro Nacional também é abordado na Sinopse de Direito Econômico (Vilela, 2025).

A principal norma de regência do Sistema Financeiro Nacional é a lei 4.595/64, recepcionada pela Constituição da República de 1988, como **lei complementar**, conforme art. 192, supratranscrito. Referida lei dispõe sobre a Política e as Instituições Monetárias, Bancárias e Creditícias, além de criar o Conselho Monetário Nacional.

> **▸ Como esse assunto foi cobrado em concurso?**
> No Concurso do CESPE para Juiz do Tribunal de Justiça do Distrito Federal e dos Territórios em 2016, foi considerado ERRADO o seguinte enunciado: "O Sistema Financeiro Nacional deve ser regulamentado por uma única Lei Complementar, devendo conter, segundo a jurisprudência do STF, a regulamentação de toda atividade bancária, inclusive a respeito da taxa de juros".

> **▸ Como esse assunto foi cobrado em concurso?**
> No Concurso do CESPE para Oficial de Justiça do TRT da 8ª Região em 2016, foi considerado ERRADO o seguinte enunciado: "O sistema financeiro nacional regula-se por leis complementares, salvo no que se refere à participação de capital estrangeiro nas instituições financeiras, que será regulada por tratados internacionais".

> **▸ Como esse assunto foi cobrado em concurso?**
> No Concurso da ESAF para Procurador da Fazenda Nacional em 2012, foi considerado CERTO o seguinte enunciado sobre o Sistema Financeiro Nacional: "É regulado pela lei n. 4.595, de 1964, criada sob a forma de lei ordinária, mas **recebida pela Constituição de 1988 como lei complementar**".

> **▸ Como esse assunto foi cobrado em concurso?**
> No Concurso da ESAF para Procurador da Fazenda Nacional em 2012, foi considerado ERRADO o seguinte enunciado sobre o Sistema Financeiro Nacional: "Deve ser regulado por lei complementar global, que disponha, inclusive, sobre autorização e funcionamento dos estabelecimentos de seguro, previdência e capitalização".

> **▸ Como esse assunto foi cobrado em concurso?**
> No Concurso do CESPE para Juiz Federal da 2ª Região em 2012, foi considerado ERRADO o seguinte enunciado: "Embora o SFN deva ser regulado por lei complementar, o STF sumulou o entendimento de que a norma que limitava a taxa de juros reais a 12% ao ano tinha eficácia plena".

Podem ser apontadas como as principais políticas do Sistema Financeiro Nacional (Figueiredo, 2016, p. 393):

a) **Monetária**: objetiva o controle da oferta da moeda e das taxas de juros de curto prazo para garantir a liquidez ideal de cada período econômico;

b) **Fiscal**: objetiva o equilíbrio entre as receitas e as despesas governamentais, a fim de controlar a carga tributária em patamares que não comprometam a política monetária;

c) **Cambial**: objetiva o controle da taxa de câmbio, a fim de viabilizar as relações do comércio exterior;

d) **Rendas**: objetiva garantir a justa remuneração às pessoas físicas e jurídicas.

A partir das finalidades estabelecidas pelo art. 192, interpretadas em conjunto com os princípios do art. 170 da Constituição, é possível compreender que a disciplina do Sistema Financeiro Nacional não abrange tão somente a regulação das relações financeiras, repercutindo, na verdade, sobre **toda a ordem econômica**, buscando regular, de forma transparente, o acesso ao crédito e garantir o bem-estar econômico.

O Sistema Financeiro Nacional conta com uma arquitetura institucional formada por três setores específicos que se inter-relacionam: **o sistema bancário, o sistema de seguros privados e o mercado de capitais**. Nesse contexto, o sistema bancário, por ser o instrumento de mobilização e circulação de recursos financeiros, assume o papel central (Miragem, 2013, p. 98).

▸ Como esse assunto foi cobrado em concurso?

No Concurso da FGV para Técnico em Segurança do Trabalho do Banestes em 2018, foi considerado CERTO o seguinte enunciado: "O Sistema Financeiro Nacional (SFN) é dividido em segmentos especializados e um dos ramos de maior importância é o Mercado de Crédito, responsável por fornecer recursos para o consumo das pessoas em geral e para o funcionamento das empresas".

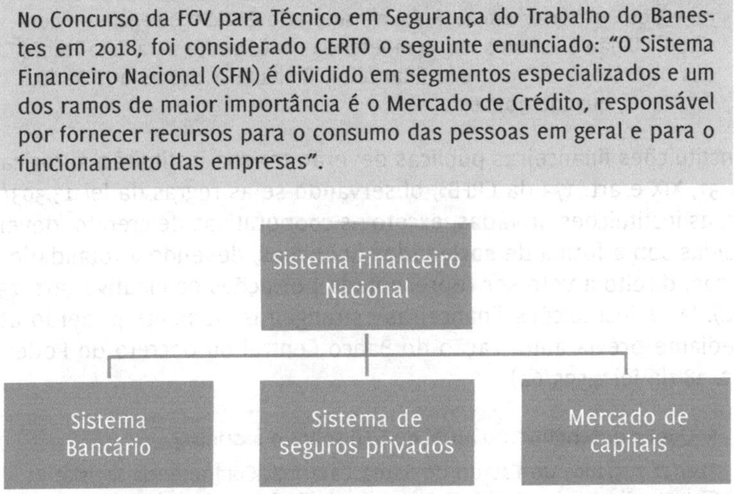

O Sistema Financeiro Nacional é composto pelas instituições financeiras, que só poderão funcionar no País mediante prévia autorização do **Banco Central** ou **Decreto do Poder Executivo, quando forem estrangeiras.** Caracterizam-se como as pessoas jurídicas, públicas ou privadas, que tenham como atividade principal ou acessória a coleta, intermediação ou aplicação de recursos próprios ou de terceiros, em moeda nacional ou estrangeira, e a custódia de valor de propriedade de terceiros, equiparando-se a estas, as pessoas físicas que exerçam qualquer dessas atividades, de forma permanente ou eventual (art. 17 da lei 4.595/64). O art. 18, §1º da mesma lei destaca, ainda, que "além dos estabelecimentos bancários oficiais ou privados, das sociedades de crédito, financiamento e investimentos, das caixas econômicas e das cooperativas de crédito ou a seção de crédito das cooperativas que a tenham, também se subordinam às disposições e disciplina desta lei no que for aplicável, as bolsas de valores, companhias de seguros e de capitalização, as sociedades que efetuam distribuição de prêmios em imóveis, mercadorias ou dinheiro, mediante sorteio de títulos de sua emissão ou por qualquer forma, e as pessoas físicas ou jurídicas que exerçam, por conta própria ou de terceiros, atividade relacionada com a compra e venda de ações e outros quaisquer títulos, realizando nos mercados financeiros e de capitais operações ou serviços de natureza dos executados por instituições financeiras".

> ▸ **Como esse assunto foi cobrado em concurso?**
>
> No Concurso do CESPE para Procurador da Fazenda Nacional da AGU em 2023, foi considerado ERRADO o seguinte enunciado: "O SFN é estruturado por um conjunto de órgãos, entidades e instituições financeiras, públicas e privadas, que atuam na normatização, fiscalização e execução de transações relacionadas à política monetária e creditícia".

> ▸ **Como esse assunto foi cobrado em concurso?**
>
> No Concurso do CESPE para Juiz do Tribunal de Justiça do Distrito Federal e dos Territórios em 2016, foi considerado ERRADO o seguinte enunciado: "União e estados têm competência concorrente para fiscalização das operações de natureza financeira, limitada a destes aos Bancos Estaduais, quando houver".

As instituições financeiras públicas deverão ter sua instituição autorizada por lei (art. 37, XIX e art. 173 da CRFB), observando-se as regras da lei 13.303/16. Por sua vez, as instituições privadas, exceto as cooperativas de crédito, deverão ser constituídas sob a forma de **sociedades anônimas**, devendo a totalidade de seu capital com direito a voto ser representada por ações nominativa (art. 25 da lei 4.595/64). Já as instituições financeiras estrangeiras, somente poderão atuar no país mediante prévia autorização do Banco Central ou decreto do Poder Executivo (art. 18 da lei 4.595/64).

> ▸ **Qual o entendimento atual do STF sobre o assunto?**
>
> "Lei 12.775/2003 do Estado de Santa Catarina. Competência legislativa. Sistema Financeiro Nacional. Banco. Agência bancária. Adoção de equipamento que, embora indicado pelo Banco Central, ateste autenticidade das cédulas de dinheiro nas transações bancárias. Previsão de obrigatoriedade. Inadmissibilidade. Regras de fiscalização de operações financeiras e de autenticidade do ativo circulante. Competências exclusivas da União. Ofensa aos arts. 21, VIII, e 192 da CF". (STF, ADI 3.515, Rel. Min. Cezar Peluso, j. 1º.08.2011, Pleno, p. 29.09.2001).

Na composição do Sistema Financeiro Nacional, merecem destaque os órgãos normativos (aos quais compete disciplinar, regulamentar e estabelecer as políticas públicas para o setor); a) órgãos supervisores (fiscalização); e b) agentes especiais. Segundo Edgar Abreu e Lucas Silva, são eles:

a) **Órgãos normativos**
- Conselho Monetário Nacional – CMN;
- Conselho Nacional de Seguros Privados – CNSP;
- Conselho Nacional de Previdência Complementar – CNPC (antigo Conselho de Gestão de Previdência Complementar – CGPC);

b) Entidades supervisoras
- Banco Central do Brasil – BACEN;
- Conselho de Política Monetária – Copom;
- Comissão de Valores Mobiliários – CVM;
- Superintendência de Seguros Privados – SUSEP;
- Superintendência Nacional de Previdência Complementar – PREVIC.

c) Agentes Especiais
- Banco do Brasil;
- Caixa Econômica Federal;
- Banco Nacional de Desenvolvimento Econômico e Social – BNDES.

d) Operadores
- Bolsas de valores;
- Bolsas de mercadorias e futuros;
- Sociedades seguradoras;
- Instituto de Resseguros do Brasil – IRB;
- Sociedades de capitalização;
- Entidades abertas de previdência complementar;
- Entidades fechadas de previdência complementar;
- Instituições financeiras captadoras de depósito à vista:
  - Bancos comerciais;
  - Bancos múltiplos com carteira comercial;
  - Caixa Econômica Federal;
  - Cooperativas de Crédito;
  - Instituições financeiras não captadoras de depósitos à vista;
  - Outros intermediários financeiros.

▸ Como esse assunto foi cobrado em concurso?

No Concurso da CESGRANRIO para Técnico Bancário do Banco da Amazônia em 2018, foi considerado CERTO o seguinte enunciado: "Atua como operador do Sistema Financeiro Nacional a Bolsa de Mercadorias e Futuros".

Constituição do Sistema Financeiro Nacional segundo a lei 4.595/64
• Conselho Monetário Nacional; • Banco Central do Brasil; • Banco do Brasil S/A; • Banco Nacional de Desenvolvimento Econômico (BNDES); • Demais instituições financeiras públicas e privadas.
Art. 17 da lei 4.595/64. Consideram-se instituições financeiras, para os efeitos da legislação em vigor, as pessoas jurídicas públicas ou privadas, que tenham como atividade principal ou acessória a coleta, intermediação ou aplicação de recursos financeiros próprios ou de terceiros, em moeda nacional ou estrangeira, e a custódia de valor de propriedade de terceiros. Obs: equiparam-se às instituições financeiras as pessoas físicas que exerçam quaisquer dessas atividades elencadas no art. 17; Obs: as instituições financeiras só poderão funcionar no País mediante prévia autorização do Banco Central do Brasil ou Decreto do Poder Executivo, quando forem estrangeiras. Ao regular o Sistema Financeiro Nacional o Estado demonstra preocupação com a macroeconomia. O SFN também se vincula aos princípios do art. 170 da CR/88; Bem jurídico tutelado: ***solidez do sistema*** (função social do SFN).

▸ Como esse assunto foi cobrado em concurso?

No Concurso da FADESP para Técnico Bancário do Banpará em 2018, foi considerado CERTO o seguinte enunciado: "De acordo com a subdivisão do Sistema Financeiro Nacional (SFN) em entidades normativas, supervisoras e operacionais, pode-se afirmar que funcionam como entidades operacionais: Agências de Fomento, Associações de Poupança e Empréstimo, Bancos de Câmbio, Bancos de Desenvolvimento, Bancos de Investimento, Companhias Hipotecárias, Cooperativas Centrais de Crédito, Sociedades de Crédito, Financiamento e Investimento, Sociedades de Crédito Imobiliário e Sociedades de Crédito ao Microempreendedor".

▸ Como esse assunto foi cobrado em concurso?

No Concurso do IADES para Economia da Fundação Hemocentro de Brasília em 2017, esse tema foi cobrado da seguinte forma: "O Sistema Financeiro Nacional (SFN) compõe-se de órgãos normativos, entidades supervisoras e operadores. Assinale a alternativa que apresenta apenas os órgãos normativos do SFN:

a) Conselho Monetário Nacional (CMN), Banco Central do Brasil (BCB) e Comissão de Valores Mobiliários (CVM); b) Conselho Monetário Nacional (CMN), Banco Central do Brasil (BCB), Comissão de Valores Mobiliários (CVM) e Bolsa de Valores (BOVESPA); c) Banco Central do Brasil (BCB), Comissão de Valores Mobiliários (CVM), Superintendência de Seguros Privados (Susep) e Superintendência Nacional de Previdência Complementar (Previc); d) Banco Central do Brasil (BCB) e Comissão de Valores Mobiliários (CVM); e) Conselho Monetário Nacional (CMN), Conselho Nacional de Seguros Privados (CNSP) e Conselho Nacional de Previdência Complementar (CNPC)". Segundo o gabarito oficial, foi considerada correta a alternativa "e".

▸ **Como esse assunto foi cobrado em concurso?**

No Concurso da FCC para Analista de Gestão da SABESP em 2018, esse tema foi abordado da seguinte forma: "Dentre as componentes do Sistema Financeiro Brasileiro, apresentadas abaixo, a única que é classificada como uma instituição financeira não-monetária é: a) o Banco do Brasil; b) um banco múltiplo com carteira comercial; c) um banco regional, exclusivamente com carteira de desenvolvimento; d) uma sociedade de arrendamento mercantil; e) uma empresa de *factoring*". Segundo o gabarito oficial, foi considerada correta a alternativa "c".

Em 24 de agosto de 2022, a Lei Complementar nº 196 alterou a LC 130/2009 (Sistema Nacional do Crédito Cooperativo), para incluir as confederações de serviço constituídas por cooperativas centrais de crédito entre as instituições integrantes do Sistema Nacional de Crédito Cooperativo e entre as instituições a serem **autorizadas a funcionar pelo Banco Central do Brasil**. Ademais, as **competências do Conselho Monetário Nacional (CMN) e do Banco Central do Brasil em relação às instituições financeiras aplicam-se às cooperativas de crédito e às confederações de serviço constituídas por cooperativas centrais de crédito**. Para tanto, a Lei traça, ainda, os seguintes conceitos:

- Cooperativas de crédito: as cooperativas singulares de crédito, as cooperativas centrais de crédito e as confederações de crédito constituídas por cooperativas centrais de crédito;
- Confederações de serviço: as confederações constituídas exclusivamente por cooperativas centrais de crédito, para prestar serviços pertinentes, complementares ou necessários às atividades realizadas por suas filiadas ou pelas cooperativas singulares filiadas a essas cooperativas centrais, excluídos serviços e operações privativos de instituições financeiras.

▸ **Qual o entendimento atual do STF sobre o assunto?**

"É inconstitucional dispositivo de Constituição estadual que veda a prestação de serviços de arrecadação e movimentação de recursos financeiros por instituições financeiras privadas constituídas no País sob controle estrangeiro." (ADI 3.565/MT, relator Ministro Roberto Barroso, julgamento virtual finalizado em 30.6.2023, STF Info 1101)

> **▸ Como esse assunto foi cobrado em concurso?**
>
> No Concurso do CESPE para Procurador da Fazenda Nacional da AGU em 2023, foi considerado ERRADO o seguinte enunciado: "Integram o SFN as cooperativas habitacionais, agrícolas e de crédito".

1. CONSELHO MONETÁRIO NACIONAL (CMN)

O Conselho Monetário Nacional foi instituído pela Lei 4.595/64, com a finalidade de formular a política da moeda e do crédito, objetivando o progresso econômico e social do país. É, portanto, o **órgão superior do Sistema Financeiro Nacional**, sendo o responsável pelo bom funcionamento do Sistema. Suas resoluções vinculam as instituições financeiras já que o CMN goza de **capacidade normativa de conjuntura**.

> **▸ Qual o entendimento do STF sobre o assunto?**
>
> "O Conselho Monetário Nacional é titular de capacidade normativa – a chamada **capacidade normativa de conjuntura** – no exercício da qual lhe incumbe regular, além da constituição e fiscalização, o funcionamento das instituições financeiras, isto é, o desempenho de suas atividades no plano do sistema financeiro. Tudo o quanto exceda esse desempenho não pode ser objeto de regulação por ato normativo produzido pelo Conselho Monetário Nacional. A produção de atos normativos pelo Conselho Monetário Nacional, quando não respeitem ao funcionamento das instituições financeiras, é abusiva, consubstanciando afronta à legalidade" (ADI 2.591/DF, Rel. Min. Carlos Velloso, publ. 29.09.2006).

> **▸ Como esse assunto foi cobrado em concurso?**
>
> No Concurso do IF-PA para Tecnólogo em Gestão Financeira do IF/PA em 2019, foi considerado CERTO o seguinte enunciado: "O Sistema Financeiro Nacional é um conjunto de órgãos que regulamenta, fiscaliza e executa as operações necessárias à circulação da moeda e do crédito na economia, com importante papel de fazer a intermediação de recursos entre os agentes econômicos superavitários e os deficitários. O órgão normativo máximo do Sistema Financeiro Nacional é o Conselho Monetário Nacional".

> **▸ Como esse assunto foi cobrado em concurso?**
>
> No Concurso da CESGRANRIO para Técnico Bancário do Banco da Amazônia em 2018, foi considerado CERTO o seguinte enunciado: "Na configuração atual do Sistema Financeiro Nacional, a instância máxima de decisão é da alçada do Conselho Monetário Nacional".

O Conselho Monetário nacional vincula-se ao Ministério da Fazenda (Decreto nº 11.907/2024) e conta com a seguinte composição:

- Ministro de Estado da Fazenda, que o presidirá;

- Ministro de Estado do Planejamento e Orçamento; e
- Presidente do Banco Central do Brasil.

Junto ao CMN também funciona a **Comissão Técnica da Moeda e do Crédito (Comoc)**, a quem compete, dentre outras atribuições, propor a regulamentação de matérias de competência do CMN, assim como manifestar-se previamente sobre as matérias de competência do órgão. Essa Comissão é coordenada pelo Presidente do BACEN, que a integra junto com quatro diretores da instituição, do Presidente da Comissão de Valores Mobiliários, do Secretário Executivo e dos Secretários do Tesouro Nacional e de Política Econômica do Ministério da Fazenda.

O CMN reúne-se, ordinariamente, uma vez por mês e, extraordinariamente, por convocação de seu Presidente, sendo lavradas atas em todas as reuniões, cujo extrato é publicado no Diário Oficial da União, assim como as matérias aprovadas que são regulamentadas por meio de Resoluções (Abreu; Silva, 2017, p. 17).

Os objetivos do Conselho Monetário Nacional foram previstos no art. 3º da lei 4.595/64:

- Orientar a aplicação dos recursos das instituições financeiras, quer públicas, quer privadas; tendo em vista propiciar, nas diferentes regiões do País, condições favoráveis ao desenvolvimento harmônico da economia nacional;
- Propiciar o aperfeiçoamento das instituições e dos instrumentos financeiros, com vistas à maior eficiência do sistema de pagamentos e de mobilização de recursos;
- Zelar pela liquidez e solvência das instituições financeiras;
- Coordenar as políticas monetária, creditícia, orçamentária, fiscal e da **dívida pública, interna e externa.**

▸ Como esse assunto foi cobrado em concurso?

No Concurso do CESPE para Procurador da Fazenda Nacional da AGU em 2023, foi considerado CERTO o seguinte enunciado: "O Conselho Monetário Nacional (CMN), principal órgão operador do SFN, é composto pelo ministro da fazenda, que o presidirá, pelo ministro do planejamento e orçamento e pelo presidente do Banco Central do Brasil (BACEN)".

▸ Como esse assunto foi cobrado em concurso?

No Concurso da FCC para Escriturário do Banrisul em 2019, foi considerado CERTO o seguinte enunciado: "No âmbito do Sistema Financeiro Nacional, a atribuição da coordenação da Dívida Pública Federal externa e interna é do Conselho Monetário Nacional".

É papel do Conselho Monetário Nacional a coordenação das políticas, cabendo ao Banco Central a sua execução.

As competências do Conselho Monetário Nacional, segundo diretrizes estabelecidas pelo Presidente da República, são (lei 4.595/64, art. 4º):

III. Aprovar os orçamentos monetários, preparados pelo BACEN;

IV. Determinar as características gerais das cédulas e das moedas;

V. Fixar as diretrizes da política cambial;

VI. Disciplinar o crédito em todas as suas modalidades e operações creditícias em todas as suas formas, inclusive aceites, avais e prestações de quaisquer garantias por parte das instituições financeiras;

VII. Coordenar sua política com a de investimentos do Governo Federal;

VIII. Regular a constituição, funcionamento e fiscalização dos que exercem atividades subordinadas à lei 4.595/64, bem como a aplicação das penalidades previstas;

IX. **Limitar**, sempre que necessário, **as taxas de juros**, descontos, comissões e qualquer outra forma de remuneração de operações e serviços bancários ou financeiros, inclusive os prestados pelo Banco Central da República Federativa do Brasil, asseguradas taxas favorecidas a financiamentos com voltados, dentre outros, a políticas de reflorestamento e de incentivo à agropecuária;

X. Determinar a percentagem máxima dos recursos que as instituições financeiras poderão emprestar a um mesmo cliente ou grupo de empresas;

XI. Estipular índices e outras condições técnicas sobre encaixes, mobilizações e outras relações patrimoniais a serem observadas pelas instituições financeiras;

XII. Expedir normas gerais de contabilidade e estatística a serem observadas pelas instituições financeiras;

XIII. Delimitar o capital mínimo das instituições financeiras privadas;

XV. Estabelecer para as instituições financeiras públicas, a dedução dos depósitos de pessoas jurídicas de direito público que lhes detenham o controle acionário, bem como dos das respectivas autarquias e sociedades de economia mista, no cálculo do inciso anterior;

XVIII. Outorgar ao Banco Central da República do Brasil o monopólio das operações de câmbio quando ocorrer grave desequilíbrio no balanço de pagamentos ou houver sérias razões para prever a iminência de tal situação;

XX. Autorizar o Banco Central e as instituições financeiras públicas federais a efetuar a subscrição, compra e venda de ações e outros papéis emitidos ou de responsabilidade das sociedades de economia mista e empresas do Estado;

XXI. Disciplinar as atividades das Bolsas de Valores e dos corretores de fundos públicos;

XXII. Estatuir normas para as operações das instituições financeiras públicas, para preservar sua solidez e adequar seu funcionamento aos objetivos da lei 4.595/64;

XXIII. Fixar, até 15 vezes a soma do capital realizado e reservas livres, o limite além do qual os excedentes dos depósitos das instituições financeiras serão recolhidos ao Banco Central ou aplicados de acordo com as normas que o Conselho estabelecer;

XXIV. Decidir de sua própria organização, elaborando seu regimento interno;

XXVI. Conhecer dos recursos das decisões do Banco Central do Brasil;

XXVII. Aprovar o regimento interno e as contas do Banco Central do Brasil e decidir sobre seu orçamento e sobre seus sistemas de contabilidade, bem como sobre a forma e prazo de transferência de seus resultados para o Tesouro Nacional, sem prejuízo da competência do Tribunal de Contas da União;

> **▸ Como esse assunto foi cobrado em concurso?**
>
> No Concurso da SELECON para Analista Legislativo da Câmara de Cuiabá/MT em 2021, este tema foi cobrado da seguinte forma: "Nos termos da Lei de Responsabilidade Fiscal, o orçamento anual deve constar que o resultado do Banco Central do Brasil, apurado após a constituição ou reversão de reservas, constitui receita do: a) Banco do Brasil; b) Fundo da Amazônia; c) Regime de Previdência; d) Tesouro Nacional". Segundo o gabarito oficial, foi considerada correta a alternativa "d".

XXVIII. Aplicar aos bancos estrangeiros que funcionem no País as mesmas vedações ou restrições equivalentes, que vigorem nas praças de suas matrizes, em relação a bancos brasileiros ali instalados ou que nelas desejem estabelecer-se;

XXIX. Colaborar com o Senado Federal, na instrução dos processos de empréstimos externos dos Estados, do Distrito Federal e dos Municípios, para cumprimento do disposto no art. 63, nº II, da Constituição Federal;

XXX. Expedir normas e regulamentação para as designações e demais efeitos do art. 7º, da lei 4.595/64;

XXXII. Regular os depósitos a prazo de instituições financeiras e demais sociedades autorizadas a funcionar pelo Banco Central do Brasil, inclusive entre aquelas sujeitas ao mesmo controle acionário ou coligadas;

> **▸ Importante**
>
> De acordo com a Lei Complementar nº 130 (Lei do Sistema Nacional de Crédito Cooperativo), com redação que lhe foi conferida pela Lei Complementar nº 196/2022, as competências do Conselho Monetário Nacional (CMN) e do Banco Central do Brasil em relação às instituições financeiras aplicam-se às cooperativas de crédito e às confederações de serviço constituídas por cooperativas centrais de crédito.

▸ Como esse assunto foi cobrado em concurso?

No Concurso do CESPE para Juiz do Tribunal de Justiça do Distrito Federal e dos Territórios em 2016, foi considerado ERRADO o seguinte enunciado: "O **Banco Central do Brasil** tem competência para o estabelecimento, à vista da conjuntura econômica, das taxas máximas de juros a serem praticadas no mercado financeiro".

▸ Como esse assunto foi cobrado em concurso?

No Concurso do CESPE para Juiz Federal da 1ª Região em 2013, foi considerado ERRADO o seguinte enunciado: "Em situações de grave desequilíbrio na política monetária, admite-se que **bancos estatais federais** exerçam a competência de emissão de moeda, se assim deliberar o Conselho Monetário Nacional".

▸ Como esse assunto foi cobrado em concurso?

No Concurso da ESAF para Procurador da Fazenda Nacional em 2012, foi cobrada a seguinte questão: "O Governo Federal pretende instituir linha especial de crédito para os agricultores familiares, enquadrados no Programa de Fortalecimento da Agricultura Familiar (Pronaf), afetados pela seca ou estiagem na área de atuação da Superintendência de Desenvolvimento do Nordeste (Sudene). É competente para disciplinar o crédito rural do País o: a) Conselho Monetário Nacional; b) Ministério da Agricultura; c) Ministério da Fazenda; d) Ministério do Desenvolvimento Agrário; e) Banco Nacional de Desenvolvimento Econômico e Social". Segundo o gabarito oficial, foi considerada CORRETA a alternativa "a".

▸ Como esse assunto foi cobrado em concurso?

No Concurso da ESPP para Técnico Bancário do BANPARÁ em 2012, o tema foi cobrado a seguinte forma: "Dentro do Sistema Financeiro Nacional, existe um subsistema normativo, em que consta um órgão máximo que estabelece diretrizes, mas não executa. Entre suas finalidades está a de estabelecer diretrizes gerais das políticas monetárias, fiscal, cambial e creditícia, regular as condições de constituição, funcionamento e fiscalização das instituições financeiras e disciplinar os instrumentos de política monetária e cambial. A esse órgão máximo dentro do SFN damos o nome de: a) CVM; b) SUSEP; c) CMN; d) BACEN; e) IFs". Segundo o gabarito oficial, foi considerada CORRETA a alternativa "c".

2. CONSELHO NACIONAL DE SEGUROS PRIVADOS (CNSP)

O Conselho Nacional de Seguros Privados (CNSP) foi criado em 1966 pelo Decreto-lei nº 73 que dispõe sobre o Sistema Nacional de Seguros Privados, tendo como competência:

- Fixar as diretrizes e normas da política de seguros privados;
- Regular a constituição, organização, funcionamento e fiscalização dos que exercerem atividades subordinadas a este Decreto-Lei, bem como a aplicação das penalidades previstas;

- Estipular índices e demais condições técnicas sobre tarifas, investimentos e outras relações patrimoniais a serem observadas pelas Sociedades Seguradoras;
- Fixar as características gerais dos contratos de seguros;
- Fixar normas gerais de contabilidade e estatística a serem observadas pelas Sociedades Seguradoras;
- Delimitar o capital das sociedades seguradoras e dos resseguradores;
- Estabelecer as diretrizes gerais das operações de resseguro;
- Disciplinar as operações de cosseguro;
- Prescrever os critérios de constituição das Sociedades Seguradoras, com fixação dos limites legais e técnicos das operações de seguro;
- Decidir sobre sua própria organização, elaborando o respectivo Regimento Interno;
- Regular a organização, a composição e o funcionamento de suas Comissões Consultivas;
- Regular a instalação e o funcionamento das Bolsas de Seguro;
- Fixar as condições de constituição e extinção de entidades autorreguladoras do mercado de corretagem, sua forma jurídica, seus órgãos de administração e a forma de preenchimento de cargos administrativos;
- Regular o exercício do poder disciplinar das entidades autorreguladoras do mercado de corretagem sobre seus membros, inclusive do poder de impor penalidades e de excluir membros;
- Disciplinar a administração das entidades autorreguladoras do mercado de corretagem e a fixação de emolumentos, comissões e quaisquer outras despesas cobradas por tais entidades, quando for o caso.

O CNSP está vinculado ao Ministério da Fazenda (Decreto nº 11.907/2024) e, apesar de não ser subordinado hierarquicamente ao Conselho Monetário Nacional, suas políticas devem estar de acordo com as políticas definidas pelo CMN (Abreu; Silva, 2017, p. 24).

A composição do CNSP encontra-se fixada no art. 33 do Decreto-lei nº 73, de 1966, com redação dada pela lei 10.190, de 2001:

- Ministro de Estado da Fazenda, ou seu representante (Presidente);
- Representante do Ministério da Justiça;
- Representante do Ministério da Previdência e Assistência Social;
- Superintendente da Superintendência de Seguros Privados – SUSEP;
- Representante do Banco Central do Brasil.

3. CONSELHO NACIONAL DE PREVIDÊNCIA COMPLEMENTAR (CNPC)

Criado em 2010 por meio do Decreto nº 7.123, o Conselho Nacional de Previdência Complementar (CNPC) substituiu o Conselho de Gestão da Previdência Complementar (CGPC). Essa substituição, conforme destacam Edgar Abreu e Lucas Silva, não se deu em todas as atividades, haja vista que o CGPC funcionava não somente como um órgão normativo, mas também como um órgão recursal, cabendo a ele a responsabilidade de julgar os recursos interpostos contra decisão da Diretoria Colegiada da Superintendência Nacional de Previdência Complementar (Previc)" (2017, p. 27). Hoje, as funções antes desenvolvidas pelo CGPC foram divididas entre o CNPC (função normativa) e a Câmara de Recursos da Previdência Complementar (função recursal).

O CNPC caracteriza-se como órgão colegiado, integrante da estrutura básica do Ministério da Previdência Social (Decreto nº 11.356/2023). Ao CNPC cabe exercer a função de órgão regulador do regime de previdência complementar operado pelas entidades fechadas de previdência complementar (art. 2º), deliberando através de resoluções ou recomendações (art. 4º). Sua sede é Brasília e exerce jurisdição sobre todo o território nacional (art. 5º).

O CNPC é integrado pelo Ministro de Estado da Previdência Social, que o presidirá, e por um representante de cada um dos seguintes indicados, todos com direito a voto:

- **I.** Superintendência Nacional de Previdência Complementar – Previc;
- **II.** Secretaria de Políticas Públicas de Previdência Complementar do Ministério da Previdência Social;
- **III.** Casa Civil da Presidência da República;
- **IV.** Ministério da Fazenda;
- **V.** Ministério do Planejamento, Orçamento e Gestão;
- **VI.** Entidades fechadas de previdência complementar;
- **VII.** Patrocinadores e instituidores de planos de benefícios das entidades de previdência complementar;
- **VIII.** Participantes e assistidos de planos de benefícios das entidades fechadas de previdência complementar.

4. BANCO CENTRAL DO BRASIL

O Banco Central da República do Brasil, instituído pela Lei 4.595/64, teve sua disciplina alterada com a Lei Complementar nº 179, de 2021 que, além de definir seus objetivos, dispôs sobre sua autonomia e a nomeação e exoneração de seu Presidente; lei esta que teve sua constitucionalidade reconhecida pelo

Supremo Tribunal Federal no julgamento da ADI 6696, ocorrido em 26 de agosto de 2021.

> **Qual o entendimento atual do STF sobre o assunto?**
>
> "É constitucional a Lei Complementar nº 179/2021, que define os objetivos do Banco Central e dispõe sobre sua autonomia e sobre a nomeação e a exoneração de seu presidente e de seus diretores." (ADI 6696/DF, rel. Min. Ricardo Lewandowski, j. 26.8.2021, Info 1027).

Assim, o Banco Central pode ser apontado como uma autarquia de natureza especial, caracterizada pela ausência de vinculação a Ministério, de tutela ou de subordinação hierárquica, pela autonomia técnica, operacional, administrativa e financeira, pela investidura a termo de seus dirigentes e pela estabilidade durante seus mandatos (LC 179, 2021, art. 6º, *caput*).

Como autoridade monetária, atua tanto na emissão de moeda propriamente dita, quanto no controle da capacidade de criação de moeda escritural pelos integrantes do Sistema Financeiro Nacional. Além disso, atua na qualidade de agente financeiro do próprio Estado, bem como na condição de órgão de **supervisão e controle do sistema bancário**, mediante exercício de competências que se projetam para a formulação e execução, no seu âmbito de competência, de vários aspectos da política econômica, atuando direta e indiretamente na formulação e execução das políticas de crédito, cambial, monetária, fiscal, industrial, comercial e agrícola (Miragem, 2013, p. 128).

> **Como esse assunto foi cobrado em concurso?**
>
> No Concurso da FGV para Analista Econômico-Financeiro do Banestes em 2018, foi considerado CERTO o seguinte enunciado: "Um banco central possui funções clássicas dentro de um sistema financeiro. No caso brasileiro, amparado pelo Conselho Monetário Nacional (CMN), o Banco Central do Brasil (BCB) tem como uma de suas atribuições: a execução da política monetária".

Nesse sentido, tem como objetivo fundamental assegurar a estabilidade de preços (LC 179, art. 1º *caput*), além de zelar pela estabilidade e pela eficiência do sistema financeiro, suavizar as flutuações do nível de atividade econômica e fomentar o pleno emprego (LC 179, art. 1º, parágrafo único). Da mesma forma, compete ao Banco Central do Brasil conduzir a política monetária necessária para o cumprimento das metas estabelecidas pelo Conselho Monetário Nacional.

Dentre as atribuições do Banco Central do Brasil, merecem destaque: (http://www.bcb.gov.br/Pre/composicao/bacen.asp):

a) Emitir papel-moeda e moeda metálica;

b) Executar os serviços do meio circulante;

c) Receber recolhimentos compulsórios e voluntários das instituições financeiras e bancárias;

d) Realizar operações de redesconto e empréstimo às instituições financeiras;

e) Regular a execução dos serviços de compensação de cheques e outros papéis;

f) Efetuar operações de compra e venda de títulos públicos federais;

g) Exercer o controle de crédito;

h) **Exercer a fiscalização das instituições financeiras;**

i) Autorizar o funcionamento das instituições financeiras;

j) Estabelecer as condições para o exercício de quaisquer cargos de direção nas instituições financeiras;

k) Vigiar a interferência de outras empresas nos mercados financeiros e de capitais; e

l) **Controlar o fluxo de capitais estrangeiros no país.**

Harrison Leite sintetiza as principais funções constitucionais do Banco Central como sendo: a) emissão de moeda; b) compra e venda de Títulos do Tesouro Nacional (art. 164, §2º); e c) depósitos dos poderes públicos (art. 164, §2º) (Leite, 2022, p. 758-759).

> **Importante**
>
> CR/88, art. 164. A competência da União para emitir moeda será exercida exclusivamente pelo Banco Central.
>
> §1º É vedado ao Banco Central conceder, direta ou indiretamente, empréstimos ao Tesouro Nacional e a qualquer órgão ou entidade que não seja instituição financeira.
>
> §2º O Banco Central poderá comprar e vender títulos de emissão do Tesouro Nacional, com o objetivo de regular a oferta de moeda ou a taxa de juros.
>
> §3º As disponibilidades de caixa da União serão depositadas no Banco Central; as dos Estados, do Distrito Federal, dos Municípios e dos órgãos ou entidades do Poder Público e das empresas por ele controladas, em instituições financeiras oficiais, ressalvados os casos previstos em lei.

> **Importante**
>
> De acordo com a Lei Complementar nº 130 (Lei do Sistema Nacional de Crédito Cooperativo), com redação que lhe foi conferida pela Lei Complementar nº 196/2022, as **competências do Conselho Monetário Nacional (CMN) e do Banco Central do Brasil em relação às instituições financeiras aplicam-se às cooperativas de crédito e às confederações de serviço constituídas por cooperativas centrais de crédito.**

▸ **Qual o entendimento atual do STJ sobre o assunto?**

"A agência de turismo credenciada para efetuar operações de câmbio é equiparada a instituição financeira e subordina-se à regular intervenção fiscalizatória do Bacen". (STJ, REsp 1.434.625/CE, Rel. Min. Sérgio Kukina, 1ª Turma, j. 09.04.2019, Info 647).

▸ **Como esse assunto foi cobrado em concurso?**

No Concurso do CESPE para Procurador da Fazenda Nacional da AGU em 2023, foi considerado CERTO o seguinte enunciado: "Para que o acordo administrativo em processo de supervisão seja celebrado, é necessário, entre outros requisitos, que o BACEN não disponha de provas suficientes para assegurar a condenação administrativa das pessoas físicas ou jurídicas por ocasião da propositura do acordo".

▸ **Como esse assunto foi cobrado em concurso?**

No Concurso do CESPE para Procurador da Fazenda Nacional da AGU em 2023, foi considerado ERRADO o seguinte enunciado: "A apresentação de proposta de termo de compromisso por instituição financeira investigada pelo BACEN suspende o andamento do respectivo processo administrativo".

▸ **Como esse assunto foi cobrado em concurso?**

No Concurso do CESPE para Procurador da Fazenda Nacional da AGU em 2023, foi considerado ERRADO o seguinte enunciado: "O termo de compromisso importará confissão quanto à matéria de fato e reconhecimento da ilicitude da conduta analisada, constituindo título executivo extrajudicial".

▸ **Como esse assunto foi cobrado em concurso?**

No Concurso do CESPE para Procurador da Fazenda Nacional da AGU em 2023, foi considerado ERRADO o seguinte enunciado: "Na hipótese de descumprimento do acordo administrativo em processo de supervisão, o BACEN deverá adotar as medidas judiciais necessárias para a execução das obrigações assumidas, sendo vedado o prosseguimento do processo administrativo".

▸ **Como esse assunto foi cobrado em concurso?**

No Concurso do CESPE para Procurador da Fazenda Nacional da AGU em 2023, foi considerado ERRADO o seguinte enunciado: "O acordo administrativo em processo de supervisão celebrado pelo BACEN vincula a atuação do Ministério Público e dos demais órgãos públicos".

▸ **Como esse assunto foi cobrado em concurso?**

No Concurso da Cespe para Procurador do MP do TCE/RJ em 2023, foi considerado ERRADO o seguinte enunciado: "A competência da União para emitir moeda é exercida com exclusividade pelo Tesouro Nacional".

▸ **Como esse assunto foi cobrado em concurso?**

No Concurso do TRF da 4ª Região para Juiz Federal em 2022, foi considerado CERTO o seguinte enunciado: "É vedado ao Banco Central conceder, direta ou indiretamente, empréstimos ao Tesouro Nacional e a qualquer órgão ou entidade que não seja instituição financeira".

▸ **Como esse assunto foi cobrado em concurso?**

No Concurso da UFPR para Analista Legislativo da Câmara de Curitiba/PR em 2020, foi considerado CERTO o seguinte enunciado: "A competência da União para emitir moeda será exercida exclusivamente pelo Banco Central".

Na mesma questão também foi considerado CERTO o seguinte enunciado: "É vedado ao Banco Central conceder, direta ou indiretamente, empréstimos ao Tesouro Nacional e a qualquer órgão ou entidade que não seja instituição financeira".

▸ **Como esse assunto foi cobrado em concurso?**

No Concurso da UFPR para Analista Legislativo da Câmara de Curitiba/PR em 2020, foi considerado CERTO o seguinte enunciado: "O Banco Central poderá comprar e vender títulos de emissão do Tesouro Nacional, com o objetivo de regular a oferta de moeda ou a taxa de juros". Na mesma questão também foi considerado CERTO o seguinte enunciado: "As disponibilidades de caixa da União serão depositadas no Banco Central; as dos Estados, do Distrito Federal, dos Municípios e dos órgãos ou entidades do Poder Público e das empresas por ele controladas, em instituições financeiras oficiais, ressalvados os casos previstos em lei".

Segundo o art. 52, III, "d", da CRFB, compete privativamente ao **Senado Federal** aprovar, previamente, por voto secreto, após arguição pública, a **escolha**, dentre outros, do presidente e dos diretores do Banco Central. Já a **nomeação** destes é de competência privativa do **Presidente da República**, conforme art. 84, XIV, da CRFB. Esse procedimento para a nomeação do Presidente do Banco Central poderia comprometer "a sua independência, aliado ao fato de se submeter a normas aprovadas pelo Congresso Nacional, muitas vezes, sem o preparo evidente que o trato das questões monetárias demanda" (Leite, 2022, p. 758).

Esse foi um dos fatores determinantes para a aprovação da Lei Complementar nº 179/2021, conferido autonomia ao Banco Central. Segundo mencionada lei, a **diretoria colegiada do Banco Central terá nove membros**, sendo um deles o seu Presidente, todos nomeados pelo Presidente da República entre brasileiros idôneos, de reputação ilibada e de notória capacidade em assuntos econômico-financeiros ou com comprovados conhecimentos que os qualifiquem para a função (art. 3º).

Restou fixado que o mandato tanto do Presidente do Banco Central do Brasil quanto dos demais membros da Diretoria Colegiada terá duração de 4 (quatro) anos, admitindo-se uma única recondução. No caso do Presidente, o mandato terá início no dia 1º de janeiro do terceiro ano de mandato do Presidente da República (art. 4º, §1º). Já quanto aos demais, a lei estabeleceu o início do mandato de dois diretores a cada ano de mandato presidencial, de forma que anualmente seja renovado um quarto da Diretoria (LC 179/2021, art. 4º, §2º).

A LC 179/2021 também estabeleceu as hipóteses de exoneração, pelo Presidente da República, dos Diretores e do Presidente do Banco Central, quais sejam (Art. 5º):

I. a pedido;

II. no caso de acometimento de enfermidade que incapacite o titular para o exercício do cargo;

III. quando sofrerem condenação, mediante decisão transitada em julgado ou proferida por órgão colegiado, pela prática de ato de improbidade administrativa ou de crime cuja pena acarrete, ainda que temporariamente, a proibição de acesso a cargos públicos;

IV. quando apresentarem comprovado e recorrente desempenho insuficiente para o alcance dos objetivos do Banco Central do Brasil → neste caso compete ao Conselho Monetária Nacional submeter ao Presidente da República a proposta de exoneração, cujo aperfeiçoamento ficará condicionado à prévia aprovação, por maioria absoluta, do Senado Federal.

De maneira assemelhada ao que acontece com diretores de agências reguladoras, a LC 179/2021 fixou uma **"quarentena"** aos Presidente e aos Diretores do Banco Central que não poderão participar do controle societário ou exercer qualquer atividade profissional direta ou indiretamente, com ou sem vínculo empregatício, junto a instituições do Sistema Financeiro Nacional, após o exercício do mandato, exoneração a pedido ou demissão justificada, por um período de **seis meses**, período no qual será assegurado à ex-autoridade o recebimento da remuneração compensatória a ser paga pelo Banco Central do Brasil (art. 10, III e parágrafo único).

▸ Importante

LRF, art. 5º, §5º. Integrarão as despesas da União, e serão incluídas na lei orçamentária, as do Banco Central do Brasil relativas a pessoal e encargos sociais, custeio administrativo, inclusive os destinados a benefícios e assistência aos servidores, e a investimentos.

▸ Como esse assunto foi cobrado em concurso?

No Concurso do CESPE para Procurador da Fazenda Nacional da AGU em 2023, foi considerado ERRADO o seguinte enunciado: "O BACEN, autarquia federal vinculada ao Ministério da Fazenda e integrante do SFN, tem o objetivo fundamental de assegurar a estabilidade de preços, além de zelar pela estabilidade e pela eficiência do SFN, suavizar as flutuações do nível de atividade econômica e fomentar o pleno emprego".

▸ Como esse assunto foi cobrado em concurso?

No Concurso do CESPE para Procurador Federal da AGU em 2023, este tema foi cobrado da seguinte forma: "Acerca da intervenção extrajudicial do Banco Central do Brasil (BACEN) nas instituições financeiras, assinale a opção correta: a) A solicitação de intervenção realizada por administradores da instituição, caso prevista estatutariamente, não sujeitará o solicitante à responsabilização civil e criminal por indicação falsa. b) A intervenção cessará em caso de decretação da liquidação extrajudicial da entidade. c) O período da intervenção não excederá a doze meses, sendo ele prorrogável, por decisão do BACEN, uma única vez, por mais doze meses. d) O interventor, nomeado pelo BACEN, detém plenos poderes de gestão, inclusive no que se refere à admissão e demissão de pessoal, independentemente de expressa autorização para tal. e) A intervenção não altera a fluência dos prazos das obrigações vincendas anteriormente contraídas". Segundo o gabarito oficial foi considerada CORRETA a alternativa "b".

▸ Qual o entendimento atual do STF sobre o assunto?

"É constitucional a autorização conferida ao Banco Central do Brasil (BCB), por lei federal, para adquirir papel-moeda e moeda metálica fabricados fora do País por fornecedor estrangeiro, com o objetivo de abastecer o meio circulante nacional". (ADI 6.936/DF, rel. Min. Dias Toffoli, j. 08.04.2024. STF, Info 1131).

4.1. O Banco Central na Lei de Responsabilidade Fiscal

▸ Atenção!

A Lei Complementar nº 200/2023 (Novo Arcabouço Fiscal), em seu art. 2º, §4º, fixou o Banco Central do Brasil como o ente competente pela apuração do resultado primário e da relação entre a Dívida Bruta do Governo Geral (DBGG) e o Produto Interno Bruto (PIB).

Em diferentes passagens, a Lei de Responsabilidade Fiscal (LC 101/2000) cuida de temas relacionados ao Banco Central. Inicialmente merece atenção o seu art. 7º:

> LRF, art. 7º O resultado do Banco Central do Brasil, apurado após a constituição ou reversão de reservas, constitui receita do Tesouro Nacional, e será transferido até o décimo dia útil subsequente à aprovação dos balanços semestrais.

> §1º O resultado negativo constituirá obrigação do Tesouro para com o Banco Central do Brasil e será consignado em dotação específica no orçamento.
>
> §2º O impacto e o custo fiscal das operações realizadas pelo Banco Central do Brasil serão demonstrados trimestralmente, nos termos em que dispuser a lei de diretrizes orçamentárias da União.
>
> §3º Os balanços trimestrais do Banco Central do Brasil conterão notas explicativas sobre os custos da remuneração das disponibilidades do Tesouro Nacional e da manutenção das reservas cambiais e a rentabilidade de sua carteira de títulos, destacando os de emissão da União.

Ademais, merece ser destacado o art. 34 da LRF, a partir do qual o Banco Central do Brasil ficou proibido de emitir títulos da dívida pública, ficando o Tesouro Nacional como único órgão autorizado a tais emissões para atender a política fiscal. O BACEN, por sua vez, "utiliza os títulos do Tesouro Nacional para realizar política monetária por meio de operações de compra e venda no mercado secundário" (Abreu; Silva, 2017, p. 38).

Edgar Abreu e Lucas Silva seguem explicando que "a atuação do BCB no mercado primário de títulos públicos se dá somente quando a emissão dos títulos tiver como objetivo o refinanciamento da dívida pública. Nesse caso, a compra de títulos se caracteriza como um alongamento do prazo das dívidas e não como um financiamento ao tesouro". [...] "Já no mercado secundário, no qual o BCB atua livremente, a negociação é de um título já existente e anteriormente adquirido por um investidor, ou seja, o valor da venda irá para esse investidor e não para o governo" (Abreu; Silva, 2017, p. 38).

▸ **Importante**

LRF, art. 34. O Banco Central do Brasil não emitirá títulos da dívida pública a partir de dois anos após a publicação desta Lei Complementar.

▸ **Importante**

Emenda Constitucional nº 106/2020 – Regime extraordinário fiscal, financeiro e de contratações para enfrentamento de calamidade pública nacional decorrente de pandemia.

Art. 7º O Banco Central do Brasil, limitado ao enfrentamento da calamidade pública nacional de que trata o art. 1º desta Emenda Constitucional, e com vigência e efeitos restritos ao período de sua duração, fica autorizado a comprar e a vender:

I – títulos de emissão do Tesouro Nacional, nos mercados secundários local e internacional; e

II – os ativos, em mercados secundários nacionais no âmbito de mercados financeiros, de capitais e de pagamentos, desde que, no momento da compra, tenham classificação em categoria de risco de crédito no mercado local equivalente a BB- ou superior, conferida por pelo menos 1 (uma) das 3 (três) maiores agências internacionais de classificação de risco, e preço de referência publicado por entidade do mercado financeiro acreditada pelo Banco Central do Brasil.

§ 1º Respeitadas as condições previstas no inciso II do caput deste artigo, será dada preferência à aquisição de títulos emitidos por microempresas e por pequenas e médias empresas.

§ 2º O Banco Central do Brasil fará publicar diariamente as operações realizadas, de forma individualizada, com todas as respectivas informações, inclusive as condições financeiras e econômicas das operações, como taxas de juros pactuadas, valores envolvidos e prazos.

§ 3º O Presidente do Banco Central do Brasil prestará contas ao Congresso Nacional, a cada 30 (trinta) dias, do conjunto das operações previstas neste artigo, sem prejuízo do previsto no § 2º deste artigo.

§ 4º A alienação de ativos adquiridos pelo Banco Central do Brasil, na forma deste artigo, poderá dar-se em data posterior à vigência do estado de calamidade pública nacional de que trata o art. 1º desta Emenda Constitucional, se assim justificar o interesse público.

▸ **Qual o entendimento atual do TCU sobre o assunto?**

"É irregular a emissão direta de títulos da dívida pública em favor das instituições financeiras federais, ressalvadas as destinadas ao Banco Central do Brasil e as demais situações expressamente previstas em lei". Acórdão 56/2021 Plenário (Representação, Relator Ministro Aroldo Cedraz) (TCU, Boletim de Jurisprudência 341)

▸ **Como esse assunto foi cobrado em concurso?**

No Concurso da Vunesp para Auditor de Controle Externo do TCM/SP em 2023, foi considerado ERRADO o seguinte enunciado: "Para efeito da lei orçamentária anual o resultado do Banco Central do Brasil, apurado após a constituição ou reversão de reservas, constitui receita do Tesouro Nacional, e será transferido até o décimo quinto dia útil subsequente à aprovação dos balanços trimestrais".

▸ **Como esse assunto foi cobrado em concurso?**

No Concurso do CESPE para Juiz Federal da 1ª Região em 2013, foi considerado ERRADO o seguinte enunciado: "Em respeito à autonomia da autoridade monetária, é vedado ao Banco Central do Brasil comprar e vender títulos de emissão do Tesouro Nacional, **mesmo que essa operação objetive regular a oferta de moeda na economia"**.

Já o art. 39 da Lei de Responsabilidade Fiscal, complementando as disposições constitucionais (art. 164, §1º), trouxe mais algumas vedações aplicáveis ao Banco Central do Brasil em suas relações com ente da Federação.

Busca-se, dessa forma, "assegurar o controle e respeito às normas da LRF que impõem limitações e condições ao endividamento público para que se possa garantir uma gestão fiscal responsável", evitando-se "que o BACEN financie os gastos públicos pela realização de operações que, de maneira indireta, burlem as vedações e, por consequência, os objetivos da lei no que refere ao controle do endividamento público" (Abraham, 2017, p. 227).

> **Importante**
>
> LRF, art. 39. Nas suas relações com ente da Federação, o Banco Central do Brasil está sujeito às vedações constantes do art. 35 e mais às seguintes:
>
> I - compra de título da dívida, na data de sua colocação no mercado, ressalvado o disposto no §2º deste artigo;
>
> II - permuta, ainda que temporária, por intermédio de instituição financeira ou não, de título da dívida de ente da Federação por título da dívida pública federal, bem como a operação de compra e venda, a termo, daquele título, cujo efeito final seja semelhante à permuta;
>
> III - concessão de garantia.
>
> §1º O disposto no inciso II, *in fine*, não se aplica ao estoque de Letras do Banco Central do Brasil, Série Especial, existente na carteira das instituições financeiras, que pode ser refinanciado mediante novas operações de venda a termo.
>
> §2º O Banco Central do Brasil só poderá comprar diretamente títulos emitidos pela União para refinanciar a dívida mobiliária federal que estiver vencendo na sua carteira.
>
> §3º A operação mencionada no §2º deverá ser realizada à taxa média e condições alcançadas no dia, em leilão público.
>
> §4º É vedado ao Tesouro Nacional adquirir títulos da dívida pública federal existentes na carteira do Banco Central do Brasil, ainda que com cláusula de reversão, salvo para reduzir a dívida mobiliária.

> **Como esse assunto foi cobrado em concurso?**
>
> No Concurso do TRF2 para Juiz Federal substituto em 2017, foi considerado CERTO o seguinte enunciado: "O Banco Central do Brasil está impedido de comprar diretamente títulos emitidos pela União, **salvo para refinanciar a dívida mobiliária federal que estiver vencendo na sua carteira**".

> **Como esse assunto foi cobrado em concurso?**
>
> No Concurso do TRF2 para Juiz Federal substituto em 2017, foi considerado ERRADO o seguinte enunciado: "É **absolutamente vedado** ao Tesouro Nacional adquirir títulos da dívida pública federal existentes na carteira do Banco Central do Brasil".

5. COMITÊ DE POLÍTICA MONETÁRIA (COPOM)

O Comitê de Política Monetária (COPOM) foi criado em 20 de junho de 1996, constituído no âmbito do Banco Central do Brasil, tem como objetivos implementar a política monetária, **definir a taxa básica de juros da economia (Taxa Selic)** e seu eventual viés e analisar o Relatório de Inflação. Seu funcionamento dá-se conforma o Regulamento anexo à Circular n. 3.593/12 do Banco Central, seguindo um modelo adotado por várias autoridades monetárias de todo o mundo, o que facilita o processo decisório, a transparência e a comunicação com o público. É composto pelo Presidente do Banco Central e seus diretores (nove membros) e reúne-se oito vezes por ano (a cada 45 dias).

Sua atuação durante muito tempo foi pautada pelo Decreto 3.088/99, substituído pelo Decreto nº 12.079, de 2024 que estabelece, a partir de 1º de janeiro de 2025, a nova sistemática de **"metas para a inflação"** como diretriz para fixação do regime de política monetária. "Formalmente, os objetivos do Copom são 'implementar a política monetária, definir a meta da Taxa Selic e seu eventual viés, e analisar o Relatório de Inflação'. A taxa de juros fixada na reunião do Copom é a meta para a Taxa Selic (taxa média dos financiamentos diários, com lastro em títulos federais, apurados no Sistema Especial de Liquidação e Custódia), a qual vigora por todo o período entre reuniões ordinárias do Comitê. Se for o caso, o Copom também pode definir o viés, que é a prerrogativa dada ao presidente do Banco Central para alterar, na direção do viés, a meta para a Taxa Selic a qualquer momento entre as reuniões ordinárias" (Disponível em: http://www.bcb.gov.br/htms/copom/a-hist.asp). O Copom, com direito a voto, sendo presidido pelo Presidente do Banco Central, que tem o voto de qualidade, e alguns chefes de departamento do Banco Central, sem direito a voto (Figueiredo, 2016, p. 395-396).

> ▸ **Como esse assunto foi cobrado em concurso?**
> No Concurso do CESPE para Procurador da Fazenda Nacional da AGU em 2023, foi considerado ERRADO o seguinte enunciado: "O Comitê de Política Monetária (COPOM), órgão federal integrante do SFN, tem a finalidade de formular a política nacional sobre moeda, crédito e dívida pública, definindo, inclusive, a meta da taxa referencial do Sistema Especial de Liquidação e de Custódia (SELIC)".

> ▸ **Como esse assunto foi cobrado em concurso?**
> No Concurso da FGV para Analista de Planejamento e Orçamento da SMF/RJ em 2023, foi considerado CERTO o seguinte enunciado: "A condução eficaz da economia pública desempenha um papel fundamental no funcionamento da sociedade, sendo responsabilidade dos governos utilizar instrumentos adequados para garantir o equilíbrio na oferta de bens e serviços, o controle dos gastos, o funcionamento adequado do sistema financeiro e o crescimento sustentável, entre outros aspectos essenciais. As ações que decorrem das políticas fiscal, regulatória e monetária podem ser utilizadas de forma conjunta. Porém, uma ação específica da política monetária refere-se à definição da taxa Selic, que influencia as taxas de juros praticadas pelos bancos, afetando o custo do crédito para empresas e consumidores".

6. COMISSÃO DE VALORES MOBILIÁRIOS (CVM)

Criada pela lei 6.385/76, a Comissão de Valores Mobiliários (CVM) é uma **entidade autárquica em regime especial, vinculada ao Ministério da Fazenda, com personalidade jurídica e patrimônio próprios**, dotada de **autoridade**

administrativa independente, ausência de subordinação hierárquica, mandato fixo e estabilidade de seus dirigentes e autonomia financeira e orçamentária.

A CVM é administrada por um Presidente e quatro Diretores, nomeados pelo Presidente da República, depois de aprovados pelo Senado Federal, dentre pessoas de ilibada reputação e reconhecida competência na matéria de mercado de capitais. O mandato dos dirigentes será de cinco anos, vedada a recondução, devendo ser renovado a cada ano um quinto dos membros do Colegiado (lei nº 6.385/76, art. 6º, *caput* e §1º).

Tais dirigentes somente perderão o mandato em virtude de renúncia, condenação judicial transitada em julgado ou processo administrativo disciplinar. Por outro lado, a própria lei nº 6.385/76, com a redação que lhe foi conferida pela lei nº 10.411, de 2002, estabeleceu que, sem prejuízo de consequências na esfera penal ou da improbidade administrativa, será causa de perda de mandato a inobservância, pelo Presidente ou Diretor, dos deveres e das proibições inerentes ao cargo (Lei nº 6.385/76, art. 6º, §§ 1º e 2º).

Segundo a sua lei de regência, compete à Comissão de Valores Mobiliários:

I. regulamentar, com observância da política definida pelo Conselho Monetário Nacional, as matérias expressamente previstas nesta Lei e na lei de sociedades por ações;

II. administrar os registros instituídos por esta Lei;

III. fiscalizar permanentemente as atividades e os serviços do mercado de valores mobiliários, de que trata o Art. 1º, bem como a veiculação de informações relativas ao mercado, às pessoas que dele participem, e aos valores nele negociados;

IV. propor ao Conselho Monetário Nacional a eventual fixação de limites máximos de preço, comissões, emolumentos e quaisquer outras vantagens cobradas pelos intermediários do mercado;

V. fiscalizar e inspecionar as companhias abertas dada prioridade às que não apresentem lucro em balanço ou às que deixem de pagar o dividendo mínimo obrigatório.

Mesmo sem haver subordinação hierárquica, as decisões tomadas pela CVM devem obedecer às diretrizes traçadas pelo Conselho Monetário Nacional (CMN), conforme disposição do art. 3º, da lei 6.385/76.

> ▸ **Importante**
>
> Apesar de atuar na regulação e na fiscalização de mercados, a Comissão de Valores Mobiliários **não é considerada uma agência reguladora.**

▸ **Como esse assunto foi cobrado em concurso?**

No Concurso da FGV para Técnico em Segurança do Trabalho do Banestes em 2018, foi considerado CERTO o seguinte enunciado: "O Sistema Financeiro Nacional (SFN) possui órgãos normativos, supervisores e executores, com papéis bem definidos. A supervisão do mercado de capitais é responsabilidade da Comissão de Valores Mobiliários (CVM)".

▸ **Como esse assunto foi cobrado em concurso?**

No Concurso da FGV para Analista Econômico-Financeiro do Banestes em 2018, foi considerado CERTO o seguinte enunciado: "Dentro do Sistema Financeiro Nacional (SFN), cada entidade é responsável por funções específicas. Nesse sentido, a Comissão de Valores Mobiliários (CVM) tem por principal atribuição zelar pelo funcionamento eficiente e integridade do mercado de capitais".

▸ **Como esse assunto foi cobrado em concurso?**

No Concurso da FCC para Administrador do Metrô/SP em 2014, foi considerado CERTO o enunciado que reconhecia a CVM como entidade: "Autárquica federal, em regime especial, sendo que o seu presidente é nomeado pelo Presidente da República, vinculada ao Ministério da Fazenda, que disciplina, fiscaliza e desenvolve o mercado de capitais, com isso negocia títulos mobiliários emitidos pelas empresas para captar, junto ao público, recursos destinados ao financiamento de suas atividades".

▸ **Como esse assunto foi cobrado em concurso?**

No Concurso da FCC para Administrador do Metrô/SP em 2014, foi considerado ERRADO o enunciado que reconhecia a CVM como entidade: "Privada, que oferece auxílio terceirizado ao Ministério da Fazenda, em regime especial, disciplinando, fiscalizando, autuando e até multando empresas que, ao negociar títulos emitidos pelas mesmas, o façam com ilicitudes. Sua função principal, entretanto, é de distribuir aos seus sócios ações, debêntures e outros papéis do capital financeiro".

▸ **Como esse assunto foi cobrado em concurso?**

No Concurso do CESPE para Procurador da Fazenda Nacional da AGU em 2023, foi considerado ERRADO o seguinte enunciado: "A Comissão de Valores Mobiliários (CVM), autarquia federal vinculada ao Ministério da Fazenda e integrante do SFN, tem competência para normalizar e fiscalizar as sociedades por ações de capital aberto e fechado, disciplinando e desenvolvendo o mercado de valores mobiliários no Brasil".

7. SUPERINTENDÊNCIA DE SEGUROS PRIVADOS (SUSEP)

A Superintendência de Seguros Privados – SUSEP, foi criada pelo Decreto-Lei nº 73, de 1966, caracterizando-se como entidade autárquica, dotada de personalidade jurídica de Direito Público, com autonomia administrativa e financeira (art. 35).

Compete à SUSEP, na qualidade de executora da política traçada pelo Conselho Nacional de Seguros Privados (CNSP), como órgão fiscalizador da constituição, organização, funcionamento e operações das Sociedades Seguradoras:

a) processar os pedidos de autorização, para constituição, organização, funcionamento, fusão, encampação, grupamento, transferência de controle acionário e reforma dos Estatutos das Sociedades Seguradoras, opinar sobre os mesmos e encaminhá-los ao CNSP;

b) baixar instruções e expedir circulares relativas à regulamentação das operações de seguro, de acordo com as diretrizes do CNSP;

c) fixar condições de apólices, planos de operações e tarifas a serem utilizadas obrigatoriamente pelo mercado segurador nacional;

d) aprovar os limites de operações das Sociedades Seguradoras, de conformidade com o critério fixado pelo CNSP;

e) examinar e aprovar as condições de coberturas especiais, bem como fixar as taxas aplicáveis;

f) autorizar a movimentação e liberação dos bens e valores obrigatoriamente inscritos em garantia das reservas técnicas e do capital vinculado;

g) fiscalizar a execução das normas gerais de contabilidade e estatística fixadas pelo CNSP para as Sociedades Seguradoras;

h) fiscalizar as operações das Sociedades Seguradoras, inclusive o exato cumprimento do Decreto-lei 73, de 1966, de outras leis pertinentes, disposições regulamentares em geral, resoluções do CNSP e aplicar as penalidades cabíveis;

i) proceder à liquidação das Sociedades Seguradoras que tiverem cassada a autorização para funcionar no País;

j) organizar seus serviços, elaborar e executar seu orçamento;

k) fiscalizar as operações das entidades autorreguladoras do mercado de corretagem, inclusive o exato cumprimento do Decreto-lei 73, de 1966, de outras leis pertinentes, de disposições regulamentares em geral e de resoluções do Conselho Nacional de Seguros Privados (CNSP), e aplicas as penalidades cabíveis;

l) celebrar convênios para a execução dos serviços de sua competência em qualquer parte do território nacional, observadas as normas da legislação em vigor.

Com o Decreto nº 11.401/2023, a Susep passou a ser vinculada ao Ministério da Fazenda.

> **Qual o entendimento atual do STJ sobre o assunto?**
>
> "Em decorrência da aplicação do princípio da especialidade, os valores pagos aos liquidantes não devem ser descontados da comissão devida à Superintendência de Seguros Privados (SUSEP), responsável pela atividade concreta de condução do processo de liquidação extrajudicial. (REsp 2.028.232-RJ, Rel. Min. Antonio Carlos Ferreira, Quarta Turma, j. 11/10/2022, Info 755)

> **Como esse assunto foi cobrado em concurso?**
>
> No Concurso do CESPE para Procurador da Fazenda Nacional da AGU em 2023, foi considerado CERTO o seguinte enunciado: "A Superintendência de Seguros Privados (SUSEP), autarquia federal integrante do SFN, tem competência para executar a política traçada pelo Conselho Nacional de Seguros Privados (CNSP), sendo responsável pelo controle e pela fiscalização dos mercados de seguro, previdência privada aberta, capitalização e resseguro".

8. SUPERINTENDÊNCIA NACIONAL DE PREVIDÊNCIA COMPLEMENTAR (PREVIC)

A Superintendência Nacional de Previdência Complementar (PREVIC) é uma autarquia de natureza especial, criada pela lei 12.154, de 2009, dotada de autonomia administrativa e financeira e patrimônio próprio, vinculada ao Ministério da Previdência Social (Decreto nº 11.401/2023), com sede e foro no Distrito Federal e atuação em todo o território nacional.

A PREVIC atuará como entidade de fiscalização e de supervisão das atividades das entidades fechadas de previdência complementar e de execução das políticas para o regime de previdência complementar operado pelas entidades fechadas de previdência complementar, observadas as disposições constitucionais e legais aplicáveis.

A PREVIC é administrada por uma Diretoria Colegiada, composta por um Diretor-Superintendente e quatro Diretores, escolhidos entre pessoas de ilibada reputação e de notória competência, indicados pelo Ministro de Estado da Previdência Social e nomeados pelo Presidente da República (art. 4º da Lei nº 12.154/09).

Suas competências foram previstas no art. 2º da lei 12.154/09:

I. proceder à fiscalização das atividades das entidades fechadas de previdência complementar e de suas operações;

II. apurar e julgar infrações e aplicar as penalidades cabíveis;

III. expedir instruções e estabelecer procedimentos para a aplicação das normas relativas à sua área de competência, de acordo com as diretrizes do

Conselho Nacional de Previdência Complementar, a que se refere o inciso XVIII do art. 29 da Lei nº 10.683, de 28 de maio de 2003;

IV. autorizar:

a) a constituição e o funcionamento das entidades fechadas de previdência complementar, bem como a aplicação dos respectivos estatutos e regulamentos de planos de benefícios;

b) as operações de fusão, de cisão, de incorporação ou de qualquer outra forma de reorganização societária, relativas às entidades fechadas de previdência complementar;

c) a celebração de convênios e termos de adesão por patrocinadores e instituidores, bem como as retiradas de patrocinadores e instituidores; e

d) as transferências de patrocínio, grupos de participantes e assistidos, planos de benefícios e reservas entre entidades fechadas de previdência complementar;

V. harmonizar as atividades das entidades fechadas de previdência complementar com as normas e políticas estabelecidas para o segmento;

VI. decretar intervenção e liquidação extrajudicial das entidades fechadas de previdência complementar, bem como nomear interventor ou liquidante, nos termos da lei;

VII. nomear administrador especial de plano de benefícios específico, podendo atribuir-lhe poderes de intervenção e liquidação extrajudicial, na forma da lei;

VIII. promover a mediação e a conciliação entre entidades fechadas de previdência complementar e entre estas e seus participantes, assistidos, patrocinadores ou instituidores, bem como dirimir os litígios que lhe forem submetidos na forma da Lei nº 9.307, de 23 de setembro de 1996;

IX. enviar relatório anual de suas atividades ao Ministério da Previdência Social e, por seu intermédio, ao Presidente da República e ao Congresso Nacional; e

X. adotar as demais providências necessárias ao cumprimento de seus objetivos.

> **▸ Como esse assunto foi cobrado em concurso?**
>
> No Concurso do Instituto AOCP para Analista de Seguridade da FUNPRESP-JUD em 2021, foi considerado ERRADO o seguinte enunciado: "A PREVIC atua como órgão de fiscalização e supervisão das atividades das entidades abertas e fechadas de previdência complementar, observadas as disposições constitucionais e legais aplicáveis".

▸ **Como esse assunto foi cobrado em concurso?**

No Concurso do Instituto AOCP para Analista de Seguridade da FUNPRESP-JUD em 2021, foi considerado CERTO o seguinte enunciado: "A administração da PREVIC é feita por Diretoria Colegiada composta por 1 (um) Diretor-Superintendente e 4 (quatro) Diretores, escolhidos dentre pessoas de ilibada reputação e de notória competência, a serem indicados pelo Ministro de Estado da Previdência Social e nomeados pelo Presidente da República".

▸ **Como esse assunto foi cobrado em concurso?**

No Concurso do Instituto AOCP para Analista de Seguridade da FUNPRESP-JUD em 2021, foi considerado ERRADO o seguinte enunciado: "A PREVIC tem uma estrutura básica composta por: Diretoria, Conselho Fiscal, Procuradoria Federal, Coordenações Gerais e Corregedoria".

9. BANCO DO BRASIL S/A

O Banco do Brasil, foi o primeiro banco a operar no Brasil. Cuida-se de uma **sociedade de economia mista, vinculada ao Ministério da Fazenda (Decreto nº 11.401/2023)** que, não obstante desempenhar importante papel no sistema bancário mediante realização de operações bancárias em geral e prestação de serviços ao público, tem competências especificamente delineadas pela Lei 4.595/64.

Assim, ao Banco do Brasil competirá, precipuamente, sob a supervisão do Conselho Monetário Nacional e como instrumento de execução da política creditícia e financeira do Governo Federal (art. 19, lei 4.595/64):

I. na qualidade de Agente, Financeiro do Tesouro Nacional, sem prejuízo de outras funções que lhe venham a ser atribuídas e ressalvado o disposto no art. 8º, da Lei nº 1628, de 20 de junho de 1952:

a) receber, a crédito do Tesouro Nacional, as importâncias provenientes da arrecadação de tributos ou rendas federais e ainda o produto das operações de que trata o art. 49, desta lei;

b) realizar os pagamentos e suprimentos necessários à execução do Orçamento Geral da União e leis complementares, de acordo com as autorizações que lhe forem transmitidas pelo Ministério da Fazenda, as quais não poderão exceder o montante global dos recursos a que se refere a letra anterior, vedada a concessão, pelo Banco, de créditos de qualquer natureza ao Tesouro Nacional;

c) conceder aval, fiança e outras garantias, consoante expressa autorização legal;

d) adquirir e financiar estoques de produção exportável;

e) executar a política de preços mínimos dos produtos agropastoris;

f) ser agente pagador e recebedor fora do País;

g) executar o serviço da dívida pública consolidada;

II. como principal executor dos serviços bancários de interesse do Governo Federal, inclusive suas autarquias, receber em depósito, com exclusividade, as disponibilidades de quaisquer entidades federais, compreendendo as repartições de todos os ministérios civis e militares, instituições de previdência e outras autarquias, comissões, departamentos, entidades em regime especial de administração e quaisquer pessoas físicas ou jurídicas responsáveis por adiantamentos, ressalvados o disposto no § 5º deste artigo, as exceções previstas em lei ou casos especiais, expressamente autorizados pelo Conselho Monetário Nacional, por proposta do Banco Central da República do Brasil;

III. arrecadar os depósitos voluntários, à vista, das instituições de que trata o inciso III, do art. 10, desta lei, escriturando as respectivas contas;

IV. executar os serviços de compensação de cheques e outros papéis;

V. receber, com exclusividade, os depósitos de que tratam os artigos 38, item 3º, do Decreto-lei nº 2.627, de 26 de setembro de 1940, e 1º do Decreto-lei nº 5.956, de 01/11/43, ressalvado o disposto no art. 27, desta lei;

VI. realizar, por conta própria, operações de compra e venda de moeda estrangeira e, por conta do Banco Central da República do Brasil, nas condições estabelecidas pelo Conselho Monetário Nacional;

VII. realizar recebimentos ou pagamentos e outros serviços de interesse do Banco Central da República do Brasil, mediante contratação na forma do art. 13, desta lei;

VIII. (Vetado);

IX. financiar a aquisição e instalação da pequena e média propriedade rural, nos termos da legislação que regular a matéria;

X. financiar as atividades industriais e rurais, estas com o favorecimento referido no art. 4º, inciso IX, e art. 53, desta lei;

XI. difundir e orientar o crédito, inclusive às atividades comerciais suplementando a açao da rede bancária;

a) no financiamento das atividades econômicas, atendendo às necessidades creditícias das diferentes regiões do País;

b) no financiamento das exportações e importações.

> ▸ **Como esse assunto foi cobrado em concurso?**
>
> No Concurso do CESPE para Juiz Federal da 1ª Região em 2013, foi considerado ERRADO o seguinte enunciado: "No âmbito federal, a lei de diretrizes orçamentárias poderá estabelecer a política de aplicação, pelo Banco do Brasil, dos recursos destinados ao fortalecimento da agricultura nacional". Observação: o gabarito preliminar havia considerado correta a presente assertiva. Contudo, após os recursos, a banca examinadora entendeu que a "utilização da expressão 'poderá estabelecer' [...] prejudicou o julgamento objetivo".

O Presidente e os Diretores do Banco do Brasil deverão ser pessoas de reputação ilibada e notória capacidade. Seu Presidente será nomeado pelo Presidente da República, após aprovação do Senado Federal. (arts. 20 e 21 da Lei nº 4.595/64).

Destaque-se que, **pelos serviços utilizados pelo Banco do Brasil é assegurada a respectiva remuneração por parte da União**, a ser fixada pelo Conselho Monetário Nacional (Miragem, 2013, p. 112).

10. CAIXA ECONÔMICA FEDERAL (CEF)

A Caixa Econômica Federal foi criada em janeiro de 1861, por Dom Pedro II através do Decreto nº 2.723. Com ela surgiram as chamadas cadernetas de poupança que, com 6% de juros anuais, tinha como objetivo a captação de recursos da população mais necessitada (Abreu; Silva, 2017, p. 73-74).

Hoje a CEF é uma **empresa pública**, dotada de personalidade jurídica de direito privado, com patrimônio próprio e autonomia administrativa, vinculada ao Ministério da Fazenda (Decreto nº 11.401/2023). Seu capital pertence integralmente à União e seu pessoal será obrigatoriamente admitido mediante concurso público de provas ou de provas e títulos, submetidos ao regime da Consolidação das Leis Trabalhistas (CLT).

Suas finalidades foram previstas no art. 2º do Decreto-lei nº 759, de 1969:

a) receber em depósito sob a garantia da União, economias populares, incentivando os hábitos de poupança;

b) conceder empréstimos e financiamentos de natureza assistencial, cooperando com as entidades de direito público e privado na solução dos problemas sociais e econômicos;

c) operar no setor habitacional, como sociedade de crédito imobiliário e principal agente do Banco Nacional de Habitação, com o objetivo de facilitar e promover a aquisição de sua casa própria, especialmente pelas classes de menor renda da população;

d) explorar, com exclusividade, os serviços da Loteria Federal do Brasil e da Loteria Esportiva Federal nos termos da legislação pertinente;

e) exercer o monopólio das operações sobre penhores civis, com caráter permanente e da continuidade;

f) prestar serviços que se adaptem à sua estrutura de natureza financeira, delegados pelo Governo Federal ou por convênio com outras entidades ou empresa;

g) realizar, no mercado financeiro, como entidade integrante do Sistema Financeiro Nacional, quaisquer outras operações, no plano interno ou externo, podendo estipular cláusulas de correção monetária, observadas as condições normativas estabelecidas pelo Conselho Monetário Nacional;

h) realizar, no mercado de capitais, para investimento ou revenda, as operações de subscrição, aquisição e distribuição de ações, obrigações e quaisquer outros títulos ou valores mobiliários, observadas as condições normativas estabelecidas pelo Conselho Monetário Nacional;

i) realizar, na qualidade de Agente do Governo Federal, pôr conta e ordem deste, e sob a supervisão do Conselho Monetário Nacional, quaisquer operações ou serviços nos mercados financeiro e de capitais, que lhe forem delegados, mediante convênio.

Como instituição integrante do Sistema Financeiro Nacional, a Caixa Econômica Federal sujeita-se às normas gerais, às decisões e a disciplina normativa estabelecida pelo Conselho Monetário Nacional e à fiscalização do Banco Central do Brasil.

Em 1931, a Caixa Econômica Federal inaugurou operações de empréstimos para pessoas físicas e, três anos depois, assumiu a exclusividade dos empréstimos sob penhor, o que extinguiu as casas de prego operadas por particulares. Já em 1986 a Caixa "incorporou o Banco Nacional de Habitação (BNH) e assumiu a condição de maior agente de financiamento da casa própria e de importante financiadora do desenvolvimento urbano, especialmente do saneamento básico. No mesmo ano, com a extinção do BNH, tornou-se o principal agente do Sistema Brasileiro de Poupança e Empréstimo (SBPE), administradora do FGTS e de outros fundos do Sistema Financeiro de Habitação (SFH). Quatro anos depois, em 1990, iniciou ações para centralizar todas as contas vinculadas ao FGTS, que, à época, eram administradas por mais de 70 instituições bancárias" (Disponível em https://www.caixa.gov.br/sobre-a-caixa/apresentacao/Paginas/default.aspx. Acesso em: 23 dez. 2020).

Sendo responsável pela implementação das políticas sociais do governo federal, a CEF foi e ainda é responsável pela administração de importantes programas sociais, dentre os quais: Bolsa Família; Minha Casa, Minha Vida; seguro-desemprego; Fundo de Financiamento Estudantil – FIES; Farmácia Popular e Bolsa Atleta.

▸ Como esse assunto foi cobrado em concurso?

No Concurso da FCC para Consultor Técnico-Legislativo Economista da Câmara Legislativa do Distrito Federal em 2018, foi considerado CERTO o seguinte enunciado: "Uma característica do Sistema Financeiro Nacional é dada pela forte presença de instituições financeiras públicas federais no mercado de crédito, sendo que a estas é permitido emprestar a empresas controladas pela União, respeitados os limites e as condições estabelecidos em regulamentação específica".

▸ Como esse assunto foi cobrado em concurso?

No Concurso do TRF2 para Juiz Federal substituto em 2017, foi considerado ERRADO o seguinte enunciado: "A Caixa Econômica Federal, em razão da proibição de operação de crédito entre instituição financeira estatal e o ente da Federação que a controla, está **impedida** de adquirir títulos da dívida de emissão da União Federal".

11. BANCO NACIONAL DE DESENVOLVIMENTO ECONÔMICO E SOCIAL (BNDES)

O Banco Nacional de Desenvolvimento Econômico e Social, criado em 1952, pela lei 1.628, conta, atualmente, com natureza jurídica de **empresa pública**, conforme classificação que lhe foi conferida pela lei 5.662/71, sendo, portanto, dotado de **personalidade jurídica de direito privado** e patrimônio próprio. O BNDES sujeita-se à supervisão do Ministério do Desenvolvimento, Indústria, Comércio e Serviços (Decreto nº 11.401.2023) e conta com sede e foro em Brasília.

Apresenta-se, hoje, como o principal instrumento do Governo Federal para o **financiamento de longo prazo e investimentos** em todos os segmentos da economia brasileira. Os instrumentos de apoio financeiro incluem desde o financiamento, a concessão de recursos não reembolsáveis a projetos de caráter social, cultural e tecnológico; e instrumentos de renda variável; e serão pautados, sempre, pelo impacto socioambiental e econômico do país. Além disso, o Banco tem importante atuação anticíclica em momentos de crise por buscar soluções para a retomada do crescimento econômico (http://www.bndes.gov.br/SiteBNDES/bndes/bndes_pt/Institucional/O_BNDES/A_Empresa/).

Para a realização de suas finalidades institucionais, o BNDES pode realizar todas as operações bancárias necessárias, observado o disposto no seu orçamento de investimentos, visando ao reaparelhamento e ao fomento da economia nacional (Miragem, 2013, p. 113).

> **▸ Qual o entendimento atual do TCU sobre o assunto?**
>
> "Não cabe, quando de negativa pelo BNDES de concessão de financiamentos ou empréstimos a deputados federais e senadores, no âmbito de operações diretas, indiretas não automáticas e mistas, a indicação da cláusula contratual objeto de eventual impedimento fundamentado no art. 54, inciso I, alínea a, da Constituição Federal, bem como as razões que teriam acarretado a decisão de considerá-la não uniforme, uma vez que a inexistência de cláusulas uniformes em tais tipos de financiamento já foi previamente definida pelo próprio banco, no âmbito de seu poder regulamentar exercido sobre a matéria. Em relação às demais entidades previstas no citado dispositivo constitucional, se a pessoa jurídica não preestabeleceu quais contratos contariam com cláusulas não uniformes, deverá expor as razões que motivaram a não formalização do ajuste com o parlamentar, haja vista a obrigatória observância dos princípios constitucionais da impessoalidade e da moralidade, a que se sujeitam todos os entes da Administração Pública direta e indireta de quaisquer dos Poderes da União, dos estados, do Distrito Federal e dos municípios (art. 37 da Constituição Federal)". Acórdão 404/2021 Plenário (Consulta, Relator Ministro Aroldo Cedraz) (TCU, Boletim de Jurisprudência 346)

> **▸ Qual o entendimento atual do TCU sobre o assunto?**
>
> "A celebração ou a manutenção de contrato com o BNDES, por deputados federais e senadores, no âmbito de operações diretas, indiretas não automáticas e mistas oferecidas pelo banco contrariam o disposto

> no art. 54, inciso I, alínea a, da Constituição Federal, porquanto preveem condições específicas para as operações, negociadas entre os proponentes e os agentes do BNDES, afastando-se das características de cláusulas contratuais uniformes. Por seu turno, a celebração ou a manutenção de contrato com o BNDES, pelas mencionadas autoridades, no âmbito de operações indiretas automáticas não contrariam o citado dispositivo constitucional, enquanto o banco oferecer, para esta modalidade de apoio financeiro, contratos que obedeçam a cláusulas uniformes". Acórdão 404/2021 Plenário (Consulta, Relator Ministro Aroldo Cedraz) (TCU, Boletim de Jurisprudência 346)

12. CONSELHO DE RECURSOS DO SISTEMA FINANCEIRO NACIONAL (CRSFN)

O Conselho de Recursos do Sistema Financeiro Nacional (CRSFN) foi criado no governo de José Sarney, em 1985 pelo Decreto nº 91.152 (revogado pelo Decreto nº 10.223/2020) como órgão integrante do Ministério da Fazenda, com a **finalidade de julgar, em segunda e última instância, os recursos interpostos das decisões relativas à aplicação de penalidades no Sistema Financeiro Nacional.**

Suas competências foram, progressivamente, ampliadas (lei nº 9.069/1995, lei nº 9.447/97, Decreto nº 7.277/2010), mas sempre no sentido de reforçar o papel de **Tribunal Administrativo** do CRSFN. Atualmente o Conselho é disciplinado pelo Decreto nº 9.889, de 2019, mesmo ato normativo que instituiu o Comitê de Avaliação e Seleção de Conselheiros do Conselho de Recursos do Sistema Financeiro Nacional (CAS-CRSFN).

O CRSFN é **órgão colegiado, de caráter permanente, integrante da estrutura organizacional do Ministério da Fazenda**, competindo-lhe o julgamento, em última instância administrativa, dos recursos contra as sanções aplicadas pelo BCB e CVM e, nos processos de lavagem de dinheiro, as sanções aplicadas pelo Coaf, Susep e demais autoridades competentes.

> ▸ **Como esse assunto foi cobrado em concurso?**
>
> No Concurso do CESPE para Procurador da Fazenda Nacional da AGU em 2023, foi considerado ERRADO o seguinte enunciado: "O Conselho de Recursos do Sistema Financeiro Nacional (CRSFN), órgão colegiado federal de caráter permanente, tem a finalidade de julgar, em última instância administrativa, os recursos interpostos contra sanções aplicadas pelo BACEN, pela Comissão de Valores Mobiliários (CVM), pelo Conselho Administrativo de Defesa Econômica (CADE) e pelo Conselho de Controle de Atividades Financeiras (COAF)".

A **composição do CRSFN é paritária**, contando com dezesseis conselheiros, quais sejam: oito membros (quatro titulares e quatro suplentes) indicados pelo Governo e outros oito (quatro titulares e quatro suplentes) indicados por entidades representativas dos mercados financeiro e de capitais, conforme critérios fixados na Portaria MF nº 1.560/2023. Seus mandatos são de três anos, renováveis por igual período por até duas vezes, devendo contar com competência reconhecida e conhecimentos especializados nas matérias de competência do Conselho.

> "Atuam junto ao CRSFN **procuradores da Procuradoria Geral da Fazenda Nacional** (PGFN), designados pelo Procurador-Geral com a finalidade de zelar pela fiel observância da legislação aplicável, de modo que opinam sobre recursos, comparecem às sessões de julgamento e reuniões técnicas, bem como assessoram juridicamente a presidente do Conselho. O Conselho conta também com uma Secretaria Geral com unidade de apoio administrativo e gestão". (Disponível em: https://www.gov.br/fazenda/pt-br/composicao/orgaos/orgaos-colegiados/crsfn/acesso-a-informacao/institucional/estrutura-e-composicao. Acesso em: 05 dez. 2024)

Capítulo 8

Crimes relacionados às Finanças Públicas

1. CRIMES CONTRA AS FINANÇAS PÚBLICAS NO CÓDIGO PENAL

Conforme esclarece Marcus Abraham, a Lei de Responsabilidade Fiscal, visando garantir a efetividade de suas regras, prevê diretamente sanções institucionais e, indiretamente (por remissão a outras leis), sanções pessoais pelo descumprimento de suas normas. Assim: "as sanções institucionais são de natureza financeira e atingem o próprio ente federativo, órgão ou poder que descumprir uma regra que lhe foi imposta. Essas punições consistem na suspensão das transferências voluntárias (exceto para a saúde, assistência social e educação), contratação de operações de crédito e obtenção de garantias. Já as sanções pessoais punem o agente público que deu causa ao ato violador das regras da LRF, com sanções de natureza política (como a suspensão dos direitos políticos e a perda de cargo eletivo), administrativa (como a proibição de contratar com o Poder Público) e civil (como o pagamento de multas e restituição ao Erário), bem como penas de natureza criminal, que podem ensejar a restrição à liberdade" (2017, p. 301).

> **▸ Importante**
>
> LRF, art. 73. As infrações dos dispositivos desta Lei Complementar serão punidas segundo o Decreto-Lei nº 2.848, de 7 de dezembro de 1940 (Código Penal); a Lei 1.079, de abril de 1950; o Decreto-Lei nº 201, de 27 de fevereiro de 1967; a Lei 8.429, de 2 de junho de 1992, e demais normas da legislação pertinente.

Assim, aos 19 de outubro de 2000, a lei 10.028 acrescentou o Capítulo IV ao Título XI da Parte Especial do Código Penal, disciplinando os crimes contra as finanças públicas, cujo bem jurídico penalmente tutelado é, em todos os tipos do capítulo, a Administração Pública, "tanto em seu aspecto patrimonial, consistente na preservação das finanças públicas, como também em sua face moral, representada pela probidade dos agentes públicos" (MASSON, 2013, p. 1288).

Para Rogério Sanches Cunha a tipificação de tais condutas "é o socorro do Direito Penal (princípio da subsidiariedade) no resgate da responsabilidade na gestão fiscal (respeito às contas públicas), coibindo a ação ímproba dos responsáveis pela administração dos mais variados entes da Federação" (2008, p. 466).

Destaque-se que todos os crimes previstos neste capítulo são punidos a título de dolo (não há previsão de forma culposa), não se exigindo qualquer finalidade específica, o que não exclui a possibilidade de que o agente seja punido em outras esferas, tal como pela Lei de Improbidade Administrativa (lei nº 8.429/92 com redação alterada pela lei nº 14.230/21). Da mesma forma, os sujeitos ativos são os mesmos, quais sejam, os funcionários públicos competentes para a prática das condutas tipificadas, figurando a Administração Pública como vítima primária e constante.

▸ **Como esse assunto foi cobrado em concurso?**

No Concurso da COMPERVE para Procurador da Prefeitura de Jucurutu/RN em 2016, foi considerado CERTO o seguinte enunciado: "O sujeito ativo dos crimes tipificados no capítulo de crimes contra finanças é o **funcionário público que tenha como atribuição a destinação de verbas públicas**".

▸ **Como esse assunto foi cobrado em concurso?**

No Concurso da FGV para Analista Administrativo do TJ/SC em 2015, foi considerado CERTO o seguinte enunciado acerca dos crimes contra as finanças públicas: "Trata-se de **crime próprio**, eis que praticado por funcionário público que tenha atribuição legal ou titular de mandato ou legislatura".

▸ **Como esse assunto foi cobrado em concurso?**

No Concurso da FGV para Analista Administrativo do TJ/SC em 2015, foi considerado ERRADO o seguinte enunciado acerca dos crimes contra as finanças públicas: "A tentativa **não é admitida** em qualquer de suas hipóteses".

▸ **Como esse assunto foi cobrado em concurso?**

No Concurso do CESPE para Procurador do Ministério Público do TCU em 2015, foi considerado ERRADO o seguinte enunciado: "As figuras descritas no capítulo do CP que diz respeito aos crimes contra as finanças públicas têm como escopo a proteção das finanças contra **condutas fraudulentas** ao erário".

▸ **Como esse assunto foi cobrado em concurso?**

No Concurso do CESPE para Procurador do Ministério Público do TCU em 2015, foi considerado ERRADO o seguinte enunciado: "Na inclusão dos crimes contra as finanças públicas, o legislador não repetiu a redação da legislação esparsa revogada que permitia a aplicação da pena acessória no que diz respeito à inabilitação para o exercício do cargo. Desse modo, fica o **juiz impossibilitado de determinar a perda do cargo**".

1.1. Contratação de operação de crédito

> Art. 359-A. Ordenar, autorizar ou realizar operação de crédito, interno ou externo, sem prévia autorização legislativa:
>
> Pena – reclusão, de 1 (um) a 2 (dois) anos.
>
> Parágrafo único. Incide na mesma pena quem ordena, autoriza ou realiza operação de crédito, interno ou externo:
>
> I – com inobservância de limite, condição ou montante estabelecido em lei ou em resolução do Senado Federal;
>
> II – quando o montante da dívida consolidada ultrapassa o limite máximo autorizado por lei.

Classificação doutrinária: crime próprio, seja quanto ao sujeito passivo, seja quanto ao sujeito ativo; simples, formal, doloso, comissivo (admite-se a prática por comissão imprópria), monossubjetivo, instantâneo, monossubsistente ou plurissubsistente, não transeunte e de forma vinculada.

Sujeito ativo: o crime é próprio já que apenas o funcionário público dotado de competência para ordenar, autorizar ou realizar operação de crédito, interno ou externo, pode ser sujeito passivo. Caso pessoa sem tal competência pratique o ato, este poderá ser anulado pela própria Administração. Cuidando-se de conduta praticada por prefeito, tem-se a incidência do tipo específico previsto no art. 1º, XX, do Decreto-lei 201/1967: "ordenar ou autorizar, em desacordo com a lei, a realização de operação de crédito com qualquer um dos demais entes da Federação, inclusive suas entidades da administração indireta, ainda que na forma de novação, refinanciamento ou postergação de dívida contraída anteriormente".

Sujeito passivo: qualquer dos entes federativos, a depender do alcance da conduta criminosa e, mediatamente, a coletividade, em razão do prejuízo sofrido às finanças públicas.

Conduta: ordenar, autorizar ou realizar operação de crédito, sem haver prévia autorização legislativa (que não é o mesmo que autorização legal).

Consumação e tentativa: o crime se consuma no momento em que o agente ordena, autoriza ou realiza a operação de crédito, interno ou externo, ou com inobservância de limite, condição ou montante estabelecido em lei ou em Resolução do Senado Federal, ou ainda, quando o montante da dívida consolidada ultrapassa o limite máximo autorizado por lei, não se exigindo para a consumação, qualquer lesão ao erário ou à probidade administrativa. A doutrina admite a tentativa, desde que seja possível o fracionamento do *iter criminis*.

Rogério Greco destaca que "se o agente, por exemplo, negligentemente, se confunde quanto ao limite, condição ou montante estabelecido por lei ou resolução do Senado Federal, o fato deverá ser considerado atípico, aplicando-se, *in casu*, o raciocínio relativo ao erro de tipo" (2013, p. 712).

Objeto material: a operação de crédito, qual seja "o compromisso financeiro assumido em razão de mútuo, abertura de crédito, emissão e aceite de título, aquisição financiada de bens, recebimento antecipado de valores provenientes da venda a termo de bens e serviços, arrendamento mercantil e outras operações assemelhadas, inclusive com o uso de derivativos financeiros" (LRF, art. 29, III).

Ação penal: pública incondicionada.

> **▸ Como esse assunto foi cobrado em concurso?**
>
> No Concurso da FGV para Auditor Interno da CGM de Belo Horizonte/MG em 2024, foi considerado CERTO o seguinte enunciado: "Caracteriza crime a ordenação ou autorização da inscrição de despesa em restos a pagar, desde que a mesma não tenha sido previamente empenhada ou exceda limite estabelecido em lei".

> **▸ Como esse assunto foi cobrado em concurso?**
>
> No Concurso do CESPE para Auditor Fiscal de Controle Externo do TCE/SC em 2016, foi considerado ERRADO o seguinte enunciado: "É crime a conduta de autorizar ou realizar operação de crédito, sem prévia autorização legislativa, **constituindo causa de aumento de pena** a inobservância de limite, condição ou montante estabelecido em lei ou em resolução do Senado Federal".

> **▸ Como esse assunto foi cobrado em concurso?**
>
> No Concurso da COMPERVE para Procurador da Prefeitura de Jucurutu/RN em 2016, foi considerado ERRADO o seguinte enunciado: "O art. 359-A traz como premissa básica a ausência de previsão na lei orçamentária anual, sendo, portanto, uma **norma penal em branco heterogênea** por precisar de uma lei para sua complementação"

> **▸ Como esse assunto foi cobrado em concurso?**
>
> No Concurso da FCC para Auditor Fiscal da SEFAZ/PI em 2015, foi considerado CERTO o seguinte enunciado em relação ao crime do art. 359-A do Código Penal: "Incide na mesma pena do referido crime aquele que ordenar, autorizar ou realizar operação de crédito, interno ou externo, com inobservância de limite, condição ou montante estabelecido em lei ou em resolução do Senado Federal".

> **▸ Como esse assunto foi cobrado em concurso?**
>
> No Concurso da FCC para Auditor Fiscal da SEFAZ/PI em 2015, foi considerado ERRADO o seguinte enunciado em relação ao crime do art. 359-A do Código Penal: "Comete o crime aquele que ordena ou autoriza operação de crédito, interno ou externo, ainda que **com prévia autorização legislativa**". Na mesma questão também foi considerado ERRADO o seguinte enunciado: "Incide na mesma pena do referido crime aquele que ordenar, autorizar ou realizar operação de crédito, interno ou externo, quando o montante da dívida consolidada excede o limite **mínimo** autorizado por lei".

1.2. Inscrição de despesas não empenhadas em restos a pagar

> Art. 359-B. Ordenar ou autorizar a inscrição em restos a pagar, de despesa que não tenha sido previamente empenhada ou que exceda a limite estabelecido em lei:
>
> Pena – detenção, de 6 (seis) meses a 2 (dois) anos.

Classificação doutrinária: crime simples, próprio, seja quanto ao sujeito passivo, seja quanto ao sujeito ativo; formal, de perigo abstrato, de forma vinculada, comissivo (admite-se a prática por omissão imprópria), instantâneo, unissubjetivo, monossubsistente ou plurissubsistente e não transeunte.

Sujeito ativo: o crime só pode ser praticado por aquele que tem competência para ordenar ou autorizar a inscrição em restos a pagar, de despesa que não tenha sido previamente empenhada ou que exceda a limite estabelecido em lei (crime próprio ou especial). Caso pessoa sem tal competência pratique o ato, este poderá ser anulado pela própria Administração.

Sujeito passivo: qualquer dos entes federativos, a depender do alcance da conduta criminosa e, mediatamente, a coletividade, em razão do prejuízo sofrido às finanças públicas.

Conduta: 1. Ordenar e autorizar a inscrição de restos a pagar de despesa que não tenha sido previamente empenhada. Nesse sentido, por ordenar deve se entender a conduta de mandar, determinar que seja feito. Já autorizar significa permitir, aprovar, consentir que seja realizado (MASSON, 2013, p. 1291). Assim, "pune-se a conduta pela falta de formalidade exigida em lei (prévio empenho), que nada mais é do que o ato realizado pela autoridade competente, o qual cria para o Estado a obrigação de pagar" (SANCHES, 2013, p. 743). 2. Ordenar e autorizar a inscrição de restos a pagar que exceda limite estabelecido em lei. Nesse ponto tem-se uma norma penal primariamente remetida (em branco), pois o intérprete deverá conhecer o limite estabelecido em lei (GRECO, 2013, p. 716).

Objeto material: despesa pública inscrita.

Consumação e tentativa: cuida-se de crime de mera conduta, consumando-se no momento da conduta (ordenar ou autorizar), independentemente de qualquer resultado. Admite-se a tentativa em ambas as modalidades, já que é possível o fracionamento do *iter criminis*.

Ação penal: pública incondicionada.

> **▸ Como esse assunto foi cobrado em concurso?**
>
> No Concurso da CURSIVA para Advogado da Câmara de Lajeado Grande/SC em 2017, foi considerado CERTO o seguinte enunciado: "Qual é a pena. para quem ordenar ou autorizar a inscrição em restos a pagar, de despesa que não tenha sido previamente empenhada ou que exceda limite estabelecido em lei? **Detenção, de 6 (seis) meses a 2 (dois) anos**".

▸ **Como esse assunto foi cobrado em concurso?**

No Concurso da FCC para Auditor Fiscal da SEFAZ/PI em 2015, foi considerado ERRADO o seguinte enunciado: "O crime de inscrição de despesas não empenhadas em restos a pagar admite a tentativa".

ATENÇÃO: a possibilidade de tentativa é admitida pela maioria da doutrina que reconhece a possibilidade de fracionamento do *iter criminis* (Rogério Sanches, Luiz Flávio Gomes, Alice Bianchini, Rogério Greco, Cleber Masson). Em sentido contrário Mirabete e Damásio de Jesus.

▸ **Como esse assunto foi cobrado em concurso?**

No Concurso da FCC para Auditor Fiscal da SEFAZ/PI em 2015, foi considerado ERRADO o seguinte enunciado: "Comete o crime de inscrição de despesas não empenhadas em restos a pagar aquele que ordenar ou autorizar a inscrição em restos a pagar, de despesa que não tenha sido previamente empenhada **ou que exceda limite estabelecido em resolução do Senado Federal**".

▸ **Como esse assunto foi cobrado em concurso?**

No Concurso da FCC para Auditor Fiscal da SEFAZ/PI em 2015, foi considerado ERRADO o seguinte enunciado: "O tipo do artigo 359-B do Código Penal (inscrição de despesas não empenhadas em restos a pagar) admite a **modalidade culposa**".

1.3. Assunção de obrigação no último ano do mandato ou legislatura

Art. 359-C. Ordenar ou autorizar a assunção de obrigação, nos dois últimos quadrimestres do último ano do mandato ou legislatura, cuja despesa não possa ser paga no mesmo exercício financeiro ou, caso reste parcela a ser paga no exercício seguinte, que não tenha contrapartida suficiente de disponibilidade de caixa:

Pena – reclusão, de 1 (um) a 4 (quatro) anos.

Segundo Rogério Greco a criação desse tipo penal teve como objetivo "evitar que o agente, no final do seu mandato ou legislatura, vale dizer, nos oito últimos meses, contraia obrigações que não poderão ser quitadas por ele até o final daquele seu último exercício financeiro, ou que, na hipótese de restar alguma parcela a ser paga no exercício seguinte, o que não é incomum, não tenha levado a efeito a reserva de caixa" (2013, p. 719).

Classificação doutrinária: crime simples, próprio, seja quanto ao sujeito passivo, seja quanto ao sujeito ativo; formal, de perigo abstrato, de forma vinculada, comissivo (admite-se a prática por omissão imprópria), instantâneo, unissubjetivo, monossubsistente ou plurissubsistente e não transeunte.

Sujeito ativo: aquele que detém mandato com poder de decisão apto a ordenar ou autorizar a assunção da obrigação (crime próprio).

Sujeito passivo: qualquer dos entes federativos, a depender do alcance da conduta criminosa e, mediatamente, a coletividade, em razão do prejuízo sofrido às finanças públicas.

Conduta: consiste em ordenar ou autorizar a assunção de obrigação: 1) nos dois últimos quadrimestres (elemento temporal) do último ano do mandato ou legislatura, cuja despesa não possa ser paga no mesmo exercício financeiro; 2) nos últimos oito meses do mandato, que resulte em parcela a ser paga no exercício seguinte, sem contrapartida suficiente de disponibilidade de caixa. No segundo caso, se houver suficiente disponibilidade em caixa para cobrir a obrigação, o fato será atípico (SANCHES, 2013, p. 745).

Objeto material: regularidade das finanças públicas.

Consumação e tentativa: a consumação ocorre no momento em que é dada a ordem ou autorizada a assunção de obrigação, nos últimos dois quadrimestres do último ano do mandato ou legislatura, cuja despesa não possa ser paga no mesmo exercício financeiro ou, caso reste parcela a ser paga no exercício seguinte, que não tenha contrapartida suficiente de disponibilidade de caixa. Sendo possível fracionar o *iter criminis*, será admitida a tentativa.

Ação penal: pública incondicionada.

> **▸ Como esse assunto foi cobrado em concurso?**
>
> No Concurso da FURB para Procurador da Prefeitura de Bombinhas/SC em 2024, foi considerado CERTO o seguinte enunciado: "De acordo com o Código Penal (Dec. Lei nº 2.848/1990), são considerados crimes contra as finanças públicas: Ordenar, autorizar ou realizar operação de crédito, interno ou externo, sem prévia autorização legislativa; e Ordenar ou autorizar a assunção de obrigação, nos dois últimos quadrimestres do último ano do mandato ou legislatura, cuja despesa não possa ser paga no mesmo exercício financeiro ou, caso reste parcela a ser paga no exercício seguinte, que não tenha contrapartida suficiente de disponibilidade de caixa".

> **▸ Como esse assunto foi cobrado em concurso?**
>
> No Concurso do CESPE para Analista Judiciário do TRE/PE em 2017, foi considerado CERTO o seguinte enunciado acerca do crime de assunção de obrigação no último ano do mandato ou legislatura: "O sujeito ativo desse crime é o **funcionário público competente para ordenar ou autorizar a assunção de obrigação**, podendo ser inclusive diretor de fundos, autarquias, fundações e empresas estatais dependentes".

▸ **Como esse assunto foi cobrado em concurso?**

No Concurso do CESPE para Analista Judiciário do TRE/PE em 2017, foi considerado ERRADO o seguinte enunciado acerca do crime de assunção de obrigação no último ano do mandato ou legislatura: "Tal crime classifica-se como **crime de mão própria**, exigindo-se, para sua tipificação, atuação pessoal e direta do agente, razão pela qual não se admite coautoria ou participação". Na mesma questão também foi considerado ERRADO o seguinte enunciado: "É típica a conduta do agente que autoriza a assunção de obrigação nos dois últimos quadrimestres do último ano do mandato caso reste parcela a ser paga no exercício seguinte, **ainda que haja contrapartida suficiente de disponibilidade de caixa**".

▸ **Como esse assunto foi cobrado em concurso?**

No Concurso do CESPE para Auditor Fiscal de Controle Externo do TCE/SC em 2016, foi considerado CERTO o seguinte enunciado: "Situação hipotética: Determinado indivíduo autorizou a assunção de obrigação, no último quadrimestre do mandato, mesmo sabendo que não haveria contrapartida suficiente de disponibilidade de caixa para o pagamento de parcela que venceria no exercício seguinte. Assertiva: Nessa situação, o referido indivíduo **praticou crime contra as finanças públicas, estando sujeito a pena de reclusão**".

▸ **Como esse assunto foi cobrado em concurso?**

No Concurso da VUNESP para Procurador Jurídico do IPSMI em 2016, foi considerado CERTO o seguinte enunciado: "A respeito do crime previsto no artigo 359-C (assunção de obrigação no último ano do mandato ou legislatura), é correto afirmar que: há previsão de **elemento de tipo temporal**, perfazendo-se a figura penal apenas se a conduta incriminada realizar-se nos dois últimos quadrimestres do mandato ou legislatura".

▸ **Como esse assunto foi cobrado em concurso?**

No Concurso da VUNESP para Procurador Jurídico do IPSMI em 2016, foi considerado ERRADO o seguinte enunciado relacionado ao crime do art. 359-C, do Código Penal: "a condenação definitiva leva à perda do cargo, função pública ou mandato, tratando-se de **efeito imediato** da condenação". Na mesma questão também foi considerado ERRADO o seguinte enunciado: "tem por bem jurídico assegurar a **veracidade nos pleitos** dos poderes executivo, legislativo e judiciário".

1.4. Ordenação de despesa não autorizada

Art. 359-D. Ordenar despesa não autorizada em lei:

Pena – reclusão, de 1 (um) a 4 (quatro) anos.

O dispositivo supratranscrito é norma penal em branco, já que depende do complemento, disponível nos artigos 15, 16 e 17 da Lei de Responsabilidade Fiscal (LC 101/2000).

▸ **Importante**

LRF, art. 15. Serão consideradas não autorizadas, irregulares e lesivas ao patrimônio público a geração de despesa ou assunção de obrigação que não atendam o disposto nos arts. 16 e 17.

▸ **Qual o entendimento do STJ sobre o assunto?**

"O art. 359-D, segundo o qual é crime 'ordenar despesa não autorizada por lei', consiste em norma penal em branco, uma vez que o rol das despesas permitidas e das não-autorizadas haverá de constar de outros textos legais, entre os quais, por exemplo, a Lei de Responsabilidade Fiscal (Lei Complementar nº 101/00). Se, na peça acusatória, inexiste referência à norma integradora, falha é a denúncia. Ademais, quando devidamente explicável a despesa, deslegitima-se a possibilidade de punição da conduta ao menos no âmbito penal. A inexistência de autorização de despesa em lei constitui, tão somente, indício de irregularidade. Para se criminalizar a conduta, é necessária a existência de lesão não justificada ao bem jurídico, isto é, às finanças públicas, o que, no caso, não ocorreu. O fato narrado evidentemente não constitui crime". (STJ, Apn 477/PB, Rel. Min. Eliana Calmon, j. 04.03.2009).

▸ **Como esse assunto foi cobrado em concurso?**

No Concurso do CESPE para Procurador do Estado da PGE/RO em 2022, foi considerado CERTO o seguinte enunciado: "Segundo a Lei de Responsabilidade Fiscal, a geração de despesa ou a assunção de obrigação que não atendam aos requisitos estabelecidos nessa lei para o aumento de despesa decorrente de criação, expansão ou aperfeiçoamento de ação governamental e para a criação ou aumento de despesa obrigatória de caráter continuado, excluídas as despesas com pessoal, são consideradas não autorizadas, irregulares e lesivas ao patrimônio público".

Classificação doutrinária: crime simples, próprio, seja quanto ao sujeito passivo, seja quanto ao sujeito ativo; formal, de perigo abstrato, de forma vinculada, comissivo (admite-se a prática por omissão imprópria), instantâneo, unissubjetivo, monossubsistente ou plurissubsistente e não transeunte.

Sujeito ativo: funcionário público com competência para ordenar despesas (crime próprio). Cleber Masson destaca que o tipo penal não alcança o "realizador de despesas", qual seja, aquele que se limita a cumprir ou executar a ordem expedida pelo ordenador (2013, p. 1295).

Sujeito passivo: qualquer dos entes federativos, a depender do alcance da conduta criminosa e, mediatamente, a coletividade, em razão do prejuízo sofrido às finanças públicas.

Conduta: ordenar despesa não autorizada em lei, de forma a gerar despesa sem que haja a respectiva previsão orçamentária.

Objeto material: despesa não autorizada por lei.

Consumação e tentativa: a consumação ocorre com a ordenação da despesa que não conta com autorização legal, independentemente de qualquer comprovação de lesão ao erário.

Ação penal: pública incondicionada.

▸ Como esse assunto foi cobrado em concurso?

No Concurso da Cespe para Analista Fazendário Municipal da SEFIN Fortaleza/CE em 2023, foi considerado ERRADO o seguinte enunciado: "Não constitui crime de responsabilidade fiscal ordenar despesa não autorizada por lei".

▸ Como esse assunto foi cobrado em concurso?

No Concurso da FCC para Auditor Fiscal da SEFAZ/PI em 2015, foi considerado CERTO o seguinte enunciado: "O tipo previsto no artigo 359-D do Código Penal (ordenação de despesa não autorizada) **é crime de mera conduta**".

▸ Como esse assunto foi cobrado em concurso?

No Concurso da FCC para Auditor Fiscal da SEFAZ/PI em 2015, foi considerado ERRADO o seguinte enunciado: "O tipo previsto no artigo 359-D do Código Penal (ordenação de despesa não autorizada) **não admite o dolo eventual**".

▸ Como esse assunto foi cobrado em concurso?

No Concurso da FCC para Analista do Tesouro da SEFAZ/PI em 2015, esse tema foi abordado da seguinte forma: "No crime de ordenar despesas não autorizadas por lei: a) o sujeito passivo é a fazenda pública; b) o sujeito ativo é o **agente político** que ordena a despesa; c) a objetividade jurídica é a **probidade administrativa**; d) o tipo subjetivo é exclusivamente doloso, sendo **suficiente o dolo genérico**; e) o iter criminis deve ter conotação econômica. Segundo o gabarito oficial foi considerada correta a alternativa "d".

▸ Como esse assunto foi cobrado em concurso?

No Concurso da FGV para Analista Administrativo do TJ/SC em 2015, foi considerado CERTO o seguinte enunciado acerca do crime do art. 359-D do Código Penal: "**É crime próprio**, pois o sujeito ativo é o funcionário público competente para ordenar despesa".

▸ **Como esse assunto foi cobrado em concurso?**

No Concurso da FGV para Analista Administrativo do TJ/SC em 2015, foi considerado ERRADO o seguinte enunciado acerca do crime do art. 359-D do Código Penal: "É norma penal em preto, já que a Lei de Responsabilidade Fiscal é utilizada para complementar o tipo". Na mesma questão também foi considerado ERRADO o seguinte enunciado: "Consuma-se apenas quando é efetivada a despesa não autorizada por lei, **não bastando a simples ordenação**".

▸ **Como esse assunto foi cobrado em concurso?**

No Concurso da FGV para Agente de Fiscalização do TCM/SP em 2015, foi considerado CERTO o seguinte enunciado acerca do crime do art. 359-D do Código Penal: "O crime se consuma quando o funcionário ordenar a despesa não autorizada em lei, **ainda que esta não venha efetivamente a ser realizada**".

▸ **Como esse assunto foi cobrado em concurso?**

No Concurso da FGV para Agente de Fiscalização do TCM/SP em 2015, foi considerado ERRDO o seguinte enunciado acerca do crime do art. 359-D do Código Penal: "Estará configurado o delito do artigo 359-D, CP, caso seja ordenada despesa não autorizada em regulamento interno, ainda que omissa a lei sobre tal vedação". Na mesma questão também foi considerado ERRADO o seguinte enunciado: "Trata-se de crime próprio, logo nunca poderá ser praticado por particular, ainda que em **concurso de agentes** com o funcionário público".

▸ **Como esse assunto foi cobrado em concurso?**

No Concurso do CESPE para Procurador do Ministério Público do TCU em 2015, foi considerado ERRADO o seguinte enunciado: "O tipo penal consistente em ordenar despesa não autorizada por lei configura crime material, o qual vem a consumar-se com o **efetivo pagamento** da despesa ordenada".

1.5. Prestação de garantia graciosa

Art. 359-E. Prestar garantia em operação de crédito sem que tenha sido constituída contragarantia em valor igual ou superior ao valor da garantia prestada, na forma da lei:

Pena – detenção, de 3 (três) meses a 1 (quatro) ano.

Classificação doutrinária: crime simples, doloso, próprio, seja quanto ao sujeito passivo, seja quanto ao sujeito ativo; formal, de perigo concreto, de forma vinculada, comissivo (admite-se a prática por omissão imprópria), instantâneo, unissubjetivo, monossubsistente ou plurissubsistente e não transeunte.

Sujeito ativo: funcionário público competente para prestar garantia em operações de crédito (crime próprio ou especial).

Sujeito passivo: qualquer dos entes federativos, a depender do alcance da conduta criminosa e, mediatamente, a coletividade, em razão do prejuízo sofrido às finanças públicas.

Conduta: prestar ou conceder garantia em operação de crédito sem que tenha sido constituída contragarantia em valor igual ou superior ao valor da garantia prestada, na forma da lei.

> **▸ Importante**
>
> LRF, art. 29, IV – Concessão de garantia: compromisso de adimplência de obrigação financeira ou contratual assumida por ente da Federação ou entidade a ele vinculada.
>
> LRF, art. 40, §1º A garantia estará condicionada ao oferecimento de contragarantia, em valor igual ou superior ao da garantia a ser concedida, e à adimplência da entidade que a pleitear relativamente a suas obrigações junto ao garantidor e às entidades por este controladas [...]

Objeto material: operação de crédito sem garantia.

Consumação e tentativa: a consumação ocorre no momento em que o gestor presta a garantia sem constituir contragarantia. Sendo um crime de perigo concreto, exige-se a demonstração de perigo às finanças públicas. Admitindo-se o fracionamento do *iter criminis*, é possível a tentativa.

Cleber Masson destaca que "não haverá crime de prestação de garantia graciosa quando a conduta se amparar em alguma situação excepcional, tal como guerra ou calamidade pública. Nesse caso, o fato é típico, porém lícito, em decorrência da caracterização do estado de necessidade (CP, arts. 23, Inc. I, e 24)" (2013, p. 1297).

Ação penal: pública incondicionada.

> **▸ Como esse assunto foi cobrado em concurso?**
>
> No Concurso da FCC para Auditor Fiscal da SEFAZ/PI em 2015, foi considerado ERRADO o seguinte enunciado: "O crime de prestação de garantia graciosa consuma-se **com a ocorrência de prejuízo efetivo para os cofres públicos**". Na mesma questão também foi considerado ERRADO o seguinte enunciado: "O crime de prestação de garantia graciosa **admite a modalidade culposa**".

> **▸ Como esse assunto foi cobrado em concurso?**
>
> No Concurso da FCC para auditor do TCE/AM em 2015, esse tema foi abordado da seguinte forma: "O agente público que, possuindo atribuição legal, presta garantia em operação de crédito sem que tenha sido constituída contragarantia em valor igual ou superior ao valor da garantia prestada, pratica crime denominado: a) assunção de obrigação no último ano do mandato ou legislatura; b) inscrição de garantia não empenhada em restos a pagar; c) contraprestação em operação de crédito; d) prestação de garantia graciosa; e) prestação de garantia não onerosa". Segundo o gabarito oficial foi considerada correta a alternativa "d".

▶ **Como esse assunto foi cobrado em concurso?**

No Concurso do CESPE para Procurador do Ministério Público do TCU em 2015, foi considerado CERTO o seguinte enunciado: "O crime existente na prestação de garantia graciosa por agente público **independe**, para a sua consumação, da ocorrência **de qualquer prejuízo para a administração**, bem como não há necessidade de chamamento do Estado para suprir a prestação do devedor original".

1.6. Não cancelamento de restos a pagar

Art. 359-F. Deixar de ordenar, de autorizar ou de promover o cancelamento do montante de restos a pagar inscrito em valor superior ao permitido em lei:
Pena – detenção, de 6 (seis) meses a 2 (dois) anos.

▶ **Importante**

Lei 4.320/64, art. 36. Considera-se Restos a Pagar as despesas empenhadas, mas não pagas até o dia 31 de dezembro distinguindo-se as processadas das não processadas.

Classificação doutrinária: crime simples, doloso, próprio, seja quanto ao sujeito passivo, seja quanto ao sujeito ativo; formal, de perigo abstrato, de forma vinculada, omissivo próprio, instantâneo, unissubjetivo, monossubsistente e não transeunte.

Sujeito ativo: somente o funcionário público com competência para ordenar, autorizar ou promover o cancelamento do montante de restos a pagar, inscrito em valor superior ao permitido em lei.

Nesse ponto, merece destaque a observação de Cleber Masson: "O legislador novamente abriu uma exceção pluralística à teoria monista, acolhida como regra no tocante ao concurso de pessoas (art. 29, *caput*, do CP). Com efeito, o funcionário público que deixa o cargo será responsabilizado pela 'inscrição de despesas não empenhadas em restos a pagar' (art. 359-B), ao passo que o funcionário público que assume o cargo deverá ser responsabilizado por não ter determinado o 'cancelamento do montante de restos a pagar' (art. 359-F), inscrito em valor superior ao legalmente permitido. Os dois agentes contribuem para o mesmo resultado, mas a eles são imputados crimes diversos, em face do especial tratamento conferido pela lei penal" (2013, p. 1299).

Sujeito passivo: qualquer dos entes federativos, a depender do alcance da conduta criminosa e, mediatamente, a coletividade, em razão do prejuízo sofrido às finanças públicas.

Conduta: três são as condutas previstas no tipo penal, todas elas omissivas próprias: 1) deixar de ordenar; 2) deixar de autorizar; e 3) deixar de promover o cancelamento do montante de restos a pagar inscrito em valor superior ao permitido em lei.

Objeto material: inscrição de restos a pagar.

Consumação e tentativa: "o delito se perfaz no momento em que se esgota para o administrador o prazo para ordenar, autorizar ou promover o cancelamento dos restos a pagar" (SANCHES, 2013, p. 749). Cuidando-se de crime omissivo próprio ou puro, não é admissível a tentativa.

Ação penal: pública incondicionada.

> **▸ Como esse assunto foi cobrado em concurso?**
>
> No Concurso da FCC para Auditor Fiscal da SEFAZ/PI em 2015, foram considerados CERTOS os seguintes enunciados: "O crime de não cancelamento de restos a pagar é crime omissivo puro". "Para a consumação do crime de não cancelamento de restos a pagar não se exige que haja prejuízo efetivo para a Administração".

> **▸ Como esse assunto foi cobrado em concurso?**
>
> No Concurso da FUNDATEC para Procurador do Estado do Rio Grande do Sul em 2015, foi considerado CERTO o seguinte enunciado: "Ordenar ou autorizar a inscrição em restos a pagar de despesa que não tenha sido previamente empenhada ou que exceda limite estabelecido em lei é crime contra as finanças públicas".

1.7. Aumento de despesa total com pessoal no último ano do mandato ou legislatura

> Art. 359-G. Ordenar, autorizar ou executar ato que acarrete aumento de despesa total com pessoal, nos cento e oitenta dias anteriores ao final do mandato ou da legislatura:
>
> Pena – reclusão, de 1 (um) a 4 (quatro) anos.

> **▸ Importante**
>
> LRF, art. 18. Para os efeitos desta lei Complementar, entende-se como **despesa total com pessoal**: o somatório dos gastos do ente da Federação com os ativos, os inativos e os pensionistas, relativos a mandatos eletivos, cargos, funções ou empregos, civis, militares e de membros de Poder, com quaisquer espécies remuneratórias, tais como vencimentos e vantagens, fixas e variáveis, subsídios, proventos da aposentadoria, reformas e pensões, inclusive adicionais, gratificações, horas extras e vantagens pessoais de qualquer natureza, bem como encargos sociais e contribuições recolhidas pelo ente às entidades de previdência.
>
> LRF, Art. 21, parágrafo único. Também é **nulo de pleno direito** o ato de que resulte aumento da despesa com pessoal expedido nos cento e oitenta dias anteriores ao final do mandato do titular do respectivo Poder ou órgão referido no art. 20.

Classificação doutrinária: crime simples, doloso, próprio, seja quanto ao sujeito passivo, seja quanto ao sujeito ativo; formal, de perigo abstrato, de forma vinculada, comissivo (em regra), instantâneo, unissubjetivo, plurissubsistente ou monossubsistente e não transeunte.

Sujeito ativo: funcionário público com competência para ordenar, autorizar ou executar ato que acarrete aumento de despesa total com pessoal, nos cento e oitenta dias anteriores ao final do mandato ou da legislatura (crime próprio ou especial).

Sujeito passivo: qualquer dos entes federativos, a depender do alcance da conduta criminosa e, mediatamente, a coletividade, em razão do prejuízo sofrido às finanças públicas, causados pelo aumento de despesa com pessoal nos cento e oitenta dias anteriores ao final do mandato ou da legislatura.

Conduta: cuida-se de um tipo de ação múltipla, prevendo três ações nucleares: 1) ordenar, 2) Autorizar e 3) Executar ato que acarrete aumento de despesa total com pessoal, nos cento e oitenta dias anteriores ao final do mandato ou da legislatura. Tem-se um tipo misto alternativo, no qual a prática de mais de um comportamento típico importará em infração penal única (GRECO, 2013, p. 736).

Objeto material: ato que acarreta aumento de despesa com pessoal.

Consumação e tentativa: segundo a maioria da doutrina, consuma-se quando o agente público ordena, autoriza ou executa o ato de aumento de despesa com pessoal nos últimos 180 dias de mandato ou legislatura, independentemente da comprovação de prejuízo econômico ao erário. Considerando o caráter plurisubssistente, permite-se o fracionamento do *iter criminis* e admite-se a tentativa.

Ação penal: pública incondicionada.

> **▸ Como esse assunto foi cobrado em concurso?**
>
> No Concurso da FCC para Auditor Fiscal da SEFAZ/PI em 2015, esse tema foi abordado da seguinte forma: "O número de dias anteriores ao final do mandato ou legislatura em que considerar-se-á que incorre no crime de aumento de despesa total com pessoal no último ano do mandato ou legislatura aquele que ordenar, autorizar ou executar ato que acarrete aumento de despesa total com pessoal, conforme legislação vigente, é: a) noventa; b) cento e oitenta; c) cento e vinte; d) trezentos e sessenta; e) cento e cinquenta". Segundo o gabarito oficial foi considerada correta a alternativa "b".

> **▸ Como esse assunto foi cobrado em concurso?**
>
> No Concurso do CESPE para Procurador do Ministério Público do TCU em 2015, foi considerado ERRADO o seguinte enunciado: "A ordenação de aumento de despesa total com pessoal nos cento e oitenta dias anteriores ao final do mandato ou legislatura **não alcança o regime celetista**, de modo que tal controle se volta somente aos servidores estatutários".

1.8. Oferta pública ou colocação de títulos no mercado

> Art. 359-H. Ordenar, autorizar ou promover a oferta pública ou a colocação no mercado financeiro de títulos da dívida pública sem que tenham sido criados por lei ou sem que estejam registrados em sistema centralizado de liquidação e custódia.
> Pena - reclusão, de 1 (um) a 4 (quatro) anos.

Classificação doutrinária: crime simples, doloso, próprio, seja quanto ao sujeito passivo, seja quanto ao sujeito ativo; formal, de perigo abstrato, de forma vinculada, comissivo (em regra), instantâneo, unissubjetivo, plurissubsistente ou monossubsistente e não transeunte.

Sujeito ativo: funcionário público com competência para ordenar, autorizar ou promover a oferta pública ou a colocação no mercado financeiro de títulos da dívida pública sem que tenham sido criados por lei ou sem que estejam registrados em sistema centralizado de liquidação e de custódia (crime próprio ou especial).

Sujeito passivo: qualquer dos entes federativos, a depender do alcance da conduta criminosa e, mediatamente, a pessoa física ou jurídica prejudicada pela compra de títulos emitidos de maneira irregular.

Conduta: o tipo prevê três ações nucleares: 1) ordenar, 2) autorizar e 3) promover a oferta pública ou a colocação no mercado financeiro de títulos da dívida pública sem que tenham sido criados por lei ou sem que estejam registrados em sistema centralizado de liquidação e de custódia.

Objeto material: títulos da dívida pública.

Consumação e tentativa: consuma-se no instante em que o agente público ordena, autoriza ou promove a oferta pública ou a colocação no mercado financeiro de títulos da dívida pública sem que tenham sido criados por lei ou sem que estejam registrados em sistema centralizado de liquidação e de custódia. Admite-se a tentativa desde que, concretamente, seja possível fracionar o *iter criminis*.

Ação penal: pública incondicionada.

1.9. Infrações administrativas contra as leis de finanças públicas

Cumpre destacar que a lei 10.028/2000 disciplinou também as infrações administrativas, contra as leis de finanças públicas (art. 5º). São elas:

I. deixar de divulgar ou de enviar ao Poder Legislativo e ao Tribunal de Contas o relatório de gestão fiscal, nos prazos e condições estabelecidos em lei;

II. propor lei de diretrizes orçamentárias anual que não contenha as metas fiscais na forma da lei;

III. deixar de expedir ato determinando limitação de empenho e movimentação financeira, nos casos e condições estabelecidos em lei;

IV. deixar de ordenar ou de promover, na forma e nos prazos da lei, a execução de medida para a redução do montante da despesa total com pessoal que houver excedido a repartição por Poder do limite máximo.

Tais infrações administrativas serão punidas com multa de **trinta por cento dos vencimentos anuais** do agente que lhe der causa, sendo o pagamento da multa **responsabilidade pessoal.**

Por fim, a lei 10.028/2000 estabeleceu a competência para o processamento e julgamento de tais infrações como sendo do **Tribunal de Contas a que competir a fiscalização contábil, financeira e orçamentária da pessoa jurídica de direito público envolvida.**

2. CRIMES CONTRA O SISTEMA FINANCEIRO NACIONAL – LEI 7.492/86[1]

Os crimes contra o Sistema Financeiro Nacional, também chamados de **"crimes do colarinho branco"**, encontram-se previstos na lei 7.492/86 que, por sua vez, revogou as disposições penais da lei 4.595/64. Antes de qualquer coisa, a norma de 1986, já em seu primeiro artigo, define o que deve se entender por instituição financeira, conforme quadro infra:

> ▸ **Importante**
>
> Lei 7.492/86, art. 1º. Considera-se instituição financeira a **pessoa jurídica de direito público ou privado, que tenha como atividade principal ou acessória, cumulativamente ou não, a captação, intermediação ou aplicação de recursos financeiros de terceiros, em moeda nacional ou estrangeira, ou a custódia, emissão, distribuição, negociação, intermediação ou administração de valores mobiliários.**
>
> Parágrafo único. Equiparam-se à instituição financeira:
>
> I – A pessoa jurídica que capte ou administre seguros, câmbio, consórcio, capitalização ou qualquer tipo de poupança, ou recursos de terceiros;
>
> I-A – a pessoa jurídica que ofereça serviços referentes a operações com ativos virtuais, inclusive intermediação, negociação ou custódia;
>
> II – A pessoa natural que exerça qualquer das atividades referidas neste artigo, ainda que de forma eventual.

1 Devido à proximidade entre as disciplinas, esse tópico também consta na Sinopse de Direito Econômico (VILELA, 2022).

> **▸ Como esse assunto foi cobrado em concurso?**
> No concurso para Advogado do BRB promovido pelo IADES em 2019, foi considerado ERRADO seguinte enunciado: "O conceito de instituição financeira para os fins da Lei nº 7.492/1986 é o mesmo conceito utilizado pelo Direito Civil ou pelo Direito Comercial".

Com base na definição legal, é possível afirmar que a noção de instituição financeira, do *caput* do art. 1º da lei 7.492/86, abrange dois grandes grupos: a) intermediários financeiros, quais sejam, aqueles que captam poupança diretamente do público por sua própria iniciativa e responsabilidade e, posteriormente, aplicam esses recursos junto às empresas, por meio de empréstimos e financiamento; e b) instituições auxiliares, ou seja, aquelas que colocam em contato poupadores e investidores, facilitando o acesso destes àqueles (SANCTIS, 2015).

São consideradas instituições financeiras (BITENCOURT; BREDA, 2014, p. 25-30):

- Bancos comerciais;
- Bancos múltiplos;
- Bancos de investimento;
- Bancos de desenvolvimento;
- Caixas Econômicas;
- Sociedades de crédito, financiamento e investimento (financeiras);
- Sociedades de crédito imobiliário;
- Sociedades corretoras de títulos e valores mobiliários; (Resolução CMN 5.008, de 24 de março de 2022, do Banco do Brasil que dispõe sobre a constituição, a organização e o funcionamento das sociedades corretoras de títulos e valores mobiliários e das sociedades distribuidoras de títulos e valores mobiliários)
- Sociedades distribuidoras de títulos e valores mobiliários;
- Sociedades de arrendamento mercantil;
- Cooperativas de crédito;
- Agências de fomento;
- Associação de poupança e empréstimo;
- Bancos de câmbio.

Já por "instituição financeira por equiparação" a doutrina apresenta as entidades que, atuam na captação e intermediação de recursos da poupança popular, quais sejam: seguradoras, administradoras de consórcios, instituições de câmbio e as sociedades de capitalização (BITENCOURT; BREDA, 2014, p. 31).

▸ **Qual o entendimento do STJ sobre o assunto?**

"A concessão de empréstimos a juros abusivos por empresas de *factoring* caracteriza crime de usura, previsto nos arts. 4º da Lei nº 1.521/51 e 13 do Decreto nº 22.626/33, e não delito contra o sistema financeiro nacional, sendo, portanto, da competência da Justiça Estadual" (CC 115338/PR, Rel. Min. Marco Aurélio Bellizze, publ. 13.08.2013).

▸ **Qual o entendimento do STJ sobre o assunto?**

"As empresas popularmente conhecidas como ***factoring*** desempenham atividades de fomento mercantil, de cunho meramente comercial, em que se ajusta a compra de créditos vencíveis, mediante preço certo e ajustado, e com recursos próprios, **não podendo ser caracterizadas como instituições financeiras**" (CC 98.062/SP, Rel. Min. Jorge Mussi, publ. 06.09.2010).

Considerando que a caracterização como instituição financeira envolve a operação com recursos de terceiros, a jurisprudência tradicionalmente vem entendendo que o agiota não pode ser caracterizado como tal, já que opera com recursos próprios. Por outro lado, o doleiro, os fundos de pensão e as entidades fechadas de previdência privada são considerados equiparados à instituição financeira.

▸ **Qual o entendimento do STJ sobre o assunto?**

"[...] a troca de cheques a juros, por pessoa física, é equiparada ao empréstimo feito por pessoa física, não sendo caso de incidência da Lei 7.492/86. Isso porque, como não demonstrado que o agente utilizava de recursos de terceiros para a realização das trocas, inviável entender que o investigado equipara-se a instituição jurídica, nos termos do art. 1º, II, do citado diploma legal." (CC 162257/ES, Rel. Min. Nefi Cordeiro, p. 19.06.2019).

▸ **Qual o entendimento do STJ sobre o assunto?**

"Inexistindo ofensa a interesses, bens e serviços da União, já que se trata de empréstimos com recursos próprios do particular e não sendo este equiparado a 'instituição bancária ou financeira', afastada está a hipótese de crime contra o Sistema Financeiro Nacional" (CC 29.933/SP, Rel. Min. Jorge Scartezzini, publ. 01.07.2004).

▸ **Qual o entendimento do STF sobre o assunto?**

"As entidades de fundo de pensão estão incluídas no Sistema Financeiro Nacional. Fraude cometida contra entidade previdenciária. Aplicação da lei nº 7.492/86. Competência da Justiça Federal" (RHC 85.094/SP, Rel. Min. Gilmar Mendes, publ. 08.04.2005).

> **▸ Qual o entendimento do STF sobre o assunto?**
>
> "[...] o estado, ao emitir títulos da dívida pública (Letras Financeiras do Estado) e colocá-los no mercado, para obter recursos para o Tesouro, não atuou como se fosse instituição financeira. Na aplicação da lei penal, vigora o princípio da reserva legal. Somente os entes que se enquadrem no conceito de instituição financeira, definidos no art. 1º e parágrafo único da Lei 7.492/86, é que respondem pelos tipos penais nela estabelecidos" (Inq. 1.690/PE, Rel. Min. Carlos Velloso, publ. 06.11.2002).
>
> Obs: em sentido contrário é o entendimento de José Paulo Baltazar Jr. para quem o Estado-membro pode ser considerado instituição financeira por equiparação (2010, p. 333).

Durante muito tempo as **empresas de cartão de crédito** não foram consideradas instituições financeiras, pelo fato de receberem procuração dos contratantes para captar recursos junto ao sistema financeiro, cobrando, para o fornecimento do serviço, anuidades fixas e desvinculadas da efetivação de compras de mercadorias ou contratação de serviços (TRF/3 – HC 92.03.0249524/SP). Contudo, em razão da edição da súmula 283 do STJ, a doutrina mais recente vem entendendo que as operações com cartão de crédito também se caracterizam como intermediação (SANCTIS, 2015).

> **▸ Qual o entendimento do STJ sobre o assunto?**
>
> STJ, Súmula 283. "As empresas administradoras de cartão de crédito **são instituições financeiras** e, por isso, os juros remuneratórios por elas cobrados não sofrem as limitações da Lei de Usura".

Não obstante encontrarem-se regulamentados como contratos de seguro (Circular SUSEP nº 440/2012), os **planos funerários** que cobram antecipadamente pela prestação dos serviços funerários, não podem ser caracterizados como instituição financeira, conforme Parecer PGFN/CJU 2.200/2002.

> **▸ Como esse assunto foi cobrado em concurso?**
>
> No concurso para Fiscal Tributário de Osasco/SP promovido pela VUNESP em 2019, foi considerado CERTO seguinte enunciado: "Para fins penais, a Lei nº 7.492/86, que definiu os crimes contra o sistema financeiro, equiparou à instituição financeira a pessoa jurídica ou natural que capte ou administre seguros e consórcios".

> **▸ Como esse assunto foi cobrado em concurso?**
>
> No concurso para Juiz Federal Substituto do TRF da 2ª Região promovido pelo TRF/2 em 2018, foi considerado CERTO seguinte enunciado: "Para fins de aplicação das normas penais contidas na Lei n. 7.492, de 16 de junho de 1986, denominada Lei dos Crimes de Colarinho Branco, considera-se instituição financeira a pessoa jurídica de direito público

ou privado que tenha como atividade principal ou acessória, cumulativamente ou não, a captação, intermediação ou aplicação de recursos financeiros de terceiros, em moeda nacional ou estrangeira, ou a custódia, emissão, distribuição, negociação, intermediação, ou administração de valores mobiliários".

▸ **Como esse assunto foi cobrado em concurso?**

No concurso para Escrivão de Polícia da PC/BA promovido pela VUNESP em 2018, foi considerado ERRADO o seguinte enunciado sobre a lei nº 7.492/1986: "Se equipara à instituição financeira apenas a pessoa natural que capte ou administre seguros, câmbio, consórcio, capitalização ou qualquer tipo de poupança, ou recursos de terceiros".

2.1. Bem jurídico tutelado

O bem jurídico tutelado é o **Sistema Financeiro Nacional**, bem **transindividual** que deve ser compreendido como "o conjunto de órgãos, entidades e pessoas jurídicas que lidam com o fluxo de dinheiro e títulos, incluindo todas as atividades que envolvam circulação de valores, incluindo os mercados financeiro em sentido estrito, de crédito, de câmbio e de capitais, bem como seguros, consórcio, capitalização ou qualquer tipo de poupança", cujas funções básicas são a "mobilização de recursos e sua alocação no espaço e no tempo, informação e monitoração de empresas, administração e alocação de riscos, facilitação e liquidação de obrigações e pagamentos, além da geração e divulgação de informações" no âmbito do mercado de valores (*full disclousure*) (BALTAZAR, 2010, p. 318).

▸ **Qual o entendimento do STJ sobre o assunto?**

"A Lei 7.492/1986 busca a preservação das instituições públicas e privadas que compõem o sistema financeiro, de modo a viabilizar a transparência, a licitude, a boa-fé, a segurança e a veracidade que devem reger as relações entre estas e aplicadores, poupadores, investidores, segurados e consorciados" (CC 91.162/SP, Rel. Min. Arnaldo Esteves Lima, publ. 02.09.2009).

▸ **Como esse assunto foi cobrado em concurso?**

No Concurso do CESPE para Juiz Federal da 5ª Região em 2015, foi considerado ERRADO o seguinte enunciado: "Embora seja considerada atípica no direito brasileiro a detenção de equipamento destinado à falsificação ou adulteração de cartões de crédito, caso ocorra a falsificação propriamente dita, com a efetiva inserção dos cartões contrafeitos em circulação e o seu uso, fica caracterizado crime contra o Sistema Financeiro Nacional, devido ao abalo da credibilidade do mercado financeiro".

2.2. Sujeitos do crime

O sujeito passivo dos crimes praticados contra o Sistema Financeiro Nacional é a **União**, o que não exclui a possibilidade de existirem outras vítimas, concretamente atingidas pela prática delituosa.

Segundo disposição do art. 25 da lei 7.492/86, alguns crimes (não todos) contra o Sistema Financeiro Nacional são considerados crimes próprios, de forma que somente poderão ter como sujeitos ativos controladores, administradores, diretores, gerentes, interventores, liquidantes ou síndicos de instituição financeira, o que ocorrerá nos casos em que há **menção expressa** dessa condição no tipo penal ou trata-se de **decorrência lógica** da conduta.

Observe-se, contudo, que responsabilidade penal não decorre da simples posição ocupada pelo indivíduo, o que caracterizaria absurda responsabilidade objetiva. Ao contrário, e assim como em todo o direito penal, a previsão do art. 25 da lei depende da participação pessoal na realização dos fatos delituosos, comprovado o elemento subjetivo.

Admite-se tanto a coautoria (art. 30 do CP) quanto a participação.

> ▸ **Qual o entendimento do STJ sobre o assunto?**
>
> "[...] cuida-se de crimes previstos nos arts. 4º, parágrafo único, e 17 da Lei nº 7.492/86, cujo bem jurídico tutelado é, em primeiro lugar, a lisura do Sistema Financeiro Nacional e, em segundo lugar, a própria instituição financeira na qual eles se deram. O fato de a empresa recorrente exercer o controle acionário da instituição financeira vítima de gestão fraudulenta não a qualifica como sujeito passivo do crime e titular do bem jurídico tutelado na ação penal, tanto mais quando a vítima direta dos desvios de recursos tipificados como crimes contra o Sistema Financeiro Nacional foi habilitada como assistente de acusação e vem exercendo regularmente esse papel" (AgRg no RMS 62157/RS, Rel. Min. Reynaldo Soares da Fonseca, p. 04.05.2020).

> ▸ **Qual o entendimento do STJ sobre o assunto?**
>
> "Podem ser sujeitos ativos do crime previsto no art. 6º da Lei 7.492/1986 pessoas naturais que se fizeram passar por membro ou representante de pessoa jurídica que não tinha autorização do Bacen para funcionar como instituição financeira" (REsp 1.405.989/SP, Rel. Min. Sebastião Reis Júnior, publ. 16.03.2015, Info 569).

> ▸ **Como esse assunto foi cobrado em concurso?**
>
> No Concurso do CESPE para Juiz Federal da 5ª Região em 2015, foi considerado ERRADO o seguinte enunciado: "A Lei dos Crimes contra o Sistema Financeiro e a Lei dos Crimes contra Mercado de Capitais trazem previsão de sanções penais específicas para os administradores e para as pessoas jurídicas envolvidas nas infrações penais nelas preconizadas, e estabelecem penas de multa aplicáveis às pessoas jurídicas

com base no dano provocado ou na vantagem ilícita auferida pelos agentes".

▸ **Como esse assunto foi cobrado em concurso?**

No Concurso do CESPE para Juiz Federal da 5ª Região em 2013, foi considerado ERRADO o seguinte enunciado: "Tratando-se de crimes contra o sistema financeiro, a **pessoa jurídica** poderá ser condenada criminalmente quando comprovada a ofensa a bens supraindividuais a fim de se manter a confiabilidade do sistema como um todo".

▸ **Como esse assunto foi cobrado em concurso?**

No Concurso do CESPE para Analista Processual do MPU em 2010, foi considerado ERRADO o seguinte enunciado: "No que diz respeito à responsabilidade penal nos crimes contra o sistema financeiro, a legislação de regência prevê sistema próprio de responsabilização para os agentes controladores, administradores, diretores e gerentes de instituição financeira e, divergindo do sistema do Código Penal, impõe-lhes **responsabilidade objetiva**".

2.3. Competência

A ação penal para todos os crimes previstos na Lei 7.492/86 é **pública e incondicionada** e independe de eventual procedimento administrativo, sendo promovida pelo Ministério Público Federal perante a Justiça Federal, conforme expressa disposição do art.26 da lei.

▸ **Qual o entendimento do STJ sobre o assunto?**

"Considerando os fatos narrados na denúncia, especialmente os crimes tipificados nos arts. 4º, 5º, 7º, II e 16, todos da Lei n. 7.492/1986, é competente o Juízo Federal para processar a ação penal (art. 26 da Lei n. 7.492/1986), inclusive no que se refere às infrações conexas, por força do entendimento firmado no Enunciado Sumular n. 122/STJ" (HC 530563/RS, Rel. Min. Sebastião Reis Júnior, p. 12.03.2020).

▸ **Qual o entendimento do STJ sobre o assunto?**

"Tratando-se de fraude para obtenção de financiamento bancário visando a compra de veículo automotor - operação financeira caracterizada pela destinação vinculada da verba emprestada - fica tipificado o crime contra o sistema financeiro nacional previsto no art. 19 da Lei n. 7.492/1986, o que atrai a competência da Justiça Federal." (AgRg no REsp 1806106/SP, Rel. Min. Antonio Saldanha Palheiro, p. 04.09.2019).

2.4. Delação premiada

A Lei 7.492/86 prevê, no parágrafo segundo do artigo 25 (acrescido pela Lei 9.080/95), que "nos crimes previstos nesta Lei, cometidos em quadrilha ou coautoria, o coautor ou partícipe que através de confissão espontânea revelar à autoridade policial ou judicial toda a trama delituosa terá a sua **pena reduzida de um a dois terços"**, configurando aquilo que a doutrina chama de delação premiada, conceituada como a "redução de pena (podendo chegar, em algumas hipóteses, até mesmo a total isenção de pena), para o delinquente que delatar seus comparsas, concedida pelo juiz na sentença final condenatória, desde que sejam satisfeitos os requisitos que a lei estabelece" (BITENCOURT; BREDA, 2014, p. 348).

> ▸ **Como esse assunto foi cobrado em concurso?**
>
> No concurso para Fiscal Tributário de Osasco/SP promovido pela VUNESP em 2019, foi considerado ERRADO seguinte enunciado: "A lei nº 7.492/86, que definiu os crimes contra o sistema financeiro, prevê expressamente a possibilidade de isenção total de pena ao coautor ou partícipe que colaborar, espontaneamente, com as autoridades responsáveis pela persecução penal".

2.5. Divulgação de informação falsa ou prejudicialmente incompleta (art. 3º)

A tipificação da conduta de "divulgar informação falsa ou prejudicialmente incompleta sobre instituição financeira" tem o intuito de proteger a confiança dos investidores, sobretudo contra eventuais instabilidades decorrentes da ação de especuladores.

Cuida-se de crime comum, podendo ser praticado por qualquer pessoa, inclusive por meio do **correio eletrônico.** Apesar disso, para a caracterização do crime, exige-se o sujeito goze de alguma **credibilidade** em relação à informação divulgada. Os sujeitos passivos serão o Estado, o Sistema Financeiro Nacional, a instituição e os investidores eventualmente prejudicados com a divulgação.

O tipo subjetivo é o **dolo**, exigindo-se que a divulgação seja com o objetivo de causar prejuízo, não havendo previsão de modalidade culposa. Assim, "a certeza do agente, embora errônea, de que a informação é verdadeira impede a configuração do dolo. Se tiver dúvida, no entanto, sobre a falsidade ou a prejudicialidade da informação, deverá abster-se de divulgá-la, caso contrário responderá pelo crime, por dolo eventual" (BITENCOURT; BREDA, 2014, p. 52).

O verbo "divulgar" exige que a informação se **torne pública**, conhecida. Dessa forma, a **omissão de informação é atípica** já que não conta com previsão legal. Da mesma forma, não haverá o crime em caso de simples repetição de declarações já veiculadas na imprensa (TRF/3). O delito consuma-se com a simples divulgação, independentemente de qualquer resultado naturalístico, caracterizando-se, assim, como crime de mera conduta.

> ▸ **Qual o entendimento do STJ sobre o assunto?**
>
> "A inviolabilidade civil e penal das opiniões, palavras e votos dos membros das Casas Legislativas está adstrita ao efetivo exercício do cargo, ainda que fora da tribuna, desde que tenham sido proferidas em razão

da função parlamentar. Evidenciado o dolo de se valer do mandato para divulgar informações falsas sobre instituição financeira, tal garantia não se presta a impedir a responsabilização pelo crime previsto no art. 3º da Lei nº 7.492/86" (HC 238.481/ES, Rel. Min. Maria Thereza de Assis Moura, pub. 03.08.2015).

▸ **Como esse assunto foi cobrado em concurso?**

No Concurso do CESPE para Defensor Público da União em 2010, foi considerado ERRADO o seguinte enunciado: "No que tange aos crimes contra o sistema financeiro, para a divulgação de informação falsa ou prejudicialmente incompleta sobre instituição financeira, está prevista a modalidade culposa".

OBSERVAÇÃO: o art. 16, II, da revogada Lei de Imprensa (Lei 5.250/67) previa a modalidade culposa para o crime de "Publicar ou divulgar notícias falsas ou fatos verdadeiros truncados ou deturpados que provoquem: desconfiança no sistema bancário ou abalo de crédito de instituição financeira ou de qualquer empresa, pessoa física ou jurídica".

2.6. Gestão fraudulenta e gestão temerária (art. 4º)

O crime de gestão fraudulenta tem como origem o crime previsto no art. 3º, IX, da Lei 1.521/51 (Crimes contra a economia popular), ainda vigente, que, por sua vez, exigia como resultado naturalístico que aqueles atos de gestão conduzissem as sociedades à falência ou à insolvência, ou não cumprindo qualquer das cláusulas contratuais de forma a causar prejuízo aos investidores. Dessa forma, a previsão daquela lei configura um **crime de dano**.

Na Lei 7.492/86, ao contrário, o que se tem é um **crime formal e/ou de perigo abstrato**, já que a lei não faz menção a qualquer tipo de dano. Nesse sentido, estabelece o art. 4º:

> Art. 4º. Gerir **fraudulentamente** instituição financeira:
>
> Pena – reclusão, de três a doze anos e multa.
>
> Parágrafo único. Se a gestão é **temerária**:
>
> Pena – reclusão, de dois a oito anos e multa.

▸ **Qual o entendimento do STF sobre o assunto?**

"O tipo peal contido no art. 4º da Lei nº 7.492/1986, consiste em crime de perigo, não sendo necessária a produção de resultado naturalístico em razão da gestão fraudulenta. [...] A repercussão da ruína de uma instituição financeira, de maneira negativa em relação às outras instituições, caracteriza o crime de perigo" (HC 95.515/RJ, Rel. Min. Hellen Gracie, publ. 30.07.2008).

▸ **Qual o entendimento atual do STJ sobre o assunto?**

A condenação de terceiro pelo crime do art. 4º, caput, da Lei n. 7.492/1986 exige a demonstração concreta, por meio de elementos de provas, da ciência de que os atos para os quais estava concorrendo tinham por finalidade a gestão fraudulenta da instituição financeira. (REsp 2.116.936-BA, Rel. Min. Teodoro Silva Santos, Sexta Turma, j. 12/3/2024. STJ, Info 804).

▸ **Como esse assunto foi cobrado em concurso?**

No Concurso do Instituto Exata para Procurador Jurídico da Prefeitura de Alvorada do Oeste/RO em 2024, foi considerado CERTO o seguinte enunciado: "O crime de 'gestão fraudulenta' previsto na lei nº 7.429/86 ocorre quando a instituição financeira realiza operações financeiras com o intuito de enganar acionistas e terceiros".

▸ **Como esse assunto foi cobrado em concurso?**

No Concurso da VUNESP para Auditor Fiscal Tributário Municipal de São José do Rio Preto/SP em 2014, foi considerado CERTO o seguinte enunciado: "Gerir **fraudulentamente** e gerir **temerariamente** instituição financeira trata-se de condutas criminosas, sendo que a primeira é punida mais gravemente do que a segunda".

▸ **Como esse assunto foi cobrado em concurso?**

No Concurso para Promotor de Justiça do MPDFT em 2015, foi considerado ERRADO o seguinte enunciado: "No crime de **gestão fraudulenta** de instituição financeira (Lei 7.492/86), o prejuízo ao patrimônio da instituição financeira ou a investidores, poupadores e assemelhados, decorrente da gestão fraudulenta, é elemento do tipo".

▸ **Importante**

"Por **gestão fraudulenta** deve-se compreender todo ato de administração no âmbito da empresa, dentre os poderes conferidos, ainda que apenas de fato, que visa à percepção de **vantagem indevida** em prejuízo alheio, empregando o administrador artifícios que levam a erro os demais administradores. Já a **gestão temerária** exige a prática de ato que potencialmente coloca em **risco** a normalidade econômica da empresa. Em ambos os casos exige-se administração que fuja aos padrões normais da atividade empresarial e comprometimento da higidez financeira da instituição" (SANCTIS, 2015).

Esse dispositivo visa tutelar o Sistema Financeiro Nacional contra gestões fraudulentas ou arriscadas levadas a efeitos por seus controladores, administradores, diretores e gerentes. Da mesma forma são protegidas as instituições financeiras (públicas ou privadas) e os investidores que confiaram na credibilidade do SFH. Tanto a gestão fraudulenta quanto a temerária protegem os mesmos bens jurídicos, mudando-se apenas o *modus operandi* do infrator (BITENCOURT; BREDA, 2014, p. 57).

Doutrina e jurisprudência, na atualidade vêm entendendo no sentido de que a previsão contida no *caput* do art. 4º não pode ser considerada vaga e a "existência de elemento normativo no tipo (*fraudulentamente*), passível de demarcação conceitual, não afronta, por esse motivo, o princípio da legalidade" (SANCTIS, 2015; BALTAZAR, 2010, p. 342). Mesmo entendimento se aplica à gestão temerária.

▸ **Como esse assunto foi cobrado em concurso?**

No Concurso para Procurador da República em 2013, em questão relacionada aos crimes tipificados no art. 4º, *caput* e seu parágrafo único, da lei 7.492/86 foi considerado ERRADO o seguinte enunciado: "Parte da doutrina considera que o elemento normativo jurídico temerária, contido no parágrafo único, do art. 4º, não ofende o princípio constitucional da legalidade, na vertente da taxatividade, sendo, a temeridade, associada à gestão altamente afoita, arrojada ou arriscada. Contudo, a jurisprudência do STJ e do STF tem sido no sentido do reconhecimento da sua inconstitucionalidade, em razão do seu caráter vago e indeterminado".

Segundo entendimento majoritário tem-se aqui uma modalidade de **crime próprio**, que somente poderá ser praticado por aquelas pessoas elencadas no art. 25 da lei 7.492/86 (controlador, administrador, diretor, gerente, interventor, liquidante e síndico), admitindo-se, contudo, coautoria e participação de terceiros (art. 29 do CP). Considerando-se que a qualidade de administrador é elementar do delito, comunica-se a circunstância de caráter pessoal aos coautores, sejam eles empregados da instituição financeira, ou ainda, particulares (BALTAZAR, 2010, p. 342). Contudo, há entendimento do Supremo Tribunal Federal no sentido de qualificá-lo como crime de mão própria.

▸ **Qual o entendimento do STF sobre o assunto?**

"A interpretação sistemática da Lei nº 7.492/86 afasta a possibilidade de haver gestão fraudulenta por terceiro estranho à administração do estabelecimento bancário" (HC 91.591/MG, Rel. Min. Marco Aurélio, publ. 22.09.2009).

▸ **Qual o entendimento do STJ sobre o assunto?**

"**Gerente de agência bancária é passível de imputação de gestão fraudulenta de instituição financeira**, nos termos da Lei n. 7.492/86, que define os crimes contra o Sistema Financeiro Nacional" (EDcl no AgRg no REsp 917.333/MS, Rel. Min. Humberto Martins, publ. 04.10.2013).

▸ **Como esse assunto foi cobrado em concurso?**

No Concurso para Procurador da República em 2013, em questão relacionada aos crimes tipificados no art. 4º, *caput* e seu parágrafo único, da lei 7.492/86 foi considerado ERRADO o seguinte enunciado: "Com relação ao sujeito ativo, cuidam-se de crimes próprios, sendo penalmente responsáveis o controlador e o administrador de instituição financeira, assim considerados os diretores e os gerentes. Não obstante, a jurisprudência do STJ e do STF é pacífica no sentido de **excluir daquele rol os gerentes de agências bancárias**, pois os atos de gestão que lhes incumbe realizar não têm aptidão para ofender o Sistema Financeiro Nacional".

Por outro lado, em relação à habitualidade, há significativa polêmica doutrinária e jurisprudencial. Para alguns doutrinadores a expressão "gerir" "dá a ideia de que o crime só incide se houver um conjunto de atos espaçados no tempo, cuidando-se de crime que requer a habitualidade da fraude para sua configuração" de forma que a prática de atos isolados poderia levar à configuração de outras figuras típicas previstas na lei 7.492/86, mas não aquela do art. 4º (BALTAZAR, 2010, p. 344).

Em sentido contrário, o entendimento mais recente dos tribunais superiores é no sentido de que o crime de gestão fraudulenta se caracteriza como um **crime habitual impróprio ou acidentalmente habitual**, tendo esse posicionamento sido considerado certo em concurso para Procurador da República em 2013. Contudo, em 2012, questão relacionada a essa classificação do crime de gestão fraudulenta, em concurso para Advogado da União, foi anulada em razão da divergência na jurisprudência da doutrina e do STJ sobre o assunto. Por esse motivo, o tema merece muito cuidado em concursos públicos, podendo ser alvo de recursos em questões objetivas e devendo ser abordados os entendimentos diversos em caso de questão discursiva.

▸ **Qual o entendimento do STJ sobre o assunto?**

"Pacificou-se nos Tribunais Superiores o entendimento de que o crime de gestão fraudulenta classifica-se como **habitual impróprio**, bastando uma única ação para que se configure" (AgRg no AREsp 1440594/RS, Rel. Min. Joel Ilan Paciornik, p. 02.12.2019).

▸ **Qual o entendimento do STJ sobre o assunto?**

"O crime de gestão fraudulenta é considerado **delito habitual impróprio**, em que uma só ação tem relevância para configurar o tipo, ainda que a sua reiteração não configure pluralidade de crimes" (AgRg no REsp 1.398.829/SC, Rel. Min. Jorge Mussi, publ. 17.03. 2015).

▸ **Importante**

"Dada a gravidade e autonomia das ações e omissões *de per si*, exige-se a simples prática de uma conduta potencialmente lesiva de administração para o enquadramento nos delitos de gestão. Entendimento contrário levaria a absurda admissão da possibilidade de o administrador cometer um único ato fraudulento ou temerário durante sua gestão e levar a instituição financeira à inadimplência, sem que nenhuma responsabilidade penal pudesse advir por tal conduta" (SANCTIS, 2015).

▸ **Como esse assunto foi cobrado em concurso?**

No Concurso para Procurador da República em 2013, em questão relacionada aos crimes tipificados no art. 4º, *caput* e seu parágrafo único, da lei 7.492/86 foi considerado CERTO o seguinte enunciado: "Parte da doutrina classifica-os como **crimes habituais impróprios ou acidentalmente habituais**, nos quais uma única ação no sentido de gerir fraudulenta ou temerariamente tem relevância para consubstanciar o tipo, embora sua reiteração não configure pluralidade de crimes. Apesar da existência de jurisprudência em sentido inverso, a maior parte dos julgados, tanto do STJ quanto do STF, corroboram essa assertiva".

▸ **Como esse assunto foi cobrado em concurso?**

No Concurso do CESPE para Advogado da União em 2012, foi **ANULADO** o seguinte enunciado: "O crime de gestão fraudulenta pode ser considerado crime habitual impróprio, tendo uma só ação relevância para configurar o tipo, ainda que a reiteração da ação não configure pluralidade de crimes".

Já o tipo subjetivo é inquestionavelmente o **dolo**, de forma que o agente deve ter a vontade consciente de gerir, fraudulentamente, instituição financeira, não se exigindo a vontade de causar prejuízo. Não há previsão para a modalidade culposa.

O crime de gestão fraudulenta consuma-se "desde que a fraude se produza na captação, aplicação, intermediação e administração de recursos financeiros, que é a atividade-fim de instituição financeira, ou, ainda, na custódia, emissão, distribuição ou intermediação ou administração de títulos ou valores mobiliários" (BITENCOURT; BREDA, 2014, p. 68).

▸ **Como esse assunto foi cobrado em concurso?**

No Concurso do CESPE para Procurador Federal em 2010, foi considerado CERTO o seguinte enunciado: "O crime de **gestão fraudulenta** é classificado como crime próprio, formal e de perigo concreto, tendo como elemento subjetivo apenas o dolo, não havendo a forma culposa".

Por fim, destaque-se que a gestão temerária se configura pela "imprudência, afoiteza, audácia das transações e pelo seu risco possível, que se afasta do risco imanente a qualquer atividade financeira" (SANCTIS, 2015). Ou seja, a gestão temerária pode ser configurada como aquela **desmedidamente arriscada**.

Cuidando-se, tanto o crime de gestão fraudulenta, quanto o de gestão temerária, de crime de perigo, não se exigindo o dano para a configuração, a eles **não se aplica o princípio da insignificância.**

> **Qual o entendimento do STJ sobre o assunto?**
>
> "É idônea a exasperação da pena-base do delito de gestão fraudulenta, crime formal, com base na valoração negativa das consequências do delito amparada no montante auferido não contabilizado e na quantia de dinheiro retirada da corretora mediante fraude" (AgRg no AgRg no AREsp 1644442/RS, Rel. Min. Joel Ilan Paciornik, p. 28.09.2020).

2.7. Sonegação de informação ou prestação de informação falsa (art. 6º)

Cuida-se de crime pluriofensivo, que tutela, além da inviolabilidade e a credibilidade do mercado de capitais, a repartição pública competente (ex. Banco Central, CVM e Receita Federal do Brasil) e o patrimônio dos sócios e investidores, proibindo que sejam induzidos ou mantidos em erro, relativamente a operação ou situação financeira. "Tutela-se, enfim, tanto o interesse social, representado pela confiança recíproca que deve presidir os relacionamentos patrimoniais individuais e comerciais, quanto o interesse público de reprimir a fraude causadora de dano à instituição financeira" (BITENCOURT; BREDA, 2014, p. 116).

Majoritariamente entende-se que o sujeito ativo será necessariamente uma das pessoas arroladas no art. 25 da lei 7.492/86, configurando-se, portanto, como crime próprio. Já os sujeitos passivos são o Estado, como titular da ordem financeira, além de e investidores, sócios e a repartição pública competente eventualmente atingidos pela informação sonegada ou falsamente prestada.

> **Qual o entendimento do STJ sobre o assunto?**
>
> "A Lei 7.492/86 busca a preservação das instituições públicas e privadas que compõem o sistema financeiro, de modo a viabilizar a transparência, a licitude, a boa-fé, a segurança e a veracidade, que devem reger as relações entre estas e aplicadores, poupadores, investidores, segurados e consorciados. Os delitos dos art. 4º, 6º e 10 são formais, ou seja, não exigem resultados decorrentes das condutas e consumam-se com a prática dos atos de gestão (art. 4º), no momento em que se presta a falsa informação ou a oculta (art. 6º) e quando é formalizado o demonstrativo contábil falso (art. 10)" (CC 91.162/SP, Rel. Min. Arnaldo Esteves Lima, publ. 02.09.2009).

> **Qual o entendimento do STJ sobre o assunto?**
>
> "Configura o crime contra o Sistema Financeiro do art. 6º da Lei 7.492/1986 – e não estelionato, do art. 171 do CP – a falsa promessa de compra de valores mobiliários feita por falsos representantes de investidores estrangeiros para induzir investidores internacionais a transferir antecipadamente valores que diziam ser devidos para a realização das operações" (REsp 1.405.989/SP, Rel. Min. Sebastião Reis Júnior, publ. 15.03.2015, Info 569).

2.8. Emissão, oferecimento ou negociação irregular de títulos ou valores mobiliários (art. 7º)

O art. 7º da lei 7.492/86, mais uma vez, prevê um crime pluriofensivo, já que tutela a higidez dos títulos e valores mobiliários, bem como o patrimônio dos investidores, a fé pública do mercado mobiliário e financeiro, protegendo, assim, a **credibilidade do próprio Sistema Financeiro Nacional**. "Secundariamente, protege a inviolabilidade e a credibilidade do mercado de capitais, sendo imprescindível assegurar a retidão da emissão, da compra e da venda de títulos e valores mobiliários" (SANCTIS, 2015).

> **Importante**
>
> O alcance da expressão "valores mobiliários" se depreende da lei 6.385/76, que dispõe sobre o mercado de capitais, além de ter criado a Comissão de Valores Mobiliários.
>
> Art. 2º. São valores mobiliários sujeito ao regime dessa lei:
>
> I. As ações, debêntures e bônus de subscrição;
>
> II. Os cupons, direitos, recibos de subscrição e certificados de desdobramento relativos aos valores mobiliários referidos no inciso II;
>
> III. Os certificados de depósito de valores mobiliários;
>
> IV. As cédulas de debêntures;
>
> V. As cotas de fundos de investimento em valores mobiliários ou de cubes de investimentos em quaisquer ativos;
>
> VI. As notas comerciais;
>
> VII. Os contratos futuros, de opções e outros derivativos, cujos ativos subjacentes sejam valores mobiliários;
>
> VIII. Outros contratos derivativos, independentemente dos ativos subjacentes; e
>
> IX. Quando ofertados publicamente, quaisquer outros títulos ou contratos de investimento coletivo, que gerem direito de participação, de parceria ou de remuneração, inclusive resultante de prestação de serviços, cujos rendimentos advêm do esforço do empreendedor ou de terceiros.
>
> § 1º. Excluem-se do regime desta Lei:
>
> I. Os títulos da dívida pública federal, estadual ou municipal;
>
> II. Os títulos cambiais de responsabilidade de instituição financeira, exceto as debêntures.

Fausto de Sanctis classifica os valores mobiliários em três espécies (2015):

a) **De capitalização ou participação** (*equity*), que tornam o investidor sócio da companhia emissora, como as ações;

b) **De securitização ou dívida** (*debt*), como as debêntures;

c) **Mistos**, que podem ser transformados em ações.

Embora não haja expressa previsão no art. 7º, a doutrina entende que se trata de crime próprio, exigindo-se uma condição peculiar do sujeito que, portanto, deve ser uma daquelas pessoas elencadas no já mencionado art. 25 da lei 7.492/86. Registre-se a existência de posição no sentido da possibilidade de tratar-se de crime comum nas modalidades oferecer e negociar (BITENCOURT; BREDA, 2014, p. 131).

Já os sujeitos passivos são o Estado, responsável pelo Sistema Financeiro Nacional, assim como quaisquer pessoas eventualmente lesadas pela conduta. O tipo subjetivo é o **dolo**, não se admitindo na modalidade culposa. Exige-se, portanto, que o agente tenha consciência da irregularidade dos títulos ou valores mobiliários emitidos, oferecidos ou negociados.

O tipo objetivo prevê as condutas de emitir (colocar em circulação), oferecer (ofertar) e negociar (transacionar), mediante as condições previstas na lei (crime de forma vinculada):

> I. Falsos ou falsificados;
>
> II. Sem registro prévio de emissão junto à autoridade competente, em condições divergentes das constantes do registro ou irregularmente registrados;
>
> III. Sem lastro ou garantia suficientes, nos termos da legislação;
>
> IV. Sem autorização prévia da autoridade competente, quando legalmente exigida.

A ação penal é **pública incondicionada**, cominando-se pena de reclusão, de dois a oito anos, e multa.

> ▸ **Como esse assunto foi cobrado em concurso?**
>
> No Concurso da CESGRANRIO para Advogado da Caixa Econômica Federal em 2012, o tema foi abordado da seguinte forma: "O diretor da instituição financeira Y **colocou em circulação, sem autorização escrita da sociedade emissora**, documento representativo de **valor mobiliário**. Tal ato é tipificado como crime contra a (o): a) licitação; b) administração pública; c) ordem econômica; d) livre circulação de ideias; e) sistema financeiro nacional". Segundo o gabarito oficial, foi considerada CORRETA a alternativa "e".

2.9. Empréstimo ou adiantamento vedados (art. 17)

O art. 17, *caput*, da Lei 7.492/86 teve sua redação alterada em 2017, com a edição da Lei nº 13.506, passando a estabelecer como crime "tomar ou receber crédito, na qualidade de qualquer das pessoas mencionadas no art. 25, ou deferir operações de crédito vedadas, observado o disposto no art. 34 da lei nº 4.595, de 31 de dezembro de 1964", culminando a pena de reclusão, de dois a seis anos e multa.

> ▸ **Importante**
>
> Lei nº 7.492/86, art. 25. São penalmente responsáveis, nos termos desta lei, o controlador e os administradores de instituição financeira, assim considerados os diretores, gerentes (vetado).
>
> §1º Equiparam-se aos administradores de instituição financeira (Vetado) o interventor, o liquidante ou o síndico.
>
> [...]

O parágrafo único, que não foi modificado pela nova lei, continua determinando que incorre na mesma pena quem: I) em nome próprio, como controlador ou na condição de administrador da sociedade, conceder ou receber adiantamento de honorários, remuneração, salário, ou qualquer outro pagamento, nas condições referidas nesse artigo; II) de forma disfarçada, promover a distribuição ou receber lucros de instituição financeira.

Ou seja, considerando-se a possibilidade de se obter **benefícios particulares em detrimento da ordem econômica**, o legislador procurou, com esse tipo penal, coibir práticas nepotistas que poderiam causar danos ao Sistema Financeiro Nacional. Observe-se, contudo, que **não se exige a ocorrência de efetivo prejuízo**, caracterizando-se como crime de **mera conduta**.

Cuida-se, novamente, de crime pluriofensivo, já que atinge tanto o Sistema Financeiro Nacional quanto o patrimônio da instituição financeira e dos respectivos investidores, acionistas e sócios.

Apesar de se admitir a coautoria e a participação, tem-se aqui, mais um caso de crime próprio, cuja prática somente pode se dar por aqueles sujeitos explicitados no art. 25 da Lei 7.492/86, respondendo **tanto o tomador quanto o concedente** do empréstimo.

Para a configuração do delito será irrelevante que os recursos mutuados ou adiantados sejam de terceiros ou pertencentes à própria instituição financeira já que estes também são responsáveis por garantir a solidez do sistema. Além disso, essa circunstância não se encontra prevista no tipo (BALTAZAR, 2010, p. 387). A ação penal é pública incondicionada.

Luiz Regis Prado chama a atenção para o equívoco na redação do inciso II que, ao invés de se utilizar da expressão "lucro", deveria ter utilizado "dividendos". Assim, "havendo o legislador cometido erro de técnica de redação, ao utilizar o termo lucros, e não dividendos, este sim, o termo correto, propiciou a sua não aplicação, porque o operador do direito deve respeitar o princípio da legalidade, no seu aspecto da taxatividade. Dessa forma, não se pode dar interpretação diferenciada do que está escrito na lei. Os elementos normativos devem estar bem delineados para que se possa bem compreender o alcance da lei penal" (PRADO, 2019, p. 190).

‣ Qual o entendimento do STJ sobre o assunto?

"Segundo reiterada jurisprudência desta Corte, o crime tipificado no art. 17 da lei 7.492/86 se conforme com a **mera conduta do agente**, isto é, se aperfeiçoa com o simples empréstimo realizado por instituição financeira a empresa coligada do mesmo grupo econômico, razão por que a assertiva de utilização de recursos próprios não afasta a indicação delitiva, podendo servir, ao contrário, para a análise da culpabilidade em momento próprio" (REsp 466.168/SP, Rel. Min. Maria Thereza de Assis Moura, publ. 22.02.2010).

‣ Qual o entendimento do STF sobre o assunto?

"[...] parece-me claro que o crime supostamente praticado pelo paciente é classificado como 'próprio quanto ao sujeito ativo', porque exige deste uma especial qualidade, consistente, [...] em ser controlador, administrador, diretor ou gerente de instituição financeira. No entanto, o argumento do impetrante não se sustenta, na medida em que a especial qualidade do sujeito ativo é circunstância elementar do crime do art. 17 da Lei dos Crimes contra o Sistema Financeiro. A consequência disso encontra-se no art. 30 do Código Penal. Em síntese, apesar de não ser o paciente controlador, administrador, diretor ou gerente de instituição financeira, **essa qualidade, de índole subjetiva, lhe é comunicada** por expressa previsão legal" (HC 84.238-1/BA, Rel. Min. Joaquim Barbosa, publ. 10.09.2004).

‣ Como esse assunto foi cobrado em concurso?

No Concurso do CESPE para Advogado da União em 2012, foi considerado ERRADO o seguinte enunciado: "Apesar de serem crimes autônomos, o empréstimo vedado e a gestão temerária, quando forem praticados em uma só ação e originários de uma só operação bancária, não deverão ser processados em concurso formal, pois haverá a absorção do primeiro delito pelo segundo".

‣ Como esse assunto foi cobrado em concurso?

No Concurso da FCC para Advogado da Nossa Caixa Desenvolvimento em 2011, o tema foi abordado da seguinte forma: "De acordo com a lei n. 7.492/86, NÃO comete crime contra o sistema financeiro nacional o administrador de instituição financeira que: a) divulgar informação falsa ou prejudicialmente incompleta sobre instituição financeira; b) deferir empréstimo a parente na linha colateral em **terceiro grau**, consanguíneo ou afim; c) geri-la fraudulentamente; d) mantiver ou movimentar recurso ou valor paralelamente à contabilidade exigida pela legislação; e) geri-la temerariamente". Segundo o gabarito oficial, foi considerada CORRETA a alternativa "b".

2.10. Financiamento mediante fraude (art. 19)

Segundo o art. 19, *caput*, da Lei 7.492/86, constitui crime a obtenção, mediante fraude, de financiamento **em instituição financeira**, apenado com reclusão de dois a seis anos e multa. Conforme o parágrafo único do mesmo dispositivo, a pena será aumentada de 1/3 se o crime for cometido em detrimento de instituição financeira oficial ou por ela credenciada para o repasse de financiamento.

Tutela-se, assim, tanto o patrimônio da instituição, de seus acionistas, sócios, investidores, correntistas e aplicadores, quanto a própria **credibilidade do Sistema Financeiro Nacional**. Tem-se aqui uma **forma especial de estelionato** que deverá prevalecer sobre este, em razão do princípio da especialidade.

> **▸ Qual o entendimento atual do STJ sobre o assunto?**
>
> "O crime de, 'obter, mediante fraude, financiamento em instituição financeira', se consuma no momento em que assinado o contrato de obtenção de financiamento mediante fraude". AgRg no REsp 2.002.450-SE, Rel. Ministro Joel Ilan Paciornik, Quinta Turma, j. 17/4/2023, Info 771).

> **▸ Qual o entendimento do STJ sobre o assunto?**
>
> "O tema foi amplamente debatido em precedente no qual esta Corte Superior manteve sua jurisprudência no sentido de que o crime tipificado no art. 19 da Lei n. 7.492/86 não exige, para sua configuração, efetivo ou potencial abalo ao Sistema Financeiro" (AgRg no AgRg no AREsp 1642491/SP, Rel. Min. Joel Ilan Paciornik, p. 29.05.2020).

> **▸ Qual o entendimento do STJ sobre o assunto?**
>
> "Para a configuração do delito descrito no art. 19 da Lei n. 7.492/1986, segundo a pacífica orientação desta Corte, basta a obtenção, mediante fraude, de financiamento em instituição financeira. Logo, o dolo do agente, que caracteriza o referido crime, não é aferido devido ao pagamento ou não de parcelas referentes ao financiamento, mas em momento anterior, isto é, por ocasião da celebração do financiamento, que pressupõe a utilização da fraude" (AgRg no AREsp 1761580/PE, Rel. Min.Rogério Schietti Cruz, p.30.04.2020).

Observe-se a necessidade de se distinguir empréstimo de financiamento. Enquanto aquele é uma operação rotineira das instituições financeiras e pode ter a destinação mais variada possível, conforme as necessidades e interesses do tomador, o **financiamento tem destinação específica**, sendo vinculado a determinado empreendimento ou aquisição de determinado bem, propriedade, coisa ou direito. "Essa finalidade fomentadora do progresso, melhoria ou criação de oportunidades para a coletividade como um todo justifica a sua maior proteção jurídica, atribuindo-se lhe, inclusive, dignidade penal" (BITENCOURT; BREDA, 2014, p. 248).

Diferente dos demais crimes aqui analisados, este pode ser cometido por **qualquer pessoa**, não se exigindo qualquer qualidade especial. Por isso, é considerado crime comum. Além disso, admite o concurso de pessoas, nos moldes do art. 29 do CP. Sujeito passivo será a instituição lesada, assim como seus investidores, sócios e acionistas. Secundariamente também será sujeito passivo o Estado, já que é o responsável pela solidez do Sistema Financeiro Nacional.

José Paulo Baltazar Jr., citando julgado do TRF/4 destaca que: "A fraude caracterizadora do delito de obtenção de financiamento em instituição financeira mediante fraude é qualquer fraude, não sendo necessário que a fraude, em si, constitua crime, e se constituir, restando esgotada a potencialidade lesiva, a fraude é absorvida pelo crime fim" (AC 199990401078564-0-PR) (2010, p. 395).

▸ **Qual o entendimento do STJ sobre o assunto?**

"Para a incidência da causa de aumento do art. 19, parágrafo único, da lei nº 7.429/1986 é suficiente que o crime tenha sido cometido em detrimento de instituição financeira oficial ou por ela credenciada para o repasse de financiamento. Não é necessário que o valor financiado por meio de fraude advenha de verba oriunda de programa governamental, pois na elementar da majorante não há essa exigência específica. Praticado o delito em desfavor da Caixa Econômica Federal, empresa pública federal e, portanto, instituição financeira oficial, é devida a aplicação da majorante" (REsp 1840408/RS, Rel. Min. Laurita Vaz, p. 23.10.2020).

▸ **Qual o entendimento do STJ sobre o assunto?**

"No crime de obtenção de financiamento em instituição financeira mediante fraude, disposto no art. 19 da Lei 7.492/86, é prescindível a realização de perícia grafotécnica quando outros meios de prova se mostrem aptos a comprovar a materialidade delitiva." (REsp 1773226/SC, Rel. Min. Nefi Cordeiro, p. 23.05.2019).

▸ **Como esse assunto foi cobrado em concurso?**

No Concurso do CESPE para Juiz Federal da 1ª Região em 2015, foi considerado ERRADO o seguinte enunciado: "José, com o intuito de enganar representante de instituição bancária para celebrar **contrato de mútuo**, apresentou contracheque e identidade falsos na ocasião do negócio. Nessa situação, praticou crime contra o sistema financeiro".

▸ **Como esse assunto foi cobrado em concurso?**

No Concurso do CESPE para Juiz Federal da 5ª Região em 2015, foi considerado ERRADO o seguinte enunciado: "Considere a seguinte situação hipotética. José, produtor rural, obteve financiamento rural aprovado pelo PRONAMP no valor de R$ 380.000,00. Essa quantia deveria ser utilizada, conforme projeto aprovado, na reforma, ampliação e construção de instalações permanentes, na formação de lavouras permanentes, na eletrificação rural e na aquisição de caprinos e ovinos para ampliar produção de laticínios e derivados na região. Ocorre que **parte dos recursos foi utilizada na aquisição de camionete cabine dupla o km**, não prevista no projeto original, para uso na área rural e transporte de insumos. José honrou todas as parcelas do financiamento, e a compra do bem foi verificada na vistoria final do contrato. Nessa situação hipotética, a conduta do produtor rural no que se refere à compra da camionete é **atípica** por não trazer prejuízos ao sistema financeiro e pelo fato de os investimentos permanecerem na atividade rural original, ainda que a aquisição do bem não estivesse prevista expressamente no contrato".

▸ Como esse assunto foi cobrado em concurso?

No Concurso da VUNESP para Escrivão da Polícia Civil do Ceará em 2015, o tema foi abordado da seguinte forma: "O crime de **'obter, mediante fraude, financiamento em instituição financeira'** (art. 19 da Lei nº 7.492/86) tem pena aumentada de 1/3 se cometido: a) em momento de grave recessão; b) por agente público; c) em detrimento de instituição financeira oficial; d) com intuito de causar risco sistêmico; e) por intermédio de pessoa jurídica". Segundo o gabarito oficial, foi considerada CORRETA a alternativa "c".

▸ Como esse assunto foi cobrado em concurso?

No Concurso da CESGRANRIO para Advogado do BNDES em 2010, o tema foi abordado da seguinte forma: "Tício obtém, mediante fraude, crédito vinculado a leasing financeiro, sendo denunciado pelo Ministério Público como incurso nas penas do art. 19, da Lei nº 7.249/86, que regulamenta os crimes contra o Sistema Financeiro Nacional. Alega que inexistiu crime uma vez que o Banco não teria natureza pública. Diante de tal quadro, conclui-se que: a) a obtenção de crédito fraudulentamente, mediante leasing, não caracteriza crime contra o Sistema Financeiro Nacional; b) a pena cominada é a mesma, seja em instituição privada ou pública, em fatos dessa natureza; c) a origem da instituição, quer pública ou privada, é irrelevante para tipificar o crime descrito; d) o crime descrito implica a necessidade de que recursos públicos estejam envolvidos para ser tipificado; e) somente os mútuos bancários, em sentido estrito, caracterizam o delito em foco". Segundo o gabarito oficial, foi considerada CORRETA a alternativa "c".

Capítulo 9

O Direito Financeiro no enfrentamento da pandemia da COVID-19

No ano de 2020, o mundo inteiro foi surpreendido pela ação devastadora do Coronavírus SARS-Cov-2, levando legisladores do mundo todo, a criar normas extraordinárias e, em regra, temporárias, para o enfrentamento da pandemia. No Brasil, duas normas, em especial, são relevantes para o Direito Financeiro, na medida em que flexibilizam o cumprimento de regras tradicionalmente impostas aos gestores públicos. Assim, em 7 de maio de 2020 foi aprovada a Emenda Constitucional nº 106, instituindo regime extraordinário fiscal, financeiro e de contratações para enfrentamento de calamidade pública nacional decorrente de pandemia. Já no dia 27 do mesmo mês foi aprovada a lei complementar nº 173, estabelecendo o Programa Federativo de Enfrentamento ao Coronavírus e alterando a Lei de Responsabilidade Fiscal (LC 101/2000).

A seguir, em 15 de março de 2021, foi aprovada a Emenda Constitucional nº 109, elevando ao status constitucional uma série de regras adotadas durante a enfrentamento da COVID-19. A ideia da EC 109 foi estabelecer parâmetros para enfrentamento desta e de outras calamidades que, futuramente, poderão ocorrer. Contudo, considerando que o único exemplo que há, até agora, para a incidência de tal norma é o decorrente da pandemia do coronavírus, optamos por incluir tal disciplina neste capítulo, facilitando a preparação para os concursos.

> ▸ **Como esse assunto foi cobrado em concurso?**
>
> No Concurso da CEBRASPE para Auditor Fiscal Jurídico da Receita Estadual da SEFAZ/CE em 2021, foi considerado CERTO o seguinte enunciado: "As despesas urgentes não previstas no orçamento e necessárias ao combate da pandemia de covid-19 devem ser autorizadas mediante a abertura de crédito adicional extraordinário".

1. EMENDA CONSTITUCIONAL Nº 106, DE 2020

Em relação à EC 106/2020 cumpre destacar o fato de se tratar de emenda constitucional avulsa, uma vez que não altera o texto constitucional, e temporária, já que, conforme previsão do seu art. 11, a emenda entra em vigor na data de sua publicação ficando automaticamente revogada na data do encerramento do estado de calamidade pública reconhecido pelo Congresso Nacional, o que se deu pelo Decreto Legislativo 06/2020, inicialmente previsto para durar até 31 de dezembro de 2020, nos termos da solicitação do Presidente da República encaminhada por meio da Mensagem nº 93, de 18 de março daquele mesmo ano.

Em relação ao Direito Financeiro já em seu art. 2º, a EC 106/2020 dispõe sobre a inexigibilidade de prévia dotação orçamentária e autorização específica na Lei de Diretrizes Orçamentárias para a contratação por tempo determinado em situações relacionadas ao enfrentamento da calamidade e seus efeitos sociais e econômicos (art. 2º). No mais, não se caracterizando como despesa permanente, as medidas legislativas e executivas voltadas ao enfrentamento da pandemia, com efeitos restritos à sua duração, ficam dispensadas da observância das limitações legais ao aumento de despesa e renúncia de receita (art. 3º, *caput*).

Enquanto durar o estado de calamidade pública, também estará afastada a disposição constante do §3º do art. 195 da CRFB/88, segundo o qual a "pessoa jurídica em débito com o sistema da seguridade social, como estabelecido em lei, não poderá contratar com o poder público nem dele receber benefícios ou incentivos fiscais ou creditícios".

Outro ponto bastante relevante da EC 106/2020 diz respeito à suspensão da vedação do art. 167, III, da CRFB, que estabelece a chamada **"regra de ouro"** da responsabilidade fiscal, qual seja a vedação à "realização de operações de créditos que excedam o montante das despesas de capital, ressalvadas as autorizadas mediante créditos suplementares ou especiais com finalidade precisa, aprovados pelo Poder Legislativo, por maioria absoluta". Assim, com base naquela emenda, excepcionalmente no exercício financeiro de 2020, foi possível ao governo realizar operações de crédito que excedessem o valor das despesas de capital (art. 4º).

Por outro lado, para o controle das medidas de enfrentamento da pandemia, a EC 106/2020 fixou a necessidade de publicação a cada 30 dias, pelo Ministério da Economia, de relatório com os valores e o custo das operações de crédito realizadas no período de vigência do estado de calamidade pública nacional de que trata a emenda. Ainda em relação ao controle e acompanhamento das despesas relacionadas à calamidade pública nacional, o art. 5º da EC 106/2020 prevê programação orçamentária específica e prestação de contas avaliada separadamente.

Também de maneira excepcional, ficou estabelecido pela emenda que os recursos das operações de crédito poderão ser utilizados para pagamento dos juros e encargos (art. 6º), além de ter sido autorizado ao Banco Central comprar e vender títulos de emissão do Tesouro e outros ativos (arts. 7º e 8º).

Para impedir que o Poder Executivo extrapole seus poderes ante a situação de excepcionalidade decorrente da pandemia e da respectiva Emenda Constitucional, o seu art. 9º prevê que em caso de irregularidade ou de descumprimento dos limites da EC 106/2020, o Congresso Nacional poderá sustar, por decreto legislativo, qualquer decisão do órgão ou entidade do Poder Executivo relacionada às medidas autorizadas pela EC (art. 9º).

Considerando que medidas relacionadas ao coronavírus já estavam sendo tomadas no país antes mesmo da edição da EC 106/2020, o Congresso Nacional achou por bem convalidar os atos de gestão praticados a partir de 20 de março de 2020, desde compatíveis com ela (art. 10).

Por fim, vale mencionar que a EC 106/2020, ao fixar o regime extraordinário fiscal, financeiro e de contratações, estabelece regras específicas também de Direito Administrativo, como a previsão de processos simplificados de contratação tanto de pessoal, em caráter temporário e emergencial; quanto de obras, serviços e compras, afastando, temporariamente, a regra constitucional da licitação e do concurso público (EC 106/2020, art. 2º, caput). Por outro lado, fixou-se a regra no sentido de que nas hipóteses de distribuição de equipamentos e insumos de saúde imprescindíveis ao enfrentamento da calamidade, a União adotará critérios objetivos, devidamente publicados, para a respectiva destinação a Estados e Municípios (EC 106/2020, art. 2º, parágrafo único).

2. LEIS COMPLEMENTARES Nº 172/2020 E 197/2022

Em 15 de abril de 2020, já sob a vigência do Decreto Legislativo nº 6/2020 que reconheceu a ocorrência de estado de calamidade pública em decorrência da pandemia da COVID-19, o Congresso Nacional aprovou a lei complementar nº 172, dispondo sobre a **transposição e a transferência** de saldos financeiros constantes dos Fundos de Saúde dos Estados, do Distrito Federal e dos Municípios, provenientes de repasses federais.

> **▸ Importante**
> **Transposições** são realocações no âmbito dos programas de trabalho dentro do mesmo órgão e **transferências** são realocações de recursos entre as categorias econômicas de despesas, dentro do mesmo órgão e do mesmo programa de trabalho (TC/MG, Consulta nº 958.027, de 2.3.2016, rel. Conselheiro Wanderley Ávila. Comunicado SICOM nº 17/2020).

A transposição e a transferência tratadas pela LC 172/2020 destinam-se, exclusivamente, à realização de ações e serviços públicos de saúde, condicionadas à observância, pelos entes federativos, dos seguintes requisitos: I- cumprimento dos objetos e dos compromissos previamente estabelecidos em atos normativos específicos expedidos pela direção do Sistema Único de Saúde; II- inclusão de recursos financeiros transpostos e transferidos na Programação Anual de Saúde e na respectiva LOA, com indicação da nova categoria econômica a ser vinculada; e III- ciência ao respectivo Conselho de Saúde.

No mais, a LC 172/2020 determinou que os entes federativos que realizarem a transposição ou a transferência nela previstas, deverão comprovar a execução no respectivo Relatório Anual de Gestão (art. 3º). Por fim, os valores relacionados à transposição e à transferência dos mencionados saldos financeiros, **não serão considerados parâmetros para os cálculos de futuros repasses financeiros por parte do Ministério da Saúde** (art. 4º).

Em 2021, a Lei Complementar nº 181 alterou o art. 5º da LC 172/2020 para fixar que a transposição e a transferência de saldos financeiros de que ela trata aplicam-se até o final do exercício financeiro de 2021, prazo prorrogado novamente, para o **final do exercício financeiro de 2023**, pela LC 197/2022e, a seguir, adiado mais uma vez para o final do exercício financeiro de 2024, pela LC 205/24. Após esse prazo (caso não haja mais prorrogação), os saldos remanescentes em contas criadas antes de 1º de janeiro de 2018 deverão ser devolvidos à União.

Com o objetivo de permitir que as Santas Casas recebam recursos provenientes de saldos não utilizados de repasses da União para fundos de saúde e assistência social de estados e municípios, em 6 de dezembro de 2022 foi aprovada a LC 197, alterando a LC 172/2020, cujo principal dispositivo estabelece que: "os saldos financeiros transpostos ou transferidos a partir da data de publicação desta Lei Complementar e com fundamento no disposto da LC 172/2020, deverão ser aplicados para o **custeio de serviços prestados por entidades privadas sem fins lucrativos que complementem o Sistema Único de Saúde (SUS)**, no montante de até **R$ 2 bilhões**, com o objetivo de contribuir para a sustentabilidade econômico-financeira dessas instituições na manutenção dos atendimentos, sem solução de continuidade".

Em seus dispositivos seguintes, a LC 197/2022 estabelece, dentre outros, a necessidade de que seja dada ampla publicidade aos valores, inclusive com prestação de contas, e entidades beneficiadas, as quais, poderão recebê-los independentemente da eventual existência de débitos ou da situação de inadimplência em relação a tributos e contribuições, excetuados os débitos de que trata o §3º do art. 195 da CRFB/88 (débitos com o sistema da seguridade social).

3. LEI COMPLEMENTAR Nº 173, DE 2020

Também em relação às normas excepcionais de enfrentamento à pandemia da COVID-19, merece total atenção do candidato a concursos que exijam Direito Financeiro, o conhecimento do teor da **Lei Complementar nº 173**, de 27 de maio de 2020 que estabelece o Programa Federativo de Enfrentamento ao Coronavírus SARS-CoV-2 e altera a Lei de Responsabilidade Fiscal (LC 101/2000), entrando em vigor na data de sua publicação.

Assim, ao instituir uma espécie de "regime fiscal provisório" o Programa Federativo de Enfrentamento ao Coronavírus é composto de três iniciativas (LC 173, art. 1º, §1º):

1) Suspensão **imediata** do pagamento das dívidas que os Estados, Distrito Federal e Municípios tenham com a União;

2) Reestruturação das operações de crédito que os Estados, Distrito Federal e Municípios tenham contraído junto ao sistema financeiro e instituições multilaterais de crédito; e

3) Entrega de recursos da União, na forma de auxílio financeiro, aos Estados, ao Distrito Federal e aos Municípios, no exercício de 2020, e em ações de enfrentamento ao coronavírus SARS-COV-2 (COVID-19).

A suspensão das dívidas dos demais entes federativos com a União é de emprego imediato e alcança, em relação aos Estados e ao Distrito Federal, aquelas disciplinadas pela lei nº 9.496/97 e pela MP nº 2.192-70/2001. Já em relação aos Municípios, as dívidas abrangidas pela LC 173/2020 são aquelas contidas na MP 2.185-35/2001 e na lei nº 13.485/2017. Autoriza-se, dessa forma, a União a aplicar a suspensão "aos respectivos contratos de refinanciamento, ainda que previamente à celebração de termos aditivos ou outros instrumentos semelhantes. Em outras palavras, mesmo antes de qualquer ato escrito, os pagamentos já estão suspensos por força da LC 173/2020" (CAVALCANTE, 2020).

Há que se destacar que a ocorrência de calamidade pública, apesar de incomum, já encontrava previsão no art. 65 da Lei de Responsabilidade Fiscal (LC 101/2000). Segundo a doutrina, a calamidade pública é "a situação reconhecida pelo poder público de uma circunstância extraordinária provocada por desastre natural, humano, ou misto, que causa sérios danos à comunidade afetada, inclusive à incolumidade e à vida de seus integrantes" (ABRAHAM, 2017, p. 288).

Assim, caracterizando-se a calamidade pública, como é o caso decorrente da pandemia do coronavírus, devidamente reconhecida pelo Decreto Legislativo nº 6/2020, a Lei de Responsabilidade Fiscal suspende enquanto durar tal situação, "a contagem dos prazos de controle (adequação e recondução) das despesas de pessoal (arts. 23 e 70) e dos limites do endividamento (art. 31), o atingimento das metas de resultados fiscais e a utilização do mecanismo da limitação de empenho (art. 9º) (ABRAHAM, 2017, p. 289).

Além dessas disposições, já previstas na LRF, a LC 173/2020 também determinou o afastamento e dispensa das disposições tanto da LRF quanto de outras leis, decretos, portarias e outros atos normativos que tratem:

I. das condições e vedações previstas no art. 14, no inciso II do caput do art. 16 e no art. 17 da Lei Complementar nº 102, de 2000;

II. dos demais limites e das condições para a realização e o recebimento de transferências voluntárias.

Há que se destacar que as dispensas já previstas na LRF para o caso de calamidade pública, assim como aquelas trazidas pela LC 173/2020, valem exclusivamente para os atos de gestão orçamentária e financeira necessários ao atendimento do Programa Federativo de Enfrentamento ao Coronavírus ou de convênios vigentes durante o estado de calamidade (art. 3º, §1º, I). Por outro lado, tais dispensas não eximem seus destinatários, ainda que após o término do estado de calamidade pública, da observância das obrigações de transparência, controle e fiscalização referentes ao referido período, cujo atendimento será objeto de futura verificação pelos órgãos de fiscalização e controle respectivos, na forma por eles estabelecida (art. 3º, §1º, II). No mesmo sentido, a LC 173/2020 dispensou, para a assinatura dos aditivos nela previstos, os requisitos exigidos na LRF para a contratação com a União.

Além de trazer situações específicas cuja aplicação incide tão somente sobre a pandemia da COVID-19, a LC 173/2020 alterou o supracitado art. 65 da LRF para incluir novas disposições aplicáveis a essa e a eventuais futuras situações de calamidade pública. Em verdade, diante da triste experiência com a pandemia do coronavírus, optou o legislador por tornar permanentes algumas possibilidades de flexibilização da LRF, inicialmente disciplinadas como norma de caráter temporário, sem, contudo, afastar as disposições relativas à transparência, controle e fiscalização.

▸ Importante

Disposições inseridas pela LC 173 ao at. 65 da LRF:

§1º Na ocorrência de calamidade pública reconhecida pelo Congresso Nacional, nos termos de decreto legislativo, em parte ou na integralidade do território nacional e enquanto perdurar a situação, além do previsto nos incisos I e II do caput:

I – serão dispensados os limites, condições e demais restrições aplicáveis à União, aos Estados ao Distrito Federal e aos Municípios, bem como sua verificação, para:

a) contratação e aditamento das operações de crédito;

b) concessão de garantias;

c) contratação entre entes da Federação; e

d) recebimento de transferências voluntárias.

II – serão dispensados os limites e afastadas as vedações e sanções previstas e decorrentes dos arts. 35, 37 e 42, bem como será dispensado o cumprimento do disposto no parágrafo único do at. 8º desta Lei Complementar, desde que os recursos orçamentários arrecadados sejam destinados ao combate à calamidade pública;

III – serão afastadas as condições e as vedações previstas nos arts. 14, 16 e 17 desta Lei Complementar, desde que o incentivo ou benefício e a criação ou aumento da despesa sejam destinados ao combate à calamidade pública.

§2º O disposto no §1º deste artigo, observados os termos estabelecidos no decreto legislativo que reconhecer o estado de calamidade pública:

I – aplicar-se-á exclusivamente:

a) às unidades da Federação atingidas e localizadas no território em que for reconhecido o estado de calamidade pública pelo Congresso Nacional e enquanto perdurar o referido estado de calamidade;

b) aos atos de gestão orçamentária e financeira necessários ao atendimento de despesas relacionadas ao cumprimento do decreto legislativo;

II – não afasta as disposições relativas à transparência e fiscalização.

§3º No caso de aditamento de operações de crédito garantidas pela União com amparo no disposto no §1º deste artigo, a garantia será mantida, não sendo necessária a alteração dos contratos de garantia e contragarantia vigentes.

No art. 4º, a LC 173/2020 prevê a possibilidade de aditamentos contratuais a serem realizados por Estados, Distrito Federal e Municípios com a União no sentido de suspenderem os pagamentos devidos no exercício financeiro de 2020, incluindo o principal e quaisquer outros encargos, de operações de crédito interno e externo celebradas com o sistema financeiro e instituições multilaterais de crédito. Essa suspensão do pagamento inclui tanto o valor principal como também quaisquer outros encargos (ex. juros) (CAVALCANTE, 2020). Nesses casos, sendo tais operações de crédito garantidas pela União, a lei prevê a manutenção da garantia, não se exigindo a alteração dos contratos de garantia e de contragarantia vigentes. Ademais, "serão mantidas as condições financeiras em vigor na data de celebração dos termos aditivos, podendo o prazo final da operação, a critério do Estado, do Distrito Federal ou do Município, se ampliado por período não superior ao da suspensão dos pagamentos" (Art. 4º, §4º).

Para as ações de enfrentamento à Covid-19 e para a mitigação dos seus efeitos financeiros, a LC 173/2020 determina que a União entregue, na forma de auxílio financeiro, aos demais entes federativos, o valor de R$ 60 bilhões, assim distribuídos:

I. R$ 10 bilhões para ações de saúde e assistência social, sendo R$ 7 bilhões aos Estados e ao Distrito Federal; e R$ 3 bilhões aos Municípios. Esses valores serão distribuídos levando-se em consideração dois critérios: a taxa de incidência divulgada pelo Ministério da Saúde e a população no caso de Estados e DF e apenas a população no caso dos Municípios.

II. R$ 50 bilhões, da seguinte forma: R$ 30 bilhões aos Estados e ao Distrito Federal e R$ 20 bilhões aos Municípios. A forma de distribuição desses valores foi prevista no Anexo I da LC 173/2020.

▸ **Importante**

Para a aquisição dos produtos e serviços com os recursos previstos no art. 5º, II da LC 173/2020, Estados e Municípios darão preferência às microempresas e às empresas de pequeno porte, seja por contratação direta ou por exigência dos contratantes para subcontratação (LC 173/2020, art. 5º, §8º).

O art. 6º da LC 173/2020, por sua vez, permite a securitização dos contatos de dívidas, conforme regulamentação da Secretaria do Tesouro Nacional (STN), desde que atendidos os seguintes requisitos:

I. Enquadramento como operação de reestruturação de dívida, conforme legislação vigente e orientações e procedimentos da STN;

II. Securitização no mercado doméstico de créditos denominados e referenciados em reais;

III. Obediência, pela nova dívida, aos seguintes requisitos:

a) Ter prazo máximo de até 30 (trinta) anos, não superior a 3 (três) vezes o prazo da dívida original;

b) Ter fluxo inferior ao da dívida original;

c) Ter custo inferior ao custo da dívida atual, considerando todas as comissões (compromisso e estruturação, dentre outras) e penalidades para realizar o pagamento antecipado;

d) Ter estrutura de pagamentos padronizada, com amortizações igualmente distribuídas ao longo do tempo e sem período de carência;

e) Ser indexada ao CDI;

f) Ter custo inferior ao custo máximo aceitável, publicado pela STN, para as operações de crédito securitizáveis com prazo médio (duration) de até 10 (dez) anos, considerando todas as comissões (compromisso e estruturação, entre outras) e penalidades para realizar o pagamento antecipado;

g) Ter custo máximo equivalente ao custo de captação do Tesouro Nacional para as operações de crédito securitizáveis com prazo médio (duration) superior a 10 (dez) anos, considerando todas as comissões (compromisso e estruturação, entre outras) e penalidade para realizar o pagamento antecipado.

Além das alterações que a LC 173/2020 introduziu ao art. 21 da LRF, que trata de restrições ao aumento de despesas com pessoal (ver item próprio no capítulo 3), o Programa Federativo de Enfrentamento ao Coronavírus, em seu dispositivo mais polêmico (art. 8º), estabeleceu uma série de vedações a todos os entes federados. Assim, foram proibidos, até 31 de dezembro de 2021[1]:

- Conceder vantagem, aumento, reajuste ou adequação de remuneração a:

a) Membros de Poder ou de órgão;

b) Servidores públicos;

c) Empregados públicos;

d) Militares.

Exceção: quando derivar de sentença judicial transitada em julgado ou de determinação legal anterior à calamidade pública.

---

1 Atenção: até o fechamento desta edição, o Congresso Nacional ainda não tinha decidido sobre os vetos presidenciais à LC 173/2020. Assim, no momento da preparação para o concurso, é importante que o leitor busque o texto atualizado da lei complementar e tenha bastante cuidado em relação aos vetos.

- Criar cargo, emprego ou função que implique aumento de despesa;

Exceção: Medidas de combate à calamidade pública decorrente da pandemia da Covid-19, cuja vigência e efeitos não ultrapassem a sua duração.

- Alterar estrutura de carreira que implique aumento de despesa;
- Admitir ou contatar pessoal, a qualquer título.

Exceções: reposições de cargos de chefia, de direção e de assessoramento que não acarretem aumento de despesa, reposições decorrentes de vacância em cargos efetivos ou vitalícios, contratações temporárias (CRFB/88, art. 37, IX), contratações temporárias para prestação de serviço militar e contratações de alunos de órgãos de formação de militares ou medidas de combate à calamidade pública decorrente da pandemia da Covid-19, cuja vigência e efeitos não ultrapassem a sua duração.

- Realizar concurso público.

Exceção: reposições de vacâncias de cargos efetivos ou vitalícios.

> **Importante**
>
> A LC 180/2021 incluiu o §7º ao art. 8º da LC 173/2020 para determinar que a vedação à admissão ou contratação de pessoal, a qualquer título; assim como a realização de concurso público não se aplicam aos cargos de direção e funções previstos nas leis nº 13.634/18 Universidade Federal de Catalão), 13.635/18 (Universidade Federal de Jataí), 13.637/18 (Universidade Federal de Rondonópolis), 13.651/18 (Universidade Federal do Delta do Parnaíba e Universidade Federal do Agreste de Pernambuco), 13.856/19 (Universidade Federal do Norte do Tocantins) e ao quadro permanente de que trata a lei nº 12.550/11 (Empresa Brasileira de Serviços Hospitalares – EBSERH).

- Criar ou majorar auxílios, vantagens, bônus, abonos, verbas de representação ou benefícios de qualquer natureza, inclusive os de cunho indenizatório, em favor de membros de Poder, do Ministério Público ou da Defensoria Pública e de servidores e empregados públicos e militares, ou ainda de seus dependentes.

Exceções: quando derivar de sentença judicial transitada em julgado ou de determinação legal anterior à calamidade ou ainda, aos casos de profissionais de saúde e de assistência social, desde que relacionado a medidas de combate à calamidade pública prevista na LC 173/2020 cuja vigência e efeitos não ultrapassem a sua duração.

- Criar despesa obrigatória de caráter continuado.

Exceções: Medidas de combate à calamidade pública decorrente da pandemia da Covid-19, cuja vigência e efeitos não ultrapassem a sua duração e ainda, nos casos de prévia compensação mediante aumento de receita ou redução de despesa, observado que: I- em se tratando de despesa obrigatória de caráter continuado, assim compreendida aquela que fixe para o ente a obrigação legal de sua execução por período superior a 2 (dois) exercícios, as medidas de compensação deverão ser permanentes; e II- não implementada a prévia compensação, a lei ou ato será ineficaz enquanto não regularizado o vício, sem prejuízo de eventual ação direta de inconstitucionalidade.

- Adotar medida que implique reajuste de despesa obrigatória acima da variação da inflação medida pelo IPCA, observada a preservação do poder aquisitivo do salário-mínimo.

Exceção: Medidas de combate à calamidade pública decorrente da pandemia da Covid-19, cuja vigência e efeitos não ultrapassem a sua duração.

- Contar esse tempo como de período aquisitivo necessário exclusivamente para a concessão de anuênios, triênios, quinquênios, licenças-prêmio e demais mecanismos equivalentes que aumentem a despesa com pessoal em decorrência da aquisição de determinado tempo de serviço, sem qualquer prejuízo para o tempo de efetivo exercício, aposentadoria, e quaisquer outros fins (art. 8º, IX).

O art. 8º da LC 173/2020 ainda determinou, em seu §3º, que a LDO, assim como a LOA poderão conter dispositivos e autorizações que versem sobre as vedações nele previstas, desde que seus efeitos somente sejam implementados após o fim do prazo fixado, sendo vedada qualquer cláusula de retroatividade.

No mais, as vedações previstas no art. 8º da LC 173/2020, por disposição expressa, não se aplicam ao direito de opção assegurado aos servidores civis, militares e empregados dos ex-Territórios Federais, bem como aos respectivos atos de transposição e de enquadramento.

Em 8 de março de 2022, a Lei Complementar nº 191 alterou a LC 173/2020 para incluir o §8º ao seu art. 8º, no sentido de que a vedação contida no inciso IX do caput daquele artigo não se aplica aos servidores públicos civis e militares da área de saúde e da segurança pública da União, dos Estados, do Distrito Federal e dos Municípios, observado que:

I. para os servidores especificados neste parágrafo, os entes federados ficam proibidos, até 31 de dezembro de 2021, de realizar o pagamento de novos blocos aquisitivos, cujos períodos tenham sido completados durante o tempo previsto no caput deste artigo, de anuênios, triênios, quinquênios, licenças-prêmio e demais mecanismos equivalentes que aumente a despesa com pessoal em decorrência da aquisição de determinado tempo de serviço;

II. os novos blocos aquisitivos dos direitos especificados no inciso I deste parágrafo não geram direito ao pagamento de atrasados, no período especificado;

III. não haverá prejuízo no cômputo do período aquisitivo dos direitos previstos no inciso I deste parágrafo;

IV. o pagamento a que se refere o inciso I deste parágrafo retornará em 1º de janeiro de 2022.

Por fim, a LC 173 também trouxe duas importantes suspensões. A primeira delas diz respeito aos pagamentos dos refinanciamentos de dívidas dos Municípios com a Previdência Social com vencimento entre 1º de março e 31 de dezembro de 2020 (at. 9º), estendendo-se ao recolhimento de contribuições previdenciárias patronais dos Municípios devidas aos respectivos regimes próprios, desde que autorizada por lei municipal específica.

A outra suspensão alcança os prazos de validade dos concursos públicos já homologados na data da publicação do Decreto Legislativo nº 6/2020, em todo o território nacional, até o término da vigência do estado de calamidade pública estabelecido pela União (art. 10). Nesse ponto, há que se ressaltar que o §1º desse dispositivo abrangia, na suspensão, os concursos realizados pelos demais entes federativos. Contudo, em razão de seu veto, o caput do at. 10 da LC 173/2020 alcança, **tão somente, os concursos realizados no âmbito federal**.

4. CALAMIDADE PÚBLICA E REGIME EXTRAORDINÁRIO FISCAL (EC 109/2021)

Em 15 de março de 2021 o Congresso promulgou a Emenda Constitucional nº 109 que, dentre outros pontos, permitiu ao governo federal pagar um novo auxílio emergencial para o enfrentamento dos graves problemas decorrentes da Pandemia da COVID-19, além de prever "regras mais rígidas para a contenção fiscal, controle de despesas com pessoal e ainda a redução de incentivos tributários a setores da economia". (Disponível em: https://www12.senado.leg.br/noticias/materias/2021/03/15/congresso-promulga-emenda-que-permiteretomaroauxilioemergencial#:~:text=Nesse%20sentido%2C%20a%20Emenda%20Constitucional,públicas%20e%20a%20moeda%20nacional. Acesso em: 30 mar. 2022).

Assim, a EC 109/2021, em diversos aspectos, acabou por incorporar ao texto constitucional disposições transitórias previstas na EC 106/2021, chamada de "orçamento de guerra". Nesse sentido, o art. 167-B, inserido no texto constitucional pela mencionada EC 109/2021, determina que "durante a vigência de estado de calamidade pública de âmbito nacional, decretado pelo Congresso Nacional por iniciativa privativa do Presidente da República, a União deve adotar regime extraordinário fiscal, financeiro e de contratações para atender às necessidades dele decorrentes, somente naquilo em que a urgência for incompatível com o regime regular, nos termos definidos nos arts. 167-C, 167-D, 167-E, 167-F e 167-G desta Constituição."

A EC 109/2021 também trouxe impactos importantes nas contratações públicas realizadas em contexto de calamidade pública. Assim, durante a vigência da calamidade, o Poder Executivo federal está autorizado a adotar processos simplificados de contratação de pessoal, em caráter temporário e emergencial, e de obras, serviços e compras que assegurem, quando possível, competição e igualdade de condições a todos os concorrentes, dispensada a observância das regras sobre contratação de pessoal contidas no art. 169, §1º, da CRFB/88 quando se tratar de contratações por tempo determinado para atender a necessidade temporária de excepcional interesse público (CRFB/88, art. 37, IX), sem prejuízo do controle dos órgãos competentes.

> **▸ Como esse assunto foi cobrado em concurso?**
>
> No Concurso do Instituto Consulplan para Procurador do Município de Miracema/RJ em 2024, foi considerado ERRADO o seguinte enunciado: "A contratação por tempo determinado para atender à necessidade temporária de excepcional interesse público, mesmo que devidamente justificada e nos termos da CF, também poderá sofrer vedações se apurado a extrapolação dos limites entre despesas correntes e receitas correntes".

Do mesmo modo, "as rígidas normas de responsabilidade fiscal, para a geração de despesas, bem como os critérios objetivos para a concessão ou ampliação de incentivo ou benefício fiscal, do qual decorre renúncia fiscal, são dispensadas, quando a sua finalidade é atender o combate da calamidade" (LEITE, 2022, p. 658).

Assim, o art. 167-D, incluído ao texto constitucional pela EC 109/2021, estabelece regras que flexibilizam a Lei de Responsabilidade Fiscal, exceto no caso de se criar despesa obrigatória de caráter continuado.

> **▸ Importante**
>
> CRFB/88, art. 167-D. As proposições legislativas e os atos do Poder Executivo com propósito exclusivo de enfrentar a calamidade e suas consequências sociais e econômicas, com vigência e efeitos restritos à sua duração, desde que não impliquem despesa obrigatória de caráter continuado, ficam dispensados da observância das limitações legais quanto à criação, à expansão ou ao aperfeiçoamento de ação governamental que acarrete aumento de despesa e à concessão ou à ampliação de incentivo ou benefício de natureza tributária da qual decorra renúncia de receita.

No mais, enquanto estiver em vigor a calamidade pública, em virtude das dificuldades financeiras enfrentadas pelos diversos setores econômicos, não se aplica a regra segundo a qual "a pessoa jurídica em débito com o sistema de seguridade social, como estabelecido em lei, não poderá contratar com o Poder Público nem dele receber benefícios ou incentivos fiscais ou creditícios" (CRFB/88, art. 195, §3º).

Apesar de todas os itens aqui destacados, certamente o ponto mais importante da Emenda Constitucional nº 109/2021, e mais sujeito a ser cobrado em provas e concursos públicos – diz respeito à flexibilização da chamada "regra de ouro", encontrada no art. 167, III, da CRFB/88, que impede, como regra, a realização de operações de crédito que excedam o montante das despesas de capital. Assim, em contextos de calamidade pública, será possível aumentar o endividamento, não se configurando como despesa de capital.

> **Importante – Flexibilização da "regra de ouro"**
>
> CRFB/88, art. 167-E. Fica dispensada, durante a integralidade do exercício financeiro em que vigore a calamidade pública de âmbito nacional, a observância do inciso III do caput do art. 167 desta Constituição.

O art.167-F trouxe, ainda, outras importantes medidas para a gestão dos recursos públicos em contexto de calamidade pública, além de remeter à Lei Complementar a possibilidade de determinar outras regras aplicáveis a esse tipo de situação. Assim, durante a vigência da calamidade pública:

I. São dispensados durante a integralidade do exercício financeiro em que vigore a calamidade pública, os imites, as condições e demais restrições aplicáveis à União para a contratação de operações de crédito, bem como sua verificação;

II. O superávit financeiro apurado em 31 de dezembro do ano imediatamente anterior ao reconhecimento pode ser destinado à cobertura de despesas oriundas das medidas de combate à calamidade pública de âmbito nacional e ao **pagamento da dívida pública.**

§1º. Lei complementar pode definir outras suspensões, dispensas e afastamentos aplicáveis durante a vigência do estado de calamidade pública em âmbito nacional.

§2º. O disposto no inciso II do caput deste artigo não se aplica às fontes de recursos:

I. Decorrentes de repartição de receitas a Estados, ao Distrito Federal e a Municípios;

II. Decorrentes das vinculações estabelecidas pelos arts. 195, 198, 201, 2012, 212-A e 239 desta Constituição;

III. Destinadas ao registro de receitas oriundas da arrecadação de doações ou de empréstimos compulsórios, de transferências recebidas para o atendimento de finalidades determinadas ou das receitas de capital produto de operações de financiamento celebradas com finalidades contratualmente determinadas.

Por fim, o Art. 167-G confirma a necessidade de que a União cumpra as vedações estabelecidas no art. 167-A durante o período de calamidade pública, previstas no art. 167-A, com algumas exceções, a saber:

> §1º Na hipótese de medidas de combate à calamidade pública cuja vigência e efeitos não ultrapassam a sua duração, não se aplicam as vedações referidas nos incisos II, IV, VII, IX e X do caput do art. 167-A desta Constituição.
>
> §2º Na hipótese de que trata o art. 167-B, não se aplica a alínea "c" do inciso I do caput do art. 159 desta Constituição, devendo a transferência

a que se refere aquele dispositivo ser efetuada nos mesmos montantes transferidos no exercício anterior à decretação da calamidade.

§3º É facultada aos Estados, ao Distrito Federal e aos Municípios a aplicação das vedações referidas no caput, nos termos deste artigo, e, até que as tenham adotado na integralidade, estarão submetidos às restrições do §6º do art. 167-A desta Constituição, enquanto perdurarem seus efeitos para a União.

▸ Como esse assunto foi cobrado em concurso?

No Concurso do TRF da 3ª Região para Juiz Federal em 2022, foi considerado CERTO o seguinte enunciado: "As limitações de despesa com pessoal, contratação e vantagens, numa situação de pandemia, relativamente aos servidores da área da saúde, podem ser flexibilizadas, se forem exclusivas para o atendimento da calamidade e temporárias enquanto a mesma durar".

5. AUXÍLIO EMERGENCIAL

A Emenda Constitucional nº 109/2021, além da série de alterações trazidas ao Direito Financeiro, também estabeleceu regras para o chamado "auxílio emergencial", suspendendo condicionalidades para a realização de suas despesas para enfrentar as consequências sociais e econômicas da pandemia da Covid-19.

Trazendo regras aplicáveis **exclusivamente à União**, o tema foi tratado no art. 3º da EC 109/2021, cujo caput estabelece que: "Durante o exercício financeiro de 2021, a proposição legislativa com o propósito exclusivo de conceder auxílio emergencial residual para enfrentar as consequências sociais e econômicas da pandemia da Covid-19 fica dispensada da observância das limitações legais quanto à criação, à expansão ou ao aperfeiçoamento de ação governamental que acarrete aumento de despesa".

Tais despesas, realizadas no exercício financeiro de 2021 não são consideradas, até o limite de **R$ 44 bilhões**, para fins de:

I. apuração da meta de resultado primário estabelecida no caput do art. 2º da lei nº 14.116/2020;

II. limite para despesas primárias estabelecido no inciso I do caput do art. 107 do ADCT.

No mais, as operações de crédito realizadas para custear a concessão do auxílio emergencial ficaram ressalvadas do limite estabelecido no inciso III do caput do art. 167 da CRFB/88, devendo, tais despesas, ser atendidas por meio de **crédito extraordinário**, cuja abertura independe da observância dos requisitos presentes no §3º do art. 167 da CRFB/88.

6. IMPOSSIBILIDADE DE RESPONSABILIZAÇÃO PELA NÃO APLICAÇÃO DOS PERCENTUAIS MÍNIMOS EM ENSINO (EC 119/2022)

Conforme previsão do art. 212 da Constituição da República, "a União aplicará, anualmente, nunca menos de dezoito, e os Estados, o Distrito Federal e os

Municípios vinte e cinco por cento, no mínimo, da receita resultante de impostos, compreendida a proveniente de transferências, na manutenção e desenvolvimento do ensino". Tal regra é tão importante que a sua inobservância poderá resultar, dentre outras consequências, na intervenção federal, nos casos de Estados e Distrito Federal (CRFB/88, art. 34, VII, a) ou estadual, no caso de municípios (CRFB/88, art. 35, III).

Do mesmo modo, aquele ente federativo que deixar de aplicar os recursos nos moldes do art. 212, poderá ser incluído nos cadastros restritivos da União, cuja consequência é o impedimento de celebrar ajustes e convênios ou receber repasses.

Entretanto, considerando-se o estado de calamidade pública provocado pela pandemia da COVID-19, a Emenda Constitucional nº 119, de 27 de abril de 2022 (com entrada em vigor na data de sua publicação), alterou o Ato das Disposições Constitucionais Transitórias para incluir o art. 199, segundo o qual, "os Estados, o Distrito Federal, os Municípios e os agentes públicos desses entes federados não poderão ser responsabilizados administrativa, civil ou criminalmente pelo descumprimento, exclusivamente nos exercícios financeiros de 2020 e 2021, do disposto no caput do art. 212 da Constituição Federal".

Porém, a mesma EC 119/22 determina que os valores não investidos no ensino, nos mencionados anos de 2020 e 2021, deverão ser aplicados no ano de 2023, sanando a violação ao art. 212 da CRFB/88. Assim: "Para efeitos do disposto no caput deste artigo, o ente deverá complementar na aplicação da manutenção e desenvolvimento do ensino, até o exercício financeiro de 2023, a diferença a menor entre o valor aplicado, conforme informação registrada no sistema integrado de planejamento e orçamento, e o valor mínimo exigível constitucionalmente para os exercícios de 2020 e 2021" (ADCT, art. 119, parágrafo único).

Por fim, o art. 2º da EC 119/2022 detalha a impossibilidade de aplicação de sanções em decorrência da violação do disposto no art. 212 da CRFB/88 nos anos de 2020 e 2021. Assim, deixa claro que o art. 119 do ADCT impede a aplicação de quaisquer penalidades, sanções ou restrições aos entes subnacionais para fins cadastrais, de aprovação e de celebração de ajustes onerosos ou não, incluídas a contratação, a renovação ou a celebração de aditivos de quaisquer tipos, de ajustes e de convênios, entre outros, inclusive em relação à possibilidade de execução financeira desses ajustes e de recebimento de recursos do orçamento geral da União por meio de transferências voluntárias.

Do mesmo modo, o art. 119 do ADCT obsta a ocorrência dos efeitos do inciso III do *caput* do art. 35 da CRFB/88, qual seja, a possibilidade de intervenção dos Estados nos Municípios ou da União nos municípios localizados em Território Federal quando não tiver sido aplicado o mínimo exigido da receita municipal para a manutenção e desenvolvimento do ensino e nas ações e serviços públicos de saúde.

▸ **Importante**

Ainda em 2022, também como consequência direta da pandemia da COVID-19, foi aprovada a Lei Complementar nº 195 que, dentre outras disposições, inseriu o art. 65-A na Lei de Responsabilidade Fiscal (LC 101/2000), segundo o qual: "**Não serão contabilizadas na meta de resultado primário,** para efeito do disposto no art. 9º desta Lei Complementar, as transferências federais aos demais entes da Federação, devidamente identificadas, para enfrentamento das consequências sociais e econômicas no setor cultural decorrentes de calamidades públicas ou pandemias, desde que sejam autorizadas em acréscimo aos valores inicialmente previstos pelo Congresso Nacional na lei orçamentária anual".

7. IMPORTANTES ENTENDIMENTOS SOBRE O DIREITO FINANCEIRO E A COVID-19

▸ **Importante**

Em 2022, em virtude da calamidade pública provocado pela pandemia da COVID-19, a EC 119 alterou o ADCT para determinar a impossibilidade de responsabilização dos Estados, do Distrito Federal, dos Municípios e dos agentes públicos desses entes federados pelo descumprimento, nos exercícios financeiros de 2020 e 2021, do disposto no caput do art. 212 da Constituição Federal.

▸ **Qual o entendimento atual do STF sobre o assunto?**

"É constitucional norma federal que prevê a transferência de recursos pela União aos estados e ao Distrito Federal para garantir o acesso à internet, com fins educacionais, por alunos e professores da educação básica em virtude da calamidade pública decorrente da Covid-19". (ADI 6926/DF, rel. Min. Dias Toffoli, j. 1º.7.2022, Info 1061)

▸ **Qual o entendimento atual do STF sobre o assunto?**

"É vedada a utilização, ainda que em caráter excepcional, de recursos vinculados ao FUNDEB para ações de combate à pandemia do novo coronavírus (COVID-19)". (ADI 6490/PI, rel. Min. Cármen Lúcia, j. 18.2.2022, Info 1044).

▸ **Qual o entendimento atual do STF sobre o assunto?**

"A União deve prestar suporte técnico e apoio financeiro para a expansão da rede de UTI's nos estados durante o período de emergência sanitária". (ACO 3473/DF, rel. Min. Rosa Weber, j. 10.11.2021, Info 1037)

▸ **Qual o entendimento atual do STF sobre o assunto?**

"Presente estado de mora inconstitucional, deve ser fixado o valor da renda básica de cidadania para o estrato da população brasileira em condição de vulnerabilidade socioeconômica – pobreza e extrema pobreza – a ser efetivado, pelo Presidente da República, no exercício fiscal seguinte ao da conclusão do julgamento de mérito". (MI 7300/DF, rel. Min. Marco Aurélio, j. 26.4.2021, Info 1014)

▸ **Qual o entendimento atual do STF sobre o assunto?**

"Os limites da despesa total com pessoal e as vedações à concessão de vantagens, reajustes e aumentos remuneratórios previstos na Lei de Responsabilidade Fiscal (LRF) somente podem ser afastados quando a despesa for de caráter temporário, com vigência e efeitos restritos à duração da calamidade pública, e com propósito exclusivo de enfrentar tal calamidade e suas consequências sociais e econômicas". (ADI 6394/AC, rel. Min. Alexandre de Moraes, j. 20.11.2020, Info 1000)

▸ **Qual o entendimento atual do STJ sobre o assunto?**

"Não compete à Justiça Federal processar e julgar o desvio de valores do auxílio emergencial pagos durante a pandemia da covid-19, por meio de violação do sistema de segurança de instituição privada, sem que haja fraude direcionada à instituição financeira federal". (CC 182.940-SP, Rel. Min. Joel Ilan Paciornik, Terceira Seção, j. 27/10/2021, Info 716)

▸ **Qual o entendimento atual do TCU sobre o assunto?**

"Não há amparo jurídico para a prorrogação, após 22/5/2022, de contratação direta realizada nos termos do art. 12, caput e § 1º, da Lei 14.124/2021, ainda que tenha por objeto a prestação de serviços contínuos, uma vez que, nessa data, houve o encerramento da ESPIN (Emergência em Saúde Pública de Importância Nacional), não mais persistindo as razões que justificaram a contratação sem licitação, devendo a Administração, caso considere necessário dar continuidade aos referidos serviços, providenciar o devido processo licitatório. Acórdão 2163/2022 Plenário (Pedido de Reexame, Relator Ministro Benjamin Zymler) (TCU, Boletim de Jurisprudência 422)

▸ **Qual o entendimento atual do TCU sobre o assunto?**

"Aos estados, ao Distrito Federal e aos municípios, em relação aos recursos recebidos da União por meio do Fundo Nacional de Assistência Social (FNAS), via transferência fundo a fundo, destinados ao enfrentamento da Emergência de Saúde Pública decorrente da covid-19: a) é permitido realizar transferência direta a pessoas físicas na modalidade cartão magnético para aquisição restrita de bens alimentícios, sujeitando-se às normas de execução orçamentária e financeira do FNAS, tais como as definidas pelo Decreto 7.788/2012 e pela Portaria-SNAS 124/2017, atentando-se, especialmente, para as atribuições do respectivo Conselho de Assistência Social quanto à fiscalização da execução da política de assistência social; e b) é vedado utilizar esse recurso federal para benefício eventual, no sentido de complementação dos recursos para aquisição de cestas de alimentos, nos termos dos arts. 13, inciso I, 14, inciso I, 15, inciso I, e 22 da Lei 8.742/1993". Acórdão 494/2021 Plenário (Consulta, Relator Ministro Bruno Dantas) (TCU, Boletim de Jurisprudência 347).

▸ **Qual o entendimento atual do TCU sobre o assunto?**

"Os repasses da União aos entes subnacionais a título de auxílio ou apoio financeiro, para os fins previstos na MP 938/2020, convertida na Lei 14.041/2020, no art. 5º da LC 173/2020 (repasses federais para enfrentamento da pandemia da Covid-19), e em outras hipóteses congêneres, a exemplo da Lei 14.017/2020, constituem: a) despesas próprias da União e não repartição constitucional ou legal de tributos e outros ingressos que integrem a receita corrente bruta federal, devendo o Ministério da Economia, a partir do 2º bimestre de 2020, se abster de considerar tais despesas no rol de deduções para fins de cálculo da receita corrente líquida; b) obrigação incondicional da União para concretizar os objetivos da EC 106/2020, mantida a natureza federal da transferência obrigatória, que se sujeita à fiscalização e ao controle dos órgãos federais, incluindo o TCU, aplicando-se, subsidiariamente, para os repasses vinculados ou destinados a ações e serviços públicos de saúde, a solidariedade ativa dos órgãos de controle presente no art. 27 da LC 141/2012, consoante a tese constante da decisão do STF no MS 33.079. Acórdão 4074/2020 Plenário (Representação, Relator Ministro Bruno Dantas) (TCU, Boletim de Jurisprudência 340)

Súmulas relacionadas ao Direito Financeiro

SUPREMO TRIBUNAL FEDERAL

Súmula Vinculante 17. Durante o período previsto no parágrafo 1º do artigo 100 da Constituição, não incidem juros de mora sobre os precatórios que nele sejam pagos.

Súmula Vinculante 3. Nos processos perante o Tribunal de Contas da União asseguram-se o contraditório e a ampla defesa quando da decisão puder resultar anulação ou revogação de ato administrativo que beneficie o interessado, excetuada a apreciação da legalidade do ato de concessão inicial de aposentadoria, reforma e pensão.

Súmula 733, do STF. Não cabe recurso extraordinário contra decisão proferida no processamento de precatórios.

Súmula 703, do STF. A extinção do mandato do prefeito não impede a instauração de processo pela prática dos crimes previstos no art. 1º do Dl. 201/67.

Súmula 655, do STF. A exceção prevista no art. 100, *caput*, da Constituição, em favor dos créditos de natureza alimentícia, não dispensa a expedição de precatório, limitando-se a isentá-los da observância da ordem cronológica dos precatórios decorrentes de condenações de outra natureza.

Súmula 653, do STF. No Tribunal de Contas estadual, composto por sete conselheiros, quatro devem ser escolhidos pela Assembleia Legislativa e três pelo Chefe do Poder Executivo estadual, cabendo a este indicar um dentre auditores e outro dentre membros do Ministério Público, e um terceiro a sua livre escolha.

Súmula 647, do STF. Compete privativamente à União legislar sobre vencimentos dos membros das polícias civil e militar do Distrito Federal.

Súmula 578, do STF. Não podem os Estados, a título de ressarcimento de despesas, reduzir a parcela de 20% do produto da arrecadação do imposto de circulação de mercadorias, atribuída aos Municípios pelo art. 23, § 8º, da Constituição Federal.

Súmula 545, do STF. Preços de serviços públicos e taxas não se confundem, porque estas, diferentemente daqueles, são compulsórias e têm sua cobrança condicionada à prévia autorização orçamentária, em relação à lei que as instituiu.

Súmula 347, do STF. O Tribunal de Contas, no exercício de suas atribuições, pode apreciar a constitucionalidade das leis e dos atos do poder público.

Súmula 248, do STF. É competente, originariamente, o Supremo Tribunal Federal, para mandado de segurança contra ato do Tribunal de Contas da União.

Súmula 66, do STF. É legítima a cobrança do tributo que houver sido aumentado após o orçamento, mas antes do início do respectivo exercício financeiro.

Súmula 42, do STF. É legítima a equiparação de juízes do Tribunal de Contas, em direitos e garantias, aos membros do Poder Judiciário.

Súmula 6, do STF. A revogação ou anulação, pelo Poder Executivo, de aposentadoria, ou qualquer outro ato aprovado pelo Tribunal de Contas, não produz efeitos antes de aprovada por aquele Tribunal, ressalvada a competência revisora do Judiciário.

SUPERIOR TRIBUNAL DE JUSTIÇA

Súmula 615, do STJ. Não pode ocorrer ou permanecer a inscrição do município em cadastros restritivos fundada em irregularidades na gestão anterior quando, na gestão sucessora, são tomadas as providências cabíveis à reparação dos danos eventualmente cometidos.

Súmula 566, do STJ. Nos contratos bancários posteriores ao início da vigência da Resolução-CMN nº 3.518/2007, em 30/4/2008, pode ser cobrada a tarifa de cadastro no início do relacionamento entre o consumidor e a instituição financeira.

Súmula 565, do STJ. A pactuação das tarifas de abertura de crédito (TAC) e de emissão de carnê (TEC), ou outra denominação para o mesmo fato gerador, é válida apenas nos contratos bancários anteriores ao início da vigência da Resolução-CMN nº 3.518/2007, em 30/4/2008.

Súmula 461, do STJ. O contribuinte pode optar por receber, por meio de precatório ou por compensação, o indébito tributário certificado por sentença declaratória transitada em julgado.

Súmula 452, do STJ. A extinção das ações de pequeno valor é faculdade da Administração Federal, vedada a atuação judicial de ofício.

Súmula 447, do STJ. Os Estados e o Distrito Federal são partes legítimas na ação de restituição de imposto de renda retido na fonte proposta por seus servidores.

Súmula 406, do STJ. A Fazenda Pública pode recusar a substituição do bem penhorado por precatório.

Súmula 311, do STJ. Os atos do presidente do tribunal que disponham sobre processamento e pagamento de precatório não têm caráter jurisdicional.

Súmula 209, do STJ. Compete à Justiça Estadual processar e julgar prefeito por desvio de verba transferida e incorporada ao patrimônio municipal.

Súmula 208, do STJ. Compete à Justiça Federal processar e julgar prefeito municipal por desvio de verba sujeita a prestação de contas perante órgão federal.

Súmula 164, do STJ. O prefeito municipal, após a extinção do mandato, continua sendo sujeito a processo por crime previsto no art. 1 do Dec. Lei 201, de 27/02/67.

Súmula 150, do STJ. Compete à Justiça federal decidir sobre a existência de interesse jurídico que justifique a presença, no processo, da União, suas autarquias e empresas públicas.

Súmula 144, do STJ. Os créditos de natureza alimentícia gozam de preferência, desvinculados os precatórios da ordem cronológica dos créditos de natureza diversa.

TRIBUNAL DE CONTAS DA UNIÃO

Súmula 288, do TCU. O julgamento pela irregularidade de contas ordinárias ou extraordinárias prescinde de nova audiência ou citação em face de irregularidades pelas quais o responsável já tenha sido ouvido em outro processo no qual lhe tenha sido aplicada multa ou imputado débito.

Súmula 286, do TCU. A pessoa jurídica de direito privado destinatária de transferências voluntárias de recursos federais feitas com vistas à consecução de uma finalidade pública responde solidariamente com seus administradores pelos danos causados ao erário na aplicação desses recursos.

Súmula 279, do TCU. As rubricas referentes a sentenças judiciais, enquanto subsistir fundamento para o seu pagamento, devem ser pagas em valores nominais, sujeitas exclusivamente aos reajustes gerais do funcionalismo, salvo se a sentença judicial dispuser de outra forma.

Súmula 278, do TCU. Os atos de aposentadoria, reforma e pensão têm natureza jurídica de atos complexos, razão pela qual os prazos decadenciais a que se referem o §2º do art. 260 do Regimento Interno e o art. 54 da Lei nº 9.784/99 começam a fluir a partir do momento em que se aperfeiçoam com a decisão do TCU que os considera legais ou ilegais, respectivamente.

Súmula 277, do TCU. Por força do inciso II do art. 37 da Constituição Federal, a admissão de pessoal nos conselhos de fiscalização profissional, desde a publicação no Diário de Justiça de 18/05/2001 do acórdão proferido pelo STF no mandado de segurança 21.797-9, deve ser precedida de concurso público, ainda que realizado de forma simplificada, desde que haja observância dos princípios constitucionais pertinentes.

Súmula 231, do TCU. A exigência de concurso público para admissão de pessoal se estende a toda a Administração Indireta, nela compreendidas as Autarquias, as Fundações instituídas e mantidas pelo Poder Público, as Sociedades de Economia Mista, as Empresas Públicas e, ainda, as demais entidades controladas direta ou indiretamente pela União, mesmo que visem a objetivos estritamente econômicos, em regime de competitividade com a iniciativa privada.

Súmula 230, do TCU. Compete ao prefeito sucessor apresentar as contas referentes aos recursos federais recebidos por seu antecessor, quando este não o tiver feito ou, na impossibilidade de fazê-lo, adotar as medidas legais visando ao resguardo do patrimônio público com a instauração da competente Tomada de Contas Especial, sob pena de corresponsabilidade.

Súmula 227, do TCU. O recolhimento parcial do débito por um dos devedores solidários não o exonera da responsabilidade pela quantia restante, vez que a solidariedade imputada impede seja dada quitação, a qualquer dos responsáveis solidários, enquanto o débito não for recolhido em sua totalidade.

Súmula 222, do TCU. As Decisões do Tribunal de Contas da União, relativas à aplicação de normas gerais de licitação, sobre as quais cabe privativamente à União legislar, devem ser acatadas pelos administradores dos Poderes da União, dos Estados, do Distrito Federal e dos Municípios.

Súmula 214, do TCU. Os valores correspondentes às taxas de inscrição em concursos públicos devem ser recolhidos ao Banco do Brasil S.A., à conta do Tesouro Nacional, por meio de documento próprio, de acordo com a sistemática de arrecadação das receitas federais prevista no Decreto-lei nº 1.755, de 31/12/79, e integrar as tomadas ou prestações de contas dos responsáveis ou dirigentes de órgãos da Administração Federal Direta, para exame e julgamento pelo Tribunal de Contas da União.

Súmula 205, do TCU. É inadmissível, em princípio, a inclusão, nos contratos administrativos, de cláusula que preveja, para o Poder Público, multa ou indenização, em caso de rescisão.

Súmula 180, do TCU. Ainda que não recebam contribuições parafiscais ou transferências à conta da União e independentemente da sua natureza jurídica, estão sujeitas ao exame e julgamento do Tribunal de Contas as contas das empresas privadas, cuja totalidade ou maioria das ações ordinárias, representativas do seu capital social, foram desapropriadas pela União, ou cujos bens, integrantes do seu patrimônio, foram confiscados e incorporados ao patrimônio da União, na forma da lei, verificando-se, nos respectivos processos de prestação de contas, a legitimidade das operações que conduziram à desapropriação ou ao confisco, a situação das contas antes da intervenção e quando sob gestão do interventor, controlador, executor do confisco ou liquidante.

Súmula 176, do TCU. Torna-se indispensável o controle, pelo Tribunal de Contas, da participação, de entidades que lhe sejam jurisdicionadas, no custeio de associação ou fundação de complementação previdenciária, mediante o processamento e o exame englobado das contas das mencionadas entidades e dos Balanços e Demonstrações de Resultados das instituições de previdência suplementar.

Súmula 133, do TCU. Não só os dirigentes de órgãos da Administração Direta e das autarquias, mas, também, os Administradores das empresas públicas, sociedades de economia mista e Fundações, ou das demais entidades previstas na Lei nº 6.223, de 14/07/75 (Lei nº 6.525, de 11/04/78), estão sujeitos, a juízo do Tribunal de Contas da União, à cominação de multa, por infringência de disposição legal ou regulamentar que lhes seja aplicável, apurada tanto na fase do controle interno como do externo (Enunciados 10, 11, 51 e 91 da Súmula da Jurisprudência do TCU).

Súmula 111, do TCU. Aos órgãos próprios do Controle Interno cabe baixar Instruções e Recomendações para o regular funcionamento do Sistema de Administração Financeira, Contabilidade e Auditoria, de modo que se criem condições indispensáveis para assegurar eficácia ao Controle Externo.

Súmula 110, do TCU. Nas consultas formuladas ao Tribunal pelas autoridades competentes, ante dúvidas suscitadas na aplicação de dispositivos legais e regulamentares que abranjam pessoas ou entidades e matérias sob a sua jurisdição e competência, as respostas têm, caráter normativo e constituem prejulgamento da tese, mas não do fato ou caso concreto.

Súmula 103, do TCU. Na falta de normas legais regimentais específicas, aplicam-se, analógica e subsidiariamente, no que couber, a juízo do Tribunal de Contas da União, as disposições do Código de Processo Civil.

Súmula 102, do TCU. Recolhida a importância de multa cominada a responsável por contas julgadas irregulares, cabe a baixa na responsabilidade do servidor e a expedição, na forma regimental, da provisão de quitação.

Súmula 98, do TCU. Em processo de tomada ou prestação de contas, ao ser citado o responsável, para os fins de direito, impõe-se que lhe sejam presentes os dados ou elementos indispensáveis à caracterização da origem ou proveniência do débito apurado.

Súmula 90, do TCU. O Parecer Prévio, em sentido favorável, emitido pelo Tribunal de Contas da União, e a aprovação, mediante Decreto-Legislativo, pelo Congresso Nacional, das contas anuais do Presidente da República (consubstanciadas nos Balanços Gerais da União e no Relatório da Inspetoria-Geral de Finanças, do Ministério da Fazenda), não isentam os responsáveis por bens, valores e dinheiros públicos ou as autoridades incumbidas da remessa, de apresentarem ao Tribunal de Contas da União, por intermédio do órgão competente do Sistema de Administração Financeira, Contabilidade e Auditoria, as tomadas ou prestações de contas em falta, nem prejudicam a incidência de sanções cabíveis, por irregularidades verificadas ou inobservância de disposições legais e regulamentares concernentes à administração financeira e orçamentária da União.

Súmula 89, do TCU. Desde que aplicados os percentuais mínimos, com destinação específica e obrigatória em cada exercício, bem como incluída a despesa no Programa de aplicação aprovado pelo órgão competente, é lícita a utilização de recursos provenientes dos Fundos de Participação, como Despesas Correntes, no pagamento de pessoal, observadas as limitações legais e regulamentares pertinentes à matéria.

Súmula 86, do TCU. No exame e julgamento das tomadas e prestações de contas de responsáveis por bens e dinheiros públicos, quando se verificar qualquer omissão, desfalque, desvio ou outra irregularidade de que resulte prejuízo para a Fazenda Pública, levar-se-á em linha de conta, como elemento subsidiário, o inquérito administrativo instaurado pela autoridade competente.

Súmula 80, do TCU. As entidades públicas de direito privado, cujo capital pertença, direta ou indiretamente, majoritária ou exclusivamente à União (art. 7º da Lei nº 6.223, de 14/07/75), deverão remeter suas contas ao Tribunal de Contas da União englobadas em um único processo, para fins de exame em conjunto, desde que sejam apensados, em volumes distintos, os documentos previstos no art. 2º da Resolução nº 165, de 12/08/75, admitindo-se que o certificado de auditoria possa ser emitido de forma genérica somente sobre as contas das empresas constituídas em sistema "holding", cuja responsabilidade de gestão recaia sobre o mesmo gestor da empresa principal.

Súmula 78, do TCU. Com o sistema de controle externo, instituído pela Constituição de 1967 e disciplinado em legislação ordinária pertinente, não compete ao Tribunal de Contas da União julgar ou aprovar previamente contratos, convênios, acordos ou ajustes celebrados pela Administração Pública. Pode, todavia, o Tribunal, no exercício da auditoria financeira e orçamentária e com vistas ao julgamento das contas de responsáveis ou entidades sob a sua jurisdição, tomar conhecimento dos respectivos termos, para, se verificar ilegalidade ou irregularidade, adotar providências no sentido de saná-la ou evitar a sua reincidência.

Súmula 75, do TCU. A competência conferida ao Tribunal de Contas da União pelo art. 7º da Lei nº 6.223, de 14/07/75, não está condicionada à feição jurídica atribuída à entidade fiscalizada, nem à sua criação por lei ou por ato presidencial; tampouco, se restringe à participação acionária direta ou primária da União e entidades da sua administração indireta, compreendendo, ao invés, as chamadas subsidiárias de segundo ou terceiro grau, mas sem obrigatoriedade de remessa das contas anuais quanto às entidades em que houver participação apenas minoritária.

Súmula 71, do TCU. Quando o ordenador de despesas não houver gerido recursos, proceder-se-á à exclusão do seu nome do rol de responsáveis, arquivando-se, a seguir, o processo.

Súmula 59, do TCU. A citação do responsável, para apresentar alegações de defesa ou recolher o débito, constitui formalidade essencial, que deve preceder o julgamento do processo dos responsáveis por bens, valores e dinheiros públicos, pelo Tribunal de Contas.

Súmula 63, do TCU. É lícita a vinculação de quotas dos Fundos de Participação, em garantia de contrato de abertura de crédito, financiamento, ou empréstimo celebrado pelos Estados, Distrito Federal ou Municípios, desde que observadas as normas emanadas do Poder Executivo Federal, notadamente a audiência prévia da Secretaria de Planejamento, quanto ao mérito do empreendimento e a sua viabilidade e compatibilidade com os planos nacionais de desenvolvimento, bem como sobre a capacidade de endividamento de cada entidade e o nível de comprometimento das quotas do Fundo.

Súmula 52, do TCU. No caso de citação por débito apurado em tomada ou prestação de contas poderá ser concedida, ao responsável ou ao seu representante devidamente credenciado, vista do Processo, para a apresentação das alegações de defesa, em prazo fixado pelo Tribunal, na Inspetoria de Controle Externo competente.

Súmula 51, do TCU. Quando, no exame e julgamento das contas de responsáveis por bens, valores e dinheiros públicos, for apurada irregularidade de caráter formal ou que não configure débito que caracterize desvio, alcance ou desfalque, cabe, a juízo do Tribunal de Contas, além de outras medidas previstas em lei, a aplicação de multa cominada pela autoridade administrativa competente.

Súmula 49, do TCU. Os recursos provenientes dos Fundos de Participação (Constituição, art. 25), com destinação compulsória e específica, quando não aplicados ou aplicados a menos, serão utilizados no exercício ou nos exercícios subsequentes, sem prejuízo dos percentuais mínimos estabelecidos para cada um deles.

Súmula 8, do TCU. Compete ao Tribunal de Contas o julgamento da regularidade das contas globais das entidades criadas pelo Poder Público, sob a forma de Fundação, com personalidade jurídica de direito privado, quando recebam subvenções ou transferências à conta do Orçamento da União.

Súmula 7, do TCU. Tal como as empresas públicas, estão sujeitas à prestação de contas, perante o Tribunal de Contas, as entidades criadas por lei sob a forma de sociedade de economia mista, enquanto a União ou outras pessoas de direito público interno e órgão de suas Administrações Indiretas detiverem a exclusividade do capital social, e a despeito de estar prevista a possibilidade da tomada de ações por particulares, enquanto essa faculdade não venha a ser exercida ou esteja reduzida a uma participação simbólica.

Súmula 6, do TCU. As empresas públicas estão sujeitas à prestação de contas da gestão anual de seus administradores, perante o Tribunal de Contas, independentemente de dispositivo de lei ordinária que o estabeleça.

Súmula 3, do TCU. O arquivamento é a solução indicada para as hipóteses em que as contas de responsáveis por dinheiros, valores e bens públicos se tornarem iliquidáveis, por causas fortuitas ou de força maior.

Referências Bibliográficas

ABRAHAM, Marcus. **Curso de direito financeiro brasileiro.** 4.ed. Rio de Janeiro: Forense, 2017.

ABRAHAM, Marcus. **Curso de Direito Financeiro Brasileiro.** 7.ed. Rio de Janeiro: Forense, 2023.

ABRAHAM, Marcus. **Lei de Responsabilidade Fiscal comentada.** 2.ed. Rio de Janeiro: Forense, 2017.

ABREU, Edgar; SILVA, Lucas. **Sistema Financeiro Nacional.** São Paulo: Método, 2017.

ALMEIDA, Ricardo Damasceno de; LISBOA, Marcelo Jucá. **Direito Financeiro:** lei 4.320/1964. Coleção leis especiais para concursos. 3.ed. Salvador: Juspodivm, 2017.

AMARAL, Luciana. Senado aprova novo Fundeb permanente e com mais dinheiro da União. **UOL Educação**. Disponível em: https://educacao.uol.com.br/noticias/2020/08/25/votacao-fundeb-senado-primeiro-turno.htm. Acesso em 5 set. 2020.

ATALIBA, Geraldo. **Apontamentos das ciências das finanças, direito financeiro e tributário.** São Paulo: RT, 1969.

BALEEIRO, Aliomar. **Uma introdução à Ciência das Finanças.** 15.ed. Rio de Janeiro: Forense, 1998.

BALTAZAR JUNIOR, José Paulo. **Crimes Federais.** 6.ed. Porto Alegre: Livraria do Advogado, 2010.

BANDEIRA DE MELLO, Celso Antônio. **Curso de Direito Administrativo**. 35.ed. São Paulo: Malheiros, 2021.

BARROS, Guilherme Freire de Melo. **Poder público em juízo para concursos.** 3.ed. Salvador: Juspodivm, 2013.

BITENCOURT, Cezar Roberto; BREDA, Juliano. **Crimes contra o sistema financeiro nacional e contra o mercado de capitais.** 3.ed. São Paulo: Saraiva, 2014. Ebook.

BRAGHINI, Marcelo. **Direito Financeiro.** Coleção Sinopses para concursos. 2.ed. Salvador: Juspodivm, 2016.

BRASIL. Ministério da Fazenda. Secretaria do Tesouro Nacional. **Manual de demonstrativos Fiscais:** aplicado à União e aos Estados, Distrito Federal e Municípios (Válido a partir do exercício financeiro de 2015). 6.ed. Brasília: Secretaria do Tesouro Nacional, Subsecretaria de Contabilidade Pública, Coordenação-Geral de Normas de Contabilidade Aplicadas à Federação, 2014.

BRASIL. Ministério do Planejamento, Desenvolvimento e Gestão. Secretaria de Orçamento Federal. **Manual técnico de orçamento.** Brasília, 2017.

BRASIL. Secretaria do Tesouro Nacional. Ministério da Economia. **Manual de Adesão ao Regime de Recuperação Fiscal**. Brasília, 2022. Disponível em: sisweb.tesouro.gov.br/apex/f?p=2501:9::::9:P9_ID_PUBLICACAO:30778. Acesso em: 7 jan. 2024.

CÂMARA DOS DEPUTADOS. **Conheça o novo Fundeb, que amplia gradualmente os recursos da educação**. Disponível em: https://www.camara.leg.br/noticias/687499-conheca-o-novo-fundeb-que-amplia-gradualmente-os-recursos-da-educacao. Acesso em 5 set. 2020.

CAMPOS, Dejalma de. **Direito Financeiro e Orçamentário.** São Paulo: Atlas, 1995.

CARRAZZA, Roque Antonio. **Curso de Direito Constitucional Tributário.** 28.ed. São Paulo: Malheiros, 2012.

CAVALCANTE, Márcio André Lopes. LC 173/2020: Programa Federativo de enfrentamento do coronavírus. **Dizer o Direito**. 28 maio 2020. Disponível em: https://www.dizerodireito.com.br/2020/05/lc-1732020-programa-federativo-de.html. Acesso em: 20 ago. 2020.

CORDEIRO, Edilene; VELLOSO, Iva. STF libera pagamento de emendas parlamentares, condicionando a critérios. Disponível em: https://noticias.stf.jus.br/postsnoticias/stf-libera-pagamento-de-emendas-parlamentares-condicionado-a-criterios/. Acesso em: 12 dez. 2024.

CUNHA, Leonardo Carneiro da. **A Fazenda Pública em juízo.** 13.ed. Rio de Janeiro: Forense, 2016.

CUNHA, Rogério Sanches. **Código Penal para concursos.** 6.ed. Salvador: Juspodivm, 2013.

CUNHA, Rogério Sanches. **Direito Penal:** parte especial. v. 3. São Paulo: RT, 2008.

FATORELLI, Maria Lucia. **O sistema da dívida no Brasil e no mundo.** Disponível em: http://www.uel.br/eventos/orcamentopublico/pages/arquivos/II%20Simposio/TEXTO%20FATORELLI.pdf. Acesso em: 5. Out. 2019.

FERNANDES, Bernardo Gonçalves. **Curso de Direito Constitucional.** 9.ed. Salvador: Juspodivm, 2017.

FIGUEIREDO, Leonardo Vizeu. **Lições de Direito Econômico.** 9.ed. Rio de Janeiro: Forense, 2016.

FURTADO, José de Ribamar Caldas. Créditos adicionais versus transposição, remanejamento ou transferência de recursos. **Revista do TCU**. n. 106, out./dez. 2005, p. 29-34.

GIACOMONI, James. **Orçamento Público.** 17.ed. São Paulo: Atlas, 2017.

GRECO, Rogério. **Curso de Direito Penal:** parte especial. v. IV. 9.ed. Niterói/RJ: Impetus, 2013.

HARADA, Kiyoshi. **Direito Financeiro e Tributário.** 26.ed. São Paulo: Atlas, 2017.

HARADA, Kiyoshi. Repartição de receitas tributárias. In: MARTINS, Ives Gandra da Silva; MENDES, Gilmar Ferreira; NASCIMENTO, Carlos Valder do (Coord.). **Tratado de Direito Financeiro.** v.2. p. 50- 70. São Paulo: Saraiva, 2013.

LEITE, Harisson. **Manual de Direito Financeiro.** 4.ed. Salvador: Juspodivm, 2015.

LEITE, Harisson. **Manual de Direito Financeiro.** 11.ed. São Paulo: Juspodivm, 2022.

MACIEL, Pedro Jucá. Finanças Públicas no Brasil: uma abordagem orientada para políticas públicas. **Revista de Administração Pública**, v. 47, n. 5, p. 1213-1241, set. 2013.

MARTINS, Alan; SCARDOELLI, Dimas Yamada. **Direito Tributário para concursos.** 2.ed. Salvador: Juspodivm, 2017.

MARTINS, Ives Gandra da Silva; MENDES, Gilmar Ferreira; NASCIMENTO, Carlos Valder do (Coord.). **Tratado de Direito Financeiro.** 2.v. São Paulo: Saraiva, 2013.

MASSON, Cleber. **Código Penal Comentado.** Rio de Janeiro: Forense; São Paulo: Método, 2013.

MAZZUOLI, Valério de Oliveira. **Curso de Direito Internacional Público.** 10.ed. São Paulo: RT, 2016.

MENDES, Gilmar Ferreira; COELHO, Inocêncio Mártires; BRANCO, Paulo Gustavo Gonet. **Curso de Direito Constitucional.** 4.ed. São Paulo: Saraiva, 2009.

MIRAGEM, Bruno. **Direito Bancário.** São Paulo: Revista dos Tribunais, 2013.

NOHARA, Irene Patrícia. **Constituição Federal de 1988:** comentários ao capítulo da Administração Pública. São Paulo: Atlas, 2015.

NOHARA, Irene Patrícia. **Direito Administrativo.** 7.ed. São Paulo: Atlas, 2017.

NOHARA, Irene Patrícia. **Direito Administrativo**. 9. ed. São Paulo: Atlas, 2019.

OLIVEIRA, Regis Fernandes de. **Curso de Direito Financeiro**. 8.ed. São Paulo: Malheiros, 2019.

OLIVEIRA, Regis Fernandes de. **Curso de Direito Financeiro.** 2.ed. São Paulo: RT, 2008.

OLIVEIRA, Regis Fernandes de. HORVATH, Estevão. **Manual de Direito Financeiro.** 6.ed. São Paulo: RT, 2003.

PACELLI, Giovanni. **AFO**: Administração Financeira e Orçamentária. 6.ed. Salvador: Juspodivm, 2024.

PASCOAL, Valdecir. **Direito Financeiro e Controle Externo**. 9.ed. São Paulo: Método, 2015.

RAMOS FILHO, Carlos Alberto de Moraes. **Direito Financeiro Esquematizado.** 2.ed. São Paulo: Saraiva, 2017.

SABBAG, Eduardo. **Manual de Direito Tributário.** 7.ed. São Paulo: Saraiva, 2015.

SANCTIS, Fausto Martin De. **Delinquência Econômica e Financeira:** colarinho branco, lavagem de dinheiro, mercado de capitais. Rio de Janeiro: Forense, 2015. Ebook.

SILVA, José Afonso da. **Comentário contextual à Constituição.** 6.ed. São Paulo: Malheiros, 2009.

SILVA, José Afonso da. **Curso de Direito Constitucional Positivo**. 25.ed. São Paulo: Malheiros, 2005.

TORRES, Ricardo Lobo. **Curso de Direito Financeiro e Tributário.** 4.ed. Rio de Janeiro: Renovar, 1997.

Tribunal de Contas da União. **Licitações e Contratos**. 4.ed. Brasília: TCU, 2010.

VILELA, Danilo Vieira. **Direito Econômico**. Coleção Sinopses para concursos. 6.ed. Salvador: Juspodivm, 2023.

VILELA, Danilo Vieira. Comentários ao Agravo Regimental na Ação cautelar 3.031 – Pernambuco (STF). **Revista dos Tribunais**. Ano 104, v. 961, nov. 2015. p. 461-466.

VILELA, Danilo Vieira; LEITE, Harrison. **Direito Econômico e Financeiro.** Coleção Revisaço. 2.ed. Salvador: Juspodivm, 2018.

ANOTAÇÕES

ANOTAÇÕES

ANOTAÇÕES

EDITORA
JusPODIVM
www.editorajuspodivm.com.br

COLOR system

JUS4120